KB090619

박선영
경찰학

POLICE SCIENCE

박선영

경찰학

경찰채용 · 101경비단 · 경행경채 · 경찰간부 · 경찰승진

맑은샘

TYPE 01 들어가며

2023년부터 경찰에서는 '남녀 통합 모집'을 실시하게 됩니다. 여성 지원자의 합격률이 높아질 것이고 이는 채용시험의 커트라인이 높아진다는 것을 의미합니다.

채용시험 과목도 2022년 경찰채용시험에서 영어와 한국사가 검정제로 대체되고, 직무와 관련성이 높은 형사법과 경찰학이 각각 40%, 그리고 헌법이 20%로 확정되었습니다.

TYPE 02 경찰학 출제 경향

경찰학은 아래와 같이 출제비율을 예상하고 있습니다.

경찰학 기초이론	12문항
경찰행정법	14문항
경찰행정학	6문항
경찰실무활동	6문항
한국경찰의 역사	1문항
비교경찰	1문항

경찰실무에서는 생활안전, 수사, 교통의 비중이 높은 편이고 한국경찰의 역사가 새롭게 개편되어 가고 있습니다.

TYPE 03 　경찰학 난이도

경찰청의 채용시험은 난이도의 비율을 고려합니다. 즉 난이도 '상'에 해당하는 문제를 30%, 난이도 '중'에 해당하는 문제는 30%, 난이도 '하'에 해당하는 문제를 40%를 출제하고 있습니다.

특이 수사권조정, 도로교통법 개정, 자치경찰에 대한 문제가 다수 출제될 것으로 보이고 수사파트의 비중과 빈도가 높아질 것으로 예상됩니다.

수사과목이 형사법으로 통합되나 경찰실무에서 수사과목의 비중을 높여나갈 것으로 보입니다.

TYPE 04 　마무리하며

경찰학은 경찰행정법, 경찰행정학, 경찰역사, 비교경찰, 경찰실무를 총망라하는 과목입니다. 개념, 숫자, 기출문제의 연습이 반드시 필요한 과목입니다. 세심한 암기가 선행되지 않고는 문제에 접근할 수 없는 많은 시간과 노력이 요구되는 과목입니다.

특히 수사권조정 자치경찰 경찰행정법, 도로교통법의 개정 등 법령과 판례, 정책의 변화를 이해하고 있어야 문제를 풀 수 있습니다.

하지만 시간을 투자하면 다른 과목에 비해 안정된 점수를 확보할 수 있는 과목이므로 여러분의 시간 투자와 암기가 합격을 좌우할 것입니다.

모쪼록 이 책을 통해 여러분의 합격에 한발 더 다가갈 수 있기를 기원합니다.

2021년 2월
경찰법학과 연구실에서

CONTENTS

CHAPTER 01

경찰학
개 념

CHAPTER 01 경찰학 개념

제1절 경찰의 의의

01 대륙법계 경찰개념

(1) **행정법학자**들이 경찰은 사회공공이 안녕질서 유지를 위하여 **명령적, 강제적, 권력적** 성격을 띠고 있으며, 경찰과 국민은 수직적 관계이다.기출 독일의 계몽주의와 법치주의의 영향으로 경찰권의 **범위를 축소**시키는 방향으로 나아갔다.

(2) 경찰개념의 변천

1) 고대 경찰
경찰의 어원은 라틴어의 politia에서 유래했고, 도시국가에 관한 **정치**와 이상적인 **헌법**을 의미했다.기출 (**경찰과 행정 미분화**)

2) 중세 경찰(15, 16C)
프랑스 경찰은 15세기 말 독일에 계수되어 교회의 제후가 가지는 교회행정권한을 제외한 **일체의 국가 행정**을 말하고 경찰은 공동체의 질서를 유지하는 모든 활동을 의미하였다.
(**경찰과 행정의 미분화**)기출

3) 경찰국가 시대(17C)
국가 작용이 외교, 군사, 재정, 사법 등과 분리되어 경찰은 소극적인 질서유지와 적극적 복지행정을 다루는 **내무행정을 의미**하고 **범위가 축소**되었다.기출 경찰은 소극적 치안유지와 적극적 공공복지 증진을 위해 강제력을 행사하였으며, 국민의 권리관계에 간섭하고 지배하는 체제가 형성되었다.(**경찰과 행정이 분화된 시기**)기출

4) 법치국가 시대 (18, 19C)
계몽사상이 영향으로 자연법, 권력분립주의, 자유주의 등 경찰은 적극적 복지경찰이 아닌 **소극적 위험방지**에 업무가 한정되었고 **질서경찰**을 의미하게 되었다.

5) 제2차 세계대전 이후
행정경찰(영업경찰, 위생경찰, 건축경찰) 사무가 **비경찰화**(경찰의 사무를 다른 부서로 이관) 과정으로 경찰은 공공의 안녕과 질서유지 임무에 국한 기출

(3) 관련 법령 및 판례

1) 프로이센 일반란트법(1794): 경찰은 공공의 평온, 안녕 및 질서를 유지하기 위한 경찰의 책무로 보고 **소극적 위험방지에 한정**기출

2) **프랑스 죄와 형벌법전** (1795): 경찰은 질서, 자유, 재산, 개인의 안전을 유지하는 것을 임무로 한다. (**행정경찰과 사법경찰을 최초로 구분하여 법제화**)^{기출}

3) **프랑스 지방자치법전**(1884): 경찰의 직무를 소극목적에 한정하고 위생사무 등 협의의 행정경찰 사무 포함되었다. 기출

4) 프로이센 경찰행정법 (1931): 경찰관청은 공공의 안녕과 질서를 위협하는 위험방지를 위해서 현행법의 범위에서 의무에 합당한 재량에 따라 필요한 조치를 하여야 한다고 규정하였다.기출

5) **크로이츠베르크(Kreuzberg) 판결**(1882): 베를린 크로이쯔제르크 언덕의 전승기념비 조망을 확보하기 위해 주변 건물의 높이를 제한한 베를린 경찰청장의 명령이 정당한가. 이에 대하여 소극적 질서유지가 아닌 적극적 복지 증진을 목적으로 하였으므로 부당하다고 판결하였다. 경찰의 임무는 **소극적 위험방지 분야에 한정**된다는 계기가 마련되었다.기출

02 영미법계 경찰개념

(1) 영미법계 경찰은 시민으로부터 **자치권**을 위임받았고, 시민을 위해 서비스를 하는 경찰 개념이다. 영미법계 경찰개념을 자치경찰을 중심으로 경찰과 시민의 **친화적, 수평적** 관계를 지향하며, 경찰의 **역할과 기능**을 강조한다 할 것이다.기출

대륙법계 경찰은 **경찰개념**을 중시한다면 영미법계는 경찰의 **역할과 기능**을 강조한다.

(2) 대륙법계와 영미법계 경찰이 비교 기출

	대륙법계	영미법계
개념	① 경찰권의 **성질**, 발동**범위**중시 ② 경찰이란 무엇인가 ③ 경찰권 발동 범위의 **축소**	① 경찰권의 역할 기능중시 ② 경찰활동이란무엇인가 ③ 경찰권 발동 범위의 **확대**
시민과의 관계	경찰과 시민은 **대립**관계	경찰과 시민은 **동반자** 관계
목표	공공의 안녕질서유지	질서유지와 범죄수사 (당연한 경찰업무)
수단	권력적 수단중시	비권력적 수단 강조
행정, 사법 경찰구분	구분	구분 없음

(3) 우리나라의 경찰개념

1) 프랑스 독일의 **대륙법계 경찰**이 일본에 전수되었고 우리나라 경찰은 일본 경찰의 개념이 전수되었다. 프랑스(죄와 형벌법전)-일본(행정규칙, 1875년)-조선(행정경찰장정, 1894년)으로 계수되었다.

2) 1945년 일본의 패전으로 미군정이 실시되었고 **영미법계의 영향**으로 국민의 생명, 신체재산보호라는 민주적 이념이 전수된다.(경찰관 직무집행법 제3조에 반영된다)

01 의의

(1) 형식적 의미의 경찰기출

실정법상 경찰기관이 담당하는 임무를 달성하기 위해 행하여지는 **모든 경찰활동**을 의미한다. 형식적 의미의 경찰은 실정법상의 보통경찰기관의 **직무와 관련**이 있다. 역사, 제도적인 면에서 정립된 경찰개념.

(2) 실질적 의미의 경찰(독일행정법학에서 유래)기출

직접적으로 사회 공공의 안녕과 질서 유지를 위해 일반통치권에 의거 국민에게 명령, 강제하는 **권력작용**을 의미한다. 실질적 의미의 경찰은 타인의 자유와 행동을 규제하는 것과 관련이 있다. **실무상의 개념이 아닌** 이론적, 학문적인 면에서 정립된 개념

(3) 실질적 의미의 경찰은 형식적 의미의 경찰보다 넓은 의미의 형식적 경찰을 모두 포괄하는 **상위개념은 아니다.**기출

(4) 일반행정경찰도 경찰기능을 담당한다고 할 때 경찰기능은 실질적 의미의 경찰 개념이다.기출

02 형식적 의미 경찰과 실질적 의미의 경찰 비교

	형식적 의미 경찰	실질적 의미의 경찰
내용	법 규정에 경찰이 담당하도록 되어 있는 사항	공공질서 유지를 목표로 한다. **권력적 작용만**을 의미한다.기출
기준	**조직** 기준	**작용기준**
범위	나라마다 자이가 있다.	안녕질서 등 사회목적적 작용 **소극적 목적**에 한정한다.
예시	사법, 정보, 보안, 경찰서비스활동	도로경찰, 예방경찰, 공물경찰, 행정경찰 (경찰조직과 무관) 등

03 경찰의 종류

(1) 경찰 목적에 따른 구분(행정경찰, 사법경찰)기출

행정경찰과 사법경찰을 최초로 구분한 것은 **프랑스의 죄와 형벌법전**이다.기출

행정경찰은 공공질서유지, 범죄예방을 목적으로 하고 사법경찰은 범죄수사와 체포를 목적으로 한다'고 규정한 데서 비롯되었다. 우리나라는 보통경찰에서 양자를 모두 관장하고 있다. 행정경찰과 사법경찰의 구분이 **명확하지 않다.**기출

	행정 경찰	사법 경찰
내용	질서유지를 위해 일반통치권에 의해 행하는 권력 작용	범죄수사, 범인 체포 등 통치작용 (형식적 의미의 경찰)
기준	행정법규 적용	형사소송법 적용
특징	**예방**경찰	**진압**경찰
지휘	경찰청장	검사

(2) 업무의 독자성에 따른 구분(보안경찰, 협의의 행정경찰)

	보안 경찰	협의의 행정 경찰
내용	질서유지를 위해 다른 행정작용을 **수반하지 않고** 독립해서 행해지는 작용	**타 행정작용과 관련**하여 일어나는 질서유지, 위험방지를 위한 작용
소관	**경찰청장**	**주무장관**
특징	공안유지를 목표	제도상 경찰로 불리지 않음
예시	교통경찰, 해양경찰, 풍속경찰, 생활안전경찰	산업경찰, 위생경찰, 관세경찰, 건축경찰, 공물경찰, 철도경찰 등

(3) 권한과 책임소재에 따른 구분(국가경찰, 자치경찰)기출

	국가 경찰	자치 경찰
내용	경찰의 권한과 책임이 **국가**에 있다.	경찰의 권한과 책임이 지방자치 단체에 분산되어 있다
조직	중앙집권적, 관료적 제도 등 단일화된 명령체계	**지방분권적 조직체계**
수단	권력적인 명령, 강제	비권력적인 수단
장점	**능률성**과 **기동성** 확보 전국적으로 균등한 서비스 제공가능 타행정부문과 **긴밀한 협조** 조정	인권보장, 민주성, 자치단체별로 운용되어 조직의 개혁 용이
단점	지역적 특수성 저해 관료화로 봉사 망각 정부의 특정정책 수행에 활용되어 본연의 임무수행 어려움	타 지방자치단체와의 협력 곤란 전국적 광역적 활동에 부적합 기동성 약하고, 조직체계 무질서

(4) 경찰권 발동 시점을 기준(예방경찰, 진압경찰)기출

1) 예방경찰

위해 발생에 앞서 위해방지를 위한 경찰작용으로 **순찰활동, 총포, 화약류 취급제한, 정신
착란, 만취자 보호 등**

2) 진압경찰

이미 발생한 범죄를 수사하고 피의자를 체포하기 위한 권력작용으로 **사법경찰**과 일치

(5) 위해 정도와 적용법규 빛 담당기관 기준(평시경찰과 비상경찰)기출

1) 평시경찰

평시에 일반법규와 보통경찰기관이 행하는 경찰작용

2) 비상경찰

천재지변, 전시, 사변 등 국가 비상사태에 있어 계엄법으로 경찰사무를 관장하는 것

01 관련 법령기출

(1) 경찰법 3조
　　① 국민의 생명신체 재산보호 ② 범죄의 예방, 진압, 수사 ③ 경비, 요인경호, 대간첩, 대테러작전 ④ 치안정보의 수집, 작성, 배포 ⑤ 교통단속, 위해방지, 외국 정부기관, 국제기구와 협력 ⑥ 그 밖의 공공의 안녕과 질서유지

(2) 경찰관 직무집행법 제2조
　　① 국민의 생명신체 재산보호 ② 범죄의 예방, 진압, 수사 ③ 경비, 요인경호, 대간첩, 대테러작전 ④ 치안정보의 수집, 작성, 배포 ⑤ 교통단속, 위해방지, 외국 정부기관, 국제기구와 협력 ⑥ **기타의 공공의 안녕과 질서유지 (위해방지 아님)**기출

(3) 보안업무는 경찰법과 경직법에 명시되어 있지 않다. 경찰의 임무는 소극적 안녕과 질서유지이고 **적극적인 공공복리 증진은 아니다.**

02 경찰의 임무기출

(1) 위험의 방지

1) 공공의 안녕
　　개인의 법익이 보호되고 국가, 기관의 집행, 공권력의 시설 등 **국가적 법익**이 침해되지 않는 상태를 의미한다. 공공의 안녕은 생명, 재산, 신체 보호의 상위개념이다.기출

　　① **법질서의 불가침성**(제1요소)기출
　　　　- 공법규범에 대한 위반은 공공의 안녕에 대한 침해이고 **경찰의 개입이 허용**된다.
　　　　- 사법규범에 대한 위반은 경찰의 개입 없이 법 실현이 **무효 혹은 불가능**한 경우 경찰개입이 허용(**보충성의 원칙**)

　　② 국가의 존립과 기능성의 불가침
　　　　사회공공의 안녕과 관련하여 국가 존립을 보호해야 하므로 국가 존립을 위협하는 경우는 내란, 외환의 죄를 규정하고 있다. 따라서 가벌성의 범위에 이르지 않더라도 자유와 권리를 침해하지 않는 한 수사, 정보, 보안, 외사활동 등을 할 수 있다.

　　③ 개인의 권리와 법익의 보호
　　　　경찰은 명예, 생명, 자유, 존엄성 등 개인의 법익뿐 아니라 **사유재산 가치** 혹은 **무형의 권리**도 보호해야 한다.기출 경찰의 보호는 잠정적 보호이고, **최종적인 판단과 보호는 법원**에 의한다.

2) 공공질서기출

시민으로서 원만한 국가생활을 유지하는 필수적인 전제조건이 되는 **불문규범의 총체**를 말한다. 공공질서의 개념은 **상대적, 유동적**이고 절대적이라 볼 수 없다. 오늘날 법적 전면 규범화되어 공공질서의 **적용 범위는 점차 축소**되어 가고 있다.

3) 위험

① 위험은 가까운 장래에 공공의 안녕이나 질서에 손해가 나타날 수 있는 가능성이 개개의 충분히 존재는 상태로 **인간**에 의한 것이든 **자연**에 의한 것이든 상관없다.

② 경찰법상의 손해는 개인이나 공동의 법익의 정상적 상태의 객관적 감소이고 보호법익의 **현저한 침해**가 있어야 한다. 단순한 불편함은 위험으로 볼 수 없다.

③ 종류

	구체적 위험	추상적위험
개 념	손해의 발생 **가능성이 충분히** 존재	구체적 위험의 **예상 가능성만** 있음
근거조항	근거조항에 의한 경찰활동은 **구체적** 위험제거하기 위한 경우만 가능	조직규범 내의 **비권력 활동**의 경우 추상적 위험방지 방지를 위한 것

- **경찰의 개입**은 구체적 위험 내지 추상적 위험이 있을 때 가능하나, **범죄예방의 경우**는 위험방지 행위이므로 추상적 위험이나 구체적 위험을 반드시 필요로 하지는 않는다.

- **위험에 대한 법익**은 경찰개입의 전제이나 위험이 보호받게 되는 법익에 필수적으로 존재해야 하는 것은 아니다. 예) 보행자의 통행이 없는 밤에 횡단보도 신호등이 녹색등일 때 정지하지 않고 진행한 경우는 경찰책임이 존재하므로 도로교통법의 침해로 본다.

④ 위험의 인식

경찰의 위험의 인식은 사실에 기인하여 향후 발생할 사건의 진행에 관한 추정까지도 의미한다. 즉 **상황판단으로 실제 위험이 없는 경우까지** 말한다.

위험 혐의	실제로 위험 가능성은 있으나 **실현이 불확실**한 경우기출
외관적 위험	경찰 개입하였으나 **실제로는 위험이 없는** 상태(집안에 아이들이 괴성을 지르며 장난치는 것을 강도사건이 발생한 것으로 오인하여 경찰관이 문을 부수고 들어간 경우)기출
오상 위험 (추정적위험)	이성적, 객관적으로 보아 위험의 외관이나 혐의가 정당화되지 못함에도 경찰이 위험이 존재한다고 추정한 경우(**손실보상, 손해배상**의 청구가능)기출 오상위험은 **경찰상 위험이 아니다.**

(2) 범죄의 수사

1) **법정주의:** 경찰법과 경찰관 직무집행법에서 경찰의 임무로 규정하고 있고, 수사는 형 소법 196조가 '수사하여야 한다'고 규정하고 있어 법정주의 원칙을 나타내고 있다. 따라 서 경찰은 범죄행위가 있으며 친고죄 등의 경우를 제외하고는 **수사해야 한다.**(재량권 없음)

2) 경찰의 수사는 **위험방지와 별개가 아니고, 예방**적 위험방지 조치 뿐만 아니라 위험이 현 실화되어 범죄의 구성요건을 충족시킬 때는 경찰 **수사**의 대상이 된다.

(3) 서비스 활동

경찰은 소극적 위험방지활동이나 범인체포, 수사 등 법집행 임무 외에도 적극적 서비스 활동이 요구되고 있다. 결국 법집행과 서비스는 별개의 활동이 아니라 경찰이 모두 담당 해야 할 임무이다.

03 경찰의 수단(경찰이 임무를 달성하는 데 사용하는 방법)

(1) 권력적 수단(법정주의)

1) 경찰명령: 법령, 행정처분에 의하여 개인에게 일정한 작위, 부작위, 수인, 급부의무를 과 하는 행위(경찰하명) 또는 개인에게 부과된 의무를 특정한 경우 해제하는 행위(허가, 면 제)를 포함한다.

2) 경찰강제: 개인의 신체, 가택, 재산에 강제력을 동원하여 경찰 목적을 달성하는 것으로 질서유지에 필요한 상태를 실현하는 권력적 사실행위이다.

(2) 비권력적 수단

전통적 수단만으로 경찰목적을 달성할 수 없어 개인의 자유와 권리에 개입하지 않고 구 체적 근거 규정이 없이도 순찰, 정보제공요구 등을 할 수 있는 수단이 점차 확대되고 있 다.

(3) 범죄수사를 위한 수단(**법정주의**)

형사소송법에는 **임의수사**(상대방의 동의나 협력을 얻어 행하는 수사)를 원칙으로 영장을 필요로 하는 **강제수사**(요건, 기간 등이 법에 명시되어 있는 수사)를 예외적으로 허용하 고 있다.

04 경찰권^{기출}

(1) 협의의 경찰권

1) 의의

일반통치권에 기초하여 국민에게 명령 강제하는 권한을 의미한다. 광의의 경찰권은 **협의의 경찰권에 수사권을 포함**한다. (국회의장의 국회 경호권이나 법원의 법정경찰권과 같이 내부질서를 목적으로 하는 것은 협의의 경찰권에 해당하지 않는다)

2) 대상

자연인, 법인, 내외국인 모두 포함하고 **행정기관**이나 행정주체가 공공의 안녕과 질서에 위험을 야기한 경우 적법한 행사가 침해되지 않는 범위 내에서 경찰권이 발동된다. 불특정 다수인을 대상으로 하는 **일반처분도 가능**하다.

(2) 수사권

1) 의의

형사소송법에 근거 경찰에게 부여된 권한으로 **범죄혐의**를 명백히 하고 **공소제기 유지**를 위해 **범인**을 발견하고 **증거**를 수집하는 수사기관의 활동을 의미한다.

2) 대상

자연인, 법인, 내외국인 불문하고 피의자, 참고인 등 **형소법에서 규정된 관계자** 외에는 행사될 수 없다.

3) 제한 대상

외교사절, 공무수행 중인 미군(SOFA:주한미국지위협정), 대통령(불소추특권), 국회의원(불체포특권)은 수사권 행사의 범위에 제한을 받는다.

05 경찰 관할

(1) 사물관할

경찰이 처리할 수 있고 처리해야 하는 사무내용의 범위로 경찰권의 발동될 수 있는 범위를 말한다. 영미의 영향으로 **경찰관직무직행법 2조, 경찰법 3조**에 범죄 수사가 경찰의 **사물관할**로 되어 있다. 공공서비스의 안녕과 질서유지를 목표로 위험 방지와 서비스 영역도 포함된다.

(2) 인적 관할

경찰권이 어떤 사람에게 적용되는가의 문제로 대통령, 국회의원, 외교사절, 주한 미군의 경우에는 경찰권 행사의 제한이 있다.

(3) 지역 관할

경찰권이 행사될 수 있는 지역적 범위로 대한민국의 모든 영역에서 행사된다.

단 해양에서는 해경이 이를 담당한다.

1) 국회

국회의장이 **국회운영위원회의 동의**를 얻어 국가경찰파견을 요청하지만 의장의 지휘를 받아 **회의장 밖에서 경호업무**를 담당한다.기출

국회 안의 현행범은 경위 또는 국가경찰공무원이 체포한 후 의장의 지시를 받아야 하고 의원은 회의장 안에 있어서는 **의장의 명령 없이 체포할 수 없다.** 기출

2) 법원 내부

법원조직법에 따르면 법정경찰권은 재판장에게 부여하고 있다. 재판장은 질서유지를 위해 관할 경찰서장에게 국가경찰공무원 파견을 요청할 수 있다.

3) 치외법권 영역

외교공관이나 외교관의 사택은 불가침이고 승용차, 보트, 비행기 등도 불가침이다.

외교사절의 동의가 없는 한 경찰관은 출입할 수 없다.기출 (단 화재, 감염병처럼 **긴급을 요하는 경우는 예외**)기출

4) 미군기지 내기출

미군기지 내에는 **미군이 경찰권**을 가지고 있으나 미군 당국이 **동의**한 경우와 중대한 범죄를 범하고 도주하는 **현행범**을 추적하는 경우 미군시설 및 구역 내 체포 가능

미군의 동의가 없으면 시설 또는 구역 내에서 미국재산에 대해 압수, 수색, 검증할 수 없다.

01 기본이념기출

(1) 민주주의

1) 의의

경찰은 국가의 존립과 안녕을 보호할 책임이 있고, 경찰권은 국민에게 있고, 경찰권력은 국민으로부터 나온다는 이념(**헌법 1조**). 또한 경찰은 국민에 대한 **봉사자**이며 국민에게 책임을 진다. (**헌법 7조**), 경찰의 민주적인 관리운영과 효율적 업무수행을 위해 경찰 조직 및 직무 범위 필요한 사항을 규정하고 있다.(**경찰법 1조**)

2) 민주화 방안

① 경찰조직 내부의 적절한 권한분배와 민주적 리더십이 필요하다.

② 국민의 경찰에 대한 **민주적 통제와 참여**(경찰위원회, 부패방지 국민권익위원회, 국민 감사청구제)가 필요하고 **경찰정보 제공**(공공기관 정보공개에 관한 법률, 행정절차법 등)이 필요하다. 성과급은 민주화 방안이 아니고 효율성 측면과 관련이 있다. 민주주의는 정보공개나 행정절차와 관련이 있다.

(2) 법치주의

국민의 **자유와 권리에 대한 제한의무 부과**는 국회에서 제정한 **법률**에 근거가 있어야 한다.

제한하는 경우에도 자유와 권리의 본질적인 내용은 침해할 수 없다.기출 **행정처분, 행정강제**의 경우는 법치주의가 강력하게 적용되고, 임의활동은 직무 범위 내에서 수권규정이 없더라도 행할 수 있다.

(3) 인권존중주의

국가는 개인의 **불가침의 기본적 인권**을 확인하고 이를 보장할 의무를 지며, 경찰은 직무를 수행함에 **헌법과 법률**에 따라 국민의 자유와 권리를 존중해야 한다. 단 국가안전보장, 질서 유지, 공공복리를 위하여 필요한 경우는 **법률로써 제한**이 가능한데 이러한 경우에도 자유와 권리의 본질적 내용은 침해할 수 없다.기출 (헌법 37조 2항) 인간이 평등하게 향유하는 것이고(**보편성**), 특수한 입장에 있는 개인이나 집단의 권리는 다른 사람이나 공동이 이익을 위하여 필요한 만큼 제한된다.

(**상호의존성**)

(4) 정치적 중립주의

경찰의 정치적 중립은 법률이 정하는 바에 따라 보장되고 국민 전체에 대한 봉사자로 공정 중립을 지켜야 한다. 정당에 가입할 수 없고 정치운동을 할 수 없다. 따라서 정치적 중립을 훼손하는 상관의 지시에 따를 의무가 없다.

(5) 경영주의

경찰조직을 능률적, 효율적으로 관리하는 것으로 주어진 **인력과 예산 및 장비는 적정하게 배분**되어야 하고 **국민만족**을 추구해야 한다. **성과급제도**의 도입은 경영주의의 예라고 할 수 있다.

02 경찰윤리

(1) 경찰윤리 필요성 (**클라이니히**)

1) 강력한 권한 행사, 물리력 사용, 재량권

경찰은 시민들의 생활에 영향을 미치며 **국민의 자유와 권리를 침해**하거나 구속한다. 재량에 대한 사전적 통제가 사실상 불가능하여 경찰관의 **윤리적이고 합리적 판단**이 중요하다.

2) 비정상적 상황에서의 업무

경찰업무 자체가 비정상적 상황에서 이루어지므로 습관적, 일상적, 도덕적 대응만으로 불충분하고 경찰관으로의 윤리의식이 필요하다.

3) 신속한 대처능력

경찰은 위기상황이나 순간적 순발력이 필요한 업무를 수행한다. 이러한 상황에서 현명한 대처를 위해서는 도덕적 능력이 필요하다.

4) 배타적 집단형성

경찰은 조직 내외부에서 유혹에 노출되어 있다. 따라서 집단규범에 동조하라는 압력이 가해지고 이를 위해 개개인의 도덕적 노력과 결단이 필요하다.

(2) 법과 윤리

1) 윤리와 법

공동체는 안정된 삶의 유지를 위해 명령성, 금지성의 성격을 띠는 예절과 관습등을 형성한다(윤리) 윤리질서가 강제성을 띤 형태가 법률이다. '살인을 하지 말라'는 윤리 질서가 '사람을 죽이면 사형에 처한다'라는 법률의 형태로 나타난다.

2) 윤리와 악법

① 악법: 법률이 객관적 윤리질서를 반영하지 못한 경우 악법이라고 본다. 예를 들면 인간의 존엄성을 부정하는 법, 자유와 생명을 부정하는 법, 평등원칙을 부정하는 법 등이다.

② 악법에 대한 태도

법실증주의자	사회나 개인에 대하여 **국가의 우월성**을 강조하고 기본권은 자연권이 아니라 법에 의해 창설되는 것이라는 견해로 객관적 윤리질서보다 **법적 안정성**을 강조한다. 정낭한 설자에 따라 제정되었다면 **악법도 법**이다. (국민의 **저항권 부정**)
자연법론자	국가에 대한 **개인과 사회에 대한 우월성**을 강조하고 기본권은 자연 권이라고 보는 견해로 법적 안정성보다 **객관적 윤리질서**에 중점을 둔다. (**저항권**은 자연법적으로 승인되고 **보장**되어야 한다.)

3) 저항권에 대한 경찰의 입장

민주적, 법치적 기본질서을 전면적으로 부인하는 경우, 공권력이 행사가 불법성을 띠고 있는 것이 명백할 때 **최후수단으로 사용**한다. 법이 객관적 윤리질서에 명백히 반할 때 경찰은 시민의 저항권을 저지하기 위해 공권력을 행사할 수 없다.

03 사회 계약설 기출

(1) 의의

사람들이 공동체를 이루어 생활하는 경우 의견과 이해관계의 차이로 대립을 하게 된다. 따라서 사회의 평화와 질서 유지를 위해서 대립과 분쟁을 조정할 수 있는 권위 즉 국가가 존재해야 한다. 이에 자연권 행사 대신 **대립과 분쟁의 조정을 제3자에게 의존**하는 정치공동체가 출연하게 된다는 사상이다. 민주 경찰의 사상적 토대는 **사회계약설**에서 나온다.

(2) 로크(1632-1704)의 사회계약설 기출

1) 자연법상의 권리 인정

모든 사람은 생명, 자유 및 재산에 대한 자연법상의 권리를 가지고 있다.

2) 내용

① 자연상태

자신의 권리가 침해되었을 경우 스스로 자위권을 발동할 수 있고 자신이 원하는 것을 추구할 자유가 있다. 이때도 **자연법의 제한**은 받는다.

② 사회계약 이행과정

자연법이 있다 해도 합의된 기준이 없어 **재판도 할 수 없고**, 안전이 결여되어 있어 개인은 자연권의 일부를 포기하고 그 임무를 국가에 위임하고 국가는 경찰에게 개인의 생명과 재산을 보호하는 임무를 부여한다.

③ 사회계약 후(**간접민주주의**)

시민은 자연권의 일부를 포기하고 국가가 실정법을 만들고 경찰은 법집행을 하고 법원은 판결을 선고한다.

(3) 루소(1712-1778)

루소는 시민은 투표할 때 만 자유로울 뿐이고, 일단 투표가 끝나면 노예 상태로 되돌아 간다. 따라서 개의의 의사는 대표될 수 없다고 본다.(**직접민주주의** 주장)

홉스	① **만인의 만인의 투쟁**(약육강식의 투쟁 상태) ② 사회계약을 통해 폭력보다 평화와 협력강조하고 자연권의 일부를 국가에 신탁 ③ 개인의 **자연권 포기** ④ 국왕의 통치에 의한 절대복종(**절대군주정치**)으로 혁명은 절대불가 ⑤ 저서는 **리바이던**
로크	① 자유롭고 평등한 인간관계가 확대되어 자연권의 유지는 불안한 상태가 된다. ② 자연법이 존재하여 완전히 무질서한 사회는 아님 ③ 국왕의 천부적 자연권이 아니라 개인이 자연권의 일부를 국가 또는 국왕에게 신탁 ④ **제한군주정치**, **시민권**의 확보, 반항권의 유보 ⑤ 입법권과 집행권의 2권분리 ⑥ 저서는 **시민정부 2론**
루소	① 초기는 자유평등이 보장되다가 강자, 약자의 구별이 생기고 **불평등 형성** ② 모든 사람의 의지를 통합하여 일반의지를 통한 **직접 민주정치** 시작 ③ 자연적 자유 대신 **사회적 자유**를 얻게 됨 ④ 국민주권으로 불평등관계가 시정되기 시작 ⑤ 일반의지인 법을 통해 인간의 자연권과 정의 실현 ⑥ 저서는 **사회계약론**

04 사회 계약설에 근거한 경찰활동기출 (Cohen & Feldberg)

(1) 공정한 접근(Fair access)의 보장

경찰서비스에 대하여 성별, 연령, 전과유무 등에 구애받지 않고 서비스를 제공해야 한다. **필요성**만이 경찰이 따라야 할 기준이고 **편들기**(동료경찰관의 음주운전 무마), **서비스제공 요구 무시**(가난한 동네 순찰 누락) 등은 공정한 접근에 위배 된다. (예시: 갑은 강도가 들어 가까운 지구대에 신고를 하였더니, 지구대에서는 평소에 갑이 협조를 하지 않는다는 이유로 현장 출동을 하지 않았다. 이는 **공정한 접근의 보장에 위배**된다.)

(2) 공공의 신뢰확보(Public Trust)

개인이 자신의 권리를 경찰에게 맡겨(**자력구제금지**) 경찰이 강제수단을 질서유지와 수사를 하고 있다. 따라서 경찰관은 시민의 신뢰에 합당한 방식으로 권한을 행사해야 한다. 물리력의 행사는 **필요 최소한**에 그쳐야 하고 사적인 이익을 위해서 지위를 이용해서도 안 된다.

① 김 순경은 순찰 중 강도가 칼을 들고 편의점 직원을 위협하는 것을 보고 신변의 위협을 느껴 모른 척하고 지나간다. 이는 공공의 신뢰확보 기준에 어긋난 것이다.

② 경찰관이 절도범 추격 중 달아나는 범인의 등 뒤에서 권총을 쏘아 사망하게 한 경우

③ 갑은 자신의 컴퓨터를 잃어버렸고 이웃집사람이 의심스럽다고 생각했으나 자신이 직접 물건을 찾지 않고 경찰서에 신고하여 범인을 체포한 것은 공공의 신뢰확보와 관련이 있다.
(자력구제 금지)

(3) 생명과 재산의 안전

경찰법 집행은 시민이 **생명과 재산의 보호 목적**을 달성하기 위한 것이므로 법집행으로 국민의 생명과 재산이 위협을 당해서는 안 된다.
(예시: 도망가는 10대 폭주족을 무리하게 추격하여 폭주족이 다른 자동차를 들이받아 중상을 입은 경우 이는 **생명과 재산의 안전**에 위배된다.)

(4) 협동(Team work)

입법, 행정, 사법 등은 분리되어 있으나, 시민의 생명과 재산 보호하는 국가적인 목표 달성을 위해서는 기관 **상호 간에 팀워크가 중요**하다.

(5) 냉정하고 객관적인 자세(Objectivity)

경찰관은 **사회 전체의 이익을 위해서 일**해야 하고 개인감정에 치우치지 말고 냉정하고 객관적인 자세를 유지해야 한다.기출 따라서 개인적 선호, 지나친 열정, 개인직 편견은 허용되지 않는다. (예시: 김순경은 절도범을 검거하였는데 과거 도둑맞은 경험이 생각나 피의자에게 욕설과 가혹 행위를 하였다. 이는 냉정하고 객관적인 자세에 위반된다.

05 경찰의 전문화 기출

(1) 의의

미국의 **볼머**에 의해 전문직업화가 추진되었다. 경찰위상과 사기의 제고, 공중의 존경의 증대, 효율성, 부정부패 척결, 서비스 질의 향상의 이점이 있다.

(2) 문제점

1) 부권주의

아버지가 자녀의 적성이나 의사를 고려하지 않고 문제를 결정하듯이 전문가가 상대방의 입장을 고려하지 않고 **일방적인 결정을 하는 것**(치안서비스의 질의 저하)

2) 소외

자신의 분야에만 몰두하여 경찰의 봉사적 역할 등 전체적 목적과 사회관계에 소홀한 것(**숲은 보지 못하고 나무만 보는 것)**

3) 차별

경제적, 사회적 약자는 **전문가가 되는 기회를 차단**당하는 현상

06 경찰의 일탈 기출

(1) 미끄러지기 쉬운 경사이론기출

1) **셔먼**

공짜 커피, 작은 선물 등 **사소한 호의가 습관화**될 경우 더 **큰 부패와 범죄로 빠진다**는 가설이다. 예) 지구대 김순경은 순찰 도중 슈퍼마켓 주인으로부터 음료수를 마시면서 친분을 유지하다가 폭행사건 무마 청탁을 받고 큰돈까지 받는 경우

2) **펠트버그**기출

경찰관은 사소한 호의와 그를 방행하는 뇌물을 구별할 수 있으므로, 미끄러지기 쉬운 경사이론은 위선적이고, 관념적이라고 비판

3) 델라트르

모든 경찰관이 부패행위에 빠지는 것은 아니나 일부 경찰이 부패행위에 빠지게 되므로 **경찰조직의 정책**은 작은 호의를 금지해야 하고 전문가로 대우받기 위해 필수적이라고 본다.

(2) 경찰부패

1) **전체사회 가설**기출

윌슨은 시카고 경찰의 부패가 **시민사회의 방관에서 비롯**되었다고 보고, 사회의 작은 호의가 부정부패를 이끌게 된다는 가설로 **미끄러지기 쉬운 경사이론과 유사**

2) **구조원인 가설**

신임경찰관이 **고참 동료에 의해 조직의 부패를 습득**해 부패하게 된다는 것으로 침묵의 규범에 의해 조장된다. **니더호퍼, 로벅, 바커가** 주장한다. 부패의 원인을 구조적인 것으로 보고 있다. 예) 출장을 가면서 인원을 속여 더 많은 출장비를 수령한 경우

3) 썩은 사과 가설

   자질이 없는 경찰관이 모집 단계에서 배제되지 못하고, 경찰의 부패가 나타난다는 이론으로 부패의 원인을 **개인적 결함**으로 보고 있다.

4) 내부고발(Whistle blowing)기출

   동료나 상사의 부패에 대하여 감찰이나 외부 언론에 공표하는 것(**침묵의 규범과 반대**)으로 **클라히니히**가 주장했다. 외부에 공표하기 전에 자신의 의견을 표시하기 위한 내부적 채널을 먼저 활용해야 하고 도덕적 동기에 의해 이루어져야 한다

   성공 가능성이 있어야 하고 도덕적 위반이 얼마나 중대한가의 고려가 필요하다.

(3) 냉소주의

1) 원인

   조직의 체계에 **신념이 결여**되어 있고, 위선으로 가득 차 있다고 생각하거나 경찰상관이 부하에 대한 무리한 명령을 할 때 나타난다.

2) 폐해

   조직에 대한 **반발과 일탈현상**을 초래한다. 이를 극복하기 위해서는 부하의 의견청취, 커뮤니케이션 과정 개선, 신뢰회복이 필요하다 (**Y이론**에 입각한 조직관리)

3) 회의주의와 구분

   ① 냉소주의: **합리적 근거 없이** 신념의 결여로 발생하는 것으로 개선의 의지 없음

   ② 회의주의: 합리적 의심하여 비판하는 것으로 **개선의 의지가 있음**

07 경찰윤리 강령기출

(1) 연혁

   경찰윤리헌장(1966)-새경찰신조(1980)-경찰헌장(1991)-경찰서비스헌장(1998)

(2) 내용

1) 경찰윤리헌장

   1. 우리는 헌법과 법률을 수호하고 명령에 복종하며 각자의 맡은 바 책임과 의무를 충실히 완수한다.

   1. 우리는 냉철한 이성과 투철한 사명감을 가지고 모든 위해와 불법과 불의에 과감하게 대결하며 청렴 검소한 생활로써 영리를 멀리하고 오직 양심에 따라 행동한다.

   1. 우리는 주권을 가진 국민의 수임자로서 공공의 복리를 증진하고 국민의 자유와 권리를 존중하여 성실하게 봉사한다.

1. 우리는 국민의 신뢰를 명심하여 편견이나 감정에 사로잡히지 않고 공명정대하게 업무를 처리한다.

1. 우리는 이 모든 목표와 사명을 달성하기 위하여 끊임없이 인격과 지식의 연마에 노력할 것이며 민주경찰의 발전에 헌신한다.

2) 새 경찰 신조

1. 우리는 새 시대의 사명을 완수한다.

2. 우리는 **깨끗**하고 **친절**하게 **봉사**한다.

3. 우리는 **공정**과 소신으로 일한다.

4. 우리는 스스로 **능력**을 개발한다.

3) 경찰헌장

1. 우리는 모든 사람의 **인격**을 존중하고 누구에게나 따뜻하게 **봉사**하는 **친절**한 경찰이다.

1. 우리는 **정의**의 이름으로 진실을 추구하며, 어떠한 불의나 불법과도 타협하지 않는 의로운 경찰이다.

1. 우리는 국민의 **신뢰**를 바탕으로 오직 **양심**에 따라 법을 집행하는 **공정한 경찰**이다.

1. 우리는 건전한 **상식** 위에 전문지식을 갈고닦아 맡은 일을 **성실**하게 수행하는 근면한 경찰이다.

1. 우리는 화합과 단결 속에 항상 규율을 지키며, 검소하게 생활하는 **깨끗한 경찰**이다.

(3) 문제점

경찰강령은 **법적 강제력이 없고** 상부의 일방적 제정으로 **냉소주의**로 흐를 수 있어, 경찰강령의 최소 수준만 하면 된다고 본다. 타율적으로 강제되는 헌장은 윤리적 불감증으로 흐르게 된다.

001

08 승진

대륙법계의 경찰개념과 영미의 경찰개념에 대한 설명이 바르지 못한 것은?

① 독일에서는 계몽철학이 등장하면서 경찰의 분야에서 적극적인 복지경찰이 축소 또는 제외되어, 소극적인 위험방지에 한정되었다.

② 대륙법계 국가에서 경찰개념은 통치권을 전제로 경찰권 반동의 범위와 성질을 기준으로 형성되었다.

③ 영미의 경찰개념은 자치권한을 위임받은 조직체로서 역할을 중심으로 형성되었다.

③ 대륙법계 국가에서 수사활동은 당연히 경찰의 고유한 임무로 취급되었다.

> **해설**
> 대륙법계에서는 권력분립주의의 영향으로 수사를 경찰의 고유한 임무로 인정하지 않았다.

002

96·98·
08 승진

형식적 의미의 경찰개념과 실질적 의미의 경찰개념에 대한 설명 중 틀린 것은?

① 형식적 경찰이란 실정법상 보통경찰기관에 분배되어 있는 임무를 달성하기 위한 경찰 활동을 의미한다.

② 실질적 의미의 경찰개념은 일반통치권에 근거하여 국민에게 명령, 강제하는 권력적 작용이다.

③ 경찰관직무집행법 제2조는 실질적 의미의 경찰을 의미한다.

④ 실질적 의미의 경찰개념은 실무상으로 정립된 개념이 아니라 학문상으로 확립된 개념이다.

> **해설**
> 경찰관직무집행법 제2조는 경찰의 법적 권한(사물관할)을 의미하기 때문에 **형식적 의미의 경찰**에 해당한다.

ANSWER 001 ④ 002 ③

003 행정경찰과 사법경찰의 차이점에 대한 다음의 설명 중 틀린 것은?

02 채용

① 행정경찰은 행정법의 일반원칙과 각종 경찰법에 의하여 작용하지만, 사법경찰은 형사소송법에 의하여 권한을 행사한다.

② 행정경찰은 검사의 지휘를 받고 사법경찰은 경찰청장의 지휘를 받는다.

③ 행정경찰은 실질적 의미의 경찰에 해당하고, 사법경찰은 형식적 의미의 경찰에 해당한다.

④ 행정경찰은 공공질서유지, 범죄예방을 목적으로 하고, 사법경찰은 범죄의 수사, 체포를 목적으로 한다.

> **해설**
> 행정경찰은 경찰청장(또는 주무장관)의 지휘를 받고, **사법경찰은 검사의 지휘를** 받는다.

004 다음 중 자치경찰제의 단점이 아닌 것은?

05 승진

> ㉠ 관료화 우려와 정치적 중립성 취약
> ㉡ 통일성, 집행력, 기동력이 미약
> ㉢ 지역의 특성에 맞는 경찰행정이 가능
> ㉣ 타 기관과의 업무협조가 곤란
> ㉤ 경찰본연의 임무를 벗어날 우려가 있음

① ㉠ ㉡ ㉢   　　　　② ㉢ ㉣ ㉤

③ ㉠ ㉢ ㉤   　　　　④ ㉡ ㉢ ㉤

> **해설**
> ㉠, ㉤는 국가경찰의 단점, ㉢는 자치경찰의 장점에 해당한다.

005 다음은 경찰개념에 대한 설명이다. 틀린 것은?

ㄱ. 17세기 베스트팔렌 조약은 대륙법계에서 외교가 특별한 분야로 인정되기 시작한 계기가 되었다.

ㄴ. 18세기 계몽철학의 등장으로 법치주의시대가 도래 하면서 적극적인 복지경찰 분야가 제외되고, 소극적인 위험방지 분야에 한정되었다.

ㄷ. 절대군주체제가 강화됨에 따라 경찰로서 통치권의 전반을 행사하는 경찰국가 시대가 실현되었다.

ㄹ. 경찰국가시대에는 공공복시증신을 위한 강제적 행사도 경찰이라고 하였다.

ㅁ. 경찰이라는 용어의 기원은 고대 그리스어인 politia에서 유래되었다.

ㅂ. 대륙법계 국가에서의 경찰개념은 경찰활동이란 무엇인가에 초점을 두고 경찰이 시민을 위해서 수행하는 기능을 중심으로 형성되었다.

ㅅ. 경찰의 개념은 역사성을 띠고 있다.

① 1개　　　　② 2개　　　　③ 3개　　　　④ 4개

해설
ㄱ. 17세기 베스트팔렌 조약은 대륙법계에서 **사법**이 특별한 분야로 인정되기 시작한 계기가 되었다.
ㅁ. 경찰이라는 용어의 기원은 고대 **라틴어**인 politia에서 유래되었다.
ㅂ. **영미법계** 국가에서의 경찰개념은 경찰활동이란 무엇인가에 초점을 두고 경찰이 시민을 위해서 수행하는 기능을 중심으로 형성되었다.

006 경찰개념에 대한 설명 중 가장 적절하지 <u>않은</u> 것은?

① 1794년 프로이센 「경찰행정법」은 "경찰관청은 공공의 평온, 안녕 및 질서를 유지하고 또한 공중 및 그의 개개 구성원들에 대한 절박한 위험을 방지하기 위하여 필요한 조치를 취하는 것은 경찰의 직무이다"라고 규정하였다.

② 행정경찰과 사법경찰은 프랑스에서 확립된 구분으로, 프랑스「죄와형벌법전에서 유래하였다.

③ 경찰개념의 발달과정에서 경찰사무를 타 행정관청으로 이관하는 현상을 '비경찰화'라고하는데, 위생경찰, 산림경찰 등을 비경찰화 사무의 예로 들 수 있다.

④ 대륙법계 국가의 경찰개념 형성과정은 경찰의 임무 범위를 축소하는 과정이었으며 경찰과 시민을 대립하는 구도로 파악하였다.

해설
① 1794년 프로이센 「**일반란트법**」이다.

ANSWER　005 ③ / ㄱ ㅁ ㅂ　006 ①

007

19 승진

경찰개념의 형성 및 역사적 변천 과정에 대한 설명으로 가장 적절한 것은?

① 16세기 독일 「제국경찰법」은 교회행정을 포함한 국정 전반을 의미하였다.

② 17세기 대륙법계 국가에서는 국가작용의 분화현상이 나타나 경찰개념이 소극적인 위험방지 분야에 한정되었다.

③ 1794년 프로이센 「일반란트법」 제10조에서 경찰관청은 공공의 평온, 안녕 및 질서를 유지하고, 또한 공중 및 그의 개개 구성원들에 대한 절박한 위험을 방지하기 위하여 필요한 기관이라고 규정하였다.

④ 대륙법계 국가에서는 '경찰은 무엇인가'라는 문제보다 '경찰은 무엇을 하는가' 또는 '경찰활동이란 무엇인가'라는 문제를 중심으로 경찰개념이 논의되었다.

> **해설**
> ① 교회행정을 **제외한** 국정 전반을 의미하였다.
> ② 18세기 계몽철학의 등장과 자연법사상, 권력분립주의, 자유주의 등의 영향으로 법치주의가 대두되면서, 경찰개념은 내무행정 가운데서도 질서행정을 의미하게 되었다.
> ④ 영 · 미 법계 국가에서는 '경찰은 무엇인가'라는 문제보다 **'경찰은 무엇을 하는가'**라는 문제가 중심이었다.

008

19
채용 2차

18~20세기 독일과 프랑스에서의 경찰개념 형성 및 발달과정에 관한 설명으로 가장 적절하지 <u>않은</u> 것은?

① 경찰 개념을 소극적 질서유지로 제한하는 주요 법률과 판결을 시간적 순서대로 나열하면 프로이센 「일반란트법」(제10조)-프랑스 「죄와형벌법전」(제6조)-크로이츠베르크판결-프랑스 지방자치법전(제97조)-프로이센 「경찰행정법」(제4조)의 순이다.

② 크로이츠베르크 판결은 경찰의 직무 범위는 위험방지 분야에 한정된다고 하는 사상이 법 해석상 확정되는 계기가 되었다.

③ 프랑스 「죄와형벌법전」은 행정경찰과 사법경찰을 최초로 구분하여 법제화하였다는 점에 의의가 있다.

④ 프랑스 「지방자치법전」은 경찰의 직무 범위에서 협의의 행정경찰적 사무를 제외시킴으로써 경찰의 직무를 소극목적에 한정하였다.

> **해설**
> ④ 프랑스 「지방자치법전」은 '자치체경찰은 공공의 질서 · 안전 및 위생을 확보함을 목적으로 한다'고 규정하여 경찰의 직무를 소극목적에 한정하였으나 **위생사무 등 협의의 행정경찰 사무가 포함**되어있다.

009 대륙법계 국가의 경찰제도에 관한 다음 설명 중 옳지 않은 것은 모두 몇 개인가?

18 경간

> 가. 대륙법계 국가의 경찰개념은 경찰권이라고 하는 일반 통치권적 개념을 전제로, 경찰이 시민을 위해서 수행하는 기능 또는 역할을 중심으로 형성되었다.
> 나. 1931년 프로이센 「경찰행정법」에는 "경찰관청은 일반 또는 개인에 대한 공공의 안녕과 질서를 위협하는 위험을 방지하기 위하여 현행법의 범위 내에서 의무에 합당한 재량에 따라 필요한 조치를 취하지 않으면 안 된다."고 규정하였다.
> 다. 경찰이란 용어는 라틴어의 Politia에서 유래한 것으로 도시국가에 관한 일체의 정치,특히 헌법을 지칭하였다.
> 라. 크로이쯔베르크(Kreuzberg) 판결은 경찰임무의 목적확대에 결정적인 계기를 만든 판결로 유명하다.
> 마. 경찰국가시대에 경찰권은 소극적인 치안유지만 할 뿐,적극적인 공공복지의 증진을위하여 강제력을 행사할 수 없었다.
> 바. 17세기 국가작용의 분화현상이 나타나 경찰개념이 외교·군사·재정·사법을 제외한 내무행정전반에 국한되었다.

① 1개　　　　② 2개　　　　③ 3개　　　　④ 4개

해설

가. 경찰이 시민을 위해서 수행하는 기능 또는 역할을 중심으로 형성된 것은 대륙법계가 아니라 영미법계 국가의 경찰개념이다.
라. 크로이쯔베르크(Kreuzberg) 판결은 **경찰 임무의 목적 축소**에 결정적인 계기를 만든 판결로 유명하다.
마. 경찰국가시대에 경찰권은 소극적인 치안유지뿐만 아니라 적극적인 공공복지의 증진을 위하여 강제력을 행사할 수 있었다.

010

19 승진

대륙법계 경찰개념에 대한 설명으로 가장 적절하지 않은 것은?

① 17세기 경찰국가시대에는 국가작용의 분화현상이 나타나 경찰개념이 군사·재정·사법·외교를 제외한 내무행정 전반을 의미하였다.

② 1795년 프랑스「죄와형벌법전」제16조는 '경찰은 공공질서를 유지하고 개인의 자유와 재산 및 안전을 유지하기 위한 기관'이라고 규정하였다.

③ 범죄의 예방과 검거 등 보안경찰 이외의 산업, 건축, 영업, 풍속경찰 등의 경찰사무를 다른 행정관청의 분장사무로 이관하는 현상을 '비경찰화'라고 한다.

④ 대륙법계 경찰의 업무 범위는 국정전반 → 내무행정 → 위험방지 → 보안경찰 순으로 변화하였다.

해설
③ 비경찰화의 대상이 되는 협의의 행정경찰에 풍속경찰은 속하지 않는다.

011

18 승진z

행정법·형사법 관련 판결에 대한 ㉠부터 ㉣까지의 설명 중 옳고 그름의 표시(○×)가 바르게 된 것은?

㉠ Blanco 판결은 Blanco란 소년이 국영 담배공장 운반차에 부상을 당하여 민사법원에 소를 제기하였는데 손해가 공무원에 의하여 발생한 것이라는 이유에서 행정재판소 관할로 옮겨진 사건으로, 공무원에 의한 손해는 국가에 배상책임이 있고 그 관할은 행정재판소라는 원칙이 확립되는 계기가 되었다.

㉡ Kreuzberg 판결을 통해 경찰관청이 일반수권 규정에 근거하여 법규명령을 발할 수 있는 분야는 위험방지 분야에 한정된다고 판시하였다.

㉢ Escobedo 판결은 변호인과의 접견교통권을 침해하여 획득한 자백의 증거능력을 부정한 판결이다.

㉣ Miranda 판결은 변호인선임권, 접견교통권 및 진술거부권을 고지하지 않은 상태에서 이루어진 자백의 증거능력을 부정하여, 자백의 임의성과 관계없이 채취과정에 위법이 있는 자백을 배제하게 되는 계기가 되었다.

① ㉠× ㉡○ ㉢× ㉣○   ② ㉠○ ㉡× ㉢○ ㉣×

③ ㉠○ ㉡○ ㉢○ ㉣○   ④ ㉠○ ㉡○ ㉢× ㉣○

012

20 채용

다음은 형식적 의미의 경찰개념과 실질적 의미의 경찰개념에 대한 설명이다. 옳은 것은 모두 몇 개인가?

> ⊙ 형식적 의미의 경찰이 언제나 실질적 의미의 경찰이 되는 것은 아니며 실질적 의미의 경찰이 모두 형식적 의미의 경찰이 되는 것도 아니다.
> ⓛ 실질적 의미의 경찰은 사회공공의 안녕과 질서유지를 위한 권력적 작용이므로 소극목적에 한정된다.
> ⓒ 형식적 의미의 경찰은 사회목적적 작용을 의미하며 작용을 중심으로 파악된 개념이고, 실질적 의미의 성찰은 조직을 기준으로 파악된 개념이다.
> ㄹ 실질적 의미의 경찰은 실무상 정립된 개념이 아니라 학문적으로 정립된 개념으로 독일 행정법학에서 유래하였다.
> ㅁ 「경찰관직무집행법」제2조에 규정된 경찰의 직무 범위가 우리나라에서의 형식적 의미의 경찰개념에 해당한다.

① 2개   ② 3개   ③ 4개   ④ 5개

해설
ⓒ **실질적 의미의 경찰은** 사회목적적 작용을 의미하며 작용을 중심으로 파악된 개념이고, **형식적 의미의 경찰은** 조직을 기준으로 파악된 개념이다.

013 경찰의 분류에 대한 설명으로 적절한 것을 모두 고른 것은?

19 승진

㉠ 삼권분립 사상에 기초하여 분류할 때 행정경찰은 실질적 의미의 경찰에 해당하고 사법경찰은 형식적 의미의 경찰에 해당한다.
㉡ 경찰활동의 질과 내용을 기준으로 분류할 때 예방경찰은 경찰상의 위해 발생을 방지하기 위한 작용으로 '위해를 미칠 우려가 있는 정신착란자의 보호'가 이에 해당한다.
㉢ 자치경찰제도는 각 지방특성에 적합한 경찰행정이 가능하지만, 국가경찰제도에 비해 관료화되어 국민을 위한 봉사가 저해될 수 있다.
㉣ 국가경찰제도는 경찰업무집행의 통일을 기할 수 있으나, 정부의 특정정책 수행에 이용되어 본연의 임무를 벗어날 우려가 있다.

① ㉠㉡   ② ㉠㉣   ③ ㉡㉢   ④ ㉢㉣

> **해설**
> ㉡ **경찰권 발동 시점**을 기준으로 분류할 때 예방경찰은 경찰상의 위해 발생을 방지하기 위한 작용으로 '위해를 미칠 우려가 있는 정신착란자의 보호'가 이에 해당한다.
> ㉢ 자치경찰제도는 각 지방특성에 적합한 경찰행정이 가능하다는 것은 옳은 지문이나, 관료화되어 국민에 대한 봉사가 저해될 수 있다는 것은 **국가경찰제도**의 단점에 해당한다.

014 자치경찰제도의 도입에 따른 장점으로 옳지 <u>않은</u> 설명으로 묶인 것은?

가. 자치경찰제도는 지방에 적합한 경찰행정이 가능하다.
나. 자치경찰제도는 타 행정부분과의 긴밀한 협조 · 조정이 원활하다.
다. 자치경찰제도는 전국적으로 균등한 경찰서비스를 제공할 수 있다.
라. 자치경찰제도는 민주성이 보장되어 주민들의 지지를 받기 쉽다.

① 가, 나   ② 나, 다   ③ 가, 라   ④ 나, 라

> **해설**
> 나. 자치경찰제도는 타 행정부분과의 긴밀한 협조 · 조정이 원활하지 못한 것은 자치경찰의 단점이다.
> 다. 전국적으로 균등한 경찰서비스를 제공할 수 있는 것은 국가경찰의 장점이다.

015 다음은 국가경찰과 자치경찰에 대한 설명이다. 옳은 것으로 묶인 것은?

20 채용

> ㉠ 국가경찰은 자치경찰과 비교하여 인권과 민주성이 보장되어 주민들의 지지를 받기 쉽다.
> ㉡ 자치경찰은 국가경찰과 비교하여 권력적 수단보다는 비권력적 수단을 통해 국민의 생명과 신체·재산을 보호하고자 한다.
> ㉢ 국가경찰은 자치경찰과 비교하여 타 행정부문과의 긴밀한 협조·조정이 원활하다는 장점이 있다.
> ㉣ 사치경찰은 국가경찰과 비교하여 지역실정을 반영한 경찰조직의 운영·관리가 용이하다.
> ㉤ 국가경찰은 자치경찰과 비교하여 지역주민에 대한 경찰의 책임의식이 높다.

① ㉠ ㉡ ㉣   ② ㉡ ㉢ ㉣   ③ ㉡ ㉢ ㉤   ④ ㉠ ㉣ ㉤

해설
㉠ 인권과 민주성이 보장되어 주민들의 지지를 받기 쉽다는 것은 자치경찰의 장점이다.
㉤ 지역주민에 대한 경찰의 책임의식이 높다는 것은 자치경찰의 장점에 해당한다.

016 경찰의 임무 및 수단에 대한 설명으로 맞는 것은?

10 채용

① 형사소송법은 경찰의 수사를 경찰의 직무로 규정하고 있으나, 경찰법은 이를 명문으로 규정하고 있지 않다.
② 경찰의 의무에 합당한 사려 깊은 판단을 할 때 실제로 위험의 가능성은 예측되나 불확실한 경우를 외관적으로 위험이라고 한다.
③ 경찰권을 행사할지 여부는 원칙적으로 편의주의 원칙이 적용되나, 예외적인 상황에서는 재량권이 0으로 수축하는데, 이 경우에도 오직 하나의 결정만을 하여야 하는 것은 아니다.
④ 경찰임무 중 경비, 요인 경호 및 대간첩작전수행은 경찰관직무집행법과 경찰법에 모두 명시적 규정을 두고 있다.

해설
① 경찰법은 제3조는 '범죄의 예방, 진압 및 수사'를 명문으로 규정하고 있다.
② 이는 '위험혐의'에 대한 설명이고, '외관적 위험'이란 위험을 잘못 긍정하는 경우를 의미한다.
③ 재량권이 0으로 수축하면 **오직 하나의 결정(조치)만이 의무에 합당한 재량권 행사로 인정**된다.

017

07
여기동대

경찰의 임무에 대한 설명 중 틀린 것은?

① 경찰의 개입은 가벌성에 이르렀을 때에만 가능하다.
② 경찰의 임무는 위험방지, 범죄수사 및 대국민서비스 활동이다.
③ '경찰법' 제3조와 '경찰관직무집행법' 제2조에는 국민의 생명, 신체 및 재산의 보호, 공공의 안녕과 질서유지를 규정하고 있다.
④ 경찰이 개입할 수 있는 위험은 개념은 사실에 기인한 주관적 추정이지만, 정당화될 수 있는 일종의 객관화를 요구한다.

> **해설**
> 경찰 활동은 **가벌성의 범위 내에 이르지 않았더라도** 국민의 자유와 권리를 침해한 경우는 경찰개입이 가능하다.

018

20 채용

1829년 런던수도경찰청을 창설한 로버트 필 경(Sir Robert Peel)의 경찰조직을 운영하기 위하여 제시한 기본적인 원칙 중 가장 적절하지 않은 것은?

① 경찰의 기본적인 임무는 범죄에 대한 신속한 대응이다.
② 경찰의 성공은 시민의 인정에 의존한다.
③ 적절한 경찰관들을 확보하기 위한 교육훈련은 필수적인 것이다.
④ 경찰은 군대식으로 조직되어야 한다.

> **해설**
> 로버트 필 경(Sir Robert Peel)은 경찰의 기본적 임무로 **범죄와 무질서의 방지 즉, 사전예방**을 강조하였다.

019

20 승진

경찰의 기본적 임무에 대한 설명 중 가장 적절하지 않은 것은?

① 경찰의 임무는 행정조직법상의 경찰기관을 전제로 한 개념으로 '공공의 안녕과 질서에 대한 위험의 방지'가 경찰의 궁극적 임무라 할 수 있다.
② 공공질서는 원만한 공동체 생활을 영위하기 위한 불가결적 전제조건이 되는 각 개인의 행동에 대한 불문규범의 총체로, 오늘날 공공질서 개념의 사용 가능 분야는 확대되고 있다.
③ 공공의 안녕은 법질서의 불가침성, 개인의 권리와 법익의 불가침성, 국가 등 공권력 주체의 기관과 집행의 불가침성을 의미한다.
④ 법질서의 불가침성은 공공의 안녕의 제1요소이다.

> **해설**
> ② 공공질서는 원만한 공동체 생활을 영위하기 위한 불가결적 전제조건이 되는 각 개인의 행동에 대한 불문규범의 총체로, 오늘날 공공질서 개념의 사용 가능 분야는 **축소**되고 있다.

ANSWER　017 ①　018 ①　019 ②

020

경찰의 임무를 공공의 안녕과 질서에 대한 위험의 방지라고 정의할 때, 위험에 대한 설명으로 가장 적절한 것은?

① '위험'은 보호받는 개인 및 공동의 법익에 관한 정상적 상태의 객관적 감소를 뜻한다.

② 위험에 대한 인식은 외관적 위험, 위험혐의, 추상적 위험으로 구분할 수 있다.

③ '위험혐의'란 경찰이 의무에 합당한 사려 깊은 판단을 할 때 실제로 위험의 기능성은 예측되나 불확실한 경우를 말한다.

④ 외관적 위험에 대한 경찰권 발동은 경찰상 위험에 해당하는 적법한 개입이므로 경찰관에게 민·형사상 책임을 물을 수 없고, 국가의 손실보상 책임도 발생하지 않는다.

해설

① **'손해'**는 보호받는 개인 및 공동의 법익에 관한 정상적 상태의 객관적 감소를 뜻한다 **'위험'**은 가까운 장래에 공공의 안녕과 질서에 손해의 가능성이 개개의 경우에 존재한 상태를 말한다.

② 위험에 대한 인식은 외관적 위험, 위험혐의, **오상위험**으로 구분할 수 있다.

④ 외관적 위험에 대한 경찰권 발동은 경찰상 위험에 해당하는 적법한 개입이므로 경찰관에게 민·형사상 책임을 물을 수 없다. 단, 경찰개입으로 인한 피해가 '공공필요에 의한 특별한 희생'에 해당하는 경우에는 국가의 손실보상 책임은 발생할 수 있다.

021

17·18
승진

16·19
경간

경찰의 임무를 공공의 안녕과 질서에 대한 위험의 방지라고 정의할 때, 위험에 대한 설명이다. 옳은 것만으로 연결된 것은?

㉠ '손해'란 보호받는 개인 및 공동의 법익에 관한 정상적 상태의 객관적 감소를 뜻하고, 보호법익에 대한 현저한 침해행위가 있어야 한다.

㉡ 외관적 위험에 대한 경찰권 발동은 경찰상 위험에 해당하는 적법한 경찰개입이므로 경찰관에게 민·형사상의 책임을 물을 수 없고, 국가의 손실보상 책임도 발생하지 않는다.

㉢ 경찰이 의무에 합당한 사려 깊은 판단을 하여 심야에 경찰관이 사람을 살려달라는 외침소리를 듣고 출입문을 부수고 들어갔는데, 실제로는 노인이 크게 켜놓은 TV 형사극 소리였던 경우는 외관적 위험을 인식한 사례에 해당한다.

㉣ '위험의 방지'와 관련하여 위험에 대한 인식 중 '오상위험(추정적 위험)'은 경찰이 의무에 합당한 사려 깊은 상황판단을 했음에도 불구하고 위험을 잘못 긍정하는 경우를 말한다.

---

① ㉠㉡   ② ㉡㉢   ③ ㉠㉢   ④ ㉢㉣

해설

㉡ **외관적 위험**에 대한 경찰권 발동은 경찰상 위험에 해당하는 **적법한 경찰개입**이므로 **경찰관에게 민·형사상의 책임을 물을 수 없지만, 국가의 손실보상 책임은 발생할 수 있다.**

㉣ '위험의 방지'와 관련하여 위험에 대한 인식 중 **외관적 위험**은 경찰이 의무에 합당한 사려 깊은 상황판단을 했음에도 불구하고 위험을 잘못 긍정하는 경우를 말한다.

022 경찰의 관할에 관한 설명이다. OX의 연결이 바르게 된 것은?

16·17
승진

19 경간

> ㉠ 인적관할이란 협의의 경찰권이 발동될 수 있는 인적 범위를 의미한다.
> ㉡ 경찰의 지역관할은 경찰권이 발동될 수 있는 지역적 범위를 말하며, 대한민국 영역 내에 모두 적용됨이 원칙이다.
> ㉢ 국회의장은 국회의 경호를 위하여 필요한 때에는 경찰위원회의 동의를 얻어 일 정한 기간을 정하여 정부에 대하여 필요한 국가경찰공무원의 파견을 요구할 수 있다.
> ㉣ 국회경위와 파견 국가경찰공무원은 국회의장의 지휘를 받으며, 경위는 회의장 건물 안에서, 경찰관은 회의장건물 밖에서 경호한다.
> ㉤ 재판장은 법정에서의 질서유지를 위해 필요하다고 인정할 때에는 개정 전후에 상관없이 관할경찰서장에게 국가경찰공무원의 파견을 요구할 수 있으며, 파견 된 국가경찰공무원은 법정 내외의 질서유지에 관하여 재판장의 지휘를 받는다.

① ㉠○ ㉡○ ㉢× ㉣○ ㉤○ ② ㉠○ ㉡× ㉢○ ㉣× ㉤×
③ ㉠× ㉡○ ㉢× ㉣○ ㉤○ ④ ㉠× ㉡× ㉢○ ㉣× ㉤×

해설
㉠ 인적관할이란 **광의의 경찰권**이 발동될 수 있는 인적 범위를 의미한다.
㉢ 국회의장은 국회의 경호를 위하여 필요한 때에는 **국회운영위원회 동의를 얻어** 일정한 기간을 정하여 정부에 대하여 필요한 국가경찰공무원의 파견을 요구할 수 있다.

023 다음 중 직업전문화의 문제점에 대한 설명으로 틀린 것은?

05 승진

① 전문직업적 부권주의는 치안서비스의 질을 저해할 수 있다.
② 전문직업화를 위하여 고학력을 요구할 경우 경제적 약자처럼 교육기회를 갖지 못 한 사람의 공직진출 제한이라는 소외 문제가 야기된다.
③ 전문직업적 부권주의는 전문가가 우월한 지식에 근거하여 비전문가의 판단을 전혀 고려하지 않고 자신의 판단으로 대신하려는 윤리적 문제점을 말한다.
④ 경찰이 전문직업화되어 일정한 교육과 전문지식을 요구할 경우 경제적으로 그리고 교육적으로 불리한 위치에 있는 사람들은 경찰에 입문하지 못하게 됨으로써 차별 의 문제를 야기한다.

해설
경찰이 전문직업화되어 경제적, 교육적 약자에게 경찰에의 접근을 차단하는 현상이 발생하는 것은 소외의 문 제가 아니라 차별의 문제이다.

024

01 승진

미국의 셔먼이 주장한 이론으로 '경찰관 사생활의 사소한 잘못이 공무수행의 더 큰 잘못으로 이어질 수 있기 때문에 사생활에 엄격한 제한을 가하여야 한다.'는 이론은?

① 썩은 사과 이론　　　　　　② 깨진 유리창 이론

③ 카오스 이론　　　　　　　④ 미끄러운 경사로 이론

> **해설**
> ① '썩은 사과 이론'은 전체 중 일부가 부패되면 결국 썩은 사과가 모든 사과를 썩게 만들 듯이 전체가 부패된다는 이론이다.
> ② '깨진 유리창 이론'은 자동차의 깨진 유리창을 그대로 방치할 경우 **시민의 준법의식이 결여**되어 큰 범죄를 야기한다는 이론이다.

025

03 승진

작은 사례나 호의의 수령에 대한 가장 잘못된 설명은?

① 前 뉴욕시경 국장 패트릭 머피는 '봉급 이외에 깨끗한 돈이라는 것 없다.'고 하였다.

② 윌슨은 '경찰인은 어떤 작은 호의도 받도록 허용되어서는 안 된다.'라고 하였다.

③ 경찰이 작은 호의를 받을 경우 그것이 부정부패로 이어질 가능성은 있다.

④ 경찰인의 의식이나 사회적 영향을 볼 때 작은 호의를 수령하는 것은 '비윤리적'이라고 할 수는 없다.

> **해설**
> 경찰은 국가로부터 보수를 받기 때문에, 경찰이 작은 호의를 받는 것은 **'비윤리적'이라고 할 수 있다.**

026

01 승진

클라이니히가 제시한 내부고발의 정당화 요건이 아닌 것은?

① 부패가 발견되면 제일 먼저 외부에 공개하여야 한다.

② 공표 전 다른 채널을 통하여 의견을 말하여야 한다.

③ 적절한 도덕적 동기에 의하여 이루어져야 한다.

④ 어느 정도 성공할 가능성이 있어야 한다.

> **해설**
> 외부에 공표하기 전에 내부의 문제는 **내부적 채널을 사용**해 문제 제기를 했어야 한다.

027

02 승진

A 경찰서장은 부정부패를 척결하기 위해 동료의 비위에 대하여 사정첩보를 제출하도록 지시하였으나, 한 건의 사정첩보도 제출되지 않았다. 이런 현상의 원인은?

① 침묵의 규범   ② 휘슬 블로잉
③ 도덕적 해이   ④ 레드 테이프

> **해설**
> **침묵의 규범**이란 조직 내부의 문제점을 침묵하는 묵시적인 관행이 이어지는 것을 의미한다.

028

01 채용
04 승진

경찰관이 법집행을 하면서 '성, 나이, 전과의 유무 등에 의한 차별을 해서는 안 된다.'는 코헨과 펠트버그의 사회계약설로부터 도출되는 경찰활동의 기준은?

① 공정한 접근의 보장   ② 공공의 신뢰확보
③ 생명과 재산의 보호   ④ 냉정하고 객관적인 자세

> **해설**
> 경찰의 법집행 과정에서 성, 나이, 신분 등에 의한 차별을 금지한다는 것은 **공정한 접근**의 보장과 관련이 있다.

029

11 경위
승진

코헨과 펠트버그가 제시한 민주경찰이 지향해야 할 내용에 대한 설명으로 가장 옳지 않은 것은?

① 경찰 서비스에 대한 '공정한 접근'을 보장하기 위해 성별, 종교 등에 의해 차별을 해서는 안 된다.
② 경찰관이 직무수행과정에서 적법절차를 준수하고, 필요 최소한의 물리력을 사용해야 하는 것은 '공공의 신뢰'를 확보하기 위한 것이다.
③ 생명과 재산의 안전이 사회계약의 목적이고, 법집행이 궁극적인 목적은 아니므로, 경찰의 법집행은 '생명과 재산의 안전'이라는 틀 안에서 수행되어야 한다.
④ 탈주범이 관내에 있다는 첩보를 입수할 경우, 형사과 직원이 동료직원들과 임무와 역할을 분담하여 검거작전에 나서는 것은 '협동'에 충실한 것이지만, 다른 행정기관과 협조하는 것에 대해서 코헨과 펠트버그는 설명하고 있지 않다.

> **해설**
> 협력하여야 할 의무는 경찰이 **대내외적**으로 지켜야 할 의무이다.

030 민주경찰의 윤리표준에 관한 설명 중 **틀린** 것은?

10 경감
승진

① 박 순경은 절도범을 검거하였는데, 경찰이 들어오기 전 집에 도둑맞은 경험이 생각나 피의자에게 욕설과 가혹행위를 하였다면, 이런 행위는 객관성을 저해하는 원인이다.

② 형사계 정 형사는 탈주범이 자기 관내에 있다는 첩보를 입수하고도 이를 상부에 보고하지 않고 단독으로 검거하려다 실패하였다면, 이런 경우는 협동과 팀워크에 위배된다.

③ 음주단속을 하던 A 경찰서 직원이 김 경위를 적발하고도 동료경찰관이라는 이유로 눈감아 주었다면, 이런 태도는 공공의 신뢰를 저해하는 불공정한 행위 중 편들기에 해당한다.

④ 불법 오토바이를 단속하던 최 순경은 정지명령에 불응하는 오토바이를 향하여 과도하게 추격한 결과 운전자가 전신주를 들이받고 사망하였다면, 이런 행위는 시민의 생명과 재산의 안전에 위배된다.

> **해설**
> **공정한 접근**을 저해하는 불공정한 행위 중 편들기에 해당한다.

031 최근 경찰의 부패가 언론에 보도되면서 경찰에 대한 신뢰가 많이 저하되고 있다. 이에 따라 경찰의 윤리성 확보 방안이 사회적으로 이슈화되고 있다. 다음 중 경찰의 부패이론과 내부문화에 대한 설명으로 가장 적절하지 **않은** 것은?

11 경찰 1

① 공짜커피, 작은 선물 등의 사소한 호의가 나중에는 큰 부패로 이어질 수 있다는 것은 '미끄러지기 쉬운 경사로' 이론이다.

② '구조원인가설'은 신임들이 선임들에 의해 만들어진 조직적인 부패의 전통 내에서 사회화되어 부패의 길로 들어선다는 입장이다.

③ 냉소주의와 회의주의는 모두 불신을 바탕으로 한다는 공통점이 있지만 회의주의는 대상의 특정화되어 있다는 점에서 냉소주의와 차이가 있다.

④ '전체사회가설'은 클라이니히가 시카고 시민이 경찰을 부패시켰다고 주장하면서 시민사회의 부패가 경찰부패의 주원인이라고 보는 이론이다.

> **해설**
> **'전체사회가설'**은 윌슨이 **시민사회의 부패**가 경찰부패의 주원인이라고 보는 이론이다.

032

19 채용
2차

경찰부패 문제의 해결을 위해 다음과 같이 경찰청 공무원행동강령을 개정하였다고 가정한다면, 이와 같은 개정의 근거가 된 경찰부패이론(가설)으로 가장 적절한 것은?

현행	개정안
그 공무원은 직무 관련 여부 및 기부 후원 증여 등 그 명목에 관계없이 **동일인으로부터 1회에 100만 원 또는 매 회계연도에 300만 원을 초과하는 금품**등을 받거나 요구 또는 약속해서는 아니 된다.	공무원은 직무 관련 여부 및 기부 후원 증여 등 명목에 관계없이 **어떠한 금품 등**도 받거나 요구 또는 약속해서는 아니 된다.

① 썩은 사과 가설
② 미끄러지기 쉬운 경사로 이론
③ 형성재론
④ 구조원인 가설

해설

'사소한 호의를 허용하면 나중에는 엄청난 부패로 이어진다'는 미끄러지기 쉬운 경사로 이론에 근거를 둔 것이다.

033

20 승진

다음은 경찰의 부패원인에 대한 설명이다. 아래 ㉠부터 ㉢까지의 설명 중 옳고 그름의 표시(○×)가 바르게 된 것은?

㉠ '전체사회 가설'은 시민사회의 부패가 경찰부패의 주요 원인이라고 보는 이론이다.

㉡ '썩은 사과 가설'은 선배경찰의 부패행태로부터 신임경찰이 차츰 사회화되어 신임경찰도 기존 경찰처럼 부패로 물들게 된다고 보는 이론이다.

㉢ 셔먼의 '미끄러지기 쉬운 경사로 이론'에 대해 펠드버그는 작은 호의를 받았다고 해서 반드시 경찰이 큰 부패를 범하는 것은 아니라고 비판한다.

㉣ '구조원인 가설'은 부패에 해당하지 않는 작은 호의가 습관화될 경우 더 큰 부패와 범죄로 빠진다고 보는 이론이다.

① ㉠○ ㉡× ㉢○ ㉣×
② ㉠○ ㉡○ ㉢○ ㉣×
③ ㉠× ㉡○ ㉢○ ㉣×
④ ㉠○ ㉡× ㉢○ ㉣○

해설

㉡ **구조원인 가설**'은 선배 경찰의 부패행태로부터 신임경찰이 차츰 사회화되어 신임경찰도 기존 경찰처럼 부패로 물들게 된다고 보는 이론이다.

㉣ **미끄러지기 쉬운 경사로 이론**'은 부패에 해당하지 않는 작은 호의가 습관화될 경우 더 큰 부패와 범죄로 빠진다고 보는 이론이다.

ANSWER 032 ② 033 ①

034 경찰의 부정부패 현상과 그 원인에 대한 설명으로 가장 적절한 것은?

17 채용
2차

① 사회 전체가 경찰부패를 묵인하거나 조장할 때 경찰은 부패 행위를 하게 되며 시민사회의 부패가 경찰 부패의 주원인으로 보는 이론은 전체사회 가설이다.

② 일부 부패경찰을 모집 단계에서 배제하지 못하여 조직 전체를 부패로 물들게 한다는 구조원인 가설은 부패의 원인을 개인적 결함이 아닌 조직의 체계적 원인으로 파악한다.

③ 셔먼의 미끄러지기 쉬운 경사로 이론은 부패에 해당하는 작은 호의가 습관화될 경우 미끄러운 경사로를 타고 내려오듯이 점점 더 큰 부패와 범죄로 빠진다는 가설이다.

④ 썩은 사과 가설은 신임 경찰관들이 그들의 선배 경찰관들에 의해 조직의 부패 전통 내에서 사회화되어 신임 경찰도 기존 경찰처럼 부패로 물들게 된다고 주장한다.

해설

② 일부 후배 경찰을 모집 단계에서 배제하지 못하여 조직 전체를 부패로 물들게 한다는 **썩은 사과 가설**은 부패의 원인을 **조직의 체계적 원인이 아닌 개인적 결함**으로 파악한다.

③ 셔먼의 미끄러지기 쉬운 경사로 이론은 **부패에 해당하지 않는 작은 호의**가 습관화될 경우 미끄러운 경사로를 타고 내려오듯이 점점 더 큰 부패와 범죄로 빠진다는 가설이다.

④ **구조원인 가설**은 신임 경찰관들이 그들의 선배 경찰관들에 의해 조직의 부패 전통 내에서 사회화되어 신임 경찰도 기존 경찰처럼 부패로 물들게 된다고 주장한다.

035

20 채용

다음은 경찰부패에 대한 설명이다. 빈칸 ㉠부터 ㉣까지 들어갈 것으로 가장 적절하게 짝지어진 것은?

(㉠)은 니더호퍼, 로벅, 바커 등이 제시한 이론으로 부패의 사회화를 통하여 신임 경찰이 기존의 부패한 경찰에 물들게 된다는 입장이다.

(㉡)은(는) 남의 비행에 대하여 일일이 참견하면서 도덕적 충고를 하는 것을 의미한다.

(㉢)은 공짜 커피, 작은 선물 등의 사소한 호의가 나중에는 큰 부패로 이어질 수 있다는 점을 강조한다.

(㉣)은(는) 도덕적 가치관이 붕괴되어 동료의 부패를 부패라고 인식하지 못하는 것을 의미하며, 부패를 잘못된 행위로 인식하고 있지만 동료라서 모르는 척하는 침묵의 규범과는 구별되는 개념이다.

---

① 전체사회가설 whistle blowing 사회 형성재이론 Moral hazard
② 구조원인가설 whistle blowing 미끄러지기 쉬운 경사로 이론 Deep throat
③ 전제사회가설 busy bodiness 사회 형성재이론 Deep throat
④ 구조원인가설 busy bodiness 미끄러지기 쉬운 경사로 이론 Moral hazard

---

036 경찰윤리에 대한 설명으로 가장 적절한 것은?

19 승진

① 사회계약설로부터 도출되는 경찰활동의 기준으로 볼 때 경찰관이 사회의 일부분이 아닌 사회 전체의 이익을 염두에 두어야 한다는 것은 '냉정하고 객관적인 자세'에 해당한다.

② 경찰 전문직업화의 문제점으로 '소외'는 전문직이 되는 데 장기간의 교육이 필요하고 비용이 들어, 가난한 사람은 전문가가 되는 기회를 상실하는 것을 말한다.

③ 경찰청 공무원 행동강령에 따라 공무원은 「범죄수사규칙」 제15조에 따른 경찰관서 내 수사지휘에 대한 이의제기와 관련하여 행동강령 책임관에게 상담을 요청하여야 한다.

④ 경찰윤리강령의 문제점으로 '비진정성의 조장'은 강령의 내용을 행위의 울타리로 삼아 강령에 제시된 바람직한 행위 그 이상의 자기희생을 하지 않으려는 경향을 의미한다.

> **해설**
> ② 경찰 전문직업화의 문제점으로 **'차별'**은 전문직이 되는 데 장기간의 교육이 필요하고 비용이 들어, 가난한 사람은 전문가가 되는 기회를 상실하는 것을 말한다.
> ③ 경찰청 공무원 행동강령에 따라 공무원은 「범죄수사규칙」 제15조에 따른 경찰관서 내 수사 지휘에 대한 이의제기와 관련하여 행동강령 책임관에게 **상담을 요청할 수 있다.**
> ④ 경찰윤리강령의 문제점으로 **'최소주의 위험'**은 강령의 내용을 행위의 울타리로 삼아 강령에 제시된 바람직한 행위 그 이상의 자기 희생을 하지 않으려는 경향을 의미한다.

037 경찰의 임무와 활동에 대한 설명으로 가장 적절하지 않은 것은?

95
지능범죄

① 우리나라의 경찰윤리강령은 경찰윤리헌장(1966년)→새경찰신조(1980년)→경찰헌장(1991년)→경찰서비스헌장(1998년) 순으로 제정되었다.

② 경찰윤리강령의 문제점 중 최소주의의 위험은 강령에 규정된 수준 이상의 근무를 하지 않으려 하는 근무수준의 최저화 경향을 말한다.

③ 경찰헌장에서는 '우리는 정의의 이름으로 진실을 추구하며, 어떠한 불의나 불법과도 타협하지 않는 의로운 경찰'이라고 규정되어 있다.

④ '경찰공무원은 직위 또는 직권을 이용, 부당하게 타인의 민사분쟁에 개입해서는 안 된다'는 규정을 대통령령인 「경찰청공무원행동강령」에 규정하고 있다.

> **해설**
> ④ "경찰공무원은 직위 또는 직권을 이용하여 부당하게 타인의 민사분쟁에 개입하여서는 아니 된다."고 규정하고 있는 것은 **대통령령인 「경찰공무원 복무규정」이다.**

---

038 「경찰청공무원행동강령」에 대한 설명 중 가장 적절하지 않은 것은?

20 승진

① 이 규칙은 경찰청 소속 공무원과 경찰청에 파견된 공무원에게 적용한다.

② 공무원은 상급자가 자기 또는 타인의 부당한 이익을 위하여 공정한 직무수행을 현저하게 해치는 지시를 하였을 때에는 그 사유를 상급자에게 소명하고 지시에 따르지 아니하거나, 행동강령책임관과 상담할 수 있다.

③ 위 ②와 관련 소명 후 지시를 이행하지 아니하였는데도 같은 지시가 반복될 때에는 즉시 행동강령책임관과 상담하여야 한다.

④ 위 ②, ③ 관련 상담 요청을 받은 행동강령책임관은 지시 내용을 확인하는 과정에서 부당한 지시를 한 상급자가 스스로 그 지시를 취소하거나 변경하였을 때에는 소속 기관의 장에게 보고하여야 한다.

> **해설**
> ④ 위 ②, ③ 관련 상담 요청을 받은 행동강령책임관은 지시 내용을 확인하여 지시를 취소하거나 변경할 필요가 있다고 인정되면 소속 기관의 장에게 보고하여야 한다. 다만, **지시 내용을 확인하는 과정에서 부당한 지시를 한 상급자가 스스로 그 지시를 취소하거나 변경하였을 때에는 소속 기관의 장에게 보고하지 아니할 수 있다.**

039 「경찰청공무원행동강령」에 대한 다음 설명 중 옳지 않은 것은 모두 몇 개인가?

15 승진
19 경간

> 가. 공무원은 자신의 직무와 관련되거나 그 지위·직책 등에서 유래되는 사실상의 영향력을 통하여 요청받은 교육·홍보·토론회·세미나·공청회 또는 그 밖의 회의 등에서 한 강의·강연·기고 등 (이하 "외부강의 등"이라 한다)의 대가로서 별표 2에서 정하는 금액을 초과하는 사례금을 받아서는 아니 된다.
> 나. 공무원이 국가나 지방자치단체의 요청으로 대가를 받고 외부강의 등을 할 경우 소속기관장에게 미리 서면으로 신고하여야 한다.
> 다. 공무원이 외부강의 등을 미리 신고하는 것이 곤란한 경우에는 그 외부강의 등을 마친 날부터 3일 이내에 서면으로 신고하여야 한다.
> 라. 공무원이 대가를 받고 수행하는 외부강의 등은 월 2회를 초과할 수 없다. 다만, 국가나 지방자치단체에서 요청하거나 겸직 허가를 받고 수행하는 외부강의 등은 그 횟수에 포함하지 아니한다.

① 1개   ② 2개   ③ 3개   ④ 4개

> **해설**
> 나. 공무원이 대가를 받고 **외부강의 등을 할 경우 소속기관장에게 미리 서면으로 신고**하여야 한다. 다만, **국가나 지방자치단체의 요청으로 외부강의 등을 할 경우에는 그러하지 아니하다.**
> 다. 공무원이 외부강의 등을 미리 신고하는 것이 곤란한 경우에는 그 **외부강의 등을 마친 날부터 2일 이내에 서면으로 신고**하여야 한다.
> 라. 공무원이 대가를 받고 수행하는 **외부강의 등은 월 3회(월 2회 x)를 초과할 수 없다.** 다만, 국가나 지방자치단체에서 요청하거나 겸직 허가를 받고 수행하는 외부강의 등은 그 횟수에 포함하지 아니한다.

040

20 승진

「경찰청공무원행동강령」에 규정된 내용으로 가장 적절하지 않은 것은?

① 공무원은 자신의 직무관련자이었던 자이거나 직무 관련 공무원이었던 사람과 금전을 빌리거나 빌려주는 행위를 하는 경우(무상인 경우를 포함)에는 서면으로 소속기관의 장에게 미리 신고하여야 하나, 그 직무관련자 또는 직무 관련 공무원과 관련된 직무 수행이 종료된 날부터 2년이 지난 경우에는 그러하지 아니하다.

② 경찰청 및 소속기관의 퇴직공무원(임직원)으로서 퇴직 전 5년간 같은 부서에서 근무하였던 자가 직무관련자인 경우 해당 사실을 소속기관의 장에게 서면(전자문서 포함)으로 신고하여야 한다(각종 증명서 발급 등 단순 민원업무의 경우는 예외).

③ 공무원 자신 또는 그의 가족이 소유하는 자본금 합산금액이 자본금 총액의 100분의 30 이상인 법인·단체가 직무관련자인 경우 해당 사실을 소속기관의 장에게 서면(전자문서 포함)으로 신고하여야 한다(각종 증명서 발급 등 단순 민원업무의 경우는 예외).

④ 공무원은 대가를 받고 '외부강의·회의 등'을 할 때에는 미리 '외부강의·회의 등'의 요청자, 장소, 일시 및 대가를 소속기관장에게 신고하여야 한다. 다만, '외부강의·회의 등'의 요청자가 국가나 지방자치단체인 경우는 그러하지 아니하다.

> **해설**
> ③ 공무원 자신 또는 그의 가족이 소유하는 **자본금 합산이 자본금 총액의 100분의 50 이상**인 법인·단체가 직무관련자인 경우 해당 사실을 소속기관의 장에게 서면(전자문서 포함)으로 신고하여야 한다(각종 증명서 발급 등 단순 민원업무의 경우는 예외).

041

19
법학경채

「부정청탁 및 금품 등 수수의 금지에 관한 법률」에 대한 설명 중 가장 적절하지 <u>않은</u> 것은?

① 공직자 등은 부정청탁을 받았을 때에는 부정청탁을 한 자에게 부정청탁임을 알리고 이를 거절하는 의사를 명확히 표시하여야 한다.

② 본법에서 규정한 '공공기관'의 범위에는 「초중등교육법」, 「고등교육법」, 「유아교육법」 및 그 밖의 다른 법령에 따라 설치된 각급 학교는 포함되나, 「사립학교법」에 따른 학교법인은 포함되지 않는다.

③ 공직자 등은 직무 관련 여부 및 기부 후원 증여 등 그 명목에 관계없이 동일인으로부터 1회에 100만 원 또는 매 회계연도에 300만 원을 초과하는 금품 등을 받거나 요구 또는 약속해서는 아니 된다.

④ 누구든지 직접 또는 제3자를 통하여 직무를 수행하는 공직자 등에게 부정청탁을 해서는 아니 되나, 사회상규(社會常規)에 위배되지 아니하는 것으로 인정되는 행위에 대해서는 이 법을 적용하지 아니한다.

> **해설**
> ② 「부정청탁 및 금품 등 수수의 금지에 관한 법률」에 규정된 '공공기관'의 범위에는 「초·중등교육법」,「고등교육법」,「유아교육법」 및 그 밖의 다른 법령에 따라 설치된 각급 학교 및 **「사립학교법」에 따른 학교법인이 포함된다.**

042

20 승진

「부정청탁 및 금품 등 수수의 금지에 관한 법률」에 대한 설명으로 가장 적절하지 <u>않은</u> 것은?

① 부정청탁을 받은 공직자 등이 그에 따라 직무를 수행한 경우 2년 이하의 징역 또는 2천만 원 이하의 벌금에 처한다.

② 공직자 등은 직무 관련 여부 및 기부·후원·증여 등 그 명목에 관계없이 동일인으로부터 1회에 100만 원 또는 매 회계연도에 300만 원을 초과하는 금품 등을 받거나 요구 또는 약속해서는 아니 된다.

③ 사적 거래(증여는 제외한다)로 인한 채무의 이행 등 정당한 권원에 의하여 제공되는 금품 등은 농법 제8조(금품등의 수수 금지)에서 규정하는 수수가 금지된 금품 등에 해당하지 않는다.

④ 공직자 등과 관련된 직원상조회·동호인회·동창회·향우회·친목회·종교단체·사회단체 등이 정하는 기준에 따라 구성원에게 제공하는 금품 등은 동법 제8조(금품 등의 수수 금지)에서 규정하는 수수를 금지하는 금품 등에 해당한다.

> **해설**
> ④ 공직자 등과 관련된 직원상조회·동호인회·동창회·향우회·친목회·종교단체·사회단체 등이 정하는 기준에 따라 구성원에게 제공하는 금품 등은 동법 제18조(금품 등의 수수 금지)에서 규정하는 수수를 금지하는 금품 등에 **해당하지 아니한다.**

043

「부정청탁 및 금품 등 수수의 금지에 관한 법률」에 대한 설명으로 가장 적절하지 않은 것은?

① 원활한 직무수행 목적으로 제공되는 음식물·경조사비·선물 등으로서 대통령령으로 정하는 가액범위 안의 금품 등은 수수 금지의 예외 사유이다.

② 사회상규에 따라 허용되는 금품 등은 수수 금지의 예외 사유이다.

③ 공직자 등은 직무 관련 여부 및 기부·후원·증여 등 그 명목에 관계없이 동일인으로부터 1회에 100만 원 또는 매 회계연도에 300만 원을 초과하는 금품 등을 받거나 요구 또는 약속해서는 아니 된다.

④ 사적 거래(증여 포함)로 인한 채무의 이행 등 정당한 권원(權原)에 의하여 제공되는 금품 등은 수수 금지의 예외 사유이다.

해설

③ **사적 거래**로 인한 채무의 이행 등 정당한 권원(權原)에 의하여 제공되는 금품 등은 수수 금지의 예외 사유이다.

ANSWER　**043** ③

한국 경찰의 역사

CHAPTER 02 한국 경찰의 역사

갑오경장 이전

경찰제도가 **중국**의 영향을 많이 받았고, **행정, 사법, 군사가 분화되지 않았고**, 경찰은 주로 지배 세력이 유지하였다.

01 부족국가시대

(1) 고조선(BC 2333)기출

고조선에는 **8조금법**을 제정하여 사회의 안녕과 질서를 유지하였다. 반고의 **한서지리지**에 3개 항목(살인죄, 상해죄, 절도죄)이 남아 있다.

① 경찰과 재판, 형 집행 기능이 **분화되지 아니하고**, 지배세력이 모든 권력을 행사하였다.

② 생명, 신체, 재산 등 **개인적 법익**을 중시하였다.

③ 3조목

사람을 죽인 자는 즉시 사형에 처한다.(살인죄)

사람을 상해한 자는 곡물로 배상한다.(상해죄)

남의 물건을 훔친 자는 노비로 삼되, 자속하려는 자는 돈 50만을 내야 한다.(절도죄)

그 외에 여자들의 정절을 귀하게 여겼다.(간음을 금지하는 가부장적 사회)

(2) 부족국가

부여	① 살인한 자는 **사형**에 처하고 가족은 노비로 삼았다. ② 남녀간음을 한자와 투기를 한자는 **사형**에 처하였다. ③ 절도죄는 물건의 12배를 배상하는 일책십이법을 시행하였다.기출 ④ **영고**라는 제전행사를 열었고, 이때는 형옥을 중단하고, 죄인들을 석방하였다.
고구려	① 중대한 범죄는 제가회의에 의하여 사형에 처하고 가족은 노비로 삼았다. ② 절도죄는 12배를 배상하는 **일책십이법**이 있었다. . ③ 감옥이 없었다.
옥저 동예	① 옥저와 동예는 왕이 없었고 거수들이 읍락을 지배하였다. ② 동예는 경계가 있어 경계를 침범하면 노예, 소, 말로 배상하는 **책화제도**가 있었다.기출 ③ 살인자는 사형에 처했다.
삼한	① 78개의 부족국가로 제사와 정치가 분리되어 있었다. (제정분리) ② 정치적 지배자인 신지, 견지 등이 있고 **천군**이라는 제사장이 있었다. ③ **소도**는 신관이 다스리도록 하였고, 정치적 군장의 세력이 미치지 못하는 곳으로 죄인이 이곳으로 도망쳐도 잡지 못하였다. 기출

02 삼국시대기출

삼국시대에는 행정, 군사, 경찰이 통합되어 있었고, 전제왕권 하에 전제적 경찰관이 행사되었다. **공무원범죄**가 새롭게 처벌의 대상이 되었다.

(1) 고구려
1) 소수림왕 3년 **율령**의 반포로 중앙집권적 체제를 이루었다.
2) 수상인 대대로에서 선인에 이르는 **14관등제**를 갖추었다.
3) 지방을 **5부**로 나누어 **욕살**을 두어 다스렸다.
4) 모반죄, 반역죄, 전쟁에서 패하거나 항복한죄, 절도죄, 가축살상죄 등이 있었다.기출
5) 절도죄의 경우 **12배를 배상**하게 하거나 자녀를 노비로 삼아 상환하게 하였다.

(2) 백제
1) 수도에는 **5부**를 두어 **달솔**이 다스렸고, 지방에는 **5방제**를 도입하여 **방령**을 두었다.기출
2) 반역죄, 절도죄, 간음죄, **관인수재죄(공무원범죄를 새로이 처벌)**를 처벌하였다.
3) **6좌평제**로 운영되었고 이중 위사평제, 조정좌평, 병관좌평이 경찰에 해당한 것으로 보인다.

(3) 신라
1) 지방에 **5주 2소경**을 두고 5주에는 **군주**를 두었고, 2소경에는 사신으로 다스리게 하였고, 이들이 군사와 경찰업무를 담당하였다.
2) 반역자는 죽였고, 가족을 노비로 삼았으며 감옥이 있어, 범법자는 투옥시켰다.

03 통일신라시대

1) 행정관제는 삼국시대의 것을 그대로 도입하여 병부, 사정부, 이방부로 운용하였으며, **이방부**는 좌우 이방부로 나누어 범죄 수사와 집행을 하였다. 기출
2) **모반죄, 모대역죄, 지역사불고언죄**와 같은 왕권을 보호하기 위한 범죄와 **불휼국사죄, 배공영사죄** 등의 관리들의 직무와 관련된 범죄들이 등장했다.
3) 지방을 9주 5소경으로 나누고 **총관**을 두고, 소경에는 **사신**임명, 경찰기능을 담당하게 하였다.

04 고려시대기출

(1) 중앙경찰기관
1) 병부: 경찰행정이 군사행정의 일부였다.
2) 형부: **법률과 소송 사법경찰**이 형부에 전속되었다.
3) 중추원: 군사기밀과 왕명출납을 담당하고 **왕궁경비**를 분리하여 독립적으로 관장
4) 어사대: 관리에 대한 비리를 **감찰**하고 **풍속경찰**의 임무를 수행하였다.
5) **금오위**: 수도의 순찰 및 포도업무, 비위예방기출

(2) 지방경찰기관
1) 5도(**안찰사**) 양계, 주, 부, 군, 현의장이 행정, 사법, 군사, **경찰**의 기능을 자유재량으로 관장처리 하였다. 기출
2) 위아: 현위의 책임자로 하는 지방기관으로 **위아는 경찰서, 현위는 경찰서장**으로 보고 있다. 기출

(3) 특수경찰
1) 삼별초: 몽고의 침입 시 무단정치를 전담하던 최우가 설치한 독립경찰기관으로 경찰, 전투 등의 공적인 업무를 수행했다.
2) **순마소 (순군만호부)**
순찰, 경비를 담당하는 경찰기관으로 **왕궁경비**를 주로 맡았다. 고려에서 왕권보호 등 **정치경찰적** 활동을 했다. 순군만호부가 태종 2년 순위부, 태종3년 의용순금사, **태종 14년에 의금부**로 개칭되었다.

05 조선시대기출

(1) 중앙경찰기관
1) 병조: 군사경찰사무를 담당했고, 순찰 등의 사무가 분리되어 포도청에서 관리했다.
2) 형조: 사법경찰사무를 담당했다.
3) 의금부: 태종 14년 의금부로 개칭했고, **왕족범죄**, 현직**관리**, 공신, 고위관원의 자제로 관직에 있는 자, 모반, 반역, 사교 금령을 위반한 자, 사헌부에서 탄핵한 사건, **특별범죄**를 관장하였다. 기출
4) 사헌부: **풍속경찰** 주관하고 **민정**을 살피는 등 권력남용금지와 **행정경찰**의 업무담당
5) 한성부: **수도의 행정**, 도로, 교량, 우마 관장, 투구, 검시, 차량 등의 사무수행
6) 수성금화사: **소방경찰**
7) 위장, 부장: 서울 **경비**경찰대장의 역할

(2) 지방경찰기관

지방의 **관찰사**, 부사, 목사, 군수, 현령, 현감이 **행정경찰과 사법경찰을 통괄**하고 포
도청이 설치될 때까지 병방, 형방이 경찰사무를 나누어 담당하였다.

(3) 포도청기출

1) **성종 2년(1471년)에 포도장제**에서 기원했고, 최초의 독립적, 전문적 경찰기관

2) 명칭은 **중종 35년**에 처음 등장

3) 좌포도청은 한양의 동, 남, 중부와 경기좌도를 우포도청은 한양 북부와 경기우도를 관할

4) 1894년 한성부에 경무청이 설치되면서 **폐지**되었다.

5) 여자 경찰에 해당하는 '다모'가 여자 도적의 체포와 양반집 수색에 활동하였다.

(4) 암행어사

호족의 횡포 방지와 사찰, 정보경찰의 업무를 수행하고 국가행정의 감독과 감찰업무를
담당하였다. 국왕과 직접 접촉하였으나 경찰이라고 할 수는 없다.

(5) 오가작통법

최초의 국민적 말단 자치조직이고 **예방경찰**로 전국적 조직이다. 중앙집권적 봉건체제의
정치 방편이라는 비판이 있다.

(6) 장예원기출

형조의 속아문으로 노예의 장적과 노비송사를 담당

06 갑오경장 이전 경찰의 특징

경찰제도가 **중국**의 영향을 많이 받았고, **행정, 사법, 군사작용이 분화되지 않았다.** 경찰의
기능은 주로 지배세력의 체제유지였다.

01 근대경찰

(1) 갑오경장

근대화의 출발로 정치 경제, 사회의 개혁을 실시하였으나 조선의 자율적인 개혁이라기 보다는 일본의 정치, 사회, 경제가 한국에 침투되는 계기가 되었다. 1894년 한국의 동학 란을 계기로 일본은 청일전쟁을 빌미로 조선의 내정개혁을 요구하였고 '잠정합동조관'를 체결하여 일본의 요구대로 갑오경장이 시작되었다.

1894년 김홍집내각은 각아문제에서 경찰을 **법무아문 소속**으로 설치하였으며, **내무아문**으 로 소속으로 변경되었다. 경찰의 **조직법적 근거와 작용법적 근거**가 처음으로 마련되었다.기출

(2) **경무청관제직장**

1) 한국경찰 **최초의 조직법**이고, 일본의 경시청관제를 모방한 것으로 경무청관제에 의해 **한 성부에 경찰이 창설**되었다. 한성부에 오부자내에 경찰지서를 설치하고, **경무관을 서장**으 로 임명하였다.

2) 좌우 포도청을 합쳐 **경무청신설**기출하고, 내무아문에 소속되어 한성부의 경찰사무를 담당 하였다. **경무사**를 두어 경찰사무와 감옥사무를 총괄하였고 범인체포와 이송을 담당하였 다.

(3) **행정경찰장정**기출

1) 한국경찰 **최초의 경찰작용법**이고, 일본의 행정경찰규칙과 위경죄즉결례를 혼합하여 옮 겨놓은 것이다. (최초의 근대적 경찰)

2) 경찰의 목적과 경찰복무요령, 채용방법 등이 있고, 영업, 시장, 회사, 소방, 위생, 결사. 집회, 신문잡지, 도서 등의 **폭넓은 사무**가 포함되어있다.

(4) 경부경찰체제

1) 1900년 6월 12일 경부관제 내부에서 독립하여 **경부**가 설치되었다. 전국경찰을 관장 하고 경찰사를 지휘 감독하였다. 경부는 창설된 지 1년 만에 폐지되고 경찰관제로 돌 아갔다.(1902년 **경무청으로 환원**되었다.)

2) 경부는 **한성과 개항시장**에서 경찰업무와 감독사무를 수행하였다. 그 외 관찰부에는 **총순** 을 두어 관찰사를 보좌하여 치안업무를 수행하였다.

(5) 고문경찰체제

1904년 제1차 한일협약 중 환산중준 경시가 경무아문으로 초빙되어 한국경찰을 통치했 다. 한국은 경무에 관한 사무를 환산중준의 동의로 진행하였다.

(6) 경시청체제

1) 1907년 광무 11년 경시청이 설치되었고, 경무서는 경찰서로, 경무분서는 경찰분서로, 지방은 경찰부를 두었다. 경치청에는 경시총감을 두고 내부대신이 지휘 감독을 받았고 **감옥업무가 분리**되고 **황실 경비, 위생업무**가 추가되었다.

2) 지방의 경찰부는 경시를 부장으로 **경찰, 위생, 이민**에 관한 업무를 담당하였다.

(7) 통감부체제

1910년 6월 24일 경찰사무 위탁에 대한 각서가 체결되어 한국경찰업무가 일본에 위탁되었다. 통감부 산하에 경찰조직을 설립하여, 한국경찰을 직접 장악하였다.

02 한국경찰권의 상실과정기출

(1) 경찰사무에 관한 취극서(1908년): 경찰사무를 일본관헌의 지휘감독을 받도록 위양

(2) 재한국 외국인에 대한 경찰에 관한 한일협정(1909년): 재한국 외국인에 대한 경찰사무 지휘권을 일본계 한국경찰관이 행사토록 위양

(3) 한국 사법 및 감옥사무 위탁에 관한 각서(1909년): 사법과 감옥의 사무를 일본에 위탁

(4) 한국 경찰사무 위탁에 관한 각서 (1910년): 한국 경찰의 사무를 완전히 일본에 넘김

03 갑오개혁부터 한일합병 이전

(1) **일반행정 또는 군 기능과 분리**

(2) 경찰임무가 감옥, 위생, 소방, 영업 등 광범위

(3) 통치권의 보호와 일본의 제국주의 침략을 확보하는 데 명백

(4) 경찰작용에 대한 행정경찰장정이 제정되었고, 각종 명령을 통한 경찰권이 전제주의적 수준이었다.

(5) 일본의 계획하에 일본화되는 경찰 시기

01 특징

식민지 경찰은 일본의 **식민지배의 중추기관**이었고 총독은 제령권(制令權) 행사와 명령권 등을 통한 각종 치안입법으로 전제주의·제국주의적 경찰권의 행사가 가능하였다. 경찰의 대상영역이 특고경찰활동(特高警察活動)을 통해서 인간의 사상이나 이념까지도 통제하는 **사상경찰적** 영역까지 확대되었으며, 중일전쟁 이후에는 경제경찰영역까지 확대되었다.

02 헌병경찰시대

(1) 헌병경찰제도의 시행

1910년 9월10일 **'조선주차헌병조령'**을 통해 헌병이 일반치안을 담당할 법적 근거를 마련하여 경찰직무를 수행하는 것이 가능해졌다.기출 헌병경찰은 첩보수집·의병 토벌이 주임무이었고 민사소송 조정·집달관 업무·국경세관업무·일본어보급·부업장려 등 광범위한 업무를 수행하였다.

(2) 헌병경찰의 배치 기출

헌병경찰은 의병출몰지역이나 군사상 중요한 지역에 배치되었으나, 일반경찰은 개항장이나 도시에 배치되었다. 헌병경찰시대는 1919년 3월 1일을 계기로 **보통경찰제로 전환**하게 되었다.

03 보통경찰시대기출

(1) 특징

3·1운동으로 헌병경찰제도에서 **보통경찰제도로 전환**하여, 총독부직속의 경부총감부를 폐지하고 경무국을 두어 전국의 경찰사무와 위생사무를 관장하게 하였다. 보통경찰제도로 전환하였으나 치안유지업무 이외에 원조·민사쟁송조정사무·집달리업무 등을 계속 수행하여, **경찰의 직무와 권한에는 큰 변화가 없었다.** 기출

(2) 치안입법의 제정

정치범처벌법을 제정하여 단속을 한층 강화하고, 일본에서 1925년 제정된 **치안유지법**을 통해 탄압적 지배체제를 강화하였으며, 1941년 예비검속법 등을 통해서 독립운동의 탄압을 강화하고, 중일전쟁 이후에는 경찰업무가 경제경찰, 외사경찰까지 확대되었다.

제4절 임시 정부 경찰

01 특징

1919년 3·1운동을 계기로 임시정부가 탄생했고 민주공화제를 선포하였다. 헌법의 '3·1운동으로 건립된 대한민국임시정부의 법통과 불의에 항거한 4·19 민주이념을 계승한다.'고 규정하고 있다. 따라서 임시정부 경찰은 한국경찰의 기원이라 할 수 있다.

02 임시정부 경찰 조직

(1) 상해임시정부(191-1923)

1) 경무국

대한민국임시정부 장정에 근거하여 경무국을 설치하였으며, 초대 경무국장으로 백범 김구 선생이 임명되었다. 대한민국 임시정부 장정에서는 행정경찰에 대한 사항, 고등경찰에 대한 사항, 저작권에 관한 사항, 위생에 관한 사항으로 규정되었다. 정식예산이 편성되었고 소정의 월급이 지급되었다.

2) 연통제(경무사) 경찰

본토의 국민들이 독립정신을 위해 기밀탐지, 독립자금 모금 등을 하고 각도에는 지반관으로 **독판**을 두었고 경찰 관련 보좌기구로 **경무사**를 두었다. 부군에는 부장과 군감을 장으로 참사, 장서, 경감을 두었다. 독관과 부장, 군감은 경찰관청이고, 경감과 하급직으로 경호원이 있어, 경찰업무를 보좌, 집행하도록 되어 있다.

3) 의경대

임시정부는 임시거류민단체를 통해 교민들의 자치제도를 인정하고 교민단체를 통해 의경대를 조직하였다. 김구 선생이 중심이 되어 경찰조직인 **의경대를 창설**하였다. 의경대는 일제의 **밀정을 색출하고 친일파를 처단**하였고 교민사회의 안녕과 질서유지, 호구조사, **민단세징수, 풍속업무**를 수행하였다.

(2) 충징(중경)시기 (1940-1945)

1) 경무과

임시정부는 충칭에서 시작하였고 **중앙경찰기구인 경무과**가 만들어졌다. 경무과는 내무부 하부조직으로 **일반 경찰 사무, 인구조사, 징병 및 징발, 국내 정보 및 정부수집의 업무**를 수행했다.

2) 경위대

임시정부는 대일전쟁을 추구하고 정부를 수호할 수 있는 경위대를 설치하고 조례를 따로 두었다. 경위대는 임시정부 청사를 정비하고 요인보호를 하였고 1945년 11월 임시정부 요인들이 한국으로 돌아올 때 김구 등을 안전하게 귀국할 수 있도록 하였다.

03 임시정부경찰의 주요인물

(1) 김구 선생

경무국장 김구 선생은 임시정부를 수호하고 임시정부의 정착에 이바지했다. 김구 선생을 보좌한 것은 임시정부의 경위대이다.

(2) 나석주 의사

임시정부 경호국 경호원 및 의경대원으로 활동하고 1926년 식민수탈을 일삼은 식산은행과 동양척식주식회사 폭탄을 투척하였다.

(3) 김석 선생

의경대원으로 윤봉길 의사를 지원하고 1932년 4월 상해 홍구 공원의 일왕 생일축하 기념식장에 폭탄을 던졌다.

(4) 김용원 열사

1921년 김구 선생의 뒤를 이어 2대 경무국장이 되었고, 1924년 귀국 후 군자금 모금, 병보석 후 순국하였다.

(5) 김철 선생

1932년 상하이 프랑스 조계에 잠입하였다가 일제 경찰에 체포되어 감금당하였고, 고문으로 생애를 마감하였다.

제5절 | 미군정시기 경찰

01 특징

조직법적, 작용법적 정비가 이루어졌고 경찰사무의 일부가 다른 관청의 사무로 이관되어 경찰의 활동 영역이 축소되었다. **중앙경찰위원회**를 통해 민주적 요소가 강화되었다.

(1) 경찰제도와 인력개혁의 미흡기출
'태평양미군총사령부포고 제1호'를 통해 미군정과 구관리의 현직유지가 선포되었고, 경찰은 **일제시대의 경찰조직을 그대로 유지**하였다.

(2) 경찰사무와 조직의 정비

1) **비경찰화(경찰업무의 축소)**
위생사무를 위생국으로 이관하고, 경제경찰, 고등경찰, 경찰사법권 등을 폐지하였다. 검열·출판업무를 공보부로 이관하였다. 단, 공연장의 질서유지는 여전히 경찰이 담당하였다. 각종 허가권을 이관하였고, 선박 및 선원의 단속, 현장조사 및 수색업무를 이관하였다.

2) 치안입법의 정비
일제 강점기의 치안입법은 잘 정리되었고, 정치범처벌법, 치안유지법, 예비검속법 등이 1945년 폐지되고, 1948년에 보안법이 폐지되며 법적 정비가 이루어졌다.

02 경찰제도

(1) 개요
군정 초기 해방 이후 혼란에 대비하기 위해 경찰은 일시 국방사령부의 지휘·감독을 받았고, 1946년 3월 29일 경무국을 **'경무부'로 승격·개편**하였다. 1946년 여자경찰제도를 신설하여 노약자나 부녀자를 보호하고, 14세 미만의 소년범죄를 취급하였다.

(2) 중앙경찰위원회기출
1947년 6인의 위원으로 구성된 중앙경찰위원회가 설치되었고, 주요 경무정책을 수립하거나 그 운영의 심의·결정하였다. 경찰관리의 소환 및 심문과 임면, 기타 군정 장관이 부의한 사항을 심의하는 등 **경찰의 민주화 조치**가 마련되었다. 하지만 이러한 조치들이 성공을 거두지는 못하였다.기출

01 서설

정부수립 후 식민지 경찰에 대한 폐해로 경찰의 기능을 축소해야 한다는 분위기가 지배적이었고 한국 역사상 최초로 **자주적 입장에서 경찰을 운용**하게 되었다.기출 1960년 3 · 15 부정선거 등 많은 부작용으로 인하여 경찰의 정치적 중립과 경찰 기구독립이 필요했다. 정부 수립 이후 1991년 경찰법이 제정될 때까지 경찰체제 근거법은 **정부조직법**이다.

02 경찰의 조직

(1) 중앙경찰조직

1) 내무부 치안국

    1948년 내무부 치안국을 중앙경찰 행정기구로 하는 국가경찰로 재조직되었고 부(部)에서 국(局)으로 격하되었고, 치안국장은 내무부장관의 보조기관이었다.기출

    일본정부의 행정조직을 모방하였고, 식민지시대의 경찰에 대한 국민적 반감으로 **경찰조직이 축소**되었다.

2) 치안본부로 확대

    1947년 8 · 15 **문세광 사건**을 계기로 1974년 12월 24일 치안본부로 확대 · 개편된 후, 1991 내무부의 외청으로 독립될 때까지 유지된다.

(2) 지방경찰조직(시 · 도 경찰국)

    시 · 도 경찰국장은 1991년 경찰법이 제정될 때까지 관청으로서의 지위를 얻지 못하고 시 · 도지사의 보조기관에 불과했다.

03 경찰의 정비

① 1949년 10월 18일 경찰병원 설치기출

② **1953년 12월 14일** 국민의 생명·신체 및 재산 보호라는 영·미법적 사고가 반영된 **경찰관직무집행법**이 제정기출

③ 1953년 12월 14일 **해양경찰대** 설치기출

④ 1955년 3월 25일 국립과학수사연구소 설립

⑤ 196년 7월 1일 경찰관 **해외주재관** 제도 신설기출

⑥ 1966년 **경찰윤리헌장선포**기출

⑦ 1967년 9월 1일 시·도에 전투경찰대 발족 – 대간첩작전을 효과적으로 수행하기 위해 일반경찰로 구성된 전투 경찰대 설치

⑧ 1968년 1·21사태(김신조 사건)를 계기로 한 전투경찰대 설치법 제정(1970)–1970년 전투경찰대 설치

⑨ 1969년 1월 7일 경찰공무원법 제정–국가공무원의 특별법으로 경찰공무원법을 제정하여 경정, 경장 2계급 신설, 2급지 서장을 경감에서 경정으로 격상기출

⑩ 74년 12월 24일 내무부 치안국을 치안본부로 개편

⑪ 1975년 소방업무가 민방위본부로 이관(소방업무가 경찰업무에서 배제)

⑫ 1979년 경찰대학설치법의 제정, 1981년의 경찰대학의 개교기출

⑬ 1982년 의무경찰제도 도입기출

01 서설

(1) 독립관청화

경찰법 제정(1991)으로 내무부의 보조기관이었던 치안본부가 내무부의 외청(外廳)인 **경찰청으로 분리·승격**되었다.기출 하지만, 정치적 중립을 확보하지 못하였고, 경찰청장과 지방경찰청장을 독립관청화하였다.기출

(2) 경찰위원회와 치안행정협의회기출

내무부 소속으로 경찰위원회를 두고 지방에는 시·도지사 소속으로 치안행정협의회를 두어, 향후 경찰에 대한 **민주적 통제시스템의 구축**을 위한 토대를 마련했다는 데 의미가 있다.

02 조직 연혁

① 1991년 경찰개혁– 내무부에서 독립하여 **정치적 중립성을 확보**가 초점

　– 1991년 8월 1일 치안본부의 **경찰청으로 승격**, 시도경찰국의 지방경찰청으로 승격

② 1991년 경찰헌장의 제정

③ 1996년 8월 8일 해양경찰청의 해양수산부로 이관

④ 1998년 2월 내무부와 총무처가 합쳐져서 행정자치부로 통합되면서 경찰은 행정자치부의 외청

⑤ 1999년 5월 24일 경찰서에 '청문관제'를 도입기출

⑥ 1991년 12월 28일 면허시험장을 책임운영기관화하여 청장 직속의 '운전면허시험 관리단'을 신설

⑦ 2005년 7월 5일 경찰청 생활안전국에 여성청소년과 신설

⑧ 2006년 3월 30일 경찰청 외사관리관을 "외사국"으로 확대개편

⑨ 2006년 7월 1일 **제주도 자치경찰** 출범기출

김구 선생	1919년 중국 상하이에서 수립한 대한민국 임시정부의 초대 경무국장
최규식 경무관 정종수 경사	– 1968년 무장공비 침투사건 당시 종로경찰서 자하문검문소에서 무장공비를 온 몸으로 막아내고 순국함으로써 청와대를 사수하고 대한민국을 위기에서 건져 올린 **호국경찰의 표상** – 군 방어선이 뚫린 상황에서 경찰관 최규식 · 정종수의 순국으로 대한민국을 지켜내고 조국의 발전을 가능하게 한 영웅적인 사례
차일혁 경무관	– 일제강점기 중국에서 광복군 · 조선의용대 · 조선의용군 독립운동, 광복 후 우익 최전선에서 대한민국의 탄생에 도움을 줌 – 남부군 사령관 이현상을 사살하는 등 빨치산 토벌의 주역이며, 구례 화엄사 등 문화재를 수호한 인물로 '보관문화훈장'을 수여받은 호국경찰 영웅이자 **인본경찰 · 문화경찰의 표상**
안병하 치안감	– 신군부 명령을 어긴 죄로 직무유기 혐의로 직위 해제되고 보안사로 끌려가 10여 일간 혹독한 고문을 받은 후, 후유증으로 투병하다 사망함

001 **한국경찰의 제도사에 대한 설명으로 틀린 것은?**

06 채용

① 고구려에서는 절도범에게 12배의 배상을 하도록 하는 일책12법이 있었다.

② 백제는 지방에 달솔을 파견하여 지방행정과 치안책임을 모두 관장하였다.

③ 통일신라시대에는 지방을 9주 5소경으로 나누어 지방장관에 총관을 두고, 소경에는 사신을 두었다.

④ 고려시대의 어사대는 비위를 규탄하고, 풍속의 교정을 담당하는 풍속경찰의 임무를 수행하는 중앙경찰기관이었다.

해설
백제의 지방장관은 **방령**이었다.

002 **조선시대의 경찰에 대한 설명 중 타당하지 않은 것은?**

06 승진

① 중앙의 의금부는 왕족의 범죄 등 특별범죄를 관장하였다.

② 포도청이란 명칭은 인종 2년에 처음 등장한다.

③ 양반집의 수색과 여자 도적 체포를 위해 '다모'라는 여자 관비를 두었다.

④ 경찰권은 일원화되지 못하였다.

해설
중종 35년(1540)에 포도청이라는 명칭을 사용하기 시작하였다.

003 아래 문장에서 맞는 지문은 몇 개인가?

07 채용

> ㉠ 갑오경장 때 한성부에 경무청이 설치되면서 포도청이 폐지되고 직수아문 권한
> 도 불허하였다.
> ㉡ 고려시대 수도경찰의 업무는 중앙군인 2군 6위 중 금오위가 담당하였다.
> ㉢ 신라의 경우 관인수재죄를 처벌함으로써 공무원에 해당하는 관인들의 범죄가
> 새롭게 처벌의 대상이 되었다.
> ㉣ 조선시대 의금부는 고려의 순군만호부가 개칭된 것으로, 왕명을 받들고 국사범
> 이나 왕족 관련 범죄 등 중요한 특별범죄를 담당하였다.
> ㉤ 통일신라시대의 지방장관인 방령은 중요한 통치조직으로 경찰기능을 수행하였
> 다.

① 2개   ② 3개   ③ 4개   ④ 5개

해설
㉢ **백제**가 관인수재죄를 처벌하였다.
㉤ 방령은 백제의 지방장관이었다

004 한국경찰의 역사에 관한 설명으로 옳은 것은?

07 채용

> ㉠ 고조선의 팔조금법에는 타인의 재물을 손괴한 자는 곡물로써 배상하게 하였다.
> ㉡ 백제에는 관인수재죄를 처벌함으로써 공무원에 해당하는 관인들의 범죄를 새롭
> 게 처벌 대상으로 삼았다.
> ㉢ 삼국시대에 지방행정 및 치안을 담당한 자는 고구려의 욕살, 신라의 군주, 백제
> 의 방령 이었다.
> ㉣ 고려시대의 금오위는 범죄의 수사와 집행을 담당하였다.
> ㉤ 조선시대의 형조는 본래 시정을 논집하고 백관을 감찰함이 본분이나 동시에 풍
> 속경찰을 주관하고 민정을 살펴 이를 국정에 반영케 하고 권력남용을 금지하는
> 등 행정경찰의 업무도 아울러 행사하였다.

① ㉠㉡   ② ㉡㉢   ③ ㉢㉣   ④ ㉣

해설
㉠ 손괴죄의 존재 여부는 확인되지 않았고, **상해죄**에 대하여는 곡물로써 배상하게 하였다.
㉣ **통일신라**의 이방부가 범죄의 수사와 집행을 담당하였다.
㉤ 형조가 아닌 **사헌부의 권한**이다.

005 한국경찰의 역사와 제도에 대한 설명 중 옳은 것은 모두 몇 개인가?

11 경간

> ㉠ 고구려는 신분관제로 14관등 체계를 갖추고, 지방을 5부로 나누어 욕살(褥薩)
>   이라는 지방장관을 두었고, 경찰권도 이들 지배세력에 의하여 행사되었다.
> ㉡ 통일신라시대 경찰과 관련되는 조직은 창부, 사정부, 이방부 등이다.
> ㉢ 조선시대에는 모반·대역죄, 살인죄, 절도죄 등 전통적 범죄 외에 사회발달에
>   따른 범죄인 공무원범죄, 문서훼손죄, 무고죄, 도주죄, 방화죄, 성범죄, 도박
>   죄, 유기죄, 인신매매죄, 장물죄 등이 새롭게 처벌되었다.
> ㉣ 통일신라시대에는 모반죄, 불휼국사죄(不恤國事罪), 배공영사죄(背公營私罪)와
>   같은 왕권보호 범죄가 등장하였다.
> ㉤ 백제에는 수도에 5방을 두어 달솔로 하여금 다스리게 하였다.

① 1개   ② 2개   ③ 3개   ④ 4개

해설
㉡ 창부(倉部)는 재정에 관한 일을 맡아보던 중앙 관아로서 경찰기능과 관련이 없다. 통일신라시대의 경찰과
관련되는 조직은 병부, 사정부, 이방부 등이 있다.
㉢ 공무원범죄, 문서훼손죄, 무고죄, 도주죄, 방화죄, 성범죄, 도박죄, 유기죄, 인신매매죄, 장물죄가 새롭게 처
벌의 대상이 된 때는 고려시대이다.
㉣ **불휼국사죄(不恤國事罪)와 배공영사죄(背公營私罪)**는 관리들의 직무 관련 범죄이다.
㉤ 백제의 수도에는 5방이 아닌 5부를 두었다.

006 갑오경장 및 광무개혁 당시 경찰제도에 관한 설명 중 가장 옳지 <u>않은</u> 것은?

11 경간

① 1984년에 제정된 경무청관제직장은 한국경찰 최초의 경찰조직법이라고 할 수 있
  다.
② 1894년에 제정된 행정경찰장정은 한국경찰 최초의 경찰작용법이라고 할 수 있다.
③ 갑오경장 직후 경찰사무는 위생·영업·소방·감옥사무를 포함하여 그 직무 범위
  가 광범위하였다.
④ 광무개혁 당시인 1902년에 독립된 중앙관청으로 경부가 설치되었다.

해설
경부는 **1900년 12월**에 설치되었고 1902년 2월까지 존속하였다.

007 다음은 식민지시기 경찰의 역사에 대한 설명이다. 틀린 것은?

08 경간

① 헌병경찰제도를 지탱해 준 법령으로 보안법·집회단속에 관한 법률·신문지법·출판법 등이 있고, 3·1운동을 기화로 정치범처벌법·치안유지법 등을 통해 탄압의 지배체제를 오히려 한층 강화하였다.
② 3·1운동을 계기로 헌병경찰제도에서 보통경찰제도로 전환되었지만 경찰의 직무와 권한에는 변화가 없었다.
③ 일제 식민지기에는 치안수요가 많은 도시나 개항장에 헌병경찰을 주로 배치하였다.
④ 일본헌병은 최초로 한성과 부산 간의 군용전신선 보호 명목으로 주둔하였다.

해설
헌병경찰은 군사경찰상 필요지나 **의병활동 지역에 배치**하였다.

008 한국 경찰의 역사에 관한 설명 중 옳은 것은 몇 개인가?

08 채용

> ㉠ 고조선의 팔조금법에 의하면 남의 물건을 손괴한 자가 스스로 속(贖)하기 위해서는 50 만전을 내야 했다.
> ㉡ 통일신라시대는 처음으로 관인수재죄를 처벌함으로써 공무원에 해당하는 관인들의 범죄를 처벌 대상으로 삼았다.
> ㉢ 고려시대의 금오위는 수도의 순찰 및 포도금란의 업무와 비위예방을 담당하였다.
> ㉣ 조선시대의 경찰권은 일원화 되지 못하고 각 관청이 소관사무와 관련하여 직권에 의하여 위법자를 체포·구금할 수가 있었다.
> ㉤ 한국 최초의 경찰작용법인 행정경찰장정에는 영업·시장·회사 및 소방·위생, 결사·집회, 신문잡지·도서 등 광범위한 사무가 포함되었다.
> ㉥ 일제강점하에서 3·1 운동을 계기로 헌병경찰제도에서 보통경찰제도로 전환되었으며, 경찰의 직무와 권한도 크게 축소되었다.

① 1개   ② 2개   ③ 3개   ④ 4개

해설
㉠ 이는 손괴가 아닌 절도범에게 적용되었다.
㉡ 관인수재죄를 최초로 처벌한 국가는 백제이다.
㉥ 헌병경찰제에서 보통경찰제로 전환되었지만 경찰의 직무나 권한에는 크게 변한 것이 없었다.

009

08 채용

다음은 한국경찰의 역사에 관한 내용이다. 옳지 않은 것은 모두 몇 개인가?

> ⊙ 고조선시대의 팔조금법은 인간생명 존중사상을 엿볼 수 있다.
>
> ⊙ 고구려는 관계로 14관등 체계를 갖추고, 지방을 5부로 나누어 욕살이라는 지방 장관을 두었다.
>
> ⓒ 조선시대 지방의 관찰사는 행정기능과 경찰기능을 함께 수행하였다.
>
> ⓔ 광무개혁에 따라 경찰은 중앙관청으로서 경부 경찰체제로 출범하였는데, 많은 문제점으로 인한 1년여 만에 막을 내렸다.
>
> ⓜ 미군정하에서는 경찰사부와 조직에 있어 정비가 이루어져 경제경찰과 정보경찰이 폐지되는 등 비경찰화 작업이 진행되었다.
>
> ⓗ 1948년 정부조직법에 의해 내무부 산하의 치안국으로 개편되면서 경찰은 독자적 관청으로서 경찰업무를 시작하게 되었다.

① 1개　　　　② 2개　　　　③ 3개　　　　④ 4개

해설

ⓜ 비경찰화 작업으로 **위생 · 경제 · 고등경찰 등이 경찰업무**에서 **제외**되었지만, 정보업무를 담당할 사찰과(정보경찰)는 새로 신설되었다.

ⓗ 1948년 만들어진 내무부 치안국장의 지위는 행정관청이 아닌 **보조기관에 불과**하였다.

010

11 경간

우리나라 경찰과 관련된 연혁을 시간 순서별로 바르게 나열한 것은?

> ⊙ 국립과학수사연구소 설치
> ⓜ 경정, 경장의 2계급 신설
> ⓛ 내무부 치안국을 내무부 치안본부로 개편
> ⓒ 치안본부 소방과가 내무부 민방위본부 소방국으로 이관
> ⓔ 경찰관 해외주재관 제도의 신설
> ⓗ 전투경찰대의 설치
> ⓢ 경찰관직무집행법 제정
> ⓜ 경정, 경장의 2계급 신설

① ⊙－ⓢ－ⓗ－ⓔ－ⓜ－ⓛ－ⓒ
② ⓢ－⊙－ⓗ－ⓔ－ⓜ－ⓒ－ⓛ
③ ⓢ－⊙－ⓔ－ⓗ－ⓜ－ⓒ－ⓛ
④ ⓢ－⊙－ⓔ－ⓗ－ⓜ－ⓛ－ⓒ

해설

⊙ 1955년 ⓛ 1974년 ⓒ 1975년 ⓔ 1966년 ⓜ 1969년 ⓗ 1968년 ⓢ 1953년

011

보기의 설명은 갑오개혁(1894) 이후 한일합방 이전의 경찰변천사에 대한 내용이다. 시대순으로 가장 적절하게 나열한 것은?

> ⊙ 경무청관제직장에 의해 당시의 좌우포도청을 합하여 경무청을 신설하고, 내무아문에 예속되어 한성부내 일체의 경찰사무를 관장하였다.
>
> ⓒ 경부가 한성 및 개항시장의 경찰업무와 감옥사무를 통할하게 되었는데 궁내경찰서와 한성부 내 5개 경찰서, 3개 분서를 두고, 이를 지휘하는 경무감독소를 두며, 한성부 이외의 각 관찰부에 총순 등을 둘 것을 정하였다.
>
> ⓒ 통감부에 의한 통감정치가 시작되면서, 경무청을 한성부 내의 경찰로 축소시키는 한편 통감부 산하에 별도의 경찰조직을 설립, 직접 지휘하였다.
>
> ⓒ '내부관제'의 제정을 통해 내부대신의 경찰에 대한 지휘감독관이 정비되었으며, '지방경찰규칙'이 제정되어 지방경찰의 작용법적 근거가 마련되었다.

① ㉠ - ㉣ - ㉡ - ㉢
② ㉣ - ㉠ - ㉡ - ㉢
③ ㉠ - ㉡ - ㉣ - ㉢
④ ㉠ - ㉡ - ㉢ - ㉣

해설

㉠ 경무청관제직장에 의해 당시의 좌우포도청을 합하여 경무청을 신설하고, 내무아문에 예속되어 한성부내 일체의 경찰사무를 관장하였다. – 1894년

㉡ 경부가 한성 및 개항시장의 경찰업무와 감옥사무를 통할하게 되었는데 궁내경찰서와 한성부 내 5개 경찰서, 3개 분서를 두고, 이를 지휘하는 경무감독소를 두며, 한성부 이외의 각 관찰부에 총순 등을 둘 것을 정하였다. – 1900년

㉢ 통감부에 의한 통감정치가 시작되면서, 경무청을 한성부 내의 경찰로 축소시키는 한편 통감부 산하에 별도의 경찰조직을 설립, 직접 지휘하였다. – 1905년~1906년

㉣ '내부관제'의 제정을 통해 내부대신의 경찰에 대한 지휘감독관이 정비되었으며, '지방경찰규칙'이 제정되어 지방경찰의 작용법적 근거가 마련되었다. – 1895년~1896년

012
20 경간

갑오개혁 및 광무개혁 당시 경찰제도에 관한 설명 중 옳지 <u>않은</u> 것은 모두 몇 개인가?

가. 일본의 「행정경찰규칙」(1875년)과 「위경죄즉결례」(1885년)를 혼합하여 만든 「행정경찰장정」에서 영업·시장·회사 및 소방·위생, 결사·집회, 신문잡지·도서 등 광범위한 영역의 사무가 포함되었다.

나. 광무개혁 당시인 1900년에는 중앙관청으로서 경부(警部)가 한성 및 개항시장의 경찰업무와 감옥사무를 통합하였고, 이를 지휘하는 경부감독소를 두었다.

다. 1895년 「내부관제」의 제정을 통해 내부대신의 경찰에 대한 지휘감독권을 정비하였고, 1896년 「지방경찰규칙」을 제정하여 지방경찰의 작용법적 근거를 마련하였다.

라. 「경무청관제직장」에 의해 당시의 좌우포도청을 합하여 경무청을 신설하고(장으로 경무관을 둠), 한성부 내 일체의 경찰사무를 관장하게 하였다.

마. 1900년 경부 신설 이후 잦은 대신 교체 등으로 문제가 많아 경무청이 경부의 업무를 관리하게 되었다.

① 1개   ② 2개   ③ 3개   ④ 4개

해설

나. 광무개혁에 따라 1900년에는 중앙관청으로서 경부(警部)가 한성 및 개항시장의 경찰업무와 감옥사무를 통합하였으며, 궁내경찰서와 한성부 내 5개 경찰서, 3개 분서를 두고, 이를 지휘하는 **경무감독소**를 두었다.

라. 「경무청관제직장」에 의해 당시의 좌우포도청을 합하여 **경무청**을 신설하고(장으로 **경무사**를 둠), 한성부 내 일체의 경찰사무를 관장하게 하였다.

013 갑오개혁 이후 한국 경찰의 역사와 제도에 대한 설명으로 가장 적절한 것은?

① 1894년에 제정된 행정경찰장정은 일본의 행정경찰규칙(1875년)과 위경죄즉결례(1885년)를 혼합하여 만든 한국경찰 최초의 경찰작용법으로 영업·시장·회사 및 소방·위생, 결사·집회, 신문잡지·도서 등 광범위한 영역의 사무가 포함되었다.

② 1919년 3·1운동을 계기로 보통경찰제도로 전환되면서 경찰의 업무영역에 많은 변화가 발생하였으며, 이를 기화로 정치범처벌법을 제정하여 단속체계를 갖추었다.

③ 미군정시대에는 경찰의 이념에 민주적인 요소가 도입되면서 최초로 6인으로 구성된 '중앙경찰 위원회'가 설치되었으며 경제경찰, 정보경찰 등의 사무가 폐지되는 등 비경찰화가 이루어졌다.

④ 최규식 경무관은 1968년 무장공비침투사건 당시 공비들의 근거지가 될 수 있는 사찰들을 불태우라는 상부의 명령에도 불구하고 화엄사, 천은사, 선운사 등 우리 문화재를 수호한 문화경찰의 표본이다.

해설

② 1919년 3·1운동을 계기로 보통경찰제도로 전환되면서 경찰의 업무영역에 많은 변화가 없이 민사쟁송조정사무, 집달리업무 등을 계속하였다.

③ 미군정시대에는 경찰의 이념에 민주적인 요소가 도입되면서 최초로 6인으로 구성된 '중앙경찰위원회'가 설치되었으며 경제경찰,고등경찰 등의 사무가 폐지되는 등 비경찰화가 이루어졌다. 즉 정보경찰은 비경찰화의 대상이 아니며, 이 시기 정보업무를 담당할 사찰과(정보과)를 신설하였다.

④ 차일혁 경무관은 빨치산 토벌 당시 공비들의 근거지가 될 수 있는 사찰들을 불태우라는 상부의 명령에 대하여 '절을 태우는 데는 한나절이면 족하지만, 세우는 데는 천 년 이상의 세월로도 부족하다.'며 사찰의 문짝만 태움으로써 화엄사, 천은사, 선운사, 백양사, 쌍계사, 금산사 등 사찰과 문화재를 보호하였다.

014 일제 강점기 경찰제도에 관한 다음 설명 중 옳지 <u>않은</u> 것은 모두 몇 개인가?

가. 1910년 일본은 통감부에 경무총감부를, 각 도에 경무부를 설치하여 경찰사무를 관장, 서울과 황궁의 경찰사무는 경무총감부의 직할로 하였다.

나. 1910년 「조선주차헌병조령」에 의해 헌병이 일반치안을 담당할 법적 근거를 마련하여 일반경찰은 도시나 개항장 등에, 헌병은 주로 군사경찰이 필요한 지역 또는 의병활동 지역 등에 배치되었다.

다. 1919년 3·1운동을 계기로 헌병경찰제도에서 보통경찰제도로 전환, 총독부 직속 경무총감부는 폐지되고 경무국이 경찰사무와 위생사무를 감독하였다.

라. 3·1운동을 기화로 치안유지법을 제정, 단속체계를 갖추었다.

마. 일제 강점기의 경찰은 일본 식민지배의 중추기관이었고, 총독에게 주어진 명령권·제령권 등을 통하여 각종 전제주의적·제국주의적 경찰권의 행사가 가능하였다.

① 없음　　　　② 1개　　　　③ 2개　　　　④ 3개

해설

라. 3·1운동을 기화로 **정치범처벌법을 제정**하여 단속체제는 한층 강화되었으며, **일본에서 제정된 치안유지법도 우리나라에 적용**되는 등 탄압의 지배체제를 강화하였다.

마. 일제 강점기의 경찰은 일본 식민지배의 중추기관이었고, **총독에게 주어진 제령권, 경무총장과 경무부장 등의 명령권**을 통해 각종 전제주의적·제국주의적 경찰권의 행사가 가능했다.

015 한국 근·현대 경찰사에 대한 설명으로 가장 적절한 것은?

18 채용
3차

① 일제 강점기에는 총독, 경무총장에게 주어진 제령권과 경무부장에게 주어진 명령권 등을 통해 각종 전제주의적·제국주의적 경찰권 행사가 가능하였다는 특정이 있다.

② 「경무청관제직장」에 의해 당시의 좌우포도청을 합하여 경무청을 신설(장으로 경무관을 둠)하였다.

③ 3·1운동 이후 「치안유지법」을 제정하고 일본에서 제정된 「정치범처벌법」을 국내에 적용하는 등 탄압의 지배체제를 더욱 강화하였다.

④ 1894년 「각아문관제」에서 처음으로 경찰이란 용어를 사용하였다.

해설

① 일제 강점기에는 **총독에게 주어진 제령권과 경무총장·경무부장에게 주어진 명령권** 등을 통해 각종 전제주의적·제국주의적 경찰권 행사가 가능하였다는 특징이 있다.

② 「경무청관제직장」에 의해 당시의 좌우포도청을 합하여 경무청을 신설(장으로 경무사를 두었다.

③ 3·1운동 이후 **「정치범처벌법」을 제정**하고 **일본에서 제정된 「치안유지법」을 국내에 적용**하는 등 탄압의 지배체제를 더욱 강화하였다.

ANSWER　014 ③ / 라, 마　015 ④

016

19
법학경채

한국 경찰사에 대한 설명 중 가장 적절하지 않은 것은?

① 일제강점기 경찰은 총독에게 주어진 제령권과 경무총장·경무부장등의 명령권 등을 통해 전제주의적 경찰권을 행사하였다.

② 미군정하에서 경찰제도 인력 등 식민 경찰체제 청산은 전체적으로 미흡했으나, 「정치범처벌법」, 「치안유지법」, 「예비검속법」, 「보안법」은 폐지되었다.

③ 1953년 경찰관 직무집행에 대한 근거법령으로 제정된 「경찰관직무집행법」은 국민의 생명, 신체, 재산의 보호라는 대륙법적 사고가 반영되었다.

④ 1919년 상하이에서 수립된 대한민국 임시정부의 초대 경무국장은 백범 김구이다.

> **해설**
> ③ 1953년 경찰관 직무집행에 대한 근거법령으로 제정된 「경찰관직무집행법」은 국민의 생명, 신체, 재산의 보호라는 **영·미법적 사고**가 반영되었다.

017

12 승진
20 경간

정부수립 이후 1991년 이전의 경찰의 특징으로 옳지 않은 것은 모두 몇 개인가?

> ㉠ 종래 식민지배에 이용되거나 또는 군정통치로 주권이 없는 상태 하에서 활동하던 경찰이 비로소 주권국가 대한민국의 존립과 안녕, 대한민국 국민의 생명과 신체 및 재산의 보호라는 경찰 본연의 임무를 수행하였다.
> ㉡ 경찰작용에 관한 기본법으로서 「경찰관직무집행법」이 제정되었다.
> ㉢ 독립국가로서 한국 역사상 최초로 자주적인 입장에서 경찰을 운용하였다.
> ㉣ 경찰의 부정선거 개입 등으로 정치적 중립이 경찰에 대한 국민의 요청이었던 바, 그 연장 선상에서 경찰의 기구독립이 조직의 숙원이었다.
> ㉤ 1969년 1월 7일 「경찰법」이 처음으로 제정되어 그동안 「국가공무원법」에 의거하던 경찰공무원을 특별법으로 규율하게 되었다.
> ㉥ 해양경찰업무, 전투경찰업무, 소방업무가 정식으로 경찰의 업무 범위에 추가되었다.

① 1개   ② 2개   ③ 3개   ④ 4개

> **해설**
> ㉤ 1969년 1월 7일 「**경찰공무원법**」이 처음으로 제정되었다.
> ㉥ 해양경찰업무와 전투경찰업무가 경찰의 업무 범위에 추가되었지만, 1975년 소방업무가 민방위본부로 이관되어 경찰의 업무 범위에서 배제되었다.

018 경찰의 역사와 제도에 대한 설명으로 가장 적절하지 <u>않은</u> 것은?

20 승진

① 대한민국 임시정부 초대 경무국장은 백범 김구이며, 대한민국경찰 역시 임시정부의 경찰활동 또는 경찰 정신을 계승하고 있다고 보아야 할 것이다.

② 미군정 시기에는 경찰작용에 관한 기본법인 「경찰관직무집행법」이 제정되는 등 조직 · 작용법적 정비가 이루어졌다.

③ 1946년 이후 중앙행정기관이었던 경무부(警務部)가 1948년 「정부조직법」상에서 내무부 산하의 국(侷)으로 격하되었다.

④ 1969년 「국가공무원법」의 특별법인 「경찰공무원법」이 제정되었다.

해설

② 미군정 시기에는 경찰작용에 관한 기본법인 「경찰관직무집행법」이 제정된 것은 미군정시기가 아니라 치안국시대인 1953년이다.

019 우리나라 경찰의 역사와 제도에 대한 설명이다. 시대순으로 나열한 것은?

18 채용
1차

㉠ 「경찰법」 제정	㉡ 「경찰관직무집행법」제정
㉢ 최초로 여성 경찰관 채용	㉣ 제주 자치경찰 출범
㉤ 내무부 치안국을 치안본부로 개편	

① ㉡→㉢→㉤→㉣→㉠ ② ㉡→㉢→㉤→㉠→㉣

③ ㉢→㉡→㉠→㉤→㉣ ④ ㉢→㉡→㉤→㉠→㉣

해설

㉠ 「경찰법」 제정-1991년

㉡ 「경찰관직무집행법」 제정 -1953년

㉢ 최초로 여성 경찰관 채용 -1946년

㉣ 제주 자치경찰 출범 -2006년

㉤ 내무부 치안국을 치안본부로 개편 -1974년

020

18 승진

20 승진

자랑스러운 경찰의 표상에 대한 서술이다. ㉠부터 ㉣까지의 내용에 해당하는 인물을 바르게 나열한 것은?

㉠ 1919년 상하이에서 수립한 대한민국 임시정부의 초대 경무국장

㉡ 1968년 무장공비 침투사건 (1 · 21사태) 당시 종로경찰서 자하문검문소에서 무장공비를 온몸으로 막아내고 순국함으로써 청와대를 사수하고 대한민국을 위기에서 건져 올린 호국경찰의 표상

㉢ 구례 화엄사 등 다수의 사찰을 소실로부터 구해내는 등 문화경찰의 발자취를 남긴 문화경찰의 표상

㉣ 5 · 18 광주민주화운동 당시 전남도경국장으로서 비례의 원칙에 입각한 경찰권 행사와 시위대에 대한 인권보호를 강조

해설

① ㉠김원봉 ㉡최규식 ㉢차일혁 ㉣안병하
② ㉠김 구 ㉡최규식 ㉢안병하 ㉣차일혁
③ ㉠김원봉 ㉡정종수 ㉢안병하 ㉣차일혁
④ ㉠김 구 ㉡정종수 ㉢차일혁 ㉣안병하

김구 선생	1919년 중국 상하이에서 수립한 대한민국 임시정부의 초대 경무국장
*최규식 경무관 *정종수 경사	– 1968년 무장공비 침투사건 당시 종로경찰서 자하문검문소에서 무장공비를 온몸으로 막아내고 순국함으로써 청와대를 사수하고 대한민국을 위기에서 건져 올린 **호국경찰의 표상** – 군 방어선이 뚫린 상황에서 경찰관 최규식 · 정종수의 순국으로 대한민국을 지켜내고 조국의 발전을 가능하게 한 영웅적인 사례
* 차일혁 경무관	– 일제강점기 중국에서 광복군 · 조선의용대 · 조선의용군 독립운동, 광복 후 우익 최전선에서 대한민국의 탄생에 도움을 줌 – 남부군 사령관 이현상을 사살하는 등 빨치산 토벌의 주역이며, 구례 화엄사 등 문화재를 수호한 인물로 '보관문화훈장'을 수여받은 호국경찰 영웅이자 **인본경찰 · 문화경찰의 표상**
* 안병하 치안감	– 신군부 명령을 어긴 죄로 직무유기 혐의로 직위 해제되고 보안사로 끌려가 10여 일간 혹독한 고문을 받은 후, 후유증으로 투병하다 사망함

경찰과 법

제1절 | 서설

01 법치행정

(1) 의의

국민의 **권리, 의무**에 관계되는 경찰작용은 국회에서 제정한 **법률**에 의하여야 한다는 원칙으로 '국민의 모든 자유와 권리를 국가안전보장, 질서유지 또는 공공복리를 위해 필요한 경우에 한하여 법률로써 제한할 수 있으며, 제한하는 경우에도 자유와 권리의 본질적 내용을 침해할 수 없다'는 조항 (헌법 37조 2항)에 근거한다.

(2) 형식적 법치주의 실질적 법치주의

형식적 법치주의	법의 형식과 절차만을 강조 (19세기 후반 독일)
실질적 법치주의	형식적 법치주의 외에 내용의 **헌법적합성**까지 요구

– **형식**적 법치주의에서 **실질**적 법치주의로 발전함

(3) 법치행정의 내용(Mayer)

법규창조력	① 법규는 의회의 법률에 의해서만 만들어진다 ② **행정규칙**에 의해서는 법규를 만들 수 **없다.**
법률우위	① 경찰행정작용이 법률에 위반되어서는 안 된다. **(제약규범)**기출 ② 법치주의의 **소극적** 측면으로 **모든 경찰작용**에 적용된다
법률유보	① 경찰권의 행사는 **법률의 근거가 필요**하다 (근거규범, 수권규범)기출 ② 법률유보의 범위에 대해서는 학설의 대립이 있다. 즉 **모든 경찰 작용에 적용되는 것은 아니다.** ③ 법률유보 범위에 관한 학설 　침해유보설: 국민의 권리와 자유를 침해하는 작용에 대해서만 법률의 근거를 요한다. 　**중요사항유보설**:국민의 권리나 의무제한시에는 법률의 근거가 필요하다 (**다수설**) 　급부행정유보설: 급부행정에 있어서도 법률의 근거를 필요하다. 　사회적유보설: 복지행정 중 사회보험, 공적부조와 같은 사회보장행정에서도 법적 근거가 필요하다. 　전부유보설: 모든 행정작용은 법률의 근거가 필요하다. ④ 서비스활동인 **비권력적 작용은 구체적 법적 근거 불요.**

(4) 법의 경찰활동 규율 형태 기출

조직규범	① 경찰활동은 법률에 의해 정해진 **권한의 범위 내**에서 행해져야 한다. (경찰법3조) ② 권력적 비권력적 경찰활동 모두 포함
제약규범기출	① 경찰활동은 법률의 규정을 **위반해서는 안 된다.** ② 법률을 위반하는 것은 **법률우위의 원칙에 위배**
근거규범	① 경찰작용은 일정한 요건의 갖춘 근거규범이 없으면 독창적인 활동을 할 수 없다. ② 근거규범인 국민의 자유와 권리를 제한하고 국민에게 의무를 부과하는 권력적 영역에서 영향력을 발휘한다.

02 경찰법의 법원

(1) 법원[法源]

법원이란 **법의 존재형식**을 의미하는 것으로 '어떠한 형식으로 존재하는가'에 따라 일정한 형식을 가지고 있는 성문법[成文法]과 일정한 형식을 가지고 있지 않는 불문법[不文法]으로 나누어진다. 경찰법은 성문법주의를 따르고 있다.

– **훈령[행정규칙]은 법원이 될 수 없다**는 것이 판례의 입장이다. 기출

– 경찰법은 통일된 **단일법전은 없지**만 통일된 **법체계를 가지고 있다.**

(2) 성문법(원칙)

1) 헌법

국가의 기본 통치구조와 국가작용의 기본원칙을 정한 부분으로 헌법전 중 행정의 조직이나 작용의 **기본원칙을 정한 부분으로 그 한도 내에서 경찰행정법의 법원**이다.기출

2) 법률

국민의 권리 의무와 관계된 내용은 법률에 의해 만들어지는데 경찰법의 가장 **중심적인 법원**에 해당한다. 경찰법은 통일된 단일법전의 형식으로 되어 있지 않고 경찰행정에 대하여 각각의 다른 법률로 규정되어 있다.

① 경찰조직법; 경찰법, 경찰공무원법, 전투경찰대법 등

② 경찰작용법; 경찰관 직무집행법, 경찰직무응원법, 경범죄처벌법, 도로교통법 등

③ 특별경찰행정법: 건축법, 공중위생법, 폐기물관리법 등

3) 조약, 국제법규

헌법에 의해 **체결, 공포된 조약**과 일반적으로 **승인된 국제법규**는 국내법과 동일한 효력을 가진다.(헌법 제 6조) 따라서 조약이나 국제법규도 경찰법의 법원이다. 기출

조약과 국제법규를 제정하기 위해서는 **별도의 국내법 제정은 필요 없다.**

4) 명령

행정권이 정립하는 일반적, 추상적 규범을 의미하며, 명령의 유형으로 **법규명령과 행정명령(행정규칙)**이 있다.기출 법규명령은 발동형식에 따라 시행령(대통령령), 시행규칙(총리령, 부령)으로 나누고 내용에 따라 위임명령과 집행명령으로 구분된다. 행정규칙(훈령)은 판례에 따르면 법원성이 부정된다.

구 분	법규명령	행정규칙
권력관계	일반권력관계	특별권력관계
법적근거	상위법령 근기 필요	**법령상 근거 불요**
구 속 력	**양면적, 대외적** 구속력	편면적, 내부적 구속력
재판규범성	인정	불인정
내 용	국민권리 의무에 관한 사항	행정조직 내부사항이나 특별권력 관계 내부에 관한 사항 규율
공 포	**필요**	**불요**
효력발생시기	특별 규정이 없는 한 **공포일로부터 20일** 경과 후	도달주의
형 식	요식행위 (문서형식 필요)	불요식행위(구두로 가능)
위반시 효력	법규명령 **위반 시 위법** (무효,취소사유)행정소송가능, 징계사유	행정규칙 위반 시(**위법 아님**)
표현형식	대통령령, 총리령, 부령	훈령, 지침, 고시, 통첩, 예규등
한 계	법률우위, 법률유보원칙 적용	**법률우위원칙 적용**

5) 조례와 규칙

① 조례: **지방자치단체의회**가 법령의 범위 안에서 지방자치권에 의거해서 제정하는 법규를 의미한다. 조례로는 주민의 권리제한 의무부과하거나, 형벌을 부과할 수 없다. 따라서 주민의 권리를 제한하거나 형벌을 부과할 때는 **법률의 위임이 필요**하다.기출

② 규칙: **지방자치단체의 장**이 법령 또는 조례가 위임한 범위 안에서 그 권한에 속한 사무에 관하여 제정하는 법 형식이다.

(3) 불문법원[不文法原]

1) 관습법

① 관습법은 국민의 전부 또는 일부에서 다년간에 걸쳐 행해진 관습이 법적 확신을 얻어 법적 규율로 여겨지는 것을 의미한다.

② 성립요건; 오래된 관행과 일반 국민의 법적 확인이 필요하다. (국가 승인 불요)

③ 보충적 효력; 성문법이 없는 경우에만 적용되는 보충적 효력만을 인정한다.

④ 법률의 개정에 의한 행정선례법 변경을 가능하나 법규성이 인정되지 않은 **훈령에 의한 행정선례법의 변경은 불가능**하다.

⑤ 종류

행정선례법	행정청의 반복적 관행이 법적 확신을 얻어 형성된 관습법
민중적 관습법	공법관계에서 일정한 관행이 오랫동안 계속되어 성립된 관습법

2) 판례법

판례법은 동일한 내용의 판결이 반복되어 내용이 **법적 승인에 이르는 경우**를 의미한다. **대법원판례**는 대륙법계국가에서는 법원성을 **부정**하고 영미법계 국가에서는 법원성을 긍정한다. 하지만 헌법재판소의 위헌결정은 **법원성을 인정한**다.

3) 조리

일반사회의 정의감에 비추어 인정되는 보편적인 원칙으로 **평등의 원칙, 비례의 원칙, 신의성실의 원치 부당결부금지원칙** 등이 있다. (최후 보충적법원) 조리에 위반되면 위헌 또는 위법의 문제가 발생한다.

① **평등**의 원칙: 행정작용에서 합리적 사유가 없는 국민을 차별 대우해서는 안 된다.

② **과잉금지**의 원칙 (비례의 원칙): 행정 목적을 달성하기 위한 수단은 목적달성에 유효 적절하고 가능한 최소침해를 가져오는 것이어야 하며 수단의 도입으로 인한 침해가 공익을 능가해서는 안 된다. (헌법 37조 2항).
'참새를 잡기 위해 대포를 쏘아서는 안 된다.'기출
예) 경찰관이 범인을 검거하면서 가스총을 근접발사하여 발사된 고무마개가 눈에 맞아 실명한 경우 국가배상책임인정

③ **신뢰보호**의 원칙: 개인의 신뢰가 보호가치가 있는 경우 이를 보호해 주는 원칙으로 영미법상의 '금반언의 법리'도 같은 이념이다. 행정청의 관행에 대하여 일반 국민들이 받아들인 때 공익 또는 제3자의 정당한 이익을 현저히 해할 우려가 있는 경우를 제외하고 새로운 해석 또는 관행에 의하여 소급하여 불리하게 처리하여서는 안 된다. (행정절차법 제4조 2항)

④ **부당결부금지**의 원칙: 행정작용에 있어 실질적 관련이 없는 상대방의 반대급부를 결부시켜서는 안 된다는 원칙.
예) 이륜자동차를 음주 운전한 사유만 가지고 1종 대형면허나 보통면허의 취소나 정지를 할 수 없다.

01 경찰조직법

(1) 경찰조직법

경찰 존립근거를 부여하고, 경찰이 설치할 기관의 명칭, 권한, 관청 상호 간의 관계 경찰관청의 임면·신분·직무 등에 대하여 규정하고 있는 법으로 경찰조직에 관한 **기본법은 경찰법**(1991)이고 경찰**작용**에 관한 기본법은 **경찰관직무집행법**이다.

(2) 행정주체 및 행정기관

1) 행정주체

행정법 관계에서 행정권을 행사하고 그 행위의 **법적 효과가 궁극적으로 귀속되는 당사자**로 국가, 지방자치단체 등이 있다. 현행 경찰법은 국가경찰제를 채택하고 있으므로 국가는 경찰행정의 주체로 볼 수 있으나, **자치단체는 주체로 볼 수 없다.**기출
(예외– 제주특별자치도 경찰행정주체에 해당).

2) 경찰행정기관의 유형기출

경찰행정주체인 국가를 위하여 현실적으로 직무를 수행하는 기관으로 경찰행정 기관에는 일정 범위의 권한과 책임이 주어지며, 경찰행정기관이 그 권한 범위 내에서 행하는 행위의 효과는 법률상 오로지 행정주체인 **국가에 귀속**된다.

경찰 행정관청	경찰행정주체를 위하여 경찰에 관한 의사를 결정하여 외부에 표시하는 권한을 가진 경찰행정기관으로 경찰청장·지방경찰청장·경찰서장이 이에 해당한다. 기출 (지구대장은 경찰서장의 보조기관)
경찰 자문기관	행정청으로부터 자문을 받아 그 의견을 제시하는 기관으로서 자문기관의 자문은 **법적 구속력이 없다.** (치안행정협의회·**경찰공무원인사위원회**, 경찰발전위원회) 기출
경찰 의결기관	행정관청의 의사를 구속하는 의결을 행하는 합의제 행정기관으로서 **의결을 외부에 표시할 수 없다.** **(경찰위원회, 징계위원회, 치안행정위원회)** 기출
경찰 집행기관	경찰행정 목적을 실현하기 위하여 실력을 행사하는 기관으로 경찰공무원 의미(치안총감, 치안정감, 치안감, 경무관, 총경, 경정, 경감, 경위, 경사, 경장, 순경 등) 기출
경찰 보조기관	조직의 장의 직무를 보조하는 기관 (차장, 국장, 부장, 과장 등) 기출
경찰 보좌기관	행정기관이 그 기능을 원활하게 수행할 수 있도록 그 기관장이나 보조기관을 보좌함으로써 행정기관의 목적달성에 공헌하는 기관(비서실, 조정실, 담당관 등)

		보통경찰관청	경찰청장, 지방경찰청장, 경찰서장
보통경찰기관	경찰행정관청	특별경찰관청	해양경비안전본부장, 지방해양경비안전본부장 해양경비안전서장
	경찰집행기관	**일반**경찰집행기관	경찰공무원(순경~치안총감)
		특별경찰집행기관	헌병, 소방공무원, 청원경찰 등
	경찰의결기관	경찰위원회, 징계위원회 등	
	경찰자문기관	치안행정협의회, 경찰공무원인사위원회 등	
특별경찰기관	협의의 행정경찰기관 – 주관행정관청(산림경찰, 위생경찰 등)		
	비상경찰기관 – 계엄사령관, 위수사령관		

(1) 보통경찰기관

1) 경찰행정관청

경찰에 관한 국가의 의사 또는 판단을 결정하여 **외부에 표시하는 권한**을 가진 경찰행정 기관을 말한다. 그 종류는 보통경찰관청으로 경찰청장 · 지방경찰청장 · 경찰서장이 있다.

경찰청 설치근거	정부조직법 제34조	치안에 관한 사무를 관장하기 위하여 행정자치부장관 소속하에 경찰청을 둔다.기출
	경찰법	경찰의 기본조직과 직무 범위 그 밖에 필요한 사항을 규정하고 치안에 관한 사무를 관장하게 하기 위하여 행정자치부장관 소속으로 경찰청을 둔다(경찰법 제2조 제1항).

① 보통경찰관청

㉠ 경찰청장(중앙보통경찰관청, 최상급의 경찰관청)

경찰청장	ⓐ 행정자치부의 외청으로서 **독임제**이고, 경찰청장은 경찰에 관한 사무를 통할하고 경찰업무를 관장하며 소속공무원 및 각급 경찰기관의 장을 지휘 · 감독한다.기출 ⓑ 경찰청장의 임명: 치안총감으로 보하고, **경찰위원회의 동의를 얻어 행정자치부장관의 제청**으로 국무총리를 거쳐 대통령령이 임명한다. 이 경우 국회의 인사청문회를 거쳐야 한다.기출 경찰청장의 임기는 **2년**이며, **중임**할 수 없다. 퇴직 후 2년 이내라도 정당의 발기인이나 당원이 될 수 있다. 기출
차장	경찰청에 차장을 **두며**(둘 수 있다 아님) 경찰청장을 보좌하며, 경찰청장이 부득이한 사유로 직무를 수행할 수 없을 때에는 그 직무를 대행한다.
경찰청장 부속기관	경찰대학, 경찰교육원, 중앙경찰학교, 경찰병원, 경찰수사연수원 (국립과학수사연구원 경찰청장 부속기관이 아님)

ⓛ 지방경찰청장

소속	사무를 지역적으로 분담하여 수행하게 하기 위하여 특별시장·광역시장 및 도지사 소속으로 지방경찰청장을 둔다.기출 인구, 행정구역, 면적, 지리적 특성, 교통 및 그 외의 조건을 고려하여 **시·도지사 소속**으로 2개의 지방경찰청을 둘 수 있다.
지방경찰청장	경찰법은 '지방경찰청장은 치안정감, 치안감 또는 경무관으로 보한다.'라고 규정하고 있다.(경찰법 제14조) **경찰청장(시·도지사×)의 지휘·감독**을 받아 관할구역 안의 경찰사무를 관장하고 소속공무원 및 소속 국가경찰기관의 장을 지휘·감독한다.기출
차장	지방경찰청에 차장을 둘 수 있다.(서울특별시·경기도 남부·경기도 북부·제주도 지방경찰청에 차장 각 1명을 둔다). 차장은 지방경찰청장을 보좌하여 소관사무를 처리하고 지방경찰청장이 부득이한 사유로 직무를 수행할 수 없을 때에는 그 직무를 대행한다.

ⓒ 경찰서장

경찰서장은 경무관, 총경 또는 경정으로 보한다. 지방경찰청장의 지휘·감독을 받아 관할 구역 안의 소관사무를 관장하고 소속공무원을 지휘·감독한다. **경찰서장 소속으로 지구대 파출소**를 두고, 그 설치기준은 치안수요·교통·지리 등 관할구역의 특성을 고려하여 **행정자치부령**으로 정한다. 다만, 필요한 경우에는 **출장소를 둘 수 있다.**기출

> 1. 경찰청과 그 소속기관 등 직제 제44조
>   ① **지방경찰청장**은 경찰서장의 소관사무를 분장하기 위하여 행정자치부령이 정하는 바에 따라 경찰청장의 승인을 얻어 **지구대 또는 파출소**를 둘 수 있다. 기출
>   ② 지방경찰청장은 임시로 필요한 때에는 출장소를 둘 수 있다.기출
>   ③ 지구대·파출소 및 출장소의 명칭·위치 및 관할구역과 기타 필요한 사항은 지방경찰청장이 정한다.
>
> 2. 지역 경찰의 조직 및 운영에 관한 규칙 제4조
>   지방경찰청장은 인구, 면적, 행정구역, 교통·지리적 여건, 각종 사건사고 발생 등을 고려하여 경찰서의 관할구역을 나누어 지역경찰관서(**지구대 및 파출소**)를 설치한다.기출
>
> 3. 경찰청과 그 소속기관 조직 및 정원 관리 규칙기출
>   **지방경찰청장**이 지구대 또는 파출소를 설치하고자 할 때에는 서류를 첨부하여 경찰청장에게 승인을 요청하여야 한다. 지방경찰청장은 임시로 필요한 때에는 출장소를 둘 수 있으며, 출장소를 설치한 때에는 경찰청장에게 보고하여야 한다. 지역 치안을 효율적으로 수행하기 위하여 치안센터를 둘 수 있다. 기출

② 특별경찰관청 – 해양경비안전본부장, 지방해양경비안전본부장, 해양경비안전서장

해양에서 경찰활동과 해양오염방제에 관한 사무를 위해 해양수산부 내에 해양경찰청을 둔다. 해양경찰청장은 **해양수산부장관의 제청**으로 **국무총리**를 거쳐 **대통령**이 임명한다.

경찰공무원법, 경찰관직무집행법, 경찰직무응원법의 적용은 받으나 **경찰법 적용은 없다.**

(해양경찰청장 임명 시 **경찰위원회의 동의는 필요 없다.**)기출

2) **경찰위원회**(독립적 심의 · 의결 기구)기출

경찰위원회는 경찰의 민주주의와 정치적 중립성을 보장하기 위하여 행정자치부에 설치한 **합의제 의결기관**이다. 대외적인 의사표시 권한까지는 없다는 점에서 행정관청과 구별된다. 경찰위원회는 심의 · 의결이나, **행정안전부장관에 재의요구권**이 있어 실제로는 의결기관과 자문기관의 중간적인 성질을 가지고 있다고 볼 수 있다.

심의 · 의결권	㉠ 국가경찰의 **인사, 예산, 장비, 통신** 등에 관한 주요정책 및 국가경찰 업무발전에 관한 사항 ㉡ **인권보호**와 관련되는 국가경찰의 운영 · 개선에 관한 사항 ㉢ 국가경찰의 부패 방지와 청렴도 향상에 관한 주요 정책사항 ㉣ 국가경찰 임무 외에 다른 국가기관으로부터의 업무협조 요청에 관한 사항기출 ㉤ 제주특별자치도의 자치경찰에 대한 국가경찰의 지원 · 협조 및 협약체결의 조정 등에 관한 주요 정책사항 ㉥ 그 밖에 행정안전부장관 및 경찰청장이 중요하다고 회의에 부친 사항 ㉦ 행정안전부장관은 제1항에 따라 심의 · 의결된 내용이 적정하지 아니하다고 판단할 때에는 재의(再議)를 요구할 수 있다.
동의권	**경찰청장 임명 시** 동의권 행사

① 구성기출

㉠ 위원회는 **위원장 1명을 포함한 7명**의 위원으로 구성하되, 위원장 및 5명의 위원은 비상임(非常任)으로 하고, **1명의 위원은 상임(常任)**으로 한다. (상임위원 정무직 차관급) 상임위원은 **정무직**으로 한다.

㉡ 위원장은 위원회를 대표하며, 그 회의를 통할하고, 비상임위원 중에서 호선한다. 위원장이 사고가 있을 때에는 **상임위원, 위원 중 연장자순**으로 위원장의 직무를 대리한다.

② 임명 및 결격사유_{기출}

위원은 **행정안전부장관의 제청**으로 국무총리를 거쳐 대통령이 임명한다. 행정안전부장관은 위원 임명을 제청할 때 국가경찰의 정치적 중립이 보장되도록 하여야 하고, 위원 중 **2명**은 법관의 자격이 있는 사람이어야 한다. 다음의 경우는 결격사유이다.

㉠ 당적(黨籍)을 이탈한 날부터 **3년**이 지나지 아니한 사람

㉡ 선거에 의하여 취임하는 공직에서 퇴직한 날부터 **3년**이 지나지 아니한 사람

㉢ 경찰, 검찰, 국가정보원 직원 또는 군인의 직(職)에서 퇴직한 날부터 **3년**이 지나지 아니한 사람

㉣ 「국가공무원법」 제33조 각 호의 어느 하나에 해당하는 사람

③ 위원의 임기 등 신분보장

위원의 임기는 **3년**으로 하며, **연임**(連任)할 수 없다. 이 경우 보궐위원의 임기는 전임자 임기의 남은 기간으로 한다. 위원은 정당에 가입하거나 선거의 의하여 취임하는 직에 취임 또는 경찰, 검찰, 국가정보원 직원 또는 군인의 직에 임용되거나 국가공무원 결격사유에 해당하게 된 때에는 당연히 퇴직된다. 위원은 **중대한 신체상 또는 정신상의 장애**로 직무를 수행할 수 없게 된 경우를 제외하고는 그 의사에 반하여 면직되지 아니한다.

④ 회의

정기회의는 특별한 사유가 있는 경우를 제외하고는 매월 1회 위원장이 소집한다. 위원장은 필요한 경우 임시회의를 소집할 수 있으며, 위원 3인 이상과 행정안전부 장관 또는 경찰청장은 위원장에게 임시회의 소집을 요구할 수 있다. 위원회의 회의는 **재적 위원 과반수의 출석과 출석위원 과반수의 찬성**으로 의결한다.

⑤ 재의 요구_{기출}

행정안전부장관(경찰청장×)은 제1항에 따라 심의·의결된 내용이 적정하지 아니하다고 판단할 때에는 재의(再議)를 요구할 수 있다. 행정안전부장관이 재의를 요구하는 경우에 의결한 날부터 **10일 이내에 재의요구서를 위원회에 제출**하여야 한다.

위원장은 재의요구가 있는 경우에는 그 요구를 받은 날부터 **7일 이내**에 회의를 소집하여 다 의결하여야 한다.

3) 경찰자문기관 - 치안행정협의회

지방행정과 치안행정의 업무조정과 그밖에 필요한 사항을 협의·조정하기 위하여 시·도지사(제주특별자치도지사는 제외)소속으로 치안행정협의회를 둔다. (경찰법 제16조)

위원장을 포함한 **위원 9인**으로 구성하고 **임기는 2년**으로 한다.

① 협의회의 구성기출

위원의 구성	㉠ 시·도소속 공무원중 서울특별시장·직할시장 또는 도지사가 임명하는 자 2인 ㉡ 지방경찰청소속 경찰공무원중 **지방경찰청장의 추천**으로 시·도지사가 임명하는 자 3인 ㉢ 지방행정과 치안행정에 관한 학식과 경험이 있는 자로서 지방경찰청장의 의견을 들어 시·도지사가 위촉하는 자 3인
위원장	위원장은 시·도의 **부시장 또는 부지사**가 되고, 위원장은 협의회를 대표하며 그 업무를 통할한다. 위원장이 사고가 있을 때에는 위원장이 미리 지명하는 자가 직무를 대행한다.기출

② 조직 및 운영

치안행정협의회의 조직·운영 등 기타 필요한 사항은 **대통령령**으로 정한다. 협의회의 회의는 **매분기 1회** 개최하되, 특정사안에 관하여 지방행정과 치안행정과의 업무 협조 등을 위하여 필요한 경우에는 수시로 개최할 수 있다. 협의회의 사무를 처리하게 하기 위하여 간사 2인을 두되, 시·도의 기획담당관 및 지방경찰청 경무과장이 된다.

③ 심의·의결사항

㉠ 지역안정 및 질서유지에 관한 사항

㉡ 민방위 및 재해대책 운영에 관한 사항

㉢ 질서확립운동 등 지역사회운동의 효율적 추진에 관한 사항

㉣ 지역주민과 경찰 간의 협조 및 요망사항

㉤ 기타 지방행정과 치안행정간 상호지원에 관한 사항과 **시·도지사 및 지방경찰청장**이 회의에 부치는 사항

④ 제주도 자치 치안행정협의회(**심의 의결**기관)

설치근거	제주특별자치도 설치 및 국제자유도시 조성을 위한 특별법
소속	제주자치도의 지방행정과 치안행정의 업무 협조 등을 심의·의결을 위하여 제주특별자치도지사 소속하에 치안행정위원회를 둔다.
구성	위원장 1인과 당연직 위원 2인(부지사, 경무업무담당과장)을 포함한 11인의 위원(위원장은 위원중호선)
임기	당연직 위원이 아닌 위원의 임기는 3년으로 하되, 1차에 한하여 **중임**할 수 있다. 다만, 당연직 위원의 임기는 그 직에 있는 동안 재임하고, 보궐위원회의 임기는 전임자의 잔임기간으로 한다.
의결정족수	재적위원 **과반수의 출석과 출석위원 과반수**의 찬성

(2) 경찰집행기관

경찰집행기관이란 소속 경찰관청의 명을 받아 경찰에 관한 국가의사를 실력으로써 현장에서 직접 수행하는 경찰기관으로 **일반집행기관** (순경, 경장, 경사, 경위, 경감, 경정, 총경, 경무관, 치안감, 치안정감, 치안총감)과 **특별집행기관 (소방공무원·헌병·청원경찰·해양경찰 등)**으로 나뉜다.

03 경찰관청 상호 간의 관계

상하관계	감시권	보고, 서류 및 장부를 검사, 실제 사무감사
	훈령권	**상급관청이 하급관청**의 권한행사를 지휘하기 위하여 발하는 명령
	주관(권한)쟁의 결정권	**하급관청간**의 권한행사에 대한 다툼이 있을 때 상급관청이 이를 결정하는 권한
	인가권	하급관청이 권한행사 전에 상급관청이 갖는 인가권
	취소·정지권	상급관청이 하급관청의 위법·부당한 행위를 취소하거나 정지할 수 있는 권한
대등 관계	권한 불가침	서로 다른 관청의 권한을 존중해야 하며, 권한을 침범해서는 안 된다.
	주관(권한)쟁의	대등 관청 사이의 소관사무에 관한 쟁의
	사무위탁 (촉탁)	직무상 필요한 사무가 다른 행정청의 관할에 속하는 경우 그 행정청에 사무처리를 부탁하는 것
	경찰응원	특정행위를 행정관청 사이에 지원하는 것

(1) 훈령권

1) 의의

훈령은 상급경찰관청이 하급경찰기관의 권한행사를 하기 위하여 발하는 명령(훈령권)
기출 으로 경찰조직 내부에서 **하급경찰관청에 대하여 발하는 명령이므로** 비록 일반적인 법조문의 형식을 갖추고 있더라도 **법규가 아니다.** 대외적 구속력이 없으므로 일반 국민을 구속할 수 없고 원을 구속하지 않는다. 훈령에 위반된 행위도 **위법은 아니다.** 따라서 훈령에 위반한 행정처분은 무효도 아니고 취소사유도 아니다. 훈령은 특별한 법적 근거 없이도 가능하다.기출

2) 형식과 절차기출

형식	훈령은 본래 특별한 형식이 없으며, 구두·문서의 형식으로 발할 수 있다(불요식행위).
절차	훈령의 효력이 발생하기 위한 요건으로 공포라는 절차는 필요하지 않고 훈령은 상대방에게 도달하면 효력이 발생한다(**도달주의**).

3) 요건기출

형식적 요건	① 훈령권이 있는 **상급관청**이 발할 것 ② 하급관청의 **권한** 내에 속하는 것일 것 ③ 하급관청의 **권한** 행사의 독립성이 보장되어 있는 사항에 관한 것이 아닐 것
실질적 요건	① 훈령이 **법규**에 저촉되지 않을 것 ② 훈령이 **공익**에 반하지 않을 것 ③ 훈령이 **실현 가능**하고 명백할 것

4) 훈령위반행위의 효과

훈령은 법규의 성질을 갖지 않기에 하급경찰관청의 법적 행위가 훈령에 위반하여 행해진 경우에도 **위법이 아니며** 행위 자체의 효력에는 영향이 없다. 훈령에 위반되는 행위를 한 경찰공무원은 직무상 의무위반이 문제가 되어 **징계사유**가 될 수 있다.기출

5) 경합

서로 모순되는 두 개 이상의 상급관청의 훈령이 경합할 때에 하급관청은 **주관상급관청에 따라야 한다.** 만일, 상급관청이 상하관계의 경우에는 행정조직의 계층제적 질서 존중에 따라 **직근상급관청의 훈령**에 따라야 한다.기출 주관상급행정청이 불분명할 때에는 주관쟁의의 방법에 의해 해결해야 한다.

6) 심사

① 형식적 요건 심사

하급경찰관은 형식적 요건 구비 여부에 대한 심사권을 갖고 요건 미비 시 복종거부가 가능하다. 하급관청이 상급관청의 훈령에 복종하였다면 **하급관청도 책임**을 진다.

② 실질적 요건 심사

하급경찰관청은 실질적 요건에 대한 심사권이 없으므로 형식적 요건이 구비 되어 있다면 복종해야 한다.

(2) 직무명령

상관이 직무에 관하여 부하에게 발하는 명령으로 상위법령의 근거 불요직무집행과 직접 관련되는 사항으로 한정된다.

요건	형식적 요건	① 권한 있는 상관이 발한 것일 것 ② 부하 공무원의 **권한** 범위 내에 속하는 사항일 것 ③ 부하 공무원의 **직무상 독립의 범위에 속하는 사항이 아닐 것** ④ 직무명령을 발하는데 있어 법정의 형식과 절차가 있으면 그를 구비할 것
	실질적 요건	① 내용이 **법령**에 저촉되지 않을 것 ② 내용이 **공익**에 적합 할 것 ③ 내용이 **실현 가능**하고 명확할 것

• 훈령과 직무명령의 차이

구분	훈령	직무명령
의의	상급관청이 하급관청의 권한행사를 지위 하기 위하여 발하는 명령	상관이 부하 공무원에 대하여 발하는 명령
법적 근거	법적 근거 불요	법적 근거 불요
구속력	대내적 구속력만 있음	대내적 구속력만
범위	행정청의 소관사무에 국한	직무와 관련된 개인 사생활까지
효력	훈령은 그 효력에 있어서는 기관의사를 구속(관청구성자가 교체 시 훈령의 효력에는 영향이 없음)	직무명령은 기관을 구성하는 공무원 개개인을 구속(기관구성자가 교체될 경우 직무명령은 효력을 상실)
양자의 관계	**훈령은 직무명령을 겸할 수 있다.**	**직무명령은 훈령을 겸할 수 없다.**

(3) 경찰관청 권한의 대리 · 위임 및 내부위임

1) 권한의 대리

경찰관청(본인)의 **권한의 전부 또는 일부**를 다른 행정기관이 피대리 관청을 위한 것임을 표시하여 대리관청의 이름으로 행사하고, 그 행위는 피대리관청의 행위로서 효과를 발생하는 것을 말한다.기출

① 임의대리(수권대리)

본래의 행정청의 수권에 의해 대리관계가 발생하는 경우를 의미하며, 수권대리 또는 위임대리라고도 한다. 대리권을 수여하는 수권행위는 **피대리관청의 일방적 행위**로서 대리기관의 동의를 요하지 아니하며, 수권행위를 외부에 표시하는 공시도 필요 없다. 법령의 명시적 근거가 없어도 가능하다.

범위	일반적 · 포괄적 권한의 일부에 대해서만 대리가 허용된다. 권한의 전부대리는 인정되지 않는다. 법령에 의해 개별적으로 지정되어 있는 권한은 대리가 허용되지 않는다.
복대리	임의대리는 원칙적으로 복대리가 **인정되지 않는다.**
권한행사	피대리관청을 위한 것을 표시하고 대리기관이 자신의 명의로 권한행사
행정소송의 피고	피대리관청은 대리기관의 행위에 대해 상대방인 국민에게 책임을 부담하므로, **행정소송의 피고는 피대리관청**이다.
소멸	수권행위의 철회, 실효, 대리자의 사망 및 신분상실

② 법정대리

법령의 규정에 의하여 일정한 사실 발생에 따라 당연히 혹은 일정한 자의 지정에 의하여 성립하는 대리이다. 반드시 법령상 근거가 있어야 하고, 대리권은 피대리관청의 권한의 전부에 대하여 미친다. 기출 대리기관은 피대리관청을 위한 것임을 표시하고 자신(대리기관)의 명의로 권한을 행사한다. 기출 법정대리는 복대리가 가능하다. 기출

| 종류 | 협의의 법정대리 | 법정 사실의 발생에 의해 대리관계가 발생한다. 예) 경찰청장 유고시 경찰청차장이 직무를 대행하는 경우기출 |
| | 지정대리 | 법정 사실의 발생 시 일정한 자의 지정에 의해 대리관계가 발생한다. 예) 국무총리와 부총리가 모두 사고로 직무를 수행할 수 없는 경우에는 대통령의 지명이 있으면 그 지명을 받은 국무위원이, 지명이 없는 경우에는 제26조 제1항에 규정된 순서에 따라 국무위원이 그 직무를 대행한다. 기출 |

2) 권한의 위임

경찰관청이 자기에게 주어진 권한을 스스로 행사하지 아니하고 법령에 근거하여 권한의 일부를 보조기관 또는 하급 관청에게 **실질적으로 이전**하여 행사하게 하는 것으로 기출 권한의 위임은 **법적 근거**가 있어야 한다. 기출 경찰관청 **권한의 일부에 대해서만** 가능하고 경찰관청 권한의 전부나 주요 부분에 대한 위임은 인정되지 않는다. 기출

재위임	권한의 위임에 의해 그 권한은 수임청의 권한이 되므로 수임청은 위임받은 권한의 일부를 보조기관이나 하급행정청에 **재위임할 수 있다.** 재위임도 위임이므로 당연히 법적 근거가 있어야 한다.
효과	위임청의 권한이 **수임청의 권한으로 귀속**이 변경된다. 기출 위임기관은 권한을 상실하며 수임기관이 위임받은 권한 내지 특정사무를 자신의 이름과 책임으로 처리 · 행사한다. 기출
행정소송의 피고	행정소송의 피고는 위임청이 아니라 수임기관이다. 기출

비고	임의대리	법정대리	권한의 위임
권한 이전	권한 자체의 이전 없음	권한 자체의 이전 없음	**수임청에 이전**
법적 근거	법적 근거 필요	법적 근거 필요	법적 근거 필요
발생	피대리관청의 일방적 **수권행위**에 의해 발생	법정사실의 발생에 의해	법령에 근거한 위임청의 위임행위에 의해 발생
범위	일부대리	**전부대리**	일부위임
감독	가능	불가	가능
복대리 · 재위임기출	**불가**	가능	가능 (법령상 근거필요)
상대방	보조기관이 대리인	보조기관이 대리인	**하급관청**에 대하여 행해짐
효과 귀속 기출	**피대리관청**	**피대리관청**	**수임청**
권한행사 명의	대리기관명의	대리기관명의	**수임청명의**
행정소송의 피고	피대리관청	피대리관청	수임청
소멸	수권행위의 철회 등	원인된 법률관계의 소멸	위임의 해제, 근거법령의 소멸 등

3) 대결(代決) · 위임전결기출

대결은 행정관청이 결재권자의 **휴가 · 출장 · 사고** 등의 일시 부재 시에 보조기관에 사무처리 관한 결재를 맡기지만, 대외적인 권한행사는 본래의 행정청의 이름으로 권한행사를 하는 것을 말한다. 위임전결은 경찰관청이 보조기관 등이 당해 경찰관청의 이름으로 권한을 사실상 대리행사 하는 것을 말한다.

01 개설

(1) 경찰공무원

1) 국가공무원법 및 경찰공무원법의 적용을 받는 **특정직** 공무원이다. 경찰의 직무에 종사하는 자를 말하며, 보통은 순경에서 치안총감에 이르는 계급을 가진 공무원이 이에 해당한다. 조직상 경찰기관에 근무하는 **일반직이나 기능직 등의 공무원은 경찰공무원법상 경찰 공무원에 해당하지 않는다.**

2) 의무경찰 순경도 경찰공무원법상 경찰공무원에 해당하지 아니한다. 다만, 의무경찰 순경은 형법상의 공무집행방해죄의 성립 시에는 공무원에 해당하며, 국가배상법상의 공무원 개념에도 포함된다고 본다.

(2) 국가공무원법과 경찰공무원법의 관계(일반법과 특별법 관계)

경찰공무원의 '임용', '교육훈련', '신분보장', '복무규율' 등에 있어 경찰공무원법을 우선 적용한다. 단, 경찰공무원법의 규정이 없는 사항에 대해서는 국가공무원법의 적용을 받는다. **경찰공무원법은 국가공무원법의 많은 규정을 준용**한다.

02 경찰공무원의 분류

경찰공무원법에서는 경찰공무원을 계급, 경과와 특기 등 3가지 기준으로 분류한다.

(1) 계급(**직책의 난이도와 보수의 차이**)

계급은 경찰공무원이 가진 개인의 특성, 즉 **학력, 경력, 자격**을 기준으로 하여 유사한 개인적 특성을 가진 공무원을 집단으로 구분하는 것이다. 경찰계급은 치안총감 · 치안정감 · 치안감 · 경무관 · 총경 · 경정 · 경감 · 경위 · 경사 · 경장 · 순경으로 되어 있다.

(2) 경과와 특기

경과와 특기는 경찰관의 특성 · 자격 · 능력 · 경력을 활용하기 위해 수평적으로 분류하는 것으로 경찰공무원은 경과와 특기에 따라 담당하는 직무가 다르다. 경찰관의 보직은 **경과**에 의해 결정되고, 다시 특기에 의하여 보직이 제한된다.

1) 경과

경찰공무원은 그 직무의 종류에 따라 경과(警科)가 다르다. 경과의 구분에 필요한 사항은 **대통령령(경찰공무원임용령)**으로 정한다(경찰공무원법 제3조). 임용권자 또는 임용제청권자는 경찰공무원은 **신규채용**할 때에 경과를 부여하여야 한다. 총경 이하의 경찰공무원은 경과로 구분한다. 다만, 수사경과 및 보안경과는 **경정 이하** 경찰공무원으로, 운전경과는 **경사 이하** 경찰공무원으로 한다.

구분	일반경과	기획, 감사, 경무, 생활안전, 교통, 경비, 작전, 정보, 외사 기타의 직무로서 수사경과 · 보안경과 및 특수경과에 속하지 아니하는 직무
	수사경과	범죄수사에 관한 사무를 처리(경정 이하에 적용)
	보안경과	보안경찰에 관한 사무를 처리(경정 이하에 적용)기출
	특수경과	**운전경과** (경사 이하에 부여), **항공경과, 정보통신경과, 해양경과**

2) 특기(경찰공무원임용령 제3조 제3항).기출

임용권자 또는 임용제청권자는 일정한 요건을 갖춘 경위 이상 경정 이하의 경찰공무원에 대하여 그 경과별 직무분야에 따라 일반특기 또는 전문특기를 부여할 수 있다.

종류	일반특기	기획 · 감사 · 경무 · 생활안전 · 형사 · 수사 · 교통 · 경비 · 작전 · 정보 · 보안 및 외사 특기
	전문특기	형사, 조사, 과학수사, 정보관리, 정보분석, 보안수사공작 · 보안수사신문, 외사 및 기술(정보통신 · 항공 · 해양)특기
	전문특기를 부여하여 전문화 관리를 할 수 있는 범위는 해당 일반특기분야 정원의 **3할 이내**로 하되, 경찰교육훈련기관에 해당 분야 전문화교육과정이 설치되어있는 경우에는 그 교육을 받는 자에 한하여 전문특기를 부여 (경찰공무원임용령시행규칙 제20조)기출	
분류	예비분류단계에서는 적성에 맞는 기능분야에서 육성될 수 있도록 기능을 확정함에 앞서 미리 분류하는 것으로서 해당 분야의 지식을 개발할 수 있도록 관리하여야 하며, 그 특기가 적성에 적합한지의 여부를 관찰하고 확인한다. 기출 확정분류는 예비분류 기간 중 개발한 적성에 따라 기능을 확정한다.	
특기 변경	특기의 변경은 예비 분류기간 중 일반 특기상호 간 또는 전문특기상호 간 **1회**에 한하여 할 수 있다. (중대한 흠결이 있다고 인정될 때에는 변경 가능)	
특기 분류 심사 기출	특기를 분류할 때에는 다음 사항을 고려하여 심사한다. ㉠ 본인의 희망 ㉡근무경험 ㉢적성(전공분야 및 자격증 등) ㉣전문화교육 ㉤소속상사의 의견 등	

03 경찰공무원 관계

(1) 경찰공무원 관계의 성질

경찰공무원 근무관계는 특별권력관계로, **공익성**이 강하다. 따라서 **근로3권의 제한**이나 **이중배상의 금지** 등 제한이 따른다.

(2) 임용권자^{기출}

1) 대통령

총경 이상	경찰청소속	경찰청장의 **추천**을 받아 **안전행정부장관의 제청**으로 국무총리를 거쳐 **대통령이 임용**한다.
	국민안전처소속	국민안전처장관의 제청으로 국무총리를 거쳐 대통령이 임용한다.
경정 채용·승진 임용 및 면직		**경찰청장의 제청**으로 국무총리를 거쳐 대통령이 한다.

2) 경찰청장
   ① **경정 이하**의 경찰관의 임용^{기출}
   ② **총경의 전보·휴직·직위해제·강등·정직·복직**은 경찰청장이 행한다.^{기출}
   ③ 경찰청장은 경찰대학·경찰교육원·중앙경찰학교·경찰수사연수원·경찰병원 및 지방 경찰청(소속 기관 등)의 장에게 그 소속경찰공무원 중 경정의 전보·파견·휴직·직위해제 및 복직에 관한 권한과 경감 이하의 임용권을 위임할 수 있다.^{기출}
   ④ 경찰청장은 경찰공무원의 정원의 조정·인사교류 또는 파견을 위하여 필요한 때에는 위임한 경우에도 임용권을 행사할 수 있다.^{기출}

3) 지방경찰청장·경찰교육원장·경찰병원장·중앙경찰학교장·경찰대학장·경찰수사연수원장
   ① **경찰청장의 권한을 위임**받아 소속경찰관 중 경정의 전보·파견·휴직·직위해제 및 복직에 관한 권한과 경감 이하의 임용권자가 될 수 있다.
   ② 임용권의 위임을 받은 소속기관 등의 장은 경감 또는 경위를 신규채용하거나 경위 또는 경사를 승진시키고자 할 때에는 미리 경찰청장의 승인을 얻어야 한다.^{기출}
   ③ 지방경찰청장은 소속 경감 이하의 경찰공무원에 대한 당해 경찰서 안에서의 전보권을 **경찰서장에게 다시 위임**할 수 있다(경찰공무원임용령 제4조 제2항).

4) 경찰서장
   지방경찰청장의 위임을 받아서 **경감 이하**의 당해 경찰서 내에서의 전보권을 가질 수 있다. 그러나 **경찰서장은 임명권(신규채용)은 갖지 못한다.**^{기출}

(3) 경찰공무원인사위원회(경찰공무원법 제4조, 경찰공무원임용령 제9조~제14조)

설치	경찰청 소속 경찰공무원의 인사에 관한 중요 사항에 대하여 경찰청장의 자문에 응하게 하기 위하여 경찰청에 **경찰공무원인사위원회**를 두고, 국민안전처 소속 경찰공무원의 인사에 관한 중요 사항에 대하여 국민안전처장관의 자문에 응하게 하기 위하여 국민안전처에 **인사위원회**를 둔다. 인사위원회의 구성 및 운영에 필요한 사항은 대통령령으로 정한다.
구성	위원장을 포함한 **5인 이상 7인 이하**의 위원으로 구성한다.기출 국민안전처에 두는 인사위원회의 위원장은 국민안전처 해양경비안전본부장이 되고, 위원은 국민안전처 소속 **총경 이상**의 경찰공무원 중에서 국민안전처장관이 임명하며, 경찰청에 두는 인사위원회의 위원장은 경찰청 인사담당 국장이 되고, 위원은 경찰청 소속 총경 이상의 경찰공무원 중에서 경찰청장이 임명한다. 기출
위원장	위원장은 인사위원회를 대표하며, 인사위원회의 사무를 총괄한다. 위원장이 부득이한 사유로 직무를 수행할 수 없는 때에는 위원 중에서 최상위계급 또는 선임의 경찰공무원이 그 직무를 대행한다.
심의사항	① 인사행정에 관한 방침과 기준 및 기본계획에 관한 사항 ② 인사행정에 관한 법령의 제정·개정 또는 폐지에 관한 사항 ③ 그 밖에 경찰청장이 인사위원회의 회의에 부치는 사항 　　**기출) 고충심사, 인사상담에 관한 사항, 승진심사에 관한 사항은 제외**
운영	회의는 **재적 위원 과반수의 찬성**으로 의결한다. 위원장은 인사위원회에서 심의된 사항을 지체 없이 경찰청장에게 보고하여야 한다.

04 경찰공무원 신분의 변동

(1) 경찰공무원 신분의 발생

1) 법적 성질

임명의 법적 성질은 쌍방적 행정행위로 보는 것이 통설·판례이다. 임명은 **상대방의 동의를 전제**로 하는 행정행위로서 상대방의 동의 없는 임명 행위는 무효이다. (평등의 원칙, 실적주의 원칙, 적격자의 임용의 원칙)

2) 형식과 효력 (경찰공무원임용령 제5조 제1항)

임용은 **임용장을 교부**함으로써 행하는 것이 원칙이나 임용장의 교부가 임용의 **유효요건은 아니다.** 임용시기는 임용장 또는 임용통지서에 기재된 일자에 임용된 것으로 본다. 다만, 사망으로 인한 면직은 사망한 **다음 날**에 면직된 것으로 본다.기출

(2) 채용 후보자

공개경쟁채용시험 등에 합격한 자는 임용권자 또는 임용제청권자에게 채용 후보자 등록을 하여야 한다. 채용후보자등록을 하지 아니한 자는 경찰공무원으로 임용될 의사가 없는 것으로 본다.기출

1) 채용 후보자 명부
   ① 경찰청장(임용권을 위임받은 자 포함)은 신규채용시험에 합격한 사람(경찰대학을 졸업한 사람과 경찰간부후보생을 포함)을 대통령령으로 정하는 바에 따라 **성적 순위에 따라 채용 후보자 명부에 등재**하여야 한다.기출
   ② 경찰공무원의 신규채용은 채용 후보자 명부의 등재 순위에 따른다. 다만, 채용 후보자가 경찰교육기관에서 신임교육을 받은 경우에는 그 교육성적 순서에 따른다.기출
   ③ 채용 후보자 명부의 유효기간은 **2년의 범위**에서 대통령령으로 정한다. 다만, 경찰청장 필요에 따라 1년의 범위에서 그 기간을 연장할 수 있다. 따라서 최장 유효기간은 **3년**이다.기출

2) 자격상실
   ① 채용 후보자가 임용 또는 임용제청에 불응한 때
   ② 채용 후보자로서 받아야 할 **교육훈련**에 불응한 때
   ③ 채용 후보자로서 받은 교육훈련성적이 **수료점수에 미달**되거나 교육훈련 중 질병·병역복무 기타 교육훈련을 계속할 수 없는 불가피한 사정 외의 사유로 퇴학처분을 받은 때기출

(3) 신규채용 결격사유(경찰공무원법 제7조 제2항)기출
   ① 대한민국 **국적**을 가지지 아니한 사람
   ②「국적법」제11조의2 제1항에 따른 **복수국적**자
   ③ **피성년후견인** 또는 피한정후견인
   ④ **파산**선고를 받고 복권되지 아니한 사람
   ⑤ **자격정지** 이상의 형(刑)을 선고받은 사람
   ⑥ 자격정지 이상의 형의 **선고유예**를 선고받고 그 유예기간 중에 있는 사람
   ⑦ 징계에 의하여 **파면 또는 해임**처분을 받은 사람

(4) 부정행위자에 대한 제제(경찰공무원법 제8조의2)
   경찰청장은 경찰공무원의 채용시험 또는 경찰간부후보생 공개경쟁선발시험에서 부정행위를 한 응시자에 대하여는 해당 시험을 정지 또는 무효로 하고, 그 처분이 있는 날부터 **5년간 시험응시자격을 정지**한다. 기출

(5) 시보임용기출

의의	경찰관으로서의 적격성이 있는지를 확인하고 경찰실무를 습득하기 위해 일정기간 동안 시험보직을 명하게 하는 제도로기출 시험으로 알아내지 못한 점을 검토해보고 직무를 감당할 능력이 있는가를 알아보고 시험제도의 부족한 점을 보완하려는 것.기출 시보임용기간 중에 있는 경찰공무원이 근무성적 또는 교육 훈련 성적이 불량할 때에는 면직시키거나 면직을 제청할 수 있다.
기간	경정 이하 신규채용 **1년** 시보로 임용하고, 1년이 된 **다음 날**에 정규 경찰공무원으로 임용한다.기출 휴직기간·직위해제기간 및 징계에 의한 정직 또는 감봉처분을 받은 기간은 시보임용기간에 산입하지 않는다.기출
예외	㉠ 경찰대학을 졸업한 사람 또는 경찰간부후보생으로서 정하여진 교육을 마친 사람을 경위로 임용하는 경우기출 ㉡ 경찰공무원으로서 대통령령으로 정하는 상위계급으로의 승진에 필요한 자격요건을 갖추고 임용예정 계급에 상응하는 공개경쟁 채용시험에 합격한 사람을 해당 계급의 경찰공무원으로 임용하는 경우 ㉢ 퇴직한 경찰공무원으로서 퇴직 시에 재직하였던 계급의 채용시험에 합격한 사람을 재임용하는 경우기출 ㉣ 자치경찰공무원을 그 계급에 상응하는 경찰공무원으로 임용하는 경우 기출
면직	임용권자 또는 임용제청권자는 시보임용경찰공무원이 다음 사유에 해당하여 정규경찰공무원으로 임용함이 부적당하다고 인정되는 경우에는 **정규임용심사위원회의 심사**를 거쳐 당해 시보임용경찰공무원을 면직시키거나 면직을 제청할 수 있다.기출 ㉠ **징계사유**에 해당할 때 ㉡ 교육훈련성적이 만점의 **6할미만**이거나 생활기록이 극히 불량할 때기출 ㉢ 제2평정요소에 대한 근무성적평정점이 만점의 **5할 미만**일 때

(6) 경찰공무원 관계의 변경

경찰공무원으로서의 신분을 유지하면서 직위·직급·직렬 등 경찰공무원 관계의 내용의 일부 또는 전부를 변경하는 것을 말한다.

1) 승진(**동일직렬 내**의 하위직급에서 상위직급으로 임용)기출

종류	시험승진(경정 이하), 심사승진(경무관 이하), 특별승진, 근속승진
승진	경무관 이하 계급으로의 승진은 승진심사에 의하여 한다. 다만, 경정 이하 계급으로의 승진은 승진시험과 승진심사를 병행할 수 있다. 경정 이하 승진은 **시험(5할)**과 **심사(5할)**를 병행할 수 있다.기출
근속승진	㉠ 순경에서 경장(5년 이상 근속자) ㉡ 경장에서 경사(6년 이상 근속자) ㉢ 경사에서 경위 (7년 6개월 이상) ㉣ 경위에서 경감 (12년 이상)
특별승진	**경위 이하**의 경찰공무원으로서 모든 경찰공무원의 귀감이 되는 공을 세우고 전사하거나 순직한 사람에 대하여는 2계급 특별승진시킬 수 있다. (전사하거나 순직한 사람, 직무 수행 중 현저한 공적)
승진 최저근무 연수	총경 **4년**, 경정·경감 **3년**, 경위·경사 **2년**, 경장·순경 **1년**이다. (휴직·직위해제·징계처분기간은 승진 소요 최저근무연수에서 제외)
승진임용의 제한	㉠ 징계의결요구·징계처분·직위해제·휴직 또는 **시보임용기간** 중에 있는 자 ㉡ 징계처분의 집행이 끝난 날부터 다음에 따른 기간(금품 및 향응 수수, 공금의 횡령·유용에 따른 징계처분의 경우에는 각각 **3개월**을 더한 기간)이 지나지 아니한 사람 강등·정직– **18개월**, 감봉–**12개월**, 견책–**6개월**

2) 전보

① 의의

경찰공무원의 동일 직위 및 자격 내에서의 근무기관이나 부서를 달리하는 임용으로 임용권자 또는 임용제청권자는 경찰공무원의 동일직위에서의 장기 근무로 인한 **직무수행의 침체현상을 방지**하여 창의적이며 활력 있는 **직무 성과의 증진**을 기하도록 하는 것

② 제한

임용권자 또는 임용제청권자는 소속공무원을 당해 직위에 임용된 날부터 **1년** 이내(감사업무담당은 2년 이내)에 다른 직위에 전보할 수 없다.

③ 제한의 예외

㉠ 직제상의 최저단위 보조기관(담당관을 포함)

㉡ 국민안전처 및 경찰청과 소속기관 등 또는 소속기관 등 상호 간의 교류

㉢ 기구의 개편, 직제 또는 정원의 변경으로 인한 해당 경찰공무원의 전보

㉣ 당해 경찰공무원을 증진 시키는 경우

㉤ **특수한 기술**을 가진 경찰공무원 또는 전문특기자를 당해 직무분야에 보직하는 경우

㉥ **징계처분**을 받은 경우

㉦ 형사사건에 관련되어 수사기관에서 **조사**를 받고 있는 경우

ⓞ 경찰기동대 기타 특수임무부서와의 정기적인 교체에 의하는 경우

ⓩ 교육훈련기관의 교수요원으로 보직하는 경우

ⓒ **시보**임용중인 경우

ⓚ 신규채용된 경찰공무원으로서 보직관리기준에 따라 순환보직 중인 자의 전보 및 이와 관련한 전보

ⓣ 감사담당 경찰공무원 가운데 부적격자로 인정되는 경우

3) 휴직(국가공무원법 제71조)

① 직권휴직

공무원이 다음 각 호의 어느 하나에 해당하면 임용권자는 본인의 의사에도 불구하고 휴직을 명하여야 한다.

㉠ **신체 · 정신상의 장애**로 장기 요양이 필요할 때

㉡ 「병역법」에 따른 병역 복무를 마치기 위하여 징집 또는 소집된 때

㉢ 천재지변이나 전시 · 사변, 그 밖의 사유로 생사(生死) 또는 소재(所在)가 불명확하게 된 때

㉣ 그 밖에 법률의 규정에 따른 의무를 수행하기 위하여 직무를 이탈하게 된 때

㉤ 노동조합 전임자로 종사하게 된 때

② 의원휴직

㉠ 국제기구, 외국 기관, 국내외의 대학 · 연구기관, 다른 국가기관 또는 대통령령으로 정하는 민간기업, 그 밖의 기관에 임시로 채용될 때

㉡ 국외 유학을 하게 된 때

㉢ **중앙인사관장기관의 장**이 지정하는 연구기관이나 교육기관 등에서 연수하게 된 때

㉣ 만 8세 이하 또는 **초등학교 2학년 이하**의 자녀를 양육하기 위하여 필요하거나 여성공무원이 임신 또는 출산하게 된 때

㉤ 사고나 질병 등으로 장기간 요양이 필요한 조부모, 부모(배우자의 부모를 포함한다), 배우자, 자녀 또는 손자녀를 간호하기 위하여 필요할 때. 다만, 조부모나 손자녀의 간호를 위하여 휴직할 수 있는 경우는 본인 외에는 간호할 수 있는 사람이 없는 등 대통령등으로 정하는 요건을 갖춘 경우로 한정한다.

㉥ 외국에서 근무 · 유학 또는 연수하게 되는 배우자를 동반하게 된 때

㉦ 대통령등으로 정하는 기간 동안 재직한 공무원이 직무 관련 연구과제 수행 또는 자기개발을 위하여 학습 · 연구 등을 하게 된 때

③ 효력

㉠ 휴직 중인 공무원은 신분은 보유하나 직무에 종사하지 못한다.

㉡ 휴직기간 중 그 사유가 없어지면 30일 이내에 임용권자 또는 임용제청권자에게 신고하여야 하며, 임용권자는 **지체없이 복직**을 명하여야 한다. 기출

㉢ 휴직기간이 끝난 공무원이 30일 이내에 복귀 신고를 하면 당연히 복직된다.

4) 직위해제

① 사유

ⓐ **직무수행 능력**이 부족하거나 **근무성적**이 극히 나쁜 자

ⓑ **파면 · 해임 · 강등 또는 정직**에 해당하는 징계 의결이 요구 중인 자

ⓒ 형사 사건으로 기소된 자(약식명령이 청구된 자는 제외한다)

ⓓ 고위공무원단에 속하는 일반직공무원으로서 제70조의2 제1항 제2호부터 제5호까지의 사유로 적격심사를 요구받은 자

ⓔ 금품 비위, 성범죄 등 대통령령으로 정하는 비위행위로 인하여 감사원 및 검찰 · 경찰 등 수사기관에서 조사나 수사 중인 자로서 비위의 정도가 중대하고 이로 인하여 정상적인 업무수행을 기대하기 현저히 어려운 자

② 원칙

ⓐ 직위해제는 공무원에 대한 불이익한 처분이기는 하지만 징계처분과는 성질이 다르므로, 동일한 사유로 **직위해제와 징계처분을 병과**해도 일사부재리의 원칙에 위배된다 할 수 없다(대판 1983.5.24, 82누410).기출

ⓑ 임용권자는 직무수행능력이 부족하거나 근무성적이 극히 나빠 직위 해제된 자에게 **3개월**의 범위에서 대기를 명한다. 대기명령 후 능력이나 근무성적 향상을 기대하기 어려운 경우에는 징계위원회의 동의를 얻어 직권면직시킬 수 있다.

ⓓ 직위부여하지 아니한 경우에 그 직위해제의 사유가 소멸한 때에는 임용권자는 지체 없이 직위를 부여하여야 한다.

ⓔ 직위해제된 사람은 직무에 종사하지 못하고 출근 의무도 없다.

ⓕ 직위해제된 사람에게는 봉급의 일부를 지급한다.

  ⓐ 직무수행능력이 부족하거나 근무성적이 극히 나쁜 자(봉급의 80% 지급)

  ⓑ 파면 · 해임 · 강등 · 정직(중징계)에 해당하는 징계의결이 요구 중인 자, 형사사건으로 기소된 자(봉급의 70% 지급)

  ⓒ 금품비위, 성범죄 등 비위행위로 인하여 정상적인 업무 수행을 기대하기 현저히 어려운 자 – 봉급의 70%만 지급

ⓖ **직위해제기간은 승진 소요 최저근무연수에 산입하지 않는 것이 원칙**이다.

다만 다음의 경우 직위해제기간은 승진 소요 최저근무연수에 산입한다.

  ⓐ 중징계로 징계의결 요구되어 직위해제처분을 받은 사람에 대한 징계 의결 요구에 대하여 관할 징계위원회가 **징계하지 아니하기로 의결**한 경우와 해당직 위해제처분의 사유가 된 징계처분이 소청심사위원회의 결정 또는 법원의 판결에 따라 무효 또는 취소로 확정된 경우

  ⓑ 형사사건으로 기소되어 직위해제처분을 받은 사람의 처분 사유가 된 형사사건이 법원의 판결에 따라 **무죄로 확정**된 경우

• (대우공무원)기출

선발	임용권자 또는 임용제청권자는 소속 경찰공무원 중 해당 계급에서 승진 소요 **최저근무연수 이상 근무**하고 승진임용의 제한사유가 없으며 근무실적이 우수한 자를 바로 상위계급의 대우공무원으로 선발할 수 있다.
근무 기간	대우공무원으로 선발되기 위해서는 승진 소요 최저근무연수를 경과한 총경 이하 경찰공무원으로서 해당 계급에서 총경·경정은 **7년 이상**, 경감 이하는 **5년 이상** 근무하여야 한다.
선발 절차 및 시기	임용권자 또는 임용제청권자는 매 분기 말 5일 전까지 대우공무원 발령일을 기준으로 하여 대우공무원 선발요건에 적합한 대상자를 결정하여야 하고, 그다음 분기 첫 달 1일(1월 1일, 4월 1일, 7월 1일, 10월 1일)에 일괄하려 대우공무원으로 발령하여야 한다.
수당 지급	① 대우공무원에 대하여는 **공무원 수당 등에 관한 규정**에서 정하는 바에 따라 수당을 지급할 수 있다(경찰공무원승진임용규정 제43조 제1항). ② 대우공무원으로 선발된 경찰공무원에 대하여는 공무원 수당 등에 관한 규정에 따라(예산범위에서 **월봉급액의 4.1%**) 대우공무원수당을 지급한다(경찰공무원승진임용규정시행규칙 제37조 제1항). ③ 대우공무원이 징계 또는 직위해제 처분을 받거나 휴직하여도 대우공무원 수당은 계속 지급한다. 다만, 공무원 수당 등에 관한 규정으로 정하는 바에 따라 대우공무원 수당을 감액하여 지급한다. 다만, 공무원 수당 등에 관한 규정으로 정하는 바에 따라 대우공무원 수당을 감액하여 지급한다(정직의 경우 정직기간 중 **수당액의 1/3 감액** 지급).기출
자격 상실	대우공무원이 상위계급으로 승진 임용되는 경우에는 승진 임용일자에, 강등되는 경우에는 강등일자에 대우공무원의 자격은 별도 조치 없이 당연히 상실된다.

05 경찰공무원관계의 소멸

(1) 당연퇴직

임용권자의 의사와 관계없이 일정한 법정사유가 발생한 경우 별도의 행위를 기다릴 것 없이 당연히 경찰공무원 관계기 소멸하는 깃으로 공무원 신분을 상실한 사가 사실상 공무원으로 근무하여 왔더라도 **공무원연금법상 퇴직급여를 청구할 수 없다**(판례).

당연퇴직은 다음의 사유가 해당한다.

① 대한민국**국적을 가지지 아니한** 자

② 국적법 제11조의 2 제1항에 따른 복수국적자

③ 피성년후견인 또는 피한정후견인

④ **파산자**로서 복권되지 아니한 자

⑤ **자격정지** 이상의 형의선고를 받은 자

⑥ 징계에 의하여 파면 또는 해임의 처분을 받은 자

(2) 면직(공무원 관계의 소멸이 공무원 본인이나 임용권자의 의사에 따름)

1) 의원면직

경찰공무원 본인의 의사표시에 기초하여 임용권자가 이를 수리함으로써 경찰공무원 관계를 소멸시키는 **쌍방적 행정행위**이다.

① 효과

의원면직의 효과는 서면에 의한 사직서를 제출하고 이를 임용권자가 **승인한 때 발생**한다. 따라서 공무원이 사직원을 제출하였다 하더라도 그것이 수리되기 전에 직장을 무단이탈하면 징계 및 형사책임의 원인이 된다.(대판 1991.11.21, 19누3666)

② 판례

상사 등의 강요에 의해 반려될 것으로 기대를 하고 사직원을 제출한 경우 정식 수리되더라도 면직 처분은 **무효** - 상사인 세무서장이 사직원 제출을 강력히 요구하므로 사직원을 제출할 의사가 없으면서 행정쟁송을 제기할 의사로 사직원을 제출하였다면 이에 기초한 면직처분은 무효

2) 일방적 면직

① 징계면직

공무원이 징계사유에 해당하는 경우 임용권자가 **징계절차를 거쳐** 공무원 신분을 박탈하는 것으로 파면과 해임이 있다.

② 직권면직기출

법정사유가 있는 경우 공무원의 의사와 관계없이 **임용권자가 직권**으로 행하는 면직처분이다.

징계위원회 동의필요	ⓐ 직위해제되어 대기명령을 받은 자가 그 기간 중 능력 또는 근무성적의 향상을 기대하기 어렵다고 인정된 때 ⓑ 경찰공무원으로는 부적합할 정도로 직무 수행능력이나 성실성이 현저하게 결여된 사람 　지능저하 또는 판단력의 부족으로 경찰업무를 감당할 수 없는 경우 　책임감의 결여로 직무수행에 성의가 없고 위험한 직무에 해당하여 고의로 직무수행을 기피 또는 포기하는 경우 ⓒ 직무를 수행하는 데에 위험을 일으킬 우려가 있을 정도의 성격적 또는 도덕적 결함이 있는 사람 　인격장애, 알코올·약물중독 그 밖의 정신장애로 인하여 경찰업무를 감당할 수 없는 경우기출 　사행행위 또는 재산의 낭비로 인한 채무과다, 부정한 이성관계 등 도덕적 결함이 현저하여 타인의 비난을 받는 경우
징계위원회 동의 불필요기출	ⓐ 직제와 정원의 **개폐 또는 예산의 감소** 등에 의하여 폐직 또는 과원이 되었을 때 ⓑ 휴직기간만료 또는 휴직사유가 소멸된 후에도 **직무에 복귀하지 아니하거나 직무를 감당할 수 없을 때** ⓒ 해당 경과에서 직무를 수행하는데 필요한 **자격증의 효력이 상실**되거나 **면허가 취소**되어 담당직무를 수행할 수 없게 되었을 때

• 정년퇴직기출

> 연령정년은 60세이고 각 계급에서 일정기간 동안 승진하지 못하면 계급정년으로 퇴직하게 된다. (치안감 4년, 경무관 6년, 총경 11년, 경정 14년)
> ① **수사·정보·외사·보안** 등 특수부문에 근무하는 경찰공무원으로서 대통령으로 정하는 바에 따라 지정을 받은 사람은 총경 및 경정의 경우에는 **3년의 범위**에서 대통령으로 정하는 바에 따라 계급정년을 연장할 수 있다 기출
> ② 경찰청장은 전시·사변 기타 이에 준하는 비상사태하에서는 **2년의 범위** 안에서 계급정년을 연장할 수 있다. 이 경우 경무관 이상은 행정자치부장관과 국무총리를 거쳐 대통령의 승인을 받아야 하고, 총경, 경정은 국무총리를 거쳐 대통령의 승인을 받아야 한다.기출
> ③ 강등된 계급의 계급정년은 강등되기 전 계급 중 가장 높은 계급의 계급정년으로 한다.기출
> ④ 계급정년을 산정할 때에는 강등되기 전 계급의 근무연수와 강등 이후의 근무연수를 합산한다.
> ⑤ 경찰공무원은 그 정년이 된 날이 1월에서 6월 사이에 있으면 6월 30일에 당연퇴직하고, 7월에서 12월 사이에 있으면 12월 31일에 당연퇴직한다. 기출
> ⑥ 계급정년을 산정할 때 자치경찰공무원으로 근무한 경력이 있는 경찰공무원의 경우에는 그 계급에 상응하는 자치경찰공무원으로 근무한 연수를 산입한다.

06 경찰공무원의 권리와 의무

(1) 경찰공무원의 권리기출

1) 신분상의 권리

신분 및 직위보유권	경찰공무원은 형의 선고, 징계처분 또는 국가공무원법 및 경찰공무원 법에서 정하는 사유에 의하지 아니하고는 그 의사에 반하여 그 신분 및 직위를 상실당하지 아니한다. 단, 치안정감 및 시보임용기간 중의 공무원은 원칙적으로 신분보장을 받지 못한다. **경찰청장은 2년의 임기**가 보장되고 해양경비안전본부장인 치안총감은 신분보장이 되지 않는다.
쟁송제기권	경찰공무원이 위법·부당하게 신분보장이 침해된 경우에 **소청심사위원회에 소청을 청구**할 수 있으며, 행정소송에 있어서는 일반적으로 경찰청장을 피고로 하지만, 임용권을 위임한 경우는 **그 위임받은 자를 피고**로 한다.기출
장구사용권	수갑·경찰봉·포승·방패 등을 사용할 수 있는 권리(경찰관직무집행법)
무기휴대 및 사용권	무기휴대 및 사용은 경찰공무원의 권리일 뿐이며 의무는 아니다기출 무기**휴대**의 법적 근거는 **경찰공무원법**, 무기**사용**의 법적 근거는 **경찰관직무집행법**이다.기출
제복착용권	제복착용권의 경우는 권리임과 동시에 의무에 해당한다.기출 경찰공무원의 복제(服制)에 관한 사항은 **총리령 또는 행정자치부령**으로 한다.기출

2) 재산상의 권리

① 보수청구권기출

보수청구권은 사권(私權)으로 보아 민법에 의해 3년이라는 견해와 공권(公權)으로 보아 국가재정법에 의해 5년이라는 견해의 대립이 있으나, 판례는 **3년설**이다.기출

보수의 압류는 **봉급액의 2/1 이내**로 제한되고, 보수청구권은 임의로 양도 또는 포기할 수 없다(퇴직 후에는 포기 가능).

② 연금청구권

경찰공무원이 상당한 기간 근무하여 퇴직하거나 사망한 경우에 본인이나 유족은 공무원이 연금법이 정하는 바에 따라 연금을 지급받을 권리가 있다. 연금은 양도 또는 포기, 압류·담보의 제공 등이 불가능하다. 소멸시효는 **장기연금 5년, 단기연금 3년**이다. 기출

③ 기타 권리

실비변상 청구권	공무 집행상 특별한 비용을 요할 때에는 바로 실비변상을 받는다 (양도·대리·포기 가능).
보급품수령권	재복 기타 물품의 실물대여를 받을 권리를 말한다.
보상청구권	㉠ 경찰공무원이 질병·부상·폐질·퇴직·사망 또는 재해를 입으면 본인 또는 그 유족에게 법률이 정하는 바에 따라 적절한 급여를 지급한다(국가공무원법 제77조) ㉡ 경찰공무원으로서 전투 쪼는 이에 준하는 직무수행으로 인하여 상이(傷痍)를 입은 자와 사망한 자의 유족은 「국가유공자예우 및 지원에 관한 법률」 및 「공무원연금법」에 의하여 예우를 받는다.

(2) 경찰공무원의 의무기출

1) 일반적 의무

선서의무	경찰공무원은 취임 시 소속기관장 앞에서 선서하여야 한다.다만, 불가피한 사유가 있을 때에는 취임 후에 선서를 할 수 있다(국가공무원법 제55조).
성실의무	모든 공무원은 성실히 직무를 수행해야 한다(국가공무원법 제56조) 모든 의무의 원천이 되는 기본적 의무이다.기출

2) 신분상 의무

① 비밀엄수의 의무

실질적으로 비밀로서 보호할 가치가 있는 것만이 비밀에 해당한다는 견해이다. (실질적–통설·판례). 실질적으로 비밀의 내용은 공무원 본인이 취급한 직무에 관한 비밀뿐만 아니라 직무상 이와 관련하여 알게 된 비밀도 포함한다.기출 비밀엄수의무의 위반은 징계사유가 됨은 물론이고 법령에 의한 직무상 비밀을 누설한 경우에는 형사상의 **피의사실공표죄 및 공무상 비밀누설죄**를 구성하여 처벌받게 된다 (퇴직 후에도 형사처벌은 가능)기출

② 청렴의 의무(국가공무위법 제61조제2항).기출

공무원은 직무와 관련하여 직접적이든 간접적이든 사례·증여 또는 향응을 주거나 받을 수 없다(국가공무원법 제61조 제1항).기출 공무원은 직무상의 관계가 **있든 없든** 그 소속 상관에게 증여하거나 소속 공무원으로부터 증여를 받아서는 아니된다.

③ 영예 등 제한 (국가공무원법 제62조)

경찰 공무원은 외국정부로부터 영예(榮譽) 또는 증여를 받는 경우에는 대통령의 허가를 얻어야 한다.기출

④ 품위유지의무(국가공무원법 제63조)

경찰공무원은 직무의 내외를 불문하고 그 품위를 손상하는 행위를 하여서는 안 된다.기출 품위란 국민의 수임자로서 직책을 맡아 수행하는 데 손색이 없는 인품으로 축첩(蓄妾), 도박, 마약, 알코올중독 등이 품위유지의무 위반에 해당한다.

⑤ 정치운동의 금지(국가공무원법 제65조)

경찰공무원은 정당이나 그밖의 정치단체의 결성에 관여하거나 이에 가입하는 것을 비롯하여 선거에 있어서 특정 정당 또는 특정인을 지지 또는 반대하기 위한 다음의 행위를 하여서는 아니 된다.기출 정치운동금지를 위반한 사람은 3년 이하의 징역과 3년 이하의 자격정지에 처하고, 그 죄에 대한 공소시효의 기간은 10년으로 한다

㉠ 투표를 하거나 하지 아니하도록 권유 운동을 하는 것

㉡ 서명 운동을 기도(企圖)·주재(主宰)하거나 권유하는 것

㉢ 문서나 도서를 공공시설 등에 게시하거나 게시하게 하는 것

㉣ 기부금을 모집 또는 모집하게 하거나, 공공자금을 이용 또는 이용하게 하는 것

㉤ 타인에게 정당이나 그 밖의 정치단체에 가입하게 하거나 가입하지 아니하도록 권유운동을 하는 것

⑥ **집단행동 금지의무**(국가공무원법 제66조)

경찰공무원은 **노동 3권(단결권, 단체교섭권, 단체행동권)이 제약**되고, 공무원은 노동운동이나 그 밖에 공무 익익 일을 위한 집단 행위를 히여서는 아니 된다. 다만, 사실상 노무에 종사하는 공무원은 예외로 한다.기출 사실상 노무에 종사하는 공무원으로서 노동조합에 가입된 자가 조합 업무에 전임하려면 소속장관의 허가를 받아야 한다.

⑦ 재산등록의무 및 공개의무 (공직자윤리법 제10조)

국가경찰공무원 중 **경정, 경감, 경위, 경사와 자치경찰공무원 중 자치경정, 자치경감, 자치경위, 자치경사**는 재산등록 의무자이다. 치안감 이상의 경찰공무원 및 특별시·광역시·도·특별자치도의 지방경찰청장 기출

3) 직무상의 의무

① 법령준수의무(국가공무원법 제56조)

ㄱ 경찰공무원은 법령을 준수하며 성실히 직무를 수행하여야 한다.

ㄴ 경찰공무원은 적법한 외관을 갖춘 한 해당 법령을 준수할 의무가 있다.

ㄷ 경찰공무원이 법령에 위반하면 **위법행위로서 무효 또는 취소의 원인**이 된다.

ㄹ 경찰공무원이 법령에 위반하면 징계책임뿐만 아니라 형사책임과 민사책임을 진다.

② 복종의 의무(국가공무원법 제57조)

ㄱ 정당한 권한 있는 소속상관의 직무상 명령에 복종하여야 하며, 정당한 사유 없이 그 명령을 거부해서는 아니 된다. 직무상 명령에는 직무집행에 직접 관계되는 것뿐만 아니라 직무집행과 간접적으로 관련되는 복장·두발 등도 대상이다. 직무와 관련 없는 **사생활에까지 미치는 것은 아니다.**기출

ㄴ 직무명령에 대한 위반의 경우 위법은 아니지만 공무원관계의 의무위반으로서 징계사유가 된다. 직무상 명령을 수행하는 것이 명백히 범죄 등의 불법이 되는 경우는 당연무효이므로 복종할 의무가 없다. 만약, 거부하지 않고 **복종하면 그 결과에 대한 법적 책임을 진다.**

③ 친절·공정의 의무(국가공무원법 제59조)

공무원은 국민 전체의 봉사자로서 친절하고 공정하게 직무를 수행하여야 한다.기출 친절·공정의 의무는 **법적인 의무**이다.

④ 종교 중립의무(국가공무원법 제59조의2)

공무원은 종교에 따른 차별없이 직무를 수행하여야 한다. 공무원은 소속 상관이 종교 중립의무에 위배되는 직무상 명령을 한 경우에는 이에 따르지 아니할 수 있다.

⑤ 직무전념의 의무(국가공무원법 제58조, 제64조)

직장이탈금지 의무	공무원은 **소속 상관의** 허가 또는 정당한 사유가 없으면 직장을 이탈하지 못한다.기출 수사기관이 공무원을 구속하려면 그 **소속 기관의 장**에게 미리 통보하여야 한다. 다만, 현행범은 그러하지 아니하다.기출
영리업무금지 의무	공무 외에 영리를 목적으로 하는 업무에 종사하지 못한다.기출 (소속기관장의 허가받아도 못함)
겸직금지의무	소속기관장의 허가 없이 다른 직무를 겸할 수 없다.기출

⑥ 경찰공무원법상 직무상 의무(경찰공무원법 제18조~제 20조)기출

거짓보고 등의 금지	경찰공무원은 직무에 관하여 거짓으로 보고나 통보를 하여서는 아니 된다. 경찰공무원은 직무를 게을리하거나 유기해서는 아니 된다.
지휘권남용 등의 금지	전시·사변, 그 밖에 이에 준하는 비상사태이거나 작전수행 중인 경우 또는 많은 인명 손상이나 국가재산 손실의 우려가 있는 위급한 사태가 발생한 경우, 경찰공무원을 지휘·감독하는 사람은 정당한 사유 없이 그 직무 수행을 **거부 또는 유기하거나 경찰공무원을 지정된 근무지에서 진출·퇴각 또는 이탈하게 하여서는 아니 된다.**
제복착용의 의무	경찰공무원은 **제복**을 착용하여야 한다.

• 경찰공무원복무규정(대통령령)

제3장 복무등

제8조(**지정장소외에서의 직무수행금지**) 경찰공무원은 상사의 허가를 받거나 그 명령에 의한 경우를 제외하고는 직무와 관계없는 장소에서 직무수행을 하여서는 아니된다.기출

제9조(**근무시간중 음주금지**) 경찰공무원은 근무시간중 음주를 하여서는 아니된다. 다만, 특별한 사정이 있는 경우에는 예외로 하되, 이 경우 주기가 있는 상태에서 직무를 수행하여서는 아니된다.기출

제10조(민사분쟁에의 부당개입금지) 경찰공무원은 직위 또는 직권을 이용하여 부당하게 타인의 민사분쟁에 개입하여서는 아니된다.

제11조(상관에 대한 신고) 경찰공무원은 신규채용·승진·전보·파견·출장·연가·교육훈련기관에의 입교 기타 신분관계 또는 근무관계 또는 근무관계의 변동이 있는 때에는 소속상관에게 신고를 하여야 한다.

제12조(보고 및 통보) 경찰공무원은 치안상 필요한 상황의 보고 및 통보를 신속·정확·간결하게 하여야 한다.

제13조(여행의 제한) 경찰공무원은 휴무일 또는 근무시간 외에 2시간 이내에 직무에 복귀하기 어려운 지역으로 여행을 하고자 할 때에는 **소속 경찰기관의 장에게 신고**를 하여야 한다. 다만, 치안상 특별한 사정이 있어 경찰청장, 해양경찰청장 또는 경찰기관의 장이 지정하는 기간 중에는 소속경찰기관의 장의 허가를 받아야 한다.기출

제18조(포상휴가) 경찰기관의 장은 근무성적이 탁월하거나 다른 경찰공무원의 모범이 될 공적이 있는 경찰공무원에 대하여 1회 10일 이내의 포상휴가를 허가할 수 있다. 이 경우의 포상휴가기간은 연가일수에 산입하지 아니한다.기출

제19조(연일 근무자 등의 휴무) 경찰기관의 장은 특별한 사정이 없는 한 다음과 같이 휴무를 허가하여야 한다.
1. 연일 근무자 및 공휴일 근무자에 대하여는 그다음 날 1일의 휴무
2. 당직 또는 철야 근무자에 대하여는 다음 날 오후 2시를 기준으로 하여 오전 또는 오후의 휴무

07 경찰공무원의 책임

경찰공무원이 그 의무에 위반함으로써 **법률의 제재 또는 불이익**을 받게 되는 데 경찰은 행정상책임(징계책임, 변상책임), 형사상책임 (형법상의 책임, 경찰형벌상의 책임), 민사상책임 (손해배상책임)을 지게 되고 징계처분은 철회가 제한된다(불가변력발생).

(1) 징계책임기출

공무원의 의무위반이 있는 경우 또는 비행이 있는 경우 **공무원 내부관계의 질서유지를 위하여** 특별권력에 의해 과해지는 제재이다.기출

1) 징계권자

징계권자는 임용권자가 되는 것이 원칙으로 경찰공무원의 징계는 징계위원회의 의결을 거쳐 징계위원회가 설치된 소속기관의 장이 행하되, 국가공무원법에 의하여 국무총리 소속하에 설치된 징계위원회에서 의결한 징계는 **경찰청장이 행한다**. 다만, 파면·해임·강등 및 정직은 징계위원회의 의결을 거쳐 당해 경찰공무의 임용권자가 행하되, 경정 이상의 파면 및 해임은 **경찰청장의 제청**으로 행정안전부장관과 국무총리를 거쳐 대통령이 한다.기출

- ㉠ **경찰청 소속** 경무관 이상의 강등 및 정직과 경정 이상의 파면 및 해임은 **경찰청장의 제청**으로 행정자치부장관과 국무총리를 거쳐 대통령이 한다.기출

- ㉡ **국민안전처 소속** 경무관 이상의 강등 및 정직과 경정 이상의 파면 및 해임은 **국민안전처 장관의 제청**으로 국무총리를 거쳐 대통령이 한다.기출

- ㉢ 총경 및 경정의 강등 및 정직은 경찰청장이 한다.

2) 징계의 사유 (국가공무원법 제78조)기출

① 국가공무원법에 따른 명령을 위반한 경우

② 직무상의 의무(다른 법령에서 공무원의 신분으로 인하여 부과된 의무를 포함한다)를 위반하거나 직무를 태만히 할 때

③ 직무의 내외를 불문하고 그 체면 또는 위신을 손상하는 행위를 한 때 징계사유는 고의·과실의 유무와 관계없이 성립한다.

3) 징계의 종류기출

중징계	파면	① 경찰관의 신분박탈, **향후 경찰관 임용 불가**. 향후 **5년**간 일반 공무원 임용제한 ② 퇴직급여제한 (재직기간 5년 미만: **1/4 감액**지급, 재직기간 5년 이상: **1/2 감액** 지급) ③ 퇴직수당제한- 재직기간과 상관없이 1/2 감액 지급기출
	해임	① 경찰관의 신분박탈, **향후 경찰관 임용 불가**. 향후 **3년**간 일반 공무원 임용제한 ② 퇴직급여 제한받지 않음 (단, 금품·향응수수, 공금횡령·유용 등으로 해임된 경우는 퇴직급여 제한 5년 미만 근무자는 **1/8 감액**, 5년 이상 근무자는 **1/4 감액** 지급)기출 ③ 퇴직수당 제한받지 않음 (단,금품·향응수수, 공금횡령·유용 등으로 해임된 경우는 퇴직수당제한 받음 재직기간과 상관없이 **1/4 감액** 지급)
	강등	① 1계급 아래로 직급을 내리고 공무원 신분은 보유하나 **3개월간 직무에 종사하지 못하며 그 기간 중 보수는 전액을 감**한다. 기출 ② 기간종료일로부터 18개월간 승진·승급 제한기출 ③ 금품·향응수수, 공금횡령·유용, 성폭력·성희롱 및 성매매는 21개월 승진·승급제한
	정직	① **1개월 이상 3개월 이하**의 기간 직무정지기출 ② 정직기간 중 **보수는 전액을 감한다**.기출 ③ 정직기간 종료일로부터 18개월간 승진·승급 제한 ④ 금품·향응수수, 공금횡령·유용, 성폭력·성희롱 및 성매매는 **21개월** 승진·승급제한
경징계	감봉	① **1월 이상 3월 이하**의 기간기출 ② 보수의 **1/3 감액** 기출 ③ 감봉기간 종료일로부터 **12개월**간 승진·승급 제한 ④ 금품·향응수수, 공금횡령·유용, 성폭력·성희롱 및 성매매는 **15개월** 승진·승급제한
	견책	① 과실에 대하여 훈계하고 회개하게 하는 처분기출 ② 보수는 전액지급 ③ 집행일로부터 6개월간 승진·승급 제한 ④ 금품·향응수수, 공금횡령·유용, 성폭력·성희롱 및 성매매는 9개월 승진·승급제한

> **징계벌과 형사벌기출**
> 징계벌과 형사벌은 목적이 다르므로 **양자를 병과해도 일사부재리 원칙에 반하는 것이 아니다.** 기출 수사기관과 감사원은 수사나 조사를 개시한 때와 이를 종료한 때에는 10일 이내에 소속기관장의 징계 당해 사실을 통보해야 한다. 기출 임용권자나 임용제청권자는 심사승진후보자 명부에 기록된 사람이 승진임용 되기 전에 정직 이상의 징계처분을 받은 경우에는 심사승진후보자 명부에서 그 사람을 제외하여야 한다.(경찰공무원 승진임용 규정 제24조 3항).

4) 징계절차

　① 징계처분은 경찰기관장의 요구에 의해 **징계위원회의 의결**을 거쳐 징계위원회가 설치된 소속기관의 장이 행한다.

　② 경찰기관장의 요구

　　㉠ 경찰기관장은 소속 경찰공무원이 징계사유가 있다고 인정한 때와 하급기관으로부터 징계의결요구에 대한 신청을 받은 때에는 **지체없이 관할 징계위원회를 구성하여 징계 의결을 요구**하여야 한다.

　　㉡ 경찰기관의 장은 그 소속 경찰공무원에 대한 징계 등 사건이 상급경찰기관에 설치된 징계위원회의 관할에 속한 경우에는 그 **상급경찰기관의 장에게 의결의 요구**를 신청하여야 한다.

　　㉢ 징계 등 의결 요구 또는 그 신청은 징계 사유에 해당하는 사실을 충분히 조사한 후에 징계 등 의결 요구서 또는 징계 등 의결 요구 신청서로 하되, 중징계 또는 경징계로 구분하여 요구하거나 신청하여야 한다.

　　㉣ 경찰기관장이 징계의결을 요구하는 경우에는 징계의결요구서 사본을 징계심의대상자에게 송부하여야 한다. 다만, 징계심의대상자가 그 수령을 거부하는 경우에는 그러하지 아니한다.

　　㉤ 경찰기관의 장은 그 소속이 아닌 경찰공무원에게 징계 사유가 있다고 인정될 때에는 해당 경찰기관의 장에게 그 사실을 증명할 만한 충분한 사유를 명확히 밝혀 통지하며, 통지받은 경찰기관의 장은 타당한 이유가 없으면 통지를 받은 날부터 **30일 이내** 관할 징계위원회에 징계 등 의결을 요구하거나 그 상급 경찰기관의 장에게 징계 등 의결의 요구를 신청하여야 한다.(경찰공무원징계령 제10조).기출

　　㉥ 징계의 소멸시효: 징계의결이 요구는 원칙적으로 징계사유가 발생한 때부터 **3년**, 금품 및 향응수수. 공금의 횡령·유용의 경우는 **5년**을 경과하면 행하지 못한다(징계부가금도 동일)

③ 징계위원회의 의결기출

　㉠ 징계처분은 반드시 징계위원회의 의결을 거쳐서 행해여 하며, 징계위원회의 의결을 거치지 않고 행한 징계처분은 무효이다.

　㉡ 징계위원회가 징계 등 심의 대상자의 출석을 요구할 때에는 출석 통지서로 하되, 징계위원회 개최일 3일 전까지 그 징계등 심의 대상자에게 도달되도록 하여야 한다.

　　징계위원회는 출석 통지를 하였음에도 불구하고 징계등 심의 대상자가 정당한 사유 없이 출석하지 아니하였을 때에는 그 사실을 기록에 분명히 적고 서면심사로 징계 등 의결을 할 수 있다.

　㉢ 징계 등 심의 대상자의 소재가 분명하지 아니할 때에는 출석 통지를 **관보에 게재**하고, 그 게재일부터 **10일이 지나면 출석 통지가 송달**된 것으로 보며, 징계 등 의결을 할 때에는 관보 게재의 사유와 그 사실을 기록에 분명히 적어야 한다.

　㉣ 심문과 진술권

　　징계의결 시 징계대상자 또는 대리인에게 출석 및 의견진술의 기회를 부여해야 하며, 징계위원회는 출석한 징계 등 심의 대상자에게 징계 사유에 해당하는 사실에 관한 심문을 하고 심사를 위하여 필요하다고 인정될 때에는 관계인을 출석하게 하여 심문할 수 있다.

　㉤ 의결기한(경찰공무원징계령 제11조)

　　징계 등 의결 요구를 받은 징계위원회는 그 요구서를 받은 날부터 **30일 이내**에 징계 등에 관한 의결을 하여야 한다. 다만, 부득이한 사유가 있을 때에는 해당 징계 등 의결을 요구한 경찰기관의 장의 승인을 받아 **30일 이내의 범위에서 그 기간을 연장**할 수 있다. 감사원이나 수사기관의 조사·수사개시 통지에 따라 중지되었을 때에는 그 중지된 기간은 징계 등 의결 기한에서 제외한다.

　㉥ 의결정족수

　　징계위원회의 의결은 위원장을 포함한 위원 **과반수(과반수가 3명 미만인 경우에는 3명 이상)의 출석과 출석위원 과반수의 찬성**으로 의결한다. 의견이 나뉘어 출석위원 과반수의 찬성을 얻지 못한 경우에는 출석위원 과반수가 될 때까지 징계 등 심의 대상자에게 가장 불리한 의견을 제시한 위원의 수를 그다음으로 불리한 의견을 제시한 위원의 수에 차례로 더하여 그 의견을 합의된 의견으로 본다

④ 징계양정(경찰공무원 징계양정 등에 관한 규칙 제4조~제5조)기출

본인 정상참작사유	① 과실로 인하여 발생한 의무위반행위가 다른 법령에 의해 처벌사유가 되지 않고 **비난 가능성이 없는 때** ② 국가 또는 공공의 이익을 증진하기 위해 성실하고 능동적으로 업무를 처리하는 과정에서 부분적인 절차상 하자 또는 비효율, 손실 등의 잘못이 발생한 때 ③ **업무메뉴얼**에 규정된 직무상의 절차를 충실히 이행한 때 기출 ④ 의무위반행위의 발생을 방지하기 위해 최선을 다하였으나 부득이한 사유로 결과가 발생하였을 때 ⑤ 간첩 또는 사회 이목을 집중시킨 중요사건의 범인을 검거한 공로가 있을 때기출
감독자문책시 정상참작사유	① 부하직원의 의무위반행위를 사전에 발견하여 적법 타당하게 조치한 때기출 ② 부하직원의 의무위반행위가 감독자 또는 행위자의 비번일, 휴가기간, 교육기간 등에 발생하거나, 소관업무와 직접 관련 없는 등 감독자의 실질적 감독범위를 벗어났다고 인정된 때 기출 ③ 부임기간이 1개월 미만으로 부하직원에 대한 실질적인 감독이 곤란하다고 인정된 때 ④ 교정이 불가능하다고 판단된 부하직원의 사유를 명시하여 인사상 조치(전출 등)를 상신하는 등 성실히 관리한 이후에 같은 부하직원이 의무위반행위를 야기하였을 때 기출 ⑤ 기타 부하직원에 대하여 평소 철저한 교양감독 등 감독자로서의 임무를 성실히 수행하였다고 인정된 때

5) 징계의 집행(경찰공무원징계령 제18조, 19조)

① 경징계

징계 등 의결을 요구한 자는 경징계의 징계 등 의결을 통지받았을 때에는 통지받은 날부터 **15일 이내**에 징계 등을 집행하여야 한다.기출 징계 등 의결을 요구한 경찰기관의 장은 경징계의 징계 등 의결을 집행하였을 때에는 지체 없이 그 결과에 의결서의 사본을 첨부하여 해당 임용권자에게 보고하고, 징계 등 처분을 받은 사람의 소속 경찰기관의 장에게 통지하여야 한다.

② 중징계

징계 등 의결을 요구한 자는 중징계의 징계 등 의결을 통지받았을 때에는 지체 없이 징계 등 처분 대상자의 임용권자에게 의결서 정본을 보내어 해당 징계등 처분을 제청하여야 한다. 다만, 경무관 이상의 강등 및 정직, 경정 이상의 파면 및 해임 처분의 제청, **총경 및 경정의 강등 및 정직의 집행은 경찰청장**이 한다. 중징계 처분의 제청을 받은 임용권자는 **15일 이내**에 의결서 사본에 처분 사유 설명서를 첨부하여 징계 등 처분 대상자에게 보내야 한다.

6) 징계위원회(의결기관)기출

경무관 이상의 경찰공무원에 대한 징계의결은 「국가공무원법」에 따라 국무총리 소속으로 설치된 징계위원회에서 한다.기출 총경 이하의 경찰공무원에 대한 징계의결을 하기 위하여 대통령령으로 정하는 경찰 기관 및 해양경찰관서에 경찰공무원 징계위원회를 둔다.기출 경찰공무원 징계위원회의 구성·관할·운영, 징계의결의 요구 절차, 그 밖에 필요한 사항은 **대통령령**으로 정한다.

국무총리 소속 중앙징계위원회	**경무관** 이상 경찰공무원에 대한 징계등 의결 기출
경찰관 중앙징계위원회	**총경 및 경정**에 대한 징계 등 의결로 국민안전처 및 경찰청에 설치기출
경찰관 보통징계위원회	해당 징계위원회가 설치된 경찰기관 소속 경감 이하 경찰공무원에 대한 징계 등 사건을 심의·의결.기출 다만, 다음 각 호의 기관에 설치된 보통징계위원회는 각 호의 구분에 따른 경찰공무원에 대한 징계 등 사건을 심의·의결한다. ⓐ **경정 이상**의 경찰공무원을 장으로 하는 경찰서, 경찰기동대·해양경찰서 등 총경 이상의 경찰공무원을 장으로 하는 경찰기관 및 정비창: 소속 경위 이하의 경찰공무원 ⓑ 의무경찰대 및 경비함정 등 경찰청장 또는 해양경찰청장이 지정하는 경감 이상의 경찰공무원을 장으로 하는 경찰기관: 소속 경사 이하의 경찰공무원기출 ⓒ 경찰청, 해양경찰청, 지방경찰청, 지방해양경찰청, 경찰대학, 경찰교육원, 중앙경찰학교, 경찰수사연수원, 해양경찰교육원, 경찰병원, 경찰서, 경찰기동대, 의무경찰대, 해양경찰서, 해양경찰정비창, 경비함정 및 경찰청장(국민안전처 소속 경찰공무원에 관한 사항의 경우에는 국민안전처장관)이 지정하는 경감 이상의 경찰공무원을 장으로 하는 기관에 둔다.기출
관련사건의 관할	㉠ 상위 계급과 하위 계급의 경찰공무원이 관련된 징계 등 사건은 관할하는 징계위원회에서 심의·의결. 다만, 상위 계급의 경찰공무원이 감독상 과실책임만으로 관련된 경우에는 관할 징계위원회에서 각각 심의·의결할 수 있다. ㉡ 상급 경찰기관과 하급 경찰기관에 소속된 경찰공무원이 관련된 징계 등 사건은 **상급 경찰기관에 설치된 징계위원회**에서 심의·의결 ㉢ 소속이 다른 2명 이상의 경찰공무원이 관련된 징계 등 사건으로서 관할 징계위원회가 서로 다른 경우에는 **모두를 관할하는 바로 위 상급 경찰기관에 설치된 징계위원회**에서 심의·의결기출

① 구성

  ㉠ 징계위원회의 위원은 징계 등 심의 대상자보다 상위 계급인 경위 이상의 소속 경찰 공무원 또는 상위 직급에 있는 6급 이상의 소속 공무원 중에서 경찰기관의 장이 임명한다.기출

  ㉡ 다만, 보통징계위원회의 경우 징계 등 심의 대상자보다 상위 계급인 경위 이상의 소속 경찰공무원 또는 상위 직급에 있는 6급 이상의 소속 공무원의 수가 제3항에 따른 민간위원을 제외한 위원 수에 미달되는 등의 사유로 보통징계위원회를 구성 하는 것이 곤란한 경우에는 징계 등 심의 대상자보다 상위 계급인 경사 이하의 소속 경찰공무원 또는 상위 직급에 있는 7급 이하의 소속 공무원 중에서 임명할 수 있으며, 이 경우에는 **3개월 이하의 감봉 또는 견책**에 해당하는 징계 등 사건만 을 심의 · 의결한다. (경찰공무원징계령 제6조 2항).

	위원장을 제외한 위원 수의 2분의 1 이상을 민간위원으로 위촉하여야 하고, 위촉되는 민간위원의 임기는 2년, 한 차례만 연임할 수 있다.
민간위원	1. 중앙징계위원회 　가. 법관 · 검사 또는 변호사로 10년 이상 근무한 사람 　나. 대학에서 경찰 관련 학문을 담당하는 정교수 이상으로 재직 중인 사람 　다. 총경 이상의 경찰공무원으로 근무하고 퇴직한 사람 2. 보통징계위원회 　가. 법관 · 검사 또는 변호사로 5년 이상 근무한 사람 　나. 대학에서 경찰 관련 학문을 담당하는 부교수 이상으로 재직 중인 사람 　다. 경찰공무원으로 20년 이상 근속하고 퇴직한 사람

② 위원장기출

위원 중 최상위 계급에 있거나 최상위 계급에 먼저 승진 임용된 경찰공무원이 되고, 위원장이 부득이한 사유로 직무를 수행할 수 없을 때에는 출석한 위원 중 최상위계급 에 있거나 최상위 계급에 먼저 승진 임용된 경찰공무원이 위원장이 된다.

7) 징계에 대한 구제

① 소청기출

징계처분을 받은 자는 처분사유설명서를 받은 날로부터 **30일 이내**에 소청심사 위원 회에 심사를 청구할 수 있다.

② 행정소송(경찰공무원법 제28조).

소청심사위원회의 결정에 불복이 있으면 행정법원에 행정소송을 제기할 수 있고 **경찰 청장이 피고**가 된다. 임용을 위임한 때에는 그 위임을 받은 자를 피고로 한다

(2) 재징계의결요구

1) 사유

처분권자는 다음에 해당하는 사유로 소청심사위원회 또는 법원에서 징계처분의 무효 또는 취소의 결정이나 판결을 받은 경우에는 다시 징계의결을 요구하여야 한다. 다만, ③의 사유로 무효 또는 취소의 결정이나 판결을 받은 감봉ㆍ견책처분에 대하여는 징계의결을 요구하지 아니할 수 있다.

① 법령의 적용, 증거 및 사실 조사에 **명백한 흠**이 있는 경우

② 징계위원회의 구성 또는 징계의결, 그 밖에 절차상의 흠이 있는 경우

③ 징계양정이 과다한 경우

2) 기간

처분권자는 재징계의결을 요구하는 경우에는 소청심사위원회의 결정 또는 법원의 판결이 확정된 날부터 **3개월 이내**에 관할 징계위원회에 징계의결을 요구하여야 하며, 관할 징계위원회에서는 다른 징계사건에 우선하여 징계에 관한 의결을 하여야 한다.

(2) 변상책임

경찰공무원이 직무를 집행함에 고의 또는 과실로 법령에 위반하여 타인에게 손해를 가한 경우에는 국가가 손해를 배상할 책임을 진다. 국가는 경찰공무원에게 **고의 또는 중과실**이 있는 경우 구상권을 행사할 수 있다. 공공의 영조물의 설치 관리의 하자로 인해 손해가 발생한 경우 국가는 피해자에서 손해를 배상할 책임이 있으나 경찰공무원이 **원인에 대한 책임**이 있을 때 그 공무원에게 구상할 수 있다.

(3) 민ㆍ형사책임

직무수행 중 불법행위로 타인에게 손해를 끼친 경우 국가배상법에 의해 국가가 피해자에게 배상하고 경찰공무원의 **고의 중과실**의 경우 **구상권**을 행사하는 것은 경찰공무원의 민사상 배상책임을 인정한 것이다.

08 경찰공무원의 권익보장

경찰공무원의 권익보장을 위해 처분사유설명서 교부, 고충심사. 소청심사, 행정소송 등이 있고 공무원의 의사에 반하여 파면, 해임, 면직처분을 하면 처분 날로부터 **40일 이내** 후임자의 발령을 하지 못하도록 권익보장을 하고 있다.

(1) 처분사유설명서의 교부(국가공무원법 제75조)

공무원에 대하여 징계처분 등을 할 때나 강임 · 휴직 · 직위해제 또는 면직처분을 할 때에는 그 처분권자 또는 처분제청권자는 처분사유를 적은 설명서를 교부(交付)하여야 한다. 다만, 본인의 원(願)에 따른 강임 · 휴직 또는 면직처분은 그러하지 아니하다. 처분사유설명서 교부제도는 **사전적 구제절차**로서의 의미를 갖는다.기출

2) 고충심사(경찰공무원법)

의의	공무원은 **누구나** 인사 · 조직 · 처우 등 **각종 직무 조건과 그 밖에 신상 문제**에 대하여 인사 상담이나 고충 심사를 청구할 수 있으며, 이를 이유로 불이익한 처분이나 대우를 받지 아니한다.
심사기관	① 중앙고충 심사위원회 경찰공무원 고충심사위원회의 심사를 거친 **재심청구**와 **경정 이하**의 경찰공무원의 인사상담 및 고충심사.기출 ② 경찰공무원 고충심사 위원회 경찰공무원의 인사상담 및 고충을 심사하기 위해 경찰청, 해양경찰청, 지방경찰청, 대통령령으로 정하는 경찰기관 및 지방해양경찰관서에 경찰공무원 고충심사위원회를 둔다. 경찰공무원고충심사위원회는 위원장 1인을 포함한 **5인 이상 7인** 이하의 위원으로 구성하되, 위원장과 위원은 청구인보다 상위계급 소속 경찰공무원 중에서 설치기관의 장이 임명한다. 고충심사의 결정은 **재적위원과 반수의 합의**에 의한다. 경찰공무원 고충심사위원회의 구성, 심사 절차 및 운영에 필요한 사항은 대통령령으로 정한다.
절차	청구기간에는 제한은 없고 청구서를 접수한 지 **30일 이내** 고충심사에 대한 결정을 해야 하고, **30일 연장**이 가능하다.

(2) 소청

1) 의의

소청이란 징계처분, 기타 그의 의사에 반하는 불이익 처분을 받은 자가 관할 소청심사위원회 심사를 청구하는 국가공무원법에 규정된 특별행정심판이다.기출 소청의 대상은 **징계처분·강임·휴직·직위해제·면직처분 기타 본인의 의사에 반하는 불리한 처분**이다.

2) 소청심사위원회(인사혁신처 소속)

행정기관 소속 공무원의 징계처분, 그 밖에 그 의사에 반하는 불리한 처분이나 부작위에 대한 소청을 심사·결정하게 하기 위하여 **인사혁신처**에 소청심사위원회를 둔다. 기출 국회, 법원, 헌법재판소 및 선거관리위원회 소속 공무원의 소청에 관한 사항을 심사·결정하게 하기 위하여 **국회사무처, 법원행정처, 헌법재판소사무처 및 중앙선거관리위원회 사무처**에 각각 해당 소청심사위원회를 둔다.

구성	인사혁신처에 설치된 소청심사위원회는 위원장 1명을 포함한 5명 이상 7명 이하의 상임위원과 **상임위원 수의 2분의 1 이상인 비상임위원**으로 구성한다.기출 위원장은 정무직으로 보한다. 위원과 위원은 **인사혁신처장의 제청으로 국무총리를 거쳐** 대통령이 임명한다.기출
자격	소청심사위원회의 위원(위원장을 포함)은 어느 하나에 해당하고 인사행정에 식견이 있는 자 중에서 대통령이 임명한다. ㉠ 법관·검사 또는 변호사의 직에 **5년** 이상 근무한 자기출 ㉡ 대학에서 행정학·정치학 또는 법률학을 담당한 부교수 이상의 직에 **5년** 이상 근무한 자기출 ㉢ 3급 이상 공무원 또는 고위공무원단에 속하는 공무원으로 **3년** 이상 근무한 자 　②비상임위원은 위의 ㉠ 및 ㉡의 어느 하나에 해당하는 자 중에서 임명하여야 한다. 단 3급 이상 공무원 또는 고위공무원단에 속하는 공무원으로 3년 이상 근무하는 자는 상임위원은 될 수 있지만, **비상임위원은 될 수 없다.**
임기 등	① 소청심사위원회의 상임위원의 임기는 **3년**으로 하며, 한 번만 **연임**할 수 있다.기출 ② 소청심사위원회의 상임위원은 **다른 직무를 겸할 수 없다.**기출 ③ 소청심사위원회의 공무원이 아닌 위원은 「형법」이나 그 밖의 법률에 따른 벌칙을 적용할 때 공무원으로 본다.
결격사유	① 다음에 해당하는 자는 소청심사위원회의 위원이 될 수 없다. 　㉠ 공무원결격자에 해당하는 자 　㉡ 「정당법」에 따른 정당의 당원 　㉢ 「공직선거법」에 따라 실시하는 선거에 후보자로 등록한 자 ② 소청심사위원회위원이 제1항 각 호의 어느 하나에 해당하게 된 때에는 당연히 퇴직한다.
신분보장	소청심사위원회의 위원은 **금고 이상의 형벌이나 장기의 심신 쇠약**으로 직무를 수행할 수 없게 된 경우 외에는 본인의 의사에 반하여 면직되지 아니한다.기출

4) 소청의 절차
  ① 심사의 청구
    경찰공무원은 징계처분 · 강임 · 휴직 · 직위해제 · 면직처분의 경우에는 처분사유설명서를 교부받은 날로부터 **30일** 이내에, 기타의 불리한 처분을 받았을 때에는 그 처분이 있은 것을 안 날로부터 30일 이내에 소청심사위원회에 심사를 청구할 수 있다.
  ② 소청의 심사
    ㉠ 소청심사위원회는 이 법에 따른 소청을 접수하면 지체 없이 심사하여야 한다.
    ㉡ 소청심사위원회는 제1항에 따른 심사를 할 때 필요하면 검증(檢證) · 감정(鑑定), 그 밖의 사실조사를 하거나 증인을 소환하여 질문하거나 관계 서류를 제출하도록 명할 수 있다.
    ㉢ 소청심사위원회가 소청 사건을 심사하기 위하여 징계 요구 기관이나 관계 기관의 소속 공무원을 증인으로 소환하면 해당 기관의 장은 이에 따라야 한다.
    ㉣ 소청심사위원회는 필요하다고 인정하면 소속 직원에게 사실조사를 하게 하거나 특별 학식 · 경험이 있는 자에게 검증이나 감정을 의뢰할 수 있다.
  ③ 소청인의 진술권기출
    소청심사위원회가 소청 사건을 심사할 때에는 소청인 또는 대리인에게 진술 기회를 주어야 하며, 진술 기회를 주지 아니한 결정은 무효로 한다.
  ④ 소청심사위원회의 결정

결정 정족수기출	소청사건의 결정은 **재적 위원 3분의 2 이상의 출석과 출석 위원 과반수의 합의**에 따르되, 의견이 나뉠 경우에는 출석 위원 과반수에 이를 때까지 소청인에게 가장 불리한 의견에 차례로 유리한 의견을 더하여 그 중 가장 유리한 의견을 합의된 의견으로 본다.
결정기한	소청심사위원회는 접수일로부터 60일 이내에 결정을 해야 한다. 다만, 소청심사위원회의 의결로 30일 범위 내에서 연장할 수 있다.
불이익변경 금지 원칙	소청심사위원회가 징계처분 또는 징계부가금 부과처분을 받은 자의 청구에 따라 소청을 심사할 경우에는 원징계처분보다 무거운 징계 또는 원징계 부가금 부과처분보다 무거운 징계부가금을 부과하는 결정을 하지 못한다.기출

  ⑤ 임시위원 임명
    소청심사위원회 위원이 제척 · 기피 또는 회피 등으로 심사 · 결정에 참여할 수 있는 위원 수가 3명 미만이 된 경우 3명이 될 때까지 국회사무총장, 법원행정처장, 헌법재판소사무처장, 중앙선거관리위원회 사무총장 또는 인사혁신처장은 임시위원을 임명하여 해당 사건의 심사 · 결정에 참여하도록 하여야 한다.

5) 소청심사위원회의 결정 불복

① 행정심판전치주의

소청심사위원회의 결정에 불복한 경우 인사혁신처장은 **재심을 청구할 수 없다**. 경찰공무원은 소청심사위원회의 결정이 위법하다고 인정될 때 또는 소청제기 후 **60일**이 경과해도 소청심사위원회의 결정이 없는 경우에는 **행정소송을 제기**할 수 있다. 행정소송은 소청심사위원회의 심사·결정을 거치지 아니하면 제기할 수 없다.기출

② 행정소송

행정소송법상 원처분주의가 채택되어 있으므로 원칙적으로 소청심사위원회의 결정이 아니라 **원징계처분을 소송대상**으로 한다. 피고는 **경찰청장이 되는 것이 원칙**이지만, 임용권을 위임한 경우에는 그 위임을 받은 자(수임청)를 피고로 한다.

참고: 위원회의 의결정족수

① 경찰위원회-재적위원 과반수 출석과 출석의원 과반수 찬성
② 징계위원회-재적위원 과반수 출석과 출석의원 과반수 찬성
③ 소청심사위원회-재적위원 3분의 2 이상의 출석과 출석의원 과반수 합의
④ 경찰공무원 인사위원회- 재적위원 과반수 찬성
⑤ 정규임용심사위원회-재적위원 3분의 2 이상의 출석과 출석의원 과반수 찬성
⑥ 보안심사위원회-재적위원 과반수 출석과 출석의원 과반수 찬성
⑦ 고충심사위원회-재적위원 과반수 합의
⑧ 치안행정위원회-재적위원 과반수 출석과 출석의원 과반수 찬성

제4절 경찰작용법

01 경찰작용법의 의의

(1) 경찰작용과 법치주의

1) 조직법적 근거

조직법적 근거라는 것은 경찰의 임무 범위를 의미하는 것으로, 경찰작용의 성질과 관계 없이 모든 경찰작용에는 조직법적 근거가 필요하다. 즉, **경찰의 모든 활동은 경찰의 직무 범위 내**에서 이루어져야 한다.

2) 작용법적 근거

경찰작용은 법치행정의 원리가 강하게 요구되므로, 개인의 자유와 권리를 침해하는 권력적 활동은 그 권한을 정당화할 수 있는 별도의 법적 근거가 있어야 한다. 이를 법률유보의 원칙이라 한다. 이때의 법적 근거에 있어서 '법'이라 함은 **수권조항(근거규범)**을 의미한다.

3) 실정법적 근거

경찰권 발동에 관한 일반법은 **경찰관직무집행법**이고, 개별법으로 청소년보호법, 도로교통법, 교통사고처리특례법, 경범죄처벌법 등이 있다.

(2) 수권조항(근거규범)

1) 유형

개별적 수권조항	경찰권발동의 요건, 내용, 대상, 효과 등에 대하여 **구체적으로 규정**하고 있는 조항을 의미하고, 경찰관직무집행법 제3조(불심검문)부터 경찰관직무집행법 제10조의4(무기사용)까지의 규정이 개별적 수권조항에 해당
개괄적 수권조항	경찰권발동의 요건, 내용, 대상, 효과 등에 관하여 구체적 범위를 정하지 않고 **포괄적으로 수권**을 하는 조항을 의미 예) 독일 경찰법 모범초안 제8조 - 경찰은 공공의 안녕이나 질서에 대한 개별적 경우에 존재하는 위험을 방지하기 위하여 조치를 할 수 있다.

2) 경찰관직무집행법 제2조 제7호가 수권조항에 해당하는지 여부기출

긍정설 (판례)	일반조항으로 인한 경찰권발동의 남용은 조리상의 한계 등으로 충분히 통제가 가능하다. 경찰권의 조리상 한계를 논하는 것 자체가 일반조항을 전제로 한 것이다. 일반조항은 개별수권규정에 의한 조치로도 대응할 수 없는 경우에 한하여 보충적으로 적용된다. (독일에서는 학설과 판례가 일반조항 인정)
부정설 (다수설)	① 경찰작용은 특히 국민의 자유와 권리에 긴장관계의 가능성이 크며 개인의 기본권을 보장하면서도 공공의 안녕과 질서에 대한 위험방지 및 제거라는 경찰의 기본적 임무를 수행할 수 있도록 경찰작용의 근거·요건·한계를 명확히 규정할 필요가 있다. ② 경찰관직무집행법 제2조 제7호는 발동근거에 대한 개괄적 조항은 아니고 단지 직무 범위만을 정한 것으로 본질적으로는 조직법적 성질의 규정이다. (개괄적 수권조항 인정 시 법률유보원칙 침해할 우려)

02 개인적 공권과 반사적 이익

(1) 개인적 공권

행정법 관계에서 개인의 이익을 위해 국가 등 행정주체에 대하여 일정한 행위를 요구할 수 있도록 **공법상 개인에게 부여되어있는 법적인 힘**을 개인적 공권이라 한다.

1) 강행법규에 의한 행정청의 의무존재

행정법규가 기속규범인 경우에는 행정청의 의무가 존재하나, 재량규범인 경우에는 의무가 존재하지 않아 공권이 성립하지 않는 것이 원칙이다. 다만, 예외적으로 재량권이 0으로 수축된 경우에 **행정개입청구권**이 발생하며, **무하자재량행사청구원** 등이 인정된다.

2) 근거법령의 사익보호성

근거법령이 전적으로 공익만 보호하고자 하는 경우에는 그로부터 개인이 일정한 이익을 받더라도 그것은 **반사적 이익**에 불과하다.

(2) 반사적 이익

1) 의의

행정상의 강행법규에 의하여 행정주체에게 일정한 의무가 부과되거나 행정청의 행위에 일정한 제한이 가해져 있는 경우에 개인이 그로 인하여 일정한 이익을 받는 경우가 있다. 그러나 관계법규가 전적으로 공익목적만을 위한 것인 때에는 사인이 받는 이러한 이익은 공익적 견지에서 **행정주체에 제한 또는 의무를 부과한 반사적 효과로서의 이익에 불과**하다.

2) 권리구제

공권이 침해된 자는 국가배상청구나 행정쟁송을 제기하여 구제받을 수 있으나, 반사적 이익이 침해된 자는 **국가배상청구나 행정쟁송을 제기할 수 없다.**

3) 예시

① 영업허가 등에 의해 사실상 독점적으로 얻는 이익

② 제3자의 법적 규제에 의해 얻는 이익: 의사의 진료 의무에 의한 환자의 진료 이익(의료법 제16조)

③ 공무원의 직무명령 준수로 인하여 파생된 이익

판례) 연탄공장 설치 허가에 관한 사건에서 도시계획법과 건축법의 보호이익은 단순한 반사적 이익이나 사실상의 이익이 아니라, 법률에 의하여 보호되는 이익이라고 하였다.

(3) 공권 또는 법적 보호이익의 확대경향(반사적 이익의 축소경향)

1) 의의

반사적 이익으로 보았던 것도 관계법규가 공익과 동시에 개인적 이익도 보호하는 것으로 해석함으로써 당해 이익이 법적으로 보호되는 이익 또는 공권으로서의 성격이 인정되는 경우가 점차 증가하고 있다.

2) 무하자재량청구권

개인이 행정청에 대하여 재량권 행사 시 하자 없는 재량권을 행사해달라고 청구하는 개인적 공권이다. 무하자재량행사청구권은 공권의 확대 및 재량권행사의 통제와 밀접하게 관련된다.

3) 행정(경찰)개입청구권

① 경찰권 행사의 편의주의 원칙: 경찰편의주의에 의하여 특정한 경우 경찰권을 발동할 것인가는 경찰관청의 재량이다. 따라서 경찰관청이 현재 존재하는 위험에 관하여 개입하지 않더라도 반드시 위법한 것은 아니다. 그러나 여기서 경찰 재량은 완전한 자유재량이 아니다. 기출

② 편의주의 한계로서 재량권 0으로의 수축

㉠ 경찰권의 개입 여부가 일반적으로는 경찰의 재량이나, 국민의 생명·신체 및 재산 등 중대한 법익이 위험에 처해 있을 때는 오직 경찰의 개입만 타당하다. 즉, 내용상 재량행위는 기속행위로 전환된다. 이를 '재량권 0으로 수축'된다고 한다. 기출

㉡ 따라서 국민의 생명·신체 및 재산 등 중요한 법익이 현실적으로 위험에 직면하여 재량권이 0으로 수축했음에도 불구하고 경찰권을 발동하지 않으면 부작위(不作爲) ^{부작위}에 의한 의무의 해태로서 의무이행심판. 부작위위법확인소송, 그리고 이로 인해 손해가 발생한 경우에는 **손해배상소송**을 제기하여 구제받을 수 있다. 기출

③ 최초 인정 판례는 독일의 **띠톱판결**이다. 우리나라에서는 1968.1.21. 무장공비침투사건(일명 김신조사건)에서 경찰개입청구권의 법리를 인정한 바 있다. 기출

> 기출: 경찰법상의 일반수권조항의 해석에 있어 무하자재량행사청구권을 인정하고 재량권 확대이론에 의거하여 원고의 청구를 인용한 판결로서 경찰개입청구권을 인정한 판결의 효시로 평가된다. (×)기출

④ 경미한 다른 수단으로 목적달성이 가능하면 경찰개입청구권은 인정되지 않는다. 공권성립을 전제로 한 개념으로, 경찰권행사로 국민이 받는 이익이 **반사적 이익인 경우에는 경찰 개입청구권이 인정되지 않는다.** 기출

🔲 경찰권 발동의 한계

(1) 법규상의 한계

경찰권은 법률의 한계 하에서 발동되어야 한다.

(2) 조리상의 한계

1) 경찰소극목적의 원칙

경찰권은 공공의 안녕과 질서의 유지에 대한 위해의 방지, 제거라는 소극목적을 위해 발동되어야 한다는 원칙기출 **크로이쯔베르크(Kreuzberg)판결**에 의함

2) 경찰공공의 원칙기출

경찰은 공공의 안녕과 질서유지를 목적으로 하므로 공공의 안녕과 관련이 없는 사생활에는 경찰권을 발동할 수 없다는 원칙으로 개인의 사익에 관한 사항은 **경찰권의 발동의 대상이 되지 아니한다.**

사생활 불가침	사회공공의 안녕, 질서와 관계없는 개인 사생활은 간섭할 수 없다는 원칙 그러나 사회공공의 안녕과 질서에 영향을 미치는 경우에는 경찰권이 발동된다. **주취자에 대한 보호조치나 고성방가 단속**은 가능하다.
사주소 불가침	일반사회와 접촉되지 않는 사주소 내에서 활동은 개입할 수 없다는 원칙으로 개인 거주용 주택, 공장, 창고, 사무실, 연구실도 포함한다. 사주소라도 공공의 안녕과 질서에 영향을 미쳐 그에 대한 장해가 되는 경우는 경찰권의 발동의 대상이 된다. (**외부에서 보이는 사주소 내의 나체, 피아노 연주 소음 등**)
민사관계불 간섭	개인의 재산권행사, 친족권의 행사, 민사상의 계약 등은 사적 관계로 개입해서는 안 된다. 매매, 임대차, 채무불이행, 합의에 경찰관이 개입해서는 안 된다.기출 민사상법률관계라도 공중의 안전, 위생, 풍속, 교통 기타 사회의 공공의 안녕과 질서에 영향을 미치는 경우는 관여할 수 있다. (총포도검화약류 매매, 암표매매, 미성년자에게 술이나 담배판매행위에는 간섭할 수 있다.)기출

3) 경찰비례의 원칙(**과잉금지의 원칙**)

경찰권은 질서유지의 필요에 따라 사회 통념상 적당한 필요 최소한도의 범위 내에서 발동되어야 하고 이를 남용해서는 안 된다.

① **적합성의 원칙**: 경찰이 취하는 조치와 수단은 그 목적에 적합해야 함을 의미한다.

② **필요성의 원칙**: 경찰관의 목적달성을 위한 조치는 필요 최소한의 범위 내에서만 발동되어야 함을 의미한다. (**최소침해의 원칙**)기출

③ **상당성의 원칙**: 경찰의 조치가 설정된 목적을 위해서라도 그 조치를 행한 후 불이익이 초래되는 효과보다 큰 경우는 경찰의 조치가 취해져서는 안 된다. (**협의의 비례 원칙**)기출

"대포로 참새를 쏘아서는 안 된다."

4) 경찰책임의 원칙

경찰책임의 원칙은 **경찰권 발동의 대상**기출과 관련된 원칙으로 경찰 위반의 사태, 사회공공의 안녕, 질서에 대해 직접적인 책임을 질 위치에 있는 자만 경찰권을 발동할 수 있다는 원칙이다.

① 경찰책임의 주체

모든 자연인은 경찰책임의 주체가 될 수 있고 사단법인뿐만 아니라 **권리능력 없는 사단 재단도 경찰책임의 주체**가 될 수 있다.기출

② 특성

경찰책임은 **객관적, 외형적** 책임이고 국적, 자연인, 고의 과실, 위법성, 위험에 대한 인식 여부, 행위자의 행위능력, 불법행위능력, 형사책임능력 등은 문제시되지 않는다.기출

경찰책임의 원칙에 위반하는 경찰권 발동은 위법이다. (무효, 취소사유)

③ 경찰책임의 종류

행위책임	① 자기 또는 자기의 보호하에 있는 사람의 행위로 인해 발생하는 경우 지는 책임을 말한다. ② 타인의 행위를 지배하는 권한을 가진자는 그 피지배자의 행위에 대해서도 자기책임으로 책임을 진다. ③ 행위책임을 발생시키는 행위는 **작위**뿐만 아니라 **부작위**도 포함한다.기출
상태책임 기출	① 물건 또는 동물의 소유자, 점유자 기타 이를 사실상 관리하고 있는 자가 그 범위 안에서 그 물건 또는 동물의 상태로 인하여 공공의 안녕질서에 위험한 상태가 발생한 경우의 책임 ② 소유자뿐만 아니라 정당한 권원없이 부당하게 **사실상의 지배권을 행사**하는 자도 상태책임을 부담한다. ③ 비정형적 사건에 의해 당해 물건의 상태로부터 위험이 야기된 경우는 인과관계가 부정되어 책임이 인정되지 않는다. (도난당한 자동차의 사고에 대한 차주는 책임을 지지 않는다.)기출
복합적 책임	① 경찰위반 상태가 다수의 행위 또는 다수인이 지배하는 물건의 상태에 기인하였거나 행위책임과 상태책임의 중복에 기인한 경우를 의미한다. ② 책임이 경합하는 경우는 **행위책임**이 우선하고, 경찰책임자가 다수인 경우는 '위해 제거 효율성'과 '비례의 원칙'을 고려하여 경찰권의 발동 대상자를 결정해야 한다.
경찰책임 예외기출 (경찰 긴급권)	① 긴급한 필요가 있는 경우 경찰책임이 없는 제3자에 대하여 경찰권을 발동하는 것을 말한다. (예: 화재현장의 소화작업동원, 고속도로 상에 대형교통사고) ② 목전에 급박한 위해를 제거하는 경우에 한하여 반드시 법령에 근거하여야 한다. (**자연법적 근거만으로 발동 안 된다**)기출 ③ 경찰긴급권에 대한 **일반법은 없으나** 개별법으로 경찰관직무집행법, 경범죄처벌법, 도로법, 소방기본법 등이 있다. ④ 요건 – 경찰위반 상태가 현존, 급박한 경우 – 1차적 경찰책임자에 대한 경찰권 발동이나 경찰 자신만의 행위로는 위해 제거를 기대할 수 없는 경우 – 제3자의 중대한 법익에 침해가 없을 것 – 경찰권 대상이 된 비책임자가 입은 **손실에 대한 보상**이 있을 것기출 – 제3자의 승낙은 불요

5) 경찰평등의 원칙

경찰권을 행사함에 있어서 성별, 종교, 사회적 신분을 이유로 하는 차별대우는 요인될 수 없다는 원칙

01 의의

행정청이 법 아래에서 구체적 사실에 관한 법 집행으로 행하는 **권력적·단독적 공법행위**로 학문상 개념이며, 행정쟁송 특히, 항고쟁송의 대상을 결정한다.

02 행정행위의 종류

(1) 법률행위적 행정행위와 준법률행위적 행정행위

법률행위적 행정행위	행정청의 **의사표시**를 구성요건으로 하고, 법적 효과가 행정청의 효과의사에 따라 발생하고 **하명·허가·면제·특허·인가·대리** 등이 있다.
준법률행위적 행정행위	행정청의 의사표시 이외에 단순한 정신작용을 요소로 하고, 법령이 정하는 바에 따라 효과가 부여되는 행위로 **확인·공증·통지·수리** 등이 해당

(2) 수익적 행정행위, 부담적 행정행위, 복효적 행정행위

수익적 행정행위	상대방에게 일방적으로 권리·이익을 부여하는 행정행위
부담적 행정행위	일방적으로 상대방의 권리를 제한하거나 의무를 부과하는 행정행위
복효적 행정행위	하나의 행정행위에 수익적 효과와 부담적 효과가 병존하는 행정행위

(3) 일방적 행정행위(독립적 행정행위)와 쌍방적 행정행위

일방적 행정행위	상대방의 신청이나 동의 등 협력을 요하지 않는 행정행위
쌍방적 행정행위	동의나 신청 등 상대방의 협력을 요건으로 하는 행정행위로 **허가·인가·특허**와 같이 상대방의 신청을 요건으로 하는 행위와 공무원 임명과 같이 동의를 요하는 행위

(4) 대인적 행정행위, 대물적 행정행위, 혼합적 행정행위

대인적 행정행위	사람의 학식·기술·경험과 같은 주관적인 사정에 착안하여 행하여지는 행정행위로 일신 전속적이므로 효과가 다른 사람에게 이전될 수 없다. (예: **의사면허, 자동차운전면허, 인간문화재지정** 등)
대물적 행정행위	물건의 객관적 사정에 따라 행하여지는 행정행위로 대물적 행정행위 효과는 이전 또는 상속이 인정된다. (예: **자동차검사증교부, 건물사용승인, 국립공원지정, 건축허가** 등)
혼합적 행정행위	인적·주관적 사정과 물적·객관적 사정을 고려하여 행하여지는 행정행위로 양수자의 주관적 및 객관적 사정에 대한 행정청의 승인·허가를 받도록 하고 있다 (예: **총포·화약류제조·판매허가·풍속영업허가** 등)

(5) 기속행위와 재량행위

기속행위	법이 어떤 요건 하에서 어떤 행위를 할 것인가에 관해 일의적 · 확정적으로 규정함으로 법이 정한 일정한 요건이 충족된 경우 법이 정한 효과로서 일정한 행정행위를 반드시 하도록 되어 있는 경우의 행정행위
재량행위	행정청에 복수행위 간 선택의 자유가 인정되는 행정행위로 결정재량(어떤 행정행위를 할 것인가 말 것인가)과 선택재량(다수의 행위 중 어느 것을 할 것인가)로 나누어진다.

03 행정행위의 내용

1) 개관

① 법률행위적 행정행위: 의사표시를 요소로 하고 효과가 의사표시의 내용대로 발생하는 행위

㉠ 명령적 행위

하명	작위 · 부작위 · 수인 · 급부 의무를 명하는 행정행위
허가	일반적 · 상대적 금지를 해제하여 **적법하게 행위**할 수 있도록 하는 행위
면제	작위 · 급부 등의 **의무를 해제**하는 행정행위

㉡ 형성적 행정행위

특허	특정인에게 새로운 권리·능력 및 법적 지위를 설정하는 행위로 공무원임명 등
인가	행정주체가 다른 당사자의 법률적 행위를 보충하여 **법률상 효력을 완성**시켜주는 행위
대리	행정주체가 타법률관계의 당사자를 대신하여 행하는 행위로서 그 행위의 법률적 효과가 **당해 당사자에게 귀속**하는 것

② 준법률행위적 행정행위: 의사표시 이외의 **판단 · 관념 · 인식** 등의 정신작용을 요소로 하고 효과는 법정 되어 있는 행위를 말한다.

확인	특정한 사실 또는 법률관계에 의문이 있는 경우에 공권적으로 그 존부 등을 판단하는 행위로 행정심판의 **재결, 시험합격자 결정, 당선인 결정, 발명특허** 등
공증	의문 또는 다툼이 없는 사항 또는 이미 확인된 사항에 관하여 공적 권위로서 형식적으로 이를 판단하는 행위로 각종 **영수증발급, 선거인명부에 등재, 합격증서의 발급, 운전면허증의 교부** 등
통지	특정인 또는 불특정다수인에 대하여 **특정한 사실을 알리는 행위**
수리	타인의 행정청에 대한 행위를 유효한 행위로써 받아들이는 행위

2) 경찰하명(警察下命)

경찰하명은 일반통치권에 의하여 경찰 목적을 달성하기 위해 국민에 대하여 작위·부작위·급부·수인 등의 의무를 명하는 행위를 말한다. 경찰하명은 **법적 효과를 발생**하는 법적 행위인 점에서, 직접적으로 사실상의 결과를 가져오는 사실행위와 구별된다. 경찰하명은 국민의 자연적 자유를 제한하는 **명령적 행위**이므로 권리나 능력을 설정시켜주는 형성적 행위(특허·인가 등)와도 다르다.

② 유형

작위 하명	적극적으로 어떠한 **행위를 하도록 의무를 명하는 경찰하명**을 말한다. 예를 들면 위생시설명령, 사체에 대한 신고의무, 집회신고의무, 위법건축물의 철거의무, 의료종사자의 진료 의무 부과 등이 해당한다.	
부작위 하명	소극적으로 어떤 행위를 하지 아니할 의무를 명하는 경찰하명으로 부작위하명을 **경찰금지**라고도 한다. (야간통행금지, 영업정지).	
	절대적 금지	예외가 허용될 수 없는 금지로 **청소년 음주·흡연 금지, 인신매매금지, 아편흡식 금지, 불량식품 판매금지** 등
	상대적 금지	예외가 허용되는 금지로 **건축금지, 주차금지구역의 지정, 유흥업소 영업금지** 등
수인 하명	경찰권 발동으로 인하여 자신의 신체·재산에 가하여지는 사실상의 침해를 수인할 의무를 부과하는 하명을 말한다. 예: 경찰관이 범죄의 예방·제지를 위하여 극장에 출입할 때 출입을 허용하고 조사에 응하는 것을 말하며, 실력행사를 감수하고 저항하지 아니할 공법상의 의무가 발생한다. 위반 시 공무집행방해죄가 성립	
급부 하명	금전 또는 물품의 급부 의무를 과하는 하명으로 예를 들면 **수수료 납부명령, 과세처분** 등이 이에 해당한다.	

③ 경찰하명의 형식

법규하명	법규하명은 법령의 공포라는 형식에 의하여 그 효력이 발생하고 일반적·추상적이며 일정한 의무를 발생시키는 하명을 말한다. 예를 들면 청소년의 음주 및 흡연금지, 무면허 운전금지, 음주운전금지, 총포소지금지, 집회신고의무, 좌측통행 등
하명처분	처분하명은 법률에 근거하여 특정한 경찰의무를 부과하기 위하여 행하는 개별적이고 구체적인 행위를 말한다. 예를 들면 야간통행제한, 위험도로의 통행금지, 차량 정지 명령 등

④ 경찰하명의 효과

대인적하명	특정인의 개인적 사정에 중점을 두고 행하여지는 하명으로 상대방에 대해서만 효과가 발생하므로, 상대방 이외의 사람에게는 이전 또는 승계되지 않는다(음주운전자에 대한 면허취소는 그 한 사람에게만 전속됨).
대물적하명	특정한 물건이나 설비 등에 행하여진 하명(정비 불량의 차량에 대하여 취하여진 사용정지명령, 주차금지구역 지정)으로 하명의 효과는 **제3에게 이전되거나 승계**된다.
혼합적하명	대물적 하명이면서 대인적 요소가 혼합적인 경우로, 하명의 효과의 이전이 제한된다.

⑤ 경찰하명 위반의 효과

경찰강제와 경찰벌 부과	경찰의무를 불이행한 경우에는 경찰상의 강제집행이 행해지고, 경찰 의무를 위반한 경우에는 경찰벌이 가해진다.
사법(私法)상 법률행위의 효력	하명에 위반한 행위는 원칙적으로 그 법적 효력에는 아무런 영향을 받지 않고 무효는 아니다. 예를 들어 영업정지명령에 위반하여 영업을 계속하였을 경우 당해 영업에 관한 거래행위의 효력까지 부인되는 것은 아니다.기출

⑥ 하명에 대한 구제

적법한 하명	적법한 경찰하명으로 인하여 손실이 발생했다고 하더라도 원칙적으로 손실보상을 청구할 수 없다. 다만, 수명자에게 수인할 수 없는 특별한 희생이 있는 경우에는 **손실보상을 청구**할 수 있다.
위법한 하명	**손해배상이나, 행정쟁송** 등에 의해 구제받을 수 있고, 공무원의 형사책임, 징계책임 고소·고발, 정당방위 등에 의해 구제받을 수 있다.

3) 경찰허가기출

경찰허가란 경찰행정상 위해 방지를 위하여 **일반적·상대적으로 금지** 되어 있는 행위를 특정한 경우 해제하여 일정한 행위를 적법하게 할 수 있도록 개인의 자연적 자유를 회복시켜 주는 경찰처분을 말한다. 실정법에서는 **면허·특허·승인** 등의 용어로 쓰인다. 기출 상대적 금지만 허가의 대상이 되고, 절대적 금지는 허가의 대상이 될 수 없다.기출 법규에 의한 허가는 인정되지 않고, 항상 구체적 **처분의 형식**으로 이루어진다.기출

법적행위	**의무를 해제하**는 법적 행위이므로 사실행위인 경찰강제와도 구별된다.
명령적행위	**부작위의무를 해제**하여 자연적 자유를 회복시켜주는 행위로, 일정한 권리능력을 발생·변경·소멸시켜주는 것을 내용으로 하는 형성적 행정행위인 특허와 구별된다.
기속행위	원칙적으로 기속행위이며, 경찰법규에 허가에 관한 구체적인 기준이 없이 경찰관청의 재량권을 인정하고 있는 경우에도 자유재량행위가 아니라 기속재량행위이다.
쌍방적 행정행위	**상대방의 신청**을 요하는 쌍방적 행위이나 예외적으로 통행금지해제처럼 신청출원 없이 직권에 의하여 행하는 허가도 존재한다.기출 신청과 다른 허가도 상대방의 동의가 있으면 가능하다.

① 유형

대인적 허가	개인의 경력이나 자격과 같이 인적인 요소를 기준으로 하는 허가로 타인에게 이전될 수 없다. 예를 들면 의사면허, 운전면허, 총포류 소지허가, 마약류취급면허 등기출
대물적 허가	신청인이 갖추고 있는 물적 설비, 지리적 환경, 기타 객관적 환경에 의하여 행해지는 허가로 타인에게 이전할 수 있다. 예를 들어 차량검사, 건축허가 등이 해당한다.
혼합적 허가	신청자의 자격과 동시에 시설물의 적합성과 안전성 등이 허가절차에 고려되는 허가로 이전성이 제한된다. 예를 들면 총포·화약의 제조·판매허가, 풍속영업의 허가, 사행행위영업의 허가, 자동차운전학원의 허가 등기출

② 허가신청와 허가처분시의 법이 다른 경우

행정행위는 **처분당시에 시행중인 법령**과 허가기준에 의하여 하는 것이 원칙이고, 인·허가 신청 후 처분 전에 관계 법령이 개정 시행된 경우 신법령 부칙에 그 시행 전에 이미 허가 신청이 있는 때에는 종전의 규정에 의한다는 취지의 경과규정을 두지 아니한 이상 당연히 허가 신청 당시의 법령에 의하여 허가 여부를 판단하여야 하는 것은 아니며, 소관 행정청이 허가신청을 수리하고도 정당한 이유 없이 처리를 늦추어 그 사이에 법령 및 허가기준이 변경된 것이 아닌 한 변경된 법령 및 허가기준에 따라서 한 불허가처분은 위법하다고 할 수 없다(대판 2005.7.29.2003두3550).

③ 효과

경찰금지 해제	경찰허가는 경찰금지를 해제하여 자연적 자유를 회복시켜 주는 효과를 갖는다. 허가로 인하여 얻은 이익은 법률상 이익이 아니라 반사적 이익이다. 그러나 판례가 법률상 보호이익으로 인정하는 경우도 있다(**주류제조 면허로 인한 이익**).
경찰허가와 타 법률관계	경찰허가는 당해 법률상의 경찰금지를 해제하는 데 그치며, 다른 법률상의 **경찰금지 또는 경찰 이외의 목적을 위해 금지를 해제하는 것은 아니다**. 예를 들면 공무원이 영업허가를 받아도 국가(지방)공무원법상 영리 업무 및 겸직금시 규정 때문에 영업을 할 수 없다.
지역적 범위	경찰허가의 효과는 **경찰관청의 관할구역 내**로 한정된다. 다만, 법령의 규정이나 성질상 관할구역 밖에까지 미쳐야 할 경우에는 관할 구역 밖에서도 효력이 있다(예 운전면허).

④ 경찰허가의 갱신

기한부 허가는 종기(終期)의 도래에 의하여 효력을 상실하나 기한의 갱신을 신청할 수 있는 경우에는 경찰의 장해가 발생할 새로운 사정이 없는 한 **허가를 해주어야 한다.**

⑤ 무허가 행위의 효과

경찰허가는 일정한 사실행위를 적법하게 할 수 있도록 하는데 지나지 않음으로 허가를 받았다고 하여 사법상의 법률행위의 효력에 영향을 미치는 것은 아니다. 무허가 행위의 사법상 법률행위가 무효가 되는 것도 아니다. 허가는 행위의 **적법요건**일 뿐이며 **유효(효력)요건이 아니다.**기출

4) 경찰면제

법령에 의하여 과하여진 경찰상의 **작위 · 급부 · 수인의 의무**를 특정한 경우에 해제하여 주는 경찰상의 명령적 행정행위로 기출 병역면제, 체납처분의 집행면제, 조세면제 등이 해당한다.

허가와 비교	경찰허가와 면제 모두 의무의 해제라는 공통점이 있으나 경찰허가가 **부작위 의무를 해제**하는 것인데 반하여, 경찰면제는 작위 · 급부 · 수인의 의무를 해제하는 행위라는 점에서 차이가 있다.

04 행정행위의 부관

행정행위의 부관이란 행정행위의 일반적 효과를 제한하거나 새로운 의무를 부과하기 위하여 부가된 **경찰관청의 종된 의사표시**를 말한다. 따라서 행정행위 효과제한이 직접 법규에 의해 이루어지는 법정부관은 여기서 말하는 부관에 해당하지 않는다.

1) 종류

① 조건

행정행위의 효력 발생이나 소멸을 장래의 도래가 불확실한 사실에 의존케 하는 경찰관청의 의사표시를 말한다.기출 정지조건이 성취되면 행정행위의 효력은 당연히 발생하거나 해제조건이 성취되면 행정행위의 효력은 당연히 소멸한다.

정지조건	행정행위 **효력발생**이 **장래 도래가 불확실한 사실**에 의존시키는 부관으로 예를 들면 시설완성을 조건으로 호텔영업허가
해제조건	행정행위 **효력소멸**을 **장래 도래가 불확실한 사실**에 의존시키는 부관으로 예를 들면 2개월 이내에 공사에 착수하지 않으면 효력을 상실한다는 건축허가

② 기한

행정행위의 효력 발생이나 소멸을 **장래의 도래가 확실한 사실**에 의존케 하는 경찰관청의 의사표시를 말한다. 시기가 도래하면 행정행위의 효력은 당연히 발생하며, 종기가 도래하면 행정행위의 효력은 당연히 소멸한다. 다만, 장기계속성이 예정되는 행위에 부당하게 짧은 종기가 붙여진 경우 존속기간이 아니라 **갱신기간**으로 보아야 한다.기출

시기	행정행위 **효력발생**을 장래 도래가 확실한 사실에 의존시키는 부관
종기	행정행위 **효력소멸**을 장래 도래가 확실한 사실에 의존시키는 부관

③ 부담

행정행위의 효과를 받는 상대방에게 일정한 작위·부작위·수인·급부의 의무를 과하는 경찰관청의 의사표시이다. 영업허가를 하면서 종업원의 정기 건강진단의무를 부과하는 경우, 도로점용 시 점용료납부의무를 부과하는 경우 등

특징	부담은 본체인 행정행위에 부수해서 상대방에게 일정한 의무를 과할 뿐이며, **부담이 붙여져도 행정행위의 효력은 처음부터 완전히 발생**한다. 부담을 이행하지 않았다고 해서 당연히 주된 행정행위의 효력이 소멸되는 것은 아니다. 부담은 그 자체가 하나의 독립된 행정행위의 성질을 가지므로, 부담만의 독립쟁송이 가능하다.

④ 철회권(취소권) 유보 기출

의의	특정한 경우에 행정행위를 **철회할 수 있는 권리를 유보**하는 경찰관청의 의사표시를 말한다. 예: 미성년자를 고용하면 유흥주점 영업허가를 취소하겠다고 부가한 경우
철회권 행사	철회권이 유보되어 있는 경우에도 철회권 행사를 위해서는 철회에 관한 일반적 요건이 구비되어야 한다. 즉, 철회권의 유보사유가 발생하더라도 **아무런 제한 없이 철회할 수 있는 것은 아니다.**

⑤ 법률효과의 일부 배제

행정행위의 주된 의사표시에 부가하여 법령에 일반적으로 그 행위에 부여하고 있는 **법률 효과의 일부의 발생을 배제**하는 경찰관청의 의사표시를 말한다. 기출

예: 도로사용을 허가하면서 사용시간을 야간으로 한정하는 경우, 버스노선을 지정하여 자동차 운수사업을 허가하는 경우, 택시영업을 허가할 때 격일제 운행을 부가하는 경우 등

⑥ 수정부담 기출

상대방이 신청한 것과 다르게 경찰허가의 내용을 정하는 부관으로, 상대방이 **수정된 내용에 동의하여야 효력이 발생**한다. 예를 들면 화물차량의 A도로 통행허가 신청에 대하여 B도로 통행을 허가한 경우가 이에 해당한다.

2) 부관의 첨부

법률행위적 행정행위	법률행위적 행정행위에는 **법적 근거 없이도** 부관을 붙일 수 있다는 것이 일반적 견해이다.
준법률행위적 행정행위	의사표시를 요소로 하지 않는 **준법률행위적 행정행위에는 부관을 붙일 수 없다는 것이 통설·판례**이다. 다만, 준법률행위적 행정행위에도 일정한 부관을 붙일 수 있다는 견해가 있다.
재량행위	법률행위적 행정행위 중 **재량행위에는 부관을 붙일 수 있다.**
기속행위	**기속행위에는 부관을 붙일 수 없고**, 기속행위에 부관을 붙인 것은 무효라는 것이 판례의 입장이다. 다만, 기속행위에도 일정한 부관은 허용된다는 견해가 있다.

3) 부관의 자유성

법적 근거 없이도 **자유로이 부관을 부가**할 수 있는 것이 원칙이다.기출 다만, 부관은 법령에 적합해야 하고, 주된 행정행위의 목적상 필요한 한도 내이어야 하며, 평등원칙 · 비례원칙 등 조리상 한계를 지켜야 한다.기출

4) 사후부관

사후부관은 인정되지 않으나, 법령에 근거가 있거나 상대방의 동의가 있는 경우 또는 부담권이 유보되어 있는 경우에는 가능하다는 **제한적 긍정설**이 일반적인 견해이다.

부관은 행정행위 효과를 제한하는 것이므로, 행정행위를 발할 때 부가하는 것이 원칙인데, 행정행위를 발한 후 나중에 부담을 부가할 수 있는가가 문제 된다.

5) 부관의 하자

① 무효인 부관

중대하고 명백한 하자로 인하여 무효인 부관은 원칙적으로 부관이 없는 행정행위로서 효력을 발생한다. 즉, **부관의 무효는 본체인 행정행위에 영향을 미치지 않는다.** 그러나 그 부관이 중대하여 그 부관이 없었다면, 행정행위를 하지 않았을 것이라고 인정되면 행정행위 자체도 무효가 된다고 본다.

② 취소할 수 있는 부관

부관이 권한이 있는 경찰기관에 의하여 취소될 때까지는 행정행위의 효력은 유효하다. 부관이 취소되게 되면 **무효의 경우와 동일**하게 된다.

6) 하자 있는 부관

원칙적으로 부관 자체만을 따로 행정쟁송의 대상으로 할 수 없다. 따라서 하자 있는 부관에 불복하는 자는 **행정행위 자체의 무효 · 취소**를 구하여야 한다. 다만, 그 부관이 부담인 경우에는 **부담만의 독립쟁송이 가능**하다.

05 행정행위의 효력

1) 공정력

행정행위가 중대 · 명백한 하자로 당연무효가 아닌 한 그것이 권한 있는 기관에 의하여 취소되기까지는 **상대방과 행정청 및 제3자에 대하여 유효한 것으로 통용되는 힘**으로 행정행위 상대방이나 제3자의 신뢰보호, 행정법 관계의 안정성, 행정의 원활한 운영이라는 정책적 관점에서 인정한 것이 공정력이라는 법적 안정설이 통설이다. 공정력은 행정행위의 사실상 통용력 즉, **유효성 추정에 불과**하고 적법성 추정이 아니므로 입증책임의 소재결정에 영향을 미치지 아니하고 공정력과 취소송에서의 입증책임은 무관하다.

행정행위가 당연무효인 경우	법원은 그 행정행위에 대한 위법 여부 및 효력 유무에 대한 판단권을 가진다.
행정행위가 취소사유인 경우	행정행위의 효력 유무가 선결문제가 된 경우, 공정력 및 배타적 관할 원칙에 따라 민사법원은 그 효력을 부인할 수 없다. 행정행위의 효력을 부인하지 않는 한도에서 그 위법성 여부는 판단할 수 있다.

판례: 연령미달의 결격자인 피고인이 소외인의 운전면허시험에 응시, 합격하여 교부받은 운전면허는 당연무효가 아니고 도로교통법 제65조 제3호의 사유에 해당함에 불과하여 **취소되지 않는 한 유효**하므로 피고인의 운전행위는 무면허 운전에 해당하지 아니한다.(대판 1982.6.8.80도2646).

2) 확정력

① 형식적 확정력(불가쟁력)

법적 구제수단의 포기, 쟁송기간의 경과 등의 사유가 존재하면 행정행위의 상대방 기타 이해관계인이 더 이상 그 행정행위의 효력을 다툴 수 없게 되는데, 이를 **불가쟁력**이라 한다.

불가쟁력은 모든 행정행위에 인정되는 효력이다.

② 실질적 확정력(불가변력)

행정행위에 하자가 있거나 새로운 사정이 있으면 행정청은 이를 취소나 변경할 수 있는 것이 원칙이다. 그러나 행정행위 하자 또는 새로운 사정의 발생에도 불구하고, 행정행위를 한 행정청 자신도 **직권에 의한 취소·철회가 제한**되는 경우가 있다. 이를 불가변력이라 한다.

행정행위 중 확인행위 등 준사법적 행정행위에 발생한다. 행정심판의 재결 등이 이에 해당한다(모든 행정행위에 발생하는 효력이 아님).

③ 불가쟁력과 불가변력의 관계

구분	불가쟁력	불가변력
인정취지	행정의 **능률성**	법적 안정성
객체	상대방 및 이해관계인에 대한 구속력	**행정청**에 대한 구속력
발생범위	모든 행정행위에 발생	**준사법적 행정행위**
성질	절차법적 효력(쟁송법상 효력)	실체법적 효력
양자의 관계	불가쟁력이 발생한 행정행위에 당연히 불가변력이 발생하는 것도 아니므로 **불가쟁력이 발생한 행정행위에 대하여 불가변력이 발생하지 않았다면 행정청은 직권취소가 가능**하다. **불가변력이 발생한 행정행위라도 불가쟁력이 발생하지 않았다면 상대방은 쟁송을 제기**할 수 있다.	

06 행정행위의 하자

무효 행정행위	행정행위의 하자가 중대하고 명백하여, 행정행위로서의 법률적 효력이 발생하지 않는 행위
취소사유 있는 행정행위	성립에 흠이 있음에도 불구하고 **일단 유효한 행위**로 다른 국가기관 또는 국민을 기속하고, 다만 행**정쟁송 또는 직권에 의하여 취소**됨으로써 비로소 그 효력을 상실하는 행위(직권취소, 쟁송취소)

(1) 무효와 취소의 구별실익

구분	무효	취소
공정력, 불가쟁력	부정	인정
사정재결, 사정판결	불가	가능
필요적 행정심판전치주의	적용 안 됨	적용
제소기간	제한 없음	제한
선결문제	판단 가능	판단 불가
하자의 전환, 치유	전환만 인정(반대견해 있음)	치유만 인정(반대견해 있음)
하자의 승계	선행행위가 무효인 경우 후행 행위도 무효	① 선행행위와 후행행위가 **동일한 효과 발생 시 승계 인정** ② 양자가 별개 효과 발생 시 승계 부정
소송형태	① 무효 등 확인소송 ② 무효선언 의미의 취소소송	취소소송

(2) 무효와 취소의 구별기준

행정행위에 '**중대하고 동시에 명백한 하자**'가 있는 경우에는 무효, 그렇지 않으면 취소 사유에 해당한다.(통설, 판례)

(3) 행정행위의 취소

직권취소	**권한 있는 행정기관의 직권**으로 행정행위의 효력을 상실시키는 행위
쟁송취소	위법·부당한 행정행위로 인하여 그 권익이 침해된 자에 의한 쟁송(**행정심판, 행정소송)으로** 권한 있는 기관(재결청, 법원)이 당해 행위의 효력을 소멸시키는 것

(4) 하자의 치유

성립 시에는 하자 있는 행정행위를 사후에 요건이 충족되거나, 위법성이 경미하여 취소 원인이 될 만한 가치를 상실한 경우에 적법한 행위로 취급하는 것으로 **취소사유인 하자만 치유되고, 무효인 경우에는 인정 안 되고**(통설, 판례) 치유의 효과는 **소급적용**

(5) 하자 있는 행정행위의 전환

　　행정청이 본래 의도한 행정행위로서는 무효인 행정행위가 다른 행정행위로서의 성립요건을 갖춘 경우에는, 절차의 반복을 피하기 위하여 **유효한 다른 행정행위로서의 효력을 인정**하는 것으로 판례는 하자의 전환은 **무효인 행정행위에만 인정**되고, 취소사유 있는 행정행위에는 인정되지 않는다고 한다. (**소급효**)

전환의 요건	① 전환될 행정행위의 **성립 · 효력요건** 갖출 것 ② 하자 있는 행정행위와 전환될 행위 사이에 **실질적 공통성**이 있을 것 ③ 행정청의 의도에 반하지 않을 것 ④ 당사자에게 원처분보다 **새로운 불이익을 가하는 것이 아닐 것** ⑤ **제3자의 이익을 침해하는 것이 아닐 것** ⑥ 행위중복회피의 의미 있을 것
전환의 부정	① 대인적 행정행위의 전환 ② **기속행위를 재량행위로 전환** ③ 처분청의 의도에 **명백히 반**하는 전환 ④ 관계인에게 원래의 행정행위보다 불이익의 되는 전환

(6) 하자의 승계기출

　　둘 이상의 행정행위가 연속하여 행하여지는 경우 불가쟁력이 발생한 **선행행위의 하자를 이유로 하자 없는 후행행위를 다툴 수 있는 가**의 문제로 선행행위의 하자가 후행행위에의 승계를 인정하게 되면 후행처분 자체에는 하자가 없는 경우에도 후행처분을 다툴 수 있게 된다.

논의의 전제		① 선행행위와 후행행위가 모두 **항고소송의 대상**이 되는 처분일 것 ② 선행행위가 무효사유가 아닌 **취소사유**에 불과할 것 ③ 선행행위에 **불가쟁력이 발생**하였을 것 ④ 후행행위에 하자 없고 선행행위에만 하자가 있을 것
승계여부		① 선행행위가 무효인 경우- **하자승계 인정** ② 선행행위가 취소사유에 해당하는 경우 　㉠ 둘이상의 행정행위가 독립하여 별개효과를 목적- 하자승계를 부정 　㉡ 선행행위와 후행행위가 결합하여 하나의 법률효과를 목적- 하자승계 인정
판례	하자 승계 인정	① 대집행에 있어서 **계고 · 통지 · 실행 · 비용납부명령** 사이기출 ② 개별공시지가결정과 **과세처분**기출 ③ 독촉절차와 체납처분(압류→매각→청산) 사이 ④ 과세체납처분절차상 **압류**와 **매각**처분 사이 ⑤ 안경사국가시험합격무효처분과 안경사 면허취소 처분사이기출
	하자 승계 부정	① **과세처분과 체납처분** ② 건물철거명령과 대집행계고처분 ③ **직위해제처분과 면직처분**기출 ④ 표준공시지가결정과 과세처분 ⑤ 사업인정과 토지수용재결처분 ⑥ **수강거부처분과 수료처분**기출

07 행정행위의 철회

(1) 개념

철회는 하자 없이 성립한 행정행위의 효력을 그 후에 발생된 새로운 사정을 이유로 소멸시키는 행위이다.

(2) 취소와 구별 기출

구분	행정행위의 직권취소	행정행위의 철회
사유	**원시적 하자**	**후발적 사유**
권한자	처분청뿐만 아니라 감독청(이설 있음)	처분청(감독청은 철회권 없음)
소급효	원칙적으로 **소급효**	**장래**에 향하여만 발생

08 행정지도

행정주체가 일정한 행정질서를 형성하기 위하여 **조언 · 권고** 등의 방법으로 일정한 방향으로 행정객체를 유도할 의도 아래 행하는 **비권력적 사실행위로** 작용법적 근거는 필요치 않다.

① 임의성의 원칙 및 비례의 원칙

행정지도는 그 목적달성에 필요한 최소한도에 그쳐야 하며, 행정지도의 상대방의 의사에 반하여 부당하게 강요하여서는 아니 된다.

② 불이익조치금지원칙

가. 행정기관은 행정지도의 상대방이 행정지도에 따르지 아니하였다는 것을 이유로 불이익한 조치를 하여서는 아니 된다.

방식	① 행정지도를 행하는 자는 그 상대방에게 당해 행정지도의 취지 · 내용 및 신분을 밝혀야 한다. ② 행정지도가 구술로 이루어지는 경우에 서면의 교부를 요구할 때에는 직무수행에 특별한 지장이 없는 한 이를 교부하여야 한다.	
구제	손해배상	행정지도는 국가배상의 요건인 직무행위에 해당하기 때문에 나머지 요건이 충족된다면 국가배상을 청구할 수는 있을 것
	항고소송	비권력적 사실행위라는 점에서, 행정소송법상의 **처분성 부정**

나. 근무조건상의 차별을 받지 아니한다.

09 경찰관직무집행법

(1) 경찰관직무집행법

> ① 1953년 제정된 **경찰작용의 일반법 · 기본법**(경찰조직의 일반법은 경찰법)
> ② 즉시강제의 일반법(강제집행의 일반법은 행정대집행법과 국세징수법)
> ③ **경찰장구사용, 분사기 및 최루탄 사용, 유치장설치, 무기사용의 근거법**(무기휴대의 근거법은 **경찰공무원법**)

(2) 개정사항

1차(1981)	유치장설치근거, 경찰 장구 사용, 사실조회 명문화기출
2차(1988)	임시 영치 30일에서 10일 단축, 직권남용 6월 이하에서 1년 이하 징역, 금고로 강화
3차(1989)	최루탄 사용조항 근거 마련기출
4차(1991)	임의동행 경찰관서 체류시간 3시간에서 6시간기출
5차(1996)	해양경찰에 경찰관 직무집행법 적용기출
6차(1999)	경찰장비개념 정의, 경찰장비 세부적 규정
7차(2004)	파출소 통합해서 지구대 설치
8차(2011)	제주도 자치경찰제 도입
9차(2011)	경찰관직무집행법 2조, 경찰법 3조 일치시킴

(3) 경찰관직무집행법의 목적 및 직무 범위

1) 목적(경직법 제1조)

국민의 자유와 권리를 보호하고 사회공공의 질서를 유지하기 위한 경찰관의 직무 수행에 필요한 사항을 규정함을 목적으로 한다. 이 법에 규정된 경찰관의 직권은 그 직무 수행에 필요한 최소한도에서 행사되어야 하며 남용되어서는 아니 된다.기출

2) 직무의 범위(경직법 제2조)기출

> ① 국민의 생명 · 신체 및 재산의 보호기출
> ② 범죄의 예방 · 진압 및 수사
> ③ 경비, 주요 인사(人士) 경호 및 대간첩 · 대테러 작전 수행기출
> ④ 치안정보의 수집 · 작성 및 배포
> ⑤ 교통 단속과 교통 위해(危害)의 방지
> ⑥ 외국 정부기관 및 국제기구와의 국제협력
> ⑦ 그 밖에 공공의 안녕과 질서 유지

(4) 불심검문(경직법 제3조) 기출

불심검문이 대인적 즉시강제인지 경찰조사인지에 대해 견해대립이 있지만, 최근 견해는 경찰조사라는 견해가 다수의 입장이다.기출

① 어떤 죄를 범하였거나 범하려 하고 있다고 의심할만한 상당한 이유가 있는 사람
② 이미 행하여진 범죄나 행하여지려고 하는 범죄행위에 관한 사실을 안다고 인정되는 사람

1) 불심검문의 방법(수단)

① 정지

경찰관은 수상한 거동 기타 주위의 사정을 합리적으로 판단하여 거동불심자를 정지시킬 수 있다. 상대방이 불심검문에 불응하는 경우 강제에 이르지 않는 유형력 행사(팔이나 어깨를 잡거나 앞을 가로막는 행위, 팔꿈치를 가볍게 끄는 행위 등)는 허용된다.

② 질문기출

질문은 범죄단서를 얻고자 하는 것이지 상대방을 피의자로서 조사하는 것이 아니므로 미리 진술을 거부할 수 있음을 고지할 의무는 법률상 명시되어 있지 않다. 질문을 받는 당해 당사자는 그 의사에 반하여 답변을 강요당하지 않는다.

③ 흉기 조사

경찰관은 불심검문대상에 대하여 질문을 할 때에 흉기를 가지고 있는지를 조사할 수 있다.기출 흉기 이외의 일반소지품 조사에 대하여는 명문규정이 없다.기출

당해인은 **경찰관의 흉기 소지 여부 조사 시 거부할 수 있다는 명문규정이 없다.**

④ 임의동행

요건	정지시킨 장소에서 질문을 하는 것이 그 **사람에게 불리하거나 교통에 방해**가 된다고 인정될 것기출 반드시 상대방의 동의나 승낙이 있을 것 – 동행요구 시 당해인은 언제든 경찰관의 동행요구 거절 가능하다.기출
절차	㉠ 질문을 하거나 동행을 요구할 경우 경찰관은 신분을 표시하는 증표를 제시하면서 소속과 성명을 밝히고, 질문이나 동행의 목적과 이유를 설명하여야 하며, 동행을 요구하는 경우에는 동행장소를 밝혀야 한다.기출 ㉡ 동행요구 시 동행거부권 고지의무– 경찰관직무집행법에 규정없음 (1988년 개정 시 동행거부권 고지의무가 있었으나, 1991년 개정으로 삭제)기출
사후조치	㉠ 동행한 경우 경찰관은 동행한 사람의 가족이나 친지 등에게 동행한 경찰관의 신분·동행장소·동행목적과 이유를 알리거나, 본인으로 하여금 즉시 연락기회를 주어야 하며, 변호인의 도움을 받을 권리가 있음을 알려야 한다.기출 ㉡ 경찰관은 동행한 사람**을 6시간**을 초과하여 경찰관서에 머물게 할 수 없다. 주의할 것은 6시간 이내라 할지라도 강제로 머물게 할 수 있는 것은 아니다.기출

■ 관련 판례

1. 수사관이 수사과정에서 당사자의 동의를 받는 형식으로 피의자를 수사관서 등에 동행하는 것은, 상대방의 신체의 자유가 현실적으로 제한되어 실질적으로 체포와 유사한 상태에 놓이게 됨에도, 영장에 의하지 아니하고 그 밖에 강제성을 띤 동행을 억제할 방법도 없어서 제도적으로는 물론 현실적으로도 임의성이 보장되지 않을 뿐만 아니라, 아직 정식의 체포·구속단계 이전이라는 이유로 상대방에게 헌법 및 형사소송법이 체포·구속된 피의자에게 부여하는 각종의 권리보장 장치가 제공되지 않는 등 형사소송법의 원리에 반하는 결과를 초래할 가능성이 크므로, 수사관이 동행에 앞서 피의자에게 동행을 거부할 수 있음을 알려 주었거나 동행한 피의자가 언제든지 자유로이 농행과정에서 이탈 또는 동행장소로부터 퇴거할 수 있었음이 인정되는 등 오로지 피의자의 **자발적인 의사에 의하여 수사관서 등에의 동행이 이루어졌음이 객관적인 사정에 의하여 명백하게 입증**된 경우에 한하여, 그 적법성이 인정되는 것으로 봄이 상당하다. (대판 2006.7.6, 2005도6810)기출

2. 검문 중이던 경찰관들이, 자전거를 이용한 날치기 사건 범인과 흡사한 인상착의의 피고인이 자전거를 타고 다가오는 것을 발견하고 정지를 요구하였으나 멈추지 않아, 앞을 가로막고 소속과 성명을 고지한 후 검문에 협조해 달라고 하였음에도 불응하고 그대로 전진하자, 따라가서 재차 앞을 막고 검문에 응하라고 요구하였는데 이에 피고인이 경찰관들의 멱살을 잡아 밀치는 등 항의하여 공무집행방해 등으로 기소된 사안에서 범행의 경중, 범행과의 관련성, 상황의 긴박성, 혐의의 정도, 질문의 필요성 등에 비추어 경찰관들은 목적 달성에 필요한 최소한의 범위 내에서 사회 통념상 용인될 수 있는 상당한 방법을 통하여 경찰관직무집행법 제3조 제1항에 규정된 자에 대해 의심되는 사항을 질문하기 위하여 정지시킨 것으로 보아야 하는데도, 이와 달리 경찰관들의 불심검문이 위법하다고 보아 피고인에게 무죄를 선고한 원심판결에 불심검문의 내용과 한계에 관한 법리오해의 위법이 있다고 한 사례.

⑤ 임의성

질문을 받거나 임의동행을 요구받은 사람은 **형사소송에 관한 법률에 따르지 아니하고는 신체를 구속당하지 아니하며, 그 의사에 반하여 답변을 강요당하지 않는다.** 상대방이 불심검문에 불응 시 경찰관의 대응조치나 처벌규정은 경찰관직무집행법에 존재하지 않는다.

> **참고: 불심검문에 대한 대법원, 국가인권위원회 판시내용**
>
> 1. 국가인권위원회는 정복 착용한 **경찰관이 신분증을 제시하지 아니하고 불심검문**하였다면 이는 적법절차를 위반한 인권침해에 해당한다고 결정하였다.
>
> 2. 대법원은 상해사건 신고를 받고 출동한 정복착용 경찰관들이 사건당사자인 피검문자의 경찰관신분확인의 요구가 없는 상황에서 경찰공무원증 제시 없이 불심검문하자 피검문자가 경찰관들을 폭행한 사안: **당시 정황상 객관적으로 경찰관의 공무집행임을 누구나 인식**할 수 있었고, 피검문자들이 경찰관에 대한 신분 확인을 요구하지 않았다면 경찰관이 신분증을 제시하지 않았더라도 불심검문은 적법한 공무집행에 해당한다.
>
> 3. 대법원판결의 태도로 보아 경찰관은 신고현장에서 객관적으로 공무집행임을 일반인이 인식할 수 있는 사정이라면, 불심검문을 하는 과정에서 굳이 신분증을 제시하지 않았더라도 불심검문은 적법한 공무집행에 해당한다.
>
> 4. 대법원판결의 태도로 보아 경찰관은 신고현장에서 객관적으로 공무집행임을 일반인이 인식할 수 있는 사정이라면, 불심검문을 하는 과정에서 굳이 신분증을 제시할 이유가 없으므로 신분증 소지 의무는 없다고 보아진다.(틀림)
>
> 5. 대법원판결의 태도로 보아 경찰관의 신분을 밝혀 줄 수 있는 것이라면 신분증이 아니라도 재직증명서, 신분증의 칼라복사본, 흉장 등으로 대치할 수 있다.(틀림)

(5) 보호조치(경직법 제4조)

경찰관은 수상한 행동이나 그 밖의 주위 사정을 합리적으로 판단해 볼 때 보호조치대상자에 해당하는 것이 명백하고 응급구호가 필요하다고 믿을 만한 상당한 이유가 있는 사람을 발견하였을 때에는 보건의료기관이나 공공구호기관에 긴급구호를 요청하거나 경찰서에 보호하는 등 적절한 조치를 할 수 있다. (대인적 즉시강제)

1) 보호조치 대상자

강제대상자는 반드시 보호조치를 해야 한다는 의미가 아니라, 대상자가 거절해도 강제로 보호조치할 수 있다는 의미이고, 임의대상자는 상대방이 거절하면 보호조치를 할 수 없다는 의미이다.

강제 대상자	① 정신착란을 일으키거나 술에 취하여 자신 또는 다른 사람의 생명·신체·재산에 위해를 끼칠 우려가 있는 사람 ② 자살을 시도하는 자
임의 대상자	**미아·병자·부상자** 등으로서 적당한 보호자가 없으며 응급구호가 필요하다고 인정되는 사람

2) 보호조치의 요건

수상한 행동이나 그 밖의 주위사정을 합리적으로 판단해 볼 때 다음 각 호의 어느 하나에 해당하는 것이 명백하고 응급구호가 필요하다고 믿을 만한 상당한 이유가 있는 사람이어야 한다. 이때 상당한 이유의 판단은 경찰관의 **재량적 판단**이다.

3) 보호조치의 방법

응급구호의 요청	① 경찰관은 응급구호가 필요하다고 믿을만한 상당한 이유가 있는 사람을 발견하였을 때는 **보건의료기관이나 공공구호기관에 긴급구호**를 요청할 수 있다. ② 긴급구호요청을 받은 보건의료기관이나 공공구호기관은 정당한 이유 없이 긴급구호를 거절할 수 없다. ③ 보건의료기관이나 공공구호기관이 정당한 이유 없이 긴급구호를 거절하더라도 경찰관직무집행법에는 처벌규정이 없다. 주의: 응급환자의 경우 정당한 이유 없이 보건의료기관이 거절하면 「**응급의료에 관한 법률」에 의해 처벌 가능**
경찰관서에의 일시보호	피구호자를 경찰관서에서 일시적으로 보호하는 것으로, 이 경우 **24시간**을 초과할 수 없으며, 형사범과 분리하여 안전하게 보호하여야 한다.

4) 보호조치의 사후조치

① 보호조치를 하였을 때에는 **지체 없이** 구호대상자의 가족, 친지 또는 그 밖의 연고자에게 그 사실을 알려야 하며, 연고자가 발견되지 아니할 때에는 구호대상자를 적당한 공공보건의료기관이나 공공구호기관에 즉시 인계하여야 한다.기출

② 경찰관은 구호대상자를 공공보건의료기관이나 공공구호기관에 인계하였을 때에는 즉시 그 사실을 소속 **경찰서장이나 해양경찰서장에게 보고**하여야 한다.

③ 보고를 받은 소속 경찰서장이나 해양경찰서장은 대통령령으로 정하는 바에 따라 구호대상자를 인계한 사실을 지체 없이 해당 공공보건의료기관 또는 공공구호기관의 장 및 그 감독행정청에 통보하여야 한다.

5) 임시영치

경찰관이 구호대상자가 휴대하고 있는 무기·흉기 등 위험을 일으킬 수 있는 것으로 인정되는 물건을 경찰관서에 임시로 보관하는 것을 말한다. **대물적 즉시강제**이며, 상대방의 동의를 요하지 않는다. 임시영치의 기간은 **10을 초과할 수 없다.**기출

① 경찰관이 응급의 구호를 요하는 자를 보건의료기관에 긴급구호요청을 하고, 보건의료기관이 이에 따라 치료행위를 하였다고 하더라도 국가와 보건의료기관 사이에 국가가 그 치료행위를 보건의료기관에 위탁하고 보건의료기관이 이를 승낙하는 내용의 치료위임 계약이 체결된 것으로 볼 수 없다(대판 1994.2.22. 93다 4472).

② 주취자가 극도의 만취상태여서 병원후송조치까지는 필요가 없어 파출소에 보호하더라도 지속적으로 관찰하여 생명·신체에 위해가 생기지 않도록 보호조치를 취하여야 할 주의의무가 있다(대판 2001다24839).

(6) 위험 발생의 방지조치(경직법 제5조)기출

경찰관이 사람의 생명 또는 신체에 위해를 끼치거나 재산에 중대한 손해를 끼칠 우려가 있는 천재, 사변, 인공구조물의 파손이나 붕괴, 교통사고, 위험물의 폭발, 위험한 동물 등의 출현, 극도의 혼잡, 그 밖의 위험한 사태가 있을 때에 이를 방지하기 위하여 필요한 경고·억류·피난·기타의 조치를 취하는 것을 말한다.

1) 법적 성질

이는 대인적 및 대물적·대가택적 즉시강제에 속한다.기출

2) 위험 발생 방지조치의 요건

위험사태의 존재	천재, 사변(事變), 인공구조물의 파손이나 붕괴, 교통사고, 위험물의 폭발, 위험한 동물 등의 출현, 극도의 혼잡, **그 밖의 위험한 사태**가 있어야 한다.기출
위험사태의 절박성	사람의 생명 또는 신체에 위해를 끼치거나 재산에 중대한 손해를 끼칠 우려가 있어야 한다.

3) 위험 발생 방지조치의 방법(수단)

경고	그 장소에 모인 사람, 사물의 관리자, 그 밖의 관계인에게 필요한 경고를 할 수 있다.
억류·피난조치	매우 긴급한 경우에는 **위해를 입을 우려가 있는 사람**을 필요한 한도에서 억류하거나 피난시킬 수 있다.
위해방지조치	그 **장소에 있는 사람, 사물의 관리자, 그 밖의 관계인**에게 위해를 방지하기 위하여 필요하다고 인정되는 조치를 하게 하거나 직접 그 조치를 할 수 있다.(광견사살명령, 광견의 직접 사살 등)
접근 또는 통행의 제한·금지	경찰관서의 장은 대간첩 작전의 수행이나 소요사태의 진압을 위하여 필요하다고 인정되는 상당한 이유가 있을 때에는 대간첩 작전지역이나 경찰관서·무기고 등 **국가중요시설에 대한 접근 또는 통행을 제한하거나 금지**할 수 있다.

4) 판례

경찰관이 농민들의 시위를 진압하고 시위과정에 도로 상에 방치된 트랙터 1대에 대하여 이를 도로 밖으로 옮기거나 후방에 안전표지판을 설치하는 것과 같은 위험발생방지 조치를 취하지 아니한 채 그대로 방치하고 철수하여 버린 결과, 야간에 그 도로를 진행하던 운전자가 위 방치된 트랙터를 피하려다가 다른 트랙터에 부딪혀 상해를 입은 사안에서 국가배상책임을 인정한 사례.(대판 1998.8.25, 98다 16890)

(7) 범죄의 예방과 제지(경직법 제6조)

경찰관은 범죄행위가 목전(目前)에 행하여지려고 하고 있다고 인정될 때에는 이를 예방하기 위하여 관계인에게 필요한 경고를 하고, 그 행위로 인하여 사람의 생명·신체에 위해를 끼치거나 재산에 중대한 손해를 끼칠 우려가 있는 긴급한 경우에는 그 행위를 제지할 수 있다.

(8) 위험방지를 위한 출입(법 제7조)

경찰상 위험을 방지하기 위하여 일정한 장소에 출입할 수 있는 것을 말한다. 위험방지를 위한 출입은 즉시강제 중 대가택적 즉시강제에 해당한다. 경찰관이 위험방지를 위해 필요한 장소에 출입할 때에는 그 신분을 표시하는 증표를 제시하여야 하며, 함부로 관계인의 정당한 업무를 방해하여서는 아니 된다.

긴급출입	요건	① 위험한 사태가 발생(천재, 사변, 인공구조물의 파손이나 붕괴, 교통사고, 위험물의 폭발, 위험한 동물 등의 출현, 극도의 혼잡, 그 밖의 위험한 사태가 발생) ② 사람의 생명·신체 또는 재산에 대한 위해가 임박한 때, 위해를 방지하거나 피해자를 구조하기 위하여 부득이하다고 인정할 때
	목적	위해방지와 피해자 구조에 있으므로, 범죄수사를 목적으로 이용될 수는 없다.(관리자의 동의는 불필요) 장소는 다른 사람의 토지·건물·배 또는 차이고 주·야간 제한이 없다.
예방출입 기출	목적	범죄나 사람의 생명·신체·재산에 대한 위해를 예방하기 위한 목적 흥행장, 여관, 음식점, 역, 그 밖에 많은 사람이 출입하는 장소
	동의	해당 장소의 영업시간이나 해당 장소가 일반인에게 공개된 시간에 한하고 상대방의 동의가 있어야 하지만, 상대방은 정당한 이유 없이 출입을 거절할 수 없다.기출
작전지역 내에서의 검색	목적	대간첩작전의 수행목적으로 흥행장, 여관, 음식점, 역, 그 밖에 많은 사람이 출입하는 장소에 주·야간을 불문하고 가능하며, 원칙적으로 영장도 필요치 않다.
	동의	관리자의 동의 불요

1) 판례

① 경찰관직무집행법 제6조 제1항 중 경찰관의 제지에 관한 부분은 범죄의 예방을 위한 경찰 행정상 즉시강제 관한 근거 조항이다. 행정상 즉시강제는 그 본질상 행정 목적을 달성을 위하여 불가피한 한도 내에서 예외적으로 허용되는 것이므로, 위 조항에 의한 경찰관의 제지 조치 역시 그러한 조치가 불가피한 최소한도 내에서만 행사되도록 그 발동·행사 요건을 신중하고 엄격하게 해석하여야 한다. 그러한 해석·적용의 범위 내에서만 우리 헌법상 신체의 자유 등 기본권 보장 조항과 그 정신 및 해석원칙에 합치될 수 있다.

② 구 집회 및 시위에 관한 법률(2007. 5. 11. 법률 제8424호로 개정되기 전의 것)에 의하여 금지되어 그 주최 또는 참가행위가 형사처벌의 대상이 되는 위법한 집회·시위가 장차 특정지역에서 개최될 것이 예상된다고 하더라도, 이와 시간적·장소적으로 근접하지 않은 다른 지역에서 그 집회·시위에 참가하기 위하여 출발 또는 이동하는 행위를 함부로 제지하는 것은 경찰관직무집행법 제6조 제1항의 행정상 즉시강제인 경찰관의 제지의 범위를 명백히 넘어 허용될 수 없다. 따라서 이러한 제지 행위는 공무집행방해죄의 보호 대상이 되는 공무원의 적법한 직무집행이 아니다.

(9) 사실의 조회 · 확인 및 출석요구(경직법 제8조)

1) 사실의 조회 및 확인

경찰관서의 장은 직무수행에 필요하다고 인정되는 상당한 이유가 있을 때에는 국가기관이나 공사(公私) 단체 등에 직무수행에 관련된 사실을 조회할 수 있다. 다만, 긴급한 경우에는 소속 경찰관으로 하여금 현장에 나가 해당 기관 또는 단체의 장의 협조를 받아 그 사실을 확인하게 할 수 있다.(성질- 비권력적 사실행위)기출

2) 출석요구 기출

사유 해당	① **미아**를 인수할 보호자 확인 ② **유실물**을 인수할 권리자 확인 ③ 사고로 인한 사상자 확인 ④ 행정처분을 위한 교통사고 조사에 필요한 사실확인 기출
사유 아님	① 형사책임을 규명하기 위한 사실조사 ② 범죄피해내용 확인 ③ 교통사고 시 가해자와 피해자와의 합의를 위한 종용 ④ 고소사건처리를 위한 사실 확인

(10) 국제협력(경직법 제8조의2)

경찰청장(국민안전처 소속 경찰공무원의 직무에 관한 사항인 경우에는 국민안전처장관)은 이 법에 따른 경찰관의 직무수행을 위하여 외국 정부기관, 국제기구 등과 자료 교환, 국제협력 활동 등을 할 수 있다.

(11) 유치장(경직법 제9조)

경찰서 및 지방해양경안전관서에는 법률에서 정한 절차에 따라 체포 · 구속된 사람 또는 신체의 자유를 제한하는 판결이나 처분을 받은 사람을 수용하기 위하여 경찰서와 해양경찰서에 유치장을 둔다. 법률에서 정한 절차에 따라 체포 · 구속된 사람 또는 신체의 자유를 제한하는 판결이나 처분을 받은 사람을 수용하기 위하여 경찰서와 지방해양경비안전관서에 유치장을 둔다.기출

(12) 경찰장비의 사용(경직법 제10조)

"경찰장비"란 무기, 경찰장구, 최루제와 그 발사장치, 살수차, 감식기구. 해안 감시기구, 통신기기. 차량 · 선박 · 항공기 등 경찰이 직무를 수행할 때 필요한 장치와 기구이고 필요한 안전교육과 안전검사를 받은 후 사용하여야 한다. (**대인적 즉시강제**)

(13) 경찰장구의 사용(경직법 제10조의2)기출

경찰장구란 경찰관이 휴대하여 범인 검거와 범죄진압 등의 직무수행에 사용하는 수 갑·포승·경찰봉·방패 등을 말한다.기출 **(대인적 즉시강제)**

사용 요건 기출	① 현행범이나 사형·무기 또는 장기 3년 이상의 징역이나 금고에 해당하는 죄를 범한 **범인의 체포 또는 도주 방지**기출 ② 자신이나 다른 사람의 **생명·신체의 방어 및 보호** ③ 공무집행에 대한 **항거제지** ＊전자충격기(테이저)는 경찰장구 – 사용 시 3회 이상의 투기명령은 불요
한계	사태를 합리적으로 판단하여 **필요한 한도 내**에서 사용할 수 있다.

(14) 분사기 및 최루탄의 사용(경직법 제10조의3)

경찰장비의사용기준등에관한규정상 분사기·최루탄 – 근접분사기·가스분사기·가스 발사총(고무탄 발사겸용을 포함) 및 최루탄(그 발사장치를 포함)을 말한다.**(대인적 즉시 강제)**

요건	범인의 체포 또는 범인의 도주 방지기출 불법집회·시위로 인한 자신이나 다른 사람의 생명·신체와 재산 및 공공시설 안전에 대한 현저한 위해의 발생 억제
한계	① 부득이한 경우 ② 현장책임자가 판단 ③ 필요한 최소한의 범위 내기출

(15) 무기의 사용(경직법 제10조의4) 기출

1) 의의

무기란 사람의 생명이나 신체에 위해를 끼칠 수 있도록 제작된 권총·소청·도검 등 을 말한다.기출 대간첩·대테러작전 등 국가안전에 관련되는 작전을 수행할 때에는 개 인화기 외에 공용화기를 사용할 수 있다. (대인적 즉시강제에 해당)

2) 무기사용의 요건기출

위해 수반하지 않는 경우	① 범인의 체포, 범인의 도주방지 ② 자신이나 다른 사람의 생명·신체의 방어 및 보호 ③ 공무집행에 대한 항거의 제지
위해 수반하는 경우	① 형법에 규정된 정당방위와 긴급피난에 해당할 때(정당방위, 자구행위 제외)기출 ② 다음의 어느 하나에 해당하는 때에 그 행위를 방지하거나 그 행위자를 체포하기 위하여 무기를 사용하지 아니하고는 다른 수단이 없다고 인정되는 상당한 이유가 있을 때 　㉠ **사형·무기 또는 장기 3년 이상의 징역이나 금고**에 해당하는 죄를 범하거나 범하였다고 의심할 만한 충분한 이유가 있는 사람이 경찰관의 직무집행에 항거하거나 도주하려고 할 때기출 　㉡ 체포·구속영장과 압수·수색영장을 집행하는 과정에서 경찰관의 직무집행에 **항거하거나 도주**하려고 할 때 　㉢ 제3자가 ㉠또는 ㉡에 해당하는 사람을 도주시키려고 경찰관에게 **항거할 때** 　㉣ 범인이나 소요를 일으킨 사람이 무기·흉기 등 위험한 물건을 지니고 경찰관으로부터 **3회 이상** 물건을 버리라는 명령이나 항복하라는 명령을 받고도 따르지 아니하면서 계속 항거할 때기출 ③ 대간첩 작전 수행 과정에서 무장간첩이 항복하라는 경찰관의 명령을 받고도 따르지 아니할 때

■ 경찰관 직무집행법상 경찰장구, 분사기 및 최루탄 무기사용 요건

경찰장구	분사기 및 최루탄	무기
① **현행범이나 사형·무기 또는 장기 3년 이상**의 징역이나 금고에 해당하는 죄를 범한 범인의 체포 또는 도주 방지 ② 자신이나 다른 사람의 생명·신체의 방어 및 보호 ③ 공무집행에 대한 항거 제지	① 범인의 체포 또는 범인의 도주방지 ② 불법집회·시위로 인한 자신이나 다른 사람의 생명·신체와 재산 및 공공시설 안전에 대한 현저한 위해의 발생 억제 주의	① 범인의 체포, 범인의 도주방지 ② 자신이나 다른 사람의 생명·신체의 방어 및 보호 ③ 공무집행에 대한 항거의 제지

경찰관의 총기사용

1. 경찰관이 범인을 제압하는 과정에서 총기를 사용하여 **범인을 사망**에 이르게 한 사안에서, 경찰관이 총기사용에 이르게 된 동기나 목적, 경위 등을 고려하여 형사사건에서 무죄판결이 확정되었더라도 당해 경찰관의 과실의 내용과 그로 인하여 발생한 결과의 중대함에 비추어 **민사상 불법행위 책임**을 인정한 사례(대판2008.2.1.2006다6713)기출

2. 50cc 소형 오토바이 1대를 절취하여 운전 중인 15~16세의 절도 혐의자 3인이 경찰관의 검문에 불응하며 도주하자, 경찰관이 체포 목적으로 오토바이의 바퀴를 조준하여 실탄을 발사하였으나 오토바이에 타고 있던 1인이 총상을 입게 된 경우, 제반 사정에 비추어 경찰관의 총기 사용이 **사회 통념상 허용범위를 벗어나 위법**하다고 한 사례(대법원 2004. 5. 13., 선고, 2003다57956, 판결)

3. 타인의 집 대문 앞에 은신하고 있다가 경찰관의 명령에 따라 순순히 손을 들고 나오면서 그대로 도주하는 범인을 경찰관이 뒤따라 추격하면서 등 부위에 권총을 발사하여 사망케 한 경우, 위와 같은 총기사용은 현재의 부당한 침해를 방지하거나 현재의 위난을 피하기 위한 상당성있는 행위라고 볼 수 없는 것으로서 범인의 체포를 위하여 필요한 한도를 넘어 무기를 사용한 것이라고 하여 국가의 손해배상책임을 인정한 사례(대법원 1991. 5. 28., 선고, 91다10084, 판결)

4. 야간에 술에 취한 상태에서 병원에 있던 과도로 대형 유리창문을 쳐 깨뜨리고 자신의 복부에 칼을 대고 할복자살하겠다고 난동을 부린 피해자가 출동한 2명의 경찰관들에게 칼을 들고 항거하였다고 하여도 위 경찰관 등이 공포를 발사하거나 소지한 가스총과 경찰봉을 사용하여 위 망인의 항거를 억제할 시간적 여유와 보충적 수단이 있었다고 보여지고, 또 부득이 총을 발사할 수밖에 없었다고 하더라도 하체부위를 향하여 발사함으로써 그 위해를 최소한도로 줄일 여지가 있었다고 보이므로, 칼빈소총을 1회 발사하여 피해자의 왼쪽 가슴 아래 부위를 관통하여 사망케 한 경찰관의 총기사용 행위는 **경찰관직무집행법 제11조 소정의 총기사용 한계를 벗어난 것**이라고 한 사례(대법원 1991. 9. 10., 선고, 91다19913, 판결)

5. 경찰관이 길이 40cm가량의 칼로 반복적으로 위협하며 도주하는 차량 절도 혐의자를 추적하던 중, 도주하기 위하여 등을 돌린 혐의자의 몸쪽을 향하여 약 2m 거리에서 실탄을 발사하여 혐의자를 **복부관통상으로 사망**케 한 경우, 경찰관의 총기사용은 **사회 통념상 허용범위를 벗어난 위법행위**라고 본 사례(대법원 1999. 3. 23., 선고, 98다63445, 판결)

(16) 사용기록 보관(경직법 제11조)

제10조 제2항에 따른 살수차, 제10조의3에 따른 분사기, 최루탄 또는 제10조의4에 따른 무기를 사용하는 경우 그 책임자는 사용 일시 · 장소 · 대상, 현장책임자, 종류, 수량 등을 기록하여 보관하여야 한다.

(17) 손실보상(경직법 제11조의2)

① 국가는 경찰관의 적법한 직무집행으로 인하여 다음 각 호의 어느 하나에 해당하는 손실을 입은 자에 대하여 정당한 보상을 하여야 한다.
　　1. 손실 발생의 원인에 대하여 책임이 없는 자가 재산상의 손실을 입은 경우(손실발생의 원인에 대하여 책임이 없는 자가 경찰관의 직무집행에 자발적으로 협조하거나 물건을 제공하여 재산상의 손실을 입은 경우를 포함한다)
　　2. 손실 발생의 원인에 대하여 책임이 있는 자가 자신의 책임에 상응하는 정도를 초과하는 재산상의 손실을 입은 경우
② 제1항에 따른 보상을 청구할 수 있는 권리는 손실이 있음을 **안 날부터 3년**, 손실이 발생한 날부터 **5년간 행사하지 아니하면 시효의 완성**으로 소멸한다.
③ 제1항에 따른 손실보상신청 사건을 심의하기 위하여 손실보상심의위원회를 둔다.
④ 제1항에 따른 손실보상의 기준, 보상금액, 지급절차 및 방법, 손실보상심의위원회의 구성 및 운영, 그 밖에 필요한 사항은 대통령령으로 정한다.

참고: 경찰장비의 사용기준 등에 관한 규정(대통령령)

제2조(위해성 경찰장비의 종류) 「경찰관 직무집행법」(이하 "법"이라 한다) 제10조 제1항 단서에 따른 사람의 생명이나 신체에 위해를 끼칠 수 있는 경찰장비(이하 "위해성 경찰장비"라 한다)의 종류는 다음 각 호와 같다.기출
1. **경찰장구: 수갑 · 포승(捕繩) · 호송용포승 · 경찰봉 · 호신용경봉 · 전자충격기 · 방패 및 전자방패**
2. **무기: 권총 · 소총 · 기관총 · 산탄총 · 유탄발사기 · 박격포 · 3인치포 · 함포 · 크레모아 · 수류탄 · 폭약류 및 도검**
3. **분사기 · 최루탄 등: 근접분사기 · 가스분사기 · 가스발사총 및 최루탄**
4. 기타 장비: 가스차 · 살수차 · 특수진압차 · 물포 · 석궁 · 다목적발사기 및 도주차량차단장비

제4조(영장집행등에 따른 수갑 등의 사용기준) 경찰관(국가경찰공무원에 한한다. 이하 같다)은 체포 · 구속영장을 집행하거나 신체의 자유를 제한하는 판결 또는 처분을 받은 자를 법률이 정한 절차에 따라 호송하거나 수용하기 위하여 필요한 때에는 최소한의 범위 안에서 수갑 · 포승 또는 호송용포승을 사용할 수 있다.

제5조(자살방지 등을 위한 수갑 등의 사용기준 및 사용보고) 경찰관은 범인 · 주취자 또는 정신착란자의 자살 또는 자해기도를 방지하기 위하여 필요한 때에는 수갑 · 포승 또는 호송용포승을 사용할 수 있다. 이 경우 경찰관은 소속 국가경찰관서의 장(경찰청장 · 해양경찰청장 · 지방경찰청장 · 지방해양경찰청장 · 경찰서장 또는 해양경찰서장 기타 경무관 · 총경 · 경정 또는 경감을 장으로 하는 국가경찰관서의 장을 말한다. 이하 같다)에게 그 사실을 보고하여야 한다.

제6조(불법집회 등에서의 경찰봉 · 호신용경봉의 사용기준) 경찰관은 불법집회 · 시위로 인하여 발생할 수 있는 타인 또는 경찰관의 생명 · 신체의 위해와 재산 · 공공시설의 위험을 방지하기 위하여 필요한 때에는 최소한의 범위 안에서 경찰봉 또는 호신용경봉을 사용할 수 있다.

제7조(경찰봉 · 호신용경봉의 사용 시 주의사항) 경찰관이 경찰봉 또는 호신용경봉을 사용하는 때에는 인명 또는 신체에 대한 위해를 최소화하도록 주의하여야 한다.

제8조(전자충격기 등의 사용제한) ① 경찰관은 14세 미만의 자 또는 임산부에 대하여 전자충격기 또는 전자방패를 사용하여서는 아니 된다.

② 경찰관은 전극침(電極針) 발사장치가 있는 전자충격기를 사용하는 경우 상대방의 얼굴을 향하여 전극침을 발사하여서는 아니 된다.

제9조(총기사용의 경고) 경찰관은 법 제10조의4에 따라 사람을 향하여 권총 또는 소총을 발사하고자 하는 때에는 미리 구두 또는 공포탄에 의한 사격으로 상대방에게 경고하여야 한다. 다만, 다음 각 호의 어느 하나에 해당하는 경우로서 부득이한 때에는 경고하지 아니할 수 있다.
1. 경찰관을 급습하거나 타인의 생명·신체에 대한 중대한 위험을 야기하는 범행이 목전에 실행되고 있는 등 상황이 급박하여 특히 경고할 시간적 여유가 없는 경우
2. 인질·간첩 또는 테러 사건에 있어서 은밀히 작전을 수행하는 경우

제10조(권총 또는 소총의 사용제한) ①경찰관은 법 제10조의4의 규정에 의하여 권총 또는 소총을 사용하는 경우에 있어서 범죄와 무관한 다중의 생명·신체에 위해를 가할 우려가 있는 때에는 이를 사용하여서는 아니 된다. 다만, 권총 또는 소총을 사용하지 아니하고는 타인 또는 경찰관의 생명·신체에 대한 중대한 위험을 방지할 수 없다고 인정되는 때에는 필요한 최소한의 범위 안에서 이를 사용할 수 있다.
② 경찰관은 총기 또는 폭발물을 가지고 대항하는 경우를 제외하고는 **14세 미만의 자 또는 임산부**에 대하여 권총 또는 소총을 발사하여서는 아니 된다.

제11조(동물의 사살) 경찰관은 공공의 안전을 위협하는 동물을 사살하기 위하여 부득이한 때에는 권총 또는 소총을 사용할 수 있다.

제12조(가스발사총 등의 사용제한) ①경찰관은 범인의 체포 또는 도주방지, 타인 또는 경찰관의 생명·신체에 대한 방호, 공무집행에 대한 항거의 억제를 위하여 필요한 때에는 최소한의 범위 안에서 가스발사총을 사용할 수 있다. 이 경우 경찰관은 1m 이내의 거리에서 상대방의 얼굴을 향하여 이를 발사하여서는 아니 된다.
② 경찰관은 최루탄발사기로 최루탄을 발사하는 경우 30도 이상의 발사각을 유지하여야 하고, 가스차·살수차 또는 특수진압차의 최루탄발사대로 최루탄을 발사하는 경우에는 15도이상의 발사각을 유지하여야 한다.

경찰 물리력 행사의 기준과 방법에 관한 규칙

제1장 총칙

1.1. 목적
 이 규칙은 경찰관이 물리력 사용 시 준수하여야 할 기본원칙, 물리력 사용의 정도, 각 물리력 수단의 사용 한계 및 유의사항을 규정함으로써 국민과 경찰관의 생명·신체를 보호하고 인권을 보장하며 경찰 법 집행의 정당성을 확보하는 데에 그 목적이 있다.

1.2. 경찰 물리력의 정의
 경찰 물리력이란 범죄의 예방과 제지, 범인 체포 또는 도주 방지, 자신이나 다른 사람의 생명·신체 방어 및 보호, 공무집행에 대한 항거 제지 등 경찰 목적을 달성하기 위해 경찰권발동의 대상자(이하 '대상자')에 대해 행해지는 일체의 신체적, 도구적 접촉을 말한다.

1.3. 경찰 물리력 사용 3대 원칙

경찰관은 경찰 목적을 실현함에 있어 적합하고 필요하며 상당한 수단을 선택함으로써 그 목적과 수단 사이에 합리적인 비례관계가 유지되도록 하여야 하며, 특히 물리력을 사용할 필요가 있는 경우 다음 원칙을 준수하여야 한다.

1.3.1. 객관적 합리성의 원칙

경찰관은 자신이 처해있는 사실과 상황에 비추어 합리적인 현장 경찰관의 관점에서 가장 적절한 물리력을 사용하여야 하며, 이를 위해 범죄의 종류, 피해의 경중, 위해의 급박성, 저항의 강약, 대상자와 경찰관의 수, 대상자가 소지한 무기의 종류 및 무기 사용의 태양, 대상자의 신체 및 건강상태, 도주 여부, 현장 주변의 상황 등을 종합적으로 고려하여야 한다.

1.3.2. 대상자 행위와 물리력 간 상응의 원칙

경찰관은 대상자의 행위에 따른 위해의 수준을 계속 평가·판단하여 필요 최소한의 수준으로 물리력을 높이거나 낮추어서 사용하여야 한다.

1.3.3. 위해감소노력 우선의 원칙

경찰관은 현장상황이 안전하고 시간적 여유가 있는 경우에는 대상자가 야기하는 위해 수준을 떨어뜨려 보다 덜 위험한 물리력을 통해 상황을 종결시킬 수 있도록 노력하여야 한다. 다만, 이러한 노력이 오히려 상황을 악화시킬 가능성이 있거나 급박한 경우에는 이 원칙을 적용하지 않을 수 있다.

1.4. 경찰 물리력 사용 시 유의사항

1.4.1. 경찰관은 경찰청이 공인한 물리력 수단을 사용하여야 한다.

1.4.2. 경찰관은 성별, 장애, 인종, 종교 및 성 정체성 등에 대한 선입견을 가지고 차별적으로 물리력을 사용하여서는 아니 된다.

1.4.3. 경찰관은 대상자의 신체 및 건강상태, 장애유형 등을 고려하여 물리력을 사용하여야 한다.

1.4.4. 경찰관은 이미 경찰 목적을 달성하여 더 이상 물리력을 사용할 필요가 없는 경우에는 물리력 사용을 즉시 중단하여야 한다.

1.4.5. 경찰관은 대상자를 징벌하거나 복수할 목적으로 물리력을 사용하여서는 아니 된다.

1.4.6. 경찰관은 오직 상황의 빠른 종결이나, 직무수행의 편의를 위한 목적으로 물리력을 사용하여서는 아니 된다.

제2장 대상자 행위와 경찰 물리력 사용의 정도

2.1. 대상자 행위

대상자가 경찰관 또는 제3자에 대해 보일 수 있는 행위는 그 위해의 정도에 따라 ① 순응 ② 소극적 저항 ③ 적극적 저항 ④ 폭력적 공격 ⑤ 치명적 공격 등 다섯 단계로 구별한다.

2.1.1. 순응

대상자가 경찰관의 지시, 통제에 따르는 상태를 말한다. 다만, 대상자가 경찰관의 요구에 즉각 응하지 않고 약간의 시간만 지체하는 경우는 '순응'으로 본다.

2.1.2. 소극적 저항

대상자가 경찰관의 지시, 통제를 따르지 않고 비협조적이지만 경찰관 또는 제3자에 대해 직접적인 위해를 가하지 않는 상태를 말한다.

경찰관이 정당한 이동 명령을 발하였음에도 가만히 서 있거나 앉아 있는 등 전혀 움직이지 않는 상태, 일부러 몸의 힘을 모두 빼거나, 고정된 물체를 꽉 잡고 버팀으로써 움직이지 않으려는 상태 등이 이에 해당한다.

2.1.3. 적극적 저항

대상자가 자신에 대한 경찰관의 체포ㆍ연행 등 정당한 공무집행을 방해하지만 경찰관 또는 제3자에 대해 위해 수준이 낮은 행위만을 하는 상태를 말한다.

대상자가 자신을 체포ㆍ연행하려는 경찰관으로부터 물리적으로 이탈하거나 도주하려는 행위, 체포ㆍ연행을 위해 팔을 잡으려는 경찰관의 손을 뿌리치거나, 경찰관을 밀고 잡아끄는 행위, 경찰관에게 침을 뱉거나 경찰관을 밀치는 행위 등이 이에 해당한다.

2.1.4. 폭력적 공격

대상자가 경찰관 또는 제3자에 대해 신체적 위해를 가하는 상태를 말한다.

대상자가 경찰관에게 폭력을 행사하려는 자세를 취하여 그 행사가 임박한 상태, 주먹ㆍ발 등을 사용해서 경찰관에 대해 신체적 위해를 초래하고 있거나 임박한 상태, 강한 힘으로 경찰관을 밀거나 잡아당기는 등 완력을 사용해 체포에서 벗어나려고 하는 상태 등이 이에 해당한다.

2.1.5. 치명적 공격

대상자가 경찰관 또는 제3자에 대해 사망 또는 심각한 부상을 초래할 수 있는 행위를 하는 상태를 말한다.

총기류(공기총ㆍ엽총ㆍ사제권총 등), 흉기(칼ㆍ도끼ㆍ낫 등), 둔기(망치ㆍ쇠파이프 등)를 이용하여 경찰관, 제3자에 대해 위력을 행사하고 있거나 위해 발생이 임박한 경우, 경찰관이나 제3자의 목을 세게 조르거나 무차별 폭행하는 등 생명ㆍ신체에 대해 중대한 위해가 발생할 정도의 위험한 폭력을 행사하는 경우가 이에 해당한다.

2.2. 경찰관 대응 수준

대상자 행위에 따른 경찰관의 대응 수준은 ① 협조적 통제, ② 접촉 통제 ③ 저위험 물리력 ④ 중위험 물리력 ⑤ 고위험 물리력 등 다섯 단계로 구별한다.

2.2.1. 협조적 통제

'순응' 이상의 상태인 대상자에 대해 사용할 수 있는 물리력 수준으로서, 대상자의 협조를 유도하거나 협조에 따른 물리력을 말한다. 그 종류는 다음과 같다.

가. 현장 임장

나. 언어적 통제

다. 체포 등을 위한 수갑 사용

라. 안내ㆍ체포 등에 수반한 신체적 물리력

2.2.2. 접촉 통제

'소극적 저항' 이상의 상태인 대상자에 대해 사용할 수 있는 물리력 수준으로서, 대상자 신체 접촉을 통해 경찰 목적 달성을 강제하지만 신체적 부상을 야기할 가능성은 극히 낮은 물리력을 말한다. 그 종류는 다음과 같다.

가. 신체 일부 잡기ㆍ밀기ㆍ잡아끌기, 쥐기ㆍ누르기ㆍ비틀기

나. 경찰봉 양 끝 또는 방패를 잡고 대상자의 신체에 안전하게 밀착한 상태에서 대상자를 특정 방향으로 밀거나 잡아당기기

2.2.3. 저위험 물리력

'적극적 저항' 이상의 상태인 대상자에 대해 사용할 수 있는 물리력 수준으로서, 대상자가 통증을 느낄 수 있으나 신체적 부상을 당할 가능성은 낮은 물리력을 말한다. 그 종류는 다음과 같다.

가. 목을 압박하여 제압하거나 관절을 꺾는 방법, 팔·다리를 이용해 움직이지 못하도록 조르는 방법, 다리를 걸거나 들쳐 매는 등 균형을 무너뜨려 넘어뜨리는 방법, 대상자가 넘어진 상태에서 움직이지 못하게 위에서 눌러 제압하는 방법

나. 분사기 사용(다른 저위험 물리력 이하의 수단으로 제압이 어렵고, 경찰관이나 대상자의 부상 등의 방지를 위해 필요한 경우)

2.2.4. 중위험 물리력

'폭력적 공격' 이상의 상태의 대상자에 대해 사용할 수 있는 물리력 수준으로서, 대상자에게 신체적 부상을 입힐 수 있으나 생명·신체에 대한 중대한 위해 발생 가능성은 낮은 물리력을 말한다. 그 종류는 다음과 같다.

가. 손바닥, 주먹, 발 등 신체 부위를 이용한 가격

나. 경찰봉으로 중요부위가 아닌 신체 부위를 찌르거나 가격

다. 방패로 강하게 압박하거나 세게 미는 행위

라. 전자충격기 사용

2.2.5. 고위험 물리력

가. '치명적 공격' 상태의 대상자로 인해 경찰관 또는 제3자의 생명·신체에 급박하고 중대한 위해가 초래될 가능성이 있는 경우 최후의 수단으로 사용할 수 있는 물리력 수준으로서, 대상자의 사망 또는 심각한 부상을 초래할 수 있는 물리력을 말한다.

나. 경찰관은 대상자의 '치명적 공격' 상황에서도 현장상황이 급박하지 않은 경우에는 낮은 수준의 물리력을 우선적으로 사용하여 상황을 종결시킬 수 있도록 노력하여야 한다.

다. '고위험 물리력'의 종류는 다음과 같다.

    1) 권총 등 총기류 사용

    2) 경찰봉, 방패, 신체적 물리력으로 대상자의 신체 중요 부위 또는 급소 부위 가격, 대상자의 목을 강하게 조르거나 신체를 강한 힘으로 압박하는 행위

2.3. 경찰 물리력 행사 연속체

2.3.1. 비례의 원칙에 입각한 물리력 사용 한계에 대한 이해도 제고를 위해 대상자 행위에 대응한 경찰 물리력 수준을 도식화한 것을 '경찰 물리력 행사 연속체 〈그림〉'라고 한다.

가. (1단계: 평가) 현장상황을 종합적으로 고려하여 대상자 행위를 '순응', '소극적 저항', '적극적 저항', '폭력적 공격', '치명적 공격' 등으로 평가

나. (2단계: 판단) 대상자의 저항이나 공격을 제압할 수 있는 적절한 물리력 수단을 선택하되, 전체적인 현장상황이 안전하고 시간적 여유가 있는 경우 대상자가 야기하는 위해 수준을 감소시키기 위해 노력하여야 하며, 낮은 수준의 물리력 수단을 우선적으로 고려

다. (3단계: 행동) 선택한 물리력을 사용하는 경우에도 경찰 목적을 달성하는 한도 내에서 대상자에게 최소한의 침해를 가져오는 방법으로 물리력을 사용

라. (4단계: 재평가) 이후 상황을 지속적으로 재평가하면서 대상자의 행위 및 현장 주변 상황 변화에 따라 대응 물리력 수준을 증가시키거나 감소

2.3.3. 이 연속체는 경찰관과 대상자가 대면하는 모든 상황에 기계적, 획일적으로 적용될 수 있는 것이 아니며, 실제 개별 경찰 물리력 사용 현장에서는 대상자의 행위 외에도 위해의 급박성, 대상자와 경찰관의 수·성별·체격·나이, 제3자에 대한 위해가능성, 기타 현장 주변 상황을 종합적으로 고려하여 가장 적절한 물리력을 사용하여야 한다.

제3장 개별 물리력 수단 사용 한계 및 유의사항

3.1. 현장 임장

3.1.1. 현장 임장의 정의
　현장 임장은 경찰관이 대상자에게 접근하여 자신의 소속, 신분과 함께 임장의 목적과 취지를 밝혀 그에 따르도록 하는 것을 말한다. 현장 임장은 대상자의 모든 행위 유형에서 행해질 수 있다.

3.2.1. 현장 임장 시 유의사항
　가. 경찰관은 현장에 임장하는 것만으로도 대상자의 순응을 이끌어 낼 수 있다는 점을 인식하여 현장 임장만으로 상황을 종결시키도록 노력하여야 한다.
　나. 경찰관은 현장 임장 시 대상자 및 주변 관계자들에 의한 갑작스런 위해 발생 가능성을 염두에 두고 불시의 피습에 대한 대비, 대상자의 흉기소지 여부 확인, 대상자와의 적절한 거리 유지, 여타 경찰 물리력 사용 태세 완비 등 신변보호를 위한 적절한 조치를 취하여야 한다.
　다. 경찰관은 현장 임장 시 대상자나 주변 관계자들의 감정을 자극하거나 오해를 불러일으켜 경찰관 또는 제3자에 대한 위해로 이어지지 않도록 하여야 한다.

3.2. 언어적 통제

3.2.1. 언어적 통제의 정의
　언어적 통제는 경찰관이 대상자에게 특정 행위를 유도하거나 합법적인 명령을 발하기 위해 말이나 행동으로 하는 대화, 설득, 지시, 경고 등을 말하며 대상자의 어깨를 다독이거나 손을 잡아 주는 등의 가벼운 신체적 접촉도 포함한다. 언어적 통제는 대상자의 모든 행위 유형에서 행해질 수 있다.

3.2.2. 언어적 통제 시 유의사항
　가. 경찰관은 대상자에 대한 직접적인 물리력 사용 이전 언어적 통제를 통하여 상황을 종결시킬 수 있도록 노력하여야 한다. 다만, 이러한 시도가 오히려 상황을 악화시킬 가능성이 있거나 급박한 경우에는 생략할 수 있다.
　나. 경찰관이 언어적 통제를 시도하는 경우 대상자가 경찰관의 지시, 경고 등에 따를 충분한 시간을 부여하여야 한다.
　다. 경찰관은 언어적 통제 시 대상자가 갑자기 위해를 가하거나 도주할 것에 대비하여 여타 경찰 물리력 사용 태세를 갖추어야 한다.
　라. 경찰관은 언어적 통제 시 불필요하게 대상자를 자극하여 경찰관 또는 제3자에 대한 위해로 이어지지 않도록 하여야 한다.

3.3. 신체적 물리력 사용

3.3.1. 신체적 물리력의 정의
　'신체적 물리력'은 여타 무기나 경찰장구에 의존하지 않고 경찰관 자신의 신체, 체중, 근력을 활용하여 대상자를 통제하는 일련의 방법을 말한다.

3.3.2. 신체적 물리력 사용 한계 및 유의사항

가. 대상자가 '순응'하는 경우(협조적 통제)

경찰관은 '순응' 이상의 상태인 대상자를 인도 또는 안내하기 위해 대상자의 손이나 팔을 힘을 주지 않고 잡을 수 있고 어깨 등 신체 일부를 힘을 주지 않고 밀거나 잡아끌 수 있다. (다만, 임의동행하는 대상자를 인도·안내하는 경우에는 동행의 임의성이 침해되지 않도록 신체 접촉에 유의하여야 한다)

형사소송법에 따라 대상자를 체포하는 경우에는 수갑 등으로 결박하기 위해 대상자 신체 일부를 잡거나 대상자를 돌려세울 수 있다.

나. 대상자 행위가 '소극적 저항'인 경우(접촉 통제)

경찰관은 '소극적 저항' 이상인 상태의 대상자를 통제하기 위해 손이나 팔을 힘을 주어 잡을 수 있고 대상자의 어깨 등 신체 일부를 힘을 주어 밀거나 잡아끌 수 있다.

대상자가 물체를 꽉 잡고 움직이지 않는 경우에는 대상자의 신체 일부를 쥐거나 누르거나 비틀어서 손을 떼도록 할 수 있다.

다. 대상자 행위가 '적극적 저항'인 경우(저위험 물리력)

경찰관은 '적극적 저항' 이상인 상태의 대상자에게 목을 압박하여 제압하거나 관절을 꺾는 방법, 팔·다리를 이용해 움직이지 못하도록 조르는 방법, 다리를 걸거나 들쳐 매는 등 균형을 무너뜨려 넘어뜨리는 방법, 대상자가 넘어진 상태에서 움직이지 못하게 위에서 눌러 제압하는 방법 등을 사용할 수 있다.

라. 대상자 행위가 '폭력적 공격'인 경우(중위험 물리력)

경찰관은 '폭력적 공격' 이상인 상태의 대상자에게 손바닥, 주먹, 발 등 신체 부위를 이용하여 대상자를 가격함으로써 제압할 수 있다.

또한, 현행범 체포나 긴급체포의 요건을 충족하는 대상자 또는 체포영장이 발부된 대상자가 도주하는 경우 체포를 위해 '중위험 물리력'으로 신체적 물리력을 사용할 수 있다.

마. 대상자 행위가 '치명적 공격'인 경우(고위험 물리력)

신체적 물리력 이외의 여타 모든 경찰 물리력 사용이 불가능하거나 무력화된 상태에서 형법상 정당방위 또는 긴급피난의 요건을 충족하는 경우 경찰관은 최후의 수단으로서 대상자의 신체 중요 부위 또는 급소 부위를 가격하는 방법, 대상자의 목을 강하게 조르거나 대상자의 신체를 강한 힘으로 압박하는 방법 등을 사용할 수 있다.

신체적 물리력을 '고위험 물리력'으로 사용할 수밖에 없는 불가피한 경우에는 3.9.2.항의 권총 사용 한계 가.~마.를 따른다.

3.4. 수갑 사용

3.4.1. 수갑의 정의

수갑은 대상자의 동작이 자유롭지 못하도록 대상자의 양쪽 손목에 걸쳐서 채우는 금속 재질의 장구로서 경찰청이 지급 또는 인정한 장비를 말한다.

3.4.2. 수갑 사용 한계 및 유의사항

가. 경찰관은 대상자의 언행, 현장상황 등을 종합적으로 고려하여 도주, 폭행, 소요, 자해 등의 위험이 있는 경우 수갑을 사용할 수 있으며, 그 우려가 높다고 판단되는 경우 뒷수갑을 사용할 수 있다.

나. 경찰관은 뒷수갑 상태로 대상자를 이동시키는 경우 팔짱을 끼고 동행하는 등 도주 및 안전사고 예방을 위한 적절한 조치를 취하여야 한다.

다. 경찰관은 대상자의 움직임으로 수갑이 조여지거나 일부러 조이는 행위를 예방하기 위해 수갑의 이중 잠금장치를 사용하여야 한다. 다만, 대상자의 항거 등으로 사용이 곤란한 경우에는 사용하지 않을 수 있다.

라. 경찰관은 대상자의 신체적 장애, 질병, 신체상태로 인하여 수갑을 사용하는 것이 불합리하다 판단되는 경우에는 수갑을 사용하지 않을 수 있다.

마. 경찰관은 대상자가 수갑으로 인한 고통을 호소하는 경우 수갑 착용 상태를 확인하여 재착용, 앞수갑 사용, 한손 수갑 사용 등 적절한 조치를 취하여야 한다.

바. 경찰관은 급박한 상황에서 수갑이 없거나 사용이 불가능한 경우 예외적으로 경찰 혁대 등을 수갑 대용으로 사용할 수 있다.

3.5. 경찰봉 사용

3.5.1. 경찰봉의 정의
경찰봉은 강화 플라스틱, 나무 또는 금속으로 제작된 원통형 막대기로서 경찰청이 지급 또는 인정한 장비를 말한다.

3.5.2. 경찰봉 사용 한계
가. 격리도구로서의 경찰봉 사용
경찰관은 '소극적 저항' 이상인 상태의 대상자에게 경찰봉을 대상자의 신체에 안전하게 밀착한 상태로 밀거나 끌어당길 수 있다.

나. 중위험 물리력으로서의 경찰봉 사용
  1) 경찰관은 '폭력적 저항' 이상인 상태의 대상자의 신체를 경찰봉으로 찌르거나 가격할 수 있다. 이 경우 가급적 대상자의 머리, 얼굴, 목, 흉부, 복부 등 신체 중요 부위를 피하여야 한다.
  2) 경찰관은 현행범 또는 사형·무기 또는 장기 3년 이상의 징역이나 금고에 해당하는 죄를 범한 대상자가 도주하는 경우 체포를 위해서 경찰봉으로 찌르거나 가격할 수 있다. 이 경우 가급적 신체 중요 부위를 피하여야 한다.

다. 고위험 물리력으로서의 경찰봉 사용
  1) 경찰봉 이외의 여타 모든 경찰 물리력 사용이 불가능하거나 무력화된 상태에서 형법상 정당방위 또는 긴급피난의 요건을 충족하는 경우 경찰관은 최후의 수단으로서 경찰봉으로 대상자의 신체 중요 부위 또는 급소 부위를 찌르거나 가격할 수 있다.
  2) 경찰관이 경찰봉을 '고위험 물리력'으로 사용할 수밖에 없는 불가피한 경우에는 3.9.2.항의 권총 사용 한계 가.~마.를 따른다.

3.6. 방패 사용

3.6.1. 방패의 정의
방패는 강화 플라스틱 또는 금속으로 제작된 판으로서 경찰청이 지급 또는 인정한 장비를 말한다.

3.6.2. 방패 사용 한계 및 유의사항
가. 격리도구로서의 방패 사용
경찰관은 '소극적 저항' 이상인 상태의 대상자에게 방패를 대상자의 신체에 안전하게 밀착한 상태로 밀 수 있다.

나. 중위험 물리력으로서의 방패 사용
  1) 경찰관은 대상자의 '폭력적 저항' 이상인 상태의 대상자에 대해 방패로 강하게 압박 또는 세게 밀 수 있다.
  2) 경찰관은 현행범 또는 사형·무기 또는 장기 3년 이상의 징역이나 금고에 해당하는 죄를 범한 범인이 도주하는 경우 체포를 위해 방패로 막거나 세게 밀 수 있다.

다. 고위험 물리력으로서의 방패 사용
　　1) 방패 이외의 여타 모든 경찰 물리력 사용이 불가능하거나 무력화된 상태에서 형법상 정당방
　　　위 또는 긴급피난의 요건을 충족하는 경우 경찰관은 최후의 수단으로서 방패를 '고위험 물
　　　리력'으로 활용하여 대상자의 신체를 가격할 수 있다.
　　2) 경찰관이 방패를 '고위험 물리력'으로 사용할 수밖에 없는 불가피한 경우에는 3.9.2.항의 권
　　　총 사용 한계 가.~마.를 따른다.

3.7. 분사기 사용

3.7.1. 분사기의 정의
　　분사기는 사람의 활동을 일시적으로 곤란하게 하는 최루 또는 자극 등의 작용제를 내장된 압축가
　스의 힘으로 분사할 수 있는 기기로서 경찰청이 지급 또는 인정한 장비를 말한다.

3.7.2. 분사기 사용 한계 및 유의사항
　가. 경찰관은 '적극적 저항' 이상인 상태의 대상자에 대해 다른 저위험 물리력 이하의 수단으로 제
　　압이 어렵고, 경찰관이나 대상자의 부상 등의 방지를 위해 필요하다고 판단되는 경우 분사기
　　를 사용할 수 있다.
　나. 경찰관은 범인의 도주방지를 위해 분사기를 사용할 수 있다.
　다. 경찰관은 정당방위나 긴급피난의 요건이 충족되지 않는 한, 다음 어느 하나에 해당하는 상황
　　에서는 분사기를 사용하여서는 아니 된다.
　　1) 밀폐된 공간에서의 사용(다만, 경찰 순찰차의 운행을 방해하는 대상자를 제압하기 위해 다
　　　른 물리력 사용이 불가능한 경우는 제외한다)
　　2) 대상자가 수갑 또는 포승으로 결박되어 있는 경우(다만, 대상자의 행위로 인해 경찰관 또는
　　　제3자에 대한 신체적 위해 발생 가능성 있는 경우는 제외한다)
　　3) 대상자의 '소극적 저항' 상태가 장시간 지속될 뿐 이를 즉시 중단시켜야 할 정도로 급박하거
　　　나 위험하지 않은 상황
　　4) 경찰관이 대상자가 14세 미만이거나 임산부 또는 호흡기 질환을 가지고 있음을 인지한 경우
　　　(다만, 대상자의 저항 정도가 고위험 물리력을 사용할 수밖에 없는 상황은 제외한다)
　라. 경찰관이 사람을 향하여 분사기를 발사하는 경우에는 사전 구두경고를 하여야 한다. 다만, 현
　　장상황이 급박한 경우에는 생략할 수 있다.

3.8. 전자충격기 사용

3.8.1. 전자충격기의 정의
　　전자충격기란 사람의 신체에 전류를 방류하여 대상자 근육의 일시적 마비를 일으킴으로써 대상
　자의 활동을 일시적으로 곤란하게 할 수 있는 기기로서 경찰청이 지급 또는 인정한 장비를 말한
　다. 그 사용 방법은 다음을 포함한다.
　가. 대상자 신체에 대해 직접 접촉하여 사용하는 스턴 방식
　나. 대상자 신체에 대해 직접 발사하여 사용하는 전극침 발사 방식

3.8.2. 전자충격기 사용 한계
　가. 경찰관은 '폭력적 공격' 이상인 상태의 대상자에 대해 전자충격기를 사용할 수 있다.
　나. 경찰관은 현행범 또는 사형·무기 또는 장기 3년 이상의 징역이나 금고에 해당하는 죄를 범한
　　대상자가 도주하는 경우 체포를 위해서 전자충격기를 사용할 수 있다.
　다. 경찰관은 정당방위나 긴급피난의 요건이 충족되지 않는 한, 다음 어느 하나에 해당하는 상황
　　에서는 전자충격기를 사용하여서는 아니 된다.

1) 대상자 주변에 가연성 액체(휘발유, 신나 등)나 가스누출, 유증기가 있어 전기 불꽃으로 인한 화재·폭발의 위험성이 있는 상황

2) 대상자가 계단, 난간 등 높은 곳에 위치하거나 차량·기계류를 운전하고 있는 상황

3) 대상자가 하천, 욕조 등의 부근에 있거나, 폭우 등으로 주변이 모두 물에 젖은 상황

4) 대상자가 14세 미만 또는 임산부인 경우

5) 대상자가 수갑 또는 포승으로 결박되어 있는 경우(다만, '폭력적 공격' 이상인 상태의 대상자로 인해 경찰관 또는 제3자에 대한 신체적 위해 발생 가능성 있는 경우는 제외한다)

6) 대상자의 '저항' 상태가 장시간 지속될 뿐 이를 즉시 중단시켜야 할 정도로 급박하거나 위험하지 않은 상황

7) 경찰관이 대상자가 갖고 있는 신체적·정신적 장애로 인하여 전자충격기 사용 시 상당한 수준의 2차적 부상 또는 후유증이 발생할 가능성을 인지한 경우(다만, 대상자의 저항 정도가 '고위험 물리력'을 사용할 수밖에 없는 상황은 제외한다)

8) 대상자가 증거나 물건을 자신의 입안으로 넣어 삼켰거나 삼키려 하여 질식할 수 있는 상황

3.8.3. 전자충격기 사용 시 유의사항

가. 경찰관은 근무 시작 전 전자충격기의 배터리 충전 여부와 전기 불꽃 작동 상태를 반드시 확인하여야 한다.

나. 경찰관은 공무수행에 필요하다고 믿을 만한 상황이 아닌 경우에는 전자충격기를 뽑아들거나 다른 사람을 향하도록 하여서는 아니 되며, 반드시 전자충격기집에 휴대하여야 한다.

다. 경찰관은 전자충격기 사용 필요성이 인정되고 시간적 여유가 있는 경우에는 신속히 이 사실을 직근상급 감독자에게 보고하고, 동료 경찰관에게 전파하여야 한다. 이를 인지한 직근상급 감독자는 필요한 지휘를 하여야 한다.

라. 경찰관이 대상자에게 전자충격기 전극침을 발사하는 경우에는 사전 구두 경고를 하여야 한다. 다만, 현장상황이 급박한 경우에는 생략할 수 있다.

마. 경찰관이 사람을 향해 전자충격기를 사용하는 경우에는 적정사거리(3 ~ 4.5m)에서 후면부(후두부 제외)나 전면부의 흉골 이하(안면, 심장, 급소 부위 제외)를 조준하여야 한다. 다만, 대상자가 두껍거나 헐렁한 상의를 착용하여 전극침의 효과가 없다고 판단되는 경우 대상자의 하체를 조준하여야 한다.

바. 경찰관은 전자충격기 전극침 불발, 명중 실패, 효과 미발생 시 예상되는 대상자의 추가적인 공격에 대한 적절한 대비책(스턴 방식 사용, 경찰봉 사용 준비, 동료 경찰관의 물리력 사용 태세 완비, 경력 지원 요청 등)을 미리 준비하여야 한다.

사. 전자충격기 전극침이 대상자에 명중한 경우에는 필요 이상의 전류가 흐르지 않도록 즉시 방아쇠로부터 손가락을 떼야 하며, 1 사용주기(방아쇠를 1회 당겼을 때 전자피장이 지속되는 시간)가 경과한 후 대상자의 상태, 저항 정도를 확인하여 추가적인 전자충격을 줄 필요가 있다고 판단되는 경우 다시 방아쇠를 당겨 사용할 수 있다.

아. 한 명의 대상자에게 동시에 두 대 이상의 전자충격기 전극침을 발사하거나 스턴 기능을 사용해서는 아니 된다.

자. 수갑을 사용하는 경우, 먼저 전자충격기를 전자충격기집에 원위치시킨 이후 양손으로 시도하여야 한다. 전자충격기를 파지한 상태에서 다른 한 손으로 수갑을 사용할 수밖에 없는 불가피한 상황에서는 안전사고 및 전자충격기 피탈 방지에 각별히 유의하여야 한다.

3.9. 권총 사용

3.9.1. 권총의 성의

권총은 한 손으로 다룰 수 있는 짧고 작은 총으로서 경찰청이 지급 또는 인정한 무기를 말한다.

3.9.2. 권총 사용 한계

가. 경찰관은 대상자가 경찰관이나 제3자의 생명·신체에 대한 급박하고 중대한 위해를 야기하거나, 위해 발생이 임박한 경우 권총 이외의 수단으로서는 이를 제지할 수 없는 상황에 한하여 대상자에게 권총을 사용할 수 있다.

나. 경찰관은 사형·무기 또는 장기 3년 이상의 징역이나 금고에 해당하는 죄를 저질렀거나 저지르고 있다고 믿을 만한 상당한 이유가 있는 대상자가 도주하면서 경찰관 또는 제3자의 생명·신체에 대한 급박하고 중대한 위해를 야기하거나, 그 위해 발생이 임박한 경우 권총 이외의 수단으로서는 이를 제지할 수 없는 상황에 한하여 체포를 위해 대상자에게 권총을 사용할 수 있다.

다. 경찰관은 대상자가 경찰관 자신이나 제3자의 생명·신체에 대한 중대하고 급박한 위해를 야기하지 않고 단순히 도주하는 경우에는 오로지 체포나 도주방지 목적으로 권총을 사용하여서는 아니 된다.

라. 경찰관은 오로지 대상자 본인의 생명·신체에 대해서만 급박하고 중대한 위해를 야기하는 경우에는 이를 제지할 목적으로 권총을 사용하여서는 아니 된다.

마. 경찰관은 오로지 재산만을 보호할 목적으로 권총을 사용하여서는 아니 된다.

바. 경찰관은 다음 어느 하나에 해당하는 상황에서는 권총을 사용하여서는 아니 된다.
  1) 대상자에게 단순히 경고를 하거나 겁을 줄 목적 또는 주의를 환기시킬 목적으로 실탄 또는 공포탄을 발사하는 행위
  2) 대상자 이외의 제3자의 생명·신체에 대한 위해가 예상되는 경우(다만, 권총을 사용하지 아니하고는 타인 또는 경찰관의 생명에 대한 중대한 위험을 방지할 수 없다고 인정되는 등 긴급피난의 요건을 충족하는 경우 필요최소한의 범위 내에서 사용할 수 있다)
  3) 경찰관이 움직이는 차량에 탑승한 상태에서 권총 실탄을 발사하는 행위
     (다만, 대상자가 경찰관 또는 제3자를 향해 차량으로 돌진하는 경우와 같이 형법상 정당방위 또는 긴급피난의 요건을 충족하는 경우는 제외한다)
  4) 경찰관이 움직이는 차량을 정지시키기 위해 권총 실탄을 발사하는 행위
     (다만, 대상자가 경찰관 또는 제3자를 향해 차량으로 돌진하는 경우와 같이 형법상 정당방위 또는 긴급피난의 요건을 충족하는 경우는 제외한다)
  5) 14세 미만의 자 또는 임산부에 대한 권총 사용(다만, 대상자가 총기 또는 폭발물을 가지고 대항하여 권총을 사용하지 아니하고는 타인 또는 경찰관의 생명·신체에 대한 중대한 위험을 방지할 수 없다고 인정되는 경우는 제외한다)

3.9.3. 권총 사용 시 유의사항

가. 경찰관은 공무수행 중 필요하다고 믿을 만한 경우가 아닌 경우에는 권총을 뽑아들거나 다른 사람을 향하도록 하여서는 안 되며, 반드시 권총을 권총집에 휴대하여야 한다.

나. 권총 장전 시 반드시 안전고무(안전장치)를 장착한다.

다. 경찰관은 권총 사용의 필요성이 인정되고 시간적 여유가 있는 경우에는 신속히 이 사실을 직근상급 감독자에게 보고하고, 동료 경찰관에게 전파하여야 한다. 이를 인지한 직근상급 감독자는 신속히 현장으로 진출하여 지휘하여야 한다.

라. 경찰관이 권총을 뽑아드는 경우, 격발 순간을 제외하고는 항상 검지를 방아쇠울에서 빼 곧게 뻗어 실린더 밑 총신에 일자로 대는 '검지 뻗기' 상태를 유지하여 의도하지 않은 격발을 방지하여야 한다.

마. 경찰관이 권총집에서 권총을 뽑은 상태에서 사격을 하지 않는 경우, 총구는 항상 지면 또는 공중을 향하게 하여야 한다.

바. 경찰관은 사람을 향하여 권총을 발사하고자 하는 때에는 사전 구두경고를 하거나 공포탄으로 경고하여야 한다. 다만, 현장상황이 급박하여 대상자에게 경고할 시간적 여유가 없는 경우나 인질·간첩 또는 테러 사건에 있어서 은밀히 작전을 수행하는 경우 등 부득이한 때에는 생략할 수 있다.

사. 경찰관이 공포탄 또는 실탄으로 경고 사격을 하는 때는 경찰관의 발 앞쪽 70도에서 90도 사이 각도의 지면 또는 장애물이 없는 허공을 향하여야 한다.

아. 경찰관은 사람을 향해 권총을 조준하는 경우에는 가급적 대퇴부 이하 등 상해 최소 부위를 향한다.

자. 경찰관이 리볼버 권총을 사용하는 경우 안전을 위해 가급적 복동식 격발 방법을 사용하여야 하며, 단동식 격발 방법을 사용하는 경우 격발에 근접한 때가 아닌 한 권총의 공이치기를 미리 젖혀놓지 않도록 하여야 한다.

차. 수갑을 사용하는 경우, 먼저 권총을 권총집에 원위치 시킨 이후 양손으로 시도하여야 한다. 권총을 파지한 상태에서 다른 한 손으로 수갑을 사용할 수밖에 없는 불가피한 상황에서는 오발 사고 및 권총 피탈 방지에 각별히 유의하여야 한다.

제4장. 경찰 물리력 사용 후 조치사항

4.1. 부상자 확인 및 조치

4.1.1. 경찰관이 대상자에게 신체접촉을 동반하는 물리력을 사용한 경우에는 반드시 대상자의 부상 여부를 즉시 확인하고, 부상 발생 시에는 지체 없이 의료진 호출, 응급조치 실시, 대상자 병원 후송, 직근상급 감독자 보고 등의 긴급조치를 취하여야 한다.

4.1.2. 이 사실을 보고받은 직근상급 감독자는 즉시 현장으로 진출하여 물리력 사용 및 부상 경위 파악, 현장 보존, 목격자 확보 등 필요한 후속조치를 취하여야 한다.

4.1.3. 대상자 병원 후송 시에는 지체 없이 대상자의 보호자 등에 해당 사실을 통지하여야 한다.

4.2. 사용보고

4.2.1. 경찰관이 권총, 전자충격기(스턴 방식 사용 포함), 분사기, '중위험 물리력' 이상의 경찰봉·방패, 기타 사람에게 위해를 끼칠 수 있는 장비를 사용한 경우 신속히 별지 서식의 사용보고서를 작성하여 소속기관의 장에게 보고하여야 한다.

4.2.2. 수갑을 사용한 때에는 일시·장소·사용경위·사용방식·사용시간 등을 근무일지 또는 수사보고서에 기재하여야 한다.

4.2.3. 수갑 또는 신체적 물리력을 사용하여 대상자에게 부상이 발생한 경우 별지 서식의 사용보고서를 작성하여 보고하여야 한다.

4.2.4. 경찰관이 권총을 사용한 경우 또는 권총 이외의 물리력 수단을 사용하여 대상자에게 사망 또는 심각한 부상이 발생한 경우 소속기관의 장은 그 내용을 상급 경찰기관의 장을 경유하여 경찰청장에게 보고하여야 한다.

4.3. 고위험 물리력 사용자에 대한 조치

4.3.1. 소속 경찰관이 권총을 비롯한 '고위험 물리력'을 사용한 경우 경찰기관의 장은 해당 경찰관이 명백히 중대한 과실 또는 고의로 권총을 사용하지 않은 이상 육체적, 심리적 안정을 되찾고 향후 관련 조사에 성실히 임하게 할 필요가 있다고 인정되는 때에는 적절한 조치(조사를 위한 공가 허가, 근무 중 휴게 부여, 근무지정 해제, 의료기관·상담기관 연계 등)를 취하여야 한다.

4.3.2. '고위험 물리력'을 사용한 경찰관의 육체적, 심리적 안정을 위한 조치를 취하는 경우에는 직근상급 감독자가 물리력 사용 경찰관을 대리하여 사용보고서를 작성, 보고하여야 한다.

🔟 공공기관의 정보공개에 관한 법률

(1) 정의(법 제2조)

정보	공공기관이 직무상 작성 또는 취득하여 관리하고 있는 문서(전자문서 포함)·도면·사진·필름·테이프·슬라이드 및 그 밖에 이에 준하는 매체 등에 기록된 사항
공공기관	① 국가기관 ㉠ 국회, 법원, 헌법재판소, 중앙선거관리위원회 ㉡ 중앙행정기관(대통령 소속 기관과 국무총리 소속 기관을 포함한다) 및 그 소속 기관 ㉢「행정기관 소속 위원회의 설치·운영에 관한 법률」에 따른 위원회 ② 지방자치단체 ③「공공기관의 운영에 관한 법률」제2조에 따른 공공기관 ④ 그 밖에 대통령령으로 정하는 기관

(2) 적용 범위(법 제4조)

① 정보의 공개에 관하여는 다른 법률에 특별한 규정이 있는 경우를 제외하고는 이 법에서 정하는 바에 따른다. 지방자치단체는 그 소관 사무에 관하여 법령의 범위에서 정보 공개에 관한 조례를 정할 수 있다.

② 국가안전보장에 관련되는 정보 및 보안 업무를 관장하는 기관에서 국가안전보장과 관련된 정보의 분석을 목적으로 수집하거나 작성한 정보에 대해서는 이 법을 적용하지 아니한다. 다만, 제8조 제1항에 따른 정보목록의 작성·비치 및 공개에 대해서는 그러하지 아니한다.

(3) 정보공개청구권자 기출

① 모든 국민은 정보의 공개를 청구할 권리를 가진다.

② 외국인의 정보공개 청구에 관하여는 대통령령으로 정한다.

(4) 공개대상정보

① 공공기관이 보유 · 관리하는 정보는 국민의 알권리 보장 등을 위하여 이 법에서 정하는 바에 따라 적극적으로 **공개하여야 한다.(공개할 수 있다 아님)**기출

② 공공기관이 보유 · 관리하는 정보는 공개 대상이 된다. 다만, 다음 각 호의 어느 하나에 해당하는 정보는 공개하지 아니할 수 있다.(법 제9조)

> ⊙ 다른 법률 또는 법률에서 위임한 명령에 따라 **비밀이나 비공개 사항**으로 규정된 정보
> ⓛ 국가안전보장 · 국방 · 통일 · 외교관계 등에 관한 사항으로서 공개될 경우 **국가의 중대한 이익을 현저히 해칠 우려**가 있다고 인정되는 정보
> ⓒ 공개될 경우 국민의 **생명 · 신체 및 재산의 보호에 현저한 지장**을 초래할 우려가 있다고 인정되는 정보
> ⓔ 진행 중인 재판에 관련된 정보와 범죄의 예방, 수사, 공소의 제기 및 유지, 형의 집행, 교정(矯正), 보안처분에 관한 사항으로서 공개될 경우 그 직무수행을 현저히 곤란하게 하거나 형사피고인의 공정한 재판을 받을 권리를 침해한다고 인정할 만한 상당한 이유가 있는 정보
> ⓜ 감사 · 감독 · 검사 · 시험 · 규제 · 입찰계약 · 기술개발 · 인사관리에 관한 사항이나 의사결정 과정 또는 내부검토 과정에 있는 사항 등으로서 공개될 경우 업무의 공정한 수행이나 연구 · 개발에 현저한 지장을 초래한다고 인정할 만한 상당한 이유가 있는 정보. 다만, 의사결정 과정 또는 내부검토 과정을 이유로 비공개할 경우에는 의사결정 과정 및 내부검토 과정이 종료되면 제10조에 따른 청구인에게 이를 통지하여야 한다.
> ⓗ 해당 정보에 포함되어 있는 **성명 · 주민등록번호 등 개인에 관한 사항**으로서 공개될 경우 사생활의 비밀 또는 자유를 침해할 우려가 있다고 인정되는 정보.
> ⓢ 법인 · 단체 또는 개인의 경영상 · 영업상 비밀에 관한 사항으로서 공개될 경우 법인 등의 정당한 이익을 현저히 해칠 우려가 있다고 인정되는 정보. 다만, 다음 각 목에 열거한 정보는 제외한다.
> ⓞ **공개될 경우 부동산 투기, 매점매석 등으로 특정인에게 이익 또는 불이익을 줄 우려가 있**다고 인정되는 정보

④ 비공개대상정보에 해당하는 정보에 대한 공개청구에 대해서도 공공기관은 공개결정할 수 있다.

⑤ 공공기관은 비공개 대상에 해당하는 정보가 기간의 경과 등으로 인하여 비공개의 필요성이 없어진 경우에는 그 정보를 공개 대상으로 하여야 한다.

보충 공개대상정보와 비공개대상정보

공개대상정보	비공개대상정보
① **국공립학교에서의 성적평가**에 관한 사항 ② **조세의 부과징수 또는 환급**에 관한 사항 ③ **학력기능** 및 채용에 관한 사항	① 경찰의 보안관찰 관련 통계자료 ② 폭력단체 현황에 관한 정보

(5) 정보공개절차

청구방법 (법제10조)	정보의 공개를 청구하는 자는 해당 정보를 보유하거나 관리하고 있는 공공기관에 대하여 일정한 사항을 적은 정보공개 청구서를 제출하거나 말로써 정보의 공개를 청구할 수 있다.
정보공개여부의 결정 (법제11조)	① 공공기관은 정보공개의 청구를 받으면 **그 청구를 받은 날부터 10일 이내에 공개 여부를 결정**하여야 한다. ① 공공기관은 부득이한 사유로 규정기간 이내에 공개 여부를 결정할 수 없을 때에는 그 기간이 끝나는 날의 다음 날부터 기산(起算)하여 **10 일의 범위에서 공개 여부 결정기간을 연장**할 수 있다. 이 경우 공공기관은 연장된 사실과 연장 사유를 청구인에게 지체 없이 문서로 통지하여야 한다. ① 공공기관은 공개 청구된 공개 대상 정보의 전부 또는 일부가 제3자와 관련이 있다고 인정할 때에는 그 사실을 제3자에게 지체 없이 통지하여야 하며, 필요한 경우에는 그의 의견을 들을 수 있다. 정보공개를 청구한 날부터 20일 이내에 결정이 없는 경우 비공개의 결정이 있는 것으로 간주된다."는 규정은 **2013년8월6일 개정에 의해 삭제됨.**
부분공개 (법 제14조)	공개 청구한 정보가 비공개정보와 공개 가능한 정보가 혼합되어있는 경우로서 공개 청구의 취지에 어긋나지 아니하는 범위에서 두 부분을 분리할 수 있는 경우에는 비공개에 해당하는 부분을 제외하고 공개하여야 한다.

(6) 비용부담

정보의 공개 및 우송 등에 드는 비용은 실비(實費)의 범위에서 청구인이 부담한다.기출

(7) 정보공개여부에 대한 불복

1) 청구인의 불복절차

이의신청	① 청구인이 정보공개와 관련한 공공기관의 비공개 결정 또는 부분 공개 결정에 대하여 불복이 있거나 **정보공개 청구 후 20일**이 경과하도록 정보공개 결정이 없는 때에는 공공기관으로부터 정보공개 여부의 결정 통지를 받은 날 또는 정보공개 청구 후 20일이 경과한 날부터 **30일 이내에 해당 공공기관에 문서로 이의신청**을 할 수 있다.기출 ② 공공기관은 이의신청을 받은 날부터 7일 이내에 그 이의신청에 대하여 결정하고 그 결과를 청구인에게 지체 없이 문서로 통지하여야 한다. 다만, 부득이한 사유로 정하여진 기간 이내에 결정할 수 없을 때에는 그 기간이 끝나는 날의 다음 날부터 기산하여 **7일의 범위에서 연장**할 수 있으며, 연장 사유를 청구인에게 통지하여야 한다. ③ 공공기관은 이의신청을 각하(却下) 또는 기각(棄却)하는 결정을 한 경우에는 청구인에게 행정심판 또는 행정소송을 제기할 수 있다는 사실을 제3항에 따른 결과 통지와 함께 알려야 한다.
행정심판	① 청구인이 정보공개와 관련한 공공기관의 결정에 대하여 불복이 있거나 정보공개 **청구 후 20일이 경과**하도록 정보공개 결정이 없는 때에는 「행정심판법」에서 정하는 바에 따라 행정심판을 청구할 수 있다. 이 경우 국가기관 및 지방자치단체 외의 공공기관의 결정에 대한 감독행정기관은 관계 중앙행정기관의 장 또는 지방자치단체의 장으로 한다. ② **청구인은 이의신청 절차를 거치지 아니하고 행정심판을 청구**할 수 있다.기출
행정소송	청구인이 정보공개와 관련한 공공기관의 결정에 대하여 불복이 있거나 정보공개 청구 후 **20일이 경과하도록 정보공개 결정이 없는 때**에는 「행정소송법」에서 정하는 바에 따라 행정소송을 제기할 수 있다.

2) 제3자의 보호수단기출

> ㉠ 자기와 관련된 정보의 공개 청구된 사실을 통지받은 제3자는 통지받은 날부터 3일 이내에 해당 공공기관에 대하여 자신과 관련된 정보를 공개하지 아니할 것을 요청할 수 있다.기출
> ㉡ 3자의 비공개요청에도 불구하고 공공기관이 공개결정을 하는 때에는 공개 결정 이유와 공개 실시일을 분명히 밝혀 **지체 없이 문서로 통지**하여야 한다.
> ㉢ 제3자는 공개결정에 대해 해당 공공기관에 문서로 이의신청을 하거나 행정심판 또는 행정소송을 제기할 수 있다. 이 경우 이의신청은 통지받은 날로부터 **7일 이내**에 하여야 한다.
> ㉣ 공공기관은 제2항에 따른 공개 결정일과 공개 실시일 사이에 **최소한 30일의 간격**을 두어야 한다.

(8) 정보공개위원회

① 정보공개에 관한 정책의 수립 및 제도개선에 관한 사항 등을 심의·조정하기 위하여 **행정안 전부장관 소속**으로 정보공개위원회를 둔다.기출

② 위원회는 위원장과 부위원장 각 1명을 포함한 **9명의 위원**으로 구성한다.기출

③ 위원장·부위원장 및 위원의 **임기는 2년**으로 하며, **연임**할 수 있다.기출

④ 위원장·부위원장 및 위원은 정보공개 업무와 관련하여 알게 된 정보를 누설하거나 그 정보를 이용하여 본인 또는 타인에게 이익 또는 불이익을 주는 행위를 하여서는 아니 된다.

⑤ 위원장·부위원장 및 위원 중 공무원이 아닌 사람은 「형법」이나 그 밖의 법률에 따른 벌칙을 적용할 때에는 공무원으로 본다.

⑥ 위원회의 구성과 의결 절차 등 위원회 운영에 필요한 사항은 대통령령으로 정한다.

CH.03

01 서설

(1) 의의
경찰의 행정작용으로 국민에게 의무를 부과하였음에도 국민이 이를 이행하지 않을 경우 경찰의 행정목적 달성을 위한 제도로 **경찰강제**와 **경찰벌**이 있다.

(2) 수단
직접적 수단으로는 **대집행, 직접강제, 즉시강제**가 있고, 간접적 수단으로는 **집행벌, 경찰벌, 새로운 의무이행확보수단**이 있다.기출

전통적 수단	경찰강제	강제집행	대집행, 집행벌, 직접강제, 강제징수
		즉시강제	대인적, 대물적, 대가택적 즉시강제
		경찰조사	
	경찰벌	경찰형벌	형벌
		경찰질서벌	과태료
새로운 수단	과징금, 공급거부, 명단공표, 관허사업제한 등		

02 경찰강제

(1) 경찰강제의 성질

1) 의의
경찰상의 목적을 위해여 개인이 신체, 재산 도는 가택에 실력을 가하여 경찰상 필요한 상태를 실현시키는 사실상의 작용을 의미한다. 경찰상 **강제집행**과 **즉시강제**가 있다.

2) 구별개념
경찰강제는 **장래에 의무 내용**을 이행시키거나 이행이 있는 것과 같은 상태를 실현하기 위한 강제수단이나 경찰벌은 **과거의 의무위반**에 대한 제재이다.

3) 근거
강제집행의 일반법은 **행정대집행법과 국세징수법**이 있고 즉시강제는 **경찰관직무집행법**이 있다.

(2) 경찰상의 강제집행

1) 의의
경찰상의 강제집행은 **경찰하명**에 의한 경찰의무 불이행에 대하여 경찰권 자신이 강제적으로 의무를 이행시키거나 이행한 것과 동일한 상태를 실현시키는 작용을 의미한다.
경찰의무의 존재나 불이행을 전제로 하고 있는 점에서 경찰상 즉시강제와 다르다.

2) 수단
① 대집행

대집행은 대체적 작위의무를 가진 자가 의무를 이행하지 않은 경우 경찰관청이 스스로 행하거나 제3자로 하여금 의무자가 해야 할 행위를 하게 함으로써 의무이행이 있는 것과 같은 상태를 실현시킨 후 그 비용을 의무자로부터 징수하는 경찰상의 강제집행을 의미한다.기출

예) 견인, 쓰레기 제거, 벽보제거, 광고물제거, 무허가 건물 철거 등

근거	행정대집행법 공익사업을 위한 토지등 취득 및 보상에 관한 법률, 건축법기출
요건	의무의 불이행, 다른 수단으로 그 이행을 확보하기 곤란할 것, 방치함으로써 심히 공익을 해할 것
절차	**대집행 계고– 대집행영장의 통지– 대집행 실행– 비용징수**

② 집행벌(강제금)

집행벌은 **비대체적 작위의무**와 **부작위의무**를 이행하지 않는 경우 의무이행을 강제하는 심리적 압박수단으로 과하는 **금전적 부담** 또는 **강제금**을 의미한다.기출 간접적, 심리적 의무이행확보수단이고 **행정벌과 병과**할 수 있으며 의무이행이 있을 때까지 반복적으로 과할 수 있다.(**일사부재리원칙 비적용**)

근거	일반법은 없고, 개별법에서 일부 인정되고 있다.(건축법상 이행강제금)

③ 직접강제

의무불이행에 대한 **최후의 수단**으로 경찰의무자가 의무를 이행하지 않을 경우 직접의무자의 **신체** 또는 **재산**에 실력을 가하여 필요한 상태를 실현을 작용을 말한다.기출

대상	대체적 작위의무, 비대체적 작위의무, 부작위의무, 수인의무
근거	일반법은 없으나 개별법에서 예외적으로 인정하고 있다. – 식위법(영업소의 폐쇄조치), 도로교통법(연도공작물의 위험방지조치) – 집회 및 시위에 관한 법률(해산명령 후 집회자 해산) – 출입국관리법(외국인의 보호조치, 강제퇴거)

④ 경찰상 강제징수

경찰법상 금전급부의 의무를 이행하지 아니하는 경우에 경찰기관이 의무자에게 재산에 실력을 가하여 의무가 이행된 것과 같은 상태를 실현하는 것으로 개별법으로 **국세징수법**(국세기본법아님)이 있다.기출

절차	독촉–체납처분[재산압류]–압류재산 매각– 청산–체납처분의 중지, 결손처분

(3) 경찰상 즉시강제

1) 의의

경찰상 즉시강제는 **목전에 급박한 장해를 제거**하기 위해 미리 의무를 명할 시간적 여유
가 없거나 그 성질상 의무를 미리 명하는 것으로 그 목적달성이 곤란할 대에, 국민의
신체 재산에 실력을 가하는 작용을 의미한다. 행정상의 **의무존재와 의무의 불이행을
전제로 하지 않는다**는 점이 강제집행과 구별된다.

2) 근거법

경찰직무집행법과 개별법인 식위법, 소방법, 마약류관리법이 있다.

3) 수단기출

대인적 즉시강제	불심검문, 보호조치, 위험발생조치, 범죄의 예장제지 조치, 무기사용, 경찰장구의 사용, 분사기 등의 사용.기출
대물적 즉시강제	물건 등의 임시영치, 위험발생 방지조치
대가택적 즉시강제	위험방지를 위한 가택출입, 검색 등

4) 한계

법규상 한계	침해행정이므로 실정법적 근거가 필요
조리상 한계기출	급박성: 경찰상 장해가 목전에 급박해야 한다.
	보충성: 다른 수단으로 경찰 목적 달성이 불가능해야 한다.
	비례성: 경찰 목적 달성을 위한 최소한의 한도 내 그쳐야 한다.
	소극성: 사회공공의 안녕질서유지 소극목적 한도에 그쳐야 한다.
절차적 한계	영장불요설과 필요설의 견해의 대립이 있으나 현재는 **절충설이 통설, 판례**이다.기출

(4) 경찰조사

1) 의의

경찰기관이 개인에 관한 자료, 정보를 수집하는 사실 행위 또는 사실행위와 법적 행위
를 의미한다. 경찰조사는 직접실력행사는 수반하지 않고 정보수집을 위한 준비적, 보
조적 수단이라는 점에서 행정상 강제집행이나 즉시강제는 구별된다.

2) 근거

일반법으로는 행정조사기본법이 있고, 경찰관 직무집행법, 총포도검, 화약류등 단속
법, 식위법, 소방법, 검역법등의 개별법이 있다.

3) 종류

① 대상에 의한 구분: 대인적조사, 대물적 조사, 대가택적 조사(가택출입, 가택수사, 출
입조사)

② 방법에 의한 구분: 직접조사, 간접조사

③ 성질에 의한 구분: 권력적조사, 비권력적조사
4) 구제
① 적법한 즉시강제: 즉시강제가 특별한 희생에 해당하면 손실보상 청구
② 위법한 즉시강제: 행정쟁송, 손해배상

03 경찰벌

(1) 의의

법규에 의한 명령 금지 등의 의무위반에 대해 일반인에게 가해지는 제재로 **일반통치권에 의한 처벌**을 의미한다.

(2) 종류

경찰형벌	경찰질서벌
① 경찰법규 위반에 대한 제재로서 사형, 징역, 금고, 자격상실, 자격정지, 벌금, 구류, 과료, 몰수을 과하는 경찰벌 ② 원칙적으로 **형사소송법**에 의하고 예외적으로 **즉결심판, 통고처분** 절차에 의해서 과해지는 경우도 있다. ③ 죄형법정주의 적용 ④ 고의 과실이 필요하다.	① **과태료**가 행해지는 질서벌 ② 형법총직이 적용되지 않고 **질서위반행위규제법 및 비송사건절차법**에 의한다. ③ **죄형법정주의 적용 없음** ④ 고의 과실이 필요하다.

(3) 새로운 실효성 확보수단

공표	① 의의: 의무위반자 또는 불이행자의 명단과 그 위반 불이행한 사실을 공중이 알아볼 수 있도록 알리는 것 공표는 간접적 심리적 강제로 의무이행을 확보하려는 수단이다. ② 공표에 관한 일반법이 없으나 국세기본법, 공직자윤리법, 아동·청소년의 성 보호에 관한 법률, 식위법 등의 개별법이 있다.
기타	과징금, 관허사업의 제한, 차량 등 사용금지[도로교통법], 국외여행의 제한[여권법], 취업제한[병역법]

(4) 질서위반행위 규제법기출

목적	질서위반행위 규제법은 법률상 의무의 효율적인 이행을 확보하고 국민의 권리와 이익을 보호하기 위하여 질서위반행위의 성립요건과 과태료 부과징수 및 재판 등에 관한 사항을 규정하는 것을 목적으로 한다.
적용 범위	1) 시간적 범위: 질서위반행위의 성립과 과태료 처분은 **행위 시 법률**에 의한다. ① 질서위반행위 후 법률이 변경되어 그 행위가 질서위반행위에 해당하지 아니하게 되거나 과태료가 변경되기 전의 법률보다 **가볍게** 된 때에는 법률의 특별한 규정이 없는 한 **변경된 법률을 적용**한다. ② 행정청의 과태료 처분이나 법원의 과태료 재판이 확정된 후 법률이 변경되어 그 행위가 질서위반행위에 **해당하지 아니하게 된 때**에는 변경된 법률에 특별한 규정이 없는 한 과태료의 징수 또는 집행을 면제한다. 2) 장소적 범위: 대한민국 영역 안에서 질서위반행위를 한 자에게 적용된다. 대한민국 영역 밖에서 질서위반행위를 한 대한민국의 **국민**에게 적용한다. 대한민국 영역 밖에 있는 대한민국의 **선박, 항공기 안**에서 질서위반행위를 한 외국인에게 적용된다.
질서위반행위 법정주의	**법률**에 따르지 아니하고는 어떤 행위도 과태료를 부과하지 아니한다.
고의, 과실	**고의 과실**이 없는 질서위반행위는 과태료를 부과하지 아니한다.
책임연령	14세 되지 아니한 자의 질서 위반행위는 과태료를 부과하지 아니한다.
심신장애	심신장애자에 대하여는 과태료를 면제하고 심신미약자에 대하여는 과태료를 감경한다. 스스로 심신장애 상태를 일으킨 경우에는 감면하지 아니한다.
다수인의 질서위반행위	2인 이상이 질서위반행위에 가담한 대에는 **각자가 질서위반행위를 한 것**으로 본다.
수개의 질서 위반행위	하나의 행위가 2인 이상의 질서위반행위에 해당하는 경우 각 질서위반행위에 대하여 정한 과태료 중 **가장 중한 과태료**를 부과한다.
소멸시효	과태료는 과태료 부과처분이나 과태료 재판이 확정된 후 **5년간** 징수하지 아니하거나 집행하지 아니하면 시효로 인하여 소멸한다.
사전통지 및 의견제출	과태료를 부과하고자 하는 대에는 미리 과태료 부과의 원인 되는 사실, 과태료 금액 및 적용법령 등을 통지하고 **10일 이상의 기간**을 정하여 의견을 제출할 기회를 주어야 한다.
부과방법	과태료는 의견절차를 마친 후 서면으로 부과하여야 한다.
자진 납부자에 대한 감경	의견 제출 기한 이내에 과태료를 자진하여 납부하고자 하는 경우에는 부과될 과태료의 **20/100 범위 내에서 과태료를 감경**할 수 있다.
제척기간	행위 종료된 날로부터 **5년이 경과**한 경우에는 과태료를 부과할 수 없다.
이의기간	과태료 통지를 받은 날로부터 **60일** 이내에 해당하면 서면으로 이의제기할 수 있다.

01 사전구제제도

행정절차	행정기관의 제1차적인 행정권의 행사과정을 규율하는 절차 행절절차법상 **처분, 신고, 입법예고, 행정예고, 행정지도**가 있다.
청원	모든 국민은 법률이 정하는 바에 의해 국가기관에 문서로 청원할 권리를 가지고 국가는 청원에 대해 심사할 의무를 진다.
옴브즈만	옴브즈만(**행정감찰관**)을 통해 행정기관의 위법 부당한 행정작용을 통제하여 국민의 권익을 보호하는 제도이다.
기타	정당방위, 정보공개제도 등

(1) 행정절차

1) 의의

행정기관의 공권력을 행사하여 행정에 관한 결정에서 거쳐야 할 일련의 외부와의 교섭과정을 의미한다. 행정절차법상의 처분, 신고, 입법예고, 행정예고, 행정지도 절차가 있다.

2) 처분

① 처분의 신청

문서로 해야 하고 전자문서는 행정청의 컴퓨터 등에 입력된 때 신청한 것으로 본다. 행정청은 신청에 구비서류의 미비 등에 보완에 필요한 상당한 기간을 정하여 지체 없이 신청인에게 보완을 요구하여야 한다. 신청인은 처분이 있기 전에는 그 신청의 내용을 보완하거나 변경 또는 취하할 수 있다.

② 처리기간의 설정 공표: 행정청은 처리기간을 종류별로 미리 정하여 공표해야 한다.

③ 처분기준의 설정 공표: 처분의 성질에 비추어 구체적으로 정하여 공표해야 한다.

④ 의견청취기출

의견 제출	행정청이 당사자에게 의무를 과하거나 권익을 제한하는 경우에는 당사자 등에게 **의견제출의 기회**를 주어야 한다. 당사자 등이 정당한 이유 없이 의견제출기한 내에 의견제출을 하지 아니한 경우에는 의견이 없는 것으로 본다. 당사자 등이 제출한 의견이 상당한 이유가 있다고 인정하는 경우에는 이를 반영해야 한다. 의견제출 기회를 주지 않고 행한 처분은 **위법**하다.
청문	㉠ 처분 시 **법령에 규정이 있는 경우 행정청이 필요**하다고 인정하는 경우 청문 실시 ㉡ 청문이 시작되기 **10일 전까지** 통지할 것기출 ㉢ 청문은 행정청이 소속직원 또는 대통령이 정하는 자격을 가진 자 중에서 선정하는 자가 주재한다. 당사자 등은 **청문의 통지가 있는 날부터 청문이 끝날 때까지** 행정청에 대하여 당해 사안의 조사결과에 관한 문서 기타 당해 처분과 관련되는 문서의 열람 또는 복사를 요청할 수 있다. 행정청은 다른 법령에 의해 **공개가 제한되는 경우를 제외하고 이를 거부할 수 없다.**기출
공청회	행정청이 공개적인 토론을 통해 어떠한 행정작용에 대해 전문 지식과 경험을 가진 자가 일반인으로부터 의견을 수렴하는 절차, **공청회 개시 14일 전까지 통지할 것**

⑤ 처분의 이유제시

행정청이 처분을 할 때는 당사자에게 그 근거와 이유를 제시하여야 한다.

예외: 신청내용을 모두 그대로 인정하는 처분인 경우, 단순 반복적인 처분 도는 경미한 처분으로서 당사자가 그 이유를 명백히 알 수 있는 경우, 긴급히 처분할 필요가 있는 경우

3) 행정상 입법예고

법령 등을 제정, 개정 또는 폐지하려는 경우 해당 행정청은 이를 예고해야 한다.

단, 신속한 국민의 권리보호, 예측 곤란한 경우 특별한 사정의 발생 등으로 입법이 긴급을 요하는 경우, 상위 법령 등의 단순한 집행을 위한 경우, 입법내용이 성질상 권리의무 또는 일상생활과 관련이 없는 경우, 예고함이 공공의 안전 또는 복리를 현저히 해칠 우려가 있는 경우는 예외로 한다. 예고기간은 특별한 사정이 없으면 **40일 이상**으로 한다.

🄾🄷 사후구제제도

(1) 손해배상

1) 국가배상법 제2조: 공무원의 위법한 직무행위로 인한 손해배상

① **공무원 또는 공무를 위탁받은 사인**

공무원 신분을 가진 자는 물론 **공무를 위탁받아 실질적으로 종사하는 자를 포함**한다.

일시적이고 한정적인 사항을 처리하는 경우도 공무원에 포함(판례)

공무원으로 인정하지 않는 경우: **의용소방대원, 시영버스 운전사**기출

② **직무를 집행하면서**

공무원의 직무행위는 입법, 사법, 행정작용 및 법적행위, 사실행위, 비권적행위, 작위 부작위를 **모두 포함**한다. **외형상 직무행위**라고 볼수 있으면 정당한 권한 내인지, 공무원이 주관적으로 직무집행의사를 가지고 있는지 여부는 기준이 되지 못한다.

③ **고의 과실로 인한 행위**

국가배상법은 **무과실책임**을 취하고 있지 않기 때문에 당해 공무원에게 고의 과실이 없으면 배상청구를 할 수 없다.

④ **법령에 위반하여**

⑤ **타인에게 손해 발생**

타인은 **가해 공무원과 위법한 직무행위에 가담한 자 이외의 모든 사람**을 의미한다.

외국인에 대한 배상책임은 **상호주의**에 입각한다. 손해는 **법익침해에 대한 불이익**을 의미한다. (상당인과관계가 있을 것)

2) 국가배상법 5조: 영조물의 설치 관리상의 하자로 인한 손해배상

　① 의의

　　도로, 하천 기타 공공의 영조물의 설치 또는 관리의 하자로 타인에게 손해를 발생하게 한 경우 국가 도는 지방자치단체는 그 손해를 배상하여야 한다.

　② 요건

　　공공의 영조물이란 국가 지방자치단체 등의 행정주체에 의하여 공공목적에 제공된 유체물을 의미한다. 인공공물, 자연공물, 부동산, 동산 등을 포함한다.

　　설치 또는 관리 하자는 영조물의 **객관적 안정성이 결여**된 객관설이 통설이다.

　　타인의 손해 발생은 영조물의 설치관리와 손해 발생 사이에 **상당인과관계**가 있어야 한다.

(2) 행정상 손실보상

1) 의의

　행정상 손실보상이란 **적법한 공권력 행사**로 이해 사인의 재산권에 가해진 특별한 손해에 대한 재산적 보상을 말한다. 손실보상은 재산권 침해에 대해서만 인정되며 생명, 신체 등 비체재산권 침해에 대한 손실보상은 인정되지 않는다.

2) 요건

　공공의 필요에 의한 **적법한 공권력**의 행사일 것

　재산권에 대한 **의도적 침해**일 것

　특별한 **희생**일 것

　보상규정이 있을 것

(3) 행정심판

1) 의의

　널리 행정기관이 행하는 행정법상의 분쟁에 대한 심리, 판정절차를 의미하고 행정심판법의 적용을 받는 행정심판이다.

2) 종류

　① 취소심판: 행정청의 위법 도는 부당한 처분의 취소, 변경을 구하는 심판

　② 무효 등 확인심판: 행정청의 처분의 효력 유무 도는 존재 여부에 대한 확인을 구하는 심판

　③ 의무이행 심판: 행정청의 위법 도는 부당한 거부처분 또는 부작위에 대한 일정한 처분을 하도록 하는 심판

	취소심판	무효 등 확인심판	의무이행심판
청구기간 제한	O	없음	부작위/거부처분
집행정지 결정	O	O	없음
사정재결	O	없음	O

3) 대상
  ① 개괄주의: 행정청의 모든 위법, 부당한 처분 도는 부작위에 대하여 행정심판을 제기할 수 있다.
  ② 예외: 대통령의 처분 또는 부작위와 행정심판의 재결은 다른 법률에 특별한 규정이 있는 경우를 제외하고는 행정심판법상 심판대상이 될 수 없다.

4) 행정심판기관
  행정청의 처분 또는 부작위에 대한 행정심판의 청구를 심리, 재결하기 위하여 설치한 행정기관이다. 경찰청장이 행한 처분은 **중앙행정심판위원회**에서 재결하고 지방경찰청장이 행한 경우는 **중앙행정심판위원회**에서 한다. 경찰서장이 행한 행정처분에 대한 행정심판은 **중앙행정심판위원회**에서 재결한다.

5) 행정심판청구
  ① 심판청구기간: 처분이 있음을 알게 된 날부터 **90일 이내** (이는 처분이 있음을 현실적으로 안 날을 의미), 천재지변, 전쟁, 사변 그 박의 불가항력으로 인하여 처분이 있음을 알게 된 날부터 90일 이내 심판을 청구하지 못한 경우 그 사유가 소멸한 날로부터 **14일 이내** 제기하면 된다.
  ② 행정심판청구기간의 제한은 취소심판과 거부처분에 대한 **의무이행심판에만 적용**되고 무효 등 확인심판과 부작위에 대한 의무이행심판에는 적용되지 않는다.

6) 행정심판의 심리
  심판청구가 제기되면 행정심판위원회는 심리, 재결하도록 해야 한다.
  ① **집행부정지원칙**
    행정심판의 제기는 **처분의 효력이나 집행 또는 절차의 속행에 영향을 주지 않는다.**
  ② **직권심리주의**
    행정심판위원회는 중대한 손해 발생의 우려 등 일정한 요건 하에서 직권 또는 당사자의 신청에 의하여 집행정지 결정을 할 수 있다.
  ③ **불고불리의원칙**
    행정심판 위원회는 청구의 대상이 되는 처분 또는 부작위 외에 사항에 대하여는 재결하지 못한다. 단 위원회는 필요하다고 인정할 때에는 당사자가 주장하지 아니한 사실에 대해서도 심리할 수 있다.
  ④ **불이익 변경금지의 원칙**
    심판청구의 대상이 되는 처분보다 불이익한 재결을 하지 못한다.

7) 행정심판의 재결
  ① 재결은 심판청구 사건에 대한 행정심판위원회의 종국적인 판단인 의사표시이다.
  ② 재결기간: 행정심판위원회 도는 피청구인인 행정청이 심판청구를 받은 날로부터 **60일** 이내에 하여야 한다.

③ 재결종류:

각하: 요건의 흠결이 있어 **부적법**한 청구라 하여 본안심리를 거절하는 재결

기각: 본안심리의 결과 심판청구가 **이유 없다**고 하여 청구를 배척하고 원처분을 시인하는 재결

인용: 심판청구가 이유 있다고 인정하여 청구의 취지를 받아들이는 재결

사정재결: 심판청구가 이유 있다고 인정되는 경우에도 이를 인용하는 것이 **현저히 공공복리에 적합하지 않다**고 인정하는 대는 행정심판위원회의 의결에 의하여 심판청구를 기각

④ 효력: 불가쟁력, 불가변력, 형성력, 구속력을 가짐

⑤ 불복 시

재심판청구 금지: 심판청구에 대하여 재결이 있는 경우 당해 재결 및 동일한 처분 또는 부작위에 대하여 다시 심판청구를 할 수 없다.

행정소송: 재결 불복 시 행정소송을 제기할 수 있고, 원처분을 대상으로 해야 한다.

(4) 행정소송

1) 의의

행정법규의 적용에 관해 제3자적 지위에 있는 법원이 심리, 판단하는 정식쟁송제도를 의미한다.

주관 소송	항고소송	취소소송	행정청의 위법한 처분 등의 취소 변경을 구하는 소송
		무효 등 확인소송	행정청의 처분이나 재결의 **효력** 유무 또는 **존재** 여부의 확인을 구하는 소송
		부작위위법확인소송	행정청의 부작위가 위법함을 확인하는 소송
	당사자소송	행정청의 처분을 원인으로 하는 법률관계에 관한 소송 및 공법상의 법률관계에 관한 소송으로 법률관계의 **당사자를 피고**로 하는 소송	
객관 소송	민중소송	국가 또는 공공단체의 기관이 **법률에 위반되는 행위**를 한 경우 그 **시정**을 구하기 위하여 제기하는 소송	
	기관소송	국가 또는 공공단체 상호 간의 **권한의 존부** 또는 그 **권한행사**에 관하여 분쟁이 있을 때 제기하는 소송	

2) 종류

① 주관쟁송: **당사자의 권리, 이익**의 구제를 목적으로 하는 쟁송

② 객관쟁송: 개인의 이익구제와는 관계없이 **공익의 보호 또는 행정작용의 적법**, 타당성 확보를 목적으로 하는 쟁송

③ 항고쟁송: **이미 행해진 처분**의 위법 부당을 소송하여 취소나 변경을 구하는 쟁송

④ 당사자쟁송: **당사자 상호** 간의 법률관계에 대한 존부를 다루는 쟁송

3) 취소소송
① 대상: 위법한 행정처분으로 행정청이 행하는 구체적 사실에 관한 법 집행으로서 공권력의 행사 또는 그 거부와 그 밖에 이에 준하는 작용 및 행정심판의 재결을 의미한다. 재량행위라도 **재량권의 일탈이나 남용의 경우는 대상**이 된다. 그러나 대통령의 비상계엄선포행위와 **통치행위**는 심리의 대상이 되지 않는다. 일반처분, 처분법규명령, 거부처분은 취소소송의 대상이나 행정지도는 비권력적 사실행위로 처분성이 부정된다.

처분성 인정사례	처분성 부정사례
영업허가 갱신신청에 대한 거부행위 일반처분, 처분법규명령, 처분적조례	교통경찰관의 교통사고조사서 교통법규위반에 대한 벌점부과행위 공무원상 결격사유로 인한 당연퇴직인사발령 행정지도 대통령의 비상계엄선포행위 통고처분

② 제기기간
행정심판을 거친 경우는 재결서의 정본을 송달받은 날로부터 **90일** 이내, 재결이 있은 날로부터 **1년** 이내 소송을 제기하고 행정심판을 거치지 않는 경우는 처분이 있음을 안 날로부터 **90일** 이내, 처분이 있는 날로부터 **1년** 이내이다.

③ 소송제기의 효과
취소소송의 제기는 처분 등의 효력이나 그 집행 또는 절차에 영향을 미치지 않는다. (**집행부정지**) 그러나 집행정지의 대상인 처분이 존재하거나 적법한 본안소송이 계속되고 회복하기 어려운 손해 발생의 우려가 있거나, 긴급한 필요, 집행정지 결정이 공공복리에 중대한 영향을 미칠 우려가 없고 본안의 승소 가능성이 있다면 집행정지가 가능하다.

④ 판결의 효력
확정판결은 당사자 및 법원을 구속하여 동일사항에 대하여 확정판결과 모순되는 주장판단을 할 수 없고 (**기판력**), 당사자인 행정청과 관계행정청에 대하여 확정판결의 취지에 따라야 할 실체법상 의무를 발생시킨다.(**기속력**) 취소판결은 행정상 법률의 관계의 발생, 변경, 소멸의 효과를 가져온다.(**형성력**)

4) 무효 등 확인소송
행정청의 처분이나 재결의 효력 유무 또는 존재 여부의 확인을 구하는 소송이고 소송의 제기기간, 행정심판전치주의 사정판결이 적용되지 않고, **집행정지가 허용**된다.

5) 부작위위법확인 소송
행정청의 부작위가 위법하다는 것을 확인하는 소송으로 재처분의무와 간접강제로서 실효성을 가지고 있다.

6) 당사자 소송

행정청의 처분 등을 원인으로 하는 소송 그 밖의 공법상의 법률관계에 관한 소송으로 그 법률관계의 일반 당사자를 피고로 하는 소송

7) 객관적 소송

① 민중소송

국가 또는 공공단체에서 행정법규를 위반하는 행위를 한때에 선거인 일반주민이 자신의 법률상 이익과 무관하게 시정을 구하기 위해 제기하는 소송

② 기관소송

국가 또는 공공단체의 행정기관 상호 간 주관권한의 존부 또는 권한 행사에 관한 분쟁이 있을 경우 하는 소송

001

20 승진

「경찰법」의 법원에 대한 설명 중 옳지 <u>않은</u> 것을 모두 고른 것은?

㉠ 「경찰법」의 법원은 일반적으로 성문법과 불문법원으로 나눌 수 있으며, 헌법, 법률, 조약과 국제법규, 조리와 규칙은 성문법원이다.

㉡ 국회의 의결을 거치지 않고 행정기관에 의하여 제정된 성문 법규를 법규명령이라고 한다.

㉢ 국무총리는 직권으로 총리령을 발할 수 있으나, 행정 각부의 장은 직권으로 부령을 발할 수 없다.

㉣ 지방의회가 법령의 범위 안에서 제정하는 자치법규를 규칙이라고 한다.

① ㉠ ㉡　　　② ㉠ ㉢　　　③ ㉠ ㉡ ㉣　　　④ ㉠ ㉢ ㉣

해설

㉠ 「경찰법」의 법원은 일반적으로 성문법과 불문법원으로 나눌 수 있으며, 헌법, 법률, 조약과 국제법규, **조례와 규칙**은 **불문법원**에 해당한다. 조리는 불문법원이다.
㉢ 국무총리 또는 행정 각부의 장은 소관사무에 관하여 법률이나 대통령령의 위임 또는 직권으로 총리령 또는 부령을 발할 수 있다.
㉣ 지방의회가 법령의 범위 안에서 제정하는 자치법규를 **조례**라고 한다.

002

15
지능범죄

「경찰법」의 법원(法源)에 대한 설명으로 가장 적절하지 <u>않은</u> 것은?

① 헌법은 국가의 기본적인 통치구조를 정한 기본법으로서 행정의 조직이나 작용의 기본원칙을 정한 부분은 그 한도 내에서 경찰행정법의 법원이 된다.

② 경찰권 발동은 법률에 근거가 있어야 하므로, 법률은 가장 중심적인 법원에 해당한다.

③ 국회의 의결을 거치지 않고 행정기관에 의하여 제정된 성문법규를 '명령'이라 하고 명령의 종류에는 위임명령과 집행명령이 있다.

④ 조례와 규칙은 지방의회가 제정하는 법규이다.

해설

④ 조례는 지방의회가 제정하는 법규이지만, 규칙은 지방의회가 아니라 지방자치단체의 장이 제정하는 법규이다.

---

003 「경찰법」의 법원에 대한 설명이다. 적절한 것을 모두 고르면?

12 승진

17 승진
변형

> ㉠ 대통령령, 총리령 및 부령은 특별한 규정이 없으면 공포한 날부터 14일이 경과
> 함으로써 효력을 발생한다.
> ㉡ 국민의 권리 제한 또는 의무 부과와 직접 관련되는 법률, 대통령령, 총리령 및
> 부령은 긴급히 시행하여야 할 특별한 사유가 있는 경우를 제외하고는 공포일로
> 부터 적어도 30일이 경과한 날부터 시행되도록 하여야 한다.
> ㉢ 조례는 지방자치단체의 의회가 법령의 범위 안에서 지방자치권에 의거하여 제
> 정하는 법규를 말하는 것으로 조례로 특히 주민의 '권리제한'을 제외한 '의무부
> 과' 및 '형벌'을 정할 경우에는 반드시 법률의 위임이 있어야 한다.
> ㉣ 불문법원으로서 일반적으로 정의에 합치되는 보편적 원리로서 인정되고 있는
> 모든 원칙을 '조리'라 하고 경찰관청의 행위가 형식상 적법하더라도 조리에 위
> 반할 경우에는 위법이 될 수 있다.

① ㉠ ㉡   ② ㉠ ㉢   ③ ㉡ ㉣   ④ ㉢ ㉣

해설
㉠ 대통령령, 총리령 및 부령은 **특별한 규정이 없으면 공포한 날부터 20일이 경과함으로써 효력을 발생**한다.
㉢ 조례는 지방자치단체의 의회가 법령의 범위 안에서 지방자치권에 의거하여 제정하는 법규를 말하는 것으로 조례로 특히 주민의 **'권리제한'을 포함한** '의무부과' 및 '형벌'을 정할 경우에는 반드시 법률의 위임이 있어야 한다.

004 법규명령과 행정규칙에 대한 설명으로 가장 적절하지 않은 것은?

19 승진

① 법규명령은 국민과 행정청을 동시에 구속하는 양면적 구속력을 가짐으로써 재판규
범이 된다.
② 법규명령의 한계로 행정권에 대한 입법권의 일반적 · 포괄적 위임은 인정될 수 없
으며, 국회 전속적 법률사항의 위임은 원칙적으로 금지된다.
③ 행정규칙의 종류로는 고시 · 훈령 · 예규 · 일일명령 등이 있다.
④ 행정규칙은 행정기관이 법률의 수권 없이 권한 범위 내에서 만든 일반적 · 추상적
명령을 말하며 대내적 구속력을 갖고 있으므로 경찰관이 이를 위반하면 반드시 위
법이 된다.

해설
법규명령에 위반한 행정청의 행위는 위법한 행위로서 무효 또는 취소 사유이나, 행정규칙에 위반한 행정청의
행위는 위법이 아니며 효력에 영향이 없다.

005 법규명령과 행정규칙에 관한 설명이다. 설명 중 옳고 그름의 표시(○×)가 바르게 된 것은?

12 승진

16·19
경간

> ⊙ 법규명령의 특징은 국민과 행정청을 동시에 구속하는 양면적 구속력을 가짐으로써 재판규범이 된다.
> ⓛ 법규명령의 한계로 행정권에 대한 입법권의 일반적·포괄적 위임은 인정될 수 없고, 국회 전속적 법률사항의 위임은 원칙적으로 금지되며, 법률에 의하여 위임된 사항을 전부 하위명령에 재위임하는 것은 금지된다.
> ⓒ 일반적으로 대내적 구속력 유무에 있어서 행정규칙과 법규명령은 동일하다.
> ⓔ 재량준칙의 제정은 행정청에게 재량권이 인정되는 경우에만 가능하며 행정청이 기속권만을 갖는 경우에는 인정되지 않는다.

① ⊙○ ⓛ○ ⓒ○ ⓔ○
② ⊙× ⓛ○ ⓒ× ⓔ○
③ ⊙○ ⓛ× ⓒ○ ⓔ○
④ ⊙○ ⓛ○ ⓒ○ ⓔ×

006 경찰비례의 원칙에 대한 설명 중 가장 적절하지 <u>않은</u> 것은?

20 승진

① 경찰작용에 있어 목적실현을 위한 수단과 당해 목적 사이에 합리적인 비례관계가 있어야 한다는 것으로 「경찰관직무집행법」에 명시적으로 규정되어 있다.
② 경찰비례의 원칙의 내용으로서 '적합성의 원칙', '필요성의 원칙', '상당성의 원칙'이 있으며 적어도 하나는 충족해야 위법하지 않다.
③ 비례의 원칙을 위반한 국가작용은 행정소송의 대상이 되며, 국가배상책임이 성립할 수 있다.
④ '경찰은 대포로 참새를 쏘아서는 안 된다'는 법언은 상당성의 원칙을 잘 표현한 것이다.

해설

② 경찰비례의 원칙의 내용으로서 '적합성의 원칙', '필요성의 원칙', '상당성의 원칙'이 있으며, 모두 충족해야 위법하지 않다.

「경찰행정법상」의 일반원칙에 관한 설명이다. 옳고 그름의 표시(○×)가 바르게 된 것은? (다툼이 있는 경우 판례에 의함)

⊙ 비례원칙의 실정법적 근거는 「헌법」 제37조 제2항과 「경찰관직무집행법」 제1조 제2항을 들 수 있으며, 경찰작용이 비례원칙에 위배되지 않기 위해서는 세부 원칙인 적합성, 필요성, 상당성의 원칙 중 적어도 하나는 충족해야 한다.

ⓛ 비례의 원칙을 위반한 국가작용은 위법한 국가작용으로 행정소송의 대상이 되며, 국가배상책임이 성립할 수 있다.

ⓒ 비례의 원칙은 일반조항에 근거하여 경찰권을 발동하는 경우는 물론 개별적 수권조항에 근거하여 경찰권을 발동하는 경우에도 적용된다.

ⓔ 행정의 자기구속의 원칙은 구속의 근거가 되는 행정관행이 적법한 경우에만 적용된다.

ⓜ 신뢰보호원칙이란 행정기관의 일정한 언동의 정당성 또는 존속성에 대한 개인의 보호가치 있는 신뢰는 보호해주어야 한다는 것으로서, 현행 「행정절차법」이 일반법적 근거가 될 수 있다.

ⓗ 대법원은 운전면허 취소사유에 해당하는 음주운전을 적발한 경찰관의 소속경찰서장이 사무착오로 위반자에게 운전면허 정지처분을 한 상태에서 위반자의 주소지 관할 지방경찰청장이 위반자에게 운전면허 취소처분을 한 것은 신뢰보호원칙에 위배된다고 판시하였다.

① ㉠× ㉡○ ㉢○ ㉣○ ㉤○ ㉥○
② ㉠○ ㉡○ ㉢○ ㉣× ㉤○ ㉥×
③ ㉠× ㉡× ㉢○ ㉣× ㉤× ㉥○
④ ㉠× ㉡○ ㉢× ㉣○ ㉤× ㉥○

해설

경찰작용이 비례원칙에 위배되지 않기 위해서는 세부 원칙인 **적합성, 필요성, 상당성의 원칙 세 가지가 모두 충족해야 한다.**

008

11 채용
2차

경찰기관의 종류는 경찰행정관청, 경찰의결기관, 경찰자문기관, 경찰보조기관, 경찰집행기관 등이다. 각 기관과 관련하여 다음에서 적절하지 않은 것은 모두 몇 개인가?

> ㉠ 경찰행정주체를 위하여 경찰에 관한 국가의 의사를 결정하여 외부에 표시하는 권한을 가진 경찰행정 기관을 경찰행정관청이라 하며 경찰청장, 지방경찰청장, 경찰서장, 지구대장이 이에 해당한다.
> ㉡ 경찰위원회, 치안행정협의회는 경찰자문기관이다.
> ㉢ 경찰집행기관은 치안총감, 치안정감, 치안감, 경무관, 총경, 경정, 경감, 경위, 경사, 경장, 순경 등에 해당한다.
> ㉣ 경찰청의 차장이나 과장은 보조기관이다.

① 1개   ② 2개   ③ 3개   ④ 4개

해설
> ㉠ 경찰행정관청이란 경찰행정주체인 국가의 법률상 의사를 결정하여 외부에 표시하는 권한을 가진 행정기관을 의미하고 **경찰행정관청에는 경찰청장, 지방경찰청장, 경찰서장**이 있다. **지구대장은 경찰서장의 보조기관**에 불과하며, 경찰행정관청이 아니다.
> ㉡ 경찰 **자문기관에는 치안행정협의회, 경찰공무원인사위원회** 등이 있다. **경찰위원회**는 경찰의결기관이다.

009

18 승진

16 경간

「경찰법」상 경찰조직에 대한 설명이다. ㉠부터 ㉣까지의 설명 중 옳고 그름의 표시(○×)가 바르게 된 것은?

> ㉠ 경찰청에 경찰청장을 두며, 경찰청장은 치안총감(治安總監)으로 보한다.
> ㉡ 경찰청장은 국회의 동의를 받아 행정안전부장관의 제청으로 국무총리를 거쳐 대통령이 임명한다.
> ㉢ 경찰청장이 헌법이나 법률을 위반했을 때 국회에서 탄핵 소추를 의결할 수 있다고 인정되나, 현행 「경찰법」에는 국회의 탄핵소추 의결권이 명기되어 있지 아니하다.
> ㉣ 경찰청 차장은 경찰청장을 보좌하며, 경찰청장이 부득이한 사유로 직무를 수행할 수 없을 때에는 그 직무를 대행한다.

① ㉠× ㉡○ ㉢○ ㉣×   ② ㉠× ㉡○ ㉢× ㉣×
③ ㉠○ ㉡× ㉢○ ㉣○   ④ ㉠○ ㉡× ㉢× ㉣○

해설
> ㉡ 경찰청장은 **경찰위원회의 동의**를 받아 **행정안전부장관의 제청**으로 **국무총리를 거쳐 대통령이 임명**한다.
> ㉢ 현행 「경찰법」에는 **"경찰청장이 헌법이나 법률을 위반했을 때 국회에서 탄핵 소추를 의결할 수 있다."**고 규정하고 있다.

ANSWER 008 ② / ㉠ ㉡   009 ④

010 「경찰법」상 다음 (   ) 안에 들어갈 숫자의 합은?

> ㉠ 경찰위원회는 위원장 1명을 포함한 (   )명의 위원으로 구성한다.
> ㉡ 경찰위원회 위원 중 (   )명은 법관의 자격이 있는 사람이어야 한다.
> ㉢ 경찰위원회 위원의 임기는 (   )년으로 하며, 연임할 수 없다.
> ㉣ 경찰청장의 임기는 (   )년으로 하고, 중임할 수 없다.

① 13 　　　　　　② 14 　　　　　　③ 15 　　　　　　④ 16

> **해설**
> ㉠ 경찰위원회는 위원장 1명을 포함한 (7)명의 위원으로 구성한다.
> ㉡ 경찰위원회 위원 중 (2)명은 법관의 자격이 있는 사람이어야 한다.
> ㉢ 경찰위원회 위원의 임기는 (3)년으로 하며, 연임할 수 없다.
> ㉣ 경찰청장의 임기는 (2)년으로 하고, 중임할 수 없다.

011 「경찰법」상 경찰위원회에 대한 설명으로 적절한 것을 바르게 연결한 것은?

20 승진

> ㉠ 위원회는 위원장 1명을 포함한 7명의 위원으로 구성하되, 위원장 및 5명의 위원은 비상임으로 하고, 1명의 위원은 상임으로 하며 위원장은 정무직으로 한다.
> ㉡ 위원은 경찰청장의 제청으로 행정안전부장관을 거쳐 대통령이 임명한다.
> ㉢ 위원의 임기는 3년으로 하며, 연임할 수 없다. 이 경우 보궐위원의 임기는 전임자 임기의 남은 기간으로 한다.
> ㉣ 당적을 이탈한 날부터 3년이 지나지 아니한 사람, 선거에 의하여 취임하는 공직에서 퇴직한 날부터 3년이 지나지 아니한 사람은 위원이 될 수 없다.

① ㉠㉡ 　　　　② ㉡㉢ 　　　　③ ㉡㉣ 　　　　④ ㉢㉣

> **해설**
> ㉠ 위원회는 위원장 1명을 포함한 7명의 위원으로 구성하되, 위원장 및 5명의 위원은 비상임으로 하고, 1명의 위원은 상임으로 하며, **상임은** 정무직으로 한다.
> ㉡ 위원은 **행정안전부장의 제청으로 국무총리**를 거쳐 대통령이 임명한다.

012

다음은 「경찰법」과 「경찰위원회규정」상 경찰위원회에 대한 규정이다. 아래 ㉠부터 ㉣까지의 설명으로 옳고 그름의 표시(ㅇ×)가 바르게 된 것은?

㉠ 경찰위원회는 경찰의 정치적 중립 보장과 중요 정책에 대한 민주적 결정을 위해 설치된 기구로서 행정안전부에 두고, 위원회의 사무도 행정안전부에서 수행한다.

㉡ 경찰, 검찰, 법관, 국가정보원 직원 또는 군인의 직에서 퇴직한 날부터 3년이 지나지 아니한 사람은 경찰위원회의 위원이 될 수 없다.

㉢ 선거에 의하여 취임하는 공직에서 퇴직한 날로부터 3년이 경과하지 않은 자는 위원이 될 수 없다.

㉣ 위원장은 필요한 경우 임시회의를 소집할 수 있으며, 위원 3인 이상과 행정안전부장관 또는 경찰청장은 위원장에게 임시회의의 소집을 요구할 수 있다.

① ㉠ㅇ ㉡× ㉢ㅇ ㉣ㅇ   ② ㉠× ㉡ㅇ ㉢× ㉣ㅇ

③ ㉠× ㉡ㅇ ㉢× ㉣×   ④ ㉠× ㉡× ㉢ㅇ ㉣ㅇ

해설

㉠ 경찰위원회는 경찰의 정치적 중립 보장과 중요 정책에 대한 민주적 결정을 위해 설치된 기구로서 행정안전부에 두지만, **위원회의 사무는 경찰청에서 수행**한다.

㉡ 경찰, 검찰, 군인, 국가정보원 직원의 직에서 **퇴직한 날부터 3년이 지나지 아니한 사람**

013

「경찰법」에 관한 설명으로 가장 적절한 것은?

① 1991년 「경찰법」 제정으로 내무부 치안국장이 경찰청장으로 변경되었고, 경찰청장은 행정관청으로 승격되었다.

②「경찰법」 제8조에 따를 때 경찰위원회 위원은 「국가공무원법」상 비밀엄수 의무와 정치운동 금지의무를 진다.

③ 경찰서장 소속으로 지구대 또는 파출소를 두고, 그 설치기준은 치안수요 교통지리 등 관할구역의 특성을 고려하여 대통령령으로 정한다.

④ 경찰청의 사무를 지역적으로 분담하여 수행하게 하기 위해 경찰청장 소속으로 지방경찰청을 두고, 지방경찰청장 소속으로 경찰서를 둔다.

해설

① 1991년 「경찰법」 제정으로 **치안본부장이 경찰청장으로 변경**되었고, 경찰청장은 행정관청으로 승격되었다. 내무부 치안국장이 1974년 내무부 치안본부장으로 변경되었고, 치안본부가 1991년 경찰법에 의해 경찰청장으로 승격되었다.

③ **경찰서장 소속으로** 지구대 또는 파출소를 두고, 그 설치기준은 치안수요 · 교통 · 지리 등 관할구역의 특성을 고려하여 **행정안전부령으로** 정한다.

④ 경찰청의 사무를 지역적으로 분담하여 수행하게 하기 위하여 **시 · 도지사 소속으로** 지방경찰청을 두고, 지방경찰청장 소속으로 경찰서를 둔다.

014

16·18
승진

18
경간

치안행정협의회에 관한 설명이다. 아래 ㉠부터 ㉤까지의 설명 중 옳고 그름의 표시 (○
×) 가 바르게 된 것은?

㉠ 경찰관직무집행법에 설치근거를 두고 있다.
㉡ 위원장 포함 9인으로 구성하며, 위원 중 2인은 법관의 자격이 있어야 한다.
㉢ 위원 중 지방행정과 치안행정에 관한 학식과 경험이 있는 자로서 지방경찰청장
의 의견을 들어 시도지사가 위촉하는 위원의 임기는 2년으로 한다.
㉣ 치안행정협의회의 회의는 매 분기 1회 개최하되, 특정사안에 관하여 지방행정과
치안행정과의 업무협조 등을 위하여 필요한 경우에는 수시로 개최할 수 있다.
㉤ 치안행정협의회의 사무를 처리하게 하기 위하여 간사 2인을 두되, 시 · 도의 기
획담당관 및 지방경찰청 경무과장이 된다.

① ㉠× ㉡× ㉢○ ㉣○ ㉤○　　② ㉠○ ㉡○ ㉢× ㉣× ㉤×
③ ㉠× ㉡○ ㉢○ ㉣× ㉤×　　④ ㉠× ㉡× ㉢× ㉣○ ㉤○

해설
㉠ **경찰법**에 설치근거를 두고 있다
㉡ 위원 중 2인은 법관의 자격이 있어야 하는 것은 **경찰위원**회이다.

015

18 승진

「경찰청과 그 소속기관 직제」에 대한 설명으로 가장 적절한 것은?

① 경찰청장의 관장사무를 지원하기 위하여 경찰청장 소속하에 경찰대학, 경찰인재
개발원, 중앙경찰학교, 경찰수사연수원 및 국립과학수사연구원을 둔다.
② 지구대 · 파출소 및 출장소의 명칭 · 위치 및 관할구역과 기타 필요한 사항은 관할
경찰서장이 정한다.
③ 경찰서장은 자신의 소관사무를 분장하기 위하여 행정안전부령이 정하는 바에 따라
지방경찰청장의 승인을 얻어 지구대 또는 파출소를 둘 수 있다.
④ 지방경찰청장은 임시로 필요한 때에는 출장소를 둘 수 있다.

해설
① 경찰청장의 관장사무를 지원하기 위하여 **경찰청장 소속하에 경찰대학, 경찰인재개발원, 중앙경찰학
교, 경찰수사 연수원을 둔다.** 국립과학수사연구원은 경찰청장 소속이 아니다.
② 지구대, 파출소 및 출장소의 명칭 · 위치 및 관할구역과 기타 필요한 사항은 관할 **지방경찰청장**이 정
한다.
③ **지방경찰청장**은 경찰서장의 소관사무를 분장하기 위하여 행정안전부령이 정하는 바에 따라 **경찰청장
의 승인을 얻어 지구대 또는 파출소를 둘 수 있다.** 「경찰청과 그 소속기관 직제 제44조 제1항).

016 다음 중 훈령에 대한 설명으로 옳은 것은 모두 몇 개인가?

16 채용
2차

⊙ 훈령은 구체적인 법령의 근거 없이도 발할 수 있다.
ⓒ 훈령의 내용은 하급관청의 직무상 독립된 범위에 속하는 사항이여야 한다.
ⓒ 하급경찰관청의 법적 행위가 훈령에 위반하여 행해진 경우 원칙적으로 위법이 아니며, 그 행위의 효력에는 영향이 없다.
ⓔ 훈령은 원칙적으로 일반적·추상적 사항에 대해서 발해져야 하지만, 개별적·구체적 사항에 대해서도 발해질 수 있다.

① 1개   ② 2개   ③ 3개   ④ 4개

해설
ⓒ 하급관청의 직무상 독립된 범위에 속하는 사항에 대해서는 훈령을 발할 수 없다.

017 훈령과 직무명령에 대한 설명으로 옳지 않은 것은?

20 경간

① 상호 모순되는 둘 이상의 상급관청의 훈령이 경합할 경우 주관 상급관청이 불명확한 때에는 직근상급행정관청의 훈령에 따른다.
② 훈령이란 상급관청이 하급관청의 권한행사를 지휘하기 위하여 발하는 명령으로 구성원의 변동이 있는 경우에도 효력에는 영향이 없다.
③ 훈령은 직무명령의 성격을 가지나 직무명령은 훈령의 성격을 갖지 못한다.
④ 훈령은 원칙적으로 일반적 추상적 사항에 대해서 발해야 하지만, 개별적 구체적 사항에 대해서도 발해질 수 있다.

해설
① 서로 모순되는 두 개 이상의 상급관청의 훈령이 경합할 때에 하급관청은 주관 상급관청에 따라야 한다. 만일, 주관 상급관청이 상하관계의 경우에는 행정조직의 계층제적 질서 존중에 따라 직근상급관청의 훈령에 따라야 한다. **주관 상급관청이 불분명할 때에는 주관쟁의의 방법에 의해 해결해야 한다.**

018 훈령의 형식적 요건에 대해 바르게 설명한 항목의 개수로 가장 적절한 것은?

09 경찰
2차

㉠ 상위법규에 저촉되지 않을 것
㉡ 하급관청의 권한 내의 사항에 관한 것일 것
㉢ 정당한 권한을 가진 상급관청이 발한 것일 것
㉣ 하급관청의 직무상 독립성이 보장되어 있는 사항일 것
㉤ 적법성 · 타당성 · 공익적합성 · 실현가능성 · 명백성을 충족할 것

① 1개 ② 2개 ③ 3개 ④ 4개

해설

형식적 요건	훈령의 주체 · 형식 · 절차에 대한 요건을 의미한다. ⓐ 정당한 권한을 가진 상급관청이 ⓑ 하급관청의 권한 내의 사항에 관하여, ⓒ 그 하급관청의 직무상 독립성이 보장되어 있지 않은 사항에 대하여 할 수 있다.
실질적 요건	훈령의 내용에 관한 요건을 의미한다. ⓐ 훈령이 공익에 반하지 않아야 하며, ⓑ 상위법규에 저촉되지 않아야 하고 ⓒ 실현가능하고 명백하여야 한다.

019 직무명령의 형식적 요건에 해당하지 <u>않는</u> 것은 모두 몇 개인가?

11 경찰
2차

㉠ 권한이 있는 상관이 발한 것
㉡ 부하 공무원의 직무 범위 내의 사항일 것
㉢ 실현 가능성이 있을 것
㉣ 부하 공무원의 직무상 독립이 보장된 것이 아닐 것
㉤ 그 내용이 법령과 공익에 적합할 것
㉥ 법적 형식이나 절차가 있으면 이를 갖출 것

① 없음 ② 1개 ③ 2개 ④ 3개

해설
㉢, ㉤은 **실질적 요건**에 해당한다.

020 경찰하명에 대한 설명 중 잘못된 것은 모두 몇 개인가?

05 승진

> ㉠ 하명에 따른 의무를 불이행하면 일정한 행정상의 제재나 강제집행을 받게 된다.
> ㉡ 하명에 위반한 행위는 법적 효력을 상실한다.
> ㉢ 공공시설에서 공중의 건강을 위하여 흡연행위를 금지시키는 하명은 수인하명이다.
> ㉣ 위법한 하명으로 인하여 권리를 침해당한 자는 행정소송을 제기하거나 손해배상을 청구할 수 있다.

① 1개　　　　　② 2개　　　　　③ 3개　　　　　④ 4개

[해설]
㉡ 하명은 적법요건일 뿐 유효요건이 아니다. 따라서 하명에 위반한 행위는 위법하지만, 법적 효력은 유효하다.
㉢ 흡연금지는 부작위 하명에 해당한다.

021 경찰허가에 대한 다음 기술 중 잘못된 것은?

04 채용

① 법령에 의한 일방적 · 상대적 금지를 특정한 경우에 해제하여 적법하게 일정한 행위를 할 수 있게 하는 행정행위이다.
② 경찰허가는 상대방의 출원에 의하여 행하여지는 것이 보통이지만 언제나 상대방의 출원이 있어야만 하는 것은 아니다.
③ 경찰허가는 특정행위를 사실상 적법하게 할 수 있도록 하는 행위의 적법요건이자 유효 요건이다.
④ 대물적 허가의 효과는 이전성이 있다.

[해설]
경찰허가는 행위의 적법요건이지만, 유효요건은 아니다.

022

09 채용

다음 중 경찰허가에 대한 설명으로 옳은 것은 몇 개인가?

> ⊙ 경찰허가에는 상대방의 출원에 의하여 행하여지는 것이 보통이지만 출원에 의하지 아니하는 경우도 있다.
> ⓛ 경찰허가는 특정행위를 사실상 적법하게 할 수 있도록 하는 적법요건이자 유효요건이다.
> ⓒ 상대적 금지만 허가의 대신이 되고, 절대적 금지는 허가의 대상이 될 수 없다.
> ⓔ 의사면허, 총포류 제조·판매허가, 자동차운전학원의 허가, 마약취급면허 등은 대인적 허가에 속한다.
> ⓜ 판례에 의하면 허가 여부의 결정기준은 특별한 사정이 없는 한 원칙적으로 신청 당시의 법령에 의한다.
> ⓗ 기한부 허가의 경우 그 기한이 도래하기 전에 상대방이 갱신을 신청할 경우에는 경찰상 장애 발생의 새로운 사정이 없는 한 반드시 허가해야 한다.

① 2개　　　　② 3개　　　　③ 4개　　　　④ 5개

해설

ⓛ 경찰허가는 적법요건일 뿐 유효요건은 아니다.
ⓔ 의사면허와 마약류취급면허는 대인적 허가이고, 총포류 제조·판매허가, 자동차운전학원의 허가 등은 혼합적 허가에 속한다.
ⓜ 허가 여부의 결정기준은 원칙적으로 처분 시의 법령에 의한다.(통설·판례)
ⓗ 허가는 원칙적으로 기속행위로서 요건을 갖춘 허가 신청의 경우 행정청은 허가를 해야 할 의무를 부담한다. 기한부 허가의 경우에도 경찰상 장애 발생의 새로운 사정이 없다면 역시 동일하다. 다만 예외적인 재량허가(사행 행위 허가, 토질형질변경 허가 등)의 경우에는 법령에서 '공익' 판단을 허가의 여건으로 하는 경우가 있기 때문에 허가의 성질을 재량행위로 보고 있지만, 법령에 없는 요건을 들어서 행정청이 임의로 허가거부를 할 수 없기 때문에 전체적으로 허가의 성질은 역시 기속행위로 보는 것이 타당한 것이다.

023

09 경간

부관에 대한 아래의 설명 중 틀린 것은?

① 숙박영업허가를 하면서 성매매알선행위를 하면 허가를 철회한다는 것과 관련 있는 것은 철회권의 유보이다.
② 화물차량의 A도로 통행허가 신청에 대하여 B도로 통행을 허가한 경우에 사용된 부관은 법률효과의 일부 배제이다.
③ 부관의 내용은 비례원칙에 반할 수 없으며, 사후부관의 인정 여부에 대하여는 판례가 제한적으로 인정하고 있다.
④ 경찰허가의 부관이란 경찰허가의 효과를 제한 또는 보충하기 위하여 주된 행위에 부가된 종된 규율을 말한다.

해설

이는 새로운 의무를 부가하는 것이 아니라, 상대방이 신청한 것과는 다르게 행정행위의 내용을 정하는 부관인 수정부담에 해당한다.

ANSWER　022 ② / ⊙ ⓒ ⓗ　　023 ②

024 다음 중 하자의 승계가 부정되는 경우는? (다툼이 있으면 판례에 의함)

① 대집행절차에 있어서 선행처분인 계고처분의 하자와 후행처분인 대집행영장발부 통보 처분 간의 경우
② 개별공시지가 결정의 위법과 이를 기초로 한 과세처분 간의 경우
③ 안경사시험합격무효처분의 하자와 안경사면허취소처분 간의 경우
④ 대학원에서의 수강거부처분의 하자와 수료처분 간의 경우

해설
대학원에서의 수강거부처분의 하자와 수료처분 간의 경우에는 하자의 승계를 부정했다.

025 하자의 승계에 대한 설명으로 타당하지 않은 것은?

① 두 개 이상의 행정행위가 연속하여 행하여지는 경우 선행행위의 하자를 후행행위의 위법 사유로서 주장할 수 있는가의 문제이다.
② 선행행위가 당연무효라면 언제나 다툴 수 있고 후행행위는 당연히 원인무효가 되어 그 취소 또는 무효를 주장할 수 있다.
③ 통설은 두 개 이상의 행정행위가 서로 독립하여 별개의 효과를 목적으로 하는 경우에 선행 행위가 당연 무효가 아닌 한, 하자는 승계되지 않는다고 본다.
④ 판례는 과세처분과 체납처분 사이에 하자가 승계된다고 본다.

해설

하자승계 부정 (원칙)	하자승계 긍정 (예외)
(1) 직위해제처분과 직권면직처분	(1) 대집행절차 상호 간
(2) 건물철거명령과 대집행계고처분	(2) 조세체납처분 상호 간
(3) 과세처분과 체납처분	(3) 안경사시험합격무효처분의 하자와 안경사면허 취소처분 간의 경우
(4) 표준공시지가 결정과 과세처분	(4) 한의사시험 자격인정과 한의사 면허처분
(5) 사업인정과 수용재결처분	(5) 개별공시지가 결정과 과세처분
(6) 대학원에서의 수강거부처분과 수료처분	

판례는 '과세처분과 체납처분'의 경우에는 하자의 승계를 부정하였다.

ANSWER 024 ④ 025 ④

194 • 박선영 경찰학

026

11 경위
승진

경찰강제에 대한 설명으로 가장 옳지 않은 것은?

① 대집행은 대체적 작위의무 불이행에 대하여 스스로 행하거나 제3자로 하여금 이행하게 하고 그 비용을 의무자로부터 징수하는 것을 말한다.

② 집행벌(이행강제금)은 「경찰법」상의 부작위의무 또는 비대체적 작위의무의 불이행이 있는 경우 그 의무의 이행을 간접적으로 강제하기 위하여 과하는 금전벌을 말하며, 간접적 심리적 강제수단이다.

③ 강제징수란 「경찰법」상의 금전급부의무의 불이행이 있는 경우 의무자의 재산에 실력을 가하여 의무의 이행이 있었던 것과 같은 상태를 실현하는 작용을 말하며 일반법으로 「국세기본법」을 근거로 한다.

④ 직접강제란 「경찰법」상의 의무 불이행이 있는 경우에 의무자의 신체, 재산 등에 직접적으로 실력을 가함으로써 의무의 이행과 동일한 상태를 실현하는 작용을 말한다.

> **해설**
> 강제징수의 법적 근거로는 일반법으로 「**국제 징수법**」이 있다.

027

10 경간

행정입법에 대한 다음의 설명 중에서 틀린 것은 몇 개인가?

> ㉠ 행정기관이 법률을 집행하기 위해 필요한 부수적·세부적 규정을 정하는 것을 집행명령이라고 한다.
> ㉡ 법규명령에는 집행명령과 위임명령이 있다.
> ㉢ 법규명령은 상위 법령의 수권을 요하는 반면, 행정규칙은 법령의 개별적 구체적 수권을 필요로 하지 않는다.
> ㉣ 법규명령과 행정규칙은 대외적 효력은 같다.
> ㉤ 위임명령은 새로운 입법사항에 관해서도 규정할 수 있다.
> ㉥ 법규명령 위반은 무효사유임에 반해서, 행정규칙 위반은 취소사유이다.
> ㉦ 행정규칙을 위반해도 징계의 사유는 되지 않는다.
> ㉧ 위임명령은 법규성을 가지나, 집행명령은 법규성이 없다.
> ㉨ 법규명령은 법률유보의 원칙과 법률우위의 원칙이 모두 적용되지만, 행정규칙은 법률유보의 원칙만 적용된다.

① 3개 　　　　② 4개 　　　　③ 5개 　　　　④ 6개

> **해설**
> ㉣ 법규명령은 대외적 효력을 가지지만, 행정규칙은 **대외적 효력을 가지지 않는다**.
> ㉥ 법규명령 위반은 무효 또는 취소의 사유가 될 수 있으나, **행정규칙에 위반한 행정행위는 적법**하며 무효나 취소의 사유가 되지 아니한다.
> ㉦ 행정규칙은 내부법적 지위를 가지기 때문에 행정규칙에 위반한 경우 징계의 사유가 될 수 있다.
> ㉧ 위임명령과 집행명령은 모두 **법규명령으로서 법규성**을 가진다.
> ㉨ 법규명령은 법률유보의 원칙과 법률우위의 원칙이 모두 적용되며, 행정규칙에는 법률우위의 원칙은 적용되지만 **법률유보의 원칙은 적용되지 아니한다**.

028 청원경찰에 대한 설명으로 옳은 것은 모두 몇 개인가?

> ㉠ 임용승인은 경찰의 권한이나, 임용은 청원주의 권한이다.
> ㉡ 청원주는 경찰에서 임용승인을 받은 자에 대하여는 반드시 임용하여야 한다.
> ㉢ 청원경찰의 배치는 '배치신청 → 배치결정 → 임용승인신청 → 임용승인 → 임용' 순서로 배치한다.
> ㉣ 청원주가 임용승인에 의하여 청원경찰을 임용한 때에는 10일 이내에 지방경찰청장에게 보고한다.
> ㉤ 관할경찰서장은 연 1회 이상 청원경찰을 배치한 경비구역을 지도 · 감독한다.

① 1개 ② 2개 ③ 3개 ④ 4개

해설
㉡ 임용승인 여부와 관련 없이 임용은 청원주의 권한에 해당하므로 임용승인을 받은 자라도 청원주가 임용하지 않을 수 있다.
㉤ 관할경찰서장은 매월 1회 이상 청원경찰을 배치한 경비구역을 감독하여야 한다.

029 청원경찰에 관한 설명으로 옳지 <u>않은</u> 것을 모두 고른 것은?

> ㉠ 청원경찰이 직무를 수행할 때 직권을 남용하여 국민에게 해를 끼친 경우에는 6개월 이하의 징역이나 금고에 처한다.
> ㉡ 지방경찰청장은 청원경찰이 직무를 수행하기 위하여 필요하다고 인정하면 청원주의 신청을 받아 관할 경찰서장으로 하여금 청원경찰에게 무기를 대여하여 지니게 하여야 한다.
> ㉢ 청원경찰의 임용권자는 청원주, 승인권자는 지방경찰청장이다.
> ㉣ 청원주가 청원경찰을 면직시키고자 할 때에는 사전에 지방 경찰청장의 승인을 받아야 한다.

① ㉠, ㉡ ② ㉠, ㉡, ㉣ ③ ㉠, ㉢ ④ ㉡, ㉣

해설
㉡ 지방경찰청장은 청원경찰이 직무를 수행하기 위하여 필요하다고 인정하면 청원주의 신청을 받아 관할 경찰서장으로 하여금 **청원경찰에게 무기를 대여**하여 지니게 할 수 있다.
㉣ 청원주가 청원경찰을 면직시켰을 때에는 그 사실을 관할 경찰서장을 거쳐 **지방경찰청장에게 보고**하여야 한다.

030 다음 중 시보임용에 관한 설명으로 타당하지 <u>않은</u> 것은?

08
경찰간부

① 경찰대학을 졸업한 자 또는 경찰간부후보생으로서 소정의 교육을 마친 자를 경위로 임용하는 경우에는 시보임용을 거치지 않는다.

② 시보임용은 필기시험 평가의 보완과 경찰조직의 목적과 임무, 내용 등에 관한 지식을 얻게 하기 위하여 필요하다.

③ 휴직기간, 직위해제기간 및 징계에 의한 정직처분 또는 감봉처분을 받은 기간은 시보 임용기간에 산입하지 않는다.

④ 임용권자 등은 시보임용 경찰공무원을 정규 경찰공무원으로 임용함이 부적당하다고 인정되는 경우에는 직권으로 경찰공무원을 면직시킬 수 있다.

해설
임용권자 및 임용제청권자는 시보임용경찰공무원이 정규경찰공무원으로 임용함이 부적당하다고 인정되는 경우에는 정규임용 심사위원회 심사를 거쳐 시보임용경찰공무원을 면직시키거나 면직을 제청할 수 있다.

031 "경찰청 공무원 행동강령"에 대한 설명 중 옳은 것은 모두 몇 개인가?

11
경찰간부

> ㉠ 공무원은 자신이 수행하는 직무가 자신의 직계 존·비속 또는 배우자의 금전적인 이해와 직접적인 관련이 있는 경우 회피하여야 한다.
> ㉡ 공무원은 정치인이나 정당 등으로부터 부당한 직무수행을 강요받은 경우 직근 상급자에게 보고하거나 행동강령 책임관과 상담한 후 처리하여야 한다.
> ㉢ 공무원은 직무관련자 또는 직무 관련 공무원(4촌 이내 친족 포함)에게 금전을 빌리거나 빌려 주어서는 안 된다.
> ㉣ 공무원은 현재 근무하고 있는 기관의 소속직원에 대해 경조사를 알려서는 아니 된다.

① 0개   ② 1개   ③ 2개   ④ 3개

해설
㉠ 공무원은 자신이 수행하는 직무가 자신의 직계 존·비속 또는 배우자의 금전적인 이해와 직접적인 관련이 있는 경우에는 그 직무의 회피 여부 등에 관하여 직근 상급자 또는 행동강령책임관과 상담한 후 처리하여야 한다. (제5조)
㉡ 공무원은 정치인이나 정당 등으로부터 부당한 직무수행을 강요받거나 청탁을 받은 경우에는 소속 기관의 장에게 보고하거나 행동강령책임관과 상담한 후 처리하여야 한다. (제8조)
㉢ 공무원은 직무관련자 또는 직무 관련 공무원(**4촌 이내의 친족은 제외한다**.)에게 금전을 빌리거나 빌려 주어서는 아니 되며 부동산을 무상으로 대여받아서는 아니된다. 다만, 「금융실명거래 및 비밀보장에 관한 법률」 제2조에 따른 금융기관으로부터 통상적인 조건으로 금전을 빌리는 경우는 제외한다.
㉣ 공무원은 **직무관련자나 직무 관련 공무원**에게 경조사를 알려서는 아니 된다.

032

10 채용

경찰공무원의 신규임용에 있어서 채용후보자 등록에 관한 설명 중 옳지 <u>않은</u> 것은 모두 몇 개인가?

> ㉠ 채용후보자명부의 유효기간은 1년의 범위 안에서 대통령령으로 정하나, 경찰청장 또는 해양경찰청장은 필요에 따라 1년의 범위 안에서 그 기간을 연장할 수 있으므로 최장 유효기간은 2년이다.
> ㉡ 경찰청장 또는 해양경찰청장은 신규채용시험에 합격한 자를 대통령령이 정하는 바에 의하여 성적 순위에 따라 채용후보자명부에 등재하여야 한다.
> ㉢ 경찰공무원의 신규채용은 채용후보자명부의 등재순위에 의한다. 다만, 채용 후보자가 경찰교육 기관에서 신임교육을 받은 때에는 그 교육성적순위에 의한다.
> ㉣ 채용후보자등록을 하지 아니한 자는 경찰공무원으로 임용될 의사가 없는 것으로 본다.

① 1개   ② 2개   ③ 3개   ④ 4개

해설
㉠ 채용후보자명부의 유효기간은 2년의 범위 안에서 대통령령으로 정하나, 경찰청장 또는 해양경찰청장은 필요에 따라 1년의 범위 안에서 그 기간을 연장할 수 있다. 따라서 최장 유효기간은 3년이다.

033

11 채용

다음 경찰위원회와 소청심사위원회에 대한 설명 중 적절하지 <u>않은</u> 것은 모두 몇 개인가?

> ㉠ 경찰위원회는 경찰법에 설치근거를 두고 있고, 소청심사위원회는 국가공무원법에 설치근거를 두고 있다.
> ㉡ 경찰·검찰·국가정보원직원 또는 군인의 직에서 퇴직한 날부터 3년이 경과되지 아니한 자는 경찰위원회의 위원이 될 수 없다.
> ㉢ 행정안전부에 설치된 소청심사위원회는 위원장 1명을 포함한 5명 이상 7명 이내의 상임위원으로 구성하되, 위원장은 정무직으로 보하고, 필요하면 약간의 비상임위원을 둘 수 있다.
> ㉣ 소청심사위원회의 상임위원의 임기는 3년으로 하며, 한 번만 연임할 수 있으며, 다른 직무를 겸할 수 있다.

① 1개   ② 2개   ③ 3개   ④ 없음

해설
㉢ 소청심사위원회는 위원장 1인을 포함한 5인 이상 7인 이내의 상임위원과 상임위원 수의 2분의 1 이상인 비상임위원으로 구성한다.
㉣ 소청심사위원회 상임위원은 겸직이 허용되지 않는다.

ANSWER   032 ① / ㉠   033 ② / ㉢ ㉣

034 경찰공무원 징계에 대한 설명 중 옳은 것은 모두 몇 개인가?

11 승진

> ⊙ 정직은 1개월 이상 3개월 이하의 기간으로 하고, 정직 처분을 받은 자는 그 기간 중 공무원의 신분은 보유하나 직무에 종사하지 못하며 보수의 3분의 1을 감한다.
> ⓒ 감봉은 1개월 이상 3개월 이하의 기간 동안 보수의 3분의 1을 감한다.
> ⓒ 징계의결 등의 요구는 징계 등의 사유가 발생한 날부터 2년(금품 및 향응 수수, 공금의 횡령 · 유용의 경우에는 5년)이 지나면 하지 못한다.
> ② 임용권자는 승진후보자명부에 등재된 자가 승진 임용되기 전에 정직 이상의 징계 처분을 받은 경우에는 승진후보자명부에서 이를 삭제할 수 있다.

① 1개   ② 2개   ③ 3개   ④ 4개

해설
⊙ 정직은 보수의 3분의 2를 감한다.
② 임용권자는 승진후보자명부에 등재된 자가 정직 이상의 징계처분을 받은 경우에는 승진후보자명부에서 이를 삭제하여야 한다.

035 다음 보호조치 등에 대한 설명으로 옳은 것은?

05 경찰 2차

① 정신착란자 또는 자살기도자에 대하여는 경찰관서에 24시간 이내 보호 가능하다.
② 보호조치한 경우 가족 등에게 통치할 필요가 없다.
③ 보호조치대항자가 소지하고 있는 물건에 대한 임시영치 기간은 30일이다.
④ 임시영치는 대인적 즉시강제의 일종이다.

해설
② 보호조치한 경우 가족 등에게 통지할 필요가 있다.
③ 보호조치대항자가 소지하고 있는 물건에 대한 임시영치 기간은 10일이다.
④ 임시영치는 대물적 즉시강제의 일종이다.

036 불심검문에 대한 설명 중 <u>틀린</u> 것은 몇 개인가?

07 채용

> ㉠ 판단 기준은 복장 · 언어 · 장소 · 소지품 · 태도 등과 주위 사정을 합리적으로 판
> 단하여 결정한다.
> ㉡ 경찰관은 신분증을 제시하고 소속, 성명 및 검문의 목적과 이유를 설명하고, 임
> 의동행 시 변호인 조력권과 진술거부권을 고지한다.
> ㉢ 임의동행을 한 경우 가족들에게 동행한 경찰관의 신분, 동행 장소, 동행의 목적
> 과 이유를 고지하고, 동시에 본인으로 하여금 즉시 연락할 수 있는 기회를 주어
> 야 한다.
> ㉣ 경찰관이 피검문자를 동행하여 검문한 때에는 12시간 이내에 동행검문결과보고
> 서를 작성하여 소속 경찰관서의 장에게 보고하여야 한다.
> ㉤ 심신상실자는 어떤 죄를 범하였다고 의심할만한 상당한 이유가 있더라도 불심
> 검문의 대상자에 포함되지 않는다.
> ㉥ 불심검문 후 범죄혐의가 있는 자는 경찰관직무집행법에 의거하여 구속할 수 있
> 다.

① 3개 ② 4개 ③ 5개 ④ 6개

해설
㉡ 임의동행 시 변호인 조력권은 고지의 대상이지만, 진술거부권은 고지의 대상이 아니다.
㉢ 가족 등에게 대한 경찰관의 연락과 본인의 연락기회부여는 선택적인 것으로 어느 하나면 하면 충분하
다.
㉣ 동행검문경과보고서의 제출 시한은 24시간 이내이다.
㉤ 불심검문은 범죄처벌의 목적이 아니기 때문에 형사책임능력이 없는 심신상실자도 불심검문의 대상이
될 수가 있다.
㉥ 불심검문 후 범죄혐의가 있는 자는 형사소송법 등에 의거하여 구속할 수 있다.

037 주취자에 대한 지역경찰관의 조치요령에 대한 설명으로 타당하지 <u>않은</u> 것은?

02 승진

① 타인의 생명 · 신체와 재산에 위해를 미칠 우려가 없는 주취자에 대해서는 보호조
치의 필요가 없다.
② 주취자가 지구대 내의 소란이나 집무집행 방해 시에는 CCTV를 작동하여 채증한
다.
③ 부상당한 주취자 발견 시 사진촬영을 하여 항의나 오해의 소지가 없도록 한다.
④ 형사사건으로 구속 대상이 아닐 경우 보호자나 친구 등 지인을 찾아 우선 귀가 조
치한 다음 출석하게 하여 조사토록 한다.

해설
타인의 생명 · 신체와 재산에 위해를 미칠 우려가 없다고 해도 자기의 생명 · 신체와 재산에 위해를 미칠
우려가 있다면, 보호조치의 필요가 있다.

ANSWER 036 ③ /㉡ ㉢ ㉣ ㉤ ㉥ 037 ①

038 "경찰법"과 "경찰관직무집행법"에 대한 설명으로 옳은 것은 모두 몇 개인가?

11 채용

> ㉠ 해양경찰은 경찰법은 물론 경찰공무원법의 적용대상이며 해양에서는 경찰관직
> 무집행법에 의하여 직무를 수행한다.
> ㉡ 불심검문 시 경찰관의 질문에 대하여 당해 당사자는 그 의사에 반해 답변을 강
> 요당하지 아니하며, 이 경우 경찰관의 진술거부권 고지 의무는 법률상 명시되
> 어 있지 않다.
> ㉢ 불심검문 시 질문을 보다 능률적으로 하기 위하여 필요한 경우에 지구대에 동
> 행할 것을 요구할 수 있다.
> ㉣ 미아·병자·부상자 등으로서 적당한 보호자가 없으며 응급의 구호를 요한다고
> 인정되는 경우 당해인이 이를 거절하는 경우에도 보호조치를 할 수 있다.
> ㉤ 경찰관직부집행법에서 위험 발생의 방지를 위한 조치수단 중 긴급을 요할 때
> '억류 또는 피난조치를 할 수 있는 대상자'로 규정된 자는 그 장소에 집합한 자,
> 사물의 관리자. 기타 관계인이 있다.

① 1개   ② 2개   ③ 3개   ④ 4개

해설
㉠ 해양경찰에게는 '경찰법'이 적용되지 않고, '해양경찰청과 그 소속기관 직제'의 적용을 받는다.
㉢ 불심검문을 할 때 당해 장소에서 질문을 하는 것이 당해인에게 불리하거나 교통에 방해가 되는 경우
에 임의동행이 가능하다.
㉣ 미아·병자·부상자 등 임의보호의 대상자는 당해인이 거절하는 경우 보호조치를 할 수가 없다.
㉤ 경찰관직무집행법상 '억류 또는 피난' 조치의 대상자는 특히 긴급을 요할 경우에 위해를 받을 우려가
있는 자에 한정된다.

039 다음 중 경찰개입청구권을 인정한 판례와 관련이 있는 것은 몇 개인가?

09 경찰간부

㉠ 띠톱 판결	㉡ Kreuzberg 판결
㉢ Miranda 판결	㉣ Escobedo 판결
㉤ 김신조 무장공비사건 판결	㉥ Mapp 판결
㉦ 맬로리사건 판결	㉧ Blanco 판결

① 1개   ② 2개   ③ 3개   ④ 4개

해설
개입청구권 인정한 것: ㉠, ㉤ 관련이 없는 것: ㉡, ㉢, ㉣, ㉥, ㉦, ㉧

040 다음 중 경찰개입청구권에 대한 설명 중 틀린 것은 모두 몇 개인가?

04 경찰
2차

⊙ 경찰권 행사의 편의주의 한계의 문제로서 경찰이 개입한 경우에는 재량권 수축론의 법리가 작용한다.

ⓛ 경찰 재량이 0으로 수축되는 경우를 전제로 함이 보통이다.

ⓒ 그 경우 오직 한가지 결정만이 타당한 결정이 된다.

ⓔ 독일에서 이 권리를 인정한 판결의 효시는 띠톱판결이다.

ⓜ 경찰권의 행사로 국민이 받는 이익이 반사적 이익인 경우에도 인정된다.

ⓗ 타 수단으로 목적을 수행할 수 있는 경우에는 경찰개입청구권이 인정되지 않는다.

ⓢ 오늘날의 사회적 법치국가에서는 경찰개입청구권이 인정될 여지가 점점 축소되어 가는 경향이다.

ⓞ 행정개입청구권이 인정되기 위해서는 행정청에게 개입의무가 있어야 하며 경찰분야에서 주로 인정되고 있다.

① 1개 　　　② 2개 　　　③ 3개 　　　④ 4개

> **해설**
> ⊙ 경찰권 행사의 편의주의 한계의 문제로서, 경찰이 개입한 경우에는 재량행위 문제와 비례의 원칙이 문제가 되며, 개입하지 않는 부작위의 경우에는 편의주의 한계문제로 재량권 수축론의 법리가 작용한다.
> ⓜ 경찰권 행사로 국민이 받는 이익이 반사적 이익인 경우에도 인정되지 않는다.
> ⓢ 오늘날의 사회적 법치국가에서는 반사적 이익으로 보았던 것을 관계법규가 공익과 동시에 개인적 이익도 보호되는 것으로 봄으로서 경찰개입청구권이 인정될 여지가 확대되고 있다.

041 "경범죄처벌법"상 범칙금의 납부에 대한 설명으로 옳지 않은 것은?

11 경간

① 통고처분서를 받은 사람은 그 통고처분서를 받은 날로부터 10일 이내에 범칙금을 납부하여야 한다.

② 천재·지변 그 밖의 부득이한 사유로 말미암아 통고처분서를 받은 사람이 정해진 기간 내에 범칙금을 납부할 수 없는 때에는 그 부득이한 일이 없어지게 된 날로부터 7일 이내에 납부하여야 한다.

③ 납부기간 내에 범칙금을 납부하지 아니한 사람은 납부기간이 만료되는 날의 다음 날부터 20일 이내에 통고받은 범칙금액에 그 100분의 20을 더한 금액을 납부하여야 한다.

④ 범칙금을 납부한 사람은 그 범칙행위에 대하여 다시 벌 받지 아니한다.

> **해설**
> 통고처분서를 받았으나 부득이한 사유로 납부치 못한 경우는 부득이한 일이 없어지게 된 날로부터 5일 이내에 납부하여야 한다.

ANSWER 040 ③ 　 041 ②

042 즉결심판에 관한 설명으로 <u>틀린</u> 것은?

01 채용

① 20만 원 이하의 벌금·구류 또는 과료에 처할 사건을 그 대상으로 한다.

② 즉결심판의 절차는 검사의 기소독점주의의 예외로 볼 수 있다.

③ 즉결심판으로 처리함이 부적당하다고 인정되는 경우 판사는 결정으로 즉결심판 청구를 기각하여야 한다.

④ 즉결심판의 선고에 불복종하는 자는 3일 이내에 정식재판을 청구하여야 한다.

해설
정식재판을 청구하고자 하는 피고인은 즉심의 선고·고지일로부터 7일 이내에 정식재판청구서를 경찰서장에게 제출해야 한다.

043 다음 중 즉결심판과 관련한 설명 중 <u>틀린</u> 것은 몇 개인가?

07 채용

> ㉠ 법정형이 20만 원 이하의 벌금, 구류 또는 과료에 처한 사건을 그 대상으로 한다.
>
> ㉡ 정식재판은 즉결심판으로 하였던 관할법원에 선고일로부터 7일 이내에 정식재판 청구서를 제출하면 된다.
>
> ㉢ 피고인의 자백만으로 처벌할 수 없다.
>
> ㉣ 자백의 임의성 법칙이 배제된다.
>
> ㉤ 경찰서장의 즉결심판청구는 검사의 기소독점주의의 예외이다.

① 2개   ② 3개   ③ 4개   ④ 5개

해설
㉠ 법정형이 아닌 선고형을 기준으로 한다.
㉡ 정식재판을 청구하고자 하는 피고인은 즉심의 선고·고지일로부터 7일 이내의 정식재판청구서를 경찰서장에게 제출하여야 한다.
㉢ 자백의 보강법칙이 배제되기 때문에 피고인의 자백만으로 유죄인정이 가능하다.
㉣ 자백의 임의성 법칙은 적용이 된다.

044 다음 중 국가배상제도에 관한 설명으로 옳지 <u>않은</u> 것을 모두 고른 것은?

11 경간

> ㉠ 판례에 의하면 시영버스운전사는 공무를 위탁받은 사인에 해당한다.
> ㉡ 우리 헌법은 배상책임의 주체로 국가와 지방자치단체를 규정하고 있다.
> ㉢ "국가배상법"상 '공무원의 직무'에 권력적 작용과 관리작용은 포함되나, 사경제
>   작용은 포함되지 않는다.
> ㉣ 경찰공무원의 불법행위에 의한 손해에 대해서는 경찰청장이 피고가 된다.
> ㉤ 영조물의 설치, 관리상 하자 책임은 공무원의 과실을 요건으로 하지 않는다.

① ㉠, ㉡, ㉢   ② ㉠, ㉡, ㉣   ③ ㉡, ㉢, ㉣   ④ ㉢, ㉣, ㉤

해설
㉠ 판례는 시영버스운전사는 공무원(또는 공무를 위탁받은 사인)에 해당하지 않는다고 보았다.
㉡ 우리 헌법은 배상책임의 주체로 국가와 공공단체로 규정하고 있다.
㉣ 경찰공무원의 불법행위에 의한 손해에 대해서는 대한민국이 피고가 된다.(제주자치경찰의 경우에는
   제주자치도지사)

045 행정관청의 권한의 대리에 대한 설명 중 가장 적절하지 <u>않은</u> 것은?

20 승진

① 권한의 대리에는 임의대리와 법정대리가 있는데, 보통 대리는 임의대리를 의미한
   다.
② 법정대리는 협의의 법정대리와 지정대리가 있는데, 협의의 법정대리는 일정한 법
   정 사유가 발생하면 당연히 대리권이 발생하는 경우를 말한다.
③ 권한의 대리는 피대리자의 권한의 전부 또는 일부를 대리자가 피대리자를 위한 것
   임을 표시하고 자기의 명의로 대행하는 것으로 그 행위는 대리자의 행위로서 효과
   가 발생한다.
④ 임의대리는 피대리관청의 대리자에 대한 지휘·감독이 가능하나, 법정대리는 원
   칙적으로 피대리관청의 대리자에 대한 지휘·감독이 불가능하다.

해설
③ 권한의 대리는 피대리자의 권한의 전부 또는 일부를 대리자가 피대리자를 위한 것임을 표시하고 자기
   의 명의로 대행하는 것으로 그 행위는 **피대리자**의 행위로서 효과가 발생한다.

046 「수사경찰 인사운영규칙」상 수사경과에 대한 설명으로 가장 적절하지 <u>않은</u> 것은?

20 승진

① 직무 관련 금품, 향응 수수, 중대한 인권침해 행위로 징계처분을 받는 경우 수사경과를 해제하여야 한다.

② 인권침해, 편파수사 등에 관한 시비로 사건관계인으로부터 수시로 진정을 받는 경우 수사경과를 해제하여야 한다.

③ 5년간 연속으로 비수사부서에 근무하는 경우 수사경과를 해제하여야 한다.

④ 2년간 연속으로 수사부서 전입을 기피하는 경우 수사경과를 해제할 수 있다.

해설

② 인권침해, 편파수사 등에 관한 시비로 사건관계인으로부터 수시로 진정을 받는 경우 수사경과를 해제 할 수 있다.

047 「경찰공무원법」상 경찰공무원의 임용에 대한 설명으로 가장 적절한 것은?

19 채용 1차

① 총경 이상의 경찰공무원은 경찰청장의 제청으로 국무총리를 거쳐 대통령이 임용한다.

② 퇴직한 경찰공무원으로서 퇴직 시에 재직하였던 계급의 채용시험에 합격한 사람을 재임용하는 경우 시보임용을 거치지 않는다.

③ 경찰청장은 경찰공무원의 채용시험 또는 경찰간부후보생 공개경쟁선발시험에서 부정행위를 한 응시자에 대하여는 해당 시험을 정지 또는 무효로 하고, 그 처분이 있는 날부터 3년간 시험응시 자격을 정지한다.

④ 경찰청장은 경찰공무원의 임용에 관한 권한의 일부를 소속기관 등의 장에게 위임할 수 없다.

해설

② 총경 이상의 경찰공무원은 **경찰청장 또는 해양경찰청장의 추천을 받아 행정안전부장관 또는 해양수 산부 장관의 제청**으로 국무총리를 거쳐 대통령이 임용한다.

③ 경찰청장은 경찰공무원의 채용시험 또는 경찰간부후보생 공개경쟁선발 시험에서 부정행위를 한 응시 자에 대하여는 해당 시험을 정지 또는 무효로 하고, 그 처분이 있는 날부터 **5년**간 시험응시자격을 정 지한다.

④ 경찰청장은 경찰공무원의 임용에 관한 권한의 일부를 소속기관 등에 장에게 **위임할 수 있다.**

048

대통령령인 「경찰공무원임용령」상 경찰의 인사에 관한 다음 설명 중 옳지 <u>않은</u> 것은 모두 몇 개인가?

> 가. 경찰공무원인사위원회는 5명 이상 7명 이하의 위원으로 구성되고, 위원장은 경찰청 및 해양경찰청 인사담당국장이 되며, 위원은 경찰청 및 해양경찰청 소속 총경 이상의 경찰관 중에서 위원장이 임명한다.
> 나. 경찰공무원 인사위원회 회의는 재적 위원 과반수의 출석과 출석위원 과반수의 찬성으로 의결한다.
> 다. 지방경찰청장은 소속 경감 이하 경찰공무원에 대한 해당 경찰서 안에서의 전보권을 경찰서장에게 다시 위임할 수 있다.
> 라. 임용권의 위임을 받은 지방경찰청장은 경감 또는 경위를 승진시키려 할 때에는 미리 경찰청장의 승인을 받아야 한다.

① 1개   ② 2개   ③ 3개   ④ 4개

해설

가. 위원은 경찰청 및 해양경찰청 소속 총경 이상의 경찰관 중에서 경찰청장 및 해양경찰청장이 임명한다.
나. 경찰공무원 인사위원회 회의는 재적 위원 과반수의 찬성으로 의결한다.
라. 임용권의 위임을 받은 지방경찰청장은 경감 또는 경위를 신규채용하거나 경위 또는 경사를 승진시키고자 할 때는 미리 경찰청장의 승인을 받아야 한다.

049

「경찰공무원 임용령」상 임용권의 위임에 대한 설명 중 가장 적절하지 <u>않은</u> 것은?

① 임용권을 위임받은 소속기관 등의 장은 경감 또는 경위를 신규채용하거나 경사 또는 경장을 승진시키려면 미리 경찰청장의 승인을 받아야 한다.
② 지방경찰청장은 소속 경감 이하 경찰공무원에 대한 해당 경찰서 안에서의 전보권을 경찰서장에게 다시 위임할 수 있다.
③ 경찰청장은 경찰대학 경찰인재개발원 중앙경찰학교 경찰수사연수원 경찰병원 및 지방경찰청(소속기관 등)의 장에게 그 소속 경찰 공무원 중 경정의 전보 파견 휴직 직위해제 및 복직에 관한 권한과 경감 이하의 임용권을 위임할 수 있다.
④ 임용권의 위임에도 불구하고 경찰청장은 경찰공무원의 정원 조정, 인사교류 또는 파견을 위하여 필요한 경우에는 임용권을 행사할 수 있다.

해설

① 임용권을 위임받은 소속기관 등의 장은 경감 또는 경위를 신규 채용하거나 경위 또는 경사를 승진시키려면 미리 경찰청장의 승인을 받아야 한다.

---

050 대통령령인 「경찰공무원임용령」상 경찰의 인사에 관한 다음 설명 중 옳지 <u>않은</u> 것은 모두 몇 개인가?

10 채용
1차

11 채용
2차

16 채용
1차 변형

19 특공대

> ㉠ 파산선고를 받고 복권되지 아니한 사람
> ㉡ 징계에 의하여 파면 또는 해임처분을 받은 사람
> ㉢ 국적법 제11조의2 제1항에 따른 복수국적자
> ㉣ 자격정지 이상의 형의 선고유예를 선고받고 그 유예기간 중에 있는 사람
> ㉤ 자격정지 이상의 형을 선고받은 사람
> ㉥ 피성년후견인 또는 피한정후견인

① 3개   ② 4개   ③ 5개   ④ 6개

해설

다음 각 호의 어느 하나에 해당하는 사람은 경찰공무원으로 임용될 수 없다.
1. 대한민국 국적을 가지지 아니한 사람
2. 「국적법」 제11조의2 제1항에 따른 복수국적자
3. 피성년후견인 또는 피한정후견인
4. 파산선고를 받고 복권되지 아니한 사람
5. 자격정지 이상의 형을 선고받은 사람
6. 자격정지 이상의 형의 선고유예를 선고받고 그 유예기간 중에 있는 사람

「경찰공무원법」상 시보임용에 대한 설명이다. 옳지 <u>않은</u> 것만을 모두 고른 것은?

> ⊙ 경정 이하의 경찰공무원을 신규채용할 때에는 1년간 시보로 임용하고, 그 기간
> 이 만료된 다음 날에 정규 경찰공무원으로 임용한다.
> ⓛ 휴직기간, 직위해제기간 및 징계에 의한 정직처분, 감봉처분 또는 견책처분을
> 받은 기간은 시보임용기간에 산입하지 아니한다.
> ⓒ 경찰대학을 졸업한 사람 또는 경찰간부후보생으로서 정하여진 교육을 마친 사
> 람을 경위로 임용하는 경우에는 시보임용을 거치지 아니한다.
> ⓔ 자치경찰공무원을 그 계급에 상응하는 경찰공무원으로 임용하는 경우에는 시보
> 임용을 거쳐야 한다.
> ⓜ 시보임용기간 중에 있는 경찰공무원이 근무성적 또는 교육훈련 성적이 불량할
> 때는 면직시키거나 면직을 제청하여야 한다.

① ㉠ ㉡ ㉢   ② ㉡ ㉢ ㉣   ③ ㉡ ㉣ ㉤   ④ ㉢ ㉣ ㉤

해설

ⓛ 휴직기간, 직위해제기간 및 징계에 의한 정직처분, 감봉처분을 받은 기간은 시보임용기간에 산입하지
아니한다.
ⓔ 자치경찰공무원을 그 계급에 상응하는 경찰공무원으로 임용하는 경우에는 **시보임용을 거치지 아니한
다.**
ⓜ 시보임용기간 중에 있는 경찰공무원이 근무성적 또는 교육훈련 성적이 불량할 때는 **면직시키거나 면
직을 제청할 수 있다.**

052

18 채용
2차

다음은 「경찰공무원법」 및 「경찰공무원임용령」상 경찰공무원의 임용에 대하여 설명한 것이다. 옳은 것을 모두 고른 것은?

⊙ 휴직기간, 직위해제기간 및 징계에 의한 감봉처분 또는 견책처분을 받은 기간은 시보임용기간에 산입하지 아니한다.
⊙ 경정으로의 신규채용, 승진임용 및 면직은 경찰청장 또는 해양경찰청장의 제청으로 국무총리를 거쳐 대통령이 한다.
⊙ '징계에 의하여 파면 또는 해임처분을 받은 사람'은 경찰공무원으로 임용될 수 없다.
⊙ 경찰공무원은 임용장이나 임용통지서에 적힌 날짜에 임용된 것으로 보며, 사망으로 인한 면직은 사망한 날에 면직된 것으로 본다.
⊙ 총경의 전보, 휴직, 직위해제, 강등, 정직 및 복직은 경찰청장 또는 해양경찰청장이 한다.

① ⊙ ⊙ ⊙   ② ⊙ ⊙ ⊙   ③ ⊙ ⊙ ⊙   ④ ⊙ ⊙ ⊙ ⊙

해설
⊙ **휴직기간, 직위해제기간 및 징계에 의한 정직처분 또는 감봉처분을 받은 기간**은 시보임용기간에 산입하지 아니한다. 「경찰공무원법」 제10조 제2항
⊙ 경찰공무원은 **임용장이나 임용통지서에 적힌 날짜에 임용**된 것으로 보며, **사망으로 인한 면직은 사망한 다음 날에 면직**된 것으로 본다. 「경찰공무원임용령」 제5조 제1항, 제2항

053

17 승진

「국가공무원법」상 휴직에 대한 설명으로 가장 적절하지 않은 것은?

① 신체·정신상의 장애로 장기 요양이 필요한 때의 휴직기간은 1년으로 하되, 부득이한 경우 1년의 범위에서 연장할 수 있다. 다만 「공무원재해 보상법」 제22조 제1항에 따른 요양급여 지급대상 부상 또는 질병이나 「산업재해보상보험법」 제40조에 따른 요양급여 결정 대상 질병 또는 부상으로 인한 휴직기간은 5년 이내로 한다.
② 공무원이 천재지변이나 전시·사변, 그 밖의 사유로 생사 또는 소재가 불명확하게 된 때의 휴직기간은 3개월 이내로 한다.
③ 휴직 기간 중 그 사유가 없어지면 30일 이내에 임용권자 또는 임용제청권자에게 신고하여야 하며, 임용권자는 지체 없이 복직을 명하여야 한다.
④ 공무원이 국외 유학을 하게 된 때 휴직을 원하면 임용권자는 휴직을 명할 수 있으며, 휴직 기간은 3년 이내로 하되, 부득이한 경우에는 2년의 범위에서 연장할 수 있다.

해설
① 신체·정신상의 장애로 장기요양이 필요한 때의 **휴직기간은 1년**으로 하되, 부득이한 경우 **1년의 범위에서 연장**할 수 있다. 다만, 「공무원재해보상법」 제22조 제1항에 따른 요양급여 지급대상 부상 또는 질병이나 「산업재해보상보험법」 제40조에 따른 요양급여 결정 대상 질병 또는 부상으로 인한 **휴직기간은 3년 이내로 한다**.

054

19 승진

19 경간

「국가공무원법」상 휴직사유와 휴직기간을 연결한 것 중 옳지 <u>않은</u> 것은 모두 몇 개인 가?

> 가. 천재지변이나 전시·사변 그 밖의 사유로 생사 또는 소재가 불명확하게 된 때 – 1개월 이내
>
> 나. 국제기구, 외국 기관, 국내외의 대학·연구기관, 다른 국가기관 또는 대통령령 으로 정하는 민간기업, 그 밖의 기관에 임시로 채용될 때 – 채용기간(단, 민간 기업이나 그 밖의 기관에 채용되면 2년 이내로 한다)
>
> 다. 국외 유학을 하게 된 때 – 2년 이내 (부득이한 경우에는 2년의 범위에서 연장 가능)
>
> 라. 만 8세 이하 또는 초등학교 2학년 이하의 자녀를 교육하기 위하여 필요하거나 여성공무원이 임신 또는 출산하게 된 때 – 자녀 1명에 대하여 3년 이내
>
> 마. 외국에서 근무·유학 또는 연수하게 되는 배우자를 동반하게 된 때 – 3년 이 내 (부득이한 경우에는 3년의 범위에서 연장 가능)
>
> 바. 대통령령 등으로 정하는 기간 동안 재직한 공무원이 직무 관련 연구과제 수행 또는 자기개발을 위하여 학습·연구 등을 하게 된 때 – 1년 이내

① 1개 　　② 2개 　　③ 3개 　　④ 4개

해설

가. 천재지변이나 전시·사변 그 밖의 사유로 생사 또는 소재가 불명확하게 된 때 – **3개월 이내**

나. 국제기구, 외국 기관, 국내외의 대학·연구기관, 다른 국가기관 또는 대통령령으로 정하는 민간기업, 그 밖의 기관에 임시로 채용될 때 – 채용기간(단, **민간기업이나 그 밖의 기관에 채용되면 3년 이내로** 한다.

다. 국외 유학을 하게 된 때 – **3년 이내**(부득이한 경우에는 2년의 범위에서 연장 가능)

마. 외국에서 근무·유학 또는 연수하게 되는 배우자를 동반하게 된 때 – **3년 이내**(부득이한 경우에는 2년의 범위에서 연장 가능)

ANSWER 　054 ④ / 가 나 다 마

055 다음은 「경찰공무원법」에 대한 설명이다. ⑤∼⑩의 내용 중 옳고 그름의 표시(○×)가 모두 바르게 된 것은?

> ⑤ 경찰청장 또는 해양경찰청장은 경찰공무원의 채용시험 또는 경찰간부후보생 공개경쟁선발시험에서 부정행위를 한 응시자에 대하여는 해당 시험을 정지 또는 무효로 하고, 그 처분이 있는 날부터 5년간 시험응시자격을 정지한다.
> ⑥ 총경 이상 경찰공무원은 경찰청장 또는 해양경찰청장의 추천을 받아 행정안전부장관 또는 해양수산부장관의 제청으로 국무총리를 거쳐 대통령이 임용한다. 다만, 총경의 전보, 휴직, 직위해제, 강등, 정직 및 복직은 경찰청장 또는 해양경찰청장이 한다.
> ⑦ 경찰청장 또는 해양경찰청장은 전시 사변이나 그 밖에 이에 준하는 비상사태에서는 2년의 범위에서 계급정년을 연장할 수 있다. 이 경우 치안감의 경찰공무원에 대하여는 행정안전부 장관 또는 해양수산부장관과 국무총리를 거쳐 대통령의 승인을 받아야 하고, 경무관ㆍ총경ㆍ경정의 경찰공무원에 대하여는 국무총리를 거쳐 대통령의 승인을 받아야 한다.
> ⑧ 경장을 경사로 근속승진 임용하려는 경우에는 해당 계급에서 6년 이상 근속자이어야 한다.
> ⑨ 경찰공무원은 그 정년이 된 날이 1월에서 6월 사이에 있으면 6월 30일에 당연퇴직하고, 7월에서 12월 사이에 있으면 12월 31일에 당연퇴직한다.

① ⑤○ ⑥○ ⑦○ ⑧× ⑨○
② ⑤○ ⑥× ⑦○ ⑧○ ⑨×
③ ⑤× ⑥○ ⑦× ⑧○ ⑨×
④ ⑤○ ⑥○ ⑦× ⑧× ⑨○

해설

⑦ 경찰청장 또는 해양경찰청장은 전시ㆍ사변이나 그 밖에 이에 준하는 비상사태에서는 2년의 범위에서 계급정년을 연장할 수 있다. 이 경우 **경무관 이상**의 경찰공무원에 대하여는 **행정안전부장관 또는 해양수산부장관과 국무총리를 거쳐 대통령의 승인**을 받아야 하고, **총경ㆍ경정**의 경찰공무원에 대하여는 **국무총리를 거쳐 대통령의 승인**을 받아야 한다.
⑧ 경장을 경사로 근속승진 임용하려는 경우에는 해당 계급에서 5년 이상 근속자이어야 한다.

056

20 승진

「국가공무원법」과 「경찰공무원법」상 경찰공무원의 의무에 대한 설명 중 가장 적절한 것은?

① '성실 의무'는 공무원의 기본적 의무로서 모든 의무의 원천이 되므로 법률에 명시적 규정이 없다.

② '비밀엄수의 의무','청렴의 의무','친절·공정의 의무'는 신분상의 의무에 해당한다.

③ '거짓 보고 등의 금지','지휘권 남용 등의 금지','제복 착용'은 「경찰공무원법」에 규정되어 있다.

④ 「국가공무원법」상 수사기관이 현행범으로 체포한 공무원을 구속하려면 그 소속 기관의 장에게 미리 통보하여야 한다.

해설

① '성실 의무'는 공무원의 기본적 의무로서 모든 의무의 원천이 되며, 「국가공무원법」에 명시적 규정이 있다.

② '비밀엄수의 의무', '청렴의 의무'는 신분상 의무이지만, '친절·공정의 의무'는 직무상의 의무에 해당한다.

④ 수사기관이 공무원을 구속하려면 그 소속기관의 미리 통보하여야 한다. 다만, 현행범은 그러하지 아니하다.

057

20 승진

「국가공무원법」, 「공무원연금법」 및 동법 시행령상 경찰공무원의 징계의 종류와 효과에 대한 설명 중 가장 적절하지 않은 것은?

① 공무원의 징계는 파면·해임·강등·정직·감봉·견책으로 구분한다.

② 강등은 1계급 아래로 직급을 내리고 공무원 신분은 보유하나 3개월간 직무에 종사하지 못하며 그 기간 중 보수는 전액을 감한다.

③ 징계에 의하여 파면된 경우, 재직기간이 5년 이상인 사람의 퇴직급여는 2분의 1을 감액하고, 재직기간이 5년 미만인 사람의 퇴직급여는 3분의 1을 감액한다.

④ 금품 및 향응 수수로 징계 해임된 자의 경우 재직기간이 5년 이상인 사람의 퇴직급여는 4분의 3을 지급하고 재직기간이 5년 미만인 사람의 퇴직급여는 8분의 7을 지급한다.

해설

③ 징계에 의하여 파면된 경우, 재직기간이 5년 이상인 사람의 퇴직급여는 2분의 1을 감액하고, 재직기간이 5년 미만인 사람의 퇴직급여는 **4분의 1**을 감액한다.

ANSWER   056 ③   057 ③

058 경찰공무원의 징계에 대한 설명으로 가장 적절하지 <u>않은</u> 것은?

19 채용
1차

① 파면 징계처분을 받은 자(재직기간 5년 미만)의 퇴직급여는 1/4을 감액한 후 지급한다.

② 성폭력, 성희롱 및 성매매에 따른 강등 징계처분을 받은 자는 그 처분의 집행이 끝난 날부터 24개월이 지나지 않은 경우 승진 임용될 수 없다.

③ 정직 징계처분을 받은 자는 1개월 이상 3개월 이하의 기간 동안 직무에 종사하지 못하며, 정직 기간 중 보수는 1/3을 감한다.

④ 임용(제청)권자는 승진 후보자 명부에 기록된 사람이 승진 임용되기 전에 정직 이상 징계처분을 받은 경우에는 승진 후보자 명부에서 그 후보자를 제외하여야 한다.

> **해설**
> ③ 정직 징계처분을 받은 자는 1개월 이상 3개월 이하의 기간 동안 직무에 종사하지 못하며, **정직 기간 중 보수는 전액**을 감한다.

---

059 다음은 징계에 관한 설명이다. 잘못된 것은?

08 채용
3차

18 승진
변형

> ㉠ 수사기관에서 수사 중인 사건에 대하여는 징계절차를 진행하지 못한다.
> ㉡ 「국가공무원법」 및 동법에 따른 명령을 위반한 경우에는 징계가 가능하나, 직무를 태만히 한 경우에는 징계처분을 할 수 없다.
> ㉢ 경찰기관의 장은 소속 경찰공무원이 징계사유가 있다고 인정할 때와 징계의결 요구의 신청을 받았을 때에는 지체없이 관할 징계위원회를 구성하여 징계의결을 요구할 수 있다.
> ㉣ 징계 등 의결 요구를 받은 징계위원회는 그 요구서를 받은 날부터 30일 이내에 징계 등에 관한 의결을 하여야 한다. 다만, 부득이한 사유가 있을 때에는 해당 징계 등 의결을 요구한 경찰기관의 장의 승인을 받아 30일 이내의 범위에서 그 기간을 연장할 수 있다.
> ㉤ 징계 등 의결을 요구한 자는 경징계의 징계 등 의결을 통지받았을 때에는 통지받은 날부터 15일 이내에 징계 등을 집행하여야 한다.

① ㉠ ㉡ ㉢ 　　② ㉠ ㉢ ㉣ 　　③ ㉡ ㉣ ㉤ 　　④ ㉢ ㉣ ㉤

> **해설**
> ㉠ **수사기관에서 수사 중인 사건**에 대하여는 수사개시 통보를 받은 날부터 **징계의결의 요구나 그 밖의 징계절차를 진행하지 아니할 수 있다**(「국가공무원법」 제83조 제2항). 따라서 수사기관에서 수사 중인 사건에 대하여도 징계절차를 진행할 수 있다.
> ㉡ 직무상의 의무를 위반하거나 직무를 태만히 한 경우에도 징계의결을 요구하여야 하고 그 징계의결의 결과에 따라 징계처분을 하여야 한다(「국가공무원법」 제78조 제1항)
> ㉢ 경찰기관의 장은 소속 경찰공무원이 징계사유가 있다고 인정할 때와 징계의결 요구의 신청을 받았을 때에는 **지체 없이 관할 징계위원회를 구성하여 징계의결을 요구하여야 한다.**

 ANSWER　058 ③　　059 ①

060

다음은 경찰공무원 징계를 설명한 것이다. 옳고 그름(○×)의 표시가 바르게 연결된 것은?

> ㉠ 총경과 경정의 강등 및 정직은 경찰청장 또는 해양경찰청장이 행한다.
> ㉡ 경무관 이상의 경찰공무원에 대한 징계의결은 「국가공무원법」에 따라 경찰청에 설치된 경찰공무원 중앙징계위원회에서 한다.
> ㉢ 징계에 의하여 파면 또는 해임처분을 받은 사람도 경찰공무원에 임용될 수 있다.
> ㉣ 임용권자나 임용제청권자는 심사승진 후보자 명부에 기록된 사람이 승진 임용되기 전에 정직 이상의 징계처분을 받은 경우에는 심사승진후보자 명부에서 그 사람을 제외할 수 있다.
> ㉤ 징계위원회는 징계 등 사건을 의결할 때에는 징계 등 심의대상자의 평소 행실, 근무성적, 공적, 뉘우치는 정도와 징계 등 의결을 요구한 자의 의견을 고려할 수 있다.

① ㉠○ ㉡○ ㉢× ㉣× ㉤○
② ㉠○ ㉡× ㉢× ㉣× ㉤×
③ ㉠○ ㉡× ㉢× ㉣○ ㉤×
④ ㉠× ㉡× ㉢○ ㉣× ㉤×

해설

㉡ 경무관 이상의 경찰공무원에 대한 징계의결은 「국가공무원법」에 따라 국무총리 소속으로 설치된 징계위원회에서 한다.
㉢ 징계에 의하여 파면 또는 해임처분을 받은 사람은 경찰공무원에 임용될 수 없다.
㉣ 임용권자나 임용제청권자는 심사승진후보자 명부에 기록된 사람이 승진 임용되기 전에 정직 이상의 징계처분을 받은 경우에는 심사승진후보자 명부에서 그 사람을 제외하여야 한다.
㉤ 징계위원회는 징계 등 사건을 의결할 때에는 징계 등 심의대상자의 평소 행실, 근무성적, 공적(功績), 뉘우치는 정도와 징계 등 의결을 요구한 자의 의견을 고려하여야 한다.

061 경찰공무원 징계령에 대한 설명으로 가장 적절하지 않은 것은?

20 승진

① 징계 등 의결 요구를 받은 징계위원회는 그 요구서를 받은 날부터 30일 이 내에 징계 등에 관한 의결을 하여야 한다. 다만, 부득이한 사유가 있을 때에는 당해 징계 심의 대상자의 동의를 얻어 30일 이내의 범위에서 그 기간을 연장할 수 있다.

② 징계위원회가 징계 등 심의 대상자의 출석을 요구할 때에는 출석통지서로 하되, 징계위원회 개최일 3일 전까지 그 징계 등 심의대상자에게 도달되도록 하여야 한다.

③ 징계 등 심의대상자의 소재가 분명하지 아니할 때에는 출석통지를 관보에 게재하고 그 게재일부터 10일이 지나면 출석통지가 송달된 것으로 본다.

④ 징계 등 의결을 요구한 자는 경징계의 징계 등 의결을 통지받았을 때에는 통지받은 날부터 15일 이내에 징계 등을 집행하여야 한다.

해설

① 징계 등 의결 요구를 받은 징계위원회는 그 요구서를 받은 날부터 30일 이내에 징계 등에 관한 의결을 하여야 한다. 다만, 부득이한 사유가 있을 때에는 **해당 징계 등 의결을 요구한 경찰기관의 장의 승인을 받아** 30일 이내의 범위에서 그 기간을 연장할 수 있다.

062 경찰공무원의 권익보장제도에 대한 설명으로 적절한 것을 모두 고른 것은?

13 채용
2차

18 승진

○ 공무원에 대하여 징계처분 등을 할 때나 강임·휴직·직위해제 또는 면직처분을 할 때에는 그 처분권자 또는 처분제청권자는 처분사유를 적은 설명서를 교부하여야 한다. 다만, 본인의 원에 따른 강임·휴직 또는 면직처분은 그러하지 아니하다.

○ 경찰공무원의 인사상담 및 고충을 심사하기 위하여 경찰청, 해양경찰청, 지방경찰청, 대통령령으로 정하는 경찰기관 및 지방해양경찰관서에 경찰공무원 고충심사위원회를 둔다.

○ 징계처분으로 처분사유 설명서를 받은 경찰공무원이 그 징계처분에 불복할 때에는 그 설명서를 받은 날부터 30일 이내에 소청심사위원회에 이에 대한 심사를 청구할 수 있다.

○ 경찰공무원의 권리구제 범위 확대를 위해 징계처분 등 불리한 처분을 받았을 때 소청심사 청구와 행정소송 제기 중 하나를 선택하는 것이 가능하다.

○ 소청심사위원회는 심사 중 다른 비위 사실이 발견되는 등 특단의 사정이 없는 한 원징계처분보다 중한 징계를 부과하는 결정을 할 수 없다.

① ○○○　　② ○○○　　③ ○○○　　④ ○○○

해설

○ 「국가공무원법」 제16조 제1항은 "제75조에 따른 처분, 그 밖에 본인의 의사에 반한 불리한 처분이나 부작위(不作爲)에 관한 **행정소송은 소청심사위원회의 심사·결정을 거치지 아니하면 제기할 수 없다**" 고 규정하고 있다. 따라서 징계처분 등 불리한 처분을 받았을 때 **소청심사 청구와 행정소송 제기 중 하나를 선택하는 것이 불가능**하고, 먼저 소청을 청구하여야 한다.
○ 소청심사위원회는 심사 중 다른 비위 사실이 발견되는 등 **특단의 사정이 있더라도** 원징계처분보다 중한 징계를 부과하는 결정을 할 수 없다.

063 소청심사에 대한 설명으로 가장 적절하지 <u>않은</u> 것은?

19 승진

① 소청심사란 징계처분 기타 그의 의사에 반하는 불이익처분을 받은 자가 관할 소청심사위원회에 심사를 청구하는 행정심판의 일종이다.

② 경찰공무원이 징계처분 등 불리한 처분을 받았을 때 행정소송은 소청심사위원회의 심사·결정을 거치지 아니하면 제기할 수 없다.

③ 소청심사위원회는 소청을 접수하면 지체 없이 심사하여야 하며, 심사할 때 필요하면 검증·감정, 그 밖의 사실 조사를 하거나 증인을 소환하여 질문하거나 관계 서류를 제출하도록 명할 수 있다.

④ 3급 이상 공무원 또는 고위공무원단에 속하는 공무원으로 3년 이상 근무한 자는 비상임위원이 될 수 있다.

> **해설**
> ④ 3급 이상 공무원 또는 고위공무원단에 속하는 공무원으로 3년 이상 근무한 자는 **상임위원은 될 수 있으나, 비상임위원은 될 수 없다.**

064 다음 중 「국가공무원법」상 징계처분과 그 불복에 대한 설명 중 옳은 것을 모두 고른 것은?

19 법학경채

> ㉠ 정직은 1개월 이상 3개월 이하의 기간으로 하고, 정직처분을 받은 자는 그 기간 중 공무원의 신분은 보유하나 직무에 종사하지 못하며 보수는 1/3을 감한다.
> ㉡ 소청심사위원회의 취소명령 또는 변경명령 결정은 그에 따른 징계나 그 밖의 처분이 있을 때까지는 종전에 행한 징계처분에 영향을 미치지 아니한다.
> ㉢ 소청심사위원회가 소청 사건을 심사할 때에 대통령령으로 정하는 바에 따라 소청인 또는 대리인에게 진술 기회를 주어야 하고, 진술 기회를 주지 아니한 결정은 취소할 수 있다.
> ㉣ 소청심사위원회는 심사 중 다른 비위 사실이 발견되더라도 원처분보다 중한 징계를 부과하는 결정은 할 수 없다.

① ㉠㉡　　　　② ㉡㉢　　　　③ ㉠㉢　　　　④ ㉡㉣

> **해설**
> ㉠ 정직은 1개월 이상 3개월 이하의 기간으로 하고, 정직 처분을 받은 자는 그 기간 중 공무원의 신분은 보유하나 직무에 종사하지 못하며 **보수는 전액을 감한다.**
> ㉢ 소청심사위원회가 소청 사건을 심사할 때에 대통령령으로 정하는 바에 따라 소청인 또는 대리인에게 진술 기회를 주어야 하고, **진술 기회를 주지 아니한 결정은 무효로 한다.**

ANSWER **063** ④　**064** ④

065 경찰책임의 원칙에 대한 설명 중 옳지 <u>않은</u> 것은?

① 경찰책임의 주체는 모든 자연인이 될 수 있다. 또한 권리능력 유무와 관계없이 모든 사법인(私法人)도 경찰책임자가 될 수 있다.
② 경찰이 경찰긴급권에 의하여 예외적으로 경찰책임이 없는 자에게 경찰권을 발동함으로써 제3자에게 손실을 입히는 경우에는 그 손실을 보상하여야 한다.
③ 다수인의 행위 또는 다수인이 지배하는 물건의 상태로 인하여 하나의 질서위반상태가 발생한 경우, 일부 또는 전체에 대하여 경찰권 발동이 가능하다.
④ 타인을 보호 감독할 지위에 있는 자가 피지배자의 행위로 발생한 경찰위반에 대하여 경찰책임을 지는 경우, 자기의 지배범위 내에서 발생한 데에 대한 대위책임이다.

> **해설**
> ④ 타인의 행위를 지배하는 권한을 가진 자는 자신의 지배를 받는 자의 행위로부터 발생하는 경찰위반의 상태에 대하여도 책임을 진다. 이를 지배자책임이라 하며 **지배자책임의 성질은 대위책임이 아니라 자기책임**이다.

066 경찰책임의 원칙에 관한 설명으로 가장 적절하지 <u>않은</u> 것은?

19채용
2차

① 경찰책임의 원칙이란 경찰위반상태에 책임 있는 자에게만 경찰권이 발동되어야 한다는 원칙을 의미한다.
② 경찰책임의 예외로서 경찰긴급권은 급박성, 보충성 등의 요건이 충족되는 경우 경찰책임자가 아닌 제3자에게 경찰권 발동이 인정되는 경우를 의미한다. 법적 근거는 요하지 않으나 제3자의 승낙이 있는 경우에 한하여 경찰긴급권의 발동이 허용된다. 다만 이 경우에도 생명·건강 등 제3자의 중대한 법익에 대한 침해는 허용되지 않는다.
③ 경찰책임의 종류에는 행위책임, 상태책임, 복합적 책임이 있다. 먼저 행위책임은 사람의 행위로 인해 경찰위반상태가 발생한 경우를 의미하며, 상태책임은 물건 또는 동물의 소유자점유자·관리사가 그 지배범위 안에 속하는 물건·동물로 인해 경찰위반상태가 발생한 경우를 의미한다. 마지막으로 복합적 책임은 다수인의 행위책임, 다수의 상태책임 또는 행위·상태 책임이 중복되는 경우를 의미한다.
④ 경찰책임은 사회 공공의 안녕과 질서에 대한 객관적 위험상황이 존재하면 인정되며, 자연인·법인, 고의·과실, 위법성 유무, 의사행위 책임능력의 유무 등을 불문한다.

> **해설**
> ② 경찰책임의 예외로서 경찰긴급권은 급박성, 보충성 등의 요건이 충족되는 경우 경찰책임자가 아닌 제3자에게 경찰권 발동이 인정되는 경우를 의미한다. 경찰긴급권은 예외적인 것으로 목전에 급박한 위해를 제거하는 경우에 한하여 **반드시 법령에 근거하여 행해져야 한다.**

ANSWER 065 ④ 066 ②

218 • 박선영 경찰학

067 경찰하명에 대한 설명 중 가장 적절하지 <u>않은</u> 것은?

20 승진

① 경찰하명은 경찰목적을 위하여 국가의 일반통치권에 의거 개인에게 특정한 작위·부작위·수인 또는 급부의 의무를 명하는 행정행위이다.

② 부작위하명은 소극적으로 어떤 행위를 하지 말 것을 명하는 것으로 '금지'라 부르기도 한다.

③ 공공시설에서 공중의 건강을 위하여 흡연행위를 금지하는 것은 부작위하명이다.

④ 위법한 하명으로 인하여 권리·이익이 침해된 자는 손실보상을 청구할 수 있다.

> **해설**
> ④ 위법한 하명으로 인하여 권리·이익이 침해된 자는 **손해배상**을 청구할 수 있다.

068 다음 중 「경찰관직무집행법」상 규정된 즉시강제에 해당하는 것은 모두 몇 개인가?

16 채용 2차

㉠ 불심검문	㉡ 범죄의 예방 및 제지
㉢ 무기의 사용	㉣ 보호조치
㉤ 위험방지를 위한 출입	

① 2개   ② 3개   ③ 4개   ④ 5개

> **해설**
> 이 문제는 불심검문을 즉시강제의 일종으로 보는 견해에 의하면 정답은 ④번이고, 불심검문을 즉시강제가 아니라고 보는 견해에 의하면 정답은 ③번이 된다.
> ㉠ 불심검문 – 즉시강제인지 행정조사인지에 대해 견해대립
> ㉡ 범죄의 예방 및 제지 – 즉시강제
> ㉢ 무기의사용 – 즉시강제
> ㉣ 보호조치 – 즉시강제
> ㉤ 위험방지를 위한 출입 –즉시강제

069 다음은 「경찰법」과 「경찰관직무집행법」에 대한 설명이다. 옳고 그름 (○×)의 표시가 바르게 된 것은?

> ⊙ 해양경찰은 「경찰법」은 물론 「경찰공무원법」의 적용대상이며 해양에서는 「경찰관직무집행법」에 의하여 직무를 수행한다.
>
> ⓒ 「경찰관직무집행법」상의 불심검문, 보호조치, 범죄의 예방과 제지, 무기사용 등은 대인적 즉시강제라고 할 수 있다. 다만 불심검문의 법적 성격에 대해서는 학설상 논란이 있다.
>
> ⓔ 불심검문 시 경찰관의 질문에 대하여 당해 당사자는 그 의사에 반해 답변을 강요당하지 아니하며, 이 경우 경찰관의 진술거부권 고지 의무는 법률상 명시되어 있지 않다.
>
> ⓔ 미아·병자·부상자 등으로서 적당한 보호자가 없으며 응급의 구호를 요한다고 인정되는 경우 당해인이 이를 거절하는 경우에도 보호조치를 할 수 있다.
>
> ⓜ 「경찰관직무집행법」에서 위험 발생의 방지를 위한 조치수단 중 긴급을 요할 때 '억류 또는 피난조치를 할 수 있는 대상자'로 규정된 자는 그 장소에 모인 사람, 사물의 관리자, 그 밖의 관계인이 있다.

① ⊙(×) ⓒ(×) ⓔ(×) ⓔ(×) ⓜ(×)　　② ⊙(×) ⓒ(○) ⓔ(○) ⓔ(×) ⓜ(×)
③ ⊙(○) ⓒ(×) ⓔ(○) ⓔ(○) ⓜ(×)　　④ ⊙(○) ⓒ(○) ⓔ(×) ⓔ(○) ⓜ(○)

해설

⊙ 해양경찰에게는 「경찰법」은 적용되지 않지만, 「경찰공무원법」과 「경찰관직무집행법」은 적용된다.
ⓔ 미아·병자·부상자 등으로서 적당한 자가 없으며 응급의 구호를 요한다고 인정되는 경우 당해인이 이를 거절하는 경우에는 보호조치를 할 수 없다.
ⓜ 긴급을 요할 때 억류 또는 피난조치를 할 수 있는 대상자로 규정된 자는 '위해를 입을 가능성이 있는 사람'이다.

ANSWER 069 ②

070 「경찰관직무집행법」상 불심검문에 대한 설명으로 가장 적절한 것은?

19 채용
1차

① 경찰관은 상대방의 신원확인이 불가능하거나 교통에 방해된다고 인정될 때에는 임의동행을 요구할 수 있다.

② 경찰관은 임의동행한 사람의 가족이나 친지 등에게 동행한 경찰관의 신분, 동행장소, 동행 목적과 이유를 알리거나 본인으로 하여금 즉시 연락할 수 있는 기회를 주어야 하며, 변호인의 도움을 받을 권리가 있음을 알려야 한다.

③ 경찰관은 질문을 하거나 임의동행을 요구할 경우 자신의 신분을 표시하는 증표를 제시하면서 소속과 성명을 밝혀야 한다. 이때 증표는 경찰공무원증뿐만 아니라 흉장도 포함된다.

④ 경찰관이 불심검문 시 흉기 조사뿐 아니라, 흉기 이외의 일반소지품 조사도 할 수 있다고 규정하고 있다.

해설

① 경찰관은 상대방의 **그 사람에게 불리하거나 교통에 방해된다고 인정될 때**에는 임의동행을 요구할 수 있다. (「경찰관직무집행법」제13조 제2항)

③ 경찰관은 질문을 하거나 임의동행을 요구할 경우 자신의 신분을 표시하는 증표를 제시하면서 소속과 성명을 밝혀야 한다. 이때 증표는 경찰공무원증을 의미하며 **흉장은 포함되지 않는다.**

④ 「경찰관직무집행법」 제3조 제3항에서는 '경찰관은 제1항 각 호의 어느 하나에 해당하는 사람에게 질문을 할 때에 그 사람이 흉기를 가지고 있는지를 조사할 수 있다'고 규정하여 흉기 이외의 **일반소지품에 대하여는 명문규정이 없다.**

071

「경찰관직무집행법」상 불심검문에 관한 설명이다. 옳고 그름 (○×)의 표시가 바르게 된 것은?

> ㉠ 경찰관은 수상한 행동이나 그 밖의 주위 사정을 합리적으로 판단하여 볼 때 어떠한 죄를 범하였거나 범하려 하고 있다고 의심할 만한 상당한 이유가 있는 사람을 정지시켜 질문하여야 한다.
> ㉡ 경찰관은 불심검문 대상자에게 질문을 할 때에 그 사람이 흉기를 가지고 있는지를 조사하여야 한다.
> ㉢ 경찰관은 질문을 하거나 동행을 요구할 경우 자신의 신분을 표시하는 증표를 제시하면서 소속과 성명을 밝히고 질문이나 통행의 목적과 이유를 설명하여야 하며, 동행을 요구하는 경우에는 동행 장소를 밝혀야 한다.
> ㉣ 질문을 받거나 동행을 요구받은 사람은 형사소송에 관한 법률에 따르지 아니하고는 신체를 구속당하지 아니하며, 그 의사에 반하여 답변을 강요당하지 아니한다.
> ㉤ 경찰관은 동행한 사람의 가족이나 친지 등에게 동행한 경찰관의 신분, 동행 장소, 통행 목적과 이유를 알리거나 본인으로 하여금 즉시 연락할 수 있는 기회를 주어야 하나, 변호인의 도움을 받을 권리가 있음을 알릴 필요는 없다.
> ㉥ 어떠한 죄를 범하였거나 범하려 하고 있다고 의심할 만한 상당한 이유가 있는 자를 임의 동행하는 경우, 경찰관은 당해인을 6시간을 초과하여 경찰관서에 머물게 할 수 없다.

① ㉠(○) ㉡(○) ㉢(○) ㉣(○) ㉤(○) ㉥(○)
② ㉠(×) ㉡(○) ㉢(○) ㉣(×) ㉤(×) ㉥(×)
③ ㉠(×) ㉡(×) ㉢(○) ㉣(○) ㉤(×) ㉥(○)
④ ㉠(○) ㉡(×) ㉢(×) ㉣(×) ㉤(○) ㉥(○)

해설
㉠ 경찰관은 수상한 행동이나 그 밖의 주위 사정을 합리적으로 판단하여 볼 때 어떠한 죄를 범하였거나 범하려 하고 있다고 의심할 만한 상당한 이유가 있는 사람을 **정지시켜 질문할 수 있다.**
㉡ 경찰관은 불심검문 대상자에게 질문을 할 때에 그 사람이 **흉기를 가지고 있는지를 조사할 수 있다.**
㉤ 경찰관은 동행한 사람의 가족이나 친지 등에게 동행한 경찰관의 신분, 동행 장소, 동행 목적과 이유를 알리거나 본인으로 하여금 즉시 연락할 수 있는 기회를 주어야 하나, **변호인의 도움을 받을 권리가 있음을 알려야 한다.**

072 「경찰관직무집행법」 제4조 보호조치에 대한 설명 중 옳지 <u>않은</u> 것은 모두 몇 개인가?

20 경간

> 가. 경찰관이 구호대상자를 경찰관서에 보호조치하는 경우 지체 없이 해당 구호대상자의 가족, 친지 또는 그 밖의 연고자에게 그 사실을 알려야 하며, 연고자가 발견되지 아니할 때에는 구호대상자를 적당한 공공보건의료기관이나 공공구호기관에 즉시 인계하여야 한다.
>
> 나. 경찰관이 구호대상자를 공공보건의료기관이나 공공구호기관에 인계하였을 때에는 해당 경찰관이 즉시 그 사실을 해당 공공보건의료기관 또는 공공구호기관의 장 및 그 감독행정청에 통보하여야 한다.
>
> 다. 경찰관이 구호대상자를 경찰관서에 보호조치하는 경우에 구호대상자가 휴대하고 있는 무기·흉기 등 위험을 일으킬 수 있는 것으로 인정되는 물건을 경찰관서에 임시로 영치하여 놓을 수 있다.
>
> 라. 구호대상자를 경찰관서에서 보호하는 기간은 24시간을 초과할 수 없고, 물건을 경찰관서에 임시로 영치하는 기간은 10일을 초과할 수 없다.
>
> 마. 경찰관은 자살을 시도하는 것이 명백하고 응급구호가 필요하다고 믿을 만한 상당한 이유가 있는 구호대상자에 대하여 해당 구호대상자의 동의 여부와 관계없이 보호조치를 실시할 수 있다.

① 1개　　　　② 2개　　　　③ 3개　　　　④ 4개

해설

나. 경찰관이 구호대상자를 공공보건의료기관이나 공공구호기관에 인계하였을 때에는 **해당 경찰관이 즉시 그 사실을 소속 경찰서장이나 해양경찰서장에 보고**하여야 하며, **보고를 받은 소속 경찰서장이나 해양경찰서장은** 대통령령으로 정하는 바에 따라 구호대상자를 인계한 사실을 지체 없이 **해당 공공보건의료기관 또는 공공구호기관의 장 및 그 감독행정청에 통보**하여야 한다.

073

20 경간

「경찰관직무집행법」상 '경찰장비'에 대한 설명으로 옳지 <u>않은</u> 것은?

① 경찰관은 직무수행 중 경찰장비를 사용할 수 있다. 다만, 사람의 생명이나 신체에 위해를 끼칠 수 있는 경찰장비를 사용할 때에는 필요한 안전교육과 안전검사를 받은 후 사용하여야 한다.

② "경찰장구"란 무기, 최루제와 그 발사장치, 살수차, 감식기구, 해안 감시기구, 통신기기, 차량·선박·항공기 등 경찰이 직무를 수행할 때 필요한 장치와 기구를 말한다.

③ 경찰청장은 사람의 생명이나 신체에 위해를 끼칠 수 있는 경찰장비를 새로 도입하려는 경우에는 대통령령으로 정하는 바에 따라 안전성 검사를 실시하여 그 안전성 검사의 결과보고서를 국회 소관상임위원회에 제출하여야 한다. 이 경우 안전성 검사에는 외부 전문가를 참여시켜야 한다.

④ 경찰관은 경찰장비를 함부로 개조하거나 경찰장비에 임의의 장비를 부착하여 일반적인 사용법과 달리 사용함으로써 다른 사람의 생명·신체에 위해를 끼쳐서는 아니 된다.

> **해설**
> ② **경찰장비**란 무기, 최루제와 그 발사장치, 살수차, 감식기구, 해안 감시기구, 통신기기, 차량·선박·항공기 등 경찰이 직무를 수행할 때 필요한 장치와 기구를 말한다 "경찰장구"란 경찰관이 휴대하여 범인 검거와 범죄 진압 등의 직무 수행에 사용하는 수갑, 포승, 경찰봉, 방패 등을 말한다.

074

13 채용
1차

「경찰관직무집행법」 제10조의4(무기의 사용)에 대한 다음 설명 중 가장 적절하지 <u>않은</u> 것은?

① 경찰관은 범인의 체포·도주의 방지, 자기 또는 타인의 생명·신체에 대한 방호, 공무집행에 대한 항거의 억제를 위하여 필요하다고 인정되는 상당한 이유가 있을 때에는 그 사태를 합리적으로 판단하여 필요한 한도 내에서 무기를 사용할 수 있다.

② 범인 또는 소요 행위자가 무기·흉기 등 위험한 물건을 소지하고 경찰관으로부터 3회 이상의 투기명령 또는 투항명령을 받고도 이에 불응하면서 계속 항거하여 이를 방지 또는 체포하기 위하여 무기를 사용하지 아니하고는 다른 수단이 없다고 인정되는 상당한 이유가 있을 때 무기를 사용할 수 있다.

③ 대간첩작전수행에 있어 무장간첩이 경찰관의 투항명령을 받고도 이에 불응하는 경우에 무기를 사용할 수 있다.

④ 무기라 함은 인명 또는 신체에 위해를 가할 수 있도록 제작된 권총·소총·도검·경찰봉·최루탄 등을 말한다.

> **해설**
> ④ "무기"라 함은 인명 또는 신체에 위해를 가할 수 있도록 제작된 권총·소총·도검 등을 말한다. 경찰봉은 경찰장구에 해당하고, 최루탄은 「경찰관직무집행법」 제10조의3에 규정되어 있는 분사기·최루탄에 해당한다.

다음은 경찰관 무기사용과 관련된 사건이다. 이에 대한 설명으로 가장 적절하지 <u>않은</u> 것은?

> ㉠ 경찰관 A는 동료 경찰관 B와 함께 순찰차를 타고 관내를 순찰하고 있었다. 이 때 경찰서 상황실로부터 신고에 의하면 K라는 사람이 한 술집에서 술병으로 타 인을 찌르고, 자신의 집인 꽃집으로 가서 아들을 칼로 위협하는 사건이 발생하 였으니 이에 대응하라는 무선지령을 받고 지원 출동하였다.
> ㉡ 용의자의 꽃집에 도착하여, 동료 경찰관 B는 주위에 있는 막대기를 들고 앞장 서고, A는 권총을 꺼내 안전장치를 풀고 B의 뒤에 서서 엄호하며 집 안으로 걸 어 들어갔다. 이때 용의자 K가 세면장에서 나오면서 경찰관 A와 B에게 소리를 지르며 달려들었다. 일반부 씨름선수에서 우승할 정도의 건장한 체격을 가진 K 는 쉽게 경찰관 A와 B를 넘어뜨리고 넘어진 경찰관 B의 몸 위에 올라타 몸싸움 을 하였다.
> ㉢ 이를 본 경찰관 A는 넘어져 있는 상태에서 소지하고 있던 권총으로 공포탄 1발 을 발사하였다. 그러나 K는 이에 굴복하지 않고 계속 경찰관 B의 몸 위에서 그 의 목을 누르는 등의 물리력을 행사하여 일어나지 못하게 하였다.
> ㉣ 이에 경찰관 A는 K를 향하여 실탄 1발을 발사하였고, 그 실탄은 K의 우측 흉부 하단 늑간 부위를 관통하였다. K는 즉시 병원에 후송되어 입원치료를 받았으나 간 파열 등으로 인한 패혈증으로 며칠 뒤에 사망하였다. 나중에 확인하여 보니 K는 경찰관과 격투를 할 당시 칼을 소지하지 않고 있었던 것으로 밝혀졌다.

① 경찰관은 범인이 무기·흉기 등 위험한 물건을 소지하고, 경찰관으로부터 3회 이 상의 투기명령 또는 투항명령을 받고도 이에 불응하면서 계속 항거하여 이를 방지 또는 체포하기 위하여 무기를 사용하지 아니하고는 다른 수단이 없다고 인정되는 상당한 이유가 있을 경우에는 총기를 사용할 수 있다.
② 사망한 K의 유가족은 경찰관 A를 상대로 형법 제268조의 업무상 과실치사를 주장 할 수 있다.
③ 경찰관 A는 자기 또는 동료경찰관 B의 현재의 부당한 침해를 방위하기 위한 행위 로서 상당성이 있기 때문에 형법 제21조 상의 정당방위를 주장할 수 있다.
④ 이 사건에서 경찰관 A의 정당방위가 인정된다면, 민사상에 있어서 국가의 국가배 상책임 역시 면책된다고 할 수 있다.

해설
④ 경찰관이 범인을 제압하는 과정에서 총기를 사용하여 범인을 사망에 이르게 한 사안에서, 경찰관이 총기사용에 이르게 된 동기나 목적, 경위 등을 고려하여 형사사건에서 무죄 판결이 확정되었더라도 당해 경찰관의 과실의 내용과 그로 인하여 발생한 결과의 중대함에 비추어 민사상 **불법행위책임을 인 정**할 수 있다. 즉, 경찰관 A의 정당방위가 인정되어도 민사상에 있어서 국가의 국가배상 책임은 면책 될 수 없다.

ANSWER **075** ④

「경찰관직무집행법」및「경찰관직무집행법시행령」상 다음 ( )안에 들어갈 숫자의 합은?

> ㉠ 불심검문을 위하여 가까운 경찰관서로 검문대상자를 동행한 경우, 그 검문대상자로 하여금 ( )시간을 초과하여 경찰관서에 머물게 할 수 없다.
>
> ㉡ 경찰관은 보호조치를 하는 경우에 구호대상자가 휴대하고 있는 무기·흉기 등 위험을 일으킬 수 있는 것으로 인정되는 물건을 경찰관서에 임시로 영치하여 놓을 수 있다. 이 때 경찰관서에 임시로 영치하는 기간은 ( )일을 초과할 수 없다.
>
> ㉢ 손실보상을 청구할 수 있는 권리는 손실이 있음을 안 날부터 ( )년, 손실이 발생한 날로부터 5년간 행사하지 아니하면 시효의 완성으로 소멸한다.
>
> ㉣ 이 법에 규정된 경찰관의 의무를 위반하거나 직권을 남용하여 다른 사람에게 해를 끼친 사람은 ( )년 이하의 징역이나 금고에 처한다.
>
> ㉤ 손실보상심의위원회는 위원장 1명을 포함한 ( )명 이상 ( )명 이하의 위원으로 구성한다.

① 32　　　　　② 33　　　　　③ 34　　　　　④ 35

해설

㉠ 불심검문을 위하여 가까운 경찰관서로 검문대상자를 동행한 경우, 그 검문대상자로 하여금 (**6**)시간을 초과하여 경찰관서에 머물게 할 수 없다.

㉡ 경찰관은 보호조치를 하는 경우에 구호대상자가 휴대하고 있는 무기·흉기 등 위험을 일으킬 수 있는 것으로 인정되는 물건을 경찰관서에 임시로 영치하여 놓을 수 있다. 이때 경찰관서에 **임시로 영치하는 기간은 (10)일을 초과할 수 없다.**

㉢ 손실보상을 청구할 수 있는 권리는 **손실이 있음을 안 날부터 (3)년, 손실이 발생한 날로부터 5년간** 행사하지 아니하면 시효의 완성으로 소멸한다.

㉣ 이 법에 규정된 경찰관의 의무를 위배하거나 직권을 남용하여 다른 사람에게 해를 끼친 사람은 (1)**년 이하의 징역이나 금고에 처한다.**

㉤ 손실보상심의위원회는 **위원장 1명을 포함한 (5)명 이상 (7)명 이하의 위원으로** 구성한다.

077

20 경간

「경찰관직무집행법」 및 「경찰관직무집행법 시행령」상 손실보상에 대한 설명으로 옳지 **않은** 것은 모두 몇 개인가?

> 가. 국가는 경찰관의 적법한 직무집행으로 인하여 손실 발생의 원인에 대하여 책임이 없는 자가 생명·신체 또는 재산상의 손실을 입은 경우 손실을 입은 자에게 정당한 보상을 하여야 한다.
> 나. 손실을 입은 물건을 수리할 수 있는 경우에는 수리비에 상당하는 금액으로 보상한다.
> 다. 손실을 입은 물건을 수리할 수 없는 경우에는 보상 당시의 해당 물건의 교환 가액으로 보상한다.
> 라. 영업자가 손실을 입은 물건의 수리나 교환으로 인하여 영업을 계속할 수 없는 경우에는 기간 중 영업상 이익에 상당하는 금액으로 보상한다.
> 마. 물건의 멸실·훼손으로 인한 손실 외의 재산상 손실에 대해서는 직무집행과 상당한 인과관계가 있는 범위에서 보상한다.
> 바. 보상금은 다른 법률에 특별한 규정이 있는 경우를 제외하고는 현금으로 지급하여야 한다.

① 1개 　　　 ② 2개 　　　 ③ 3개 　　　 ④ 4개

해설
다. 손실을 입은 물건을 수리할 수 없는 경우에는 **손실을 입을 당시(보상 당시 x)의 해당 물건의 교환 가액으로 보상**한다.

078

15 채용
1차

17 채용
2차

「경찰관직무집행법」 및 「경찰관직무집행법시행령」상 손실보상에 대한 설명으로 옳은 것은 모두 몇 개인가?

> ㉠ 국가는 경찰관의 적법한 직무집행으로 인하여 손실 발생의 원인에 대하여 책임이 있는 자가 자신의 책임에 상응하는 정도를 초과하는 생명·신체 또는 재산상의 손실을 입은 경우 손실을 입은 자에 대하여 정당한 보상을 하여야 한다.
> ㉡ 손실보상심의위원회의 회의는 재적 위원 과반수의 출석으로 개의하고, 출석위원 과반수의 찬성으로 의결한다.
> ㉢ 보상금은 다른 법률에 특별한 규정이 있는 경우를 제외하고는 현금으로 지급하여야 하고, 일시불로 지급하되 예산 부족 등의 사유로 일시금으로 지급할 수 없는 특별한 사정이 있는 경우에는 청구인의 동의를 받아 분할하여 지급할 수 있다.
> ㉣ 물건의 멸실·훼손으로 인한 손실 외의 재산상 손실에 대해서는 직무집행과 상당한 인과관계가 있는 범위에서 보상한다.

① 1개 　　　 ② 2개 　　　 ③ 3개 　　　 ④ 4개

ANSWER 　077 ①　　078 ④

○ 일반적 수권조항의 존재를 부정하는 학자들에 따르면 「경찰관직무집행법」 제2
조 제7호는 경찰의 직무 범위만을 정한 것으로서 본질적으로 조직법적 성질의
규정에 해당한다고 주장한다.

○ 경찰관은 수상한 행동이나 그 밖의 주위 사정을 합리적으로 판단해 볼 때 보호
조치대상자에 해당하는 것이 명백하고 응급구호가 필요하다고 믿을 만한 상당
한 이유가 있는 사람을 발견하였을 때에는 보건의료기관이나 공공구호기관에
긴급 구호를 요청하거나 경찰관서에 보호하는 등 적절한 조치를 하여야 한다.

○ 구호대상자를 경찰관서에서 보호하는 기간은 24시간을 초과할 수 없고, 물건을
경찰관서에 임시로 영치하는 기간은 10일을 초과할 수 없다.

○ 경찰관은 '현행범이나 사형 무기 또는 장기 3년 이상의 징역이나 금고에 해당하
는 죄를 범한 범인의 체포 또는 도주 방지', '자신이나 다른 사람의 생명 신체 및
재산의 보호', '공무집행에 대한 항거 제지'의 직무를 수행하기 위하여 필요하다
고 인정되는 상당한 이유가 있을 때에는 그 사태를 합리적으로 판단하여 필요
한 한도 내에서 경찰장구를 사용할 수 있다.

○ 경찰청장 또는 지방경찰청장은 손실보상심의위원회의 심의 의결에 따라 보상금
을 지급하고, 거짓 또는 부정한 방법으로 보상금을 받은 사람에 대하여는 해당
보상금을 환수할 수 있다.

① 1개 　　　　② 2개 　　　　③ 3개 　　　　④ 4개

해설

○ 경찰관은 수상한 행동이나 그 밖의 주위 사정을 합리적으로 판단해 볼 때 보호조치대상자에 해당하는
것이 명백하고 응급구호가 필요하다고 믿을 만한 상당한 이유가 있는 사람을 발견하였을 때에는 보건
의료기관이나 공공구호기관에 긴급 구호를 요청하거나 경찰관서에 보호하는 등 **적절한 조치를 할 수
있다.**

○ 경찰관은 '현행범이나 사형 무기 또는 장기 3년 이상의 징역이나 금고에 해당하는 죄를 범한 범인의
체포 또는 도주 방지', '자신이나 다른 사람의 **생명 · 신체**의 보호', '공무집행에 대한 항거 제지'의 직
무를 수행하기 위하여 필요 하다고 인정되는 상당한 이유가 있을 때에는 그 사태를 합리적으로 판단
하여 필요한 한도 내에서 경찰장구를 사용할 수 있다.

○ 경찰청장 또는 지방경찰청장은 손실보상심의위원회의 심의 · 의결에 따라 보상금을 지급하고, 거짓 또
는 부정한 방법으로 보상금을 받은 사람에 대하여는 해당 보상금을 **환수하여야 한다.**

080

17 채용
1차

19 경간

「위해성 경찰장비의 사용 기준 등에 관한 규정」에 대한 설명으로 가장 적절하지 <u>않은</u> 것은?

① 경찰관은 총기 또는 폭발물을 가지고 대항하는 경우를 제외하고는 14세 미만의 자 또는 임산부에 대하여 권총 또는 소총을 발사하여서는 아니 된다.

② 가스차·살수차·특수진압차·물포·석궁·다목적발사기 및 도주차량차단장비는 '기타 장비'에 포함된다.

③ 근접분사기·가스분사기·가스발사총(고무탄 발사겸용은 제외) 및 최루탄(그 발사 장치를 포함)은 '분사기·최루탄 등'에 포함된다.

④ 권총·소총·기관총(기관단총을 포함)·산탄총·유탄발사기·박격포·3인치포· 함포·크레모아·수류탄·폭약류 및 도검은 '무기'에 포함된다.

> **해설**
> ③ 근접분사기·가스분사기·가스발사총(고무탄 발사겸용을 포함(제외 x)) 및 최루탄(그 발사장치를 포 함)은 '분사기·최루탄 등'에 포함된다

081

16 채용
1차

「위해성 경찰장비의 사용기준 등에 관한 규정」에 대한 설명으로 가장 적절하지 <u>않은</u> 것은?

① 경찰관은 불법집회·시위로 인하여 발생할 수 있는 타인 또는 경찰관의 생명·신 체의 위해와 재산·공공시설의 위험을 방지하기 위하여 필요한 때에는 최소한의 범위 안에서 경찰봉 또는 호신용경봉을 사용할 수 있다.

② 경찰관은 14세 이하의 자 또는 임산부에 대하여 전자충격기 또는 전자방패를 사용 하여서는 아니 된다.

③ 경찰관은 전극침 발사장치가 있는 전자충격기를 사용하는 경우 상대방의 얼굴을 향하여 전극침을 발사하여서는 아니 된다.

④ 경찰관은 최루탄발사기로 최루탄을 발사하는 경우 30도 이상의 발사각을 유지하 여야 하고, 가스차·살수차 또는 특수진압차의 최루탄발사대로 최루탄을 발사하 는 경우에는 15도 이상의 발사각을 유지하여야 한다.

> **해설**
> ② 경찰관은 **14세 미만의 자 또는 임산부**에 대하여 전자충격기 또는 전자방패를 사용하여서는 아니 된 다.

082

20 채용

「경찰 물리력 행사의 기준과 방법에 관한 규칙」에 대한 설명으로 가장 적절하지 <u>않은</u> 것은?

① 경찰관이 물리력 사용 시 준수하여야 할 기본원칙, 물리력 사용의 정도, 각 물리력 수단의 사용한계 및 유의사항을 규정함으로써 국민과 경찰관의 생명 신체를 보호하고 인권을 보장하며 경찰법집행의 정당성을 확보하는 데에 그 목적이 있다.

② 경찰관은 성별, 장애, 인종, 종교 및 성 정체성 등에 대한 선입견을 가지고 차별적으로 물리력을 사용하여서는 아니 된다.

③ 경찰관은 이미 경찰목적을 달성하여 더 이상 물리력을 사용할 필요가 없는 경우에는 물리력 사용을 즉시 중단하여야 한다.

④ 대상자가 경찰관의 지시 통제를 따르지 않고 비협조적이지만 경찰관 또는 제3자에 대해 직접적인 위해를 가하지 않는 경우에 경찰봉이나 방패 등으로 대상자의 신체 중요 부위 또는 급소 부위를 가격할 수 있다.

해설

④「경찰물리력 행사의 기준과 방법에 관한 규칙」에서는 대상자가 경찰관 또는 제3자에 대해 보일 수 있는 행위를 그 위해의 정도에 따라 ① 순응 ② 소극적 저항 ③ 적극적 저항 ④ 폭력적 공격 ⑤ 치명적 공격 등 다섯 단계로 구별하며, 대상자 행위에 따른 경찰관의 대응 수준은 ① 협조적 통제 ② 접촉 통제 ③ 저위험 물리력 ④ 중위험 물리력 ⑤ 고위험 물리력 등 다섯 단계로 구별한다. '**대상자가 경찰관의 지시, 통제를 따르지 않고 비협조적이지만 경찰관 또는 제3자에 대해 직접적인 위해를 가하지 않는 경우**'는 '**소극적 저항**' 단계에 해당하며, 이 경우 경찰관의 대응 수준은 **경찰봉 양 끝 또는 방패를 잡고 대상자의 신체에 안전하게 밀착한 상태에서 대상자를 특정 방향으로 밀거나 잡아당기기** 등이 가능하다. '경찰봉, 방패, 신체적 물리력으로 대상자의 신체 중요 부위 또는 급소 부위를 가격'하는 것은 경찰관의 대응 수준 중 '고위험 물리력' 단계로서 대상자의 행위가 '치명적 공격' 단계에 해당하는 상황에서 가능하다.

083

20 승진

「공공기관의 정보공개에 관한 법률」에 대한 설명으로 가장 적절한 것은?

① 정보의 공개를 청구하는 자는 해당 정보를 보유하거나 관리하고 있는 공공기관에 대하여 서면으로만 정보공개를 청구할 수 있다.

② 정보의 공개 및 우송 등에 드는 비용은 설비의 범위에서 정보공개 청구를 받은 행정청이 부담한다.

③ 청구인이 정보공개와 관련한 공공기관의 결정에 대하여 불복하는 경우 이의신청 절차를 거치지 않아도 행정심판을 청구할 수 있다.

④ 공공기관은 정보공개 청구를 받으면 그 청구를 받은 날부터 7일 이내에 공개 여부를 결정하여야 한다.

해설

① 정보의 공개를 청구하는 자는 해당 정보를 보유하거나 관리하고 있는 공공기관에 정보공개 **청구서를 제출하거나 말로써 정보의 공개를 청구할 수 있다.**
② 정보의 공개 및 우송 등에 드는 비용은 실비의 범위에서 청구인이 부담한다.
④ 공공기관은 정보공개 청구를 받으면 그 청구를 받은 날부터 **10일** 이내에 공개 여부를 결정하여야 한다.

ANSWER 082 ④ 083 ③

084

18 채용 2차

다음은 「공공기관의 정보공개에 관한 법률」상 이의신청에 대한 설명이다. ㉠부터 ㉰까지에 들어갈 숫자를 모두 합한 값은?

> - 청구인이 정보공개와 관련한 공공기관의 비공개 결정 또는 부분 공개 결정에 대하여 불복이 있거나 정보공개 청구 후 (㉠) 일이 경과하도록 정보공개 결정이 없는 때에는 공공기관으로부터 정보공개 여부의 결정 통지를 받은 날 또는 정보공개 청구 후 (㉡)일이 경과한 날부터 (㉢)일 이내에 해당 공공기관에 문서로 이의신청을 할 수 있다.
> - 공공기관은 이의신청을 받은 날부터 (㉣)일 이내에 그 이의신청에 대하여 결정하고 그 결과를 청구인에게 지체 없이 문서로 통지하여야 한다. 다만, 부득이한 사유로 정하여진 기간 이내에 결정할 수 없을 때에는 그 기간이 끝나는 날의 다음날부터 기산하여 (㉤)일의 범위에서 연장할 수 있으며, 연장 사유를 청구인에게 통지하여야 한다.

① 84　　　　　② 90　　　　　③ 94　　　　　④ 100

해설

- 청구인이 정보공개와 관련한 공공기관의 비공개 결정 또는 부분 공개 결정에 대하여 불복이 있거나 **정보공개 청구 후 (㉠ 20) 일이 경과하도록 정보공개 결정이 없는 때**에는 공공기관으로부터 **정보공개 여부의 결정 통지를 받은 날 또는 정보공개 청구 후 (㉡ 20)일이 경과한 날부터 (㉢ 30)일 이내에 해당 공공기관에 문서로 이의신청을** 할 수 있다.
- 공공기관은 **이의신청을 받은 날부터 (㉣ 7)일 이내에 그 이의신청에 대하여 결정**하고 그 결과를 청구인에게 지체 없이 문서로 통지하여야 한다. 다만, 부득이한 사유로 정하여진 기간 이내에 결정할 수 없을 때에는 **그 기간이 끝나는 날의 다음 날부터 기산하여 (㉤ 7)일의 범위에서 연장**할 수 있으며, 연장 사유를 청구인에게 통지하여야 한다.

「공공기관의 정보공개에 관한 법률」상 불복절차에 관한 설명이다. 옳은 것만으로 연결된 것은?

⊙ 청구인이 정보공개와 관련한 공공기관의 비공개 결정 또는 부분공개 결정에 대하여 불복이 있거나 정보공개 청구 후 20일이 경과하도록 정보공개 결정이 없는 때에는 공공기관으로부터 정보공개 여부를 결정 통지를 받은 날 또는 정보공개 청구 후 20일이 경과한 날부터 30일 이내에 해당 공공기관에 문서 또는 구두로 이의신청을 할 수 있다.

⊙ 공공기관은 이의신청을 받은 날부터 10일 이내에 그 이의신청에 대하여 결정하고 그 결과를 청구인에게 지체 없이 문서로 통지하여야 한다. 다만, 부득이한 사유로 정하여진 기간 이내에 결정할 수 없을 때에는 그 기간이 끝나는 날의 다음 날부터 기산하여 10일의 범위에서 연장할 수 있으며, 연장 사유를 청구인에게 통지하여야 한다.

⊙ 청구인이 정보공개와 관련한 공공기관의 결정에 대하여 불복이 있거나 정보공개 청구 후 20일이 경과하도록 정보공개 결정이 없는 때에는 「행정심판법」에서 정하는 바에 따라 행정심판을 청구할 수 있다.

⊙ 청구인이 정보공개와 관련한 공공기관의 결정에 대하여 불복이 있거나 정보공개 청구 후 20일이 경과하도록 정보공개 결정이 없는 때에는 「행정소송법」에서 정하는 바에 따라 행정소송을 제기할 수 있다.

① ㉠㉡   ② ㉠㉢   ③ ㉡㉢   ④ ㉢㉣

해설

㉠ 청구인이 정보공개와 관련한 공공기관의 비공개 결정 또는 부분 공개 결정에 대하여 불복이 있거나 정보공개 청구 후 20일이 경과하도록 정보공개 결정이 없는 때에는 공공기관으로부터 **정보공개 여부를 결정 통지를 받은 날** 또는 정보공개 청구 후 **20일이 경과한 날부터 30일 이내에 해당 공공기관에 문서로 이의신청**을 할 수 있다.

㉡ 공공기관은 **이의신청을 받은 날부터 7일 이내에 그 이의신청에 대하여 결정**하고 그 결과를 청구인에게 지체 없이 문서로 통지하여야 한다. 다만, 부득이한 사유로 정하여진 기간 이내에 결정할 수 없을 때에는 그 **기간이 끝나는 날의 다음 날부터 기산하여 7일의 범위에서 연장**할 수 있으며, 연장 사유를 청구인에게 통지하여야 한다.

086

18 승진

경찰상 강제집행의 수단에 대한 설명이다. ㉠부터 ㉣까지의 설명과 명칭이 가장 적절하게 연결된 것은?

㉠ 대체적 작위의무의 불이행이 있는 경우 행정청이 의무자의 작위의무를 스스로 행하거나 제3자로 하여금 이를 행하게 하고 그 비용을 의무자로부터 징수하는 행위
㉡ 경찰상 의무를 이행하지 않는 경우에 그 이행을 강제하기 위해 과하는 금전벌
㉢ 국민이 국가 또는 공공단체에 대해 부담하고 있는 공법상의 금전급부의무를 이행하지 않는 경우에 행정청이 강제적으로 의무가 이행된 것과 동일한 상태를 실현하는 작용
㉣ 경찰상 의무불이행에 대해 최후의 수단으로서 직접 의무자의 신체나 재산에 실력을 가하여 의무의 이행이 있었던 것과 동일한 상태를 실현하는 작용

① ㉠ 대집행 ㉡ 집행벌 ㉢ 강제징수 ㉣ 직접강제
② ㉠ 집행벌 ㉡ 강제징수 ㉢ 대집행 ㉣ 직접강제
③ ㉠ 대집행 ㉡ 강제징수 ㉢ 직접강제 ㉣ 집행벌
④ ㉠ 강제징수 ㉡ 집행벌 ㉢ 직접강제 ㉣ 대집행

087

11 승진

14 경간

경찰강제 중 경찰상 강제집행에 대한 설명이다. 옳지 않은 것만으로 연결된 것은?

㉠ 대집행은 대체적 작위의무 불이행에 대하여 스스로 행하거나 제3자로 하여금 이행하게 하고 그 비용을 의무자로부터 징수하는 것을 말한다.
㉡ 집행벌(이행강제금)은 「경찰법」상의 부작위의무 또는 비대체적 작위의무의 불이행이 있는 경우 그 의무의 이행을 간접적으로 강제하기 위하여 과하는 금전벌을 말하며, 간접적·심리적 강제수단이다.
㉢ 강제징수란 「경찰법」상의 금전급부의무의 불이행이 있는 경우 의무자의 재산에 실력을 가하여 의무의 이행이 있었던 것과 같은 상태를 실현하는 작용을 말하며 일반법으로 「국세기본법」을 근거로 한다.
㉣ 대집행의 절차는 [대집행영장에 의한 통지→대집행의 계고→대집행의 실행→비용의 징수] 순으로 진행된다.

① ㉠㉡ ② ㉡㉢ ③ ㉢㉣ ④ ㉡㉣

해설

㉢ 강제징수란 「경찰법」상의 금전급부의무의 불이행이 있는 경우 의무자의 재산 실력을 가하여 의무의 이행이 있었던 것과 같은 상태를 실현하는 작용을 말하며 일반법으로 **「국세징수법」**을 근거로 한다.
㉣ 대집행의 절차는 **[대집행의 계고 → 대집행영장에 의한 통지 → 대집행의 실행 → 비용의 징수]** 순으로 진행된다.

ANSWER 086 ① 087 ③

088 「질서위반행위규제법」에 대한 내용이다. 적절한 것만으로 바르게 연결된 것은?

18 채용 1차

19 승진

11 경간

⊙ 18세가 되지 아니한 자의 질서위반행위는 과태료를 부과하지 아니한다. 다만, 다른 법률에 특별한 규정이 있는 경우에는 그러하지 아니하다.

ⓛ 행정청이 질서위반행위에 대하여 과태료를 부과하고자 하는 때에는 미리 당사자에게 대통령령으로 정하는 사항을 통지하고, 7일 이상의 기간을 정하여 의견을 제출할 기회를 주어야 한다. 이 경우 지정된 기일까지 의견 제출이 없는 경우에는 의견이 없는 것으로 본다.

ⓒ 2인 이상이 질서위반행위에 가담한 때에는 각자가 질서위반행위를 한 것으로 본다.

ⓓ 행정청의 과태료 부과에 불복하는 당사자는 과태료 통지를 받은 날로부터 60일 이내에 해당 행정청에 서면으로 이의제기를 할 수 있다.

① ⊙ⓛ 　　　　② ⓛⓒ 　　　　③ ⓒⓓ 　　　　④ ⊙ⓓ

해설

⊙ **14세**가 되지 아니한 자의 질서위반행위는 과태료를 부과하지 아니한다. 다만, 다른 법률에 특별한 규정이 있는 경우에는 그러하지 아니하다.

ⓛ 행정청이 질서위반행위에 대하여 과태료를 부과하고자 하는 때에는 미리 당사자에게 대통령령으로 정하는 사항을 통지하고 **10일 이상의 기간을 정하여 의견을 제출할 기회**를 주어야 한다. 이 경우 지정된 기일까지 의견 제출이 없는 경우에는 의견이 없는 것으로 본다.

089 「행정절차법」에 대한 설명으로 가장 적절하지 <u>않은</u> 것은?

① 행정청이 당사자에게 의무를 부과하거나 권익을 제한하는 처분을 할 때 다른 법령에 특별한 규정이 없으면 청문을 거쳐야 한다.

② 행정청은 청문을 하려면 청문이 시작되는 날부터 10일 전까지 처분의 제목 등 일정한 사항을 당사자 등에게 통지하여야 한다.

③ 행정지도는 그 목적 달성에 필요한 최소한도에 그쳐야 하며, 행정지도의 상대방의 의사에 반하여 부당하게 강요하여서는 아니 된다.

④ 행정지도를 하는 자는 그 상대방에게 그 행정지도의 취지 및 내용과 신분을 밝혀야 하며, 행정지도의 상대방은 해당 행정지도의 방식·내용 등에 관하여 행정기관에 의견제출을 할 수 있다.

해설

① 행정청이 당사자에게 의무를 부과하거나 권익을 제한하는 처분을 할 때 **다른 법령 등에서 청문을 하도록 규정하고 있는 경우, 행정청이 필요하다고 인정하는 경우, 일정한 경우 당사자 등의 신청이 있는 경우** 청문을 거쳐야 한다.

ANSWER　088 ③　089 ①

090 다음 사례와 관련하여 옳지 <u>않은</u> 설명은 모두 몇 개인가?

11 승진

《 사례 》

서울지방경찰청 소속 형사 A는 자신이 배당받은 절도사건을 수사하던 중 용의자가 현재 17세인 B라는 사실을 알게 되었고, 그 소재를 확인하여 검거하는 과정에서 B가 순순히 연행에 응하지 않는다는 이유만으로 경찰장구인 호신용경봉으로 제압하던 중 흥분하여 잘못 휘두르는 바람에 B의 얼굴에 맞게 되었고, 이로 인해 B의 코뼈가 부러지게 되었다.

㉠ 사례에서 A의 행위에 대한 위법성과 관련하여 경찰비례의 원칙이 고려될 수 있다.
㉡ 사례의 경우 B의 입장에서는 서울지방경찰청장을 상대로 국가배상청구소송을 제기할 수 있다.
㉢ 사례에서 국가배상책임이 인정된다면 이는 「국가배상법」 제5조의 책임을 인정한 것이다.
㉣ 사례에서 B의 경우 자신의 배상청구권을 친구인 C에게 양도할 수도 있다.

① 1개　　　　　② 2개　　　　　③ 3개　　　　　④ 4개

> **해설**
> ㉠ (○) A의 물리력 사용은 너무 과도하여 경찰비례의 원칙을 위반한 위법성이 인정된다.
> ㉡ (×) 「국가배상법」은 국가와 지방자치단체를 배상책임자로 규정하고 있다. 따라서 국가공무원인 A의 행위에 대해 B는 **국가를 상대**로 국가배상청구소송을 제기하여야 한다
> ㉢ (×) 영조물의 설치관리하자로 인한 「국가배상법」 제5조의 책임이 아니라 공무원의 직무상 불법행위로 인한 「**국가배상법」 제2조의 책임**이 문제 된다.
> ㉣ (×) 생명·신체의 침해로 인한 국가배상을 받을 권리는 **양도하거나 압류하지 못한다.**

091 행정심판의 청구를 심리, 의결하기 위하여 중앙행정심판위원회를 두는데, 동 위원회의

04 승진 재결기간과 관련하여 (　)안에 알맞은 것은?

재결은 원칙적으로 심판청구일로부터 (　)이내에 해야 하지만, (　)간 연장이 가능하다.

① 30일, 30일　　　　　② 60일, 30일
③ 30일, 60일　　　　　④ 60일, 60일

> **해설**
> 행정심판의 재결은 심판청구서를 받은 날로부터 60일 이내에 하여야 하며, 위원장 직권으로 30일 연장이 가능하다.

092 "행정절차법"에 관한 내용 중 옳은 것은?

09 경위
승진

① 행정청은 처분을 구하는 신청이 있는 때에는 다른 법령에 특별한 규정이 있는 경우에 한하여 접수를 보류하거나 거부할 수 있다.

② 행정청이 당사자에게 의무를 과하거나 권익을 제한하는 처분을 할 경우 다른 법률에 특별한 규정이 없으면 청문을 거쳐야 한다.

③ 의견제출을 위하여 당사자 등은 「행정절차법」에 의하여 당해 사안의 조사결과에 관한 문서 기타 당해 처분과 관련되는 문서의 열람 또는 복사를 요청할 수 있다.

④ 문서의 열람 또는 복사의 요청이 있는 경우 행정청은 공익을 이유로 이를 거부할 수 있다.

> **해설**
> ② 행정청이 당사자에게 의무를 과하거나 권익을 제한하는 처분을 할 경우 다른 법률에 특별한 규정이 있으면 청문을 거쳐야 한다.
> ③ 청문을 위하여 당사자 등은 「행정절차법」에 의하여 당해 사안의 조사결과에 관한 문서 기타 당해 처분과 관련되는 문서의 열람 또는 복사를 요청할 수 있다.
> ④ 문서의 열람 또는 복사의 요청이 있는 경우 행정청은 다른 법령에 의하여 공개가 제한되는 경우를 제외하고는 거부할 수 없다.

경찰
찰
행정학

제1절　경찰조직관리

01 경찰조직

(1) 경찰조직의 개념

조직은 **목표**를 추구하기 위해 **구조와 환경**을 가진 사회적 단위를 말한다.(Etzioni) 특히 경찰조직은 국민의 생명 재산 보호를 위해 만들어진 조직이다. 경찰법 1조에는 '경찰의 민주적 관리, 운용과 효율적 임무수행을 위해 경찰의 기본조직 및 직무 범위 필요한 사항을 규정한다'고 되어 있다. 경찰조직은 **민주성과 효율성**을 기본 이념으로 한다.

(2) 관료제적 특징

관료제(Bureaucracy)는 상하 **계층적 위계질서**를 가진 합법적 대규모 조직으로 관료의 권한과 직무 범위는 **법규**에 의해 정해진다. Weber에 의하면 관료제는 계층제 구조를 가지고 있고, 직무의 수행은 **장기간 보존**된다. 관료는 직무수행의 대가로 **급료**를 받고, 승진 및 퇴직금의 직업적 보상을 받고, 신분관계가 아니라 **계약관계**이다.

(3) 관료제의 문제점

1) 동조과잉

관료는 규칙이나 절차를 지나치게 준수하고 궁극적인 목표가 소홀히 된다. 목표-수단의 전환이 발생한다.

2) 할거주의

소속조직에만 충실하고 조직이나 다른 부서와의 조정 협조가 어렵다.

3) 번문욕례

과도한 문서의 생성, 서류의 절차에 집착하여 형식주의를 초래한다.

4) 훈련된 무능

신분유지를 위한 새로운 기술이나 지식을 거부하고 보수화될 우려가 있다.

5) 파킨슨 법칙

인력, 예산, 하위조직의 업무와 무관하게 과도한 자리를 만들어간다.

01 계층제의 원리기출

(1) 의의

계층제는 구성원의 임무를 **책임과 난이도**에 따라 상하로 나누어 배치하고, 등급 간 명령, 복종, 지위와 감독체계를 갖춘 것을 의미한다.

(2) 장점

계층제는 경찰행정의 **능률성과 책임성**을 보장하고, 일체감과 통일성을 확보하게 한다. 조직 내의 분쟁, 갈등의 해결, 내부통제의 책임성을 확보하고 계층제를 통해 의사결정의 검토가 이루어져 신중한 업무처리가 가능하도록 한다. 경찰과 군대조직 형성의 핵심원리이다.

(3) 단점

조직의 **경직화**로 새로운 기술이나 지식의 도입이 어려워 환경의 **신축적 대응이 곤란**하다, 계층의 수가 많을수록 관리비용이 증가한다. 계층제가 **비합리적 인간지배**의 수단으로 인식하기 쉽다.

02 통솔범위의 원리기출

(1) 의의기출

통솔범위의 원리는 1인의 상관 또는 감독자가 **효과적으로 직접 통솔할 수 있는 부하의 수**를 의미한다. (구조조정과 관련 있다.) 통솔범위는 업무의 성질, 고용기술, 성과를 기준으로 결정된다.

(2) 통솔범위의 결정기출

신설조직보다 **기성**조직이 통솔범위가 넓고 규모가 **작으면** 비공식적 접촉이 많아 감독범위가 넓어진다. 조직원이 **한 장소**에 모여 있는 경우, 업무가 **단순**할수록 통솔범위가 넓어진다. 또한 감독자나 부하의 능력이 우수할수록 통솔범위가 넓다.

03 명령통일의 원리기출

(1) 의의

조직에서는 **한 사람의 상관으로부터 명령을 받고 보고**해야 한다는 것이다. 둘 이상의 사람에게 지시나 명령을 받는 경우 업무수행의 혼선과 비능률을 초래한다. 명령통일의 원리로 조직의 **안정감**을 가질 수 있고, 책임을 명백히 하여 부하에 대한 통제를 하게 한다.

CH.04

(2) 문제점

명령통일의 원칙이 너무 철저히 지켜진다면, **업무수행의 지체와 혼란**이 올 수 있어 대리나 위임제도를 활용하고 있다. 현재 **수사제도**는 경찰상관과 검사의 이중의 지시를 받고 있어 명령통일의 원리에 위배된다.

04 분업의 원리기출

(1) 의의

전문화(specialization)의 원리라고도 하며 조직의 종류와 성질, 업무의 전문화 정도에 따라 기관별 개인별로 업무를 분담시키는 원리로 **조직관리상의 능률향상과 인간 한계극복을 목표로 한다.**기출

(2) 특징

한사람이 습득할 수 있는 지식, 기술의 한계가 있고 업무 습득하는 데 걸리는 시간이 단축될 수 있다. 하지만 **부처이기주의와 소외감, 전체적인 시각을 가지지 못하게** 하는 단점이 있다.

05 조정의 원리

(1) 의의(조직의 제1의 원리)

조정은 조직의 각 단위와 구성원의 노력과 행동을 **질서 있게 배열하고 통일**시키는 작용으로 각 조직원리 간의 갈등해결, 부서 간, 계층 간, 구성원 간의 갈등조정을 목표(Mooney는 조직의 제1의 원리)한다. 조직의 **최종적인 목표달성과 직결**되는 가장 중요한 원리이다.

(2) 조정의 방법

1) 갈등의 원인

주로 업무의 분업화 세분화로 인해 갈등이 발생하는데, **목표나 이해관계 상충, 인적, 물적자원에 대한 경쟁, 가치관 이념의 차이, 의사전달의 왜곡**에서 비롯된다. 경찰에서는 인적자원의 경쟁, 지위나 신분이동의 불공정에서 기인한다.

2) 갈등의 조정

갈등의 원인이 세분화된 업무처리가 필요한 것이라면 업무처리 과정의 통합, 대화채널의 확보가 필요하다. 부서 간의 갈등이 있을 때는 **더 높은 상위목표를 이해하고 양보**하도록 하고 한정된 인력이나 예산으로 인한 문제라면 **예산과 인력을 확보하고 관리자의 업무 우선순위 지정**에 대한 노력이 필요하다.

갈등이 완화될 여지가 있거나, 양자 간의 타협이 가능한 경우는 결정을 보류 또는 회피하기도 한다. 장기적으로는 **조직구조, 보상, 인사 등의 문제점과 제도개선, 조직원의 합리적 행태 개선**이 필요하다.

CH.04

01　인사관리

(1) 개념

경찰의 인사관리는 경찰인력을 효율적으로 관리 운용하는 **동태적** 과정으로 **모집, 채용, 교육, 훈련, 배치, 관리해나가는 일련의 과정**을 포함한다. 인사관리는 효율적 인력운용, 경찰조직과 개개인의 욕구조화, 우수한 인재확보와 능력발전, 환경변화에 대한 적응성 확보를 목표로 한다.

(2) 종류

1) 외부임용

신규채용을 의미하고, **공개채용**과 **특별채용**으로 이루어진다.

2) 내부임용

채용 후 관리를 의미하는데 **신분의 변경**인 승진, 전보, 파견, 휴직, 직위해제, 정직, 강등, 복직과 **신분의 소멸**에 해당하는 면직, 해임, 파면으로 이루어진다.

(3) 인사관리 기관

실적주의로 인해 공무원의 인사관리는 분권적 부처인사기관의 형태로 변해가고 있고, 경찰청의 경무국, 지방경찰청의 경무부, 경찰서의 경무과에서 담당한다.

02　인사행정 원칙

한국의 경우는 **실적주의를 기반으로 엽관주의가 가미**되어 있고, 고위직에는 정실주의 성격이 강하고, 중하위직에는 실적주의 요소가 많이 적용된다.

(1) 엽관주의

1) 의의

엽관주의는 미국에서 시작되어 공직 임용에서 능력, 자격, 업적보다 **충성심, 당파성, 정치적 영향력**에 기초를 두는 인사제도이다. **엽관제(Spoils system)**는 전리품(Spoils)에서 유래된 것으로 전쟁에서 승리한 자가 전리품을 가지는 것처럼 **선거에서 승리한 정당이 관직도 차지한다**는 의미이다.

2) 정실주의와 비교

영국에서 시작되어 공직 임명에서 정당적 요소와 **친척, 인척, 학연 등 혈연적 관계**의 사람들을 공직에 임명하는 것으로 엽관주의보다 넓은 개념이다.

(2) 실적주의(Merit system)^{기출}

실적주의는 인사행정의 기준을 **개인의 능력, 자격, 성적**에 두는 제도로 공직의 기회균등, 실적과 능력에 의한 임용, 정치적 해고로부터의 신분보장, 정치적 중립을 목표로 한다.

(3) 장단점 비교 ^{기출}

	실적주의	엽관주의
장점	① 신분보장으로 행정의 **전문성, 독자성** 확보 ② 공직에의 균등한 기회보장 ③ 공무원의 정치적 중립, 부패방지	① 정당정치의 발전에 기여 ② 공무원에 대한 민주적 통제강화 ③ 관직의 특권화와 침체화 방지
단점	① 인사관리의 **경직성** ② 국민 요구에 대한 대응성이 낮아지고 민주적 통제가 어려워진다.	① **정치적 부패** 초래(정실화) ② 공무원이 대량교체로 행정의 일관성, 안정성 저해 ③ 불필요한 관직을 만드는 **위인설관**(爲人設官) 현상으로 예산낭비

03 공직 분류

우리나라의 공직분류방식은 **계급제에 직위분류제를 가미한 혼합형태**이고, 직위분류제와 계급제는 상호 보완적 관계에 있다고 할 것이다.

(1) 계급제

1) 의의

개인의 **자격, 능력, 학력**을 기준으로 계급을 나누고 신분을 보장해 주는 공직분류방식으로 **인간중심분류** 방식으로, 영국, 독일, 프랑스, 한국 일본에서 채택하고 있다. 계급의 수가 적고, 차별도 심해 외부충원이 어렵다. (**폐쇄형 충원방식**)

2) 특징

인사배치가 **신축적이고 융통성**이 있어 기관 간 협조가 용이하다. **강력한 신분보장**이 가능한 장점이 있다. 하지만 인사행정의 합리화나 보수의 합리적 기준을 제시하는 것과 거리가 있다.

(2) 직위분류제

1) 의의

직무의 특성에 중심을 두고, **직무의 종류, 책임, 난이도**를 기준으로 직종과 직급을 분류하는 방식이다. 인사행정의 합리화를 가능하게 하고 객관적인 직무중심의 분류방식이다. 1909년 시카고에서 처음 실시하였다.

2) 특징

직무중심의 분류방식으로 행정조직의 전문화와 분업화가 가능하여 **전문행정가**를 양성할 수 있으나 기관 간 횡적 협조는 곤란하다. 신분보장은 계급제에 비해 미약하나 **보수의 합리적 기준을 제시**할 수 있다. (**개방형 충원방식**)

(3) 장단점 비교 기출

	계급제	직위분류제
장점	① 일반적교양을 가진 일반행정가양성 ② **신분보장** 강화 ③ **직업공무원제** 확립에 기여 ④ 인사배치의 **신축성**	① **보수결정의 합리적 기준제시** '동일직무에 동일보수' ② 행정의 **전문화** ③ 권한과 책임의 한계를 명확히 함
단점	① 행정의 전문화 곤란 ② 민주적 통제 어려움	① 인사배치의 **비신축성** ② 전문기관의 협조, 조정 곤란 ③ **신분의 불안정성**

04 경찰 교육 훈련

(1) 의의

경찰관이 **조직의 목적달성에 효과적으로 기여**할 수 있도록 경찰관의 능력을 개발하는 과정이다. 경찰교육은 학교교육, 위탁교육, 직장훈련, 기타 교육훈련으로 나누어진다.

(2) 종류

1) 학교교육

① 신임교육은 신규채용된 자로 임용 전 신임교육을 받지 아니한 자를 대상으로 한다.

② 기본교육은 경정, 경감, 경위, 경사, 총경을 대상으로 한다.

③ 전문교육은 경정 이하 경찰공무원을 대상으로 실시한다.

2) 위탁교육

① 국내외의 교육기관에 위탁하여 하는 교육

② 위탁교육 이수 후 **출근하는 날로부터 30일 안**에 경찰청장에게 제출

3) 직장훈련(경정 이하 경찰공무원)

① **직장교육**은 기간, 부서, 그룹단위로 업무와 관련된 교육을 한다.

② **체력**훈련은 무도 및 체력검정을 실시한다.

③ **사격**훈련은 정례사격과 특별사격으로 이루어진다.

4) 기타교육 훈련은 경찰기관의 장의 명에 의하거나 경찰공무원 스스로 하는 직무 관련, 학습, 연구활동이다.

01 의의

사기(Moral)는 경찰 목적 달성을 위한 **열의, 솔선, 결의** 등을 불러일으키는 정신적인 자세를 의미하는 것으로 **자율적, 자주적**이며 개인적 차원에 머무르지 않고 **조직목표달성에** 기여한다. 경찰 개개인의 자기만족이 뿐만 아니라 사회적 가치나 효용과 관련을 맺을 때 가치가 있다.

02 사기의 결정요인

(1) 의의

조직 내에서 경찰관의 사기를 결정하는 것은 인간관계, 근무조건, 신분의 안전, 보수, 승진 등의 복합적 요인으로 결정된다. **Maslow**는 이러한 인간의 욕구를 생리적 욕구, 안전의 욕구, 사회적 욕구, 존경의 욕구, 자아실현의 욕구로 구분하였고, 경찰관의 사기도 이러한 기본적 욕구의 충족과 관련이 있다.

(2) Maslow의 욕구 5단계

인간은 생리적 욕구부터 자아실현의 욕구를 모두 가지고 있다. 하지만 5가지를 모두 충족할 수 없기 때문에 한 단계 욕구가 충족되면 다음 단계의 욕구로 넘어가게 된다. 혹은 동시에 여러 가지 욕구를 추구하기도 한다.

	내용	충족방안
생리적 욕구	인간의 **기본적 욕구**로 의식주와 관련이 있고, 가장 강한 욕구이다.	적정보수, 복지제도
안전의 욕구	안정, 안정, 보호의 욕구	**신분보장, 연금제도**기출
사회적 욕구	사랑, 소속감, 타인과의 관계 형성	인간관계 개선, 고충상담
존경의 욕구	존경, 명예, 인정을 받으려는 욕구	참여확대, 권한의 위임, 제안, 포상
자아실현 욕구	자신의 **능력과 소질**을 창의적으로 발휘할 수 있도록 **성장**하려는 욕구	공정하고 합리적 승진, **공무원단체**

(3) 동기부여론

1) 내용이론

사람을 일하게 하는 결정요인은 사람의 마음속에 있다는 이론으로 **인간의 욕구가 무엇인가**에 중점을 둔다. (**Maslow**가 대표적)

2) 과정이론

인간이 욕구가 있다고 행동에 옮기는 것이 아니라 **행동의 결과를 고려**하여 행동한다는 이론이다.(Porter & Lawler가 대표적) 즉 과거의 경험이나 미래에 대한 기대감이 동기부여의 원인이라고 본다. 자신의 기대의 충족 여부가 만족감을 결정한다고 보고 있어 **보상의 공평성**이 동기부여의 가장 중요한 요인이라고 본다.

(4) 인간관이론(Schein의 분류)

1) 합리적, 경제적 인간관

인간은 **경제적 이득**을 계산하고 행동한다고 보고, 관리자는 **수당이나 보수**와 같은 경제적 유인을 통해 인간을 통제, 관리할 수 있다고 본다.

2) 사회인간관

인간은 경제적 요인보다는 **인간관계, 사교, 동료와의 관계**가 동기유발을 결정한다고 보는 인간관으로 관리자는 직원 간의 인간관계를 원만하게 형성하도록 노력해야 한다고 본다.

3) 자아실현인간관

인간은 자아실현의 욕구를 가지고 있고, 자신을 통제한다고 보고 있어 관리자는 직원이 보람을 느낄 수 있도록 촉진, 촉매자의 역할을 담당하는 것이 바람직하다고 본다.

4) 복잡인간관

인간은 다양한 욕구를 가지고 있으므로 관리자는 직원의 다양한 욕구와 특성을 파악해서 관리해 나가야 한다는 이론이다.

03 사기 앙양의 방안

인간의 동기부여 결정요인은 다양하므로 사기앙양의 방법도 다양하게 이루어진다. **자율성과 인격을 존중하고 정당한 보상, 기회균등, 불만, 갈등을 해결할 수 있는 의사소통**의 창구가 마련되어야 **자아실현의 욕구**까지 충족되어 질 수 있다.

01 예산의 개념

예산(Budget)은 **일정기간(회계연도)의 국가의 수입과 지출의 예정적 계획**으로 국가의 정책이나 사업계획은 예산을 통해 실행된다.

02 예산의 분류기출

(1) 세입세출예산 분류

1) 일반회계

국가활동에 대한 **세입, 세출을 편성**한 것으로 세입은 조세수입으로 세출은 국가의 존립과 유지를 위한 지출이다. 일반회계는 **현금주의**를 원칙으로 하고 있으며, 경찰예산은 일반회계에 속한다.기출

2) 특별회계

① 의의

국가에서 특별한 사업을 운영하고자 할 때, 특정 세입으로 특정한 세출에 지출하기 위해 법률로 설치한다. (**예산 단일성 원칙의 예외**) 사업적 성격을 띤 행정분야 늘어나 특별회계의 적용을 받는 곳이 **점차 증가**하고 있다. 경찰특별회계로 **책임운영기관 특별회계**가 있다.

② 특징기출

특별회계를 설치한 소관부서가 관리하며, 기획재정부의 직접적 통제를 받지 않는다.

(2) 성립과정을 중심 분류기출

1) 본예산

회계연도 개시 **90일 전**까지 국회에 **제출**하고 회계연도 개시 **30일 전**까지 **의결**하여 확정된 예산

2) 수정예산

국회에 예산이 제출되어 확정되기 전에 사정의 변경으로 예산안의 일부 내용을 변경하여 국회에 제출하는 예산이다. 예산수정 시에는 **국무회의의 심의**를 거쳐 **대통령의 승인**을 얻은 수정예산을 국회에 제출할 수 있다.

3) 추가경정예산기출

예산확정 이후 필요한 경비 부족이나 **성립한 예산에 변경**을 가할 필요가 있을 때 편성하는 예산을 의미한다.

4) 준예산
① 의의
회계연도가 개시될 때까지 예산이 국회를 통과하지 못할 때에는 **국회의 의결이 있을 때까지 전년도에 준해서 지출하는 예산**으로 예산의 불성립으로 인한 행정의 중단 방지를 위해서이다.기출

② 지출용도기출
기관이나 시설의 유지 운영을 위한 경비, 법률상 지출의무가 있는 경비(공무원 보수, 사무처리 기본경비), 이미 예산으로 승인된 사업의 계속을 위한 경비

(3) 형식적 내용을 중심 분류

1) 예비비
예측할 수 없는 예산외 지출 혹은 초과지출에 충당하기 위해 예산총액의 100분의 1 이내 금액을 예비비로 준비한다. 예비비는 공무원의 보수인상이나 인건비 충당을 위해서 사용할 수 없다.

2) 계속비
수년을 요하는 공사나 제조 연구개발사업은 경비의 총액과 연부담액을 정하여 수년도에 걸쳐 지출할 수 있다. 국가가 지출할 수 있는 연한은 **회계연도로부터 5년 이내**로 한다. 단 사업규모, 재원 여건상 필요한 경우는 10년 이내로 할 수 있다.

3) 명시이월비
경비의 성질상 연도내 지출을 끝내지 못할 것이 예측될 때에는 그 취지를 세입세출 예산에 명시하여 국회의 승인을 얻어 다음 연도에 사용할 수 있다.

4) 국고채무 부담행위
세출예산 금액 또는 계속비 총액이 범위 안의 것 이외에 국가가 채무부담행위를 할 때 국회의 의결을 얻어야 한다. 국고 채무부담행위는 필요한 이유를 명시하고, 행위시 연도, 상황 연도와 채무부담금액을 표시해야 한다.

03 예산의 과정

(1) 예산편성
사업계획서(전년도 1.31) - 예산편성지침통보(전년도 3.31) - 예산요구서제출(전년도 5.31) - 예산사정 - 국무회의심의 - 대통령제가 - 국회제출

1) 사업계획서제출
중앙관서의 장은 매년 **1월 31일**까지 당해 회계연도부터 5회계연도 이상의 기간 동안 신규사업 및 기획재정부장관이 정하는 주요 사업에 대한 중기사업계획서을 **기획재정부장관에게 제출**해야 한다.

2) 예산안 편성지침

기획재정부 장관은 국무회의의 심의를 거쳐 대통령의 승인 후 다음 연도의 예산편성 지침을 매년 **3월 31일**까지 각 중앙관서의 장에게 통보해야 한다.

3) 예산요구서 작성

각 중앙관서의 장은 예산안 편성지침에 따라 그 소관에 속하는 다음 연도의 예산 요구서를 작성하여 매년 **5월 31일**까지 **기획재정부장관**에게 제출해야 한다.

4) 정부안의 확정 및 국회제출

기획재정부장관은 예산요구서에 따라 예산안을 편성하여 **국무회의의 심의**를 거친 후 대통령의 승인을 얻어야 한다. 대통령의 승인을 얻은 예산안을 회계연도 개시 **120일** 전까지 국회에 제출해야 한다.

(2) 국회의 심의 의결

1) 행정부에서는 새로운 회계연도개시 **30일전**까지 국회의 심의의결을 거쳐야 한다.

2) 심의과정

시정연설(대통령) – 제안설명(기획재정부장관) – 예비심사(주관상임위원회) – 종합심사(예산결산 특위) – 의결(본회의)

(3) 예산의 집행

1) 예산은 명시된 항목 외에는 사용되지 못한다. 특별한 사유가 있는 경우에 예산과목 중 **항** 이상은 국회의 승인을 얻어 이용이 가능하며, **세항, 목**은 기획재정부장관의 승인을 얻어 전용할 수 있다.

2) 예산배정요구서 제출

경찰청장은 사업운영계획서 및 세입, 세출, 계속비와 국고채무부담행위를 포함한 예산배정요구서를 **기획재정부장관**에게 제출해야 한다.

3) 예산의 배정(국가재정법 43조)

① 기획재정부장관은 예산배정요구서에 따라 분기별 예산배정계획을 작성하여 국무회의의 심의를 거친 후 **대통령의 승인**을 얻어야 한다.

② 기획재정부장관은 각 중앙관서의 장에게 예산을 배정한 때에는 **감사원에 통지**하여야 한다.

③ 기획재정부장관은 필요한 때에는 대통령령이 정하는 바에 따라 회계연도 개시 전에 예산을 배정할 수 있다.

④ 기획재정부장관은 예산의 효율적인 집행관리를 위하여 필요한 때에는 분기별 예산배정 계획에 불구하고 개별사업계획을 검토하여 그 결과에 따라 예산을 배정할 수 있다.

⑤ 기획재정부장관은 재정수지의 적정한 관리 및 예산사업의 효율적인 집행관리 등을 위하여 필요한 때에는 분기별 예산배정계획을 조정하거나 예산배정을 유보할 수 있으며, 배정된 예산의 집행을 보류하도록 조치를 취할 수 있다.

4) 예산집행지침의 (국가재정법 44조)

기획재정부장관은 예산집행의 효율성을 높이기 위하여 매년 예산집행에 관한 지침을 작성하여 각 **중앙관서의 장**에게 통보하여야 한다.

5) 예산의 탄력적 집행

① 예산의 전용

중앙관서의 장은 목적범위 내에서 기획재정부장관의 승인을 얻어 **세항** 또는 **목**의 금액을 전용할 수 있다. 기출

② 예산의 이용

예산집행상 필요에 따라 국회의 의결을 얻은 때 기획재정부장관의 승인을 얻어 **장ㆍ관ㆍ항** 간의 예산금액을 상호이용하는 것이다.

③ 예산의 이체

법령의 제정, 개정, 폐지로 인해 중앙관서의 직무와 권한에 변동이 있을 때 예산을 변경하여 사용하는 것이다.

④ 이월

명시이월은 연도 내 지출을 하지 못할 것이 예측될 때 국회의 승인을 얻어 예산을 다음연도에 넘겨서 사용하는 것을 의미한다. **사고이월**은 불가피한 사유로 연도 내 지출을 하지 못한 경비와 지출원인행위를 하지 아니한 부대 경비의 금액을 다음연도에 이월하여 사용하는 것이다.

(4) 예산의 결산

1) 결산의 원칙(국가재정법 56조)

정부는 결산이 「국가회계법」에 따라 재정에 관한 유용하고 적정한 정보를 제공할 수 있도록 객관적인 자료와 증거에 따라 공정하게 이루어지게 하여야 한다.

2) 성인지 결산서의 작성(국가재정법 56조)

정부는 여성과 남성이 동등하게 예산의 수혜를 받고 예산이 성차별을 개선하는 방향으로 집행되었는지를 평가하는 보고서(이하 "성인지 결산서"라 한다)를 작성하여야 한다.

3) 중앙관서결산보고서의 작성 및 제출(국가재정법 58조)

기획재정부장관은 「국가회계법」에서 정하는 바에 따라 회계연도마다 작성하여 대통령의 승인을 받은 국가결산보고서를 다음 **연도 4월 10일까지 감사원에 제출**하여야 한다.

4) 결산검사(국가재정법 60조)

감사원은 제59조에 따라 제출된 국가결산보고서를 검사하고 그 보고서를 다음 연도 **5월 20일까지 기획재정부장관**에게 송부하여야 한다.

5) 국가결산보고서의 국회제출(국가재정법 61조)

감사원의 검사를 거친 국가결산보고서를 다음 연도 **5월 31일**까지 국회에 제출하여야 한다.

04 예산의 제도

(1) 품목별 예산(LIBS: Line Item Budget System)

1) 의의

예산을 **품목별로 분류**하는 방식으로 행정의 책임과 감독, 국회의 **통제가 용이**하도록 한 예산제도이다.

2) **장점**

① 운영, 회계검사가 용이하고 회계집행의 내용과 회계책임의 소재가 명확하다.

② 예산의 유용, 부정을 방지할 수 있다.

③ 인사행정의 유용한 자료와 정보를 제공한다.

3) **단점**

① 계획에 맞도록 지출하는 것이 어려워 계획과 지출의 불일치가 나타날 수 있다.

② 조직별로 사업을 추진할 때 사업활동이 중복될 가능성이 높다.

③ 지출대상 및 금액이 명확해 예산집행의 신축성이 제약된다.

(2) 성과주의 예산(PBS: Performance Budget System)

1) 의의

① 정부가 수행하는 업무에 중점을 두는 관리지향 예산제도이다. 정부의 활동, 사업 계획을 세부사업으로 분류하고, 업무량을 측정하고 **업무단위당 원가를 산출**한것이다.

② **단위원가 × 업무량 = 예산액**으로 편성한다.

2) 장점

① 경찰의 활동을 쉽게 이해할 수 있다.

② 예산편성에서 자원배분의 합리화를 기하고, 집행에서 신축성을 확보할 수 있다.

③ 해당 부서의 업무능률을 측정하여 다음연도의 예산에 반영할 수 있다.

3) 단점

① 업무측정단위 선정 및 단위원가 계산이 어렵다.

② 인건비 등 경직성 경비의 적용이 어렵다.

③ 품목별 예산에 비해 입법통제가 곤란하고 회계 책임이 불분명하다.

(3) 기획예산제도(PPBS: Planning Programming Budget System)

예산편성에서 **계획기능**을 중시하는 제도로 **프로그램예산**이라고 한다. 장기기획과 단기적 예산을 결합하여 자원배분에 관한 의사결정을 일관성 있게 합리화한 제도이다.

(4) 영기준예산제도(ZBB: Zero-Base Budget System)기출

점증적으로 예산액을 책정하는 기존의 예산편성에서 사업의 수행목적, 수행방법, 수행효과, 소요경비 등을 **새롭게 시작하는 수준**으로 책정하는 예산편성방법이다. **작은 정부**에 적합한 제도이다.

(5) 자본예산제도

경상적 지출은 경상적 수입으로 충당하고 자본적 지출은 적자재정과 공채발행 등 차입으로 충당하게 하여 불균형예산을 편성하는 제도이다.기출

제6절 │ 물품관리

01 의의

경찰의 물품은 **취득, 보관, 사용, 처분**에 이르기까지 각 기관과 담당 경찰관이 이를 책임지고 관리한다.기출

02 물품관리기관

(1) 총괄기관

기획재정부 장관이 물품관리의 정책과 제도를 총괄하고 **조달청장**은 각 중앙관서의 물품 관리의 총괄 및 조정을 담당한다.

(2) 관리기관

경찰청장은 그 소관에 있는 물품을 관리하고, **물품관리관**은 경찰청장으로부터 위임을 받은 물품관리관이 이를 관리한다.

(3) 물품출납공무원

물품관리관으로부터 **물품 출납과 보관**의 사무를 위임받아 **실질적으로 관리**하고, 출납명령에 따라 **출납**하고, 필요한 사항을 기록한다. (**의무적** 설치기관)기출

(4) 물품운용관

물품관리관으로부터 **물품사용**에 관한 위임을 받은 공무원으로 출납명령요청 및 필요사항을 기록 관리한다. (**의무적** 설치기관)

(5) 분임물품관리관

물품관리관의 사무 일부를 분장하는 공무원으로 물품관리관의 사무 일부를 분장한다.

01 의의

경찰장비관리는 경찰업무 수행의 자원과 사용에 낭비를 제거하여 능률성, 효과성, 경제성을 높이고자 한다.

02 무기 및 탄약관리

(1) 무기류

1) 무기: 인명 또는 신체에 위해를 가할 수 있도록 제작된 권총·소총·도검 등을 말한다.

2) 집중무기고: 경찰인력 및 경찰기관별 무기책정기준에 따라 배정된 개인화기와 공용화기를 집중보관·관리하기 위하여 각 경찰기관에 설치된 시설을 말한다.

3) 탄약고: 경찰 탄약을 집중 보관하기 위하여 타 용도의 사무실, 무기고 등과 분리 설치된 보관시설을 말한다.

4) 간이무기고: 경찰기관의 각 기능별 운용부서에서 효율적 사용을 위하여 집중무기고로부터 무기·탄약의 일부를 대여받아 별도로 보관·관리하는 시설을 말한다.^{기출}

5) 무기·탄약 관리책임자: 경찰기관의 장으로부터 무기·탄약 관리 업무를 위임받아 집중무기고 및 간이무기고에 보관된 무기·탄약을 총괄하여 관리·감독하는 자를 말한다.

(2) 무기고 및 탄약고 (115조)

1) 무기고와 탄약고는 견고하게 만들고 환기·방습장치와 방화시설 및 총가시설 등이 완비되어야 한다.

2) 탄약고는 무기고와 분리되어야 하며 가능한 본 청사와 격리된 독립 건물로 하여야 한다.

3) 무기고와 탄약고의 환기통 등에는 손이 들어가지 않도록 쇠창살 시설을 하고, 출입문은 2중으로 하여 각 1개소 이상씩 자물쇠를 설치하여야 한다.

4) 무기·탄약고 비상벨은 상황실과 숙직실 등 초동조치 가능 장소와 연결하고, 외곽에는 철조망장치와 조명등 및 순찰함을 설치하여야 한다.

5) 간이무기고는 근무자가 24시간 상주하는 지구대, 파출소, 상황실 및 112타격대 등 경찰기관의 장이 필요하다고 인정하는 상당한 이유가 있는 장소에 설치할 수 있다.

6) 탄약고 내에는 전기시설을 하여서는 아니 되며, 조명은 건전지 등으로 하고 방화시설을 완비하여야 한다. 단, 방폭설비를 갖춘 경우 전기시설을 설치할 수 있다.

(3) 무기고 및 탄약고 열쇠 보관 (117조)

1) 무기고와 탄약고의 열쇠는 관리 책임자가 보관한다.

2) 집중무기고의 경우 일과시간은 경무과장(총무과장), 일과 후는 상황관리(담당)관, 상황실 간이무기고는 상황(부)실장, 지구대 등 간이무기고는 지역경찰관리자, 기타 간이무기고는 설치부서 책임자(야간은 당직관 등 열쇠 인수 책임자)가 보관 관리한다. 다만, 휴가·비번 등으로 관리책임자 공백 시는 별도 관리책임자를 지정하여야 한다.

3) 간이무기고 소총용 열쇠는 관리책임자가 별도 관리하여야 하고, 지구대 등 무기고의 경우 관리책임자 부재 시는 이중문 열쇠를 소내 근무자 등에게 관리상 책임을 알린 뒤 각각 분리 보관하게 하여야 한다.

(4) 무기 탄약의 회수 (120조)

1) 경찰기관의 장은 무기를 휴대한 자 중에서 다음 각 호에 해당하는 자가 발생한 때에는 **즉시 대여한 무기·탄약을 회수하여야 한다.** 기출

   ① 직무상의 비위 등으로 인하여 징계대상이 된 자

   ② **형사사건의 조사의 대상**이 된 자

   ③ **사의를 표명한 자**

2) 경찰기관의 장은 무기를 휴대한 자 중에서 다음 각 호에 해당하는 자가 있을 때에는 **대여한 무기·탄약을 회수 또는 보관할 수 있다.**

   ① 평소에 불평이 심하고 염세 비관하는 자

   ② 주벽이 심한 자

   ③ 변태성벽이 있는 자

   ④ 가정환경이 불화한 자

   ⑤ 기타 경찰기관의 장이 부적합하다고 판단한

3) 경찰기관의 장은 무기를 휴대한 자 중에서 다음 각 호에 해당하는 경우에는 대여한 **무기·탄약을 무기고에 보관하도록 하여야 한다.**

   ① 술자리 또는 연회장소에 출입할 경우

   ② 상사의 사무실을 출입할 경우

   ③ 기타 정황을 판단하여 필요하다고 인정되는 경우

(5) 무기 탄약 취급상의 안전관리 (123조)

1) 권총

　① 총구는 **공중 또는 지면**(안전지역)을 향한다.

　② 실탄 장전 시 반드시 안전장치(방아쇠울에 설치 사용)를 장착한다.

　③ 1탄은 공포탄, 2탄 이하는 실탄을 장전한다. 다만, 대간첩작전, 살인강도 등 중요범
　　인이나 무기·흉기 등을 사용하는 범인의 체포 및 위해의 방호를 위하여 불가피한
　　경우에 1탄부터 실탄을 장전할 수 있다.

　④ 조준 시는 **대퇴부 이하**를 향한다.

2) 소총, 기관총, 유탄발사기

　① 실탄은 분리 휴대한다.

　② 실탄 장전 시 조정간을 안전위치로 한다.

　③ 사용 후 보관 시 약실과 총강을 점검한다.

　④ 노리쇠 뭉치나 구성품은 다른 총기의 부품과 교환하지 않도록 한다.

　⑤ 공포 탄약은 총구에서 6m 이내의 사람을 향해 사격해서는 아니 된다.

(6) 특별관리대상장비 (157조)

특별관리대상장비는 경찰관의 직무수행 중 통상 용법대로 사용하는 경우 사람에게 위해를 가할 우려가 있어 관리 및 사용상 특별한 주의가 필요한 장비로, 다음과 같이 구분한다.

1) 경찰장구: 수갑, 포승, 호송용포승, 경찰봉, 호신용경봉, 전자충격기, 진압봉, 방패 및 전자방패

2) 무기: 권총, 소총, 기관총, 산탄총, 유탄발사기, 박격포, 3인치포, 클레이모어, 수류탄, 폭약류 및 도검

3) 분사기 등: 근접분사기, 가스분사기, 가스발사총, 가스분사겸용경봉, 최루탄발사기 및 최루탄

4) 기타장비: 가스차, 집회시위관리용 물포, 특수진압차, 석궁, 다목적발사기_{기출}

(7) 차량관리

제88조(차량의 구분)

　① 차량의 차종은 승용·승합·화물·특수용으로 구분하고, 차형은 차종별로 대형·
　　중형·소형·경형·다목적형으로 구분한다.

　② 차량은 용도별로 다음 각 호와 같이 **전용·지휘용·업무용·순찰용·특수용** 차량으로
　　구분한다._{기출}

제90조(차량 소요계획의 제출)

① 부속기관 및 지방경찰청의 장은 다음 연도에 소속기관의 차량 정수를 증감시킬 필요가 있을 때에는 매년 3월 말까지 다음 연도 차량 정수 소요계획을 경찰청장에게 제출하여야 한다.

② 제1항에도 불구하고 예기치 못한 치안수요의 발생 등 특별한 사유로 조기에 증·감 필요가 있을 경우에는 차량 제작기간 등을 감안 사전에 경찰청장에게 요구할 수 있다.

제93조(차량의 교체)

① 부속기관 및 지방경찰청은 소속기관 차량 중 다음 연도 교체대상 차량을 매년 11월 말까지 경찰청장에게 보고하여야 한다.

② 차량교체는 차량의 최단운행 기준연한(이하 "내용연수"라 한다)에 따라 부속기관 및 지방 경찰청의 장이 보고한 교체대상 차량 중 책정된 예산범위 내에서 매년 초에 수립하는 "경찰청 물품수급관리계획"에 따라 실시한다

제94조(교체대상 차량의 불용처리)

① 차량교체를 위한 불용 대상 차량은 부속기관 및 지방경찰청에 배정되는 수량의 범위 내에서 내용연수 경과 여부 등 차량사용기간을 최우선적으로 고려하여 선정한다. 기출

② 사용기간이 동일한 경우에는 주행거리와 차량의 노후상태, 사용부서 등을 종합적으로 검토 예산낭비 요인이 없도록 신중하게 선정한다.

③ 단순한 내용연수 경과를 이유로 일괄교체 또는 불용처분하는 것을 지양하고 성능이 양호하여 운행 가능한 차량은 교체순위에 불구하고 연장 사용할 수 있다.

④ 불용처분된 차량은 부속기관 및 지방경찰청별로 실정에 맞게 공개매각을 원칙으로 하되, 공개매각이 불가능한 때에는 폐차처분을 할 수 있다. 다만, 매각을 할 때에는 경찰 표시 도색을 제거하는 등 필요한 조치를 하여야 한다. 기출

제95조(차량의 집중관리)

① 각 경찰기관의 업무용 차량은 운전요원의 부족 등 불가피한 사유가 없는 한 집중관리를 원칙으로 한다. 기출

② 특수용 차량 등도 필요하다고 인정되는 경우에는 집중관리할 수 있다.

③ 집중관리대상 차량 및 운전자는 관리 주무부서 소속으로 한다.

제96조(차량의 관리)

① 차량 열쇠는 지정된 열쇠함에 집중보관하여 주간에는 경무(장비)과장, 일과 후 및 공휴일에는 상황관리(담당)관(경찰서는 상황(부)실장, 지구대는 지역경찰관리자)이 관리하고, 예비열쇠의 확보 등을 위한 무단복제와 전·의경 운전원의 임의 소지 및 보관을 금한다.

② 차량은 지정된 운전자 이외의 사람이 무단으로 운행하여서는 아니 되며, 운전자는 교통법규를 준수하여 사고를 방지하여야 한다.

③ 차량을 주·정차할 때에는 엔진 시동 정지, 열쇠분리 제거, 차량 문을 잠그는 등 도난 방지에 유의하여야 하며, 범인 등으로부터의 피탈이나 피습에 대비하여야 한다.

④ 근무교대 시 전임 근무자는 차량의 청결 상태, 각종 장비의 정상작동 여부 등을 점검한 후 다음 근무자에게 인계하여야 한다.

⑤ 각 경찰기관의 장은 차고 시설을 갖추도록 하되, 차고 시설을 갖추지 못한 경우에는 눈·비를 가리는 천막 등 시설을 하여야 한다.

제98조(차량의 관리책임)

① 차량을 배정받은 각 경찰기관의 장은 차량에 대한 관리사항을 수시 확인하여 항상 적정하게 유지되도록 하여야 한다.

② 경찰기관의 장은 차량이 책임 있게 관리되도록 차량별 관리담당자를 지정하여야 한다.

③ 차량운행 시 책임자는 **1차 운전자, 2차 선임탑승자(사용자), 3차 경찰기관의 장으로 한다.**

01 보안의 의의

(1) 보안의 개념

보안은 국가안전 보장을 위해 국가가 필요로 하는 비밀, 인원, 문서, 자재, 시설 등을 보호하는 **소극적 예방활동**과 간첩, 태업, 전복으로 국가를 위태롭게 하는 불순분자에 대하여 탐지, 조사, 체포하는 **적극적 예방활동**을 의미한다.

(2) 보안의 대상

1) 인원보안

중요인물로 보호가 요구되는 자는 보안의 대상이 된다. 내방 중인 외국인도 대상에 포함된다. 인원보안의 수단으로 신원조사, 보안교육 등이 있다.기출

2) 문서 및 자재

Ⅰ, Ⅱ, Ⅲ급 비밀이 아니더라도 국가기밀에 해당하는 문서는 모두 보안의 대상이 된다.

3) 시설보안

중요산업시설로서 특별한 보호를 요하는 시설은 보안의 대상이 된다.

4) 지역보안

국가안전상 특별히 보호를 요하는 지역은 보안의 대상이 된다.

(3) 보안의 원칙

1) **한정의 원칙**

알 사람만 알아야 한다는 것으로 보안에서 가장 중요한 원칙이다. 전파가 필요한가의 여부를 신중히 검토한 후 전파가 되어야 한다.

2) 부분화의 원칙

다량의 비밀이나 정보가 유출되지 않도록 해야 한다는 원칙이다.

3) 보안과 효율의 원칙

보안과 업무효율은 조화를 이루어야 한다는 원칙으로 보안원칙이 강화되면 정보를 꼭 알아야 할 사람이 모를 수도 있다.

02 보안의 방법기출

(1) 문서보안

1) 의의

국가의 기밀을 다루는 문서를 위험으로부터 보호하는 것을 의미하고, 일반문서와 비밀 문서 모두 포함한다.

2) 비밀의 구분 (중요성과 가치의 정도에 따라 구분)기출

Ⅰ급비밀	누설되는 경우 대한민국과 **외교관계가 단절되고 전쟁을 유발**하며, 국가의 방위계획 · 정보활동 및 국가방위상 필요불가결한 과학과 기술의 개발을 위태롭게 하는 등의 우려가 있는 비밀
Ⅱ급비밀	누설되는 경우 국가안전보장에 **막대한 지장**을 초래할 우려가 있는 비밀
Ⅲ급비밀	누설되는 경우 국가안전보장에 **손해**를 끼칠 우려가 있는 비밀

① **대외비**: Ⅰ, Ⅱ, Ⅲ급 비밀에는 해당하지 않지만 직무상 특별한 보호를 요하는 사항으로 비밀에 준하여 취급되는 사항기출

② 음어자재는 **Ⅲ급 비밀**로 분류하고 암호자재는 대외비 이상으로 분류기출

3) 문서비밀분류의 원칙(보안업무규정 10조)

과도 또는 과소분류금지의 원칙	비밀은 적절히 보호할 수 있는 **최저 등급으로 분류**하여야 하며 과도 또는 과소하게 분류해서는 안 된다.
독립분류의 원칙	비밀은 그 자체의 내용과 가치의 정도에 따라 분류하며 다른 비밀과 관련하여 분류하여서는 안 된다는 원칙
외국비밀존중의 원칙	외국정부 또는 국제기구로부터 접수한 비밀은 그 발행기관이 필요로 하는 정도로 보호할 수 있다.

4) 비밀취급 인가

Ⅰ급비밀 및 암호 자재취급인가권자	대통령, 국무총리, 감사원장, 국가인권위원회위원장 각 부 · 처의 장, 국정원장, 국가안전보장회의 사무처장 국무조정실장 · 공정거래위원회위원장 · 금융감독위원회위원장 및 비상기획위원회위원장, 대통령 비서실장, 대통령 경호실장, **검찰총장**, 합동참모의장, 각군 참모총장 및 육군의 1,2,3군 사령관, 국방부장관이 지정하는 각군 부대장
Ⅱ급 및 Ⅲ급 비밀취급 인가권자	**경찰청장**기출, 경찰대학장, 경찰교육원장, 중앙경찰학교장, 경찰수사연수원장, 경찰병원장, **지방경찰청장**
인가권의 위임	각 시도 지방경찰청장은 경찰서장, 기동대장에게 Ⅱ급 및 Ⅲ급 비밀취급 인가권을 **위임한다**. 경정 이상의 경찰공무원을 장으로 하는 단위 경찰기관의 장에게도 **위임할 수 있다**. Ⅱ급 및 Ⅲ급 비밀취급 인가권을 위임받은 기관의 장은 다시 **위임할 수 없다**.

5) 비밀의 보관 (보안업무규정시행규칙)

① 비밀은 일반문서나 자재와 혼합 보관할 수 없다.

② **Ⅰ급비밀은 반드시 금고에 보관**하여야 하며, 타 비밀과 혼합 보관하여서는 아니 된다.

③ **Ⅱ급 및 Ⅲ급비밀은 금고 또는 철제상자나 안전한 용기에 보관**하여야 하며, 보관책임자가 Ⅱ급비밀취급인가를 받은 때에는 동일 용기에 혼합 보관할 수 있다.

④ 보관 용기에 넣을 수 없는 비밀은 제한구역 또는 통제구역 내에 보관하거나 내용이 노출되지 아니하도록 특별한 보호책을 강구하여야 한다.

⑤ **비밀의 보관용기 외부에는 비밀의 보관을 알리거나 나타내는 어떠한 표시도 하여서는 아니 된다.** 기출

⑥ 보관용기의 자물쇠의 종류 및 사용방법은 보관책임자 이외의 인원이 알지 못하도록 특별한 통제를 실시하여야 하며, 타인이 알았을 때에는 즉시 이를 변경하여야 한다.

⑦ 서약서철, 비밀영수증철, 비밀관리기록부, 비밀수발대장, 비밀열람기록전(철), 비밀대출부는 **5년간 보존**하여야 하며 그 이전에 **폐기하고자 할 때에는 국정원장의 승인**을 받아야 한다. 기출

6) 비밀의 취급자

① 경찰공무원은 임명과 동시에 **Ⅲ급비밀 취급권**을 가진다. 기출

② 특수경과 중 정보통신, 항공, 해양경과는 보직발령과 동시에 Ⅱ급비밀 취급권을 받은 것으로 간주한다. 기출 **모든 특수경과 근무자가 임명과 동시에 Ⅱ급비밀취급권을 가지는 것은 아니다.**

③ 일반경과 중 다음 부서에 근무하는 자는 Ⅱ급비밀 취급권을 인가받은 것으로 한다.
- 경비, 경호, 작전, 항공, 정보통신담당부서
- 정보, 보안, 외사부서
- 감찰, 감사 담당부서
- 치안상황실, 발간실, 문서수발실

④ 경찰공무원은 비밀취급 인가증을 별도로 발급받지 않는 특별인가의 대상이다. 기출

⑤ 인원보안대사에 해당하는 경찰공무원 중 신원 특이자는 자체 보안심사위원회 또는 자체 심의기구에서 인가 여부를 의결하고 불가로 결정된 자는 즉시 인사조치한다.

(2) 시설보안

1) 보호구역

각급기관의 **장과 국가중요시설을 관리하는 자**는 국가 중요시설의 보호를 위하여 필요한 장소에 일정한 범위를 정하여 보호구역을 설정할 수 있으며, 보호구역의 설정자는 보안상 **불필요한 인원의 접근 또는 출입을 제한하거나 금지**시킬 수 있다.

2) 보호구역의 종류(**시설중요도와 취약성**)

① 제한지역

비밀, 정부재산의 보호 위해 울타리, 경호원에 의한 **일반인 출입감시**

② 제한구역

비인가자의 접근방지를 위해 **안내가 요구**되는 지역

예) 전자교환실, 정보통신실, 발간실, 송신 및 중계소, 정보통신관제센터, 경찰청, 지방경찰청 항공대, 작전, 경호 및 정보업무, 보안업무 담당 부서 전역, 과학수사센터

③ 통제구역

비인가자의 **출입금지** 되는 보안상 극히 중요한 구역

예) 암호취급소, 정보보안기록실, 무기창, 무기고 및 탄약고, 종합상황실, 치안상황실, 암호관리실, 정보상황실, 비밀발간실, 종합조회처리실

03 보안심사위원회의 설치, 운영

구분	위원장	위원
경찰청	차장	5명 이상, 7명 이하의 국·관
지방경찰청	차장	5명 이상, 7명 이하의 부장 또는 과장급
경찰서 등	기관장	과장급

재적 위원 과반수 출석과 출석위원의 과반수 결정하고 가부동수일 경우에는 위원장이 결정권을 행사한다.

01 의의

경찰통제는 경찰활동을 감시하여 경찰조직과 활동의 적절성을 위한 제도와 활동을 의미한다. 통제는 경찰의 **민주적 운용, 정치적 중립, 법치주의, 인권보호, 조직 자체의 부패를 방지**를 목적으로 한다.기출

02 경찰통제의 기본요소

(1) 경찰정보공개

공공기관의 정보공개에 관한 법률에 따르면 국민의 알 권리와 국정에 대한 국민의 참여와 국정운영의 투명성 확보를 위해 행정기관의 정보공개가 요청된다. 정보공개는 **행정통제의 근본이고 전제**요소이다.

(2) 권한의 분산

권한이 중앙에 집중되어 있을 때 남용의 위험이 크기 때문에 권한의 분산이 필요하다. **자치경찰제와 중앙과 권한의 분산, 상하계급 간의 권한 분산**이 요구된다.

(3) 절차적 참여보장

국민에 대한 권리 보호하기 위해서는 참여가 보장되어야 행정의 공정성, 투명성, 신뢰성 확보가 필요하다. **행정절차법**에 의한 절차적 권리가 인정되어야 한다. (경찰위원회는 간접적 국민참여정치이다)

(4) 책임

경찰은 개인의 위법행위나 비위에 대한 형사책임, 민사책임, 징계책임, 변상책임을 져야 한다. 하지만 경찰 개인의 책임임과 동시의 조직의 차원에서 책임을 져야 한다.기출

(5) 환류

경찰행정의 목표수행의 적정성 여부를 계속적으로 확인해야 하고, 평가를 통해 환류 과정을 거쳐야 한다.

03 경찰통제의 유형

(1) 민주적 통제와 사법적 통제

1) 민주적 통제

영미계에서 발달하였고, **경찰위원회, 경찰책임자선거, 자치경찰제** 시행으로 국민의 참여와 감시를 가능하게 하는 통제방법이다. 한국에서는 경찰위원회와 자치경찰제를 시행하고 있다.

2) 사법적 통제

대륙법계에서 발달하였고, **행정소송, 국가배상제도** 등 사법제도를 통해 통제하는 방법이다.

＊행정소송은 **열기주의**(소송대상으로 규정한 것만 소송제기)와 **개괄주의**(법규정은 불문하고 모든 행정작용이 소송의 대상)로 나누어진다.

(2) 사전통제와 사후통제기출

1) 사전통제

행정절차에 대한 의견제출, 입법예고, 행정예고 등 행정통제방법으로 행정절차법에 의한다. 국회의 **입법권과 예산심의권**을 통해 경찰관계법령의 제정과 예산편성에 통제를 가할 수 있다.(현재는 국민의 절차적 참여를 강조하는 **사전통제강화** 추세기출)

2) 사후통제

사법부에 **사법심사**와 국회의 **예산결산, 국정감사, 조사권**을 통해 경찰행정에 대한 사후통제가 가능하다. 행정부 내의 **행정심판, 징계책임**, 상급기관의 하급기관의 **감사권**도 사후통제이다.

(3) 내부통제와 외부통제

1) 내부통제(경찰조직 내부의 행정통제 방법)기출

① **감사관제**: 경찰청의 감사관, 지방경찰청의 청문감사담당관, 경찰서의 청문감사관으로 경찰 내부의 **감찰, 인권보호, 민원업무감독** 등을 수행하는 방법

② **훈령권**: 상급기관의 하급기관의 **지시권, 감독권**의 행사로 하급기관의 위법이나 재량권행사의 오류를 시정하게 하는 방법이다.

③ **직무명령권**: 상급자가 하급자에게 직무명령을 통해 행위를 통제하는 방법이다.

④ **이의신청 재결권**(행정심판): 집회 및 시위의 금지통고에 대한 이의신청을 받은 상급경찰관은 이의신청을 접수한 때부터 24시간 이내 재결해야 한다.

2) 외부통제기출

① 입법통제: 국회의 입법권, 예산의 심의의결, 결산, 경찰청장에 대한 탄핵소추, 국정조사, 감사권

② 사법통제: 행정소송 등 위법한 행정작용을 억제하고 권리구제에 기여한다. 소송 절차가 복잡하고 시간과 경비가 많이 소요되어 행정의 비능률성과 부작위, 부당한 재량행위는 소송으로 해결하기 어렵다.

③ 행정통제

　　㉠ 대통령에 의한 통제 – 경찰청장 및 경찰위원회 위원 임명권

　　㉡ 감사원에 의한 통제 – 세입, 세출의 결산확인, 직무감찰기출

　　㉢ 행안부에 의한 통제 – 경찰청장의 임명권, 경찰위원 임명기출

　　㉣ 중앙행정심판위원회에 의한 통제– 위법부당한 처분에 대한 행정심판 재결기출

　　㉤ 국민권익위원회에 의한 통제 – 부패방지와 국민권익보호기출

　　㉥ 시민고충처리위원회에 의한 통제

　　㉦ 경찰위원회에 의한 통제

　　㉧ 소청심사위원에 의한 통제기출

　　㉨ 국가정보원, 국방부, 검찰의 통제(수사지휘권, 구속장소 감찰권)가 외부통제에 해당한다.

④ 국가인권위원회에 의한 통제 – 유치장 방문조사, 인권관련 법령개정시 사전통보

경찰감찰규칙기출

제4조(**감찰관의 결격사유**) 다음 각 호의 어느 하나에 해당하는 사람은 감찰관이 될 수 없다.
　1. **직무와 관련한 금품 및 향응 수수, 공금횡령·유용,**「성폭력범죄의 처벌 및 피해자보호 등에 관한 법률」에 따른 성폭력범죄로 징계처분을 받은 사람
　2. **제1호 이외의 사유로 징계처분을 받아 말소기간이 경과하지 아니한 사람**
　3. 질병 등으로 감찰관으로서의 업무수행이 어려운 사람
　4. 기타 감찰관으로서 적합하지 아니하다고 판단되는 사람

제5조(감찰관의 신분보장)
　① 경찰기관의 장(이하 "경찰기관장"이라 한다)은 감찰관이 제4조에 따른 결격사유에 해당되는 것으로 밝혀졌을 경우와 다음 각 호의 어느 하나에 해당하는 경우를 제외하고는 3년 이내에 본인의 의사에 반하여 전보하여서는 아니 된다.
　　1. 징계사유가 있는 경우
　　2. 형사사건에 계류된 경우
　　3. 질병 등으로 감찰업무를 수행할 수 없거나 직무수행 능력이 현저히 부족하다고 판단되는 경우
　② 경찰기관장은 1년 이상 성실히 근무한 감찰관에 대해서는 희망부서를 고려하여 전보한다.

제6조(감찰관의 권한)

　① 감찰관은 직무상 다음 각 호의 요구를 할 수 있다.

　　1. 조사를 위한 출석

　　2. 질문에 대한 답변 및 진술서 제출

　　3. 증거품 및 자료 제출

　　4. 현지조사의 협조

　② 경찰공무원 등은 감찰관으로부터 제1항에 따른 요구를 받은 때에는 정당한 사유가 없는 한 그 요구에 응하여야 한다.

제8조(**감찰활동의 관할**) 감찰관은 소속 경찰기관의 관할구역 안에서 활동하는 것을 원칙으로 한다. 다만, 필요한 경우에는 관할구역 밖에서도 활동할 수 있다.기출

제9조(**특별감찰**) 의무위반행위가 자주 발생하거나 그 발생 가능성이 높다고 인정되는 시기, 업무분야 및 경찰관서 등에 대하여는 일정 기간 동안 전반적인 조직관리 및 업무추진실태 등을 집중 점검할 수 있다.기출

제10조(**교류감찰**) 감찰관은 상급 경찰기관장의 지시에 따라 일정 기간 동안 소속 경찰기관이 아닌 다른 경찰기관의 소속 직원의 복무실태, 업무추진 실태 등을 점검할 수 있다.기출

제12조(감찰활동 결과의 보고 및 처리)

　① 감찰관은 감찰활동 결과 소속 경찰공무원 등의 의무위반행위, 불합리한 제도·관행, 선행·수범 직원 등을 발견한 때에는 이를 소속 경찰기관장에게 보고하여야 한다.

　② 경찰기관장은 제1항의 결과에 대하여 문책 요구, 시정·개선, 포상 등 필요한 조치를 하여야 한다.

제13조(첩보 등의 처리)

　① 감찰관은 경찰공무원 등의 의무위반행위에 관한 첩보, 진정·탄원 등이 있을 때, 그 사실을 확인한 후 의무위반혐의가 있다고 판단될 때에는 감찰업무 담당 부서장에게 보고하고 감찰조사에 착수하여야 한다.

　② 감찰관은 첩보 등 제공자의 신분 등을 누설하지 않도록 하여야 한다.

제14조(감찰활동 현장에서 의무위반행위 발견 시의 조치) 감찰관은 감찰활동 현장에서 의무위반행위를 발견한 경우에는 사안의 경중을 고려하여 현지시정, 감찰조사 등 필요한 조치를 취하여야 한다.

제15조(민원사건의 처리)

　① 감찰관은 소속 경찰공무원 등의 의무위반사실에 대한 민원을 접수하였을 때에는 접수일로부터 **2개월 내에 신속히 처리**하여야 한다. 다만, 부득이한 사유로 민원을 기한 내에 처리할 수 없을 때에는 감찰업무 담당 부서의 장에게 보고하여 그 처리 기간을 연장할 수 있다.

제16조(기관통보사건의 처리)

　① 감찰관은 다른 경찰기관 또는 검찰, 감사원 등 다른 행정기관으로부터 통보받은 소속 직원의 의무위반행위에 대해서는 **통보받은 날로부터 1개월** 이내에 신속히 처리하여야 한다.

　② 감찰관은 검찰·경찰, 그 밖의 수사기관으로부터 수사개시 통보를 받은 경우에는 징계의결요구권자의 결재를 받아 해당 기관으로부터 수사결과의 통보를 받을 때까지 감찰조사, 징계의결요구 등의 절차를 진행하지 아니할 수 있다.기출

제17조(출석요구)

감찰관은 감찰조사를 위해서 의무위반행위와 관련된 경찰공무원 등의 출석을 요구할 때에는 **조사기일 2일 전**까지 별지 제2호서식의 출석요구서 또는 구두로 조사일시, 의무위반행위사실 요지 등을 **통지하여야 한다.** 다만, 사안이 급박한 경우에는 즉시 조사에 착수할 수 있다.

제18조(심야조사의 금지)

감찰관은 심야(**자정부터 오전 6시까지**를 말한다)에 조사를 하여서는 아니 된다. 다만, 사안에 따라 신속한 조사가 필요하고, 조사대상자로부터 별지 제3호 서식의 **심야조사 동의서**를 받은 경우에는 심야에도 조사할 수 있다. 기출

제19조(감찰조사 전 고지)

① 감찰관은 감찰조사를 실시하기 전에 조사대상자에게 의무위반 행위사실의 요지를 알리고, 다른 감찰관의 참여를 요구할 수 있음을 고지하여야 한다.

② 제1항의 경우 조사대상자가 여성일 때에는 **여성 경찰공무원**의 참여를 요구할 수 있음을 고지하여야 한다.

제21조(조사 시 유의사항)

① 감찰관은 조사 시 엄정하고 공정하게 진실 발견에 노력하여야 한다.

② 감찰관은 조사 시 조사대상자의 이익이 되는 주장 및 제출자료 등에 대해서도 사실관계를 명확히 하여 조사내용에 반영하여야 한다. 기출

③ 감찰관은 조사 시 조사대상자의 연령, 성별 등을 고려하여 언행에 유의하여야 한다. 기출

제22조(감찰조사 후 처리)

① 감찰관은 감찰조사를 종료한 때에는 소속 경찰기관장에게 진술조서, 증빙자료 등과 함께 감찰조사 결과를 보고하여야 한다.

② 감찰관은 조사한 의무위반행위사건이 소속 경찰기관의 징계 관할이 아닌 때에는 관할 경찰관서로 이송하여야 한다.

③ 의무위반행위사건을 이송받은 경찰기관의 감찰업무 담당 부서장은 필요시 해당 사건에 대하여 추가 조사 등을 실시할 수 있다.

제23조(감찰관의 징계 등)

① 경찰기관장은 감찰관이 이 규칙에 위배하여 직무를 태만히 하거나 권한을 남용한 경우 및 직무상 취득한 비밀을 누설한 경우에는 해당 사건의 담당 감찰관 교체, 징계요구 등의 조치를 한다.

② 감찰관의 의무위반행위에 대해서는 「경찰공무원 징계양정 등에 관한 규칙」의 징계 양정에 정한 기준보다 가중하여 징계조치한다.

제24조(감찰활동의 방해 등)

경찰기관장은 조사대상자가 정당한 이유 없이 출석 거부, 현지 조사 불응, 협박 등의 방법으로 감찰조사를 방해하는 경우에는 징계요구 등의 조치를 할 수 있다.

제3조(피감사기관 등)

① 경찰청장의 감사대상기관(이하 "피감사기관"이라 한다)은 다음 각 호와 같다.

　　1. 경찰청

　　2. 경찰대학, 경찰교육원, 중앙경찰학교, 경찰수사연수원 및 경찰병원

　　3. 지방경찰청, 경찰서

　　4. 경비·기동대, 방범순찰대, 전투경찰대 등 직할대

　　5. 지구대, 파출소, 출장소, 검문소

　　6. 경찰청장이 주무관청이 되는 비영리 법인·단체(이하 "산하단체"라 한다)

　　7. 제1호에서 제5호까지의 경찰기관 및 제6호의 산하단체로부터 직·간접으로 보조금, 장려금, 조성금 등을 출자받은 법인 또는 단체

② 감사는 피감사기관의 제1차 감독관청이 실시하는 것을 원칙으로 하되, 필요한 경우에는 경찰청에서 직접 실시할 수 있다.

제4조(감사의 종류와 주기)

① 감사의 종류는 다음 각 호와 같이 구분한다.

　　1. 종합감사: 피감사기관의 주기능·주임무 및 조직·인사·예산 등 업무 전반의 적법성·타당성 등을 점검하기 위하여 실시하는 감사

　　2. 특정감사: 특정한 업무·사업 등에 대하여 문제점을 파악하여 원인과 책임 소재를 규명하고 개선대책을 마련하기 위하여 실시하는 감사

　　3. 재무감사: 예산의 운용실태 및 회계처리의 적정성 여부 등에 대한 검토와 확인을 위주로 실시하는 감사

　　4. 성과감사: 특정한 정책·사업·조직·기능 등에 대한 경제성·능률성·효과성의 분석과 평가를 위주로 실시하는 감사

　　5. 복무감사: 피감사기관에 속한 사람이 감사대상 사무와 관련하여 법령과 직무상 명령을 준수하는지 여부 등 그 복무에 대하여 실시하는 감사

② 종합감사의 주기는 1년에서 3년까지 하되 치안수요 등을 고려하여 조정 실시한다.

제10절 경찰홍보

01 의의

경찰정책에 국민의 이해, 협력, 신뢰를 확보하기 위한 활동으로 경찰이 국민의 기대, 요망을 파악해 정책에 반영하는 것이 목표이다.

02 홍보의 유형기출

협의의 홍보	인쇄매체 등 대중매체를 통해 개인, 단체의 긍정적인 면을 알리는 활동이다.
지역공동체관계	지역단체의 각종 기관, 단체 및 주민들과 유기적 연락, 협조체제를 구축, 유지하여 지역사회의 각계각층의 요구에 부응하고, 경찰활동의 긍정적 측면을 지역사회에 알리는 지역사회 홍보
언론관계	신문, 잡지, TV, 라디오 등을 통해 사건, 사고에 대한 보도자료를 제공하는 대응적, 소극적 활동이다.
대중매체 관계	신문방송 등 대중매체의 제작자와 협조관계를 유지하여 대중매체가 원하는 바를 충족시키는 것으로 경찰의 긍정적 측면을 알린다.
기업이미지식 경찰홍보	시민을 소비자로 보고, 적극적 홍보활동으로 독점적 지위를 주장하지 않고, 친근한 상징물을 내세워 조직이미지를 높이는 홍보활동을 한다. 국민지지, 예산확보, 기관과의 협력을 확보하기 위한 계획적인 홍보활동이다.

03 경찰과 대중매체와의 관계기출

R. Mark	단란하고 행복스럽지 않지만, 오래 지속되는 결혼생활이다.
G. Crandon	경찰과 대중매체는 상호 필요성 때문에 공생관계로 발전한다.
R. Ericson	경찰과 대중매체는 서로 연합하여 사회의 일탈의 개념을 규정하고 도덕성과 정의를 규정하는 사회의 엘리트집단을 구성한다고 정의한다.

04 경찰홍보방법기출과 문제점

소극적 홍보전략기출	① 비밀주의와 공개최소화 원칙 ② 언론접촉 규제 ③ 홍보기능 고립 ④ 현행공보실 운영방식
적극적 홍보전략	① 대중매체의 적극적 이용 ② 공개주의와 비밀최소화 원칙 ③ 모든 경찰관의 홍보요원화 ④ 홍보와 다른 기능의 연계를 통한 홍보

05 경찰홍보 개선

경찰홍보와 관련해서 **사생활보호와 알 권리를 조화**시켜야 하고기출, 범죄사실도 공공의 이익을 위한 것이 아닌 경우 발표해서는 안 된다. 청소년범죄의 소년범이나 성범죄자에 실명으로 발표해서는 안 된다.

06 언론 오보에 대한 대응책

(1) 정정보도 청구권

1) 의의

언론의 보도내용이 **전부 또는 일부가 진실하지 아니한 경우** 진실에 부합하도록 보도하도록 청구하는 것을 의미한다.

2) 정정보도 청구의 요건

① 사실적 주장에 관한 언론보도 등이 진실하지 아니함으로 인하여 피해를 입은 자는 해당 언론보도 등이 있음을 **안 날부터 3개월 이내**에 언론사에게 그 언론보도 등의 내용에 관한 정정보도를 청구할 수 있다.

② 제1항의 청구에는 언론사 등의 고의·과실이나 위법성을 필요로 하지 아니한다.

③ 국가·지방자치단체, 기관 또는 단체의 장은 해당 업무에 대하여 그 기관 또는 단체를 대표하여 정정보도를 청구할 수 있다.

3) 정정보도청구권의 행사

① 정정보도 청구는 **언론사 등의 대표자에게 서면**으로 하여야 한다.

② 제1항의 청구를 받은 언론사 등의 대표자는 3일 이내에 그 수용 여부에 대한 통지를 **청구인에게 발송**하여야 한다. 기출

③ 언론사 등이 제1항의 청구를 수용할 때에는 지체 없이 피해자 또는 그 대리인과 정정보도의 내용·크기 등에 관하여 협의한 후, 그 **청구를 받은 날부터 7일 내**에 정정보두문을 방송하거나 게재하여야 한다.

④ 다음 각 호의 어느 하나에 해당하는 사유가 있는 경우에는 언론사 등은 정정보도 **청구를 거부**할 수 있다.

1. 피해자가 정정보도청구권을 행사할 **정당한 이익이 없는 경우**기출

2. 청구된 정정보도의 내용이 명백히 사실과 다른 경우

3. 청구된 정정보도의 내용이 명백히 위법한 내용인 경우

4. 정정보도의 청구가 상업적인 광고만을 목적으로 하는 경우

5. 청구된 정정보도의 내용이 국가·지방자치단체 또는 공공단체의 공개회의와 법원의 **공개재판절차의 사실보도**에 관한 것인 경우기출

(2) 반론보도청구권

1) 사실적 주장에 관한 언론보도 등으로 인하여 피해를 입은 자는 그 보도 내용에 관한 반론보도를 언론사 등에 청구할 수 있다.

2) 청구에는 언론사 등의 **고의·과실이나 위법성을 필요로 하지 아니하며, 보도 내용의 진실 여부와 상관없이 그 청구**를 할 수 있다.

3) 반론보도 청구에 관하여는 따로 규정된 것을 제외하고는 정정보도 청구에 관한 이 법의 규정을 준용한다.

(3) 추후보도청구권

언론 등에 의하여 범죄혐의가 있거나 형사상의 조치를 받았다고 보도 또는 공표된 자는 그에 대한 형사절차가 무죄판결 또는 이와 동등한 형태로 종결되었을 때에는 그 사실을 안 날부터 **3개월 이내**에 언론사 등에 이 사실에 관한 추후보도의 게재를 청구할 수 있다.

(4) 조정

1) 신청

① 정정보도청구 등과 관련하여 분쟁이 있는 경우 **피해자 또는 언론사 등**은 중재위원회에 조정을 신청할 수 있다. 피해자는 언론보도 등에 의한 피해의 배상에 대하여 언론보도가 있음을 **안 날부터 3월 이내**, 언론 보도가 있은 후 **6월 이내** 기간 이내에 중재위원회에 조정을 신청할 수 있다.

② 정정보도청구 등과 손해배상의 조정신청은 서면 또는 구술이나 그 밖에 대통령령으로 정하는 바에 따라 전자문서 등으로 하여야 하며, **피해자가 먼저 언론사등에 정정보도청구 등을 한 경우에는 피해자와 언론사 등 사이에 협의가 불성립된 날부터 14일 이내**에 하여야 한다.기출

2) 조정기간

① 조정은 **신청 접수일부터 14일** 이내에 하여야 하며, 중재부의 장은 조정신청을 접수하였을 때에는 지체 없이 조정기일을 정하여 당사자에게 출석을 요구하여야 한다.

② 출석요구를 받은 신청인이 **2회에 걸쳐 출석하지 아니한 경우**에는 조정신청을 취하한 것으로 보며, **피신청 언론사 등이 2회에 걸쳐 출석하지 아니한 경우에는 조정신청 취지에 따라 정정보도 등을 이행하기로 합의**한 것으로 본다.

③ 조정은 비공개를 원칙으로 하되, 참고인의 진술청취가 필요한 경우 등 필요하다고 인정되는 경우에는 중재위원회규칙으로 정하는 바에 따라 참석이나 방청을 허가할 수 있다.

(5) 언론중재위원회

1) 언론 등의 보도 또는 매개로 인한 분쟁의 조정·중재 및 침해사항을 심의하기 위하여 언론중재위원회를 둔다.기출

2) **중재위원회는 40명 이상 90명 이내의 중재위원으로 구성**하며, 중재위원은 다음 각 호의 사람 중에서 문화체육관광부장관이 위촉한다.

3) 중재위원회에 위원장 1명과 2명 이내의 부위원장 및 2명 이내의 감사를 두며, 각각 중재위원 중에서 호선(互選)한다.

4) 위원장·부위원장·감사 및 중재위원의 임기는 **각각 3년으로 하며, 한 차례만 연임**할 수 있다.

5) 중재위원회의 회의는 **재적 위원 과반수의 출석과 출석위원 과반수의 찬성**으로 의결한다.기출

01 행정개혁

행정을 보다 나은 상태로 개선시키기 위해서 행정부가 추구하는 계획된 변화로 새로운 정책, 행정기술, 방법의 채택과 행정관료들의 **가치, 신념, 태도의 행태**변화를 포함한다. 새로운 철학과 행정의 능률화, 새로운 기술도입, 행정수요의 발생, 고객요구의 변동으로 행정개혁이 필요하게 된다.

02 행정개혁의 저항과 극복방안기출

(1) 저항의 원인

　기득권의 침해, 개혁내용의 불확실성, 폐쇄성으로 참여부족과 부패로 행정개혁에 저항이 있게 된다.

(2) 저항의 극복방안

　개혁에는 저항이 뒤따르게 된다. 이러한 저항의 원인을 파악하여 **참여**의 확대, **의사소통, 공공성확인, 개혁방안의 수정, 점진적 개혁**추진으로 저항을 최소화해야 한다.

(3) A. Etzioni의 저항극복 전략기출

1) 공리적 전략

　경제적 보상을 활용하는 것으로, 피해를 보상하거나 인센티브를 제공하여 저항을 최소화하는 전략이다.

2) 규범적 전략

　윤리적 규범과 가치에 호소하여 상징조작, 심리적 지지를 얻기 위한 전략이다. 지도자의 카리스마, 여론, 교육, 훈련을 통한 의식개혁으로 저항심리를 완화시키거나 혁신에 동조하도록하는 전략이다.

3) 강제적 전략

　저항하는 행위에 **제재**를 가하여 혁신에 동참하도록 하는 전략으로 신속하게 저항을 극복할 수 있다. 자발적 동의를 유도하기 어렵기 때문에 **최후의 수단**으로 사용한다.

03 경찰제도 개혁

(1) 경찰개혁

1) 다면평가제

① 상급자, 동료, 부하, 민원인 등이 동시에 평가하는 방식으로 집단평정법, 복수평정법 이라고 한다. 공기업, 공공기관에서는 주로 고위직에 적용된다.

② 상급자에 대한 반발심리가 작용하기도 하고 상급자의 보복이 두려워 제대로 평정할 수 없다.

2) 치안지수의 활용기출

국민이 평가한 범죄, 교통위험의 불안수준, 범죄 간의 상대적 중요도를 기초로 산출한 지표를 말한다. 치안정책의 중점사항을 알 수 있고, 지역 특성에 적합한 정책수립이 가능하다.

3) 목표의 의한 관리(MBO)

의의	구성원의 **참여**를 통해 **목표**를 명확히 할 수 있다. 수행결과를 **평가**하고 **환류**시켜 조직의 효율성 향상을 목표로 하는 관리기법이다.
장점	① 조직목표에 활동을 집중시켜 **효과성** 제고 ② 조직과 개인 **목표의 통합** ③ **참여**에 의한 사기제고 ④ 갈등의 최소화 ⑤ 조직의 동태화
단점	① 급격한 변화와 목표설정의 어려움 ② 단기적, 양적 목표에 치중하게 됨 ③ 구성원 간의 **합의도출 어려움** ④ **성과 측정이 어려움**

(2) 수사구조 개혁기출

1) 수사권독립 찬성론

① 수사의 **현실과 법규범의 불일치**

② 사법경찰관이 작성한 피의자 신문조서가 증거능력의 차이로 검찰송치 후 피의자에 대한 **중복조사**가 이루어진다.

③ 검찰권한의 비대화하고 권한은 검찰이 보유하고 책임은 경찰이 지고 있다.
경찰에 대한 수사지휘권을 이용하여, 경찰업무에 개입, 수사지휘에 관련 없는 지시, 인력동원 등을 요구하고 사법경찰관리는 사법경찰관과 검사의 이중적인 지휘명령을 받아 업무의 효율성 저해 (**명령통일의 원리 위배**)

2) 수사권독립 반대론

　① **수사와 공소제기 불가분**: 법원에 공소를 제기하기 위한 준비행위로 검사가 수사의 주체가 되어야 한다.

　② **적법절차보장과 인권존중**: 사법경찰관이 독자적으로 수사하면 수사의 합목적성만 추구하다 적정절차와 인권이 무시된다.

　③ **경찰국가화 우려**: 정보력과 수사권까지 가진 경찰은 경찰의 비대화로 피해가 발생할 수 있다.

(3) 패러다임의 전환

1) 의의

경찰개혁에서는 규제, 단속, 강제진압에서 **서비스제공, 관리 위주**로 경찰행정이 패러다임 전환이 이루어진다.

2) 패러다임 변화 방향

수사	단속, 규제에서 피해자 보호 고려
생안	범죄예방, 검거에서 주민안전과 안심확보로 변화
교통	위반자 적발 단속에서 소통확보와 사고예방으로 변화
경비	물리적 진압에서 대화와 설득 시도
관리	지시, 명령, 통제에서 대화, 자율, 분권으로 전환

001

20 승진

막스 베버(M Weber)의 '이상적 관료제'의 구조적 특성에 대한 설명 중 가장 적절하지 <u>않은</u> 것은?

① 관료의 권한과 직무 범위는 법규와 관례에 의해 규정된다.
② 직무의 수행은 서류에 의해 이루어진다.
③ 직무조직은 계층제적 구조로 구성된다.
④ 구성원 간 또는 직무 수행상 감정의 배제가 필요하다.

해설
① 관료의 권한과 직무 범위는 **법규**에 의해 규정된다.

002

02 승진

02·07
채용

다음의 막스 베버(M. Weber)가 주장한 관료제의 구조적인 설명 중 <u>틀린</u> 것은 몇 개인가?

> ㉠ 직무조직은 계층제적 구조로 되어있다.
> ㉡ 관료는 시험 또는 자격 등에 의해 공개적으로 채용된다.
> ㉢ 직무수행은 주로 서류에 의해 이루어지며 기록은 단기간 보존된다.
> ㉣ 관료의 권한과 직무 범위는 법규와 관례에 따라 규정된다.
> ㉤ 관료는 직무수행의 대가로서 직업적 보상으로 급료를 받으며, 직무수행 과정에서 개인적 감정에 따라 임무를 수행한다.

① 1개   ② 2개   ③ 3개   ④ 4개

해설
㉢ 직무수행의 기록은 장기간 보존된다.
㉣ 관료의 권한과 직무 범위는 관례가 아닌 법규에 따라 규정된다.
㉤ 관료는 직무수행 과정에서 개인적 감정을 배제하고 법규에 따라 임무를 수행한다.

ANSWER   **001** ①   **002** ③ / ㉢ ㉣ ㉤

003 조직 내의 갈등에 대한 다음의 설명 중 **틀린** 것은?

03 승진
① 갈등의 원인으로 목표나 이해관계의 상충, 인적 자원에 대한 경쟁, 물적 자원에 대한 경쟁 등을 들 수 있다.
② 갈등은 조직 내에 문제가 있음을 알리는 중요한 정보이다.
③ 갈등의 단기적 해결 방법으로는 우선 갈등의 원인을 진단하고 갈등이 생기는 원인을 근원적으로 찾아내고 문제를 해결해주는 것이 좋다.
④ 교섭과 협상은 갈등의 장기적 해결방안에 해당한다.

> **[해설]**
> 갈등의 장기적 해결방안에는 조직의 구조, 보상체계, 인사 등의 문제점을 제도개선을 통해 해결하는 것이 있다.

004 경찰홍보에 대한 설명 중 **틀린** 것은?

10 승진
① 공공관계(PR)는 상대방의 지지를 얻기 위한 노력이나 활동이라는 점에서 선전과 유사하다.
② 보도 관련 용어 중 off the record는 보도하지 않을 것을 조건으로 하는 자료나 정보제공을 말한다.
③ 정정보도 청구를 받은 언론사의 대표는 14일 이내에 수용 여부에 대한 통지를 청구인에게 발송하여야 한다.
④ Ericson은 경찰과 대중매체는 서로 얽혀서 범죄와 정의, 사회질서의 현실을 해석하고 규정짓는 사회기구의 역할을 수행한다고 주장하였다.

> **[해설]**
> 정정보도 청구를 받은 언론사의 대표는 3일 이내에 그 수용 여부에 대한 통지를 청구인에게 발송하여야 한다.

005 경찰조직의 편성 원리에 관한 설명 중 <u>틀린</u> 것은?

03 채용

① 계층제: 직무를 책임과 난이도에 따라 상하로 나누어 배치하고 상위로 갈수록 권한과 책임이 무거운 임무를 수행하도록 편성하는 것이다.

② 통솔범위의 원리: 한 사람의 관리자가 통솔 가능한 적합한 부하의 수는 어느 정도인가 라는 관리의 효율성을 좌우하는 중요한 원리이다.

③ 명령통일의 원리: 조직의 구성원 간에 지시나 보고를 주고받는 과정에서 지시는 한 사람만이 할 수 있고 보고도 한 사람에게 하여야 한다는 원칙이다.

④ 분업의 원리: 조직의 공동목적을 달성하기 위하여 구성원의 행동통일을 기하도록 집단적 노력을 질서 있게 배열하는 과정이다.

> **해설**
> 집단적 노력을 질서 있게 배열하는 것은 조정과 통합의 원리에 관한 설명이다. 분업의 원리는 업무를 분담시킴으로써 조직 관리상의 능률을 향상시키려는 것이다.

006 경찰조직의 편성 원리에 대한 설명 중 <u>틀린</u> 것은 모두 몇 개인가?

10 승진

> ㉠ 신설조직보다 기성조직에서 상관이 많은 부하 직원을 통솔할 수 있다.
> ㉡ 명령통일의 원리를 너무 철저히 지키다 보면 업무수행에 혼란을 야기할 수도 있다.
> ㉢ 최근 부각되는 구조조정의 문제와 관련성이 깊은 것은 조정의 원리이다.
> ㉣ 계층제의 원리는 구성원이나 단위기관의 활동을 전체적인 관점에서 통일하여 조직의 목표달성도를 높이려는 원리이다.
> ㉤ 명령통일의 원리로서 신속한 결단과 결단내용의 지시가 한 사람에게 통합되어야 한다.

① 1개   ② 2개   ③ 3개   ④ 4개

> **해설**
> ㉢ 구조조정의 문제와 관련성이 깊은 것은 통솔범위의 원리이다.
> ㉣ 전체적인 관점에서의 통일을 중시하는 것은 조정의 원리이다.

007 경찰조직 편성의 원리에 관한 다음 설명 중 가장 적절하지 <u>않은</u> 것은?

12 채용
2차

① 계층제의 원리는 조직구성을 각자가 맡은 임무의 기능 및 성질상의 차이로 구분하여 보수를 달리하는 통제체계의 수립을 위한 것이다.

② 일반적으로 조직의 규모가 클수록 통솔의 범위는 좁아지는 데 반하여 조직의 규모가 작을수록 통솔의 범위는 넓어진다.

③ 분업의 원리는 다수가 일을 함에 있어서 각자의 임무를 나누어서 분명하게 부과하고 협력을 하도록 하는 것으로, 인간능력의 한계를 극복하고 업무를 효율적으로 수행하기 위한 것이다.

④ 둘 이상의 사람으로부터 지시나 명령을 받는 경우 서로 모순되는 지시가 나오고, 이로 인해 집행하는 사람은 혼란을 겪게 되기 때문에 업무수행의 혼선과 그로 인한 비능률을 막기 위해서 명령통일의 원칙이 요구된다.

> **해설**
> ① 계층제의 원리는 **조직 구성원들을 권한·책임의 정도에 따라** 상하계급 내지 계층별로 배열하여 집단화한 뒤 각 계층 간에 권한과 책임을 배분하고 명령계통과 지휘 감독의 체계를 확립하는 것이다.

008 경찰조직 편성의 원리에 관한 다음 설명 중 옳은 것은 모두 몇 개인가?

14 승진
18 경간

> 가. 계층제는 경찰조직의 일체감과 통일성을 확보하지만 조직의 경직화를 초래한다.
> 나. 둘 이상의 상관으로부터 지시나 명령을 받게 되면 업무수행의 혼선이 발생할 수 있으므로 명령통일의 원리가 필요하다.
> 다. Mooney는 조정의 원리를 제1의 원리라고 하였다.
> 라. 조정의 원리란 조직구성원간 행동양식을 조정하여 조직목적을 효율적으로 달성하기 위해 노력하는 것을 말한다.
> 마. 분업은 전문화라는 장점이 있지만 전체적인 통찰력을 약화시키는 단점이 있다.

① 2개 ② 3개 ③ 4개 ④ 5개

009 '조정과 통합의 원리'에 대한 다음 설명 중 가장 옳지 <u>않은</u> 것은?

① 문제 해결이 어려울 경우 갈등을 완화하고 양자 간의 타협을 도출해야 한다. 또한 관리자가 갈등을 초래할 수 있는 결정을 보류 또는 회피하는 것도 좋은 방법이다.

② 한정된 인력이나 예산으로 대안 선택에 갈등이 생기는 경우에는 가능하면 예산과 인력을 확보하고 업무추진의 우선순위를 지정할 필요가 있다.

③ 갈등해결 방안으로는 강제적, 공리적, 규범적, 방안이 있을 수 있는바, '상위목표의 제시'는 규범적 방안, '처벌과 제재'는 강제적 방안의 하나이다.

④ 갈등의 원인이 세분화된 업무처리에 있다면, 이를 더 전문화시키는 데 힘써야 한다.

> **해설**
> ④ 갈등의 원인이 세분화된 업무처리에 있다면 업무처리 과정을 통합 혹은 연결하는 장치나 대화채널이 필요하다.

010 '조직 내부 갈등의 해결방법'에 대한 설명으로 가장 적절하지 <u>않은</u> 것은?

① 부서 간의 갈등이 일어나고 있을 때는 더 높은 상위목표를 제시, 상호 간 이해와 양보를 유도하는 것이 바람직하다.

② 문제 해결이 어려운 경우에는 갈등을 완화하거나 관리자가 갈등을 초래할 수 있는 결정을 보류 또는 회피하는 방식을 사용할 수 있다.

③ 갈등의 장기적 대응을 위해서 조직의 구조, 보상체계, 인사 등의 제도개선과 조직원의 행태를 합리적으로 개선하는 방안이 있다.

④ 갈등의 원인이 세분화된 업무처리에 있다면 업무추진의 우선순위를 정해주는 것이 바람직하고 한정된 인력이나 예산으로 갈등이 생기는 경우 전체적인 업무처리 과정의 조정과 통합이 바람직하다.

> **해설**
> ④ 갈등의 원인이 **한정된 인력이나 예산**에 있다면 업무추진의 우선순위를 정해주는 것이 필요하고, 세분화된 업무처리로 갈등이 생기는 경우 전체적인 업무처리 과정의 조정과 통합을 해야 한다.

011 다음은 경찰직업공무원제도에 대한 설명이다. 옳은 것은 모두 몇 개인가?

20 채용

⊙ 실적주의는 직업공무원제로 발전되어 가는 기반이 되지만, 실적주의가 바로 직업공무원 제도를 의미하는 것은 아니다.
ⓛ 행정의 안정성, 계속성, 독립성, 중립성 확보가 용이하다.
ⓒ 행정통제 및 행정책임 확보가 용이하다.
ⓔ 젊은 인재의 채용을 위한 연령제한으로 공직 임용의 기회균등을 저해한다.

① 1개   ② 2개   ③ 3개   ④ 4개

해설
④ 갈등의 원인이 세분화된 업무처리에 있다면 업무처리 과정을 통합 혹은 연결하는 장치나 대화채널이 필요하다.

012 다음에서 설명하는 공직분류 방식으로 가장 적절한 것은?

19 법학경채

– 독일 · 프랑스 · 일본 등이 이 제도를 따르고 있음
– 공무원이 보다 종합적 신축적인 능력을 갖출 수 있고, 이해력이 넓어져 기관 간 협조가 용이함
– 조직 외부로부터 충원이 힘든 폐쇄형 충원방식을 취함
– 직업공무원제도 정착에 유리함

① 계급제   ② 엽관주의   ③ 실적주의   ④ 직위분류제

013

16 채용
2차

17 채용
1차

다음은 공직 분류 방식 중 계급제와 직위분류제에 대한 설명이다. 옳고 그름(○×)의 표시가 바르게 연결된 것은?

> ⊙ 직위분류제는 계급제에 비해서 보수결정의 합리적인 기준을 제시하는 것이 장점이다.
> ⓛ 계급제는 이해력이 넓어져 직위분류제에 비해서 기관 간의 횡적 협조가 용이한 편이다.
> ⓒ 직위분류제는 프랑스에서 처음 실시된 후 독일 등으로 전파되었다.
> ② 공직을 평생직장으로 이해하는 직업공무원제도의 정착에는 직위분류제보다 계급제가 유리하다.

① ⊙(○) ⓛ(○) ⓒ(○) ②(×) 　　② ⊙(×) ⓛ(×) ⓒ(×) ②(×)
③ ⊙(○) ⓛ(○) ⓒ(×) ②(○) 　　④ ⊙(×) ⓛ(×) ⓒ(○) ②(×)

해설
ⓒ 직위분류제는 미국에서 처음 실시된 후 캐나다 등으로 전파되었다.

보기는 Maslow의 5단계 기본욕구에 대한 설명이다. 가장 적절하게 연결된 것은?

〔보기1〕

㉠ 생리적 욕구 　　　　　㉡ 안전욕구 　　　　　㉢ 사회적 욕구
㉣ 존경욕구 　　　　　㉤ 자기실현욕구

〔보기2〕

ⓐ 타인의 인정·신망을 받으려는 욕구
ⓑ 장래에의 자기발전·자기완성의 욕구 및 성취감 충족
ⓒ 현재 및 장래의 공무원 신분이나 생활에 대한 불안을 해소
ⓓ 동료·상사·조직 전체에 대한 친근감·귀속감을 충족
ⓔ 건강 등에 관한 욕구

〔보기3〕

甲. 합리적인 승진, 공무원 단체 활용
乙. 참여확대, 권한의 위임, 제안·포상제도
丙. 신분보장, 연금제도
丁. 인간관계의 개선, 고충처리 상담
戊. 적정보수제도, 휴양제도

① ㉢ - ⓓ - 丁　　　　　　　　② ㉡ - ⓒ - 甲
③ ㉠ - ⓔ - 丙　　　　　　　　④ ㉣ - ⓐ - 丁

해설

㉠ **생리적 욕구**- ⓔ 건강 등에 관한 욕구 -戊 적정보수제도, 휴양제도
㉡ **안전욕구**- ⓒ 현재 및 장래의 공무원 신분이나 생활에 대한 불안을 해소- 丙 신분보장, 연금제도
㉢ **사회적 욕구**- ⓓ 동료·상사·조직 전체에 대한 친근감·귀속감을 충족- 丁 인간관계의 개선, 고충처리 상담
㉣ **존경욕구**- ⓐ 타인의 인정·신망을 받으려는 욕구- 乙 참여확대, 권한의 위임, 제안·포상제도
㉤ **자기실현욕구**- ⓑ 장래의 자기발전·자기완성의 욕구 및 성취감 충족- 甲 합리적인 승진, 공무원 단체 활용

ANSWER **014** ①

015 매슬로우(Maslow)의 욕구 이론에 대한 설명으로 가장 적절하지 <u>않은</u> 것은?

17 채용
2차

① 매슬로우는 욕구를 생리적 욕구(Physiological Needs), 안전의 욕구(Safety Needs), 사회적 욕구(Social Needs), 존경의 욕구(Esteem Needs), 자기실현 욕구(Self – actualization Needs)로 구분하였다.

② 안전의 욕구는 현재 및 장래의 신분이나 생활에 대한 불안 해소에 관한 것으로 신분보장, 연금제도 등을 통해 충족시켜 줄 수 있다.

③ 존경의 욕구는 동료 · 상사 · 조직 전체에 대한 친근감 · 귀속감 충족에 관한 것으로 인간관계의 개선, 고충처리 상담 등을 통해 충족시켜 줄 수 있다.

④ 생리적 욕구는 의 · 식 · 주 및 건강 등에 관한 것으로 적정보수제도, 휴양제도 등을 통해 충족시켜 줄 수 있다.

> **해설**
> ③ **사회적 욕구**는 동료·상사 조직 전체에 대한 친근감·귀속감 충족에 관한 것으로 **인간관계의 개선, 고충처리 상담**을 통해 충족시켜 줄 수 있다.

---

016 매슬로우(Maslow)의 욕구계층이론에 대한 설명으로 가장 적절한 것은?

① 경찰관이 포상휴가를 가는 것보다 유능한 경찰관이라는 인정을 받고 싶어서 열심히 범인을 검거하였다면 자아실현의 욕구를 충족하고 싶은 것이다.

② 매슬로우는 5단계 기본욕구가 우선순위의 계층을 이루고 있어 한 단계의 욕구가 충족되어야 비로소 다음 단계의 욕구가 발로된다고 보았다.

③ 소속 직원들 간 인간관계의 개선, 공무원 단체의 활용, 고충처리 상담, 적정한 휴양제도는 사회적 욕구를 충족시켜 주기 위한 방안에 해당한다.

④ 경찰관에 대한 공정하고 합리적인 승진 제도를 마련하고 권한의 위임과 참여를 확대하는 것은 자아실현의 욕구를 충족시켜 주기 위한 방안에 해당한다.

> **해설**
> ① 경찰관이 포상휴가를 가는 것보다 유능한 경찰관이라는 인정을 받고 싶어서 열심히 범인을 검거하였다면 **존경의 욕구**를 충족하고 싶은 것이다.
> ③ **소속 직원들 간 인간관계의 개선, 고충처리**는 사회적 욕구를 충족시켜 주기 위한 방안에 해당한다. 공무원 단체의 활용은 자기실현의 욕구, 적정한 휴양제도는 생리적 욕구를 충족시켜 주기 위한 방안에 해당한다.
> ④ **경찰관에 대한 공정하고 합리적인 승진제도를 마련하는 것은** 자아실현의 욕구를 충족시켜 주기 위한 방안에 해당한다. 권한의 위임과 참여를 확대하는 것은 존경의 욕구를 충족시켜 주기 위한 방안에 해당한다.

ANSWER 015 ③ 016 ②

284 • 박선영 경찰학

017 다음 중 직위분류제의 장점이 아닌 것은 모두 몇 개인가?

08 경간

㉠ '동일직무에 대한 동일보수의 원칙'을 확립함으로써 보수제도의 합리적 기준을 제시할 수 있다.

㉡ 유능한 일반 행정가의 확보가 용이하다.

㉢ 동일한 직무를 장기간 담당하게 되어 행정의 전문화에 기여할 수 있다.

㉣ 인사배치에 있어 융통성을 확보할 수 있다.

㉤ 권한과 책임의 한계를 명확히 할 수 있다.

㉥ 공무원의 신분보장에 철저를 기할 수 있다.

① 1개　　　　　② 2개　　　　　③ 3개　　　　　④ 없음

해설
㉡ 직위분류제는 전문행정가의 확보가 용이하다.
㉣ 직위분류제는 인사배치의 경직성을 초래한다.
㉥ 직위분류제는 공무원의 신분보장이 미약한 단점이 있다.

018 동기부여이론에 관한 설명 중 타당하지 않은 것은?

05 승진

① 인간의 욕구가 곧바로 인간행동을 유발하는 것이 아니라 자신의 행동이 가져오는 결과를 고려하여 행동한다는 것이 과정이론이다.

② A. Maslow의 인간욕구 5단계 이론은 대표적인 과정이론이다.

③ 사람을 움직이고 일하게 하는 구체적인 실체가 인간의 마음속에 있다는 것이 내용 이론이다.

④ 관리자의 인간에 대한 신념에 따라 동기부여와 관리방식에도 차이가 있어야 한다.

해설
A. Maslow의 인간욕구 5단계 이론은 내용이론에 속한다. 동기부여의 과정이론에는 Poter & Lawler의 업적만 족모형, Vroom의 '기대이론', Adams의 '공정성이론' 등이 있다.

019

11 승진

경찰서장 甲은 소속 경찰관들의 사기 양양 방법을 모색 중이다. Maslow의 욕구이론과 경찰조직이론에 비추어 볼 때 甲이 취할 사기 양양책에 대한 설명 중 가장 옳지 <u>않은</u> 것은?

① 소속직원들 개개인을 인격의 주체로서 합당한 대우를 해준다.
② 소속직원들 간의 인간관계의 개선을 통하여 Maslow가 언급한 자기실현 욕구를 만족시켜준다.
③ 직원들의 불만·갈등을 평소 들어줄 수 있도록 상담 창구를 마련하여 Maslow가 언급한 사회적 욕구를 해소하여 준다.
④ 지연·학연 등에 의한 편파적 인사나 대상에 따라 다른 기준이 적용되는 인사를 배제한다.

> **해설**
> 소속직원들 간의 인간관계의 개선은 Maslow의 애정욕구(사회적 욕구)와 관계가 깊다.

020

12 채용 1차

예산에 관한 다음 설명 중 가장 적절하지 <u>않은</u> 것은?

① 예산집행의 신축성을 부여하고 예산 불성립으로 인한 행정중단의 방지를 도모하고자 회계연도 개시 전까지 예산의 불성립 시에 전년도 예산에 준하여 지출하는 예산제도를 '준예산'이라고 한다.
② 예산편성 시 전년도 예산을 기준으로 점증적으로 예산액을 책정하는 폐단을 시정하려는 목적에서 유래된 것이 '영기준예산'이다.
③ 특별회계는 원칙적으로 설치 소관부서가 관리하며 기획재정부의 직접적인 통제를 받지 않는다.
④ 경찰예산의 대부분은 특별회계에 속한다.

> **해설**
> ④ **경찰예산**은 조세수입과 일반세출로 이루어지는 **일반회계**에 해당한다. 예외적으로 책임운영기관인 경찰병원의 회계는 특정세입과 특정세출로 이루어지는 특별회계에 해당한다.

021

18 채용
1차

「국가재정법」상 예산안의 편성에 대한 내용으로 가장 적절하지 <u>않은</u> 것은?

① 각 중앙관서의 장은 매년 1월 31일까지 당해 회계연도부터 3회계연도 이상의 기간 동안의 신규사업 및 기획재정부장관이 정하는 주요 계속사업에 대한 중기사업계획서를 기획재정부장관에게 제출하여야 한다.

② 기획재정부장관은 국무회의의 심의를 거쳐 대통령의 승인을 얻은 다음 연도의 예산안편성지침을 매년 3월 31일까지 각 중앙관서의 장에게 통보하여야 한다.

③ 각 중앙관서의 장은 제29조의 규정에 따른 예산안편성지침에 따라 그 소관에 속하는 다음 연도의 세입세출예산 · 계속비 · 명시이월비 · 국고채무부담행위요구서를 작성하여 매년 5월 31일까지 기획재정부장관에게 제출하여야 한다.

④ 정부는 제32조의 규정에 따라 대통령의 승인을 얻은 예산안을 회계연도 개시 120일 전까지 국회에 제출하여야 한다.

> **해설**
> ① 각 중앙관서의 장은 매년 1월 31일까지 당해 회계연도부터 5회계연도 이상의 기간 동안의 신규사업 및 기획재정부장관이 정하는 주요 계속사업에 대한 중기사업계획서를 기획재정부장관에게 제출하여야 한다.

022

18 승진

예산안이 국회에 제출되면 예산안 심의를 위한 국회가 개회되고 예산안 종합심사를 위하여 예산결산 특별위원회가 활동한다. 다음 중 예산결산특별위원회 종합심사 순서를 나열한 것으로 가장 적절한 것은?

① 종합정책질의→계수조정소위원회의 계수조정→부별 심사→예산결산특별위원회 전체회의에서 소위원회의 조정안 승인

② 종합정책질의→부별 심사→계수조정소위원회의 계수조정→예산결산특별위원회 전체회의에서 소위원회의 조정안 승인

③ 종합정책질의→부별 심사→예산결산특별위원회 전체회의에서 소위원회의 조정안 승인→계수조정소위원회의 계수조정

④ 부별 심사→종합정책질의→계수조정소위원회의 계수조정→예산결산특별위원회 전체회의에서 소위원회의 조정안승인

> **해설**
> ② **예산결산특별위원회의 종합심사순서**: '종합정책질의→부처별 심의→계수조정소위원회의 계수조정→예결위 전체회의에서 소위원회의 조정안 승인' 의 순서로 심사

023 경찰예산에 관한 설명으로 가장 적절하지 <u>않은</u> 것은?

19 채용
2차

① 정부 예산안이 국회를 통과하여 확정된 후에 새롭게 발생한 사유로 인하여 이미 성립한 예산에 변경을 가할 필요가 있을 때 편성하는 예산은 추가경정예산이다.

② 예산의 집행은 예산의 배정으로부터 시작되므로 예산이 확정되더라도 해당 예산이 배정되지 않은 상태에서는 지출원인행위를 할 수 없다.

③ 품목별 예산제도는 세출예산의 대상 성질에 따라 편성한 예산으로 집행에 대한 회계책임을 명백히 하고 경비사용의 적정화에 유리한 장점이 있다.

④ 기획재정부장관은 예산안을 편성하여 국무회의 심의를 거쳐 대통령의 승인을 얻어야 하며, 정부는 이 예산안을 회계연도 개시 90일 전까지 국회에 제출하여야 한다.

해설

④ 기획재정부장관은 예산안을 편성하여 국무회의 심의를 거쳐 대통령의 승인을 얻어야 하며, 정부는 이 예산안을 회계연도 개시 120일 전까지 국회에 제출하여야 한다.

288 · 박선영 경찰학

다음은 예산제도에 대한 설명이다. 옳고 그름 (○×)의 표시가 바르게 연결된 것은?

> 가. 품목별예산제도는 지출의 대상, 성질을 기준으로 세출예산의 금액을 분류함으로써 회계책임이 명확하고, 인사행정에 유용한 정보 및 자료를 제공하며, 계획과 지출이 일치하는 장점이 있다.
>
> 나. 성과주의예산제도는 사업계획을 세부사업으로 분류하고 각 세부사업을 '단위원가×업무량=예산액'으로 표시하여 편성함으로써 해당 부서의 업무능률을 측정하여 다음 연도 반영이 가능하며, 인건비 등 경직성 경비 적용에 용이한 장점이 있다.
>
> 다. 품목별예산제도는 예산집행의 신축성에 제약이 있고, 성과측정이 곤란하며, 감사기관에 의한 통제가 용이하지 않고, 미시적 관리로 정부 전체활동의 통합조정에 필요한 수단을 제공하지 못한다는 단점이 있다.
>
> 라. 성과주의예산제도는 단위원가 계산이 곤란하고, 업무측정단위 선정이 어려운 단점이 있다.
>
> 마. 계획예산제도(PPBS)는 매년 사업의 우선순위를 새로이 결정하고 그에 따라 예산을 책정하는 제도로서, 전년도 예산을 기준으로 점증적으로 예산액을 책정하는 폐단을 시정하려는 목적에서 유래하였다.

① 가.(○) 나.(○) 다.(○) 라.(○) 마.(○)
② 가.(×) 나.(×) 다.(○) 라.(×) 마.(○)
③ 가.(○) 나.(○) 다.(×) 라.(×) 마.(×)
④ 가.(×) 나.(×) 다.(×) 라.(○) 마.(×)

해설

가. 품목별예산제도는 지출의 대상, 성질을 기준으로 세출예산의 금액을 분류함으로써 **회계책임이 명확**하고, **인사행정에 유용한 정보 및 자료를 제공**하지만, **계획과 지출이 일치하지 않는다**는 단점이 있다.
나. **성과주의예산제도**는 **인건비 등 경직성 경비에 적용하기 어렵다.**
다. **품목별예산제도**는 **감사기관에 의한 통제가 용이**하다는 장점이 있다.
마. **영기준예산제도**는 매년 사업의 우선순위를 새로이 결정하고 그에 따라 예산을 책정하는 제도로서, 전년도 예산을 기준으로 점증적으로 예산액을 책정하는 단점을 극복하려는 목적에서 유래하였다.

025 「국가재정법」상 경찰예산의 집행에 대한 설명으로 가장 적절하지 <u>않은</u> 것은?

15 채용
1차

① 경찰청장은 예산이 확정된 후 사업운영계획 및 이에 따른 세입세출예산·계속비와 국고채무 부담행위를 포함한 예산배정요구서를 기획재정부장관에게 제출하여야 한다.

② 기획재정부장관은 경찰청장에게 예산을 배정한 때에는 감사원에 통지하여야 한다.

③ 기획재정부장관은 예산집행의 효율성을 높이기 위하여 매년 예산집행에 관한 지침을 작성하여 경찰청장에게 통보하여야 한다.

④ 경찰청장은 세출예산이 정한 목적 외에 경비를 사용할 수 있다.

> **해설**
> ④ 각 중앙관서의 장은 세출예산이 정한 목적 외에 경비를 사용할 수 없다.

026 다음의 경찰예산에 대하여 바르게 기술하지 <u>못한</u> 것은?

03 채용

① 품목별예산이란 정부지출의 대상이 되는 물품, 품목(인건비·급여 수당·시설비) 등을 기준으로 한 예산제도이며, 또한 우리나라 경찰의 예산제도이다.

② 성과주의 예산이란 행정기관의 모든 사업 활동을 전년도 예산을 고려치 않고 사업의 우선순위를 결정하여 이에 따라 예산을 편성하는 제도이다.

③ 계획예산제도는 장기적인 계획과 단기적인 예산을 프로그램작성을 통하여 유기적으로 결합하여 자원배분에 관한 의사결정을 일관성 있게 합리화하려는 제도이다.

④ 성과주의예산은 정부가 무슨 일을 얼마의 돈을 들여서 완성하였는가를 일반 국민이 이해할 수 있다.

> **해설**
> 사업의 축소·확대 여부를 원점에서 검토하여 우선순위가 높은 사업을 선택하여 예산을 집행하는 제도는 영기준예산제도이다.

027 예산관리모형에 대한 설명으로 틀린 것은 모두 몇 개인가?

10 승진

⊙ 품목별 예산제도는 비교적 운영하기 쉽고 회계책임이 명확한 장점이 있다.
⊙ 성과주의 예산제도는 국민의 입장에서 경찰활동을 쉽게 이해할 수 있는 장점이 있다.
⊙ 계획예산제도의 가장 큰 장점은 실천의 용이성에 있다.
⊙ 영점기준예산제도는 재정확대를 통한 경제 활성화를 위해 사용하는 것이 일반적이다.

① 1개　　　　　② 2개　　　　　③ 3개　　　　　④ 4개

> **해설**
> ⊙ 계획예산은 실천이 용이하지 않다. 실천이 용이한 제도는 품목별 예산제도이다.
> ⊙ 영점기준 예산제도는 감축관리와 관련이 있다.

028 경찰예산의 편성과정과 관련된 설명 중 옳지 않은 것은?

09 승진

① 기획재정부장관은 국무회의의 심의를 거쳐 대통령의 승인을 얻은 다음 연도의 예산안 편성지침을 매년 4월 30일까지 경찰청장에게 통보하여야 한다.
② 경찰청장은 다음 연도의 예산요구서를 작성하여 매년 6월 30일 전까지 국회에 제출하여야 한다.
③ 정부는 대통령의 승인을 얻은 예산안을 회계연도 개시 60일 전까지 국회에 제출하여야 한다.
④ 예산결산특별위원회의 종합심사가 끝나면 예산안은 회계개시 30일 전까지 본회의 의결을 거침으로써 확정된다.

> **해설**
> 정부는 회계연도 개시 90일 전까지 예산안을 국회에 제출하여야 한다.

029 예산제도에 대한 설명 중 틀린 것은 모두 몇 개인가?

10 승진

⊙ 성과주의 예산제도는 인사행정에 유용한 자료를 제공하지만, 기능의 중복을 피하기 곤란하다.

ⓒ 계획예산은 국민의 입장에서 경찰활동을 이해하기 용이하지만, 인건비 등 경직성 경비의 적용에 어려움이 있다.

ⓒ 준예산은 회계연도 개시 전까지 예산의 불성립 시에 전년도 예산에 준하여 지출하는 예산제도로 예산확정 전이라도 공무원의 보수와 사무 처리에 관한 기본 경비 등에는 지출할 수 있다.

ⓔ 국회를 통과하여 예산이 확정되었더라도 해당예산이 배정되지 않은 상태에서는 지출 원인행위를 할 수 없다.

ⓜ 관서운영 경비 중 건당 500만 원 이하의 경비만 관서운영경비로 집행하도록 규정한 예산과목은 운영비·특수 활동비가 있으며 업무추진비는 이에 해당하지 않는다.

① 2개 　　　　② 3개 　　　　③ 4개 　　　　④ 5개

> **해설**
> ⊙ 기능의 중복이 단점인 것은 품목별 예산제도이다.
> ⓒ 국민의 입장에서 경찰활동 이해가 용이한 것은 성과주의 예산의 특징이다.
> ⓜ 관서운영경비 중 건당 500만 원 이하의 경비만 집행하도록 규정한 항목에는 운영비·특수 활동비·업무추진비가 있다.v

030 「경찰 장비관리 규칙」상 무기관리에 관한 설명이다. 옳은 것만으로 연결된 것은?

16·17 승진

⊙ 무기고와 탄약고는 견고하게 만들고 환기·방습장치와 방화시설 및 총가시설 등이 완비되어야 한다.

ⓒ 무기고와 탄약고는 통합설치 하여야 하며 기능한 본 청사와 격리된 독립 건물로 하여야 한다.

ⓒ 무기·탄약고 비상벨은 상황실과 숙직실 등 초동조치 가능 장소와 연결하고, 외곽에는 철조망장치와 조명등 및 순찰함을 설치할 수 있다.

ⓔ 간이무기고는 근무자가 24시간 상주하는 지구대, 파출소, 상황실 및 112타격대 등 경찰기관의 장이 필요하다고 인정하는 상당한 이유가 있는 장소에 설치할 수 있다.

① ⊙ⓒ 　　　　② ⓒⓒ 　　　　③ ⓒⓔ 　　　　④ ⊙ⓔ

> **해설**
> ⓒ **탄약고는 무기고와 분리**되어야 하며 기능한 본 청사와 격리된 독립 건물로 하여야 한다.
> ⓒ 무기·탄약고 비상벨은 상황실과 숙직실 등 초동조치 가능 장소와 연결하고, 외곽에는 철조망장치와 조명등 및 순찰함을 설치하여야 한다.

031 「경찰장비관리규칙」에 대한 설명 중 옳은 것은 모두 몇 개인가?

13 채용
2차 변형

> ㉠ "간이무기고"란 경찰기관의 각 기능별 운용부서에서 효율적 사용을 위하여 집중무기고로부터 무기·탄약의 일부를 대여받아 별도로 보관·관리하는 시설을 말한다.
> ㉡ 무기고와 탄약고의 환기통 등에는 손이 들어가지 않도록 쇠창살 시설을 하고, 출입문은 2중으로 하여 각 1개소 이상씩 자물쇠를 설치하여야 한다.
> ㉢ 경찰기관의 장은 무기를 휴대한 자 중에서 경찰공무원 직무적성검사 결과 고위험군에 해당되는 자가 있을 때에는 무기 소지 적격 심의위원회의 심의를 거쳐 대여한 무기·탄약을 회수하여야 한다.
> ㉣ 경찰기관의 장은 무기를 휴대한 자 중에서 술자리 또는 연회장소에 출입할 경우에는 대여한 무기·탄약을 무기고에 보관하도록 하여야 한다.
> ㉤ 경찰기관의 장은 무기를 휴대한 자 중에서 형사사건의 조사의 대상이 된 자가 발생한 때에는 즉시 대여한 무기·탄약을 회수하여야 한다.

① 1개 　　　　② 2개 　　　　③ 3개 　　　　④ 4개

해설
㉢ 경찰기관의 장은 무기를 휴대한 자 중에서 경찰공무원 직무적성검사 결과 고위험군에 해당되는 자가 있을 때에는 무기 소지 적격 심의위원회의 심의를 거쳐 대여한 무기·탄약을 회수할 수 있다.

---

032 「경찰장비관리규칙」상 무기를 휴대한 자 중에서 '무기 소지 적격 심의위원회의 심의를 거쳐 무기·탄약을 회수할 수 있는 자'에 해당하는 것을 모두 고른 것은?

18 승진
변형

> ㉠ 직무상의 비위 등으로 인하여 징계대상이 된 자
> ㉡ 정서적 불안 상태로 인하여 무기 소지가 적합하지 않은 자로서 소속 부서장의 요청이 있는 자
> ㉢ 사의를 표명한 자
> ㉣ 정신건강상 문제가 우려되어 치료가 필요한 자
> ㉤ 기타 정황을 판단하여 필요하다고 인정되는 경우
> ㉥ 그 밖에 경찰기관의 장이 무기 소지 적격 여부에 대해 심의를 요청하는 자

① ㉠㉡㉤ 　　② ㉡㉣㉤ 　　③ ㉡㉣㉥ 　　④ ㉢㉣㉥

해설
㉠ 직무상의 비위 등으로 인하여 징계대상이 된 자 – **무기·탄약을 회수하여야 하는 자**
㉢ 사의를 표명한 자 – **무기·탄약을 회수하여야 하는 자**
㉤ 기타 정황을 판단하여 필요하다고 인정되는 경우 – **무기·탄약을 무기고에 보관하여야 하는 경우**

ANSWER 031 ④ 　032 ③

033 보안관리에 대한 설명이다. 옳고 그름 (○×)의 표시가 바르게 연결된 것은?

10·17
승진

16·19
경간

> ⊙ 보안업무의 원칙 중 '한정의 원칙'이란 한 번에 다량의 비밀이나 정보가 유출되지 않도록 하는 원칙을 말한다.
> ⓛ 비밀분류의 원칙은 과도 또는 과소분류 금지의 원칙, 독립분류의 원칙, 외국비밀 존중의 원칙이 있다.
> ⓒ 외국 정부나 국제기구로부터 접수한 비밀은 그 접수기관이 필요로 하는 정도로 보호할 수 있도록 분류하여야 한다.
> ② 국가정보원장은 비밀 소통용 암호자재를 제작하여 필요한 기관에 공급한다. 다만 국가정보원장이 필요하다고 인정하는 암호자재의 경우 그 암호자재를 사용하는 기관은 국가정보원장이 인가하는 암호체계의 범위에서 암호자재를 제작할 수 있다.
> ⑩ 암호자재를 사용하는 기관의 장은 사용기간이 끝난 암호자재를 지체 없이 국가정보원장에게 반납해야 한다.

① ⊙(○) ⓛ(○) ⓒ(×) ②(○) ⑩(○)　② ⊙(×) ⓛ(×) ⓒ(○) ②(×) ⑩(○)
③ ⊙(○) ⓛ(×) ⓒ(○) ②(×) ⑩(×)　④ ⊙(×) ⓛ(○) ⓒ(×) ②(○) ⑩(×)

해설
⊙ 보안업무의 원칙에는 알 사람만 알아야 한다는 원칙, 부분화의 원칙, 보안과 업무효율의 조화원칙이 있다. 이 중 한 번에 다량의 비밀이나 정보가 유출되지 않도록 하는 원칙은 '한정의 원칙'이 아니라 '부분화의 원칙'이다.
ⓒ 외국 정부나 국제기구로부터 접수한 비밀은 그 생산기관이 필요로 하는 정도로 보호할 수 있도록 분류하여야 한다.
⑩ 암호자재를 사용하는 기관의 장은 사용기간이 끝난 암호자재를 지체 없이 제작기관의 장에게 반납해야 한다.

034 비밀분류원칙에 대한 설명으로 가장 적절하지 않은 것은?

18 승진

① 비밀은 적절히 보호할 수 있는 최저등급으로 분류하여야 하며, 과도 또는 과소하게 분류하여서는 안 된다는 원칙은 과도 또는 과소분류 금지의 원칙이다.
② 외국비밀존중의 원칙은 외국 정부 또는 국제기구로부터 접수한 비밀은 그 생산기관이 필요로 하는 정도로 보호할 수 있도록 분류하는 원칙이다.
③ 비밀은 그 자체의 내용과 가치의 정도에 따라 분류하여야 하며 다른 비밀과 관련하여서는 안 된다는 원칙은 독립분류의 원칙이다.
④ 비밀분류원칙은 「보안업무규정 시행규칙」 제12조에 규정되어 있다.

해설
④ 비밀분류원칙은 「**보안업무규정**」 제12조에 **규정**되어 있다.

ANSWER　033 ④　034 ④

294 • 박선영 경찰학

035

「보안업무규정」상 비밀보호에 관한 설명으로 틀린 것은 모두 몇 개인가?

> ⊙ 비밀이란 그 내용이 누설되는 경우 국가안전보장에 유해로운 결과를 초래할 우려가 있는 국가기밀로서 이 영에 의하여 비밀로 분류된 것을 말한다.
> ⓒ 각급기관의 장은 비밀의 작성·분류·취급·유통 및 이관 등의 모든 과정에서 비밀이 누설되거나 유출되지 아니하도록 보안대책을 수립하여 시행하여야 한다.
> ⓒ 비밀은 해당 등급의 비밀취급 인가를 받은 사람만 취급할 수 있으며, 암호자재는 해당 등급의 비밀 소통용 암호자재취급 인가를 받은 사람만 취급할 수 있다.
> ⓔ 비밀은 적절히 보호할 수 있는 최고등급으로 분류하되, 과도하거나 과소하게 분류해서는 아니 된다.
> ⓜ 비밀은 그 자체의 내용과 가치의 정도에 따라 분류하여야 하며, 다른 비밀과 관련해서 분류해서는 아니 된다.

① 1개   ② 2개   ③ 3개   ④ 4개

해설
ⓔ 비밀은 적절히 보호할 수 있는 **최저등급으로 분류**하되, 과도하거나 과소하게 분류해서는 아니 된다.

ANSWER　035 ①

036 「보안업무규정」에 대한 설명으로 가장 적절한 것은?

18 채용
3차

① 각급기관의 장은 비밀의 작성·분류·접수·발송 및 취급 등에 필요한 모든 관리사항을 기록하기 위하여 비밀관리기록부를 작성하여 갖추어 두어야 한다. 다만. Ⅱ급 이상 비밀관리기록부는 따로 작성하여 갖추어 두어야 하며, 암호자재는 암호자재 관리기록부로 관리한다.

② 그 생산자가 특정한 제한을 하지 아니한 것으로서 해당 등급의 비밀취급 인가를 받은 사람이 공용(共用)으로 사용하는 경우 Ⅰ급 비밀의 일부 또는 전부에 대해서 모사(模寫)·타자(打字)·인쇄·조각·녹음·촬영·인화(印畵)·확대 등 그 원형을 재현(再現)하는 행위를 할 수 있다.

③ 비밀취급 인가를 받지 아니한 사람에게 비밀을 열람하거나 취급하게 할 때에는 국가정보원장이 정하는 바에 따라 소속 기관의 장이 미리 열람자의 인적사항과 열람하려는 비밀의 내용 등을 확인하고 열람 시 비밀 보호에 필요한 자체 보안대책을 마련하는 등의 보안조치를 하여야 한다. 다만, Ⅰ급 비밀의 보안조치에 관하여는 국가정보원장과 미리 협의하여야 한다.

④ 각급기관의 장은 보안 업무의 효율적인 수행을 위하여 필요하다고 인정되는 경우에는 국가정보원장의 승인하에 해당 비밀의 보존기간 내에서 그 사본을 제작하여 보관할 수 있다.

해설

① 각급기관의 장은 비밀의 작성·분류·접수·발송 및 취급 등에 필요한 모든 관리사항을 기록하기 위하여 비밀관리기록부를 작성하여 갖추어 두어야 한다. 다만, **Ⅰ급비밀관리기록부는 따로 작성하여 갖추어 두어야 하며,** 암호자재는 암호자재 관리기록부로 관리한다.

② 그 생산자의 허가를 받은 경우 Ⅰ급비밀의 일부 또는 전부나 암호자재에 대해서는 모사·인쇄·조각·녹음·촬영·인화·확대 등 그 원형을 재현하는 행위를 할 수 있다. **그 생산자가 특정한 제한을 하지 아니한 것으로서 해당 등급의 비밀취급 인가를 받은 사람이 공용으로 사용하는 경우 Ⅱ·Ⅲ급 비밀**의 일부 또는 전부에 대해서 모사·타자·인쇄·조각·녹음·촬영·인화·확대 등 그 원형을 재현(再現)하는 행위를 할 수 있다.

④ 각급기관의 장은 **보안 업무의 효율적인 수행을 위하여 필요하다고 인정되는 경우에는** 해당 비밀의 보존기간 내에서 제1항 단서에 따라 그 사본을 제작하여 보관할 수 있다.

037

18 경간

「보안업무규정 시행규칙」에 관한 다음 설명 중 가장 옳지 <u>않은</u> 것은?

① 비밀취급 인가권자는 소속 직원의 인사기록카드에 기록된 비밀취급의 인가 및 인가해제 사유와 임용 시의 신원조사회보서에 따라 새로 신원조사를 하지 아니하고 비밀취급을 인가할 수 있다. 다만, I급비밀 취급을 인가할 때에는 새로 신원조사를 하여야 한다.

② 비밀취급 인가권자는 업무상 조정·감독을 받는 기업체나 단체에 소속된 사람에 대하여 소관 비밀을 계속적으로 취급하게 하여야 할 필요가 있을 때에는 미리 국가정보원장과의 협의를 거쳐 해당하는 사람에게 II급 이하의 비밀취급을 인가할 수 있다.

③ II급비밀 및 III급비밀은 금고 또는 이중 철제캐비닛 등 잠금장치가 있는 안전한 용기에 보관하여야 하며, 보관책임자가 II급비밀 취급 인가를 받은 때에는 II급비밀과 III급비밀을 같은 용기에 혼합하여 보관할 수 있다.

④ 보관용기에 넣을 수 없는 비밀은 제한지역에 보관하는 등 그 내용이 노출되지 아니하도록 특별한 보호대책을 마련하여야 한다.

> **해설**
> ④ 보관용기에 넣을 수 없는 비밀은 **제한구역 또는 통제구역에 보관**하는 등 그 내용이 노출되지 않도록 한다.

038 「보안업무규정 시행규칙」상 비밀의 관리방법으로 옳은 것은 모두 몇 개인가?

> 가. 비밀보관책임자는 보관비밀을 대출하는 때에는 비밀대출부에 관련 사항을 기록·유지한다.
> 나. 비밀관리기록부와 암호자재 관리기록부에는 모든 비밀과 암호자재에 대한보안책임 및 보안관리 사항이 정확히 기록·보존되어야 한다.
> 다. 비밀열람기록전은 그 비밀의 생산기관이 첨부하며, 비밀을 파기하는 때에는 비밀에서 분리하여 따로 철하여 보관하여야 한다.
> 라. 각급기관의 장은 비밀의 작성·분류·접수·발송 및 취급 능에 필요한 모든 관리사항을 기록하기 위하여 비밀관리기록부를 작성하여 갖추어 두어야 한다. 다만, I급 비밀관리기록부는 따로 작성하여 갖추어 두어야 하며, 암호자재는 암호자재 관리기록부로 관리한다.
> 마. 비밀의 발간업무에 종사하는 사람은 작업일지에 작업에 관한 사항을 기록·보관하여야 한다. 이 경우 작업일지는 비밀열람기록전을 갈음하는 것으로 본다.
> 바. 비밀접수증, 비밀열람기록전, 배부처는 비밀과 함께 철하여 보관·활용하고, 비밀의 보호기간이 만료되면 비밀에서 분리한 후 각각 편철하여 5년간 보관해야 한다.

① 2개   ② 3개   ③ 4개   ④ 5개

해설

나. 비밀관리기록부와 암호자재 관리기록부에는 모든 비밀과 암호자재에 대한보안책임 및 보안관리 사항이 정확히 기록·보존되어야 한다.– 「**보안업무규정시행규칙**」이 아니라 「**보안업무규정**」 제22조 제2항에 규정되어있음

라. 각급기관의 장은 비밀의 작성·분류·접수·발송 및 취급 등에 필요한 모든 관리사항을 기록하기 위하여 비밀관리기록부를 작성하여 갖추어 두어야 한다. 다만, I급 비밀관리기록부는 따로 작성하여 갖추어 두어야 하며, 암호자재는 암호자재 관리기록부로 관리한다.– 「**보안업무규정시행규칙**」이 아니라 「**보안업무규정**」 제22조 제1항에 규정되어 있음

039 「보안업무규정 시행 세부규칙」에 따른 제한구역을 모두 고른 것은?

㉠ 정보통신실	㉡ 과학수사센터
㉢ 암호취급소	㉣ 발간실
㉤ 치안상황실	㉥ 작전 · 경호 · 정보 · 보안업무 담당 부서 전역

① ㉠ ㉡ ㉢ ㉣
② ㉠ ㉢ ㉤ ㉥
③ ㉠ ㉡ ㉣ ㉥
④ ㉡ ㉢ ㉤ ㉥

해설

㉠ 정보통신실 – 제한구역	㉡ 과학수사센터 – 제한구역
㉢ 암호취급소 – 통제구역	㉣ 발간실 – 제한구역
㉤ 치안상황실 – 통제구역	㉥ 작전 · 경호 · 정보 · 보안업무 담당 부서 전역 – 제한구역

040 보안심사위원회에 대한 설명 중 **틀린** 것은?

03 승진

① 경찰서는 서장을 위원장으로 하고 경무과장을 부위원장으로 한다.
② 보안심사위원회의 위원장은 표결권을 가진다.
③ 재적 위원 과반수 출석과 출석위원 과반수의 찬성으로 결정하며, 가부동수인 때에는 부결된 것으로 본다.
④ 심의사항으로는 보안내규 수립 및 그 개정에 관한 사항, 분야별 보안대책의 수립, 보안에 관계된 사건에 관한 조치 사항 등이다.

해설

보안심사위원회는 재적 위원 과반수 출석과 출석위원 과반수로 결정하며, 가부동수인 경우에는 위원장이 결정권을 가진다.

041

08 경간

다음은 비밀과 관련된 설명이다. 타당하지 <u>않은</u> 것은?

> ㉠ 경찰청장은 Ⅰ급 비밀취급인가권자이다.
> ㉡ 비밀의 분류는 보안업무규정 제4조에 명시되어있는데 Ⅰ급 비밀, Ⅱ급 비밀, Ⅲ급 비밀로 분류된다.
> ㉢ 경찰공무원은 임용과 동시에 Ⅱ급 비밀취급권을 가진다.
> ㉣ 특수경과 경찰공무원은 보직발령과 동시에 Ⅱ급 비밀취급권을 가진다.
> ㉤ 경찰공무원은 비밀취급인가증을 별도로 발급받지 않는 특별인가 대상이다.
> ㉥ 비밀의 분류는 작성하거나 생산하는 자가 한다.
> ㉦ 누설되는 경우 국가안전보장에 막대한 지장을 초래할 우려가 있는 비밀은 Ⅱ급 비밀이다.

① 1개   ② 2개   ③ 3개   ④ 4개

해설
㉠ 경찰청장은 Ⅱ급 및 Ⅲ급 비밀취급인가권을 가진다.
㉢ 경찰공무원은 임용과 동시에 Ⅲ급 비밀취급권을 가진다.
㉣ 특수경과 중 운전경과의 경우에는 Ⅱ급 비밀취급권을 가지지 않는다.

042

11 경간

"공공기관의 정보공개에 관한 법률"에 대한 설명으로 옳지 <u>않은</u> 것은 모두 몇 개인가?

> ㉠ 공공기관이 보유·관리하는 정보는 이 법이 정하는 바에 따라 공개할 수 있다고 규정하고 있다.
> ㉡ 공공기관은 청구를 받은 날부터 10일 이내에 공개 여부를 결정하여야 하며, 공개를 청구한 날로부터 20일 이내에 공공기관이 공개 여부를 결정하지 아니한 때에는 공개의 결정이 있는 것으로 본다.
> ㉢ 청구인이 정보공개와 관련한 공공기관의 비공개 또는 부분공개의 결정에 대하여 불복이 있는 때에는 공공기관의 정보공개 여부의 결정이 있은 날로부터 30일 이내에 당해 공공기관에 문서로 이의신청을 할 수 있다.
> ㉣ 이의신칭은 임의질차이므로 이의신청을 하시 않고 바로 행성심판 제기가 가능하다.
> ㉤ 정보공개에 관한 정책의 수립 및 제도개선에 관한 사항을 심의·조정하기 위해 국무총리 소속 하에 정보 공개위원회를 둔다.

① 1개   ② 2개   ③ 3개   ④ 4개

해설
㉠ 공공기관이 보유·관리하는 정보는 이 법이 정하는 바에 따라 공개하여야 한다.
㉡ 정보공개를 청구한 날부터 20일 이내에 공공기관이 공개 여부를 결정하지 아니한 때에는 비공개의 결정이 있는 것으로 본다.
㉢ 정보공게여부의 결정이 있은 날'이 아니라 결정동지를 '받은 날'이 가산섬이 된다.(도달주의)
㉤ 정보공개위원회는 행정안전부장관 소속이다.

ANSWER   **041** ① / ㉠ ㉢ ㉣   **042** ④ / ㉠ ㉡ ㉢ ㉤

043

16 승진

지역사회 내의 경찰·공사기관 그리고 각 개인이 그들의 공통된 문제·욕구·책임을 발견하고 지역사회 문제의 해결과 적극적인 지역사회 프로그램을 위해 공동으로 노력하는 것을 무엇이라고 하는가?

① Press Relations(언론관계) ② Media Relations(대중매체관계)
③ community Relations(지역공동관계) ④ public Relations(공공관계)

044

17 경간

다음은 「언론중재 및 피해구제 등에 관한 법률」에 대한 내용이다. 괄호 안에 들어갈 숫자의 총합은?

> • 사실적 주장에 관한 언론보도가 진실하지 아니함으로 인하여 피해를 입은 자는 당해 언론보도가 있음을 안 날로부터 ( )개월 이내, 당해 언론보도가 있은 후 ( )개월 이내에 정정보도를 청구할 수 있다.
> • 정정보도 청구를 받은 언론사 등의 대표자는 ( )일 이내에 그 수용 여부에 대한 통지를 청구인에게 발송하여야 한다.
> • 언론사 등이 정정보도 청구를 수용할 때에는 지체 없이 피해자 또는 그 대리인과 정정보도의 내용·크기 등에 관하여 협의한 후, 그 청구를 받은 날부터 ( )일 이내에 정정보도문을 발송하거나 게재하여야 한다.

① 18 ② 19 ③ 2 ④ 25

해설
• 사실적 주장에 관한 언론보도가 진실하지 아니함으로 인하여 피해를 입은 자는 당해 **언론보도가 있음을 안 날로부터 (3) 개월 이내, 당해 언론보도가 있은 후 (6)개월 이내**에 정정보도를 청구할 수 있다.
• 정정보도 청구를 받은 언론사 등의 대표자는 (3) **일 이내에 그 수용 여부에 대한 통지를 청구인에게 발송**하여야 한다.
• 언론사 등이 정정보도 청구를 수용할 때에는 지체 없이 피해자 또는 그 대리인과 정정 보도의 내용 크기 등에 관하여 협의한 후, 그 **청구를 받은 날부터 (7)일 이내에 정정보도문을 발송하거나 게재**하여야 한다.

045

17 승진

「언론중재 및 피해구제 등에 관한 법률」에 규정된 내용이다. 아래 ㉠부터 ㉥까지의 내용 중 옳지 <u>않은</u> 것을 모두 고른 것은?

제15조 제2항 – 정정보도 청구를 받은 언론사 등의 대표자는 ㉠7일 이내에 그 수용 여부에 대한 통지를 청구인에게 발송하여야 한다.

제15조 제4항 – 다음 각 호의 어느 하나에 해당하는 사유가 있는 경우에는 언론사 등은 정정보도 청구를 거부할 수 있다.

1. ㉡ 피해자가 정정보도청구권을 행사할 정당한 이익이 없는 경우
2. ㉢ 청구된 성성보도의 내용이 명백히 사실인 경우
3. ㉣ 청구된 정정보도의 내용이 명백히 위법한 내용인 경우
4. ㉤ 정정보도의 청구가 상업적인 광고만을 목적으로 하는 경우
5. ㉥ 청구된 정정보도의 내용이 국가·지방자치단체 또는 공공단체의 비공개회의와 법원의 비공개재판절차의 사실보도에 관한 것이 경우

① ㉠ ㉢ ㉥   ② ㉠ ㉣ ㉤   ③ ㉡ ㉢ ㉤   ④ ㉡ ㉣ ㉥

해설

제15조 제2항 – 정정보도 청구를 받은 언론사 등의 대표자는 ㉠3일 이내에 그 수용 여부에 대한 통지를 청구인에게 발송하여야 한다.

제15 제4항 – 다음 각 호의 어느 하나에 해당하는 사유가 있는 경우에는 언론사 등은 정정보도 청구를 거부할 수 있다.

1. ㉡ 피해자가 정정보도청구권을 행사할 정당한 이익이 없는 경우
2. ㉢ 청구된 정정보도의 내용이 명백히 사실과 다른 경우
3. ㉣ 청구된 정정보도의 내용이 명백히 위법한 내용인 경우
4. ㉤ 정정보도의 청구가 상업적인 광고만을 목적으로 하는 경우
5. ㉥ 청구된 정정보도의 내용이 국가·지방자치단체 또는 공공단체의 공개회의와 법원의 공개재판절차의 사실보도에 관한 것인 경우

046

「언론중재 및 피해구제 등에 관한 법률」에 대한 설명 중 옳지 <u>않은</u> 것을 모두 고른 것은?

> 가. 정정보도 청구를 받은 언론사 등의 대표자는 3일 이내에 그 수용 여부에 대한 통지를 청구인에게 발송하여야 한다.
> 나. 피해자가 정정보도청구권을 행사할 정당한 이익이 없는 경우 언론사는 정정보도 청구를 거부할 수 있다.
> 다. 청구된 정정보도의 내용이 명백히 사실과 다른 경우 언론사는 정정보도 청구를 거부할 수 있다.
> 라. 청구된 정정보도의 내용이 명백히 위법한 내용인 경우 언론사는 정정보도 청구를 거부할 수 있다.
> 마. 정정보도의 청구가 공익적인 광고만을 목적으로 하는 경우 언론사는 정정보도 청구를 거부할 수 있다.
> 바. 청구된 정정보도의 내용이 국가·지방자치단체 또는 공공단체의 공개회의와 법원의 비공개재판절차의 사실보도에 관한 것인 경우 언론사는 정정보도 청구를 거부할 수 있다.

① 가, 나, 마   ② 다, 마, 바   ③ 라, 바   ④ 마, 바

해설

마. 정정보도의 청구가 **상업적인** 광고만을 목적으로 하는 경우 언론사는 정정보도 청구를 거부할 수 있다.
바. 청구된 정정보도의 내용이 국가 지방자치단체 또는 공공단체의 공개회의와 법원의 공개 재판절차의 사실보도에 관한 것인 경우 언론사는 정정보도 청구를 거부할 수 있다.

047

16 채용
1차

18 채용
1차 변형

「언론중재 및 피해구제 등에 관한 법률」상 언론중재위원회(이하 "중재위원회"라 한다)의 설치에 관한 내용이다. 옳은 것만으로 연결된 것은?

㉠ 언론 등의 보도 또는 매개로 인한 분쟁의 조정·중재 및 침해사항을 심의하기 위하여 언론중재 위원회를 두며, 중재위원회는 40명 이상 90명 이내의 중재위원으로 구성하며, 중재위원은 문화체육관광부장관이 위촉한다.
㉡ 언론중재위원회에 위원장 1명과 2명 이내의 부위원장 및 3명 이내의 감사를 두며, 각각 언론중재위원 중에서 호선한다.
㉢ 위원장, 부위원장, 감사 및 중재위원의 임기는 각각 2년으로 하며, 연임할 수 없다.
㉣ 중재위원회의 회의는 재적 위원 과반수의 출석과 출석위원 과반수의 찬성으로 의결한다.

① ㉠ ㉡ ㉢ ㉣   ② ㉠ ㉢ ㉣   ③ ㉠ ㉡ ㉣   ④ ㉠ ㉣

해설
㉡ 언론중재위원회에 **위원장 1명과 2명 이내의 부위원장 및 2명 이내의 감사를 두며**, 각각 언론중재위원 중에서 호선한다.
㉢ 위원장, 부위원장, 감사 및 중재위원의 임기는 각각 **3년**으로 하며 한 차례만 연임할 수 있다.

048

20 경간

경찰통제의 유형에 대한 설명 중 옳은 것은?

① 행정절차법, 국회에 의한 예산결산권은 사전통제에 해당한다.
② 경찰청의 감사관, 지방경찰청의 청문감사담당관, 경찰서의 청문감사관은 외부통제에 해당한다.
③ 국가인권위원회의 통제는 협의의 행정통제로서 외부통제에 해당한다.
④ 행정안전부장관의 경찰청장과 경찰위원회 위원의 임명제청권은 행정통제로서 외부통제에 해당한다.

해설
① 행정절차법은 사전통제에 해당하고, 예산결산권은 사후통제에 해당한다.
② 경찰청의 감사관, 지방경찰청의 청문감사담당관, 경찰서의 청문감사관은 **내부통제이다.**
③ 국가인권위원회는 독립기관으로서 국가인권위원회의 통제는 **광의**의 행정통제로서 외부통제에 해당한다.

---

049 다음 경찰의 통제 유형 가운데 사후통제인 동시에 외부통제에 해당하는 것은 모두 몇 개인가?

가. 청문감사관제도	나. 국회의 예산심의권
다. 국회의 국정감사	라. 경찰위원회의 심의 · 의결
마. 법원의 사법심사	바. 감사원의 직무감찰

① 2개　　　　② 3개　　　　③ 4개　　　　④ 5개

해설

가. 청문감사관제도 – 사후통제, 내부통제　　나. 국회의 예산심의권 – 사전통제, 외부통제
다. 국회의 국정감사 – 사후통제, 외부통제　　라. 경찰위원회의 심의 · 의결 – 사전통제, 외부통제
마. 법원의 사법심사 – 사후통제, 외부통제　　바. 감사원의 직무감찰 – 사후통제, 외부통제

050 경찰통제의 유형이 가장 바르게 연결된 것은?

① 내부통제: 청문감사관제도, 경찰위원회, 직무명령권
② 외부통제: 국민권익위원회, 소청심사위원회, 국민감사청구제도
③ 사전통제: 행정예고제, 상급기관의 하급기관에 대한 감독권
④ 사후통제: 사법부에 의한 사법심사, 국회의 입법권 · 예산심의권

해설

① 경찰위원회: 외부통제
③ 상급기관의 하급기관에 대한 감독권: 사후통제
④ 국회의 입법권 · 예산심의권: 사전통제

051

다음은 경찰의 사전통제와 사후통제, 내부통제와 외부통제를 구분 없이 나열한 것이다. 이 중 사전통제와 내부통제에 관한 것으로 올바르게 짝지어진 것은?

❴ 사전통제와 사후통제 ❵

가. 행정절차법에 의한 청문　　　　나. 국회의 입법권
다. 국회의 국정감사 · 조사권　　　라. 사법부에 의한 사법심사
마. 국회의 예산심의권

❴ 내부통세와 외부통제 ❵

㉠ 경찰위원회의 심의 · 의결　　　㉡ 감사원에 대한 직무감찰
㉢ 청문감사관 제도　　　　　　　㉣ 경찰청장의 훈령권
㉤ 중앙행정심판위원회의 심리 · 재결

① 사전통제: 가, 나　　　내부통제: ㉠, ㉢
② 사전통제: 나, 다　　　내부통제: ㉢, ㉣
③ 사전통제: 라, 마　　　내부통제: ㉡, ㉤
④ 사전통제: 나, 마　　　내부통제: ㉢, ㉣

해설

〈사전통제와 사후통제〉
가. 행정절차법에 의한 청문 – 사전통제
나. 국회의 입법권 – 사전통제
다. 국회의 국정감사 · 조사권 – 사후통제
라. 사법부에 의한 사법심사 – 사후통제
마. 국회의 예산심의권 – 사전통제

〈내부통제와 외부통제〉
㉠ 경찰위원회의 심의 · 의결 – 외부통제
㉡ 감사원에 의한 직무감찰 – 외부통제
㉢ 청문감사관 제도 – 내부통제
㉣ 경찰청장의 훈령권 – 내부통제
㉤ 중앙행정심판위원회의 심리 · 재결 – 외부통제

ANSWER　051 ④

052 「경찰감찰규칙」에 대한 설명이다. 옳은 것만으로 바르게 연결된 것은?

16 채용
2차

17 채용
1차

㉠ 경찰기관의 장은 1년 이상 성실히 근무한 감찰관에 대해서는 희망부서를 고려
하여 전보한다.
㉡ 감찰관은 소속 경찰기관의 관할구역 안에서 활동하여야 한다. 다만, 상급 경찰
기관의 장의 지시가 있는 경우에는 관할구역 밖에서도 활동할 수 있다.
㉢ 감찰관은 검찰 · 경찰, 그 밖의 수사기관으로부터 수사개시 통보를 받은 경우에
는 징계의결 요구권자의 결재를 받아 해당 기관으로부터 수사결과의 통보를 받
을 때까지 감찰조사, 징계의결요구 등의 절차를 진행해야 한다.
㉣ 감찰관은 감찰조사를 실시하기 전에 조사대상자에게 의무위반행위 사실의 요
지를 알릴 수 없지만 다른 감찰관의 참여를 요구할 수 있음은 고지하여야 한다.

① ㉠ ㉡ ㉢ ㉣　　　② ㉠ ㉡ ㉢　　　③ ㉠ ㉡　　　④ ㉡ ㉣

해설
㉢ 감찰관은 검찰 · 경찰, 그 밖의 수사기관으로부터 수사개시 통보를 받은 경우에는 **징계의결 요구권자
의 결재를 받아 해당 기관으로부터 수사결과의 통보를 받을 때까지 감찰조사 징계의결요구 등의 절차
를 진행하지 아니할 수 있다.**
㉣ 감찰관은 감찰조사를 실시하기 전에 조사대상자에게 의무위반행위 사실의 요지를 알려야 하며, 다른 감찰
관의 참여를 요구할 수 있음을 고지하여야 한다.

053 「경찰감찰규칙」에 의한 감찰활동에 대한 설명으로 가장 적절하지 <u>않은</u> 것은?

19 승진

① 경찰기관의 장은 상급 경찰기관의 장의 지시에 따라 소속 감찰관으로 하여금 일정
기간 동안 다른 경찰기관 소속 직원의 복무실태, 업무추진 실태 등을 점검하게 할
수 있다.
② 감찰관은 감찰조사를 위해서 조사대상자의 출석을 요구할 때에는 조사기일 3일 전
까지 별지 제5호 서식의 출석요구서 또는 구두로 조사일시, 의무위반행위사실 요
지 등을 통지하여야 한다. 다만, 사안이 급박한 경우 또는 조사대상자의 요청이 있
는 경우에는 즉시 조사에 착수할 수 있다.
③ 감찰관은 소속공무원의 의무위반행위에 관한 단서를 수집 · 접수한 경우 소속 경찰
기관의 감찰부서장에게 보고하여야 하며, 감찰부서장은 보고를 받은 경우 감찰 대
상으로서의 적정성을 검토한 후 감찰활동 착수 여부를 결정하여야 한다.
④ 감찰관은 검찰 · 경찰, 그 밖의 수사기관으로부터 수사개시 통보를 받은 경우에는
해당 기관으로부터 수사결과의 통보를 받을 때까지 감찰조사, 징계의결요구 등의
절차를 진행해서는 아니 된다.

해설
④ 감찰관은 검찰 · 경찰, 그 밖의 수사기관으로부터 수사개시 통보를 받은 경우에는 징계의결요구권자의 결
재를 받아 해당 기관으로부터 수사결과의 통보를 받을 때까지 감찰조사, 징계의결요구 등의 절차를 **진행하
지 아니할 수 있다.**

ANSWER 　052 ③　　053 ④

054 현행 「경찰감찰규칙」의 규정 내용과 <u>다르게</u> 서술한 것은 모두 몇 개인가?

11·12
승진

㉠ 의무위반행위가 자주 발생하거나 그 발생 가능성이 높다고 인정되는 시기, 업무분야 및 경찰관서 등에 대하여는 일정 기간 동안 전반적인 조직관리 및 업무추진 실태 등을 집중 점검하는 것이 특별감찰이다.

㉡ 경찰기관의 장은 상급 경찰기관의 장의 지시에 따라 소속 감찰관으로 하여금 일정 기간 동안 다른 경찰기관 소속 직원의 복무실태, 업무추진 실태 등을 점검하게 할 수 있다.

㉢ 감찰관의 의무위반행위에 대해서는 「경찰공무원 징계령 세부시행규칙」의 징계양정에 정한 기준에 의하여 징계조치한다.

㉣ 감찰관은 감찰조사를 실시하기 전에 조사대상자에게 의무위반행위사실의 요지를 알리고, 다른 감찰관의 참여를 신청할 수 있다는 사실을 고지하여야 하며, 조사대상자의 동료공무원의 동석을 신청할 수 있다는 사실을 고지하여야 한다.

① 1개　　　　　　② 2개　　　　　　③ 3개　　　　　　④ 4개

해설

㉢ 감찰관의 의무위반행위에 대해서는 「경찰공무원 징계령 세부시행규칙」의 **징계양정에 정한 기준보다 가중하여 징계조치한다.**

경찰청 훈령인 「경찰감찰규칙」에서 규정하고 있는 내용과 다른 것은 모두 몇 개인가?

㉠ 직무와 관련한 금품 및 향응수수, 공금횡령·유용, 「성폭력범죄의 처벌 등에 관한 특례법」에 따른 성폭력 범죄로 징계처분을 받은 사람은 말소기간의 경과 여부에 상관없이 감찰관이 될 수 없다.

㉡ 감찰관은 소속공무원의 의무위반사실에 대한 민원을 접수한 경우 접수일로부터 2개월 내에 신속히 처리하여야 한다. 다만, 부득이한 사유로 민원을 기한 내에 처리할 수 없을 때에는 소속 경찰기관의 감찰부서장에게 보고하여 그 처리기간을 연장할 수 있다.

㉢ 감찰관은 감찰조사를 위해서 조사대상자의 출석을 요구할 때에는 조사기일 2일 전까지 별지 제5호 서식의 출석요구서 또는 구두로 조사일시, 의무위반행위사실 요지 등을 통지하여야 한다. 다만, 사안이 급박한 경우 또는 조사대상자의 요청이 있는 경우에는 즉시 조사에 착수할 수 있다.

㉣ 감찰관은 다른 경찰기관 또는 검찰, 감사원 등 다른 행정기관으로부터 통보받은 소속공무원의 의무위반행위에 대해서는 통보받은 날로부터 1개월 이내에 신속히 처리하여야 한다.

㉤ 감찰관은 직무수행에 있어서 조사를 위한 출석, 질문에 대한 답변 및 진술서 제출, 증거품 및 자료 제출, 현지조사의 협조 등을 요구할 수 있으며, 소속공무원은 정당한 사유가 없는 한 그 요구에 응하여야 한다.

① 없음　　　　　② 1개　　　　　③ 2개　　　　　④ 3개

해설

㉢ 감찰관은 감찰조사를 위해서 조사대상자의 출석을 요구할 때에는 조사기일 3일 전까지 별지 제5호 서식의 출석요구서 또는 구두로 조사일시, 의무위반행위사실 요지 등을 통지하여야 한다. 다만, 사안이 급박한 경우 또는 조사대상자의 요청이 있는 경우에는 즉시 조사에 착수할 수 있다.

056 「경찰행정 사무감사 규칙」상 감사에 대한 설명으로 가장 적절하지 <u>않은</u> 것은?

20 승진

① 재무감사는 예산의 운용실태 및 회계처리의 적정성 여부 등에 대한 검토와 확인을 위주로 실시하는 감사이다.

② 특정감사는 특정한 정책·사업·조직·기능 등에 대한 경제성·능률성·효과성의 분석과 평가를 위주로 실시하는 감사이다.

③ 복무감사는 피감사기관에 속한 사람이 감사대상 사무와 관련하여 법령과 직무상 명령을 준수하는지 여부 등에 대하여 실시하는 감사이다.

④ 종합감사는 피감사기관의 주기능·주임무 및 조직·인사·예산 등 업무 전반의 적법성·타당성 등을 점검하기 위하여 실시하는 감사이다.

> **해설**
> ② **성과감사**는 특정한 정책·사업·조직·기능 등에 대한 경제성·능률성·효과성의 분석과 평가를 하는 감사이고 **특정감사**는 특정한 업무·사업 등에 대하여 문제점의 원인과 책임을 파악하고 개선책을 마련하는 감사이다.

057 「경찰행정 사무감사 규칙」에 대한 설명으로 가장 적절한 것은?

18 채용
3차

① 특정한 정책·사업·조직·기능 등에 대한 경제성·능률성·효과성의 분석과 평가를 위주로 실시하는 감사를 특정감사라고 한다.

② 징계처분을 받은 날부터 3년이 지나지 아니한 사람과 그 밖에 경찰청장 또는 지방경찰청장이 감사담당자로서 부적당하다고 인정하는 사람은 감사담당자가 될 수 없다.

③ 감사관은 감사결과 위법 또는 부당하다고 인정되는 사실이 있으나 그 정도가 징계 또는 문책사유에 이르지 아니할 정도로 경미하거나, 피감사기관 또는 부서에 대한 제재가 필요한 경우 경고·주의조치를 하여야 한다.

④ 경찰청 소속 직원이 업무상의 지도·확인·점검 등을 목적으로 부속 또는 하급 경찰기관을 방문하고자 할 때에는 미리 경찰청장의 승인을 받아야 한다.

> **해설**
> ① 특정한 정책·사업·조직·기능 등에 대한 경제성·능률성·효과성의 분석과 평가를 위주로 실시하는 감사를 **성과감사**라고 한다. **특정감사**란 특정한 업무·사업 등에 대하여 문제점을 파악하여 원인과 책임 소재를 규명하고 개선대책을 마련하기 위하여 실시하는 감사를 말한다.
> ② 징계처분을 받은 날부터 3년이 지나지 아니한 사람과 그 밖에 경찰청장이 감사담당자로서 부적당하다고 인정하는 사람은 감사 담당자가 될 수 없다.
> ③ 감사관은 감사결과 위법 또는 부당하다고 인정되는 사실이 있으나 그 정도가 징계 또는 문책사유에 이르지 아니할 정도로 경미하거나, 피감사기관 또는 부서에 대한 제재가 필요한 경우 **경고·주의조치를 할 수 있다.**

058

20 승진

「경찰행정 사무감사 규칙」상 감사결과의 조치기준에 대한 설명으로 옳은 것을 모두 고른 것은?

> ㉠ 시정요구 – 감사결과 법령상·제도상 또는 행정상 모순이 있거나 그 밖에 개선할 사항이 있다고 인정되는 경우
> ㉡ 권고 – 감사결과 문제점이 인정되는 사실이 있어 그 대안을 제시하고 피감사기관의 장 등으로 하여금 개선방안을 마련하도록 할 필요가 있는 경우
> ㉢ 징계 또는 문책 요구– 국가공무원법과 그 밖의 법령에 규정된 징계 또는 문책 사유에 해당하거나 정당한 사유 없이 자체감사를 거부하거나 자료의 제출을 게을리한 경우
> ㉣ 변상명령 – 감사결과 위법 또는 부당하다고 인정되는 사실이 있어 추징·회수·환급·추급 또는 원상복구 등이 필요하다고 인정되는 경우

① ㉠ ㉡   ② ㉡ ㉢   ③ ㉠ ㉢   ④ ㉢ ㉣

해설
㉠ 개선요구 – 감사결과 법령상·제도상 또는 행정상 모순이 있거나 그 밖에 개선할 사항이 있다고 인정되는 경우
㉣ 시정요구 – 감사결과 위법 또는 부당하다고 인정되는 사실이 있어 추징·회수·환급·추급 또는 원상복구 등이 필요하다고 인정되는 경우

059

20 경간

「부패방지 및 국민권익위원회의 설치와 운영에 관한 법률」에 대한 설명으로 옳지 <u>않은</u> 것은?

① 국민권익위원회는 신고가 접수된 부패행위의 혐의대상자가 경무관급 이상의 경찰공무원이고, 부패혐의의 내용이 형사처벌을 위한 수사 및 공소제기의 필요성이 있는 경우에는 위원회의 명의로 검찰에 고발할 수 있다.

② 조사기관은 신고를 이첩받은 날부터 60일 이내에 감사·수사 또는 조사를 종결하여야 한다. 다만, 정당한 사유가 있는 경우에는 그 기간을 연장할 수 있으며, 위원회에 그 연장사유 및 연장기간을 통보하여야 한다.

③ 부패행위를 신고하고자 하는 자는 신고자의 인적사항과 신고취지 및 이유를 기재한 기명의 문서로써 하여야 하며, 신고대상과 부패행위의 증거 등을 함께 제시하여야 한다.

④ 신고자가 신고의 내용이 허위라는 사실을 알았거나 알 수 있었음에도 불구하고 신고한 경우에는 「부패방지 및 국민권익위원회의 설치와 운영에 관한 법률」의 보호를 받을 수 없다.

해설
① 국민권익위원회는 신고가 접수된 부패행위의 혐의대상자가 **경무관급 이상**의 경찰공무원이고, 부패혐의의 내용이 형사처벌을 위한 수사 및 공소제기의 필요성이 있는 경우 **위원회의 명의로 검찰에 고발을 하여야 한다.**

ANSWER | 058 ② | 059 ①

060

18 채용
3차

「경찰 인권보호 규칙」상 경찰청 및 지방경찰청 인권위원회에 대한 설명으로 가장 적절한 것은?

① 위원회는 위원장 1명을 포함하여 7명 이상 15명 이하의 위원으로 구성한다. 이때, 특정 성별이 전체 위원 수의 10분의 6을 초과하지 아니해야 한다.

② 위원회의 회의는 정기회의와 임시회의로 구분하며, 정기회의는 경찰청은 분기 1회, 지방경찰청은 월 1회 개최한다.

③ 위원장과 위촉 위원의 임기는 위촉된 날로부터 2년으로 하며 위원장의 직은 연임할 수 없고, 위촉 위원은 두 차례만 연임할 수 있다.

④ 위촉 위원에 결원이 생긴 경우 새로 위촉할 수 있고, 이 경우 위촉된 위원의 임기는 위촉된 날의 다음날부터 기산한다.

해설
① 위원회는 **위원장 1명을 포함하여 7명 이상 13명 이하의 위원**으로 구성한다. 이때, 특정 성별이 전체 위원 수의 10분의 6을 초과하지 아니해야 한다.
② 위원회의 회의는 정기회의와 임시회의로 구분하며, **정기회의는 경찰청은 월 1회, 지방경찰청은 분기 1회 개최**한다.
④ 위촉 위원에 결원이 생긴 경우 새로 위촉할 수 있고, 이 경우 위촉된 위원의 임기는 **위촉한 날부터 기산**한다.

061

19 채용
1차

「경찰 인권보호 규칙」에 대한 설명으로 옳지 <u>않은</u> 것은?

① 경찰청 인권위원회는 위원장 1명을 포함하여 7명 이상 13명 이하의 위원으로 구성한다. 이때, 특정 성별이 전체 위원 수의 10분의 6을 초과하지 아니해야 한다.

② 위원장과 위촉 위원의 임기는 위촉된 날로부터 2년으로 하며 위촉 위원은 두 차례만 연임할 수 있다.

③ 경찰청장은 매년 인권교육종합계획을 수립하여 시행하여야 한다.

④ 경찰관서의 장은 경찰청 인권교육종합계획의 내용을 반영하여 매년 인권교육 계획을 수립 · 시행하여야 한다.

해설
③ 경찰청장은 **3년 단위**로 인권교육종합계획을 수립하여 시행하여야 한다.

ANSWER 060 ③ 061 ③

062 다음 경찰통제에 대한 설명 중 틀린 것을 모두 고르시오?

09 채용

> ㉠ 감사원의 직무감찰 및 행정안전부장관의 일정한 관여 등은 경찰통제의 유형 중 외부통제로 보아야 한다.
> ㉡ 사법심사에 의한 통제는 경찰통제의 유형 중 사후적 통제로 볼 수 있다.
> ㉢ 경찰통제의 확보는 "국민의 경찰"이라는 관점에서 볼 때, 경찰의 민주성 추구라는 이념과 배치되는 경향이 강하다.
> ㉣ 대륙법계의 경우 사후적 사법심사를 통한 통제가 상대적으로 활성화되었고, 영미 법계의 경우 시민을 통한 통제를 하여 시민과 대립관계를 유지하였다.

① ㉠㉡   ② ㉡㉢   ③ ㉡㉣   ④ ㉢㉣

해설
㉢ 경찰통제의 확보는 민주경찰의 이념을 구현하는 중요한 수단이다.
㉣ 영미법계는 '적정절차의 원칙'에 중점을 두어 시민이 직·간접으로 참여와 감시를 가능케 하는 시스템을 구축하여 시민과 경찰이 서로 조화되는 체제를 유지하고 있다.

---

063 A. Etzioni의 저항극복 전략 중 개혁지도자의 카리스마, 개혁의 논리와 당위성에 대한 여론, 교육과 훈련을 통한 의식의 개혁 등을 이용해 잠재적 저항 심리를 완화하거나 혁신에 동조하도록 하는 전략은?

05 채용

① 관습적 전략   ② 규범적 전략
③ 혁신적 전략   ④ 공리적 전략

해설
이는 윤리규범에 호소하는 전략으로서 규범적·하향적 전략을 주로 사용한다.

---

064 타인의 전화내용을 도청하거나 타인의 은행계좌를 불법추적하는 것은 William L Prosser의 프라이버시의 침해유형 중 어디에 해당하는가?

04 승진

① 사적인 일의 영리적 적용   ② 사생활에 관한 판단의 오도
③ 사적인 사실의 공개   ④ 사적인 일에의 침입

해설
개인의 일상적이고 정상적인 사생활을 침해하여 불안이나 불쾌감 등을 유발하는 행위는 Prosser의 프라이버시의 침해유형 중 사적인 일에의 침입에 해당한다.

ANSWER 062 ④ 063 ② 064 ④

065 프라이버시의 개념에 대한 설명 중 틀린 것은?

02 채용

① 정보기관이 법적 근거 없이 비밀리에 수집·관리하는 개인정보에 따른 손해는 그 정보가 공개되지 않더라도 발생한다는 것이 판례의 태도이다.

② Edward Bloustine은 프라이버시란 인간 인격권의 법익이므로 인격의 침해, 개인의 자주성, 존엄과 완전성을 보호하는 것이라고 하였다.

③ Ruth Gavison은 프라이버시의 세 가지 요소로 비밀, 익명성, 고독을 가지며 그것이 자신의 선택에 의해서 또는 타인의 행위에 의해서 상실할 수 있는 상태를 말한다고 정의하였다.

④ 특정인의 사진을 현상수배자 리스트에 넣는 행위 등은 W. L. Prosser의 프라이버시 침해 유형 중 사적인 사실의 공개에 해당한다.

해설
특정인의 사진을 현상수배자 리스트에 넣는 행위는 '사생활에 관한 판단의 오도'에 해당한다.

066 각국 수사기관의 검사와 사법경찰관의 관계 중 맞는 것은?

11 승진

① 영국 – 잉글랜드·웨일즈는 상호협력관계로서 사법경찰관이 독자적 수사권을 보유하나, 스코틀랜드는 검사가 수사지도 및 감독을 행한다.

② 미국 – 지휘감독관계로서 검사는 경제사범·테러범·정치범·강력범의 경우에만 수사에 관여하고, 일반사건은 경찰에 독자적인 수사권을 인정하고 있다.

③ 독일 – 검사가 수사주재자(예심판사도 수사의 주재자임)이고 사법경찰은 수사보조자로서 지휘감독관계에 있다.

④ 프랑스 – 검사와 수사기관은 법률 조언 및 상호협력관계에 있다.

해설
② 미국은 상호협력관계에 있다.
③ 독일에는 예심제도가 없다.
④ 프랑스에서 검사와 경찰은 지휘감독관계에 있다.

067 경찰의 독자적 수사권 찬성론에 대한 설명으로 가장 옳지 <u>않은</u> 것은?

11 승진

① 국가공권력의 대표적인 수사권을 공소권까지 가지고 있는 소수의 검사에게 독점시켜 견제장치가 없는 현실에서는 검찰의 권력남용의 우려가 있다.

② 행정조직의 기본원리로 명령통일의 원리를 중요한 요소로 하고 있는데, 경찰의 하부계층에서는 이중적 지휘를 받게 되어 행정조직원리에 위배된다.

③ 경찰이 인지한 대부분의 일상범죄에 대한 수사개시는 사법경찰관의 독자적 판단에 의하여 이루어지고 있어 현실과 법규범의 괴리가 있다.

④ 수사의 합목적성을 추구할 수 있어 적정절차와 인권존중의 요청에 부응할 수 있고, 법률전문가의 수사 전 과정 지휘를 통해 법집행의 왜곡을 막을 수 있다.

> **해설**
> 검찰이 수사를 함으로써 적정절차와 인권존중의 요청에 부응할 수 있고, 법률 전문가의 수사 전 과정 지휘를 통해 법 집행의 왜곡을 막을 수 있다는 것은 경찰의 독자적 수사권 반대론의 논거이다.

CHAPTER 05

생활안전
경   찰

01 범죄의 원인과 예방

(1) 범죄의 개념

1) 법률적 개념

범죄는 법률을 위반한 행위이고 **법률에 규정된 작위 또는 부작위의무를 고의적으로 위반**한 행위를 의미한다. (Martin. R Haskell & Lewis Yablonsky) 범죄의 본질을 제시하지 못하였고, 현대사회에서 반가치적 행위를 법률에 규정하는 것이 현실적으로 불가능하다.

2) 비법률적 개념

① 낙인이론

범죄는 실재하는 것이라기보다 **범죄를 정의할 권한이 있는 자**들이 일탈행위를 범죄로 규정하면서 범죄가 된다.

② 해악의 기준에 따른 분류

Sutherland	화이트칼라 범죄가 기존의 범죄보다 **해악이 더 크다.**
Herman & Schwendinger	인간의 **기초적 인권**을 침해하는 행위에 대한 심각한 고려가 필요하다.
Raymond Michalowski	범죄는 불법적인 행위는 물론, 법적으로 범죄화되지 않은 사회적으로 해악한 행위도 포함된다. (**범죄는 불법과 유사하나 법적으로 용인 가능**)

3) 법제정 및 집행상의 개념

① 법제정 과정상 개념

법규 제정되는 과정을 중심으로 개념을 정의하고 **의회의 방침과 정책**에 따라 범죄의 개념이 달리 정의된다.

② 법집행 과정상 개념

법집행과정이 법규의 활성화이므로 **사법기관**에서 범죄의 정의를 내린다.

4) G.M. Sykes기출

범죄는 사회규범을 위반한 행위이고, 범죄인지 아닌지를 판단하는 기준을 역사적 문화적 환경에 따라 다르게 나타난다.

02 범죄원인론

(1) 범죄의 요소(**Joseph F. Sheley**)기출

범죄자가 범행을 저지르기 위해서는 **범행의 동기, 사회적 제재로부터의 자유, 범행의 기술, 범행의 기회**가 필요하다. 범행이 시행되기 위해서는 이 요소들이 상호작용을 하지 않으면 안 된다.

(2) 소질과 환경(Luxemburger)

범죄의 원인에 대하여는 전통적으로 소질과 환경의 한쪽의 원인에서 밝혀왔다. 1930년 대 이후 **소질과 환경과 상호작용**으로 인간을 동태적으로 파악하는 다원적 접근을 하였다.

1) 범인성 소질

선천적 요소(유전자 등)와 후천적 발전요소(체질과 성격이상, 연령, 지능 등)가 범죄자를 결정한다.

2) 범인성 환경

회적환경(사회구조, 경제변동, 전쟁 등), 개인적 환경(알코올중독, 가정해체, 교육부재)으로 범죄자가 나타난다.

3) 소질과 환경관계

범인성 소질에 영향을 받은 범죄(**내인성**범죄)와 범인성 환경에 영향을 받은 범죄(**외인성**범죄)로 나누어진다.

(3) 범죄원인에 관한 학설

1) 고전주의 범죄학

인간은 **자유의지**를 가지고 있는 합리적 인간으로 외부적 요소에 의해 강요받지 않는 **의사비결정론**을 따른다. 범죄를 통제하는 방법은 **강력한 형벌**이라고 본다. **일반예방효과**를 강조하고 범죄는 **개인의 책임**이지 사회책임은 아니라고 본다.

　① Becaria '**범죄와 형벌**' 저서, 잔혹한 형벌과 사형, 고문폐지주장, 죄형균형론

　② Bentham **공리주의** 주장, 형벌을 통한 범죄의 통제 '페놉티콘(중앙의 감시탑으로 감방이 둘러싸인 형태)' 모델로 교도소 개혁 주장

2) 실증주의 범죄학

인간의 행위는 생물학적, 심리학적, 사회학적 요인에 의해 결정된다(인간의 자유의지를 부정한다.: **의사결정론**) 범죄인에 대한 **처우**를 강조하고, **교정전문가**가 범죄인을 교정할 수 있다고 본다. 범죄해결을 위한 **과학적 방법** 적용을 통해 다양한 형사처분이 가능하다.

① Lomboroso(저서: 범죄인론) **－격세유전**을 통해서 범죄 기질을 전수받는 자들이 범죄를 저지른 것이다.

② Ferri(저서: 범죄사회학) － 범죄원인이 존재하는 사회에는 일정한 범죄가 발생한다고 주장했다. (**범죄포화의 법칙**)기출

③ Garofalo(저서:범죄학)－ **자연범과 법정범** 최초 구분

생물학적 범죄학	**칼리카크가**의 연구에서 신체구조와 성격, 체격의 특이성에서 범죄인의 특징을 찾을 수 있다고 보았다.
심리학적 범죄학	**정신이상, 낮은 지능, 모방학습**으로 범죄를 저지른다고 보는 학파

3) 사회학적 범죄학

① 사회**구조원인**기출

아노미이론	㉠ 아노미는 급격한 사회변동으로 **사회규범이 붕괴**되어 작용이 되지 못하는 상태이다 (**듀르켐**)기출 범죄는 어느 사회에나 존재하는 것으로 범죄는 불가피한 사회적 행위이다. ㉡ 목표를 성취하는 수단이 계층에 따라 **차등화**되어 **분노와 좌절**로 긴장이 유발되고 비합법적인 수단이나 일탈행위인 범죄를 통해 목표성취를 하게 된다.(**머튼**)기출
사회해체론	빈민지역에서 비행이 일반화되는 이유는 **산업화 도시화**로 사회조직이 해체되기 때문이다. 빈민가로 이사 가면 자녀가 비행소년으로 변해가는 경우를 잘 설명한다. (**Shaw& Makay**)기출
문화적전파이론	범죄를 부추기는 가치관으로 범죄에 대한 구조적, 문화적 유인에 대한 **자기통제의 상실**이 범죄의 원인이 된다. 정상적인 사회화과정을 거치지 못한 경우 범죄를 일으키는 성향을 띤다.
문화갈등이론	큰 문화 속에서 작은 하위문화는 **문화적 갈등**을 일으키고 나아가 범죄의 원인이 된다.(T. Sellin) 지역사회의 문화적 갈등이 범죄 발생의 원인이다.(**시카고학파**)

② 사회**과정**원인론

차별적접촉이론	개인이 법에 대한 태도는 소속집단의 개인간의 **접촉에 의한 상호작용**과정에서 차등적으로 배운다는 이론이다. (서덜랜드) 예) 유흥업소 밀집지역에 범죄가 많이 발생하고 친구를 잘못 사귀어 범죄를 저지르는 경우이다.
차별적동일시이론	청소년들이 영화주인공을 모방하고 동일시하면서 범죄를 학습하게 된다. (Glaser)
차별적강화이론	청소년 비행행위에 대한 **제재가 없거나 칭찬**받게 되면 반복적으로 비행을 저지른다.
중화기술이론	㉠ 책임의 부정 – 자신의 행위는 의지로 어쩔 수 없다는 강압적인 힘에 의한 것이라고 주장한다. ㉡ 가해자의 부정 – 실제로 아무도 손해를 입은 사람이 없으므로 처벌받을 이유가 없다고 본다(마약 매춘 등) ㉢ 피해자의 부정 – 마땅히 응징받을 사람을 응징한 것으로 피해자는 없다고 주장한다. ㉣ 비난자에 대한 비난– 경찰이나 검찰이 더 부패하였기 때문에 자신을 심판할 자는 없다고 주장한다.기출 ㉤ 충성심에 근거 – 소속 집단에 대한 충성심이 더 우위에 있어 부득이하게 범죄를 저질렀다고 보는 이론
사회유대이론	비행을 제지할 수 있는 **사회적 결속과 유대의 약화**로 범죄가 발생한다. (애착, 전념, 참여, 신념 등)기출
견제이론	**자아개념**은 범죄환경에도 불구하고 비행행위에 가담하지 않도록 하는 중요한 요소이다. (Reckless)
동조성이론	유혹에 노출되더라도 다시 정상적인 상태로 돌아오고, 처벌이나 이미지, 사회에서의 지위와 활동에 미치는 영향을 염려하는 동조성을 염두

③ 낙인이론기출

사회에서 일탈행위로 규정한 행위가 범죄행위가 되었다고 보는 이론으로 행위의 질적인 면이 아니라, 사회인들이 가지고 있는 **행위에 대한 인식**이 범죄를 규정한다. (탄넨바움, Tannenbaum)

03 범죄통제론

(1) 범죄통제방법

근세 이전	응보와 복수
고전주의 사상가	형벌과 제재
실증주의 사상가	**교정과 치료**
범죄사회학자	범죄예방

(2) C.R. Jeffry의 범죄통제 모형

1) 범죄억제모형

형벌을 통해 범죄를 방지하고 범인이 **개선, 교화**하는 것을 말한다.

2) 사회복귀모형

임상적방법, 지역활동, 직업활동을 통해 **범죄자들의 재사회**하는 데 중점을 둔다. 최근 사회정책의 일환으로 중요성이 강조되고 있다.

3) 환경공학을 통한 범죄통제모형

사회환경개선을 통해 범죄가 발생하기 전에 예방하는 모형으로 사회환경개선에 중점을 둔다.

(3) 미국범죄예방 연구소의 범죄예방개념

미국의 범죄예방 연구소에서는 범죄예방은 범죄기회를 감소시키는 사전활동이며, 범죄에 관련된 **환경적 기회를 제거**하는 직접적 활동을 범죄예방이라 하였다.기출

(4) P.b. Lab의 범죄예방 개념

범죄예방을 범죄 발생에 대한 **시민들의 두려움을 줄이는 사전활동**으로 정의하였다. 범죄를 줄이는 사전활동이나 심리적 측면의 친절성 확보, 범죄에 대한 두려움의 제거를 위한 활동이다. 범죄활동에 대한 심리적 측면의 두려움을 제거하는 활동까지 규정한 것이 특징이다.

(5) 범죄예방접근법(Bringtingham과 Faust)

1) 1차적예방

물리적, 사회적 환경을 개선하는 방법으로 건축, 조명, 자물쇠, 접근통제와 같이 환경설계, 감시, 시민순찰활동을 통해 **일반예방활동에 중점**을 두는 예방활동이다.

2) 2차적예방기출

잠재적 범죄자의 범죄기회를 차단하여 범죄를 예방하는 방법으로 범죄예측, 범죄지역분석, 전환제도 등이 있다.

3) 3차적예방

범죄자들을 대상으로 재범방지를 위해 특별예방, 무능화, 교화, 처우개선을 통해 사회복귀활동에 중점을 둔다.

(6) 범죄예방이론

1) 억제이론기출

고전주의 범죄학을 바탕으로 하는 예방이론으로 인간의 **자유의지와 도덕적 책임감**을 강조한다. 범죄를 개시 여부는 개인 스스로의 책임이지 사회의 책임은 아니라고 본다. 범죄를 저지르면 반드시 처벌된다는 **처벌의 확실성**을 대중에게 보여주고, 범죄자는 엄격하고 강력하게 처벌할 때 **특별예방효과**가 나타난다.

충동적 범죄에 대한 설명이 어렵다는 비판이있다.

2) 치료 및 갱생이론기출

실증주의 범죄이론을 바탕으로 하고, 범죄는 개인의 책임이 아니라 사회의 책임(**의사결정론**)으로 본다. 범죄자의 치료와 갱생을 통한 **특별예방효과**를 강조한다. 범죄행위에 대한 간접적 통제에 중점을 두기 때문에 적극적 범죄예방에는 한계가 있다.

3) 사회발전이론기출

사회학적 범죄이론에 근거한 범죄예방이론으로 **사회환경**을 개선해야 근본적인 범죄예방이 가능하나 인적, 물적자원이 필요하다.

(7) 현대적 범죄 예방이론 (**생태학적 이론**)

생태학적 범죄이론에서는 인간은 **자유의지**를 가지고 있고, **환경**에도 영향을 받고 있어 범죄의 원인을 인간과 환경과의 상호작용으로 본다. 범죄발생은 환경적 요소를 파악하여 이를 개선하거나 제거하여 기회성 범죄를 줄이려는 범죄예방이론이다.기출

1) 상황적 범죄예방이론

범죄행위에 대한 위험과 어려움을 높여 범죄기회를 줄이고, 범죄이익을 감소시켜 범죄를 예방하는 이론이다.

합리적 선택이론 (클락, 코니쉬)	범죄자도 **비용과 이익을 계산**해서 자신에게 유리한 경우 범죄를 저지른다는 이론으로 체포의 위험성과 처벌의 확실성을 높이면 범죄예방이 가능하다. 인간의 선택의 **자유의지**를 인정(**비결정론**)한다.기출
일상활동이론 (코헨과 펠슨)	지역사회의 범죄율의 변화가 지역사회의 구조적 특성의 변화가 아니라 **개인의 일상생활의 변화**에서 찾고자 한다. 범죄기회가 주어지면 누구나 범죄를 저지를 수 있다. 범죄는 **범죄자, 대상, 감시의 부재**라는 조건이 충족되면 발생된다.기출 ㉠ 범죄자의 입장에서는 가치(Value), 이동용이성(Inertial), 가시성(Visibility), 접근성(Access)이 필요하다.(VIVA모델)기출 시간, 공간에 따른 범죄발생, 범죄기회, 범죄조건에 대한 **미시적인** 분석을 통해 범죄예방을 시도하였다.
범죄패턴이론 (브랜팅햄)	범죄는 일정한 패턴이 있어, 잠재적 범죄인이 일상활동에서 적절한 범행대상을 찾아 적정한 지역에서 이동경로나 수단을 선택한다.

2) 환경범죄이론(**CPTED**: Crime Prevention Through Environmental Design)

뉴먼이 만든 방어공간의 개념을 **제퍼리**가 확장시켰다. 물리적 환경설계를 통해 범죄기회를 차단하고 시민의 범죄에 대한 불안을 감소시키는 방법이다. **방어공간 이론 (오스카 뉴먼**)에 의하면 주민들이 자신이 거주하고 있는 지역이나 장소를 자신의 영역이라고 생각하고 감시하면 범죄로부터 안전할 수 있다는 주장기출

자연적 감시	건축물이나 시설물의 가시권확보, 외부침입에 대한 감시기능 확대로 범죄의 발견 가능성을 높인다.
자연적 접근통제	정해진 공간으로 유도하거나 출입을 접근에 대한 심리적 부담을 증대시켜 범죄를 예방한다.
영역성의 강화	사적 공간에 대한 경계표시로 책임의식을 강화시키고, 외부인들의 침입은 불법사실로 인식시켜 범죄기회를 차단한다. 기출
활동성의 활성화	상호의견을 교환하고, 유대감을 증대할 수 있는 공공장소를 설치하고 이용하도록 하여 자연적 감시와 접근통제를 활용한다.기출
유지관리	설치된 대로 기능을 계속 유지하도록 노력을 기울여야 한다.

3) 집합효율성 이론(로버트 샘슨)기출

집합효율성이란 지역주민 간의 **상호신뢰, 연대감** 등 사회문제에 대한 적극적 개입을 의미한다. 집합효율성은 지역사회의 사회경제적 여건이 범죄에 미치는 영향을 최소화할 수 있게 한다. 법집행기관의 공식적 사회통제의 중요성을 간과하였다는 비판이 있다.

4) 깨진 유리창 이론기출

경미한 무질서가 중대한 범죄로 연결된다는 이론으로 경범에 대한 엄격한 통제와 관리를 주장한다. (경미한 무질서의 무관용정책)

(8) 범죄피해자학

1) 의의

범죄의 피해를 받거나 받을 위험이 있는 자에 관해 과학적으로 연구하고 피해자의 역할, 형사사법의 피해자보호 등을 연구대상으로 하고 있다.

2) 주요 개념기출

① 범죄와의 접근성

범죄 다발지역에 가까울수록 범죄자와의 접촉 가능성이 증가해 범죄피해의 가능성이 높아진다.

② 범죄에의 노출

외곽의 가옥이나 건물은 침입 절도에 많이 노출되어 위험한 지역에 있는 사람들은 강도나 폭행의 위험에 더 많이 노출된다.

③ 표적의 매력성

범죄에서 상징성, 경제적 가치가 있는 재화를 소지하거나 고급승용차를 타고 다니는 주부는 범죄의 대상이 된다.

④ 보호능력

피해의 대상이 될 수 있는 사람이나 물건의 범죄 발생을 미연에 방지할 수 있는 능력을 의미한다. 경찰, 교사, 부모, 친구 등과 CCTV와 같은 기계적 보호장치도 포함된다.

01 지역경찰활동

지역사회경찰활동은 지역사회 공동체 **모든 분야와 협력**하여 **범죄를 예방**하고 피해를 줄이는 것을 목표로 하는 활동이다.

구분	전통적인 경찰활동	지역사회 경찰활동
의의	경찰이 유일한 법집행기관	경찰과 시민 모두 범죄방지의무
역할	법집행자, 범죄해결자의 역할	지역사회의 포괄적 문제해결자
업무평가	범인 검거율	범죄나 무질서 감소
주업무	범죄, 폭력퇴치	범죄폭력퇴치 주민 문제 및 관심사항 해결
효율성 판단	신고에 대한 **경찰반응시간**	**주민의 경찰업무에 대한 협조**
조직구조	집권화, 상의하달	분권화, 하의상달
타기관과의 관계	권한과 책임문제로 갈등관계	공동목적을 위한 협력구조
강조사항	법의 엄격한 준수	지역사회 요구에 부응하는 경찰관 개개인의 능력 강조

02 지역경찰

(1) 조직 및 구성

1) 지역경찰관서

지방경찰청장은 인구, 면적, 행정구역, 교통ㆍ지리적 여건, 각종 사건 사고 발생 등을 고려하여 경찰서의 관할구역을 나누어 지역경찰관서를 설치한다.

2) 지역경찰관서장

① 지역경찰관서의 사무를 통할하고 소속 지역경찰을 지휘ㆍ감독하기 위해 지역경찰관서에 지구대장 및 파출소장을 둔다. 지구대장은 **경정** 또는 **경감**, 파출소장은 **경감 또는 경위**로 임명한다.기출

② 지역경찰관서장은 다음 각 호의 직무를 수행한다.

　　1. 관내 **치안상황의 분석** 및 대책 수립

　　2. 지역경찰관서의 **시설ㆍ예산ㆍ장비**의 관리

　　3. 소속 지역경찰의 근무와 관련된 **제반 사항에 대한 지휘 및 감독**

　　4. 경찰 중요 시책의 **홍보 및 협력 치안** 활동

3) 하부조직

① 지역경찰관서에는 관리팀과 상시 · 교대근무로 운영하는 복수의 순찰팀을 둔다. 순찰팀의 수는 지역 치안수요 및 인력여건 등을 고려하여 **지방경찰청장**이 결정한다.

② 관리팀 및 순찰팀의 인원은 지역 치안수요 및 인력여건 등을 고려하여 경찰서장이 결정한다. 관리팀은 문서의 접수 및 처리, 시설 및 장비의 관리, 예산의 집행 등 지역경찰관서의 행정업무를 담당한다.

4) 치안센터

① **지방경찰청장**은 지역치안을 효율적으로 수행하기 위하여 지역경찰관서장 소속하에 치안센터를 설치할 수 있다.기출 치안센터는 **24시간** 상시 운영

② 치안센터는 지역경찰관서장의 소속 하에 두며, 치안센터의 인원, 장비, 예산 등은 지역경찰관서에서 통합 관리한다. 치안센터 관할구역의 크기는 설치목적, 배치 인원 및 장비, 교통 · 지리적 요건 등을 고려하여 **경찰서장**이 정한다.

③ **경찰서장**은 치안센터에 전담근무자를 배치하는 경우 전담근무자 중 1명을 치안센터장으로 지정할 수 있으며, 치안센터장의 임무는 다음 각 호와 같다.

1. 경찰 민원 접수 및 처리

2. 관할지역 내 주민 여론 수렴 및 보고

3. 타기관 협조 등 협력방범활동

4. 기타 치안센터 운영과 관련된 문제점 및 개선대책 수립 및 보고

④ 치안센터 종류

	검문소형 치안센터	출장소형 치안센터
설치목적	**적의 침투 예상로 또는 주요 간선도로의 취약요소** 등에 교통통제 고려하여 설치	**지역 치안활동의 효율성 및 주민편의**를 고려하여 설치
근무자 임무	1. 거점 형성에 의한 지역 경계 2. 불순분자 색출 및 제 경찰사범의 단속 및 검거 3. 관할 내 각종 사건 · 사고 발생 시 초동조치	1. 범죄예방 순찰 및 위험 발생 방지 2. 방문 민원 접수 및 처리 3. 관할 내 각종 사건 사고 발생 시 초동조치 4. 관할 내 주민여론 청취 등 지역사회 경찰활동

⑤ 직주일체형 치안센터

    ㉠ 출장소형 치안센터 중 근무자가 치안센터 내에서 거주하면서 근무하는 형태의 치안센터로 **배우자와 함께 거주**함을 원칙으로 하며, 배우자는 근무자 부재시 방문 민원 접수 · 처리 등 보조 역할을 수행한다.

    ㉢ 직주일체형 치안센터에 배치된 근무자는 **근무 종료 후에도 관할구역 내에 위치**하며 지역경찰관서와 연락체계를 유지하여야 한다. 다만, 휴무일은 제외한다. 직주일체형 치안센터 근무자의 **근무기간은 1년 이상**으로 하며, 임기를 마치고 희망부서로 배치하고, 차기 경비부서의 차출순서에서 1회 면제한다.

    ㉣ 지방경찰청장은 직주일체형 치안센터에 배우자가 함께 거주하지 않는 경우에는 전투경찰순경을 상주 배치하여야 하며, 배치 기준은 별표와 같다.

    ㉤ 경찰서장은 직주일체형 치안센터에서 거주하는 근무자의 배우자에게 **조력사례금**을 지급하여야 하며, 지급 기준 및 금액은 경찰청장이 정한다.기출

(2) 근무

1) 복장

    지역경찰은 근무 중 근무수행에 필요한 경찰봉, 수갑 등 경찰장구, 무기 및 무전기 등을 휴대하여야 지역경찰관서장 및 순찰팀장은 필요한 경우 지역경찰의 복장 및 휴대장비를 조정

2) 근무형태 및 시간

    ① **지역경찰관서장은 일근근무를 원칙**으로 한다. 다만, 경찰서장은 필요하다고 인정되는 경우에는 지역경찰관서장의 근무시간을 조정하거나, 시간 외 · 휴일 근무 등을 명할 수 있다.

    ② **관리팀은 일근근무를 원칙**으로 한다. 다만, 지역경찰관서장은 필요하다고 인정되는 경우에는 근무시간을 조정하거나, 시간 외 · 휴일 근무 등을 명할 수 있다.기출 **순찰팀장 및 순찰팀원은 상시 · 교대근무를 원칙**으로 한다.기출

3) 근무의 종류기출

행정근무	1. **문서의 접수 및 처리** 2. 시설·장비의 **관리 및 예산의 집행** 3. 각종 현황, 통계, 자료, 부책 관리기출 4. 기타 행정업무 및 지역경찰관서장이 지시한 업무기출
상황근무	1. 시설 및 장비의 작동 여부 확인기출 2. 방문민원 및 각종 신고사건의 접수 및 처리기출 3. 요보호자 또는 피의자에 대한 보호·감시기출 4. 중요 사건·사고 발생 시 보고 및 전파기출 5. 기타 필요한 문서의 작성기출

순찰근무	순찰근무는 그 수단에 따라 **112 순찰, 방범오토바이 순찰, 자전거 순찰 및 도보 순찰** 등으로 구분한다. 112 순찰근무 및 야간 순찰근무는 **반드시 2인 이상 합동**으로 지정하여야 한다.기출
	  1. 주민여론 및 범죄첩보 수집기출
	  2. 각종 사건 사고 발생 시 초동조치 및 보고, 전파
	  3. 범죄 예방 및 위험 발생 방지 활동
	  4. 경찰사범의 단속 및 검거
	  5. 경찰방문 및 방범진단
	  6. 통행인 및 차량에 대한 검문검색 등

경계근무	**경계근무는 반드시 2인 이상 합동**으로 지정하여야 한다.기출 1. 불순분자 및 범법자 등 색출을 위한 통행인 및 차량, 선박 등에 대한 검문검색 및 후속조치 2. 비상 및 작전사태 등 발생 시 차량, 선박 등의 통행 통제기출
대기근무	대기근무의 장소는 지역경찰관서 및 치안센터 내로 한다. 단, 식사시간을 대기근무로 지정한 경우에는 식사 장소를 대기 근무 장소로 지정할 수 있다. 무전기를 청취하며 10분 이내 출동이 가능한 상태를 유지하여야 한다.
기타근무	기타근무는 치안상황에 효과적으로 대응하기 위하여 지역경찰 관리자가 지정하는 근무기출

(4) 지역경찰동원

지방경찰청장 또는 경찰서장은 지역경찰의 기본근무에 지장을 초래하지 않는 범위 내에서 지역경찰을 다른 근무에 동원할 수 있다. 불가피한 경우에 한하여 휴무자를 동원할 수 있다.기출

1. 다중범죄 진압, 대간첩작전 기타의 **비상사태**

2. **경호경비 또는 각종 집회 및 행사의 경비**

3. **중요범인의 체포를 위한 긴급배치**

4. 화재, 폭발물, 풍수설해 등 **중요사고의 발생**

5. 기타 다수 경찰관의 동원을 필요로 하는 행사 또는 업무

(5) 인사관리

정원관리	경찰서장은 지역경찰관서의 관할면적, 치안수요 등을 고려하여 지역경찰관서에 적정한 인원을 배치하여야 한다. 지방경찰청장은 소속 지방경찰청의 지역경찰 정원 충원 현황을 **연 2회 이상 점검**하고 현원이 정원에 미달할 경우, 지역경찰 정원충원 대책을 수립, 시행하여야 한다.
부적격자 배제	① 부적격자 배제 사항 　1. 금품수수, 직무태만, 음주운전 등의 비위로 **감봉 이상의 징계처분을 받은 날로부터 3년이 경과되지 아니한 자** 　2. **형사사건으로 기소된 자** 　3. 과도한 채무부담 등 **경제적 빈곤상태가 현저**하거나, 도박 · 사행행위 · 불건전한 이성 관계 등으로 성실한 업무 수행을 기대하기 곤란한 자 ② 교체 대상자기출 　1. 제1항 각호에 해당하는 자 　2. **6월 이상의 휴직 · 파견근무**를 명받은 자

(6) 112신고센터 운영

112신고센터 설치	112신고의 효율적인 처리를 위해 각 지방경찰청 및 경찰서 생활안전과장 소속하에 112센터를 설치한다. **경찰서의 112센터는 치안상황실 안에 설치하는 것**을 원칙으로 한다.
112요원의 근무	112요원의 근무기간은 **1년 이상**으로 한다. 임기를 마친 경찰공무원은 희망부서로 배치하고, 차기 경비부서의 차출순서에서 1회 면제한다.기출
112신고 유형	1. **code 1 신고**: **최우선 출동**이 필요한 경우 　가. 범죄로부터 인명 · 신체 · 재산 보호 　나. 심각한 공공의 위험 제거 및 방지 　다. 신속한 범인 검거 2. code 2 신고: 경찰 출동요소에 의한 현장조치 필요성은 있으나 제1호의 code1 신고에 속하지 않는 경우기출 3. code 3 신고: 경찰 출동요소에 의한 현장조치 필요성이 없는 경우
자료보존	1. 112신고 접수처리 입력자료는 **1년간** 보존 2. 112신고 접수 및 무선지령내용 녹음자료는 24시간 녹음하고 **3개월간** 보존

03 순찰 (Patrol)^{기출}

(1) 순찰의 종류

1) 정선순찰

사전에 정하여진 노선을 규칙적으로 순찰하는 방법으로 **감독, 연락이 용이**하나 범죄자들이 순찰을 예측하고 행동할 수 있다.

2) 난선순찰

순찰지역이나 노선을 정하여 불규칙하게 순찰하는 형태로 범죄예방의 효과를 높일 수 있으나 순찰근무자의 위치파악이 곤란하고 근무자의 **태만과 소홀 우려**

3) 요점순찰

순찰구역 내에 중요 지점을 지정하여 지정된 장소 사이를 난선순찰 방식으로 순찰하는 방법이다.

4) 구역순찰^{기출}

순찰구역 내에 순찰 소구역으로 설정하여 소구역 중점으로 **요점순찰**

(2) 순찰의 효과 연구

뉴욕경찰의 25구역 순찰실험	순찰의 효과를 측정한 **최초**의 실험, 불완전한 실험으로 알려짐
켄자스 예방순찰실험	차량순찰이 증가해도 범죄는 감소하지 않고 일상적인 순찰을 생략해도 **범죄는 증가하지 않는다.**^{기출}
뉴왁시 도보순찰실험	도보순찰이 증가해도 **범죄 발생은 감소하지 않으나,** 주민들은 범죄가 줄어들었다고 생각한다.
플린트 도보순찰실험	**공식적 범죄가 증가**하였음에도 도보순찰결과 시민들은 안전하다고 느낀다.

04 경찰방문과 진단

(1) 경찰방문기출

1) 개념

경찰관이 관할구역 내의 각 가정, 상가 및 기타시설 등을 방문하여 청소년 선도, 소년소녀가장 및 독거노인 · 장애인 등 사회적 약자 보호활동 및 안전사고방지 등의 지도 · 상담 · 홍보 등을 행하며 **민원사항을 청취**하고, 필요 시 주민의 협조를 받아 **방범진단**을 하는 등 예방경찰활동을 말한다.

2) 경찰방문 대상

① 경찰서장은 지구대, 파출소별로 경찰방문구역을 정하고 지역경찰관으로 하여금 그 구역 내의 주택과 건조물에 거주하는 내국인 및 외국인에 대하여 경찰방문을 행하게 할 수 있다.

② 외국대사관 · 공사관 및 영사관원과 그 관내 거주자, 주한미군 · 군속 등 치외법권자에 대하여는 경찰관의 방문을 특별히 서면으로 요청한 경우에만 가능

1. 경찰관의 방문을 요청하는 주민

2. 지구대장 또는 파출소장이 범죄의 예방, 청소년선도, 안전사고방지상담 지도 · 상담 · 홍보 등이 필요하다고 인정하는 가정, 기업체 등

3. 기타 경찰서장이 치안유지상 특히 필요하다고 인정하는 지역

3) 방문시간기출

경찰방문은 일출 후부터 일몰 시간 전에 함을 원칙으로 한다. 다만, 주민으로부터 **야간 방문 요청**이 있거나 특별한 사유로 인해 경찰서장의 사전허가와 상대방의 **동의**를 얻은 때에는 야간에도 실시할 수 있다.

4) 경찰방문 방법

방범진단카드를 휴대하고 현지를 방문하여 방범진단, 청소년 선도, 안전사고 방지 등의 지도 · 홍보 · 상담 · 연락 등 봉사활동을 하고 민원사항을 청취 후 경찰조치가 긴요하다고 인정되는 사실을 알게 된 때에는 지체 없이 지구대장에게 보고하여야 한다.

(2) 방범진단기출

1) 의의

범죄예방 및 안전사고방지를 위하여 관내 주택, 고층빌딩, 금융기관 등 현금 다액취급 업소 및 상가 · 여성운영업소 등에 대하여 방범시설 및 안전설비의 설치상황, 자위방범 역량 등을 점검하여 **미비점을 보완하도록 지도하거나 경찰력 운용상의 문제점**을 보완하는 활동을 말한다.

2) 방범진단 방법

외부적 진단에서 내부적 진단으로 이행하여 진단을 실시하고, 다시 내부에서 외부로 종합적인 진단을 실시한다.

01 풍속사범의 단속

(1) 의의

풍속사범은 사회의 선량한 풍속과 건전한 생활관습에 해로운 영향을 미치는 범법행위이다. **범법행위를 금지, 제한하는 경찰작용**을 풍속사범 단속이라 한다.

(2) 풍속영업의 규제에 관한 법률

1) 목적

선량한 풍속을 해치거나 청소년의 건전한 성장을 저해하는 행위 등을 규제하여 미풍양속을 보존하고 청소년을 유해한 환경으로부터 보호함을 목적으로 한다.

2) 범위기출

게임 제공업	게임산업진흥에 관한 법률	"게임물"이라 함은 컴퓨터프로그램 등 정보처리 기술이나 기계장치를 이용하여 오락을 할 수 있게 하거나 이에 부수하여 여가선용, 학습 및 운동 효과 등을 높일 수 있도록 제작된 영상물 또는 그 영상물의 이용을 주된 목적으로 제작된 기기 및 장치를 말한다. 다만, 다음에 해당하는 것을 제외한다. ① **관광진흥법**에 의한 카지노업을 하는 경우 ② **사행행위** 등에 규제 및 처벌 특례법에 의한 사행 기구를 갖추어 사행행위를 하는 경우 ③ 고객유치 또는 광고 등을 목적으로 다음 방법으로 영업소의 고객이 게임물을 이용할 수 있도록 하는 경우 - 게임제작, 배급, 제공업, 인터넷컴퓨터게임시설, 복합 유통게임제공업 제외 ④ 인터넷컴퓨터 게임시설 제공업의 경우 ⑤ 사행성 게임물에 해당되어 등급분류 거부 결정을 받은 게임물을 제공하는 경우
복합 유통 게임제공업		게임제공업, 인터넷 컴퓨터 게임시설제공업과 이 법에 의한 다른 법률에 의한 영업을 동일한 장소에서 함께 영위하는 영업
유흥 주점영업	**식품위생업**	주로 주류를 조리 판매하는 영업으로 유흥종사자를 두거나 유흥시설을 설치할 수 있고, 손님이 노래를 부르거나 춤을 추는 행위가 허용되는 영업
단란주점업		주로 주류를 조리, 판매하는 영업으로 노래가 허용되는 영업
숙박업	공중위생관리법	손님이 잠을 자고 머물 수 있도록 시설 및 설비 등의 서비스를 제공하는 영업으로 민박사업용 시설, 자연휴양림안에 설치된 시설, 청소년 수련시설은 제외
이용업		머리카락, 수염을 깎거나 다듬는 등 용모를 단정히 하는 영업
비디오물 감상실업	영화 및 비디오물의 진흥에 관한 법률	다수의 구획된 시청실과 비디오물 시청 기자재를 갖추고 비디오물을 공중에 시청에 제공하는 영업
노래 연습장업	음악산업진흥에 관한 법률	연주자는 없고 반주에 맞추어 노래를 부를 수 있도록 하는 영상 또는 무영상 반주장치 등의 시설을 갖추고 공중의 이용에 제공하는 영업
무도학원업	체육시설의설치	회비 등을 받거나 유료로 무도과정을 교습하는 영업
무도장업	이용에관한법률	회비 등을 받거나 유료로 무도과정을 제공하는 영업

3) 풍속영업자 및 종사자 준수사항기출

① **성매매알선** 등 행위

② **음란행위**를 하게 하거나 이를 알선 또는 제공하는 행위

③ 음란한 **문서 · 도화(圖畵) · 영화 · 음반 · 비디오물, 그 밖의 음란한 물건**에 대한 다음 각 목의 행위

　가. 반포(頒布) · 판매 · 대여하거나 이를 하게 하는 행위

　나. 관람 · 열람하게 하는 행위

　다. 반포 · 판매 · 대여 · 관람 · 열람의 목적으로 진열하거나 보관하는 행위

④ 도박이나 그 밖의 **사행(射倖)행위**를 하게 하는 행위

4) 풍속영업의 통보

① 다른 법률에 따라 풍속영업의 허가를 한 자는 풍속영업소의 소재지를 관할하는 **경찰서장**에게 다음 각 호의 사항을 알려야 한다.기출

　1. 풍속영업자의 성명 및 주소

　2. 풍속영업소의 명칭 및 주소

　3. 풍속영업의 종류

② **허가관청**은 풍속영업자가 휴업 · 폐업하거나 그 영업내용이 변경된 경우와 그밖에 대통령령으로 정하는 사유가 발생한 경우에는 경찰서장에게 그 사실을 알려야 한다.

(3) 음악산업 진흥에 관한 법률

1) 노래연습장법－시장, 군수, 구청장에게 등록

2) 청소년 － **18세미만**

3) 노래연습장업자 준수사항

① 영업소 안에 화재 또는 안전사고 예방을 위한 조치를 할 것

② 대통령령이 정하는 출입시간 외에 청소년이 출입하지 아니하도록 할 것. 다만, 부모 등 보호자를 동반하거나 그의 출입동의서를 받은 경우 그 밖에 대통령령이 정하는 경우에는 그러하지 아니하다.

③ **주류를 판매 · 제공하지 아니할 것**

④ **접대부(남녀를 불문한다)를 고용 · 알선하거나 호객행위를 하지 아니할 것**

⑤ 「성매매알선 등 행위의 처벌에 관한 법률」 제2조 제1항의 규정에 따른 성매매 등의 행위를 하게 하거나 이를 알선 · 제공하는 행위를 하지 아니할 것

⑥ 건전한 영업질서의 유지 등에 관하여 대통령령이 정하는 사항을 준수할 것

⑦ **누구든지** 영리를 목적으로 노래연습장에서 손님과 함께 술을 마시거나 노래 또는 춤으로 손님의 유흥을 돋우는 접객행위를 하거나 타인에게 그 행위를 알선하여서는 아니 된다.

(4) 식품위생관리법

1) 식품접객업

휴게 음식점영업	다류, 아이스크림류 등을 조리 판매하거나 패스트푸드점, 분식점 영업 등 음식류를 조리 판매하는 영업으로 음주행위가 허용되지 아니하는 영업. 단, 편의점, 수퍼마켓, 휴게소 그밖에 음식류를 판매하는 장소에서 컵라면, 일회용 다류 또는 그 밖의 음식류에 뜨거운 물을 부어 주는 경우는 제외한다.
일반 음식점영업	음식류를 조리 판매하는 영업으로서 식사와 함께 음주행위가 허용되는 영업
단란 주점영업	주로 주류를 조리 판매하는 영업으로서 손님이 노래를 부르는 행위가 허용되는 영업 (**허가사항**)
유흥 주점영업	주류를 조리 판매하는 영업으로 유흥종사자를 두거나 유흥시설을 설치할 수 있고 손님이 노래를 부르거나 춤을 추는 행위가 허용되는 영업 (**허가사항**)
위탁 급식 영업	집단급식소를 설치, 운영하는 자와의 계약에 따라 집단 급식소에서 음식류를 조리하여 제공하는 영업
제과점영업	빵, 떡 과자 등을 제조, 판매하는 영업으로서 음주행위가 허용되지 아니하는 영업

2) 식품접객영업자 등의 준수사항(식위법 44조)

① 식품접객영업자는 청소년에게 다음 각 호의 어느 하나에 해당하는 행위를 하여서는 아니 된다.

가. 청소년을 유흥접객원으로 고용하여 유흥행위를 하게 하는 행위

나. 청소년출입·고용 금지업소에 청소년을 출입시키거나 고용하는 행위

다. 청소년고용금지업소에 청소년을 고용하는 행위

라. 청소년에게 주류(酒類)를 제공하는 행위

② **누구든지** 영리를 목적으로 식품접객업을 하는 장소에서 손님과 함께 술을 마시거나 노래 또는 춤으로 손님의 유흥을 돋우는 **접객행위를 하거나 다른 사람에게 그 행위를 알선하여서는 아니 된다.**

③ 제3항에 따른 식품접객영업자는 유흥종사자를 **고용·알선**하거나 호객행위를 하여서는 아니 된다.

(5) 공중위생관리법

① 공중위생영업은 다수인을 대상으로 **위생관리서비스**를 제공하는 영업으로서 숙박업·목욕장업·이용업·미용업·세탁업·위생관리용역업을 말한다.

② 숙박업 함은 손님이 잠을 자고 머물 수 있도록 시설 및 설비 등의 서비스를 제공하는 영업을 말한다. 다만, 농어촌에 소재하는 민박 등 대통령령이 정하는 경우를 제외한다.

③ 목욕장업은 물로 목욕을 할 수 있는 시설 및 설비 등의 서비스, 맥반석·황토·옥 등을 직접 또는 간접 가열하여 발생되는 열기 또는 원적외선 등을 이용하여 땀을 낼 수 있는 시설 및 설비 등의 서비스를 말한다.

④ 이용업은 손님의 머리카락 또는 수염을 깎거나 다듬는 등의 방법으로 손님의 용모를 단정하게 하는 영업을 말한다.

⑤ 미용업은 손님의 **얼굴·머리·피부**등을 손질하여 손님의 외모를 아름답게 꾸미는 영업을 말한다.

⑥ 세탁업은 의류 기타 섬유제품이나 피혁제품 등을 세탁하는 영업을 말한다.

⑦ 위생관리용역업은 공중이 이용하는 건축물·시설물 등의 청결유지와 실내공기정화를 위한 청소 등을 대행하는 영업을 말한다.

(6) 게임산업진흥에 관한 법률

사행성 게임물	가. **베팅이나 배당**을 내용으로 하는 게임물 나. 우연적인 방법으로 결과가 결정되는 게임물 다.「한국마사회법」에서 규율하는 경마와 이를 모사한 게임물 라.「경륜·경정법」에서 규율하는 경륜·경정과 이를 모사한 게임물 마.「관광진흥법」에서 규율하는 카지노와 이를 모사한 게임물 바. 그 밖에 대통령령이 정하는 게임물
청소년	**18세** 미만자
허가 및 등록	① 일반게임제공업 – 시장, 군수, 구청장의 허가 ② 청소년 게임제공업, 인터넷 컴퓨터게임시설 제공업, 복합유통게임제공업 　시장, 군수, 구청장의 등록
게임물 관련업자 준수사항	1. 제9조 제3항의 규정에 의한 유통질서 등에 관한 교육을 받을 것 2. 게임물을 이용하여 도박 그 밖의 사행행위를 하게 하거나 이를 하도록 내버려 두지 아니할 것 2-2. 게임머니의 화폐단위를 한국은행에서 발행되는 화폐단위와 동일하게 하는 등 게임물의 내용구현과 밀접한 관련이 있는 운영방식 또는 기기·장치 등을 통하여 사행성을 조장하지 아니할 것 3. 경품 등을 제공하여 사행성을 조장하지 아니할 것. 다만, 청소년게임 제공업의 전체이용가 게임물에 대하여 대통령령이 정하는 경품의 종류　(완구류 및 문구류 등. 다만, 현금, 상품권 및 유가증권은 제외한다)·지급기준·제공방법 등에 의한 경우에는 그러하지 아니하다. 4. 청소년게임제공업을 영위하는 자는 청소년이용불가 게임물을 제공하지 아니할 것 5. 일반게임제공업을 영위하는 자는 게임장에 청소년을 출입시키지 아니할 것 6. 게임물 및 컴퓨터 설비 등에 문화체육관광부장관이 고시하는 음란물 및 사행성게임물 차단 프로그램 또는 장치를 설치할 것. 다만, 음란물 및 사행성 게임물 차단 프로그램 또는 장치를 설치하지 아니하여도 음란물 및 사행성 게임물을 접속할 수 없게 되어 있는 경우에는 그러하지 아니하다. 7. 대통령령이 정하는 영업시간(오전 9시부터 오후 12시) 및 청소년의 출입시간(오전 9시부터 오후 10시)을 준수할 것 8. 그 밖에 영업질서의 유지 등에 관하여 필요한 사항으로서 대통령령이 정하는 사항을 준수할 것

02 사행행위단속

(1) 의의

사행행위는 여러 사람으로부터 재물이나 재산상의 이익을 모아 **우연적 방법**으로 득실 (得失)을 결정하여 재산상의 이익이나 손실을 주는 행위를 말한다. 복권발행법, 현상법, 그 밖의 사행행위업 (회전판돌리기업, 추첨업, 경품업)과 **카지노업**은 사행행위 등 규제 및 처벌 특별법의 적용을 받지 않고 **관광진흥법의 규제**를 받는다.

(2) 허가 및 유효기간

허가	① 사행행위영업을 하려는 자는 시설 등을 갖추어 행정자치부령으로 정하는 바에 따라 **지방경찰청장의 허가**를 받아야 한다. 다만, 그 범위가 둘 이상의 특별시 · 광역시 · 도 또는 특별자치도에 걸치는 경우에는 **경찰청장의 허가**를 받아야 한다. ② 중요 사항을 변경하려면 행정자치부령으로 정하는 바에 따라 **경찰청장이나 지방경찰청장의 허가**를 받아야 한다. 국가기관이나 지방자치단체가 사행행위영업을 하려면 **경찰청장의 승인**을 받아야 한다.
허가의 요건	1. **공공복리의 증진**을 위하여 특별히 필요하다고 인정되는 경우 2. **상품을 판매 · 선전**하기 위하여 특별히 필요하다고 인정되는 경우 3. **관광 진흥과 관광객 유치**를 위하여 특별히 필요하다고 인정되는 경우
유효기간	영업허가의 유효기간은 사행행위영업의 종류별로 대통령령으로 정하되, **3년을 초과할 수 없다.** 영업허가의 유효기간이 지난 후 계속하여 영업을 하려는 자는 행정자치부령으로 정하는 바에 따라 **다시 허가를 받아야 한다.**
조건부 영업 허가	경찰청장이나 지방경찰청장은 영업허가를 할 때 대통령령으로 정하는 기간(**2월 이내**)에 제3조에 따른 **시설 및 사행기구를 갖출 것**을 조건으로 허가할 수 있다. 정당한 사유 없이 정하여진 기간에 시설 및 사행기구를 갖추지 아니하면 그 **허가를 취소**하여야 한다.

(3) 사행행위영업자의 준수사항

① 영업 명의를 다른 사람에게 빌려주지 말 것

② 법령을 위반하는 사행기구를 설치하거나 사용하지 아니할 것

③ 법령을 위반하여 사행기구를 변조하지 아니할 것

④ 행정자치부령으로 정하는 사행행위영업의 영업소에 청소년을 입장시키거나 인터넷 등 정보통신망을 이용하는 사행행위영업에 청소년이 참가하는 것을 허용하지 아니할 것

⑤ 지나친 사행심을 유발하는 등 선량한 풍속을 해칠 우려가 있는 광고 또는 선전을 하지 아니할 것

03 기초질서위반 사범의 단속

일상생활에서 저지르기 쉬운 **경미한 법익의 침해행위**로 경범죄처벌법과 도로교통법에 행위의 유형이 규정되어 있고 제재수단은 **범칙금**으로 부과되어 있는 행위를 말한다. 경범죄 처벌법은 신분, 행위, 지역에 제한없이 일반적으로 적용되는 점에서 일반법으로 분류되고, 경범의 행위유형과 처벌을 규정한 형사실체법이다.

(1) 특징

    ① **미수범처벌 규정이 없고**, 죄의 형은 **벌금 이하**로 규정되어 있고 3년 이하의 징역 또는 금고형을 선고할 경우에만 가능하고 **집행유예는 불가능**하고, 1년 이하의 징역이나 금고, 자격정지 또는 벌금의 형을 선고할 때 가능한 선고유예는 가능하다.

    ② 형을 면제하거나 또는 구류와 과료를 함께 과할 수 있고 경범죄를 범한 범인을 은닉, 도피한 경우 형법상 범인은닉죄가 성립한다. 주로 **추상적 위험범**이다.

(2) 경범죄 처벌법상 범칙자제외사유기출

1) 범칙행위를 **상습적**으로 하는 사람

2) 죄를 지은 동기나 수단 및 결과를 헤아려볼 때 구류처분을 하는 것이 적절하다고 인정되는 사람

3) **피해자가 있는 행위**를 한 사람

4) **18세 미만**인 사람

(3) 통고처분제외사유

경찰서장, 해양경비안전서장, 제주특별자치도지사 또는 철도특별사법경찰대장은 범칙자로 인정되는 사람에 대하여 그 이유를 명백히 나타낸 서면으로 범칙금을 부과하고 이를 납부할 것을 통고할 수 있다. 다만, 다음 각 호의 어느 하나에 해당하는 사람에게는 통고하지 아니한다.

1. **통고처분서 받기를 거부**한 사람

2. **주거 또는 신원이 확실하지 아니**한 사람

3. 그 밖에 통고처분을 하기가 매우 어려운 사람

(4) 범칙금납부

1) 통고처분서를 받은 사람은 **통고처분서를 받은 날부터 10일 이내**에 지정한 은행, 그 지점이나 대리점, 우체국 또는 제주특별자치도지사가 지정하는 금융기관이나 그 지점에 범칙금을 납부하여야 한다. 다만, 천재지변이나 그 밖의 부득이한 사유로 말미암아 그 기간 내에 범칙금을 납부할 수 없을 때에는 그 부득이한 **사유가 없어지게 된 날부터 5일 이내**에 납부하여야 한다.

2) 납부기간에 범칙금을 납부하지 아니한 사람은 납부기간의 마지막 날의 다음 날부터 **20일 이내**에 통고받은 범칙금에 그 금액의 **100분의 20을 더한 금액**을 납부하여야 한다. 범칙금을 납부한 사람은 그 범칙행위에 대하여 다시 처벌받지 아니한다.

(5) 통고처분 불이행자 처리기출

1) 경찰서장 또는 해양경비안전서장은 통고처분 불이행시 지체 없이 즉결심판을 청구하여야 한다. 다만, 즉결심판이 청구되기 전까지 통고받은 범칙금에 그 금액의 **100분의 50을 더한 금액**을 납부한 사람에 대하여는 그러하지 아니하다.

2) 즉결심판이 청구된 피고인이 통고받은 범칙금에 그 **금액의 100분의 50**을 더한 금액을 납부하고 그 증명서류를 즉결심판 선고 전까지 제출하였을 때에는 경찰서장 또는 해양 경비안전서장은 그 피고인에 대한 즉결심판 청구를 취소하여야 한다.

04 총포, 도검류 단속

(1) 용어기출

총포	권총, 소총, 기관총, 포, 엽총, 금속성 탄알이나 가스 등을 쏠 수 있는 장약총포(裝藥銃砲), 공기총 및 총포신·기관부 등 그 부품으로서 대통령령으로 정하는 것을 말한다.
도검	칼날의 길이가 **15센티미터 이상**인 칼·검·창·치도(雉刀)·비수 등으로서 성질상 흉기로 쓰이는 것과 칼날의 길이가 **15센티미터 미만이라 할지라도 흉기**로 사용될 위험성이 뚜렷한 것 중에서 대통령령으로 정하는 것을 말한다.
화약류	화약, 폭약 및 화공품을 말한다.
분사기	활동을 일시적으로 곤란하게 하는 최루(催涙) 또는 질식 등을 유발하는 작용제를 분사할 수 있는 기기로서 대통령령으로 정하는 것을 말한다.
전자 충격기	사람의 활동을 일시적으로 곤란하게 하거나 인명(人命)에 위해(危害)를 주는 전류를 방류할 수 있는 기기로 **산업용 및 의료용 전자충격기를 제외**한다.
석궁	활과 총의 원리를 이용하여 화살 등의 물체를 발사하여 인명에 위해를 줄 수 있는 것

(2) 총포, 도검, 화약류 등의 허가권자

제조업, 수출입 허가권자	경찰청장	총, 포, 화약류
	지방경찰청장	기타 총, 도검, 분사기, 전자충격기, 석궁, 화공품
판매업허가권자	지방경찰청장	총포, 도검, 화약류, 분사기, 전자충격기, 석궁
소지허가권자	**지방경찰청장**	권총, 소총, 기관총, 어획총, 사격총, 포
	경찰서장	도검, 화약류, 분사기, 전자충격기, 석궁
화약류 허가권자	지방경찰청장	1급, 2급, 도화선, 수중, 실탄, 꽃불류, 저장소 설치의 허가
	경찰서장	사용, 양수의 허가, **3급 간이저장소** 설치의 허가

(3) 총포소지허가 갱신

총포의 소지허가를 받은 사람은 허가를 받은 날로부터 **5년마다 이를 갱신**하여야 한다.
만약 5년이 지나도록 갱신하지 않으면 소지허가취소 처분을 한다.

(4) 총포, 도검 등의 취급금지기출

18세 미만자는 총포 등을 취급할 수 없으며, **20세 미만자는 총포 등을 소지**할 수 없다.

(5) 화약류 운반

화약류를 운반하고자 하는 사람은 운반개시 **1시간 전**까지 발송지를 관할하는 **경찰서장**에게 신고하여야 한다.

(6) 사격장 설치허가

공기총 사격장 및 석궁사격장 설치허가는 경찰서장이 하고, 그 외의 사격장은 지방경찰청장이 허가한다.

05 성매매의 단속

(1) 용어기출

성매매	**불특정인**을 상대로 금품이나 그 밖의 재산상의 이익을 수수(收受)하거나 수수하기로 약속하고 성교행위 구강, 항문 등 신체의 일부 또는 도구를 이용한 유사 성교행위
성매매 알선 등 행위	① 성매매를 **알선, 권유, 유인** 또는 강요하는 행위 ② 성매매의 **장소**를 제공하는 행위 ③ 성매매에 제공되는 사실을 알면서 자금, 토지 또는 건물을 제공하는 행위
성매매 목적의 인신매매	① 성을 파는 행위 또는 음란행위를 하게 하거나, 성교행위 등 음란한 내용을 표현하는 사진·영상물 등의 촬영 대상으로 삼을 목적으로 위계, 위력), 그 밖에 이에 준하는 방법으로 대상자를 지배·관리하면서 제3자에게 인계하는 행위 ② 사물을 변별하거나 의사를 결정할 능력이 없거나 미약한 사람 또는 대통령령으로 정하는 중대한 장애가 있는 사람이나 그를 보호·감독하는 사람에게 선불금 등 금품이나 그 밖의 재산상의 이익을 제공하거나 제공하기로 약속하고 대상자를 지배·관리하면서 제3자에게 인계하는 행위
성매매 피해자	① **위계, 위력, 그 밖에 이에 준하는 방법**으로 성매매를 강요당한 사람 ② **업무관계, 고용관계, 그 밖의 관계로 인하여 보호 또는 감독하는 사람**에 의하여 마약·향정신성의약품 또는 대마에 중독되어 성매매를 한 사람 ③ **청소년, 사물을 변별하거나 의사를 결정할 능력이 없거나 미약한 사람** 또는 대통령령으로 정하는 중대한 장애가 있는 사람으로서 성매매를 하도록 알선·유인된 사람 ④ 성매매 목적의 **인신매매**를 당한 사람

(2) 금지행위

성매매. 성매매알선 등 행위, 성매매 목적의 인신매매, 성을 파는 행위를 하게 할 목적으로 다른 사람을 고용·모집하거나 성매매가 행하여 진다는 사실을 알고 직업을 소개·알선하는 행위

(3) 성매매피해자에 대한 처벌 특례

성매매 피해자는 성매매는 처벌하지 아니한다. 법원은 신고자 등의 사생활이나 신변보호를 위해 필요하면 결정으로 **심리를 공개하지 아니할 수 있다.**

(4) 신뢰관계 있는 사람의 동석

① 법원은 신고자 등을 증인으로 신문할 때에는 직권으로 또는 본인·법정대리인이나 검사의 신청에 의하여 **신뢰관계에 있는 사람을 동석**하게 할 수 있다. 수사기관은 신고자 등을 조사할 때에는 직권으로 또는 본인·법정대리인의 신청에 의하여 신뢰관계에 있는 사람을 동석하게 할 수 있다.

② 법원 또는 수사기관은 **청소년, 사물을 변별하거나 의사를 결정할 능력이 없거나 미약한 사람** 또는 대통령령으로 정하는 중대한 장애가 있는 사람에 대하여 제1항 및 제2항에 따른 신청을 받은 경우에는 **재판이나 수사에 지장을 줄 우려가 있는 등 특별한 사유가 없으면 신뢰관계에 있는 사람을 동석**하게 하여야 한다.

(5) 불법원인으로 인한 채권무효기출

① 다음 각 호의 어느 하나에 해당하는 사람이 그 행위와 관련하여 성을 파는 행위를 하였거나 할 사람에게 가지는 채권은 그 **계약의 형식이나 명목에 관계없이 무효**로 한다. 그 채권을 양도하거나 그 채무를 인수한 경우에도 또한 같다.

1. 성매매알선 등 행위를 한 사람

2. 성을 파는 행위를 할 사람을 고용·모집하거나 그 직업을 소개·알선한 사람

3. 성매매 목적의 인신매매를 한 사람

② 검사 또는 사법경찰관은 제1항의 불법원인과 관련된 것으로 의심되는 채무의 불이행을 이유로 고소·고발된 사건을 수사할 때에는 **금품이나 그 밖의 재산상의 이익 제공이 성매매의 유인·강요 수단이나 성매매 업소로부터의 이탈방지 수단으로 이용되었는지**를 확인하여 수사에 참작하여야 한다. 검사 또는 사법경찰관은 성을 파는 행위를 한 사람이나 성매매피해자를 조사할 때에는 제1항의 **채권이 무효라는 사실과 지원시설 등을 이용할 수 있음**을 본인 또는 법정대리인 등에게 고지하여야 한다.

(6) 외국인여성에 대한 특례

외국인여성이 이 법에 규정된 범죄를 신고한 경우나 외국인여성을 성매매피해자로 수사하는 경우에는 해당 사건을 **불기소처분하거나 공소를 제기할 때까지 강제퇴거명령 또는 보호의 집행을 하여서는 아니 된다.**

(7) 보호사건의 처리

검사는 성매매를 한 사람에 대하여 사건의 성격·동기, 행위자의 성행(性行) 등을 고려하여 보호처분을 하는 것이 적절하다고 인정할 때에는 특별한 사정이 없으면 보호사건으로 관할법원에 송치하여야 한다. 법원은 성매매 사건의 심리 결과 이 법에 따른 보호처분을 하는 것이 적절하다고 인정할 때에는 결정으로 사건을 보호사건의 관할법원에 송치할 수 있다.

(8) 벌칙

① 다음 각 호의 어느 하나에 해당하는 사람은 3년 이하의 징역 또는 3천만 원 이하의 벌금에 처한다.

　　1. 성매매알선 등 행위를 한 사람

　　2. 성을 파는 행위를 할 사람을 모집한 사람

　　3. 성을 파는 행위를 하도록 직업을 소개·알선한 사람

② 다음 각 호의 어느 하나에 해당하는 사람은 7년 이하의 징역 또는 7천만원 이하의 벌금에 처한다.

　　1. **영업**으로 성매매알선 등 행위를 한 사람

　　2. 성을 파는 행위를 할 사람을 모집하고 그 대가를 지급받은 사람

　　3. 성을 파는 행위를 하도록 직업을 소개·알선하고 그 대가를 지급받은 사람

06 청소년 및 여성보호

(1) 소년법

1) 소년 연령에 대한 법령상 규정

소년업무처리규칙	소년	19세미만
소년법	소년	19세미만
아동복지법	아동	**18세**미만
청소년기본법	청소년	**9세이상 24세이하**
청소년보호법, 아동청소년보호에 관한 법률	청소년	19세 미만

2) 선도대상인 소년의 분류^{기출}

① 비행소년

범죄소년	**14세 이상 19세 미만**의 자로 죄를 범한 자
촉법소년	**10세 이상 14세 미만**의 자로 형벌법령에 저촉된 행위를 한 소년
우범소년	**10세 이상 19세 미만**의 자로 성격이나 환경으로 보아 형벌 법령에 저촉되는 행위를 한 우려가 있는 소년 ① 집단적으로 몰려다니며 주위 사람들에게 불안감을 조성하는 성벽이 있는 경우 ② 정당한 이유 없이 가출하는 경우 ③ 술을 마시고 소란을 피우거나 유해환경을 접하는 성벽이 있는 경우

② 불량소년

비행소년은 아니나 음주, 흡연, 싸움 기타 자기 또는 타인의 덕성을 해하는 행위를 하는 소년

③ 요보호소년

학대, 혹사, 방임된 소년 또는 보호자로부터 유기 또는 이탈되었거나 그 보호자가 양육할 수 없는 경우, 경찰관직무집행법 4조 또는 아동복지법에 의하여 사회적으로 보호를 받아야 하는 자

3) 사건의 처리^{기출}

보호사건	형사사건	
경찰서장의 송치 (소년법 4조)	검사의 송치 (소년법 제49조)	법원의 송치 (소년법 제50조)
범죄소년은 **검찰청**에 송치하고 촉법소년 및 우범소년은 경찰서장이 관할 소년부에 송치한다.	검사는 소년에 대한 피의사건을 수사한 결과 보호처분에 해당하는 사유가 있다고 인정하는 경우에는 사건을 관할 소년부에 송치한다.	법원은 소년에 대한 피고사건을 심리한 결과 보호처분에 해당할 사유가 있다고 인정하면 **결정**으로 사건을 관할 소년부에 송치한다.

4) 소년 형사절차의 특례

죄를 범할 당시 18세 미만인 소년에 대하여 사형 또는 무기형으로 처할 경우에는 **15년의 유기징역**으로 한다. 소년이 법정형으로 **장기 2년 이상의 유기형**에 해당하는 죄를 범한 경우에는 그 형의 범위에서 장기와 단기를 정하여 선고한다. 다만, **장기는 10년, 단기는 5년**을 초과하지 못한다. 또한 18세 미만인 소년에게는 유치선고를 하지 못한다.

징역, 금고의 집행	징역 또는 금고를 선고받은 소년에 대하여는 특별히 **설치된 교도소** 또는 일반 교도소 안에 특별히 분리된 장소에서 그 형을 집행한다. (소년이 형의 집행 중에 **23세가 되면 일반 교도소**에서 집행)
보호처분과 형의집행	보호처분이 계속 중일 때에 **징역, 금고 또는 구류**를 선고받은 소년에 대하여는 먼저 그 형을 집행한다.
가석방	무기형의 경우에는 **5년**, 15년 유기형의 경우에는 **3년**, 부정기형의 경우에는 **단기의 3분의 1**이 지나면 가석방 가능

(2) 청소년 보호법기출

이 법은 청소년에게 유해한 매체물과 약물 등이 청소년에게 유통되는 것과 청소년이 **유해한 업소에 출입하는 것 등을 규제**하고 청소년을 **유해한 환경으로부터 보호 · 구제**함으로써 청소년이 건전한 인격체로 성장할 수 있도록 함을 목적으로 한다.

1) 용어의 정의

① 청소년

만 **19세 미만인 사람**을 말한다. 다만, 만 19세가 되는 해의 1월 1일을 맞이한 사람은 제외한다.

② 청소년 유해 매체물

가. 청소년보호위원회가 청소년에게 유해한 것으로 결정하거나 확인하여 여성가족부장관이 고시한 매체물

나. 각 심의기관이 청소년에게 유해한 것으로 심의하거나 확인하여 여성가족부장관이 고시한 매체물

③ 청소년유해약물 등

가. 청소년유해약물

㉠ 「주세법」에 따른 주류

㉡ 「담배사업법」에 따른 담배

㉢ 「마약류 관리에 관한 법률」에 따른 마약류

㉣ 「화학물질관리법」에 따른 환각물질

㉤ 그 밖에 중추신경에 작용하여 습관성, 중독성, 내성 등을 유발하여 인체에 유해하게 작용할 수 있는 약물 등 청소년의 사용을 제한하지 아니하면 청소년의 심신을 심각하게 손상시킬 우려가 있는 약물로서 대통령령으로 정하는 기준에 따라 관계 기관의 의견을 들어 제36조에 따른 청소년보호위원회가 결정하고 여성가족부장관이 고시한 것

나. 청소년유해물건

㉠ 청소년에게 **음란한 행위를 조장**하는 성기구 등 청소년의 사용을 제한하지 아니하면 청소년의 심신을 심각하게 손상시킬 우려가 있는 성 관련 물건으로서 대통령령으로 정하는 기준에 따라 청소년보호위원회가 결정하고 여성가족부장관이 고시한 것

㉡ 청소년에게 **음란성 · 포악성 · 잔인성 · 사행성** 등을 조장하는 완구류 등 청소년의 사용을 제한하지 아니하면 청소년의 심신을 심각하게 손상시킬 우려가 있는 물건으로서 대통령령으로 정하는 기준에 따라 청소년보호위원회가 결정하고 여성가족부장관이 고시한 것

2) 청소년 유해업소기출

청소년의 출입과 고용이 청소년에게 유해한 것으로 인정되는 다음 가목의 업소와 청소년의 출입은 가능하나 고용이 청소년에게 유해한 것으로 인정되는 다음 나목의 업소를 말한다. 이 경우 업소의 구분은 그 업소가 영업을 할 때 다른 법령에 따라 요구되는 허가·인가·등록·신고 등의 여부와 관계없이 실제로 이루어지고 있는 영업행위를 기준으로 한다.

고용, 출입금지	① 일반게임제공업 및 복합유통게임제공업 중 대통령령으로 정하는 것 ② 사행행위영업 ③ 비디오물감상실업·제한관람가 비디오물소극장업 및 복합영상물 제공업 ④ 노래연습장업 중 대통령령으로 정하는 것 ⑤ 무도학원업 및 무도장업 ⑥ 전기통신설비를 갖추고 불특정한 사람들 사이의 음성대화 또는 화상대화를 매개하는 것을 주된 목적으로 하는 영업. 불특정한 사람 사이의 신체적인 접촉 또는 은밀한 부분의 노출 등 성적 행위가 이루어지거나 이와 유사한 행위가 이루어질 우려가 있는 서비스를 제공하는 영업으로서 청소년보호위원회가 결정하고 여성가족부장관이 고시한 것 ⑦ 청소년유해매체물 및 청소년유해약물 등을 제작·생산·유통하는 영업 등 청소년의 출입과 고용이 청소년에게 유해하다고 인정되는 영업으로서 대통령령으로 정하는 기준에 따라 청소년보호위원회가 결정하고 여성가족부장관이 고시한 것
고용금지	① 청소년게임제공업 및 인터넷컴퓨터게임시설제공업 ② 숙박업 ③ 목욕장업 중 안마실을 설치하여 영업을 하거나 개별실로 구획하여 하는 영업 ④ 이용업 중 대통령령으로 정하는 것 ⑤ 휴게음식점영업으로서 차 종류를 조리, 판매하는 영업 중 종업원에게 영업장을 벗어나 차등을 배달 판매하게 하면서 소요시간에 따라 대가를 받게 하거나 이를 조장, 묵인하는 형태로 운영되는 영업 ⑥ 일반음식점영업 중 음식류의 조리, 판매보다는 주로 주류의 조리 판매를 목적으로 하는 소주방, 호프, 카페등의 형태로 운영되는 영업 ⑦ 비디오물소극장업 ⑧ 「화학물질관리법」에 따른 유해화학물질 영업. ⑨ 회비 등을 받거나 유료로 만화를 빌려 주는 만화대여업 ⑩ 청소년유해매체물 및 청소년유해약물 등을 제작·생산·유통하는 영업 등 청소년의 고용이 청소년에게 유해하다고 인정되는 영업으로서 대통령령으로 정하는 기준에 따라 청소년보호위원회가 결정하고 여성가족부장관이 고시한 것

CH.05

3) 관련판례

① 식품위생법상의 일반음식점 영업허가를 받은 업소라도 실제로 음식류의 조리 판매보다 주로 **주류를 조리, 판매하는 영업행위**가 이루어지는 경우 청소년 보호법상의 청소년 고용금지업소에 해당하고 나아가 일반음식점의 실제 영업형태 중에서는 주간에는 주로 음식류를 조리 판매하고 야간에는 주로 주류를 조리, 판매하는 형태도 있다. 이러한 경우 음식류의 조리, 판매보다 주로 주류를 조리, 판매하는 야간의 영업형태에 있어서 그 업소는 청소년 보호법의 입법 취지에 비추어 볼 때 청소년 보호법상의 청소년고용금지업소에 해당한다.기출 (대판 2004.2.12. 2003도6282)

② 청소년이 **티켓걸로** 노래연습장 또는 유흥주점에서 손님들의 흥을 돋우어 주고 시간당 보수를 받은 사안에서 업소주인이 청소년을 시간제 접대부로 고용한 것으로 업소주인을 청소년 보호법 위반죄로 처단한 원심의 조치를 정당하다.(대판 2005. 7.29 2005도 3801)기출

③ 피고인의 광고 내용인 **화상채팅** 서비스가 청소년보호법 제8조 등에 의한 청소년보호위원회 고시에서 규정하는 불건전 전화 서비스 등에 포함된다고 해석하는 것이 형벌법규의 명확성 원칙에 반하거나 죄형법정주의에 의하여 금지되는 확장해석 내지 유추 해석에 해당하지 아니한다.(대판 2006. 5. 12. 2005도 6525)

4) 청소년보호법상 주요 내용

① 방송기간의 제한

청소년유해매체물로서 방송을 이용하는 매체물은 평일 오전 7시부터 오전 9시까지, 오후 1시부터 오후 10시까지, 토요일과 공휴일 및 초등학교, 중학교, 고등학교 방학기간에는 오전 7시부터 오후 10시까지 방송하여서는 아니 된다.

② 인터넷게임

가. 제공자는 회원으로 가입하려는 사람이 **16세 미만의 청소년**일 경우에는 친권자 등의 동의를 받아야 한다.

나. 인터넷게임의 제공자는 **16세 미만의 청소년** 회원가입자의 친권자 등에게 제공되는 게임의 특성·등급·유료화 정책 등에 관한 기본적인 사항, 인터넷게임 이용시간, 인터넷게임 이용 등에 따른 결제정보다. 인터넷게임의 제공자는 **16세 미만의 청소년에게 오전 0시부터 오전 6시**까지 인터넷게임을 제공하여서는 아니 된다.

③ 청소년 고용금지 및 출입제한

가. 청소년유해업소의 업주는 청소년을 고용하여서는 아니 된다. 청소년유해업소의 업주가 종업원을 고용하려면 미리 나이를 확인하여야 한다.

나. 청소년 출입·고용금지업소의 업주와 종사자는 출입자의 나이를 확인하여 청소년이 그 업소에 출입하지 못하게 하여야 한다.

다. 청소년유해업소의 업주와 종사자는 나이 확인을 위하여 필요한 경우 주민등록증이나 그 밖에 나이를 확인할 수 있는 증표의 제시를 요구할 수 있으며, 증표 제시를 요구받고도 정당한 사유 없이 증표를 제시하지 아니하는 사람에게는 그 업소의 출입을 제한할 수 있다.

라. 청소년이 친권자 등을 동반할 때에는 대통령령으로 정하는 바에 따라 출입하게 할 수 있다.

마. 청소년유해업소의 업주와 종사자는 그 업소에 대통령령으로 정하는 바에 따라 청소년의 출입과 고용을 제한하는 내용을 표시하여야 한다.

④ 청소년 유해약물 판매대여 등 금지

가. 누구든지 청소년을 대상으로 **청소년유해약물 등을 판매 · 대여 · 배포하거나 무상으로 제공하여서는 아니** 된다.

나. 누구든지 청소년의 의뢰를 받아 청소년유해약물 등을 구입하여 청소년에게 제공하여서는 아니 된다.

다. 청소년유해약물 등을 판매 · 대여 · 배포하고자 하는 자는 그 **상대방의 나이**를 확인하여야 한다.

⑤ 관련판례

가. 18세 미만의 청소년에게 술을 판매함에 있어서 가사 그의 민법상 법정대리인의 **동의를 받았다고 하더라도** 그러한 사정만으로 위 행위가 정당화될 수 없다.(대판 1999.7.13 99도)기출

나. 청소년보호법의 입법 취지에 비추어 볼 때, 청소년출입금지업소의 업주 및 종사자에게는 청소년의 보호를 위하여 청소년을 당해 업소에 출입시켜서는 아니 될 매우 엄중한 책임이 부여되어 있다 할 것이므로 청소년 출입금지업소의 업주 및 종사자는 객관적으로 보아 출입자에 대하여 주민등록증이나 이에 유사한 정도로 연령에 관한 **공적 증명력이 있는 증거**에 의하여 대상자의 연령을 확인하여야 할 것이고, 업주 및 종사자가 이러한 연령확인의무에 위배하여 연령확인을 위한 아무런 조치를 취하지 아니함으로써 청소년이 당해 업소에 출입한 것이라면 특별한 사정이 없는 한 업주 및 종사자에게 최소한 위 법률 조항 위반으로 인한 청소년 보호법위반죄의 미필적 고의는 인정된다고 할 것이다. (대판 2007. 11.16 2007도7770)

다. 유흥주점 운영자가 업소에 들어온 미성년자의 신분을 의심하여 주문받은 술을 들고 룸에 들어가 신분증의 제시를 요구하고 밖으로 데리고 나온 사안에서, 미성년자가 실제 주류를 마시거나 마실 수 있는 상태에 이르지 않았으므로 술값의 선불 지급 여부 등과 무관하게 **주류판매에 관한 청소년보호법 위반죄가 성립하지 않는다.**(대판 2008.7.24. 2008도3211)기출

라. 술을 내어 놓을 당시에는 성년자들만이 자리에 앉아서 그들끼리만 술을 마시다가 나중에 청소년이 들어와서 합석하게 된 경우에는 처음부터 음식점 운영자가 나중에 그렇게 청소년이 합석하리라는 것을 예견할 만한 사정이 있었거나, 청소년이 합석한 후에 이를 인식하면서 추가로 술을 내어 준 경우가 아닌 이상, 합석한 청소년이 상위에 남아 있던 소주를 일부 마셨다고 하더라도 음식점 운영자가 청소년에게 술을 판매하는 행위를 하였다고는 할 수 없다. (대판 2009.4.9. 2008도 11282)

⑥ 청소년 유해행위 금지법

누구든지 청소년에게 다음 각 호의 어느 하나에 해당하는 행위를 하여서는 아니 된다.

가. 영리를 목적으로 청소년으로 하여금 신체적인 접촉 또는 은밀한 부분의 노출 등 성적접대행위를 하게 하거나 이러한 행위를 알선·매개하는 행위기출

나. **영리를 목적**으로 청소년으로 하여금 손님과 함께 술을 마시거나 노래 또는 춤 등으로 손님의 유흥을 돋우는 접객행위를 하게 하거나 이러한 행위를 알선·매개하는 행위기출

다. 영리나 흥행을 목적으로 청소년에게 **음란한** 행위를 하게 하는 행위기출

라. 영리나 흥행을 목적으로 청소년의 장애나 기형 등의 모습을 일반인들에게 관람시키는 행위

마. 청소년에게 구걸을 시키거나 청소년을 이용하여 **구걸하는** 행위기출

바. 청소년을 학대하는 행위

사. 영리를 목적으로 청소년으로 하여금 거리에서 **손님을 유인**하는 행위를 하게 하는 행위

아. 청소년을 남녀 혼숙하게 하는 등 풍기를 문란하게 하는 영업행위를 하거나 이를 목적으로 장소를 제공하는 행위

자. 주로 차 종류를 조리·판매하는 업소에서 청소년으로 하여금 영업장을 벗어나 차 종류를 배달하는 행위를 하게 하거나 이를 조장하거나 묵인하는 행위

⑦ 청소년 통행금지, 제한구역의 지정

특별자치시장·특별자치도지사·시장·군수·구청장은 청소년 보호를 위하여 필요하다고 인정할 경우 청소년의 정신적·신체적 건강을 해칠 우려가 있는 구역을 청소년 통행금지구역 또는 청소년 통행제한구역으로 지정하여야 한다.

⑧ 청소년 대상 무효인 채권

가. 청소년 유해행위를 한 자가 그 행위와 관련하여 청소년에 대하여 가지는 채권은 그 계약의 형식이나 명목에 관계없이 무효로 한다.

나. 청소년고용, 출입금지업소, 청소년고용금지업소의 업주가 고용과 관련하여 청소년에 대하여 가지는 채권은 그 **계약의 형식이나 명목에 관계없이 무효로 한다.**

(3) 아동 청소년의 성보호에 관한 법률

1) 아동청소년기출

아동·청소년이란 **19세 미만**의 자를 말한다. 다만, 19세에 도달하는 연도의 1월 1일을 맞이한 자는 제외한다.

2) 아동청소년에 대한 강간, 강제추행 등(제7조)

① 폭행 또는 협박으로 아동·청소년을 강간한 사람은 무기징역 또는 5년 이상의 유기징역에 처한다.기출 아동·청소년에 대하여 폭행이나 협박으로 다음 각 호의 어느 하나에 해당하는 행위를 한 자는 5년 이상의 유기징역에 처한다. **미수범은 처벌**한다.

　가. 구강·항문 등 신체(성기는 제외한다)의 내부에 성기를 넣는 행위

　나. 성기·항문에 손가락 등 신체(성기는 제외한다)의 일부나 도구를 넣는 행위

② 아동·청소년에 대하여 강제추행의 죄를 범한 자는 2년 이상의 유기징역 또는 1천만 원 이상 3천만 원 이하의 벌금에 처한다. 아동·청소년에 대하여 준강간, 준강제추행의 죄를 범한 자는 위의 예에 따른다. 위계(僞計) 또는 위력으로써 아동·청소년을 간음하거나 아동·청소년을 추행한 자는 제1항부터 제3항까지의 예에 따른다.

3) 장애인인 아동·청소년에 대한 간음 등(제8조)

① 19세 이상의 사람이 장애 아동·청소년(「장애인복지법」 제2조 제1항에 따른 장애인으로서 신체적인 또는 정신적인 장애로 사물을 변별하거나 의사를 결정할 능력이 미약한 13세 이상의 아동·청소년을 말한다. 이하 이 조에서 같다)을 간음하거나 장애 아동·청소년으로 하여금 다른 사람을 간음하게 하는 경우에는 3년 이상의 유기 징역에 처한다.

② 19세 이상의 사람이 장애 아동·청소년을 추행한 경우 또는 장애 아동·청소년으로 하여금 다른 사람을 추행하게 하는 경우에는 10년 이하의 징역 또는 1천500만 원 이하의 벌금에 처한다.

4) 아동·청소년이용음란물의 제작·배포 등(제 11조)

① 아동·청소년이용음란물을 제작·수입 또는 수출한 자는 무기징역 또는 5년 이상의 유기징역에 처한다.(**미수범처벌**) 영리를 목적으로 아동·청소년이용음란물을 판매·대여·배포·제공하거나 이를 목적으로 소지·운반하거나 공연히 전시 또는 상영한 자는 10년 이하의 징역에 처한다.

② 아동·청소년이용음란물을 배포·제공하거나 공연히 전시 또는 상영한 자는 7년 이하의 징역 또는 5천만 원 이하의 벌금에 처한다.

③ 아동·청소년이용음란물을 제작할 것이라는 정황을 알면서 아동·청소년을 아동·청소년이용 음란물의 제작자에게 알선한 자는 3년 이상의 징역에 처한다. 아동·청소년이용음란물임을 알면서 이를 소지한 자는 1년 이하의 징역 또는 2천만 원 이하의 벌금에 처한다.

5) 아동, 청소년 매매행위 (제12조)

① 아동·청소년의 성을 사는 행위 또는 아동·청소년이용음란물을 제작하는 행위의 대상이 될 것을 알면서 아동·청소년을 매매 또는 국외에 이송하거나 국외에 거주하는 아동·청소년을 국내에 이송한 자는 무기징역 또는 5년 이상의 징역에 처한다.

② 제1항의 **미수범은 처벌**한다.

6) 아동·청소년의 성을 사는 행위 등(13조)

아동·청소년의 성을 사는 행위를 한 자는 1년 이상 10년 이하의 징역 또는 2천만 원 이상 5천만 원 이하의 벌금에 처한다. 아동·청소년의 성을 사기 위하여 아동·청소년을 **유인**하거나 성을 팔도록 **권유**한 자는 1년 이하의 징역 또는 1천만 원 이하의 벌금에 처한다.

7) 아동·청소년에 대한 강요행위 등(제14조)

① 다음 각 호의 어느 하나에 해당하는 자는 5년 이상의 유기징역에 처한다.

가. 폭행이나 협박으로 아동·청소년으로 하여금 아동·청소년의 성을 사는 행위의 상대방이 되게 한 자

나. 선불금(先拂金), 그 밖의 채무를 이용하는 등의 방법으로 아동·청소년을 곤경에 빠뜨리거나 위계 또는 위력으로 아동·청소년으로 하여금 아동·청소년의 성을 사는 행위의 상대방이 되게 한 자

다. 업무·고용이나 그 밖의 관계로 자신의 보호 또는 감독을 받는 것을 이용하여 아동·청소년으로 하여금 아동·청소년의 성을 사는 행위의 상대방이 되게 한 자

라. 영업으로 아동·청소년을 아동·청소년의 성을 사는 행위의 상대방이 되도록 유인·권유한 자

② 제1항 제1호부터 제3호까지의 죄를 범한 자가 그 대가의 전부 또는 일부를 받거나 이를 요구 또는 약속한 때에는 7년 이상의 유기징역에 처한다.

③ **아동·청소년의 성을 사는 행위의 상대방이 되도록 유인·권유**한 자는 7년 이하의 징역 또는 5천만 원 이하의 벌금에 처한다. 제1항과 제2항의 **미수범은 처벌**한다.

8) 알선영업행위 등(제15조)

① 다음 각 호의 어느 하나에 해당하는 자는 7년 이상의 유기징역에 처한다.

가. 아동·청소년의 성을 사는 행위의 장소를 제공하는 행위를 업으로 하는 자

나. 아동·청소년의 성을 사는 행위를 알선하거나 정보통신망에서 알선정보를 제공하는 행위를 업으로 하는 자

다. 제1호 또는 제2호의 범죄에 사용되는 사실을 알면서 자금·토지 또는 건물을 제공한 자

라. 영업으로 아동·청소년의 성을 사는 행위의 장소를 제공·알선하는 업소에 아동·청소년을 고용하도록 한 자

② 다음 각 호의 어느 하나에 해당하는 자는 7년 이하의 징역 또는 5천만 원 이하의 벌금에 처한다.

　가. 영업으로 아동·청소년의 성을 사는 행위를 하도록 유인·권유 또는 강요한 자

　나. 아동·청소년의 성을 사는 행위의 장소를 제공한 자

　다. 아동·청소년의 성을 사는 행위를 알선하거나 정보통신망에서 알선정보를 제공한자

　라. 영업으로 제2호 또는 제3호의 행위를 약속한 자

③ 아동·청소년의 성을 사는 행위를 하도록 유인·권유 또는 강요한 자는 5년 이하의 징역 또는 3천만 원 이하의 벌금에 처한다.

9) 형법상 감경규정에 관한 특례(제19조)

　　음주 또는 약물로 인한 심신장애 상태에서 아동·청소년 대상 성폭력범죄를 범한 때에는 「형법」 **심신장애자, 농아자 감면규정을 적용하지 아니할 수 있다.**

10) 공소시효에 관한 특례(제20조)기출

① 아동·청소년 대상 성범죄의 공소시효는 「형사소송법」 제252조 제1항에도 불구하고 해당 성범죄로 **피해를 당한 아동·청소년이 성년에 달한 날**부터 진행한다.기출

② 아동, 청소년에 대한 강간, 강제추행 등의 죄는 **디엔에이(DNA)증거 등 그 죄를 증명할 수 있는 과학적인 증거**가 있는 때에는 공소시효가 10년 연장된다.기출

11) 친권상실청구 등(제21조)

　　아동·청소년 대상 성범죄 사건을 수사하는 검사는 그 사건의 **가해자가 피해 아동·청소년의 친권자나 후견인인 경우**에 법원에 친권상실선고 또는 후견인 변경 결정을 청구하여야 한다. 다만, 친권상실선고 또는 후견인 변경 결정을 하여서는 아니 될 특별한 사정이 있는 경우에는 그러하지 아니하다.

12) 영상물의 촬영·보존 등

① 아동·청소년 대상 성범죄 피해자의 진술내용과 조사과정은 비디오녹화기 등 영상물녹화장치로 촬영·보존하여야 한다. 피해자 또는 법정대리인이 이를 원하지 아니하는 의사를 표시한 때에는 촬영을 하여서는 아니 된다. 다만, 가해자가 친권자 중 일방인 경우는 그러하지 아니하다.

② 촬영한 영상물에 수록된 피해자의 진술은 공판준비기일 또는 공판기일에 피해자 또는 조사과정에 동석하였던 신뢰관계에 있는 자의 진술에 의하여 **그 성립의 진정함이 인정된 때에는 증거**로 할 수 있다.

13) 아동, 청소년 대상 성범죄로 유죄판결이 확정된 자의 신상정보공개

　가. **아동 · 청소년대상** 성폭력범죄를 저지른 자

　나. 「성폭력범죄의 처벌 등에 관한 특례법」

　다. 13세 미만의 아동 · 청소년을 대상으로 아동 · 청소년대상 성범죄를 저지른 자로서
　　　13세 미만의 아동 · 청소년을 대상으로 아동 · 청소년 대상 성범죄를 다시 범할 위험성이
　　　있다고 인정되는 자

　라. 제1호 또는 제2호의 죄를 범하였으나 「형법」 제10조제1항에 따라 처벌할 수 없는 자로
　　　서 제1호 또는 제2호의 죄를 **다시 범할 위험성**이 있다고 인정되는 자

(4) 실종아동 등의 보호 및 지원에 관한 법률

1) 용어

　① 아동 등기출

　　　가. 실종 당시 18세 미만인 아동

　　　나. 「장애인복지법」 제2조의 장애인 중 지적장애인, 자폐성장애인 또는 정신장애인

　　　다. 「치매관리법」 제2조 제2호의 치매환자

　② 실종아동 등기출

　　　약취(略取) · 유인(誘引) 또는 유기(遺棄)되거나 사고를 당하거나 가출하거나 길을 잃
　　　는 등의 사유로 인하여 보호자로부터 이탈(離脫)된 아동 등을 말한다.

　③ 보호자

　　　친권자, 후견인이나 그 밖에 다른 법률에 따라 아동 등을 보호하거나 부양할 의무가
　　　있는 사람을 말한다. 다만, 제4호의 보호시설의 장 또는 종사자는 제외한다.

　④ 보호시설기출

　　　「사회복지사업법」 제2조 제4호에 따른 사회복지시설 및 인가 · 신고 등이 없이 아동
　　　등을 보호하는 시설로서 사회복지시설에 순하는 시설을 말한다.

2) 신고의무

　가. 보호시설의 장 또는 그 종사자

　나. 「아동복지법」 제13조에 따른 아동복지전담공무원

　다. 「청소년 보호법」 제35조에 따른 청소년 보호 · 재활센터의 장 또는 그 종사자

　라. 「사회복지사업법」 제14조에 따른 사회복지전담공무원

　마. 「의료법」 제3조에 따른 의료기관의 장 또는 의료인

　바. 업무 · 고용 등의 관계로 사실상 아동 등을 보호 · 감독하는 사람

3) 미신고 보호행위금지기출

① 누구든지 정당한 사유 없이 실종아동 등을 경찰관서의 장에게 신고하지 아니하고 보호할 수 없다.

② **정당한 사유 없이 실종아동 등을 경찰관서의 장에게 신고하지 아니하고 보호한 자는 5년 이하의 징역 또는 3천만 원 이하의 벌금에 처한다.**

4) 수색 또는 수사의 실시

① 경찰관서의 장은 실종아동 등의 발생 신고를 접수하면 **지체 없이 수색 또는 수사의 실시 여부를 결정하여야 한다.**기출

② 경찰관서의 장은 실종아동 등(범죄로 인한 경우를 제외한다.)의 조속한 발견을 위하여 필요한 때에는 「위치정보의 보호 및 이용 등에 관한 법률」 제5조에 따른 위치정보사업자에게 실종아동 등의 개인위치정보의 제공을 요청할 수 있다. 기출

③ 제2항의 요청을 받은 위치정보사업자는 그 실종아동 등의 동의 없이 개인위치정보를 수집할 수 있으며, 실종아동 등의 동의가 없음을 이유로 경찰관서의 장의 요청을 거부하여서는 아니 된다.기출

(5) 실종아동 등 및 가출인 업무처리 규칙

1) 용어의 정의

① 찾는실종아동 등

「실종아동 등의 보호 및 지원에 관한 법률」제2조제2호에 따른 실종아동 등 중 보호자가 찾고 있는 아동 등을 말한다.

② 보호실종아동 등

실종아동등 중 보호자가 확인되지 않아 경찰관이 보호하고 있는 아동 등을 말한다.

③ 장기실종아동 등

보호자로부터 신고를 접수한 지 48시간이 경과한 후에도 발견되지 않은 찾는 실종아동 등을 말한다.

④ 가출인

신고 당시 보호자로부터 이탈된 만 14세 이상의 사람을 말한다.

⑤ 발생지

실종아동 등 및 가출인이 실종·가출 전 최종적으로 목격되었거나 목격되었을 것으로 추정하여 신고자 등이 진술한 장소를 말하며, 신고자 등이 최종 목격 장소를 진술하지 못하거나, 목격되었을 것으로 추정되는 장소가 대중교통시설 등일 경우 또는 실종·가출 발생 후 1개월이 경과한 때에는 실종아동 등 및 가출인의 실종 전 최종 주거지를 말한다.

⑥ 발견지

실종아동 등 또는 가출인을 발견하여 보호 중인 장소를 말하며, 발견한 장소와 보호 중인 장소가 서로 다른 경우에는 보호 중인 장소를 말한다.

2) 실종아동 찾기 센터
 ① 실종아동 등의 조속한 발견 등 관련 업무를 효율적으로 수행하기 위해 경찰청에 실종아동찾기센터를 설치한다.
 ② 실종아동찾기센터는 다음 각 호의 업무를 수행한다.
  가. 전국에서 발생하는 실종아동 등의 신고접수·조회·전국 수배 및 수배해제 등 실종아동 등 발견·보호·지원을 위한 업무
  나. 실종아동 등 신고용 특수번호 전화서비스인 "182"의 운영
  다. 그 밖의 실종아동 등과 관련하여 경찰청장이 지시하는 사항
3) 정보시스템
 ① 정보시스템운영
  가. 경찰청장은 법 제8조의2 제1항에 따른 정보시스템으로 실종아동 등 프로파일링시스템 및 실종아동찾기센터 홈페이지를 운영한다.
  나. 실종아동 등 프로파일링시스템은 경찰관서 내에서만 사용할 수 있도록 제한하고, 실종아동찾기센터 홈페이지는 누구든 사용할 수 있도록 공개하는 등 분리하여 운영한다. 다만, 자료의 전송 등을 위해 필요한 경우 상호 연계할 수 있다.
 ② 정보시스템 입력대상 및 정보관리
  가. 실종아동 등 프로파일링시스템 입력대상과 제외대상

입력대상	입력제외대상
1. 실종아동 등 2. 가출인 3. 보호시설 입소자 중 보호자가 확인되지 않는 사람 4. 변사자·교통사고 사상자 중 신원불상자	1. **민사 문제** 해결 목적으로 신고된 사람 2. 범죄혐의를 받고 형사 관련 **수배**된 사람 3. **허위**로 신고된 사람 4. 보호자가 가출 시 동행한 실종아동 등

  나. 보존기간
   ㉠ 발견된 14세 미만 아동 및 가출인: 수배 해제 후로부터 **5년간** 보관
   ㉡ 발견된 지적·자폐성·정신장애인 등 및 치매환자: 수배 해제 후로부터 **10년간** 보관
   ㉢ 미발견자: 소재 발견 시까지 보관
   ㉣ 보호시설 무연고자, 신원불상자: 본인 요청 시 및 신원 확인 시 즉시 삭제
4) 실종아동 등 프로파일링시스템 수배
 ① 신고접수
  가. 실종아동 등 신고는 관할에 관계없이 실종아동찾기센터, 각 지방경찰청 및 경찰서에서 전화, 서면, 구술 등의 방법으로 접수하며, 신고를 접수한 경찰관은 범죄와의 관련 여부 등을 확인해야 한다. 기출

나. 경찰청장은 실종아동 등에 대한 신고를 접수하거나, 신고 접수에 대한 보고를 받은 때에는 즉시 실종아동 등 프로파일링시스템에 입력, 관할 경찰관서를 지정하는 등 필요한 조치를 하여야 한다. 이 경우 관할 경찰 관서는 발생지 관할 경찰관서 등 실종아동 등을 신속히 발견할 수 있는 관서로 지정해야 한다.

② 신고에 대한 조치 등

　가. 경찰관서의 장은 찾는실종아동 등에 대한 신고를 접수한 때에는 정보시스템의 자료를 조회하는 등의 방법으로 실종아동 등을 찾기 위한 조치를 취하고, 실종아동 등을 발견한 경우에는 즉시 보호자에게 인계하는 등 필요한 조치를 하여야 한다.

　나. 경찰관서의 장은 보호실종아동 등에 대한 신고를 접수한 때에는 제1항의 절차에 따라 보호자를 찾기 위한 조치를 취하고, 보호자가 확인된 경우에는 즉시 보호자에게 인계하는 등 필요한 조치를 하여야 한다.

　다. 경찰관서의 장은 제2항에 따른 조치에도 불구하고 보호자를 발견하지 못한 경우에는 관할 지방자치단체의 장에게 보호실종아동 등을 인계한다.

　라. 경찰관서의 장은 정보시스템 검색, 다른 자료와의 대조, 주변 인물과의 연락 등 실종아동 등의 조속한 발견을 위하여 지속적인 추적을 하여야 한다.

　마. 경찰관서의 장은 실종아동 등에 대하여 제18조의 현장 탐문 및 수색 후 그 결과를 즉시 보호자에게 통보하여야 한다. 이후에는 실종아동 등 프로파일링 시스템에 수배한 날로부터 **1개월까지는 15일에 1회, 1개월이 경과한 후부터는 분기별 1회** 보호자에게 추적 진행사항을 통보한다.기출

5) 가출인

① 신고접수

가출인 신고는 **관할에 관계없이 접수**하여야 하며, 신고를 접수한 경찰관은 범죄와 관련 여부를 확인하여야 한다. 경찰서장은 가출인에 대한 신고를 접수한 때에는 정보시스템의 자료 조회, 신고자의 진술을 청취하는 방법 등으로 가출인을 발견하기 위한 조치를 하여야 하며, 가출인을 발견하지 못한 경우에는 즉시 실종아동 등 프로파일링 시스템에 가출인에 대한 사항을 입력, 수배한다.

② 신고에 대한 조치 등

　가. 가출인 사건을 관할하는 경찰서장은 정보시스템 자료의 조회, 다른 자료와의 대조, 주변 인물과의 연락 등 가출인을 발견하기 위해 지속적으로 추적하고, 수배일로부터 **반기별 1회 보호자에게 귀가 여부**를 확인한다.

　나. 경찰서장은 가출인을 발견한 때에는 수배를 해제하고, 해당 가출인을 발견한 경찰서와 관할하는 경찰서가 다른 경우에는 발견 사실을 관할 경찰서장에게 지체 없이 알려야 한다.기출

다. 경찰서장은 가출청소년을 발견한 경우에는 가출신고가 되어 있음을 고지하고, 즉시 보호자에게 통보 또는 인계한다. 다만, 보호자가 인수를 거부하거나 인계함이 부적당하다고 판단될 경우에는 청소년보호 관련기관에 보호를 의뢰하는 등 필요한 조치를 취할 수 있다.

라. 경찰서장은 가출 성인을 발견한 경우에는 가출신고가 되어 있음을 고지하고, 보호자에게 통보한다. 다만, 가출인이 거부하는 때에는 보호자에게 가출인의 소재(所在)를 알 수 있는 사항을 통보하여서는 아니 된다.

5) 보호시설 무연고자 및 신원불상자

① 경찰관서의 장은 관내 보호시설을 방문하였을 때에 보호시설 무연고자의 자료가 실종아동 등 프로파일링시스템에 있는지 확인한 후 없는 경우에는 보호시설 무연고자 실종아동 등 프로파일링시스템 입력자료를 작성하여 실종아동 등 프로파일링시스템에 입력 및 수배하고, 변경사항이 있거나, 보호자가 확인된 경우에는 별지 제6호서식의 보호시설 무연고자 실종아동 등 프로파일링시스템 수정·해제자료를 작성하여 변경하거나 수배를 해제한다.

② 경찰서장은 관내에서 발생한 변사사건의 변사자 및 교통사고사건의 사상자 중 신원불상자에 대하여 발생 즉시 실종아동 등 프로파일링시스템에 수배조치 하고, 수배한 신원불상자가 신원이 확인된 경우, 즉시 수배를 해제한다.

6) 초동조치 및 추적수사

① 현장 탐문 및 수색

가. 찾는실종아동 등 및 가출인 발생신고를 접수 또는 이첩받은 발생지 관할 경찰서장은 즉시 현장출동 경찰관을 지정하여 탐문·수색하도록 하여야 한다. 다만, 찾는실종아동 등 또는 가출인이 발생한 지 **1개월이 경과**한 후에 신고한 경우에는 탐문·수색을 생략할 수 있다.

② 실종수사 조정위원회

가. 찾는실종아동 등 및 가출인에 대한 발생지 관할 경찰서장은 범죄와의 관련 여부를 판단하기 위하여 위원장을 형사과장으로, 위원은 실종사건전담수사팀장, 여성청소년계장, 현장출동 경찰관, 보호자로 구성하며, 신고접수한 후 24시간 이내에 구성하여 심의하여야 한다.

01 미국의 생활안전 경찰

(1) 미국의 경찰제도

미국은 연방경찰, 주경찰, 지방경찰이 있고 핵심은 지방경찰이다. 미국의 경찰은 지방자치경찰로 상호 독립적으로 운영된다. 미국의 자치경찰의 형태는 10인 이하 소규모 자치 경찰도 있고 뉴욕 시키고, 로스엔젤레스처럼 만 명이 넘는 경찰이 있다.

(2) 지역경찰활동

1) 순찰

순찰은 순찰과에서 담당하고 경찰국에 따라 팀으로 구성해서 관할구역 순찰을 한다. 지역사회경찰활동(Community Policing)으로 파출소가 만들어지고 구역별 도보 순찰을 하고 있다.

2) 질서 업무

소년과에서 담당하고 매춘, 사행행위는 풍속단속반에서 담당한다.

(3) 범죄예방 활동

1) 이웃감시 프로그램(NWP: Neighbor Watch Program)

이웃감시는 구역감시, 가정감시, 지역사회감시, 사업장감시로 불리며 평균 15명의 가구로 구성되어있다. 이웃이 친밀하게 지내며 수상한 사람이나 지역의 상황을 공유한다. 경찰의 관리하에 운영되며 주민들의 범죄예방활동에 동기를 부여한다. 이웃감시 프로그램은 지역사회 범죄예방활동의 사례이다.

2) 시민순찰활동

최근에는 민간경비업체가 용역을 맡고 있어 순찰활동은 줄었으나 공원, 상가 등의 순찰, 범죄예방활동, 노약자보호 등의 수호천사 활동이 시민순찰활동의 대표적인 예이다.

3) 언론의 범죄예방활동

① Take a Bite Our of Crime Program

범죄예방연합회의 대중홍보 캠페인으로 개를 상징으로 등장시켜 가상의 범죄상황에서 시청자가 취할 행동을 알려 주는 범죄예방프로그램이다.

② Crime Stopper

범죄 정보를 가지고 있는 주민이 신고할 수 있도록 동기부여하기 위해 현금보상을 하는 범죄정보 보상프로그램이다.

4) 학교의 범죄예방 프로그램

① Head start Program

빈곤계층의 아동들을 사회화 과정을 거쳐 범죄를 저지를 가능성을 감소시키는 교육 프로그램

② Pathe Program

교사, 학교경영자, 학생, 학부모가 학교운영, 교육에 참여하여 비행소년에 대한 교육과 관리를 하면서 학생들이 소외감, 애착, 규범에 대한 신념, 비행, 약물 등의 비행 위험을 감소시키는 프로그램이다.

5) Diversion Program

비행소년이 낙인 찍혀 심각한 범죄자로 발전하는 것을 방지하기 위해 형사제제를 취하지 않는 범죄 예방제도이다. 선도조건부 기소유예 제도의 근거이다.

02 일본의 생활안전 경찰

(1) 일본의 경찰제도

일본은 중앙의 국가경찰제제와 지방의 도도부현 경찰로 이원적 경찰체제를 가지고 있다.

1) 국가경찰

중앙경찰기구로 경찰청이 있고 지방기관으로 관구경찰국이 있다. 경찰청 관리기구로는 국가공안위원회가 있다. 생활안전국은 **지역경찰중심으로 소년범죄, 총기, 약물 등의 시민안전**과 관련된 업무를 추진하고 있다.

지역경찰은 교번과 주재소에 근무하는 경찰이 미국의 지역사회 경찰과 유사한 업무를 수행하고 있다. 관구경찰은 동경도와 북해도를 제외한 일본을 7개 지역으로 나누고 관구경찰국은 총무부, 공안부, 통신부의 3개부로 나누어 업무를 배분하고 있다. **생활안전과는 공안부에 소속**되어 있다.

2) 도도부현 경찰

지방경찰기구는 동경도 경시청, 도부현 경찰본부가 있는데 도부현 경찰본부의 사무분장을 위해 지성시를 설치하는 경찰부가 있고 경찰서와 교번 주재소가 있다. 도도부현 경찰의 관리기구로 도도부현 경찰 지사의 관할하에 설치하는 **도도부현 공안위원회**가 있다.

① 교번

교번은 도시지역에 설치되어 있고 동경도의 교번은 4개조로 운영되고 3교대 근무를 하는 소규모 파출소이고 일본 치안의 최전방의 활동을 수행한다. 주민 친화적인 역할을 담당하고 서비스적 성격을 가지고 있다. 1990년 초반에는 2-3개의 교번을 통합하여 블록처럼 운영하는 대단위 파출소 형태로 운영하고 있다.

– 입번: 건물 밖에서 주위를 경계하는 것

– 견장: 교번의 출입구에서 의자에 앉아 입번활동

– 경라: 관내 순찰을 통해 사오항을 파악하는 것으로 순찰에 해당

– 순회연락: 한국의 방범심방에 해당

② 주재소

주재소는 경찰서와 떨어져서 있고 숙박시설이 있어 가족과 함께 생활하면서 한달에 3-4번 정도 경찰서에 등서한다. 주재소에서는 가족도 함께 일을 하며 남편이 순찰 중에는 그 업무를 대행한다.

(2) 범죄예방활동

① 방법협회는 거주지 내의 범죄에 대한 정보를 경찰에게 제공하는 것을 임무로 경찰서 단위로 만들어져 있다. 직장방범활동은 전당포, 공장, 은행, 백화점 등 범죄에 노출되기 쉬운 업소들 단위로 구성되어 있는 방법협회이다.

② 약물예방협회

경찰이 시민, 청소년 등의 약물의 위해성에 대해 교육시키고 사회복귀활동을 지원하고 있다.

③ 교통안전협회

자발적인 시민조직으로 교통안전인식을 높이고, 교통사고를 예방하기 위해 경찰과 함께한다.

03 영국의 생활안전

(1) 범죄 예방활동

영국은 마을 경찰(Village Bobby)이라는 조직으로 일반순찰과 달리 청소년 선도, 대화, 상담 등 친선활동, 수사, 정보 등의 경찰업무 전반의 업무를 처리한다.

지역사회의 안전을 위한 SCP(Safer City Program)을 통해서는 환경개선으로 범죄원인을 제거하고 범죄를 줄이고 범죄 두려움을 감소시키고자 했다. 사람들이 두려움을 느끼는 범죄나 실제 발생빈도가 높은 범죄 등 **특정 범죄를 대상으로 하는 범죄 예방 프로그램**이다.

04 프랑스의 생활안전

1999년부터 자치경찰제가 도입되었고 공안경찰과 질서경찰에서 지역경찰로 전환하고 있다. 일상의 범죄 두려움을 해소하기 위해 경찰의 대응력을 강화하고 있다. 주민친화적 경찰활동으로 지역안전협약을 맺고 있다.

001

15 경간

범죄원인에 대한 학설에 대한 설명 중 사회적 수준의 사회구조원인에 대한 학설은 모두 몇 개인가?

가. 생물학적 이론	나. 사회학습이론
다. 낙인이론	라. 하위문화이론
마. 심리학적 이론	바. 동조성전념이론
사. 차별적 접촉이론	아. 견제이론
자. 중화기술이론	차. 긴장(아노미)이론
카. 사회해체론	

① 2개   ② 3개   ③ 4개   ④ 5개

> **해설**
> 가. 생물학적 이론 – 실증주의 범죄학
> 다. 낙인이론 – 사회과정원인에 대한 학설
> 마. 심리학적 이론 – 실증주의 범죄학
> 사. 차별적 접촉이론 – 사회과정원인에 대한 학설
> 자. 중화기술이론 – 실증주의 범죄학
> 카. 사회해체론 – 실증주의 범죄학
> 나. 사회학습이론 – 사회과정원인에 대한 학설
> 라. 하위문화이론 – 사회구조원에 대한 학설
> 바. 동조성전념이론 – 사회과정원인에 대한 학설
> 아. 견제이론 – 사회과정원인에 대한 학설
> 차. 긴장(아노미)이론 – 실증주의 범죄학

002

20 승진

범죄원인이론에 대한 설명 중 가장 적절하지 <u>않은</u> 것은?

① Miller는 범죄는 하위문화의 가치와 규범이 정상적으로 반영된 것이라고 하였다.
② Cohen은 하류계층의 청소년들이 목표와 수단의 괴리로 인해 중류계층에 대한 저항으로 비행을 저지르며, 목표달성의 어려움을 극복하기 위해 자신들만의 하위문화를 만들게 되는데 범죄는 이러한 하위문화에 의해 저질러진다고 한다.
③ '사회해체론'과 '아노미이론'은 범죄의 원인을 사회적 구조의 특성에서 찾는 사회적 수준의 범죄원인이론이다.
④ Durkheim은 좋은 자아 관념이 주변의 범죄적 환경에도 불구하고 비행행위에 가담하지 않도록 하는 중요한 요소라고 한다.

> **해설**
> Reckless는 좋은 자아 관념이 주변의 범죄적 환경에도 불구하고 비행행위에 가담하지 않도록 하는 중요한 요소라고 한다.

ANSWER   **001** ②   **002** ④

003 범죄원인론에 대한 설명 중 가장 옳지 않은 것은?

19 경간

① Glaser는 청소년의 비행행위는 처벌이 없거나 칭찬받게 되면 반복적으로 저질러 진다고 하였다.

② Miller는 범죄는 하위문화의 가치와 규범이 정상적으로 반영된 것이라고 하였다.

③ Reckless는 좋은 자아 관념은 주변의 범죄적 환경에도 불구하고 비행행위에 가담 하지 않도록 하는 중요한 요소라고 한다.

④ Cohen은 하류계층의 청소년들이 목표와 수단의 괴리로 인해 중류계층에 대한 저 항으로 비행을 저지르며, 목표달성의 어려움을 극복하기 위해 자신들만의 하위문 화를 만들게 되며 범죄는 이러한 하위문화에 의해 저질러진다고 한다.

> 해설
> ① **Burgess & Akers**는 청소년의 비행행위는 처벌이 없거나 칭찬받게 되면 반복적으로 저질러진다고 하였다. **Glaser**는 청소년들이 영화의 주인공을 모방하고 자신과 동일시하면서 범죄를 학습한다고 하는 **차별적 동일시이론**을 주장하였다.

004

19 채용
2차

다음은 관할지역 내 범죄문제 해결을 위해 경찰서별로 실시하고 있는 활동들이다. 각 활동들의 근거가 되는 범죄원인론을 가장 적절하게 연결한 것은?

> ㉠ A경찰서는 관내에서 음주소란과 폭행 등으로 적발된 청소년들을 형사입건하는 대신 지역사회 축제에서 실시되는 행사에 보안요원으로 봉사할 수 있는 기회를 제공하였다.
> ㉡ B경찰서는 지역사회에 만연해 있는 경미한 주취소란에 대해서도 예외 없이 엄격한 법집행을 실시하였다.
> ㉢ C경찰서는 관내 자전거 절도사건이 증가하자 관내 자전거 소유자들을 대상으로 자전거에 일련번호를 각인해 주는 서비스를 제공하였다.
> ㉣ D경찰서는 관내 청소년 비행 문제가 증가하자 청소년들을 대상으로 폭력 영상물의 폐해에 관한 교육을 실시하고, 해당 유형의 영상물에 대한 접촉을 삼가도록 계도하였다.

① ㉠-낙인이론 ㉡-깨진 유리창 이론 ㉢-상황적 범죄예방 이론 ㉣-차별적 동일시 이론
② ㉠-낙인이론 ㉡-깨진 유리창 이론 ㉢-상황적 범죄예방 이론 ㉣-차별적 접촌 이론
③ ㉠-상황적 범죄예방 이론 ㉡-깨진 유리창 이론 ㉢-낙인이론 ㉣-차별적 접촌 이론
④ ㉠-상황적 범죄예방 이론 ㉡-낙인이론 ㉢-깨진 유리창 이론 ㉣-차별적 동일시 이론

해설

㉠ '낙인이론'은 범죄자로 만드는 것은 행위의 질적인 면이 아닌 그 행위에 대한 사람들의 인식이라고 본다. 따라서 나이가 어린 청소년을 형사입건하여 '전과자'라는 낙인을 찍는 것보다는 봉사할 수 있는 기회를 주어 선도하는 방법을 택한 것은 이러한 '낙인이론'과 관련된다.

㉡ '깨진 유리창 이론'은 경미한 무질서를 방치하면 더 큰 범죄가 발생할 수 있으므로 경미한 무질서에 대한 강경한 대응을 주장한다.

㉢ '일상활동이론'은 시간과 공간적 변동에 따른 범죄발생양상·범죄기회·범죄조건 등에 대한 구체적이고 미시적인 분석을 토대로 구체적인 상황에 맞는 범죄예방활동을 하고자 하는 이 론이다. 따라서 관내 자전거 절도사건이 증가하자 관내 자전거 소유자들을 대상으로 자전거에 일련번호를 각인해 주는 서비스를 제공하는 것은 이러한 '일상활동이론'과 관련된다.

㉣ Glaser의 '차별적 동일시이론'은 청소년들이 영화의 주인공을 모방하고 자신과 동일시하면서 범죄를 학습한다고 보는 이론이다. 따라서 폭력 영상물의 폐해에 관한 교육을 실시하고, 해당 유형의 영상물에 대한 접촉을 삼가도록 계도하는 것은 이러한 '차별적 동일시 이론'과 관련된다.

005 다음의 학자들이 주장한 범죄예방이론에 대한 설명 중 가장 옳지 <u>않은</u> 것은?

17 경간

① 클락&코니쉬의 합리적 선택 이론 – 체포의 위험성과 처벌의 확실성을 높여 효과적으로 범죄를 예방할 수 있다.

② 브랜팅햄의 범죄패턴 이론 – 범죄에는 일정한 시간적 패턴이 있으므로, 일정 시간대의 집중 순찰을 통해 효율적으로 범죄를 예방할 수 있다.

③ 로버트샘슨의 집합효율성 이론 – 지역사회 구성원들이 범죄 문제를 해결하기 위해 적극적으로 참여하면 효과적으로 범죄를 예방할 수 있다.

④ 윌슨&켈링의 깨진 유리창 이론 – 경미한 무질서에 대한 무관용 원칙과 지역주민 간의 상호협력이 범죄를 예방하는 데 중요한 역할을 한다.

> **해설**
> ② **브랜팅햄의 범죄패턴 이론** – 범죄에는 일정한 **장소적** 패턴이 있으므로, 지리적 프로파일링을 통한 범행지역의 예측활성화에 기여하였다.

006 범죄통제이론에 대한 설명으로 가장 적절하지 <u>않은</u> 것은?

19 승진

① '억제이론'은 강력하고 확실한 처벌을 통하여 범죄를 억제할 수 있다고 보며, 범죄의 동기나 원인, 사회적 환경에는 관심이 없다.

② '일상활동이론'은 지역사회 구성원들이 범죄문제를 해결하기 위해 적극적으로 참여하는 것이 중요한 범죄예방의 열쇠라고 한다.

③ '합리적 선택이론'은 인간이 자유 의지를 가지고 있다고 가정하고 합리적인 인간관을 전제로 하므로 비결정론적 인간관에 바탕을 두고 있다.

④ '치료 및 갱생이론'은 비용이 많이 들고 범죄자를 대상으로 하므로 일반 예방 효과에 한계가 있다는 비판이 존재한다.

> **해설**
> ② **'집합효율성이론'**은 지역사회 구성원들이 범죄문제를 해결하기 위해 적극적으로 참여하는 것이 중요한 범죄예방의 열쇠라고 한다.

007 범죄원인과 관련한 사회학적 범죄학의 설명 중 옳지 <u>않은</u> 것은?

11 승진
① 아노미이론에 의하면 범죄는 사회 구성원 개인의 욕구와 욕망에 대한 통제력을 유지할 수 없는 규범이 붕괴한 상태에서 발생한다고 주장한다.
② 사회해체론을 주장한 Shaw & Mckay는 소년비행률이 사회해체 지역에서 높다는 사실을 확인, 그 원인을 분석 실험하였다.
③ 차별적 접촉이론에 의하면 지역사회 간 범죄율의 차이는 범죄적 전통을 가진 집단일수록 범죄율이 높다고 본다.
④ 생물학적 이론에 의하면 범죄는 정신이상, 낮은 지능, 모방학습에서 기인한다고 본다.

해설
정신이상, 낮은 지능, 모방학습을 범죄의 원인으로 보는 것은 심리학적 범죄학이다.

008 범죄원인에 관한 제 학설 중 <u>틀린</u> 것은?

10 승진
① 사이크스는 중화기술이론을 통해 청소년은 비행의 과정에서 합법적·전통적 관습, 규범, 가치관 등을 중화시킨다고 주장하였다.
② 서덜랜드는 분화적 접촉이론을 통해 사회적 요인이 범죄의 요소이며 범죄행위는 비정상적으로 학습된 행위라고 주장하였다.
③ 실증주의 범죄학에서는 범죄가 자유의지보다 외부적 요소에 의해 강요되는 것이라고 보았다.
④ 시카고 학파는 각 지역사회의 문화적 갈등을 통해 범죄나 비행이 발생한다고 보았다.

해설
분화적 접촉이론은 분화된 사회조직 속에서 범죄문화에 접촉·참가·동조함으로써 범죄 행동이 학습된다고 보고, 범죄행위를 정상적으로 학습된 행위로 본다.

009 범죄예방의 개념을 설명한 것으로 <u>틀린</u> 것은?

① Lab은 범죄예방이란 실제의 범죄 발생과 범죄에 대한 공중의 두려움을 줄이는 사전활동으로 규정하였다.

② 제퍼리는 범죄환경의 개선을 통한 범죄예방모델을 제시했다.

③ 브랜팅햄과 파우스트는 채용, 2차, 3차 모델로 나누어 범죄예방을 설명했다.

④ 미 범죄예방연구소는 범죄예방의 개념을 범죄에 관련된 환경적 기회를 제거하는 간접적 통제활동으로 규정하였다.

> **해설**
> 미 범죄예방연구소는 범죄예방이란 범죄기회를 감소시키려는 사전활동이며, 범죄에 관련된 환경적 기회를 제거하려는 직접적 통제 활동이라고 하였다.

010 환경설계를 통한 범죄예방의 기본 원리에 대한 설명 중 <u>틀린</u> 것은?

10 승진

① 자연적 감시 – 건축물이나 시설물의 설계 시 가시권을 최대한 확보하여 외부침입자에 대한 감시기능 확대

② 영역성의 강화 – 사적 공간에 대한 경계선의 구분을 통해 거주자의 소유의식과 책임의식 증대

③ 자연적 접근통제 – 공공장소를 설치·이용함으로써 '거리의 눈'을 활용한 자연적 감시와 접근통제의 기능확대

④ 유지관리 – 최초 환경설계의 취지가 유지되도록 지속적인 관리의 실천

> **해설**
> 이는 활동성의 활성화에 대한 설명이다. 자연적 접근통제란 일정한 지역에 접근하는 사람들을 정해진 공간으로 유도하는 등 접근에 대한 심리적 부담을 증대시켜 범죄를 예방하려는 원리를 의미한다.

011 '억제이론 (deterrence theory)'에 대한 설명으로 적절하지 않은 것은?

09 채용

① 자유의지를 가진 합리적 범죄자를 기본가정으로 한다.

② 18세기 고전주의 범죄학의 직접적인 영향을 받았다.

③ 처벌의 엄중성, 확실성, 신속성이 범죄억제를 위한 중요한 요소가 된다.

④ 범죄자의 처벌을 통해 대중의 범죄를 예방하고자 하는 것을 특별억제라 한다.

해설
미 범죄예방연구소는 범죄예방이란 범죄기회를 감소시키려는 사전활동이며, 범죄에 관련된 환경적 기회를 제거하려는 직접적 통제 활동이라고 하였다.

012 상황적 범죄예방 이론에 대한 설명 중 타당하지 않은 것은?

〈08 경간〉

① 합리적 선택이론은 인간이 자유의지를 가지고 있다고 가정하고 합리적 인간관을 전제로 하므로 비결정론적인간관이라 할 수 있다.

② 상황적 범죄예방이론은 합리적 선택이론, 일상활동 이론, 생태학적 이론에 근거하여 범죄행위에 대한 위험과 어려움을 높여 범죄기회를 줄이고 범죄행위의 이익을 감소시켜 범죄를 예방하려는 이론이다.

③ 일상활동이론은 거시적 범죄분석을 토대로 범죄예방 모델을 도출하고자 한다.

④ 생태학적 이론은 어두운 거리에 가로등을 설치하는 등 범죄 취약요인을 제거함으로써 범죄예방을 하고자 하며, CPTED는 그 대표적 예로서 환경설계를 통한 범죄예방기법이다.

해설
일상활동 이론은 미시적 분석을 토대로 범죄의 동기, 범죄조건, 범죄기회, 범죄의 결과 등을 중시한다.

013

브랜팅험과 파우스트의 3단계 범죄예방모델에서 '2차 예방'에 대한 설명으로 가장 적절한 것은?

① 상습범 대책수립 및 재범억제를 지향하는 전략
② 범죄의 기회를 제공하는 물리적 환경조건을 찾아 개입하는 전략
③ 잠재적 범죄자를 초기에 발견하여 개입하는 전략
④ 범죄 발생 원인에 영향을 미치는 경제 및 사회조건에 개입하는 전략

해설

잠재적 범죄자를 초기에 발견하여 개입하는 전략은 2차적 예방모델이다.

1차적 범죄예방	① 물리적 · 사회적 환경 중에서 범죄원인이 되는 조건들을 개선시키는 데 초점을 두고 있다. 범죄행위를 야기할 가능성을 가진 문제들을 방지하는 것에 초점을 둔다. ② 건축설계, 조명, 자물쇠장치, 비상벨이나 CCTV 설치 등의 환경설계, 시민순찰과 같은 이웃감시활동, 민간경비, 경찰방범활동, 범죄예방교육 등 형사사법기관의 활동은 1차적 범죄예방의 범주에 속한다.
2차적 범죄예방	① 잠재적 범죄자를 초기에 발견하고 비합법적 행위가 발생하기 이전에 예방하고자 하는 것이다. 2차적 범죄예방은 우범지역에 초점을 맞춘다. ② 2차적 범죄예방에서는 이미 존재하는 요인들과 일탈행위를 조장하는 요인들에 더 초점을 맞춘다. ③ 우범자를 대상으로 이들과 많이 접하는 지역사회 지도자, 교육자, 부모에 의해 이루어진다. 예) 청소년우범지역 단속활동, 범죄예측, 범죄지역분석, 전환제도
3차적 범죄예방	① 범죄자들이 다시는 범죄를 저지르지 않도록 하기 위한 활동을 말한다. ② 3차적 범죄예방활동의 대부분은 형사사법기관이 담당한다. ③ 민간단체나 지역사회의 교정프로그램도 3차적 범죄예방활동에 포함된다. 예) 체포, 기소, 교도소 구금, 교정치료, 사회복귀와 같은 것

014 환경설계를 통한 범죄예방(CPTED)에 대한 설명으로 가장 적절하지 <u>않은</u> 것은?

13·15
채용 1차

16 채용
2차

① 자연적 감시 – 건축물이나 시설물의 설계 시 가시권을 최대 확보, 외부침입에 대한 감시기능을 확대하여 범죄행위의 발견 가능성을 증가시키고, 범죄기회를 감소시킬 수 있다는 원리이다.

② 자연적 접근통제 – 사적 공간에 대한 경계를 표시하여 주민들의 책임의식과 소유의식을 증대함으로써 사적 공간에 대한 관리권과 권리를 강화시키고, 외부인들에게는 침입에 대한 불법 사실을 인식시켜 범죄기회를 차단하는 원리이다.

③ 활동의 활성화 – 지역사회의 설계 시 주민들이 모여서 상호의견을 교환하고 유대감을 증대할 수 있는 공공장소를 설치하고 이용하도록 함으로써 '거리의 눈'을 활용한 자연적 감시와 접근통제의 기능을 확대하는 원리이다.

④ 유지관리 – 처음 설계된 대로 혹은 개선한 의도대로 기능을 지속적으로 유지하도록 관리함으로써 범죄예방을 위한 환경설계의 장기적이고 지속적인 효과를 유지하는 원리이다.

> **해설**
> ② **영역성의 강화** – 사적 공간에 대한 경계를 표시하여 주민들의 책임의식과 소유의식을 증대함으로써 사적 공간에 대한 관리권과 권리를 강화시키고, 외부인들에게는 침입에 대한 불법사실을 인식시켜 범죄기회를 차단하는 원리이다.

015 환경설계를 통한 범죄예방의 기본원리에 대한 설명 중 가장 적절한 것은?

20 승진

① 자연적 감시의 종류에는 조명·조경·가시권 확대를 위한 건물의 배치가 있다.

② 영역성의 강화는 일정한 지역에 접근하는 사람들을 정해진 공간으로 유도하거나 외부인의 출입을 통제하도록 설계함으로써 접근에 대한 심리적 부담을 증대시켜 범죄를 예방하는 원리이다.

③ 자연적 접근통제는 지역사회의 설계 시 주민들이 모여서 상호 의견을 교환하고 유대감을 증대할 수 있는 공공장소를 설치하고 이용하도록 함으로써 '거리의 눈'을 활용한 자연적 감시와 접근통제의 기능을 확대하는 원리이다.

④ 활동의 활성화의 종류에는 벤치·정자의 위치 및 활용성에 대한 설계 출입구의 최소화가 있다.

> **해설**
> ② **자연적 접근통제**는 일정한 지역에 접근하는 사람들을 정해진 공간으로 유도하거나 외부인의 출입을 통제하도록 설계함으로써 접근에 대한 심리적 부담을 증대시켜 범죄를 예방하는 원리이다.
> ③ **활동성의 활성화**는 지역사회의 설계 시 주민들이 모여서 상호 의견을 교환하고 유대감을 증대할 수 있는 공공장소를 설치하고 이용하도록 힘으로써 '거리의 눈'을 활용한 자연적 감시와 접근통제의 기능을 확대하는 원리이다.
> ④ 벤치·정자의 위치 및 활용성에 대한 설계는 활동의 활성화의 종류에 해당하지만, 출입구의 최소화는 자연적 접근통제의 종류에 해당한다.

ANSWER 014② 015①

016

08 경간

CPTED(환경설계를 통한 범죄예방)의 원리와 그 내용 및 종류에 대한 설명으로 가장 적절하지 <u>않은</u> 것은?

① '자연적 감시'란 건축물이나 시설물의 설계 시 가시권을 최대한 확보하고, 외부침입에 대한 감시기능을 확대함으로써 범죄행위의 발견 가능성을 증가시키며, 범죄기회를 감소시킬 수 있다는 원리로서, 종류로는 조명·조경·가시권 확대를 위한 건물의 배치 등이 있다.

② '영역성의 강화'란 사적 공간에 대한 경계를 표시하여 주민들의 책임의식과 소유의식을 증대시킴으로써 사적 공간에 대한 관리권과 권리를 강화시키고 외부인들에게는 침입에 대한 불법 사실을 인식시켜 범죄기회를 차단한다는 원리이며, 종류로는 출입구의 최소화, 통행로의 설계, 사적·공적 공간의 구분이 있다.

③ '활동의 활성화'란 지역사회의 설계 시 주민들이 모여서 상호의견을 교환하고 유대감을 증대할 수 있는 공공장소를 설치하고 이용하도록 함으로써 자연적 감시와 접근통제의 기능을 확대한다는 원리이며, 종류로는 체육시설의 접근성과 이용의 증대, 벤치·정자의 위치 및 활용성에 대한 설계가 있다.

④ '유지관리'란 처음 설계된 대로 혹은 개선한 의도대로 기능을 지속적으로 유지하도록 관리함으로써 범죄예방을 위한 환경설계의 장기적이고 지속적인 효과를 유지한다는 원리이며, 종류로는 파손의 즉시 보수, 청결유지, 조명·조경의 관리가 있다.

해설
② 출입구의 최소화, 통행로의 설계는 '자연적 접근통제'에 해당한다. 사적·공적 공간의 구분, 울타리·펜스의 설치 등이 영역성의 강화의 종류에 해당한다.

017

09 채용 2차

무관용(Zero Tolerance) 경찰활동의 내용으로 적절하지 <u>않은</u> 것은?

① 무관용 경찰활동은 1990년대 뉴욕에서 본격적으로 시행되었다.
② 윌슨(J. Wilson)과 켈링 (G . Kelling)의 '깨어진 창 이론'에 기초하였다.
③ 경미한 비행자에 대한 무관용 개입은 낙인효과를 유발할 수 있다는 비판이 있다.
④ 직접적인 피해자가 없는 무질서 행위를 용인하는 전통적 경찰활동의 전략을 계승하였다.

해설
④ 무관용 경찰활동은 일체의 무질서 행위를 용인해서는 안 된다는 입장이다.

018 지역사회 경찰활동(Community Policing)에 대한 설명으로 가장 적절하지 <u>않은</u> 것은?

20 채용

① 업무평가의 주요한 척도는 사후진압을 강조한 범인검거율이 아닌 사전예방을 강조한 범죄나 무질서의 감소율이다.

② 지역사회 경찰활동의 프로그램으로 이웃지향적 경찰활동, 전략지향적 경찰활동, 문제지향적 경찰활동 등이 있다.

③ 타 기관과는 권한과 책임 문제로 인한 갈등구조가 아닌 지역 사회 문제 해결의 공동목적 수행을 위한 협력구조를 이룬다.

④ 지역사회 문제 해결을 위한 경찰업무 영역의 확대로 일선 경찰관에 대한 감독자의 지휘 · 통제가 강조된다.

> **해설**
> ④ '지역사회 경찰활동(Community Policing)'은 지역사회 문제 해결을 위한 경찰업무 영역의 확대로 일선 경찰관에 대한 지역사회의 요구에 부응하는 **분권화된 경찰관의 개개인의 능력**이 강조된다

019 「경비업법」상 경비업에 대한 설명 중 옳은 것을 모두 고른 것은?

20 경간

> 가. 기계경비 업무는 경비대상시설에 설치한 기기에 의하여 감지 · 송신된 정보를 그 경비대상시설 외의 장소에 설치한 관제시설의 기기로 수신하여 도난 · 화재 등 위험 발생을 방지하는 업무이다.
> 나. 신변보호업무는 사람의 생명이나 신체에 대한 위해의 발생을 방지하고 그 신변을 보호하는 업무이다.
> 다. 특수경비 업무는 공항(항공기를 제외한다) 등 대통령령이 정하는 국가중요시설의 경비 및 도난 · 화재 그 밖의 위험 발생을 방지하는 업무이다.
> 라. 혼잡경비 업무는 경비를 필요로 하는 시설 및 장소에서의 도난 · 화재 그 밖의 혼잡 등으로 인한 위험 발생을 방지하는 업무이다.

① 가　　　　② 가, 나　　　　③ 가, 나, 다　　　　④ 가, 나, 다, 라

> **해설**
> 다. 특수경비업무는 공항 등 대통령령이 정하는 국가중요시설의 경비 및 도난 · 화재 그 밖의 위험 발생을 방지하는 업무이다.
> 라. **시설경비업무**는 경비를 필요로 하는 시설 및 장소에서의 도난 · 화재 그 밖의 혼잡 등으로 인한 위험 발생을 방지하는 업무이다.

020

12 채용
1차

15 채용
3차

16·17
채용 1차

16
지능범죄

「경비업법」상 경비업무의 내용을 설명한 것으로 다음 보기 중 옳은 것은 모두 몇 개인 가?

⊙ 시설경비업무–경비를 필요로 하는 시설 및 장소에서의 도난·화재 그 밖의 혼 잡 등으로 인한 위험 발생을 방지하는 업무
ⓛ 호송경비업무–운반 중에 있는 현금·유가증권·귀금속·상품 그 밖의 물건에 대하여 도난·화재 등 위험 발생을 방지하는 업무
ⓒ 신변보호업무–사람의 생명이나 신체에 대한 위해의 발생을 방지하고 그 신변 을 보호하는 업무
ⓔ 기계경비업무–경비대상시설에 설치한 기기에 의하여 감지·송신된 정보를 그 경비대상시설 내의 장소에 설치한 관제시설의 기기로 수신하여 도난·화재 등 위험발생을 방지하는 업무
ⓜ 특수경비업무 공항 등 대통령령이 정하는 국가 중요시설의 경비 및 도난·화재 그 밖의 위험발생을 방지하는 업무

① 2개 ② 3개 ③ 4개 ④ 5개

> **해설**
> ⓔ 기계경비업무 – 경비대상시설에 설치한 기기에 의하여 감지·송신된 정보를 그 **경비대상시설 외의 장소에 설치한 관제시설**의 기기로 수신하여 도난·화재 등 위험 발생을 방지하는 업무
> ⓜ 특수경비업무 – 공항 등 대통령령이 정하는 국가 중요시설의 경비 및 도난·화재 그 밖의 위험 발생을 방지하는 업무

021

20 경간

다음 중 경비업의 허가를 받은 법인이 관할 지방경찰청장에게 신고해야 할 사항이 아 닌 것은?

① 영업을 폐업하거나 휴업한 때
② 법인의 주사무소나 출장소를 신설·이전 또는 폐지한 때
③ 도급받아 행하고자 하는 경비업무를 변경하는 경우
④ 특수경비업무를 개시하거나 종료한 때

> **해설**
> ③ 도급받아 행하고자 하는 경비업무를 변경하는 경우는 지방경찰청장에게 신고해야 할 사항이 아니라 허가를 받아야 할 사항이다

022

「지역경찰 조직 및 운영에 관한 규칙」에 대한 설명이다. 옳지 <u>않은</u> 것만으로 바르게 연결된 것은?

ㄱ "지역경찰관서"라 함은 「경찰법」 제17조 및 「경찰청과 그 소속기관직제」 제44조에 규정된 지구대, 파출소 및 치안센터를 말한다.
ㄴ 관리팀은 일근근무, 순찰팀장 및 순찰팀원은 상시 · 교대근무를 원칙으로 한다.
ㄷ 경계근무는 반드시 2인 이상 합동으로 지정하여야 한다.
ㄹ 지역 치안수요 및 인력여건 등을 고려하여 지역경찰관서의 관리팀 및 순찰팀의 인원은 지방경찰청장이 결성하고, 순찰팀의 수는 경찰서장이 결정한다.
ㅁ 경찰서장은 인구, 면적, 교통 · 지리적 여건 등을 고려하여 경찰서의 관할구역을 나누어 지역경찰관서를 설치한다.

① ㄱㄴㄷ　　　② ㄱㄹㅁ　　　③ ㄴㄷㄹ　　　④ ㄴㄹㅁ

해설
ㄱ "지역경찰관서"라 함은 「경찰법」 제17조 및 「경찰청과 그 소속기관직제」 제44조에 규정된 **지구대, 파출소**를 말한다.
ㄹ 지역경찰관서의 **관리팀 및 순찰팀의 인원은 경찰서장이 결정**하고, **순찰팀의 수는 지방경찰청장이 결정**한다.
ㅁ **지방경찰청장은** 인구, 면적, 행정구역, 교통 · 지리적 여건, 각종 사건사고 발생 등을 고려하여 경찰서의 관할구역을 나누어 지역경찰관서를 설치한다.

023

「지역경찰의 조직 및 운영에 관한 규칙」에 대한 설명 중 옳지 <u>않은</u> 것은 모두 몇 개인가?

가. 행정근무를 지정받은 지역경찰은 각종 현황 · 통계 · 부책 관리 및 중요 사건 · 사고 발생 시 보고 · 전파 업무를 수행한다.
나. 순찰팀의 수는 지역 치안수요 및 인력여건 등을 고려하여 경찰서장이 결정한다.
다. 경찰 중요 시책의 홍보 및 협력치안 활동은 지역경찰관서장의 직무로, 관내 중요 사건발생 시 현장지휘는 순찰팀장의 직무로 명시되어 있다.
라. 경찰서장은 인구, 면적, 교통 · 지리적 여건 등을 고려하여 경찰서 관할구역을 나누어 지역경찰관서를 설치한다.
마. '지역경찰관서'라 함은 「경찰법」 제17조 및 「경찰청과 그 소속기관 직제」 제44조에 규정된 지구대, 파출소 및 치안센터를 말한다.

① 1개　　　② 2개　　　③ 3개　　　④ 4개

해설
가. 각종 현황통계 부책 관리는 행정근무에 해당하지만, 중요 사건 · 사고 발생시 보고 · 전파 업무는 상황근무를 지정받은 지역경찰이 수행한다.
나. 순찰팀의 수는 지역 치안수요 및 인력여건 등을 고려하여 **지방경찰청장이** 결정한다.
라. **지방경찰청장은** 인구, 면적, 교통 · 지리적 여건 등을 고려하여 경찰서 관할구역을 나누어 지역경찰관서를 설치한다.
마. '지역경찰관서'라 함은 「경찰법」 제17조 및 「경찰청과 그 소속기관 직제」 제44조에 규정된 **지구대, 파출소**를 말한다.

024 다음 보기 중 「지역경찰의 조직 및 운영에 관한 규칙」상 지역경찰의 근무종류와 그 업무가 올바르게 연결된 것은?

19 경간

> 가. 시설 및 장비의 작동 여부 확인
> 나. 방문민원 및 각종 신고사건의 접수 및 처리
> 다. 주민여론 및 범죄첩보 수집
> 라. 비상 및 작전사태 등 발생 시 차량, 선박 등의 통행 통제

① 가 – 순찰근무   나 – 행정근무   다 – 상황근무   라 – 순찰근무
② 가 – 상황근무   나 – 상황근무   다 – 순찰근무   라 – 경계근무
③ 가 – 상황근무   나 – 행정근무   다 – 상황근무   라 – 순찰근무
④ 가 – 순찰근무   나 – 상황근무   다 – 순찰근무   라 – 경계근무

해설
가. 시설 및 장비의 작동여부 확인 – 상황근무
나. 방문민원 및 각종 신고사건의 접수 및 처리 – 상황근무
다. 주민여론 및 범죄첩보 수집 – 순찰근무
라. 비상 및 작전상태 등 발생 시 차량, 선박 등의 통행 통제 – 경계근무

025 「지역경찰의 조직 및 운영에 관한 규칙」에 관한 다음 설명 중 옳은 것은 모두 몇 개인가?

18 경간

가. 지방경찰청장 및 경찰서장은 지역경찰의 올바른 직무수행 및 자질 향상을 위해 필요한 교육을 실시하여야 하며 교육시간, 방법, 내용 등 지역경찰 교육과 관련된 세부적인 기준은 지방경찰청조에 따로 정한다.

나. 순찰근무의 근무종류 및 근무구역은 시간대별·장소별 치안수요, 각종 사건사고 발생, 순찰 인원 및 가용 장비, 관할 면적 및 교통·지리적 여건을 고려하여 지정하여야 한다.

나. 상황근무를 시정받은 시역경찰은 지역경찰관서 및 지안센터 내에서 시설 및 장비의 작동 여부 확인, 방문민원 및 각종 신고사건의 접수 및 처리, 요보호자 또는 피의자에 대한 보호·감시, 중요 사건·사고 발생 시 보고 및 전파, 기타 필요한 문서의 작성의 업무를 수행한다.

라. 행정근무를 지정받은 지역경찰은 지역경찰관서 내에서 문서의 접수 및 처리, 시설·장비의 관리 및 예산의 집행, 각종 현황·통계·자료·부책 관리, 기타 행정업무 및 지역경찰관서장이 지시한 업무를 수행한다.

마. 지방경찰청장은 소속 지방경찰청의 지역경찰 정원 충원현황을 연 2회 이상 점검하고 현원이 정원에 미달할 경우, 지역경찰 정원충원 대책을 수립·시행하여야 한다.

① 1개　　　　② 2개　　　　③ 3개　　　　④ 4개

> **해설**
> 가. 지방경찰청장 및 경찰서장은 지역경찰의 올바른 직무수행 및 자질 향상을 위해 필요한 교육을 실시하여야 하며 교육시간, 방법, 내용 등 지역경찰 교육과 관련된 세부적인 기준은 **경찰청장**이 따로 정한다.

026 「풍속영업의 규제에 관한 법률」에 대한 설명으로 옳지 <u>않은</u> 것은 모두 몇 개인가?

11 경간

> ㉠「풍속영업의 규제에 관한 법률」에 규정된 풍속영업자의 범위는 허가 또는 인가를 받지 아니하거나, 등록 또는 신고를 하지 아니하고 풍속영업을 영위하는 자는 제외한다.
> ㉡「식품위생법」상 식품접객업 중 유흥주점, 단란주점, 티켓다방은 풍속영업에 해당하여 「풍속영업의 규제에 관한 법률」의 적용을 받는다.
> ㉢「풍속영업의 규제에 관한 법률」의 적용을 받는 게임제공업 중에서 일반게임제공업은 등록대상 게임업에 해당한다.
> ㉣ 풍속영업의 허가관청은 영업자가 준수사항을 위반한 경우 관할 경찰서장에게 통보하여야 한다.
> ㉤ 풍속영업자가 미성년자에게 술·담배를 제공하는 행위는 「청소년보호법」에 의하여 처벌받는다.

① 1개   ② 2개   ③ 3개   ④ 4개

해설
㉠「풍속영업의 규제에 관한 법률」에 규정된 풍속영업자의 범위는 **허가 또는 인가를 받지 아니하거나, 등록 또는 신고를 하지 아니하고 풍속영업을 영위하는 자를 포함**한다.
㉡ 식품접객업 중 풍속영업에 해당하는 것이란 단란주점영업 및 유흥주점영업을 말한다.
㉢ **일반게임제공업**을 영위하고자 하는 자는 허가의 기준·절차 등에 관하여 대통령령이 정하는 바에 따라 시장·군수·구청장의 **허가**를 받아 영업을 할 수 있다.
㉣ 경찰서장은 풍속영업자나 대통령령으로 정하는 종사자가 풍속영업자의 준수사항을 위반하면 그 사실을 허가관청에 알려야 한다.

027 다음 내용 중 옳은 것은 몇 개인가?

09 경찰
1차

> ㉠ 풍속영업의 규제에 관한 법률에 규정된 풍속영업자의 범위는 허가 또는 인가를 받지 아니하거나, 등록 또는 신고를 하지 아니하고 풍속영업을 영위하는 자를 포함하지 않는다.
>
> ㉡ 도검 · 분사기의 수 · 출입, 화약류 2급 저장소의 설치, 화약류 발파, 전자충격기 · 석궁 제조업자의 허가권자는 지방 경찰청장이다.
>
> ㉢ 사행행위영업의 대상 범위가 2 이상의 특별시 · 광역시 또는 도에 걸치는 경우에는 경찰청장에게 허가를 받아야 한다.
>
> ㉣ 유흥주점, 비디오물감상실, 무도학원은 청소년출입 · 고용 금지업소이다.
>
> ㉤ 노래방연습장에서 22세 남자 대학생을 도우미로 불러 여자 손님들과 동석시킨 후 노래를 부르게 한 경우 처벌 법규는 음악산업진흥에 관한 법률이다.
>
> ㉥ 노래연습장에서 유흥종사자를 두고 맥주와 조리하지 않은 안주를 제공했다면 단란주점업에 해당한다.

① 2개   ② 3개   ③ 4개   ④ 5개

해설
㉠ 풍속영업자의 범위는 허가 또는 인가를 받지 아니하거나, 등록 또는 신고를 하지 아니하고 풍속영업을 영위하는 자를 포함한다.
㉡ 화약류 발파 허가권자는 관할(사용지, 발파지) 경찰서장이다.
㉥ 노래연습장에서 유흥종사자를 두고 맥주와 조리하지 않은 안주를 제공했다면 유흥주점업에 해당한다.

028 다음 생활안전경찰 관련 설명 중 틀린 것은?

08 경찰
2차

① 도보순찰을 증가하여도 범죄 발생은 감소하지 않으나 주민들은 자신들의 구역 내에서 범죄가 줄고 있다고 생각한다는 연구결과를 밝힌 것은 플린트 도보순찰프로그램이다.

② 범죄통제이론 중 일상생활이론에서는 범죄를 저지르고자 하는 의욕적인 범죄자와 적절한 범행대상, 보호자의 부재라는 세 가시 조선이 충족될 때 범죄가 발생한다고 본다.

③ 경범죄처벌위반자에 대해서는 집행유예를 선고할 수 없다.

④ 공기총사격장, 석궁사격장을 설치하고자 하는 자는 경찰서장의 허가를 받아야 한다.

해설
① 도보순찰을 증가하여도 범죄 발생은 감소하지 않으나 주민들은 자신들의 구역 내에서 범죄가 줄고 있다고 생각한다는 연구결과를 밝힌 것은 뉴왁시 도보순찰프로그램이다.
② 사격 및 사격장 안전관리에 관한 법률 제6조(사격장의 설치허가) 사격장을 설치하려는 자는 다음 각 호의 구분에 따라 경찰서장이나 지방경찰청장의 허가를 받아야 한다. 사격장의 위치와 대통령령으로 정하는 주요 구조 설비를 변경하려는 경우에도 또한 같다.
㉠ 공기총(가스를 이용하는 것을 포함)사격장 및 석궁사격장: 경찰서장
㉡ ㉠외의 사격장: 지방경찰청장

029 다음 지역경찰관의 초동조치에 관한 설명 중 틀린 것은?

07 경간

① 강력사건 발생 시 현장으로 급행하며, 출동 도중에도 범인이라고 의심되는 자는 반드시 확인한다.

② 일시·장소·범인의 인상착의·도주수단과 방향 등 긴급배치에 필요한 사항을 무전으로 우선 보고한다.

③ 도박사건 신고 시 경찰의 출동이 노출되지 않게 주의하여 접근, 사복직원을 동행하거나 순찰자의 출동이 감지되지 않도록 주의한다.

④ 변사자의 처리에 있어 지역경찰관은 검시관의 지휘를 받아 사체처리를 할 필요는 없으며 범죄에 의한 사체가 아님이 명확하면 유족에게 바로 인도한다.

> **해설**
> 변사자의 처리에 있어 지역경찰관은 현장확보 및 증거보전 등 검시관의 지시에 따라야 하며 임의로 사체를 처리해서는 안 된다.

030 '지역경찰의 조직 및 운영에 관한 규칙'에 대한 설명으로 옳지 <u>않은</u> 것은 모두 몇 개인가?

11 경찰간부

> ㉠ 지역경찰관서의 지구대장은 경정 또는 경감, 파출소는 경감 또는 경위로 보한다.
> ㉡ 치안센터는 설치목적에 따라 검문소형과 출장소형으로 구분하며, 검문소형 치안센터는 지리적 여건·치안수요 등을 고려하여 필요한 경우 직주일체형으로 운영할 수 있다.
> ㉢ 경찰서장은 직주일체형 치안센터에서 거주하는 근무자의 배우자에게 조력사례금을 지급하여야 한다.
> ㉣ 경찰서장은 지역경찰 중 6월 이상의 휴직·파견근무를 명받은 자를 교체할 수 있다.

① 0개   ② 1개   ③ 2개   ④ 3개

> **해설**
> ㉡ 치안센터는 설치목적에 따라 검문소형과 출장소형으로 구분하며, 출장소형 치안센터는 지리적 여건·치안수요 등을 고려하여 필요한 경우 직주일체형으로 운영할 수 있다.
> ㉣ 경찰서장은 지역경찰 중 6월 이상의 휴직·파견근무를 명받은 자를 지체 없이 교체하여야 한다.

ANSWER 029 ④ 030 ③

031

09 경찰
2차

순찰의 증감이 범죄율과 시민의 안전감에 영향을 미치지 못한다는 결과를 도출하여 경찰의 순찰활동 전략을 재고하게 만든 연구는?

① 플린트 도보순찰실험　　　　　　② 뉴왁 도보순찰실험

③ 캔사스 예방순찰실험　　　　　　④ 뉴욕경찰의 작전 25실험

해설

캔사스시의 예방순찰	차량순찰 수준을 증가해도 범죄는 감소하지 않았고, 일상적인 순찰을 생략해도 범죄는 증가하지 않음 (순찰과 범죄예방의 무관)
뉴왁시 도보순찰	도보순찰이 증가하여도 범죄 발생은 감소되지 않으나, 주민들은 자신들의 구역 내에서 범죄가 줄어들고 있다고 생각함 (도보순찰의 심리적 효과)
플린트 도보순찰	실험기간 중 범죄 발생 건수가 증가했음에도 불구하고, 도보순찰 결과 시민들은 더 안전하다고 느끼고 있음 (도보순찰의 심리적 효과)

032

11
경찰간부

다음 중 '112신고센터 운영 및 신고처리규칙'에 대한 설명으로 옳은 것은 모두 몇 개인 가?

㉠ 경찰서의 112센터는 치안상황실과는 별도의 공간에 설치하는 것이 원칙이다.

㉡ 112요원의 근무기간은 업무의 중요성을 고려하여 최소 2년 이상으로 한다.

㉢ 112신고의 유형 중 code 2와 code 3에 해당하는 신고는 현장조치의 필요성이 없는 신고이다.

㉣ 112신고 접수처리 입력 자료는 1년간 보존한다.

① 0개　　　　　　② 1개　　　　　　③ 2개　　　　　　④ 3개

해설

㉠ 제4조(112센터의 설치) 112신고의 효율적인 처리를 위해 각 지방경찰청 및 경찰서 생활안전과장(생활안전교통과장을 포함한다)소속하에 112센터를 설치한다. 경찰서의 112센터는 치안상황실 안에 설치하는 것을 원칙으로 한다.

㉡ 제9조 112요원의 근무기간은 1년 이상으로 한다.

㉢ code 2 신고유형은 경찰 출동요소에 의한 현장조치 필요성은 있으나 code 1 신고에 속하지 않는 경우이고, code 3 신고유형은 경찰 출동요소에 현장조치 필요성이 없는 경우이다.

033

11 경감
승진

지구대 CCTV 설치 및 관리와 관련된 설명으로 가장 옳지 <u>않은</u> 것은?('경찰장비관리규칙'에 의함)

① 민원 또는 사건·사고와 관련된 녹화 CD 등은 1개월간 보존하고, 필요한 경우에는 보존기간을 연장하여 특별 관리한다.

② CCTV 모니터는 상황근무자가 잘 볼 수 있는 장소에 설치하여 적정녹화 여부를 확인할 수 있어야 한다.

③ 경찰서장은 외근감독 순시계획 수립 시 CCTV 운영사항을 확인하도록 하여야 한다.

④ 음주소란·난동행위자 등에 대하여는 모든 행위가 CCTV에 녹화되어 증거자료로 활용될 수 있음을 사전 고지해야 한다.

해설

CCTV 모니터는 피의자 또는 민원인이 잘 볼 수 있는 장소에 설치하여야 한다.

034

11 경간

'풍속영업의 규제에 관한 법률'에 대한 설명으로 옳지 <u>않은</u> 것은 모두 몇 개인가?

⊙ 풍속영업자에는 인가 또는 허가를 받지 아니하고 풍속영업을 하는 자를 포함한다.

ⓒ '식품위생법'상 식품접객업 중 유흥주점, 단란주점, 티켓다방은 풍속영업에 해당하여 '풍속영업의 규제에 관한법률'의 적용을 받는다.

ⓒ '풍속영업의 규제에 관한 법률'의 적용을 받는 게임제공업 중에서 일반게임제공업은 등록대상 게임업에 해당한다.

ⓔ 풍속영업의 허가관청은 영업자가 준수사항을 위반한 경우 관할 경찰서장에게 통보하여야 한다.

ⓜ 풍속영업자가 미성년자에게 술·담배를 제공하는 행위는 '청소년보호법'에 의하여 처벌받는다.

① 0개 　　　　② 1개 　　　　③ 2개 　　　　④ 3개

해설

ⓒ 티켓다방은 풍속영업에 해당하지 않는다.
ⓒ 일반게임제공업은 '허가'대상 게임업에 해당한다.
ⓔ 경찰서장은 풍속영업자(또는 풍속영업종사자)가 영업자 준수 사항을 위반한 때에는 그 사실을 허가관청에 통보하여야 한다.

ANSWER 　033 ② 　034 ④ / ⓒ ⓒ ⓔ

035 「청소년보호법」에 대한 판례의 입장으로 가장 적절한 것은?

20 승진

① 일반음식점의 실제 영업형태 중에서 주간에는 주로 음식류를 조리·판매하고 야간에는 주로 주류를 조리·판매하는 형태도 있을 수 있는데, 이러한 경우 주간과 야간을 불문하고 그 업소는 「청소년보호법」상 청소년고용금지업소에 해당한다.

② 유흥주점 운영자가 업소에 들어온 미성년자의 신분을 의심하여 주문받은 술을 들고 룸에 들어가 신분증의 제시를 요구하고 밖으로 데리고 나온 경우 「청소년보호법」 위반죄가 성립한다.

③ 단란주점의 업주가 청소년들을 고용하여 영업을 한 이상 그 중 일부가 대기실에서 대기 중이었을 뿐 실제 접객행위를 한 바 없다 하더라도, 고용된 청소년 전부에 대하여 「청소년보호법 시행령」에 따라 과징금을 부과한 것은 정당하다.

④ 「청소년보호법」 제30조 제8호가 규정하는 '이성혼숙'은 남녀 모두가 청소년일 것을 요구하고 남녀 중 일방이 청소년이면 족하다고 볼 수 없다.

해설

① 일반음식점의 실제의 영업형태 중에서는 주간에는 주로 음식류를 조리·판매하고 야간에는 주로 주류를 조리·판매하는 형태도 있을 수 있는데, 이러한 경우 음식류의 조리·판매보다는 주로 주류를 조리·판매하는 야간의 영업형태에 있어서의 그 업소는 위 청소년보호법의 입법 취지에 비추어 볼 때 청소년보호법상의 청소년고용금지업소에 해당한다.

② 유흥주점 운영자가 업소에 들어온 미성년자의 신분을 의심하여 주문받은 술을 들고 룸에 들어가 신분증의 제시를 요구하고 밖으로 데리고 나온 사안에서, 미성년자가 실제 주류를 마시거나 마실 수 있는 상태에 이르지 않았으므로 술값의 선불 지급 여부 등과 무관하게 주류판매에 관한 청소년보호법 위반죄가 성립하지 않는다.

④ 위 법문이 규정하는 '이성혼숙'은 남녀 중 일방이 청소년이면 족하고, 반드시 남녀 쌍방이 청소년임을 요하는 것은 아니다.

036 풍속사범에 대한 단속과 관련 설명 중 옳은 것은 모두 몇 개인가?(판례에 의함)

20 경간

> 가. 풍속업소인 숙박업소에서 음란한 외국의 위성방송프로그램을 수신하여 투숙객 등으로 하여금 시청하게 하는 행위는 구 「풍속영업의 규제에 관한 법률」에서 규정된 '음란한 물건'을 관람하게 하는 행위에 해당하지 않는다.
> 나. 유흥주점영업허가를 받았다고 하더라도 실제로는 노래연습장영업을 하고 있다면 유흥주점영업에 따른 영업자 준수사항을 지켜야 할 의무가 있다고 할 수 없다.
> 다. 일반음식점 허가를 받은 사람이 주로 주류를 조리·판매하는 형태의 주점 영업을 하였다면, 손님이 노래를 부를 수 있는 여건이 갖추어지지 않았다고 하더라도 구 「식품위생법」상 단란주점영업에 해당한다.
> 라. 18세 미만의 청소년에게 술을 판매함에 있어서 가사 그의 민법상 법정대리인의 동의를 받았다고 하더라도 그러한 사정만으로 위 행위가 정당화될 수는 없다.
> 마. 청소년이 이른바 '티켓걸'로서 노래연습장 또는 유흥주점에서 손님들의 흥을 돋우어 주고 시간당 보수를 받은 경우라고 하더라도 업소주인이 청소년을 시간제 접대부로 고용한 것으로 보기는 어려우므로 업소주인을 청소년보호법위반죄로 처벌할 수 없다.
> 바. 모텔에 동영상 파일 재생장치인 DVD 플레이어를 설치하고 투숙객에게 그 비밀번호를 가르쳐 주어 저장된 음란동영상을 관람하게 한 경우, 이는 「풍속영업의 규제에 관한 법률」에서 금지하고 있는 음란한 비디오물을 풍속영업소에서 관람하게 한 행위에 해당한다.

① 1개   ② 2개   ③ 3개   ④ 4개

해설

가. 풍속영업소인 숙박업소에서 음란한 외국의 위성방송프로그램을 수신하여 투숙객 등으로 하여금 시청하게 하는 행위는, 구 「풍속영업의 규제에 관한 법률」 제3조 제2호에 규정된 '음란한 물건'을 관람하게 하는 행위에 **해당한다.**
다. 일반음식점 허가를 받은 사람이 주로 주류를 조리·판매하는 형태의 주점영업을 하였더라도, 손님이 노래를 부를 수 있는 여건이 갖추어지지 않은 이상 구 「식품위생법」상 단란주점영업에 **해당하지 않는다.**
마. 청소년이 이른바 '티켓걸'로서 노래연습장 또는 유흥주점에서 손님들의 흥을 돋우어 주고 시간당 보수를 받은 사안에서 업소주인이 청소년을 시간제 접대부로 고용한 것으로 보고 업소주인을 「청소년보호법」 위반죄로 처단한 원심의 조치는 정당하다.

ANSWER 036 ③

037 게임물 관련 사업자의 준수사항 내용으로 가장 적절하지 <u>않은</u> 것은?

① 게임물 및 컴퓨터 설비 등에 음란물 차단프로그램을 설치해야 한다.

② 어떤 경우에도 경품을 제공하여서는 안 된다.

③ 일반게임제공업을 영위하는 자는 게임장에 청소년을 출입시켜서는 안 된다.

④ 게임물을 이용한 도박행위를 하도록 내버려두어서는 안 된다.

> **해설**
> ② 게임물 관련 사업자는 경품 등을 제공하여 사행성을 조장하면 안 된다. 다만, **청소년게임제공업의 전체이용가 게임물에 대하여 대통령령이 정하는 경품의 종류·지급기준·제공방법 등에 의한 경우에는 그러하지 아니하다.**

038

15 채용
2차

「성매매알선 등 행위의 처벌에 관한 법률」에 관한 다음 설명 중 옳은 것은 모두 몇 개인가?

> ㉠ "성매매"란 불특정인을 상대로 금품이나 그 밖의 재산상의 이익을 수수하거나 수수하기로 약속하고 성교행위 또는 구강·항문 등 신체의 일부 또는 도구를 이용한 유사성교행위를 하거나 그 상대방이 되는 것을 말한다.
> ㉡ "성매매알선 등 행위"에는 성매매의 장소를 제공하는 것도 포함한다.
> ㉢ 성매매피해자의 성매매는 처벌하지 아니한다.
> ㉣ 이 법에 규정된 죄를 범한 사람이 수사기관에 신고하거나 자수한 경우에는 형을 감경하거나 면제해야 한다.

① 0개　　　　② 1개　　　　③ 2개　　　　④ 3개

> **해설**
> ㉣ 이 법에 규정된 죄를 범한 사람이 수사기관에 신고하거나 자수한 경우에는 **형을 감경하거나 면제할 수 있다.**

039 '경범죄처벌법'의 특성이 아닌 것은 몇 개인가?

10 경간

> ㉠ 범인에 대해서도 재산형의 처벌이 가능하다.
> ㉡ '경범죄처벌법'을 위반한 범인을 은닉한 경우 범인은닉죄가 성립할 수 있다.
> ㉢ 집행유예가 가능하며 벌금형의 선고 시 선고유예도 가능하다.
> ㉣ 미수범 처벌규정을 두고 있다.
> ㉤ 교사범 및 종범의 형을 감경한다.
> ㉥ 대상범죄의 성격이 추상적 위험범이다.
> ㉦ 경범죄처벌법은 형사실체법이면서 절차법이다.

① 1개   ② 2개   ③ 3개   ④ 4개

[해설]
② 게임물 관련 사업자는 경품 등을 제공하여 사행성을 조장하면 안 된다. 다만, **청소년게임제공업의 전체이용가 게임물에 대하여 대통령령이 정하는 경품의 종류·지급기준·제공방법 등에 의한 경우에는 그러하지 아니하다.**

040 총포·도검·화약류에 관한 경찰의 업무에 관한 내용으로서 <u>틀린</u> 것은?

03 채용

① 민유총포 보유 시 경찰관청에의 허가제도
② 5.5mm 이상 단탄 공기총의 중요한 부품은 지구대에 보관함
③ 화약류 발파시 화약저장소를 관할하는 경찰서장의 허가를 얻어야 함
④ 수렵기간 중 산탄엽총과 가스총의 총기보관은 해제

[해설]
화약류 사용(발파)지 관할경찰서장의 허가를 요한다.

041 총포·도검·화약류 등의 제조·판매업 허가에 대한 설명으로 <u>틀린</u> 것은?

10 승진

① 전자충격기제조업 허가는 지방경찰청장의 권한이다.
② 권총제조업 허가는 경찰청장의 권한이다.
③ 분사기판매업 허가는 지방경찰청장의 권한이다.
④ 총포판매업 허가는 경찰청장의 권한이다.

[해설]
총포판매업 허가는 지방경찰청장이 전담한다.

ANSWER 039 ③ / ㉡ ㉣ ㉤   040 ③   041 ④

042 다음 중 '성매매알선 등 행위의 처벌에 관한 법률'상 성매매 피해자에 해당하는 자는?

06 승진

> ㉠ 불특정인을 상대로 금품 등을 수수 · 약속하고 성교행위를 한 자
> ㉡ 위계 · 위력 그 밖에 이에 준하는 방법으로 성매매를 강요당한 자
> ㉢ 보호 또는 감독하는 자에 의하여 마약 등에 중독되어 성매매를 한 자
> ㉣ 청소년 · 장애인 등으로 성매매를 하도록 알선 · 유인된 자
> ㉤ 성매매 목적의 인신매매를 당한 자

① ㉠ ㉡ ㉢   ② ㉡ ㉢ ㉣
③ ㉠ ㉡ ㉢ ㉣   ④ ㉡ ㉢ ㉣ ㉤

해설

② 게임물 관련 사업자는 경품 등을 제공하여 사행성을 조장하면 안 된다. 다만, **청소년게임제공업의 전체이용가 게임물에 대하여 대통령령이 정하는 경품의 종류 · 지급기준 · 제공방법** 등에 의한 경우에는 그러하지 아니하다.

---

043 "아동 · 청소년의 성보호에 관한 법률"에 관한 내용으로 옳은 것은 모두 몇 개인가?

11 채용

> ㉠ 아동 · 청소년은 20세 미만의 자를 말한다. 다만, 20세에 도달하는 해의 1월 1일을 맞이한 자는 제외한다.
> ㉡ 영리를 목적으로 청소년으로 하여금 손님과 함께 술을 마시거나 노래 또는 춤 등으로 손님의 유흥을 돋구는 접객행위를 하게 하는 행위도 아동 · 청소년의 성보호에 관한 법률에서의 단속대상이다.
> ㉢ 아동 · 청소년 대상 성범죄의 공소시효는 해당 성범죄로 피해를 당한 아동 · 청소년이 성년에 달한 날부터 진행하고, 일부 범죄는 디엔에이(DNA)증거 등 그 죄를 증명할 수 있는 과학적인 증거가 있는 때에는 공소시효가 10년 연장된다.
> ㉣ 아동 · 청소년을 대상으로 한 "성폭력범죄의 처벌 등에 관한 특례법" 제10조 제1항(업무상 위력 등에 의한 추행), 제11조(공중 밀집 장소에서의 추행) 및 제12조(통신매체를 이용한 음란행위)의 죄는 고소가 있어야 공소를 제기할 수 있다.

① 없음   ② 1개   ③ 2개   ④ 3개

해설

㉠ "아동 · 청소년의 성보호에 관한 법률"상의 아동 · 청소년은 19세 미만의 자를 말한다. 다만, 19세에 도달하는 해의 1월 1일을 맞이한 자는 제외한다.
㉡ 영리를 목적으로 청소년으로 하여금 손님과 함께 술을 마시거나 노래 또는 춤 등으로 손님의 유흥을 돋구는 이른바 '유흥접객행위'는 "청소년보호법"상의 '청소년유해행위'에 해당되며 "청소년보호법"의 단속대상이다.
㉣ "성폭력범죄의 처벌 등에 관한 특례법"상의 업무상 위력 등에 의한 추행, 공중 밀집 장소에서의 추행, 통신매체를 이용한 음란행위는 친고죄에 해당하지만, 그 대상이 아동 청소년인 경우에는 '반의사불벌죄'에 해당한다.

ANSWER   **042** ④   **043** ② / ㉢

044

10 승진

다음 설명 중 틀린 것은 모두 몇 개인가?

> ⊙ '소년업무처리규칙'상 촉법소년은 10세 이상 14세 미만의 자로서 형벌법령에 저촉되는 행위를 할 우려가 있는 자를 말한다.
> ⊙ '소년업무처리규칙'상 불량행위소년이란 비행소년은 아니나 음주·끽연·싸움 등 자기 또는 타인의 덕성을 해하는 소년을 말한다.
> ⊙ '소년법'상 범죄소년과 촉법소년은 검찰청에 송치하고 우범소년은 경찰서장이 직접 관할법원 소년부에 송치한다.
> ② '소년법'상 소년의 연령은 19세 미만이다.

① 1개 　　② 2개 　　③ 3개 　　④ 4개

해설
⊙ 촉법소년은 형벌 법령에 저촉되는 행위를 한 10세 이상 14세 미만인 소년을 말한다.
⊙ 범죄소년은 검찰청에 송치하고, 촉법소년 및 우범소년은 경찰서장이 직접 관할 소년부에 송치하여야 한다.

045

11
경위승진

'청소년보호법'에 대한 설명으로 옳은 것은 모두 몇 개인가?(판례가 있는 경우 판례에 한함)

> ⊙ '청소년보호법'상 18세 미만의 청소년에게 술을 판매함에 있어서 그의 민법상 법정대리인의 동의를 받았다면 그 행위는 정당화될 수 있다.
> ⊙ 공부상 출생일과 다른 실체의 출생일을 기준으로 '청소년보호법'상의 청소년에서 제외되는 자임이 역수상 명백하다고 하여 주류 판매에 관한 '청소년보호법'위반죄로 처벌할 수 없는 것은 아니다.
> ⊙ '청소년보호법'상 청소년유해업소인 노래연습장 또는 유흥주점의 각 업주는 청소년을 접대부로 고용할 수 없다. 단, 시간제로 보수를 받고 근무하는 경우는 제외된다.
> ② '홀딱쇼' 등 은밀한 부분을 노출시키고 접대하는 행위, 안마시술소의 퇴폐적 안마, 증기탕의 목욕접대 등도 성적 접대행위에 포함된다.

① 1개 　　② 2개 　　③ 3개 　　④ 4개

해설
⊙ '청소년보호법'상 18세 미만의 청소년에게 술을 판매함에 있어서 그의 민법상 법정대리인의 동의를 받았다 하더라도 그 행위는 정당화될 수 없다.
⊙ '청소년보호법'상의 '청소년'에 해당하는지의 판단은 호적 등 공부상의 나이가 아니라 실제의 나이를 기준으로 하여야 한다.
⊙ '청소년보호법'상 청소년유해업소인 노래연습장 또는 유흥주점은 청소년의 출입과 고용이 금지된다.

ANSWER 044 ② / ⊙ⓒ　045 ① / ②

046 다음 내용 중 설명이 틀린 것은?

09 경찰
1차

① 가정폭력범죄 처벌 특례법에 규정된 가정구성원에는 배우자(사실상 혼인관계에 있는 자 포함)또는 배우자관계에 있었던 자를 포함한다.

② 아동 · 청소년의 성보호에 관한 법률에서 청소년을 대상으로 한 강제추행죄는 비친고죄이다.

③ 소년법상의 보호처분은 비행에 나타난 소년의 범죄적 위험성에 대처하기 위한 수단이나 소년의 비행사실에 대하여 책임을 묻는 처벌에 해당하지 않는다.

④ 성을 파는 행위를 한 자가 그를 고용한 자에게 진 대여금 채무는 유효하다.

해설

성을 파는 행위를 한 자가 그를 고용한 자에게 진 대여금 채무는 무효이다.

	아동 · 청소년의 성보호에 관한 법률	제7조 (아동 · 청소년에 대한 강간 · 강제추행 등)
비친고죄	형법 (19세 미만인 경우)	– 제297조(강간), 제298조(강제추행), 제299조(준강간, 준강제추행) – 제300조(미수범) 제302조(미성년자 등에 대한 간음) – 제303조(업무상 위력 등에 의한 간음) – 제305조(미성년자에 대한 간음, 추행)
반의사 불벌죄	'성폭력범죄의 처벌 등에 관한 특례법': 제10조(업무상 위력 등에 의한 강제추행), 제11조 (공중 밀집 장소에서의 추행), 제12조(통신매체를 이용한 음란행위)	

047 미국의 지역사회 범죄예방활동 프로그램을 설명한 다음의 내용 중 틀린 것은?

09 채용

① Safer City Program: 미국 정부와 민간단체에서 적극적으로 전개하는 직업기회제공 프로그램으로 비행소년이나 비행에 빠질 가능성이 높은 청소년을 대상으로 직업훈련, 재정지원, 교육, 취업알선을 하는 프로그램

② Diversion Program: 비행을 저지른 소년이 주변의 낙인의 영향으로 심각한 범죄자로 발전하는 것을 방지하기 위해 형사법적 제재를 가하지 않고 지역사회의 보호 및 관찰로 대처하여 범죄를 예방하려는 프로그램

③ Head Start Program: 미국의 빈곤계층 아동들이 적절한 사회화 과정을 거치게 함으로써 장차 범죄를 저지를 수 있는 잠재성을 감소시키려는 범죄예방 프로그램

④ Crime Stopper Program: 범죄에 관한 정보를 가지고 있는 주민이 신고할 수 있도록 동기부여를 하기 위해 현금보상을 실시하는 범죄정보 보상 프로그램

해설

Safer City Program은 지역사회 발전프로그램을 통한 사회환경 개선으로 범죄원인을 제거하고자 하는 영국의 안전도시운동을 의미한다.

048

07 승진

지역사회 발전프로그램을 통한 사회환경 개선으로 범죄원인을 제거하고자 하는 영국의 범죄예방 프로그램은?

① Diversion Program
② Safer City Program
③ PATHE Program
④ Head Start Program

해설

Safer City Program이란 비행소년이나 비행에 빠질 가능성이 높은 청소년을 대상으로 직업훈련, 재정지원, 교육, 취업알선 등의 지역사회 발전프로그램을 통한 사회환경 개선으로 범죄원인을 제거하고자 하는 영국의 안전도시운동이다.

CHAPTER 06

수사경찰

제1절 | 수사의 기초

01 수사의 의의

(1) 의의기출

범인을 발견하고 **증거를 수집, 보전**하는 수사기관의 활동으로 범죄의 혐의(주관적혐의)가 있다고 인정할 될 때 수사가 개시된다. 공소제기 이후에도 수사는 개시된다.

수사에 해당하는 활동	수사에 해당하지 않는 활동
① 피의자 조사 ② 특별사법경찰관의 참고인 조사 ③ 공소제기 후의 피고인 조사, 참고인 조사, 임의제출물 압수 ④ 불기소 처분에 의한 종결 ⑤ 공소제기 후 여죄발견 시, 검사의 보강수사 지시	① 사인의 현행범체포, 사설탐정의 조사, 행정기관의 조사행위 ② 법원의 피고인 구속 ③ 공판정에서 검사의 피고인 신문, 증인신문 ④ 경찰의 순찰 등

(2) 형식적 수사, 실질적 수사기출

형식적 수사	실질적 수사
① 수사의 수단, 방법의 선택 ② 형사소송법의 절차적이념인 인권보장 공공복리의 조화 ③ 합법성 추구	① 범인, 범행동기, 수단, 방법 등 목적 또는 내용에 관한 실체적 측면에서의 수사 ② 실체적 진실발견 추구 ③ 합리성 추구

02 수사의 조건기출

(1) 의의

수사의 조건은 수사권의 발동과 행사의 조건을 말한다.

(2) 수사의 필요성

수사의 목적을 달성할 필요한 경우에 한하여 허용된다.

① 수사의 개시는 주관적 혐의에 의하여 개시 되고기출, 구체적 사실에 근거하여 주위의 사정을 합리적으로 판단하여야 한다.

② 친고죄는 고소가 없더라도 고소의 가능성이 있는 경우는 임의수사와 강제수사 모두 허용된다.기출

(3) 수사의 상당성

① 수사의 필요성이 인정되더라도 수단의 목적을 달성하는데 상당하다고 인정되는 방법으로 해야 한다. 특히 강제수사의 경우에 강조된다.

② 수사목적을 달성을 위해서는 필요 최소한에 그쳐야 한다. (수사비례의 원칙)

③ 범의유발형 함정수사는 신의칙에 반하기 때문에 허용되어서는 안 된다.기출

01 수사의 3대원칙

신속착수의 원칙	범죄의 흔적은 시간이 흐르면 변경되므로 수사는 가급적 신속히 시작하여 증거가 소멸되기 전에 수사를 종결해야한다.
현장보존의 원칙	**범죄현장은 증거의 보고**로 범죄현장을 훼손되지 않도록 보존해야 한다.
공중협력의 원칙	목격자와 전문가가 살고 있는 사회는 '**증거의 바다**'라고 할 수 있다.

02 수사의 기본원칙기출

임의수사원칙	수사는 상대방의 동의를 필요로 하는 임의수사가 원칙이다.
수사비례의 원칙	수사로 인한 이익과 법익 침해가 균형을 이루어야 한다. **임의수사와 강제수사 모두에 요구되는 원칙**이다.기출
수사비공개원칙	수사의 개시와 실행은 공개하지 아니한다는 원칙이다.
자기부죄강요 금지의 원칙	헌법 21조는 **자기부죄거부 특권**을 명시하고 있고 형소법은 진술거부권을 보장한다.
강제수사법정주의	강제수사는 형소법에 특별한 규정이 있는 경위 한해서 적용된다.
영장주의	수사기관은 강제처분 시 영장주의가 적용된다.
제출인 환부의 원칙	수사기관이 압수물을 환부함에 있어서는 제출인에게 환부함을 원칙으로 한다.

* 이중 헌법상의 원칙은 **강제수사 법정주의, 영장주의, 자기부죄강요금지의 원칙**이다.

03 범죄 수사상 준수 원칙

선증후포의 원칙	사건은 증거를 확보한 후 범인을 체포해야 한다.
법령엄수의 원칙	법령을 준수해야 개인의 자유와 권리를 부당하게 침해하는 일이 없도록 주의해야 한다.
민사관계 불간섭의 원칙	범죄수사는 형사사건에 한해야 한다.
종합수사의 원칙	모든 정보, 자료를 종합하고 가능한 기술과 지식, 조직을 동원한 체계적이고 조직적인 종합수사를 해야 한다.

04 수사실행 5원칙 기출

수사자료 완전수집 원칙	수사 제1의 조건으로 사건에 관련된 모든 수사자료를 완전하게 수집해야 문제를 명확히 파악할 수 있다.
수사자료 감식 검토의 원칙	수집된 자료는 과학적 지식과 시설을 최대한 활용하여 검토해야 한다는 원칙
적절한 추리의 원칙	수집된 자료를 기초로 합리적인 판단을 하고 추측을 사실이라고 확신해서 안 된다.
검증적 수사의 원칙	여러 가지 추측은 모든 각도에서 검토해야 한다는 원칙
사실 판단 증명의 원칙	수사관의 주관적 판단만 할 것이 아니라 객관적으로 증명해야 한다.

01 수사의 과정

내사 – 수사의 개시 – 수사의 실행 – 사건의 송치 – 송치 후 수사 – 수사의 종결

(1) 내사

사건입건 전에 행하는 수사기관의 조사활동으로 익명 또는 허무인의 신고, 제보, 진정, 탄원 및 투서로 수사단서의 가치가 없다고 인정될 때는 내사하지 않을 수 있다. 임의적 방법으로 **체포, 구속 등의 대인적 강제조치를 할 수 없다.** 하지만 피내사자의 변호인 접견 교통권, 진술거부권은 인정된다.

(2) 수사개시(입건)

수사기관이 최초로 사건을 수리하여 수사를 개시하는 것으로 **현행범체포, 불심검문, 고소, 고발** 등의 수사의 단서에 의해 수사를 개시한다. 범죄사건부에 기재하는 단계이다.

(3) 수사의 실행

사건이 수리되어 범인발견 및 증거 수집 등의 수사를 실행하는 것이다.

(4) 사건의 송치

사건의 진상이 파악되고, 적용할 법령과 처리의견을 제시할 정도가 되면 관련 서류와 증거물을 검찰청에 송치해야 한다. 공소를 제기할 수 없는 경우에도 송치한다.

(5) 수사의 종결기출

수사종결권은 검사에게만 인정되고 사법경찰관리는 수사종결권이 없다.

1) 공소제기

객관적 혐의가 충분하고 소송조건을 구비한 경우이다.

2) 협의의 불기소

① 각하

동일한 사안에 대해 불기소 처분, 내사종결이나 처벌할수 없음이 명백한 경우 수사를 진행할 가치가 없거나 고소, 고발이 법률에 위반된 경우는 각하 처리한다.

② 공소권없음

소송조건이 결여되거나(친고죄의 고소가 없거나, 반의사불벌죄의 피해자의 처벌불원, 공소시효의 완성), 형면제사유(친족상도례), 일반사면, 피의자사망, 형의폐지

③ 죄가 안됨

위법성조각사유, 책임조각사유존재, 친족, 동거가족의 범인 은닉 증거인멸

④ 혐의없음

피의사실이 인정되지 않거나 증거가 없거나 범죄를 구성하지 아니한 경우

⑤ 기소유예

범죄의 혐의가 인정되어 소송조건이 구비되었으나 정황 등을 참작하여 공소를 제기하지 아니하는 경우

⑥ 기소중지

피의자의 소재불명

⑦ 참고인중지

고소인, 고발인 또는 중요 참고인 상피의자의 소재불명

02 수사의 단서

(1) 의의

범죄혐의가 있다고 판단하여 수사를 개시할 수 있는 자료를 수사의 단서라고 한다.

(2) 구분

수사기관 체험	범죄첩보, 현행범체포, 변사자검시, 불심검문, 타사건 수사 중 범죄발견 신문, 출판물, 풍설 등
타인의 체험	고소고발, 자수, 피해신고, 밀고, 투서, 진정, 탄원 등

(3) 범죄첩보

1) 의의

수사첩보의 내용으로 대상자, 혐의내용, 증거자료 등 특정된 내사 단서 자료와 범죄 관련 동향을 말한다.

2) 특징기출

① 시간이 경과함에 따라 가치가 감소하게 된다(시한성)

② 수사기관의 필요에 따라 가치가 달라진다.(가치변화성)

③ 수사 후 나타나는 결과가 있다 (결과 지향성)

④ 범죄 첩보는 다른 사건 첩보가 서로 결합되어 이루어진다.(결합성)

⑤ 범죄 첩보는 하나의 원인과 결과를 내포하고 있다.(혼합성)

3) 첩보의 평가

① 입수한 첩보는 범죄첩보분석시스템(CIAS)을 통해서 처리한다.

② 수집된 첩보는 수사관서에 처리한다.

③ 특보 – **전국단위** 기획수사에 활용될 수 있는 첩보(10점)

④ 중보 – 2개 이상 경찰서와 연관된 중요첩보 등 **지방청** 단위에서 처리해야 할 첩보(5점)

⑤ 통보 – **경찰서** 단위에서 내사할 가치가 있는 첩보(2점)

⑥ 기록 – 내사할 정도는 아니나 **추후 활용**할 가치가 있는 첩보(1점)

⑦ 참고 – 수사업무에 참고되나 사용가치가 적은 첩보

01 의의

1) 임의수사는 강제력을 행사하지 않고 상대방의 동의나 승낙을 얻어서 수사하는 방법

2) 강제수사는 상대방의 의사를 불문하고 강제적으로 수사하는 방법

02 구분

임의수사	강제수사
① 출석요구	① 체포, 구속
② 피의자신문	② 압수, 수색, 검증
③ 참고인조사	③ 통신제한조치
④ 통역, 번역 또는 감정위촉	④ 감정유치
⑤ 실황조사	⑤ 증거보전
⑥ 공무소 기타 공사단체에의 조회	⑥ 증인신문
⑦ 촉탁수사	⑦ 기타 감정에 필요한 처분
⑧ 공무소 등의 사실조회	⑧ 임의제출물 압수

03 통신수사

(1) 통신제한조치(통신비밀보호법)

1) 범죄수사 통신제한 조치

신종 수사기법으로 일정한 요건하에 법원의 허가를 얻어 대상자의 우편물을 검열하거나 전기통신을 감청하는 것을 의미한다. 예) 우편물검열, 전기통신송수신을 방해

통신제한조치 적용대상	통신제한조치 미적용
㉠ 내란, 외환, 국교, 폭발물, 공안, **수뢰**기출	㉠ 직무유기
㉡ 살인	㉡ 존속협박기출
㉢ **유가증권위조, 변조**	㉢ 장물취득
㉣ **공갈, 협박**기출	㉣ 관세법위반
㉤ **경매입찰방해, 집합명령위반**기출	㉤ 사기기출
㉥ 미성년자의제 강간	㉥ 주거침입
㉦ 국가보안법위반	㉦ 외국국기국장모독죄
㉧ 폭력행위 등 처벌에 관한 법률 중 일부	㉧ 상해
㉨ 마약류관리에 관한 벌률위반 중 일부	㉨ 공무집행방해죄기출
㉩ **특정경제범죄가중처벌 등에 관한 법률위반 중 일부**	㉩ 자동차불법사용, 자동차관리법위반
㉪ **총포, 도검, 화약류 등 단속법 위반**	㉪ 폭처법 위반
	㉫ 폭행치사, 상해치사기출
	㉬ 폭행, 가혹행위죄
	㉭ 미성년자등 간음죄기출

① 통신제한조치 허가 절차

  ⊙ 신청서발부

    피의자별, 내사자별로 **2개월 내**에 통신당사자의 쌍방 또는 일방의 주소지, 소재지, 범죄지, 공범관계에 있는 주소지 **관할 법원에 신청**한다.

  ⓛ 집행

    검사, 사법경찰관이 집행이 가능하고, 체신관서, 기타관련기관에 집행 위탁이 가능하고 통신기관에 통신제한조치허가서 표지 사본을 교부한다.

  ⓒ 통지

    검사로부터 **기소 또는 불기소 처분의 통보**를 받거나 내사종결 처분을 한때는 30일 이내에 **서면으로 통보**해야 한다. 국가의 안전보장, 공공이 안녕질서를 위태롭게 할 우려가 있거나 생명 신체에 중대한 위험을 초래할 염려가 현저할 때는 통지를 유예할 수 있다.

② 긴급통신제한 조치

  ⊙ 의의

    긴급한 사유가 있는 경우 법원의 허가 없이 통신제한조치를 할 수 있고 급속을 요하면 집행을 착수 후 지체 없이 검사의 승인을 받아야 한다.

  ⓛ 긴급감청

    긴급검열서 또는 긴급감청서를 작성하고 집행위탁 시 긴급감청서 등이 표지 사본을 교부한다.

  ⓒ 사후허가

    집행 후 **36시간 내**에 법원의 허가를 받아 허가서 표지사본을 전기통신사업자에게 송부해야 한다. 법원의 허가를 받지 못한 때는 **통신제한조치를 즉시 중지**하고 단기간에 종료되어 법원의 허가를 받을 수 없을 때는 **지체 없이** 긴급통신제한조치통보서를 작성하여 지방검찰청 검사장에게 송부한다. 지검장은 긴급통신제한 조치 **종료 후 7일 내** 다시 법원장에게 송부한다. 기출

  ② 통지

    30일 이내에 대상자에게 통지한다.

2) 국가안보를 위한 통신제한 조치

① 요건

정보기관의 장은 **국가안전보장에 대한 상당한 위험이 예상**되는 경우 그 위해를 방지하기 위해 이에 관한 정보수집이 필요한 때 통신제한조치를 할 수 있다.

② 절차

쌍방당사자가 내국인일 때는 수사기관의 장이 고등검찰청 검사에게 신청 - 고등검찰청 검사의 청구 - **고등법원 수석부장판사의 허가**기출

③ 국가 안보를 위한 통신제한조치허가기간은 4개월이고, 4개월 범위 내에서 연장 가능하다. 연장 횟수의 제한이 없다.

(2) 통신사실확인자료 제공요청

1) 요건

수사, 형의 집행, 국가안전보장에 대한 위해방지를 위해 필요한 경우에 통신사실확인자료를 요청한다.

2) 관할

피의자, 피내사자의 주소지, 소재지, 범죄지 또는 해당 가입자의 주소지, 소재지 관할 지방법원에 한다.

3) 신청

동일한 범죄 수사 또는 동일인에 대한 형의 집행을 위해 피의자 또는 피내사자 아닌 다수의 가입자에 대하여 1건의 허가신청서 요청이 가능하다.

4) 긴급제공요청

긴급한 사유가 있는 경우 통신사실확인자료 제공 요청 후 지체 없이 그 허가를 받아 전기통신 사업자에게 송부한다. 30일 내에 서면으로 통지한다.

	통신사실 확인자료	통신자료
관계법령	통신비밀보호법	전기통신사업법
절차	검사 또는 사법경찰관이 관할 지방법원 또는 지원의 허가 필요	관서장의 명의
내용	① 가입자의 전기통신 일시 ② 전기통신 개시, 종료시간 ③ 상대방의 가입자 번호 ④ 사용도수 ⑤ 컴퓨터 통신 또는 인터넷의 로그 기록 자료 ⑥ 발신기지국의 위치추적자료 ⑦ 접속지의 추적자료	① 이용자의 성명, 주민등록번호, 주소, 가입 및 해지일자 ② 전화번호, ID ③ 특정시간, 특정유동 IP를 통신사업자에게 제시하고 가입자 정보만을 요구하는 경우

01 기초수사기출

(1) 의의

수사개시 당시 수사사항과 수사방침 설정을 위해 수사자료를 수집하는 활동이다.

(2) 내용

현장을 통해 유류품, 유류물, 범인출입관계 등을 알아내고, 피해자 및 가족의 생활상태, 재산상태를 파악한다. 피해품을 통해 장물수배서를 발행하는 등 피해품 발견에 노력한다.

02 현장관찰

(1) 의의기출

범행에 직간접적으로 관련되어 있는 **유, 무형의 수사자료를 발견** 수집하고 범행현장 보존을 위해 범죄현장이 상황, 물건의 존재를 관찰하는 것이다.

(2) 요령기출

① 현장이 증거의 보고라는 자세로 객관적이고 합리적인 자세로 반복 관찰한다. 자연적 관찰(보조수단 없이 하는 관찰)보다 보조수단이 있는 완전한 관찰을 행한다.

② 현장위치 및 부근상황을 먼저 관찰하고, 가옥 주변, 가옥 외부, 현장 내부 관찰 순서로 진행한다.

03 공조수사

(1) 의의기출

경찰서 상호 간 자료를 수집하고, 수배, 통보, 조회, 촉탁 또는 합동수사로 범인, 여죄, 장물, 범죄경력, 신원불상자의 신원을 확인하고 범인을 검거하고 범죄를 밝히기 위한 과학적인 조직적 수사활동을 의미한다.

(2) 종류

1) 평상공조

예견가능한 일반공조로 수배, 통보, 조회, 촉탁 등

2) 비상공조

중요사건 발생 등 특수한 경우의 공조로 수사비상배치, 수사본부설치운영, 특별사법경찰관리 등의 합동수사로 경찰인력이 총동원됨

3) 횡적공조

지방경찰청 상호 간, 경찰서, 지구대, 파출소 상호 간 등 관서 내 부서 안에서의 수사 공조로 정보교환, 수사자료수집, 수배통보, 촉탁, 합동수사

4) 종적공조

상하관서와 관서 내의 상하급 부서, 상하급자 상호 간의 상명하복 관계에서 이루어지는 공조

5) 자료공조

자료의 수집과 조회제도로 모든 공조의 기본

6) 활동공조

수사비상배치, 불심검문, 미행, 잠복, 현장긴급출동 등

04 수법수사기출

(1) 의의

범죄수법은 범인의 범행수단, 방법, 습격에 의해 범인을 파악하는 인적특징의 유형을 말한다. 수법의 관행성(일정한 반복)과 수법의 필존성(완전범죄는 없다)을 특징으로 한다.

(2) 수법범죄기출

강도, 절도, 사기, 취조, 변조, 약취, 유인 공갈, 방화, 강간, 위범죄 중 가중처벌되는 특별법에 위반하는 죄, 장물죄 등이다. (살인, 배임, 횡령, 간통, 도박은 제외)

(3) 범죄수법자료

1) 수법원지기출

① 의의

범인의 **인적사항, 특징, 수법내용, 범죄사실, 직업, 사진, 지문번호, 필적** 등을 기록한 기록지 또는 전산 입력한 것을 말한다.

② 대상

검거 또는 인도받아 조사, 구속 송치하는 수법범죄 피의자, 불구속 피의자라도 재범의 우려가 있는 경우 수법범죄 피의자에 대하여 작성가능하고, 피의자가 여죄가 있고, 수법마다 수법원지를 작성한다.

③ 작성자

범인을 수사하고 조사 송치하는 **경찰이 직접** 작성하고 작성자가 날인하여 범죄사건부 해당란에 수법원지 작성 여부를 표시한다. 경찰서장이 수법원지 1매를 작성하여 지방경찰청장을 거쳐 경찰청장에게 송부한다.

④ 작성시 유의사항

자필란은 피의자가 기재하고, 설명불상자로 미검인 경우 수법원지를 작성하고 공범자들 중 일부라도 검거된 경우에만 수법원지를 작성한다.

⑤ 수법원지폐기

피의자가 **사망**하였을 때, 피작성자가 **80세** 이상, 원지 작성 후 **10년이 경과**하였을 때

2) 피해통보표기출

① 의의

피해사건이 발생하여 그 **범인이 누구인지 판명되지 아니하였을 때**에 해당사건의 피해자, 범인의 인상·신체·기타 특징, 범행수법, 피해사실, 용의자 인적사항, 피해품, 유류품 등 수사자료가 될 수 있는 내용을 수록한 기록지 또는 이를 전산 입력한 것

② 대상

발생한 반복성 수법범죄 사건. 다만 당해 범죄의 피의자가 즉시 검거되었거나 피의자의 성명, 생년월일, 소재 등 정확한 신원이 판명된 경우에 제외

③ 작성자 및 요령

피해통보표는 반드시 당해 사건을 담당하는 수사경찰관이 전산 입력하여야 한다. 수사 주무과장은 사건발생보고서 검토시 경찰청 및 지방경찰청에 보고되는 속보

사건을 포함한 해당 범죄의 피해통보표의 작성 여부 및 작성된 피해통보표 내용의 오기나 기재사항 누락 여부를 검토, 보완 수정하여야 한다.

④ 이용목적

여죄파악, 중요장물의 수배, 통보, 조회 등

⑤ 전산자료삭제

피의자가 **검거**되었을 때, 피의자가 **사망**하였을 때, 피해통보표 전산 입력 후 **10년 경과**

05 장물수사

(1) 의의

피해품을 확정하고, 종류, 특징을 명백히 하여 이동 경로에 따라 장물수배, 장물수배서 발행, 임검조사, 불심검문 등을 행하여 범인을 발견하고자 하는 수사

(2) 장물수배서

1) 의의

경찰서장이 범죄수사상 필요하다고 인정할 때 장물의 신속한 발견을 위해 장물과 관련 있는 영업주에 대하여 해당 장물을 소유 또는 소지하고 있거나 받았을 때 즉시 경찰관에게 신고할 것을 의뢰하는 통지서

2) 종류

① 특별중요장물수배서

수사본부를 설치하고 수사하고 있는 사건에 관하여 발부하는 것으로 **홍색용지** 사용

② 중요장물수배서

수사본부를 설치하고 수사하고 있는 **사건 이외의 중요한 사건**에 관하여 발부하는 것으로 **청색용지**를 사용한다.

③ 보통장물수배서

그 밖의 사건에 관하여 발부하는 것으로 **백색용지**를 사용한다.

06 알리바이수사

(1) 의의

범죄가 행해진 시간에 범죄현장 이외의 장소에 있었다는 사실을 입증하여 범죄현장에는 있지 않았음을 증명하는 **현장부재증명**을 의미한다. 피의자가 주장하는 알리바이의 존재 여부를 확인하는 수사활동이다.

(2) 알리바이의 태양기출

1) 절대적 알리바이

범죄가 행해진 시각에 혐의자가 **범죄현장 이외에 다른 장소**에 있었다는 사실이 명확하게 입증되는 경우

2) 상대적 알리바이

범죄혐의자가 **현장에 도저히 도착할 수 없다**거나 범행 후 제3의 장소에 있었다는 알리바이이다.

3) 위장 알리바이

사전에 계획적으로 **알리바이를 위장해놓고**, 그 사이 단시간에 범죄를 저지르는 경우이다.

4) 청탁알리바이

범죄실행 후 이를 은폐하기 위해 가족, 동료, 친지에게 시간과 장소를 약속 청탁해 놓는 경우이다.

07 기타수사

(1) 탐문수사

범죄수사시 범인 이외에 제3자로부터 범죄에 대한 견문 또는 직접 체험한 사실을 탐지하기 위한 수사활동

(2) 감별수사

횡적수사의 일종으로 범인과 피해자 또는 범인과 범행지 및 주변 지역 간에 존재하는 사정, 관계 등에 근거를 두어 수사하는 방법

(3) 장물수사

장물의 종류, 특징을 밝히고 이동 경로에 따라 장문수배, 장물수배서의 발행, 임검조사, 불심검문을 행하여 장물 및 범인을 발견하고자 하는 수사

(4) 감별수사기출

범죄와 관계되는 현장에서 여러 자료들을 발견, 수집하여 과학적으로 검토하고 사건의 진상을 확인, 판단하는 수사활동

01 활력반응

(1) 개념

① 활력반응이란 **사망 전** 인체에 어떤 외인에 의하여 물리적 또는 화학적 인자가 작용하면 생체는 반드시 반응하고 이 결과는 사후에도 소실되지 않고 남아있는데 이러한 **생체적 변화**를 말한다. 사후에 가하여진 외인자에 대하여는 그 반응이 나타나지 않기 때문에 외인이 생전 것인지 또는 사후의 것인지를 감별하는 기준이 된다.

② **시체얼룩**은 사후현상인데 반해 **피부밑출혈**은 활력반응으로 이는 사인을 구별하는 좋은 증거가 될 수 있다.

③ **뜨거운 물에 데면** 그 부위 피부가 빨갛게 부어오르거나, 물집이 생긴다. 이런 현상은 생체가 뜨거운 물에 반응하여 생기는 현상으로 시체의 피부에서는 피부가 **익고 발적이나 물집이 생기지 않는다.**

(2) 종류

① 국소활력반응

㉠ 혈관이 터지면 혈액이 혈압 때문에 혈관 밖으로 나와 응고하지만 사후에 혈관을 절단하면 고여있던 혈액이 흘러나오며 **응고하지 않는다.**

㉡ 열창이나 절창에서는 피부와 **근육 등이 수축하므로 상처**가 벌어진다.

㉢ 생전에 손상을 받거나 감염이 있으면, 조직은 염증반응(발적, 종창 등)이나 조직의 재생 기전이 생긴다.

㉣ 현미경으로 검사하면 출혈을 확인할 수 있고, **탄력섬유나 아교질섬유**의 절단 부위의 변화를 볼 수 있다. 또 손상 부위에 염증 세포가 나타난다.

② 전신활력반응

㉠ 출혈이 많으면, 전신적에 빈혈 현상이 생긴다.

㉡ 손상 부위에서 생긴 기름방울, 공기방울, 작은 조직 조각 등이 다른 부위의 혈관 속에서 발견되는 색전증이 생긴다.

㉢ 이물질 흡입, 약물 등의 전신 분포나 배설, 속발설 염증, 혈색소 변화 등

02 사체의 검시

(1) 사체의 검시는 법률적인 판단을 위해 수사기관이 범죄혐의의 유무를 조사하는 검시(檢視)와 시체 및 그 주변 현장을 조사하는 것이고 의사가 하는 의학적 판단인 검시(檢屍)를 포함한다.

(2) 검시(檢視)의 종류

검안		사망을 확인하고, 신원을 확인하기 위하여 하는 시체검사로 해부 없이 행한다.
부검	병리해부(病理解剖)	질병에 의해 사망한 경우 그 사인을 밝히는 부검이다.
	행정해부(行政解剖)	범죄와 무관한 행려사망, 전염병, 재해사고로 인한 사망의 경우 그 사인을 알아내기 위한 해부
	사법해부(司法解剖)	범죄와 관련되어있거나 또는 관련되었을 가능성이 있는 변사체에 대한 부검으로 법의부검이다.

(3) 사망진단서와 시체검안서

① 사망진단서

의사가 사망 48시간 전에 사망한 사람의 사인을 설명할 수 있는 경우에 한하여 발부하는 진단서로 모든 사체에 대하여 사망진단서를 발부할 수 있는 것은 아니다. 사인란에는 반드시 세계보건기구(WHO)가 규정한 병명을 기록하여야 한다.

② 사체검안서

사망진단서를 발부할 수 없는 조건하에서 죽음을 증명하기 위한 문서

③ 사산증명서

사산에 입회한 의사 또는 조산원에 의해 발행되며 산전관리 또는 진료중이던 임부가 4개월 이상 된 태아를 사산하였을 때

④ 사태증명서

산전관리 또는 진료한 사실이 없는 임부가 사산한 경우 태아의 죽음을 증명하는 문서이다.

---

1. 사망의 원인
- 직접사인: 직접 죽음에 이르게 한 질병 또는 손상을 말하며 심장마비, 호흡마비 또는 심박동정지, 호흡정지는 해당하지 않는다.
- 중간선행사인: 직접사인과 원인적 또는 병리학적으로 관련이 있는 것으로 시간적으로 앞서 야기된 질병, 합병증 또는 외인 등이 해당된다.
- 선행원사인: 직접사인 또는 중간선행사인을 야기시킨 병인 또는 외인이 이에 해당되며, 반드시 직접사인 또는 중간선행사인과 일련의 인과관계가 성립되어야 한다.
- 평소 뇌동맥경화가 있어 치료받아 왔으나(중간선행사인) 두부를 강타당하여(선행원사인) 지주막하출혈로 사망(직접사인)

2. 사망의 종류
- 내인사: 질병 등 신체 내적 원인에 의해 사망한 것이 명확한 죽음(자연사)
- 외인사: 신체 외적 원인에 의해 사망한 것으로 자살, 타살, 사고사, 재해사로 구분
- 사인불명사: 사인이 명확하게 밝혀지지 않은 사망

03 사체의 현상

(1) 사체의 초기현상기출

① 체온의 하강

대기온도와 같아지거나 수분이 증발하면서 일시적으로 주위의 기온보다 더 낮아질 수 있다. 체온은 항문에 검온기를 삽입하여 곧창자 온도를 측정하고 사후 **16~17시간** 이내에 측정하여야 한다. 남자는 여자보다, 마른 사람은 비만한 사람보다, 소아·노인은 젊은 사람보다 체온하강의 속도가 빠르다.

> ■ 헨스게표
> 1. 헨스게표는 변사자의 **곧창자 온도**를 이용해 사후 경과시간을 측정하기 위한 것이다.
> 2. 헨스게표는 사용하기 위해서는 **주변온도, 변사자체중, 체중보정을 위한 각종 변수(변사자의 착의 상태, 공기의 흐름 유무, 물에 젖었는지 유무)** 등을 정확하게 파악하여야 한다.
> 3. 헨스게표는 주변온도가 23℃ 초과일 때 사용하는 것과 23℃ 이하일 때 사용하는 것 두종류가 있다.

Moritz의 공식
사후경과시간 = 37° − 곧창자온도 　*상수(겨울:0.7 여름:1.4 봄·가을:1) 0.83

② 시체건조: 피부에 대한 수분보충이 정지되어 몸의 표면은 습윤성을 잃고 건조해진다.

③ 시체얼룩기출

㉠ 적혈구의 중량에 의한 혈액침하현상으로 시체 하부의 피부가 암적갈색으로 변화

㉡ 시체얼룩은 사후 30분~1시간 경과 후부터 나타나 사후 2~3시간 후에는 현저해진다.

㉢ 사후 4~5시간에는 이동성 시체얼룩이 형성된다. 이때 **사체의 위치를 바꾸어 놓으면 시체얼룩도 이동한다.** 주위온도가 높을수록 시체 얼룩은 빠르게 나타난다.

㉣ 사후 12시간 후에는 침윤성 시체얼룩이 형성된다. 이때 사체의 위치를 바꾸어 놓으면 시체얼룩은 사라지지 않는다.

㉤ 정상적인 시체얼룩은 **암적색**을 띠고, 익사 또는 저체온사와 같이 차가운 곳에서 사망하거나, 일산화탄소나 청산중독으로 사망한 때는 시체얼룩이 **선홍색**을 띤다. 그리고 독물 중 염소산칼륨이나 아질산소다 등의 중독사인 경우에는 황갈색 또는 암갈색이나 초콜릿색과 같은 **갈색조**를 띠며, 황화수소 가스중독일 때는 **녹갈색**을 나타낸다.

④ 시체굳음(Nysten 법칙)기출

사후에 이완되었다가 시간이 경과하면서 사후 2~3시간이 경과하면 턱관절에서부터 굳어지기 시작하여 사후 12시간 정도되면 굳음이 전신에 미친다. 30시간 이후부터 풀어진다.

> 턱 ⇨ 어깨 ⇨ 발목, 팔목 ⇨ 발가락, 손가락

⑤ 각막은 사후 **12시간** 전후 흐려져서, **24시간**이 되면 현저하게 흐려지고, 48시간이 되면 불투명해진다.

(3) 사체의 후기현상
① 자가융해
부패균의 작용인 부패와는 달리 세균이 작용하는 것이 아니라, **체내에 있는 각종 분해 효소가 장기나 뇌 등에 작용**하여 단백질, 지방질, 탄수화물 등이 분해되고 더 나아가 장기 등의 조직이 분해되는 것을 말한다.
② 부패
㉠ 부패균의 작용에 의해 일어나는 질소화합물의 분해이다.
㉡ 부패의 3대조건
ⓐ 공기의 유통이 좋아야 한다.
ⓑ 온도는 **20~30℃**가 좋으며 그 이상 올라가면 건조현상이 먼저 일어난다.
ⓒ 습도는 **60~66%** 일 때 최적이다.
ⓓ 공기 중과 물 속 · 흙 속에서 부패진행속도가 다르다.

Casper의 법칙		
1. 공기 → 1주	2. 물 → 2주	3. 흙 → 8주

③ 미이라화
고온 · 건조한 상황에서 시체의 건조가 부패 · 분해보다 빠를 때 생기는 시체의 후기현상
④ 시체밀랍화
화학적 분해에 의해 고체형태의 지방산 혹은 그 화합물로 변화한 상태로 비정형적 부패형태로 수중에서 또는 수분이 많은 땅속에서 형성된다.
⑤ 백골화
뼈만 남은 상태로 소아시체는 사후 4~5년, 성인시체는 7~10년 후 완전 백골화

- 시체에 변화에 따른 사망시간 추정기출

시체변화	1시간 내외
시체얼룩이 약하게 나타나고, 시체굳음이 아직 나타나지 않았을 경우	2~3시간 내외
시체얼룩은 경미하고, 시체굳음이 턱뼈관절과 목뼈관절에만 존재	4~5시간 내외
시체얼룩이 이동되고, 시체굳음이 팔관절에 나타나며 인공적으로 시체굳음을 소실시켰을 때 재굳음이 일어나는 경우	7~8시간 내외
시체얼룩 및 시체굳음이 강하고, 굳음이 다리관절까지 발생하였을 때	10~12시간 내외
시체얼룩 및 시체굳음이 현저하며 시체얼룩이 압력에 의하여 퇴색되지 않고 손가락관절에도 굳음이 나타나며, 각막이 안개처럼 흐려질 때	20시간 내외
각막은 현저하게 흐리고 동공도 흐리며, 복벽에 부패변색이 나타나고 입, 코, 눈 등에 파리 및 구더기가 생겼을 때	24시간 내외
턱뼈관절의 굳음이 풀어지기 시작할 때	30시간
팔의 굳음이 풀어지기 시작할 때	36시간
각막이 불투명하고, 다리의 굳음이 풀어지기 시작할 때	48시간
배꼽 주위 및 사타구니의 피부가 부패로 변색되고 여러 곳에서 부패(수)포가 생겼을 때	2~3일 내외
사천왕 현상: 피하 조직 및 근육에 부패가스가 많이 축적되어 전신이 거대해지는 현상	3~5일
구더기가 번데기가 되었을 때	8일 내외
번데기가 선탈하였을 때	3주 내외
백골화 또는 시체밀랍화 되었을 때	수개월 이상

04 시체얼룩과 피부밑출혈기출

구분	시체얼룩	피부밑출혈
발생시기	사후현상	생전현상
발현부위	사체의 하반부	일정하지 않음
압박부	보지 못함	관계 없음
퇴색 및 절개	침윤성 시체얼룩(사후 12시간) 전에는 가능	보지 못함
절개	응혈이 없고 유동혈로서 쉽게 닦임	응혈이 있어서 닦이지 않음
조직학적검사	혈구 및 파괴물을 보지 못함	혈구 및 파괴물을 봄

＊점출혈은 구분기준이 아니다.

05 손상사의 종류

(1) 둔기에 의한 손상기출

피부까짐	• 피부의 맨 바깥층의 표피만 벗겨져 나가 진피가 노출되는 손상 • 피부마찰까짐, 피부눌림까짐으로 나뉨 • 압박력이 동반될 때는 타박상, 찢긴 상처, 눌린 상처도 볼 수 있다. • 피부까짐은 반드시 물체가 작용한 면의 형상과 작용방향에 일치 • 조명이 좋지 못할 때, 습윤할 때, 수중시체 등에는 피부까짐이 보이지 않을 수 있다. • 피부까짐은 직접적이고 강력한 충격이 가해지지 않는 한 표재성이고 출혈이 동반되지 않기 때문에 출혈이 없다고 하여 외력을 받을 당시 이미 사망하였다고 판단하여서는 안 된다. 예) 광범위하게 형성된 찰과상이라 하더라도 피부밑출혈을 보지 못하는 것이 일반적이다. 또한, 시체얼룩이 형성된 시체의 아래쪽에 피부까짐이 있을 때에는 사후 혈관의 파탄으로 출혈이 동반될 수 있다.
타박상	• 둔력에 의하여 피부는 그대로 이고 피하조직이 다쳐 모세혈관, 정맥 등이 파열되어 일어나는 출혈 • 멍이라고도 하며 대부분 피하조직에 일어나 피부밑출혈이라 함 • 타박상은 일반적으로 외력이 가하여진 부위에 발생되나 때론 그 부위의 주변이나 멀리 떨어진 곳에서도 형성될 수 있다.
찢은 상처	둔체가 인체에 작용하여 좌멸된 손상을 형성한 것으로 차량에 받치거나 벽돌 각목 등으로 구타당했을 때 생성된 손상
찢긴 상처	둔체의 가격으로 피부가 극도로 긴장되어 탄력성의 한계를 넘어 피부가 외력 방향에 따라 파열된 손상

(2) 예기에 의한 손상기출

벤 상처	면도칼, 나이프, 도자기 또는 유리병의 파편 등의 날이 있는 흉기로 베어 조직의 연결이 끊어진 손상
찔린 상처	송곳같이 가늘고 긴 흉기를 이용하여 신체 부위를 찔러 생긴 손상
큰칼 상처	도끼, 식도, 낫과 같이 중량이 있고 날이 있는 흉기로 내려쳤을 때 생기는 손상

(3) 자·타살 구별

① 손상사

구분	자살	타살
사용흉기	자살에 쓰인 흉기는 거의 하나이고 사체 가까이에서 발견된다.	2개 이상의 흉기에 의한 벤 상처가 발견되고, 흉기가 시체에서 멀리 떨어져 있는 경우이다.
손상의 부위	목, 가슴, 복부 등 급소에 있는 것이 보통이며, 늘 쓰는 손의 반대 측에 시작점이 있다.	신체의 어느 부위에서도 가능하나 특히 목덜미, 뒷머리, 등허리 등에 손상이 있다.
손상의 수	손상의 수는 적으며 특히, 치명상의 수는 1~2개에 불과하다.	중·치명상의 수는 여러 개인 경우가 많다.
손상의 방향	손상이 비교적 집중되어 있으면서도 상호 평범한 방향을 취한다.	손상이 불규칙하고 여러 방향을 이루는 경우가 많다.
손상의 형태	날이 있는 도구를 사용하기 때문에 벤 상처, 찔린 상처가 많다.	벤 상처, 찔린 상처, 타박상, 찢긴 상처, 큰칼 상처 등 다양.
주저흔, 방어흔	잘 쓰이는 손에 혈액이 부착되어 있고 창상 주변에 주저흔이 발견된다.	손, 손가락, 팔뚝에 방어흔
착의와의 관계	옷을 걷어 올리고 직접 피부에 상해	옷을 입은 채로 상해

06 질식사

(1) 질식사의 징후

① 질식사의 3대 증후군

㉠ 피부, 결막, 점막 밑 등에서 점출혈이 생긴다.

㉡ 혈액이 응고되지 않으면서 그 색깔이 암적색(검붉은색)을 띤다.

㉢ 뇌, 폐, 간, 신장, 혀 등의 혈관 내에 많은 피를 함유하고 있는 상태

② 현저한 시체얼룩, 혀의 돌출, 대소변의 누출, 정액의 누출, 안면의 울혈·종찰, 기도 내 포말형성 등을 들 수 있다.

③ 무증상기 – 호흡곤란기 – 경련기 – 무호흡기 – 종말호흡기

(2) 질식사의 종류

① 목맴

줄이나 끈을 목 주위에 두르고 줄이나 끈의 양쪽 끝을 높은 곳에 고정시켜 자기의 체중으로 목을 졸라 질식되어 사망하는 것을 말한다. 목맴은 자살인 경우가 많고 끈자국이 형성되고 끈자국 주변이 피부밑출혈·피부까짐 가능성이 있다. 혀가 튀어나오는 경우가 많고, 안구도 울혈로 인하여 돌출되고 체액을 누출하는 경우가 많다.

② 거짓목맴 (살해 후 목맴으로 위장한 경우)

눈에 점출혈이 있고 얼굴에 청색증이 나타난다. 매단점에 끈의 일부나 성분이 없거나, 끈에 매단점의 성분이 발견되지 않는 경우가 많고 정형적 목맴의 경우와 시체얼룩이 불일치 하는 경우가 많다.

③ 끈졸림사

몸에 감겨진 줄이나 끈에 자신의 체중 이외의 힘에 졸려서 질식 사망하는 것으로 거의 타살이다. 목에 끈자국이 있으나 **목맴보다 낮은 지점에 있다.** 끈자국 주변에 손톱자국 있는 경우가 많다.

④ 손졸림사

목 주위를 손 또는 팔로 압박하여 질식 사망하게 하는 것으로 타살이기 때문에 액살이라고도 한다.

⑤ 익사

익사는 액체가 기도에 흡입되어 질식하는 것으로 액체 흡입에 의한 것은 물론, 흡입하지 않고 익수와의 접촉만으로 사망하는 경우도 포함한다. 수중시체의 외부에서 볼 수 있는 특이적인 소견으로는 거품덩이, 이물장악, 불은 피부가 있다.

익사체에 있어서는 미세한 포말로 구성된 백색의 거품이 코와 입에서 마치 버섯모양으로 유출되며 닦아내면 또다시 나타날 수도 있다. 이러한 거품덩이가 나타나면 의심할 여지 없이 생전에 물이 들어갔다는 근거가 된다.

4) 목맴·끈졸림사 사체현상 비교

구분	목맴	끈졸림사
끈자국의 형태	• 비스듬히 위쪽으로 향해 있다. • 목 앞부분에 현저하고 뒷면에는 없다. • 뚜렷한 부분은 끈 매듭의 반대쪽에 있다. • 끈졸림사의 경우보다 높은 곳, 즉 후두부 위의 위쪽을 통과하므로 방패연골의 위쪽에 있다.	• 수평으로 형성된다. • 균등하게 목 주위를 두르고 있다. • 뚜렷한 부분은 끈 매듭이 있는 부분 또는 끈이 엇갈린 부분에 있다. • 끈자국 부분에 피부밑출혈이 보이지 않는다. • 목맴의 경우보다 낮은 곳, 즉 후두 부위 또는 그 아래쪽을 지나기 때문에 방패연골 아래쪽에 골절이 있다.
결막의 점출혈	결막에 점출혈이 적고 창백하며, 발 등은 암적색을 띤다.	결막에 점출혈이 많고 얼굴은 암적색으로 부종상을 보인다.
자·타살	거의 대부분 자살	거의 대부분 타살

(3) 수중시체

① 수면에 떠오름

익사체의 20%~30%는 가라앉지 않고 흡성 익사체에서는 대개 물이 가라앉으며 우리나라에서 여름에는 대게 2~3일에 떠오르고, 겨울에는 몇 주 심지어 3~4개월 뒤에 떠오르기도 한다.

② 생존기간

저온에서는 익사하기 전에 체온 손실(저체온증)으로 의식을 잃고 물은 공기보다 열전도가 20배 정도 빠르기 때문에 체온이 내려간다.

수온	생존기간
0℃ 이하	즉시, 최대 30분 이내
0~5℃	5분, 최대 1.5시간 이내
5~10℃	3시간 이내
10~15℃	6시간 이내
15~20℃	12시간 이내
20℃ 이상	체력의 한계까지

07 법의 혈청학

법의 혈청학이란 혈액·타액·정액·질액·모발·치아 및 골격 등 인체의 분비물 또는 조직을 재료로 한 혈액검사를 중심으로 혈청형 백혈구형·타액형·지문분류· 모발분류 및 인류학적 검사 등을 실시하여 개인을 식별하는 분야로 범인의 색출 및 개인식별에 활용되고 있다.

(1) 대상 증거물

1) 혈액기출

① 혈액형의 종류

혈액형은 란트스타이너가 1900년대에 발견한 ABO식 혈액형, 1927년에 발견한 MN식 혈액형(M,N,MN 등 3개의 종류), 1940년대에 발견한 Rh식 혈액형(C, c, D, E, e 5개의 종류)이 있다.

② 혈흔검사의 방법

    ⓐ 육안으로 혈흔이 발견되지 않는 경우 ⇨ **루미놀 시험(형광색 반응)** 또는 헤마글로 시험

    ⓑ 육안으로 혈흔이 발견된 경우 ⇨ 무색마라카이트 그린 시험(LMG)(녹색반응)

    ⓒ 루미놀시험, 무색 마라카이트 그린시험은 **혈흔뿐만 아니라 우유, 커피, 녹슨 쇠, 정액, 무즙 등과도 반응**하므로 양성반응이 나타날지도 혈흔으로 단정해서는 안 된다.

    ⓓ 혈액이 1만~2만 배 이상 희석되어도 반응이 나타난다.

    ⓔ 혈흔검사의 순서: 혈흔예비시험 → 혈흔확인시험 → 인혈증명시험 → 혈액형 검사

③ 혈흔 확인시험

    혈흔 예비시험에서 혈흔양성반응을 나타낸 부위에 헤모크로모겐 결정체 시험을 실시하여 혈흔임을 확인해야 하고 혈흔이라면 **붉은 색깔의 국화 꽃술 모양**의 결정체가 현미경에서 관찰된다. 혈액이 200배 이상 희석되면 검출이 곤란

④ 혈액형검사

    사람혈액으로 확인되면 먼저 ABO식 혈액형 검사를 하고 ABO식 혈액형 검사만으로 누구의 혈액인지 구분되지 않을 때에는 MN식 Rh식 검사를 추가로 실시한다.

2) 정액(정액반)

정액의 법의학적 증명은 성범죄 수사에 있어서 유력한 증거가 된다.

① 정자의 생존

    ㉠ 정자는 여성의 질 내에서 36시간 또는 그 이상 생존한다.

    ㉡ 생존 여성 질 내에서의 정자는 14시간 후면 염색성을 상실한다.

    ㉢ 35~42시간 후면 정자 자체의 일부가 변형 또는 소실된다.

    ㉣ 60~68시간 후면 머리부분이 소실되며, 약 80시간 후면 정자의 검출이 되지 않는다.

    ㉤ 정자는 시체의 여성 질 내에서 시체의 보존상태 여하에 따라 생체보다 더 오랫동안 정자가 증명되기도 한다.

    ㉥ 부패된 시체에서는 정자의 검출이 불가능하다.

② 정액(정액반)검사의 방법

    ㉠ 정액(정액반) 부착 유무 확인

    ⓐ 육안적 관찰

    ⓑ 자외선검사

    ⓒ 경정형성시험

    ⓓ 효소검출시험

    ㉡ 사람정액증명시험

    ㉢ 혈액형 검사 – 최종적으로 개인 식별

③ 정액의 수집 및 채취요령

　㉠ 부착정액(정액반): 의류·휴지·팬티에서 정액이 묻었다고 추정되는 경우에는 정액 부착 부위가 서로 접촉되지 않도록 깨끗한 종이를 사이에 끼워 포장을 해야 하며 반드시 증거물 전체를 의뢰한다.

　㉡ 유동성 정액

　ⓐ 깨끗한 유리병에 넣어 밀봉시켜 얼음상자 등에서 저온상태를 유지하여 운반한다.

　ⓑ 냉장상태로 운반하기 곤란할 때에는 청결한 거즈에 묻혀 그늘에서 건조시켜 종이 봉투 또는 파라핀지에 포장하여야 한다.

　㉢ 질액과 혼합된 정액

　　ⓐ 여러 개의 면봉을 준비하여 질 심층부위, 중간부위, 질외벽 등을 고루 묻혀 내면 된다.

　　ⓑ 질액과 혼합되어 있는 정액의 혈액형 감별을 필요로 할 때는 반드시 피해자의 혈액을 약 1~2㎖ 채취하여 함께 의뢰한다.

④ 정액검사 시 주의점

　㉠ 성범죄사건에서 감정 의뢰되는 증거물은 정액과 질액이 혼합된 혼합반이기 때문에 정액의 혈액형만 선택적으로 판정하기가 어렵다.

　㉡ 이때에는 피해자 질액의 혈액형을 알아야 하며, 판정된 피해자의 혈액형과 비교하여 정액의 혈액형을 추정한다.

3) 타액

① 의의

　㉠ 타액이란 타액선으로부터 구강(口腔) 내로 분비되는 유동액으로서 무색(無色), 무취, 무미하며 구강 점막세포(粘膜細胞)를 함유하는 다소 끈적거리는 혼탁한 액체이다.

　㉡ 하루에 타액선에서 분비되는 타액량은 약 1,200mL이며, 먹는 음식물의 맛의 차이에 따라 분비되는 타액의 양은 증가하기도 하고 감소되기도 한다.

　㉢ 타액에는 전분(澱粉)을 소화시키는 소화효소(消化酵素)인 아밀라아제(amylase)가 함유되어 있고, 또는 혈액형 물질들이 함유되어 있어 범죄수사를 위한 타액의 화인은 물론 혈액형의 판정으로 개인식별을 추정하는 데 유력한 단서를 마련해 주고 있다.

② 타액(타액반)의 검사

　　㉠ 타액이 부착될 수 있는 범죄의 증거재료는 담배꽁초, 껌, 문창호지, 우표, 손수건, 휴지 등을 둘 수 있다.

　　㉡ 타액반(唾液斑)

　　　　ⓐ 자외선 검사

　　　　ⓑ 전분 소화효소의 검출시험

　　　　ⓒ 사람 타액증명시험

　　　　ⓓ 혈액형 검사

③ 타액반에서의 성별식별

　　㉠ 담배꽁초, 우표 등 타액이 부착된 부위를 절단하여 40% 초산용액에 넣어 부드럽게 만든다.

　　㉡ 타액 부착면을 가볍게 긁어서 도말표본을 만들어 구강 점막 상피세포의 존재 여부를 관찰한다.

　　㉢ 크레실 액트 바이오렛트 (cresyl echt violet) 염색액으로 염색하여 일반 현미경 1,000배 하에서 관찰하면 상피세포 핵막(核膜)에 푸른 보라색으로 짙게 염색되는 원형 또는 타원형의 모양을 하는 성염색질(性染色質)을 관찰할 수 있다.

　　㉣ 여성 타액의 상피세포에서는 성염색질이 발견되나, 남성에게서는 거의 발견되지 않는다.

　　㉤ 최근 더욱 발전된 성별식별법으로는 혈흔에서 남성의 경우, 형광소체(螢光小體)가 발견되듯이 남성 타액 상피세포핵에서도 형광소체의 검출로 성별의 식별이 가능하다.

　　㉥ 성별식별이 불가능한 경우

　　　　ⓐ 부패된 타액

　　　　ⓑ 일주일 이상 경과된 타액

　　　　ⓒ 구강점막 상피세포가 검출되지 않는 타액(식사 후 또는 음료수 등을 마신 후 타액, 우표 · 봉투 등 접착제와 혼합된 타액)

4) 비즙(鼻汁)

① 비즙반의 검사순서

　　㉠ 현미경에 의한 검사

　　㉡ 사람 비즙검사 등으로 비즙반이 확인된 다음에

　　㉢ 혈액형 검사를 실시하여 개인 식별을 추정한다.

② 비즙의 부착 여부를 확인하기 위해서 반흔(瘢痕)을 절단, 짐출하여 도말(塗抹)표본으로 만들어 일반현미경에서 관찰하여 비즙반이라면 원주상피세포(圓柱上皮細胞)가 발견된다.

③ 사람의 비즙 여부를 증명하기 위해서는 비즙과 질액과는 공통항원(共通抗原)이 존재하므로 사람 질액 면역혈청을 사용하여 침강반응중층법에 의한 시험으로 사람 비즙 여부를 증명한다.

④ 비즙반의 혈액형 검사는 타액반의 흡착시험법에 의한 ABO식 혈액형 검사와 동일한 방법으로 실시한다.

5) 모발

① 서설

ㄱ 현장에서 채취한 두모, 체모, 음모가 검사대상이다.

ㄴ 두모가 체모 · 음모에 비해 광택이 양호하다.

ㄷ 젊은 사람의 모발이 소아, 노인의 모발보다 광택이 양호하다.

② 법의학적 개인식별 방법

ㄱ 발생부위

ㄴ 사람과 동물털 검사

ㄷ 연령검사

ㄹ 성별감식

ㅁ 이발 후의 경과일수

ㅂ 모발손상 검사

ㅅ 파마, 염색 유무의 검사

ㅇ 뽑은 모발, 자연 탈락모의 검사

ㅈ 혈액형 검사

＊사망 후 경과시간(×)

> ■ 치아
> 1. 치아의 출현상태 · 소모상태 등을 검사하여 연령을 추정할 수 있다.
>   ＊치아검사는 가장 효과적인 연령측정 방법이다.
> 2. 생전의 X선 사진이 있다면 사후의 사진과 비교, 대조 검사하여 개인식별을 할 수 있다.
> 3. 육안관찰, 계측에 의한 성별차를 이용하여 남녀의 구분이 가능하다.
> 4. 남성의 치아는 여성의 치아보다 길고 크다.

③ 모발채취요령기출

ㄱ 모발이 어떤 물체에 부착되어 있을 때에는 부착상태를 상세히 기록하고 사진촬영을 한 후 즉시 채취해야 한다.

ㄴ 범죄현장에서 두모, 음모, 기타 체모 등을 채취할 때에는 가능한 한 손을 대지 말고 핀셋으로 채취하여야 하며, 모발을 가지고 절단하여 채취하는 경우 가능한 한 두피에 가깝게 절단하는 것이 바람직하다.

ⓒ 모발을 뽑아서 채취할 필요가 있는 때에는 모선단을 잡아당기는데, 모발이 늘어나는 형태적 변화가 없도록 모선 쪽에 힘을 가하는 것이 좋다.

ⓔ 음모의 경우에는 음경 또는 음핵의 상하좌우에서 각각 5~10개씩 채취하여야 한다. 강간사건 피해자의 음부에서 음모를 채취할 때에는 흰 종이를 깔고 빗으로 빗어 자연히 떨어지는 음모를 채취하여 포장한다.

ⓜ 피해자 모발을 대조자료로서 채취할 때에는 두모의 경우에는 두부의 전후좌우에서 각 20개 이상 채취하는 것이 원칙이다.

ⓗ 모발 시료는 모근이 부착되어있는 것이 바람직하다.

ⓢ 필로폰, MDMA 복용 여부를 알아낼 때 가장 좋은 생체시료이다.

6) 대변 기출

① 채취방법

㉠ 혈액형 감별을 요할 때는 대변의 표면에서 채취한다.

㉡ 섭취음식물의 종류를 감별할 때에는 대변 내부의 것을 채취한다. 음식물의 종류는 육안으로 식별할 수 없고, 현미경으로 관찰하여야 한다.

㉢ 기생충의 감별을 요할 때에는 대변의 각 부분을 조금씩 채취한다.

② 감정목적에 따라 채취된 감정물(대변)은 청결한 병 또는 나무상자나 종이상자 등에 담아 부패되지 않도록 밀봉하여 견고하게 포장하여야 한다.

③ 부득이한 경우에는 2개의 유리병에 상당량을 채취하여 그중 1개는 10% 포르말린용액으로 방부처리하고, 나머지 1개는 원형대로 포장하여 송부하여야 한다.

7) 소변

① 의복류에 부착된 소변흔적은 절단하여 그늘에서 말려 보존하고, 소변의 흔적이 운반할 수 없는 물체에 부착되었을 때에는 흔적 부위를 보관하여, 절단이 불가능한 물체일 경우에는 그 물건 전체를 운반하여 감정을 실시하도록 한다.

② 소변이 흙 또는 눈에 배설되었을 경우에는 그 부분의 흙 또는 눈을 채취하여 청결한 병에 담아 냉장고에 보존한다.

③ 각종 화약류 사용을 증명하기 위한 자료로 소변이 가장 적당하다. 일정한 시간이 지나면 체외로 배출되며 채취에 의학적인 지식이 필요 없으므로 용의자가 동의하면 간편하게 채취할 수 있다.

■ 마약류 복용 여부 확인 방법

마약류 복용 여부 확인방법으로는 소변감식과 모발감식의 두 가지 방법이 있고, 각각의 특성으로 인하여 상호보충적으로 사용한다.

구분	소변감식	모발감식
대상약물	메스암페타민, MDMA, 대마, 코카인, 헤로인, 날부핀, 펜플루아민 등 다수	메스암페타민, MDMA
감식기간	1~3일	10일 이상
복용기간	복용 후 10일 이상 경과한 경우 곤란	복용 후 6~9월 경과한 경우도 확인 가능
활용	기소 전 피의자 신병처리 증거자료	기소 후 증거자료

08 지문감식

우리나라는 독일인 Rosher가 창안한 함부르크식 지문분류법을 우리 실정에 맞게 변형시켜 사용하고 있으며, 전 세계적으로 사용되는 것은 헨리식이다.

■ 지문의 개념기출

1. 지문의 의의
   • 협의의 지문: 손가락 말절 장측부(지두내면)의 융선의 문형을 말한다.
   • 광의의 지문: 넓게는 그 외의 문형도 포함해서 널리 지문이라 호칭하고 있다.
2. 지문의 특성: 지문은 인간뿐만 아니라 원숭이나 침팬지도 갖고 있다.
   • 만인부동: 문형의 고유한 특성 전부가 일치하는 동일한 문형은 다른 데에는 절대로 존재하지 않는다.
   • 종생불변: 사람이 이 세상에 가지고 태어난 지문은 그 사람의 일생을 통하여 변화되지 않는다.
3. 지문의 효용
   • 피의자의 신원확인
   • 피의자의 범죄경력의 확인
   • 변사자의 신원확인
   • 현장 지문에 의한 범인의 신원판명

(1) 지문의 채취방법

1) 채취하기 전 조치사항

① 손을 깨끗이 씻는다.

② 수분을 완전히 제거한다.

③ 무좀이나 기타 피부질환으로 허물이나 물질이 생겼을 때에는 핀셋 등으로 꺼풀을 완전히 제거하여 융선을 현출한다.

2) 채취 시 유의사항

① 지문잉크를 고르게 칠할 것

② 잉크를 칠한 부분에 먼지 등 오물이 부착되지 않았는가를 확인한다.

③ 압날하기 전에 지문의 문양, 각의 위치 등을 확인하고 양각이 현출되도록 회전압날한다.

④ 지문에 힘을 주지 않도록 하며, 자연스러운 상태로 채취한다. 너무 힘을 가하면 융선의 특징을 파악하기 어렵다.

⑤ 평면압날시에는 가급적 지간문(손가락 상반마디와 손바닥 사이)이 현출되도록 채취한다.

⑥ 지문채취 순서는 좌수 시지, 중지, 환지, 소지, 무지의 순서로 채취한 다음 우수 시지, 중지, 환지, 소지, 무지의 순서로 채취한다.

⑦ 지두절단 및 손상 또는 기타의 사유로 지문채취가 불가능한 때에는 해당란에 그 사유를 기재한다.

> ■ 지문 채취방법(지문 및 수사자료표 등에 관한 규칙 제19조)
> 1. 수사자료표, 신원확인조회서를 작성함에 있어 지문채취는 지문의 융선과 삼각도가 완전히 현출되도록 회전하여 채취하여야 한다.
> 2. 수사자료표 지문란에는 오른손 첫째 손가락의 지문을 채취하되 절단, 손상 등 기타의 사유로 지문을 채취할 수 없는 경우에는 다음 순서에 의하여 지문을 채취한다.
>   ① 왼손 첫째 손가락
>   ② 오른손 둘째 · 셋째 · 넷째 · 다섯째 손가락
>   ③ 왼손 둘째 · 넷째 · 다섯째 손가락

(2) 지문의 종류기출

1) 현장지문 준현장지문

현장지문	피의자로부터 직접 채취한 지문이 아닌 '범죄현장에서 범인의 것으로 의심되어 채취한 지문'을 말한다.
준현장지문	범죄현장에 관련이 있는 범인의 침입경로, 도주경로 및 예비장소 등에서 발견된 지문 또는 전당포, 금은방 등에 비치된 거래대장에 압날된 지문 등 피의자 발견을 위하여 범죄현장 이외의 장소에서 채취한 지문을 말한다.

2) 현장지문의 유류상태

현장지문	지두의 분비물 이외의 유색물질(예 먼지, 혈액, 잉크 등)로 입체적으로 인상되어 가공하지 않고도 육안으로 볼 수 있는 지문을 말한다.
잠재지문	지두의 분비물에 의해서 화학적으로 인상되어 가공 · 검출하지 않으면 육안으로 보이지 않는 지문을 말한다.

3) 관계자지문과 유류지문

관계자지문	현장지문 또는 준현장지문 중에서 범인 이외의 자(피해자, 현장출입자 등)가 남긴 것으로 추정되는 지문이다.
유류지문	현장지문 또는 준현장지문 중에서 관계자 지문을 제외하고 남은 지문으로 범인지문으로 추정되는 지문이다.

4) 정상지문과 역지문

정상지문	손끝에 묻은 혈액·잉크·먼지 등이 손가락에 묻은 후 피사체에 인상된 지문으로 무인했을 때의 지문과 동일하다.
역지문	먼지 쌓인 물체, 연한 점토, 마르지 않은 도장면에 인상된 지문을 가리키는 것으로 이 경우 선의 고랑과 이랑이 반대로 현출된다.

✽현장지문: 먼지, 페인트, 점토 등의 탄력성이 없는 물체에 인상된 지문을 말한다.

(3) 현장지문의 채취방법

1) 현재지문의 채취법

먼지에 인상된 경우	사진촬영에 의한 방법, 전사판에 의한 방법, 실리콘러버에 의한 방법을 사용할 수 있다. ✽실리콘러버법의 경우 경화제인 가다리스트가 혈액의 유전자형을 파괴시켜 혈액으로 인상된 때에는 사용하지 않는다.
혈액으로 인상된 경우	사진촬영에 의한 방법, 전사판에 의한 방법을 사용한다.

2) 잠재지문 채취법기출

잠재지문은 채취할 때는 먼저 그것을 육안으로 식별할 수 있도록 한 다음 사진촬영법 또는 전사판에 의한 방법으로 채취한다.

① 고체법(분말법)

ㄱ 개념: 고체법은 미세한 분말을 지문이 인상되었다고 생각되는 물체에 도포해서 분비물에 부착시켜 잠재지문을 검출하는 방법이다.

ㄴ 물체: 표면이 비교적 편편하고 매끄러우며 경질의 물체상(예 도자기, 창문 등)에 유류된 잠재지문을 채취하는데 적당하다.

ㄷ 기재: 분말, 지문채취용 붓, 전사판, 가위

ⓔ 사용방법

　　ⓐ 분말을 일정한 용기에 덜은 후 분말을 모필 끝에 묻혀 가볍게 턴 후 검체의 한 쪽에서부터 가볍게 쓸면서 잠재지문을 검출한다.

　　ⓑ 전사하기 전에 필히 사진촬영을 한다.

　　ⓒ 전사판의 대지를 벗겨 현출된 지문을 전사한 후 지문이 있는 곳부터 가만히 붙인다.

> ■ 분말을 부착시키는 방법기출
> 1. 쇄모법: 일반적으로 사용되는 방법인 붓을 이용하여 분말을 물체 위에 바르는 방법이다.
> 2. 롤(Roll)법: 물체 위에 분말을 뿌린 후 물체를 기울이거나 돌리거나 하는 방법으로 분말을 물체 전면에 닿게 하는 방법이다.
> 3. 분사법(Spray)법: 분말용 분무기를 사용하여 분말을 뿜는 방법이다.

사용검체에 따른 분말 및 전사판의 색깔

사용검체	분말	전사판
어두운색	은색분말	어두운색
밝은색	흑색분말	밝은색
황·청색	적색분말	황·청색

② 액체법: 액체법이란 지두의 분비물 중의 염분, 단백질 등에 화학적 반응을 일으켜서 지문을 검출하는 방법으로 '닌히드린용액법'과 '초산은용액법'이 있다.

㉠ 닌히드린용액법(Kornilakis법)기출

　　ⓐ 땀 속에 함유되어있는 아미노산(단백질)과의 반응을 이용하여 자청색의 발색반응을 하는 방법이며, 종이류 등에 이용된다.

　　ⓑ 사용방법

> • 닌히드린용액을 스테인리스 용기에 부은 후 검체를 담가서 적신 후 2분 경과되면 용액이 증발한다.
> • 전기다리미로 약 1분간 가열하면 잠재지문이 검출된다.
> • 지문이 검출되면 사진촬영한다(전사법을 활용하지 못함).

㉡ 초산은용액법(질산은용액법)기출

　　ⓐ 지두 분비물 중 염분과의 반응을 이용하여 태양광선에 쪼여서 자색으로 지문을 검출하는 방법이며, 종이류에 등에 이용된다.

　　ⓑ 사용방법

> • 초산은용액은 스테인리스 용기에 붓고 검체를 담가서 적신 후 약 5~10분 경과되면 액체의 물방울이 건조된다.
> • 약 3~4분간 햇빛에 쪼이고 지문이 현출되면 중지한다.
> • 지문이 검출되면 사진 촬영한다.(전사법을 활용하지 못함)

③ 기체법 기출
　㉠ 옥도가스법 기출
　　ⓐ 옥도가스(요오드가스)를 사용하여 분비물의 지방분을 다갈색으로 착색시켜 지문을 검출하는 방법이다.
　　ⓑ 종이류, 목재류, 초자류, 도자기류 등에 이용된다. 기체법에 의하여 지문이 검출되면 사진 촬영하며, 전사법을 활용하지 못한다.
　　ⓒ 퇴색 소멸된 경우에도 옥도(요오드)가스를 뿜으면 몇 번이라도 지문을 검출할 수 있다.
　　ⓓ 옥도가스법의 단점을 보완한 IODIN(1회용 튜브식 지문채취기 세트)이란 제품을 사용한다.
　㉡ 강력순간접착제법(CA법, 본드법) 기출
　　ⓐ 본드의 증기에 의해 지문 속에 함유되어 있는 염분, 지방분, 단백질 등과 화학반응을 일으켜서 백색의 잠재지문을 검출하는 방법이며, 목재류, 종이류, 철재류, 초자류, 피혁류, 플라스틱류, 비닐류, 알루미늄 등에 이용한다.
　　ⓑ 사용방법

> • 잠재지문을 검출할 증거물을 유리시험관 안에 매달고 바닥에 깐 은박지에 강력순간접착제를 2~3g 떨구어 뚜껑을 덮고, 테이프로 밀봉한다.
> • 지문이 검출되면 사진 촬영한 후 (흑색분말을 도포(塗布)하여 백색전사판으로 채취한다. 이 방법은 현출되는 시간이 오래 걸리므로(2시간~수일), 가성소다 처리한 솜을 이용하면 시간을 반으로 줄일 수 있고, 가스분말 지문현출기를 이용하면 보다 신속히 현출시킬 수 있다.

　㉢ 오스믹산용액법 기출
　　ⓐ 오스믹산의 증기에 의해 지문의 분비물에 화학반응을 일으켜서 흑색의 잠재지문을 검출하는 방법이다.
　　ⓑ 습기 있는 지류, 장시간 경과된 지문, 화장지류, 각종 테이프류, 피혁류, 스티로폼류, 나무 잎사귀 등에 이용한다.
　　ⓒ 유리시험관 바닥에 오스믹산용액의 컵을 넣은 다음, 증거물을 시험관 안 철사받침대에 매달고 뚜껑을 덮고, 테이프로 밀봉한다.
④ 진공금속지문채취기법(VMD, Vacum Metal Deposition)
　㉠ 범죄현장의 증거물을 장비의 진공통에 넣고 진공상태에서 금과 아연을 증발시켜 증거물에 입힘으로써(도금의 형식) 잠재지문을 현출하는 방법이다.
　㉡ 본 기법은 매끈하고 흡수성이 없는 표면, 폴리에스테르 재질 등의 플라스틱류, 카메라 필름이나 사진, 매끈한 천, 가죽이나 비닐 고무 등에 효과적이다.
　㉢ 강력순간접착제법보다 효과가 크고 오래된 지문도 현출이 가능하다는 장점이 있다.

⑤ 화염법: 화염법은 송진 · 벤젠 · 양초 등을 연소할 때 생기는 매연을 접촉 · 검출시킨 후, 사진 촬영하거나 젤라틴지, 셀로판테이프에 전사하는 방법으로 금속에 유류된 잠재지문 채취할 때 쓰인다.

⑥ 복식검출법: 2가지 이상의 방법을 혼합하여 검출하는 방법

사광선이용 ⇨ 기체법 ⇨ 분말법 ⇨ 닌히드린용액법 ⇨ 초산은용액법

⑦ 실리콘러버법: 부패한 변사체의 지문이나 공구흔 채취에는 주로 실리콘러버에 의한 전사 방법을 사용한다.

⑧ 사광선이용법: 금속, 유리, 먼지, 유지 등이 부착된 곳에 찍힌 잠재지문은 사광선을 이용하여 관찰하면 발견할 수 있다. 이 경우 카메라를 지문이 찍힌 면에 수직으로 고정시키고 파인더를 보면서 사광선을 비추고, 지문이 가장 잘 보이는 위치에 조명을 고정시키고 촬영하면 된다.

⑨ 형광촬영법: 유지가 묻은 곳에 남겨진 잠재지문이나 형광체가 묻은 손에 의해 찍힌 잠재지문은 자외선을 쏘면 형광을 발하여 검출되는 수가 있는데 이를 촬영하는 것이다. 이때 단파의 자외선은 눈과 피부에 해롭기 때문에 장파의 자외선을 이용한다.

⑩ 자외선 촬영법: 유지가 잘 묻은 곳에 찍힌 지문에 자외선을 비추면서 수정렌즈를 사용하여 촬영하면 채취할 수 있다.

⑪ 적외선촬영법: 먼지가 조금 묻은 손에 의해 찍힌 지문은 적외선 필름 및 적외선 필터를 사용하여 촬영하면 채취할 수 있다.

⑫ 레이저광선 이용법: 레이저 지문채취기로 검체에 조사하여 지문을 채취한다.

기출

• 접착면에 유류된 지문채취용 시약
1. 스티키 사이드 파우더　　2. 어드히시브 사이드 파우더　　3. 젠티안 바이올렛
4. 크리스탈 바이올렛　　　　5. 에멀젼 블랙　　　　　　　　6. 테잎-글로

• SL-350
지문이 육안으로 식별하기 힘든 경우에 보다 선명하고 뚜렷하게 채취하기 위해서 활용하며, 가변광선(적외선, 가시광선, 자외선)을 이용하여 현장에서 손쉽게 지문을 채취할 수 있게 해주는 장비로서 휴대가 간편하다.

• 기타 지문채취법
1. psysical Developer: 젖은 종이에 효과적인 방법
2. SPR:이슬을 맞은 차량표면

(4) 지문의 유형

1) 궁상문

　① 지문융선이 좌측 또는 우측으로부터 흐르기 시작하여 그 형상이 활모양 또는 파도모양을 형성하고 반대쪽으로 흐르는 융선으로 형성된 문형을 말한다.

　② 융선이 좌측이든 우측이든 한쪽에서 흐르기 시작하여 다른 쪽으로 흘러 빠진 것으로 서지문의 모양이 활이나 과도모양을 이루고 있는 지문을 말한다.

2) 제상문

　① 지문융선이 좌측 또는 우측으로부터 흐르기 시작하여 마제형(말발굽 모양)을 형성하고 그 시작한 방향으로 되돌아 흐르는 융선으로 형성된 문형을 말한다.

　② 제상문은 좌·우수별과 각의 위치에 따라 갑종제상문과 을종제상문의 두 종류로 나뉜다. 제상문의 각의 위치가 우수에는 우측, 좌수에는 좌측에 있으면 갑종제상문이고, 제상문의 각의 위치가 우수에는 좌측, 좌수에는 우측에 있으면 을종제상문이다.

3) 와상문

　① 지문의 중심부가 한 바퀴 이상 돌아가는 와상선, 원형으로 생긴 환상선, 말발굽 같은 제상선 혹은 기타 융선이 독립적으로 또는 혼합하여 형성되고, 좌측과 우측에 각각 1개씩 각을 가진 문형을 말한다.

　② 지문 중심부의 형태가 달팽이나 회오리처럼 빙글빙글 돌아가는 형상이고, 좌우 양쪽에 각이 있는 것은 모두 와상문이다.

(5) 지문의 분류방법 기출

궁상문	〈1〉
갑종제상문	〈2〉
을종제상문	우수의 좌측, 좌수의 우측에 있는 경우로 내단과 외단 사이와 가상의 직선에 접촉된 융선의 수를 기준 • 7개이하:〈3〉　　　　• 8~11개: 〈4〉 • 12~14개:〈5〉　　　　• 15개이상:〈6〉
와상문	추적선이 우측각 위 또는 아래로 흐를 때 추적선과 우기준점 사이의 융선의 수를 기준 • 상류 와상문: 우측각 위로 흘러 융선의 수가 4개 이상이다.〈7〉 • 중류 와상문: 우측각 위, 아래로 흘러 융선의 수가 3개 이하이다.〈8〉 • 하류 와상문: 우측각 아래로 흘러 융선의 수가 4개이상이다.〈9〉
변태문	궁상문, 제상문, 와상문의 어느 것에도 속하지 않는 지문이다.〈9〉
절단문	지두절단〈0〉
손상문	손상된 지문 〈0〉

- 분류방식(함부르크식 분류법)
  - 0. 궁상문 : 모두 〈1〉번
  - 0. 제상문
    - · 갑종제상문은 모두 〈2〉번
    - · 을종제상문은 내단과 외단 사이의 융선수를 기준
      - − 융선수 7개 이하 〈3〉번
      - − 융선수 8~11개 〈4〉번
      - − 융선수 12~14개 〈5〉번
      - − 융선수 15개 이상 〈6〉번
  - 0. 와상문 : 우측표준점과 추적선의 종점간의 융선수를 기준
    - · 상류와상문 : 추적선이 우측각 내측 4개 이상〈7〉
    - · 중류와상문 :   내외측 3개 이하〈8〉
    - · 하류와상문 :   외측 4개 이상〈9〉
  - 0. 변태문 : 9에다 · 을 찍음
  - 0. 손상문 : 0에다 · 을 찍음

(1) 십지지문의 분류

1) 지문의 종류

와상문   제상문   궁상문

① 궁상문
  - − 궁상문의 정의: 활(弓)모양 또는 파도와 같은 돌기 모양으로 형성된 문형을 말한다.
  - − 궁상선: 좌측 또는 우측으로부터 흐르기 시작하여 궁성선(활모양) 또는 돌기선(파도 모양)을 이루고 그와 반대쪽으로 흐르는 융선을 말한다.
  - − 궁상문의 종류
    - • 보통궁상문: 보통궁상선이 모여서 1개의 문형이 형성된 것이다.
    - • 돌기궁상문: 파도와 같이 돌기된 융선이 모여서 문형이 형성된 것이다.
    - • 편류궁상문:중심부 융선이 좌측 또는 우측으로 편한 것이다.
    - • 궁상문에 준하는 문형: 중심부에 제선두가 1개 있으나 가상반원을 봉상선이 뚫고 나가 제선두가 파괴된 것이다.

② 제상문 기출

말(馬)발굽 모양의 제상선이 모여서 형성된 지문으로 융선이 흐르는 반대쪽에(좌측이나 우측에)삼각도가 1개 있으면 돌기방향이 대부분 상부를 향한다.

㉠ 제상선과 중핵제상선
- 제상선: 좌측 또는 우측으로부터 흐르기 시작하여 마제형(말굽형태)을 이루고 그 시작한 방향으로 되돌아가는 융선을 말한다.
- 중핵제상선: 수개의 제상선 중에서 가장 내부에 있는 것이다. 다만 제선두(제상선의 상단)를 포함한 가상반원의 호(弧)에 다른 융선이 교차되어 파괴되었을 때는 다음 제상선으로 정한다.

㉡ 제상문의 종류
- 갑종제상문: 좌수의 지문을 찍었을 때 삼각도가 좌측에 형성되어 있고, 우수의 지문을 찍었을 때 삼각도가 우측에 형성되어 있는 지문을 말한다.
- 을종제상문: 좌수의 지문을 찍었을 때 삼각도가 우측에 형성되어 있고, 우수의 지문을 찍었을 때 삼각도가 좌측에 형성되어 있는 지문을 말한다.

갑종제상문		을종제상문	
좌수	우수	좌수	우수

③ 와상문기출

와상선, 환상선, 이중제상선, 제상선 기타 융선이 독립 또는 혼재되어 있는 2개이상의 삼각도가 있는 지문을 말한다. 단, 유태제형(有胎蹄形)와상문은 삼각도가 1개이다.
- 순와상문: 와상문의 중심부 융선이 와상선으로 형성된 지문을 말한다.
- 환상문: 중심부 융선이 환상선으로 형성된 지문을 말한다.
- 이중제형 와상문: 와상문의 중심부를 형성한 1개 또는 2개의 융선이 제상선을 이중으로 형성한 지문을 말한다.
- 유태제형 와상문: 와상문의 중심부 제상선 내 호상선 또는 제상선의 돌부가 거꾸로 형성되어 있는 지문을 말한다.

④ 변태문: 궁상문, 제상문, 와상문 중 어느 것에도 속하지 않는 문형으로서 점과 단선 기타 구불구불하게 특이한 융선으로 형성된 지문이다(육손가락 합지의 경우도 포함).

2) 분류하는 방법(함부르크식 분류법)기출

궁상문	〈1〉분류번호는 모두 '1'로 한다.
갑종제상문	〈2〉제상문 중 갑종제상문은 분류번호를 모두 '2'로 한다.
을종제상문	우수의 좌측, 좌수의 우측에 있는 경우로 내단과 외단 사이와 가상의 직선에 접촉된 융선의 수를 기준 • 융선수 7개이하:〈3〉 • 융선수8~11개: 〈4〉 • 융선수 12~14개:〈5〉 • 융선수 15개이상:〈6〉 0. 제상문 · 갑종제상문은 모두 〈2〉번 · 을종제상문은 내단과 외단 사이의 융선수를 기준 – 융선수 7개 이하 〈3〉번 – 융선수 8~11개 〈4〉번 – 융선수 12~14개 〈5〉번 – 융선수 15개 이상 〈6〉번
와상문 변태문 절단문	1) 와상문 추적선이 우측각 위 또는 아래로 흐를 때 추적선과 우기준점 사이의 융선의 수를 기준 • 상류 와상문: 우측각 위로 흘러 융선의 수가 4개 이상이다.〈7〉 • 중류 와상문: 우측각 위, 아래로 흘러 융선의 수가 3개 이하이다.〈8〉 • 하류 와상문: 우측각 아래로 흘러 융선의 수가 4개이상이다.〈9〉 2) 변태문 궁상문, 제상문, 와상문의 어느 것에도 속하지 않는 지문이다.〈9〉 3) 절단문 지두절단〈0〉 0. 와상문 : 우측표준점과 추적선의 종점간의 융선수를 기준 · 상류와상문: 추적선이 우측각 내측 4개 이상〈7〉 · 중류와상문 : 내외측 3개 이하〈8〉 · 하류와상문 : 외측 4개 이상〈9〉 0. 변태문 : 9에다 · 을 찍음 0. 손상문 : 0에다 · 을 찍음

3) 지문채취요령

① 피채취자의 손에 땀이나 기름류 등이 없도록 닦은 다음 지문잉크를 골고루 적당히 바른다.(지문잉크의 과도오염으로 융선이 잘 안보이면 대조 곤란)

② 지문채취순서는 먼저 '좌수'의 시지, 중지, 환지, 소지, 무지 순서로 채취한 다음 '우수'도 시지, 중지, 환지, 소지, 무지 순서대로 채취한다(경찰청에 보관된 지문자료의 자별순서며, 지별순서가 바뀌면 신원확인 불가능).

③ 회전채취는 각 손가락을 좌측으로부터 우측으로 180°이상 회전하여 지문의 삼각도가 모두 나오도록 하고 평면채취는 회전시키지 말고 그대로 채취한다(회전지문이 잘 안보일 경우 평면지문으로 대조하기 위함).

④ 지두절단 및 손상 또는 기타의 사유로 지문채취가 불가능할 때는 해당란에 각각 그 사유를 기재해야한다.

01 유치장의 관리기출

유치는 피의자, 피고인, 구류인 및 의뢰입감자 등의 도주, 증거인멸, 자해행위, 통모 방지, 도주원조 등을 미연에 방지하고 유치인의 건강을 보호하기 위해 신체의 자유를 구속하는 것이다.

형의집행 및 수용자의 처우에 관한 법률, 피의자 유치 및 호송규칙, 경찰관직무집행법, 유치장 설계 표준규칙, 호송경찰관 출장소근무규칙

02 유치 시 조치기출

피의자유치 (제7조)	① 피의자를 유치장에 입감시키거나 출감시킬 때에는 유치인보호 주무자가 발부하는 피의자입(출)감지휘서(별지 제2호 서식)에 의하여야 하며 동시에 3명 이상의 피의자를 입감시킬 때에는 **경위 이상** 경찰관이 입회하여 순차적으로 입감시켜야 한다. ② 유치인보호관은 새로 입감한 유치인에 대하여는 유치장 내에서의 일과표, 접견, 연락절차, 유치인에 대한 인권보장(별표3) 등에 대하여 설명하고, 인권침해를 당했을 때에는 「국가인권위원회법 시행령」 제6조에 따라 진정할 수 있음을 알리고, 그 방법을 안내하여야 한다
유치인의 분리, 유치 (제7조)	① **형사범과 구류** 처분을 받은 자 ② **19세 이상의 사람과 19세 미만**의 사람 ③ 신체장애인 및 사건관련의 공범자 ④ 여자와 남자
유아대동	경찰서장은 여성유치인이 친권이 있는 **18개월 이내의 유아**의 대동을 신청한 때에는 다음 각 호의 어느 하나에 해당하는 사유가 없다고 인정되는 경우 이를 허가하여야 한다. 　1. 유아가 질병·부상, 그 밖의 사유로 유치장에서 생활하는 것이 적당하지 않은 경우 　2. 유치인이 질병·부상, 그 밖의 사유로 유아를 양육하는 것이 적당하지 않은 경우 　3. 유치장에 감염병이 유행하거나 그 밖의 사정으로 유아의 대동이 적당하지 않은 경우
질병등 조치	유치인 보호주무자는 경찰서장에게 보고하여 필요한 조치를 받게 하고 그 상황에 따라 다른 유치실에 수용해야 한다. ① **고령자(70세** 이상의 자) ② 유치인이 **질병**이 생겼을 때 ③ **산부**(분만 후 **60일**이 경과하지 아니한 부녀자) ④ **임부**(수태 후 **6개월** 이상의 부녀자)
석방	유치보호관은 유치기간만료 1일 전에 유치보호 주무자에게 보고하여 위법유치를 하는 일이 없도록 한다.

03 호송

(1) 호송방법

① 직송

피호송자를 관서 또는 출두하여 할 장소나 유치할 장소에 직접 호송하는 경우

② 채송

피호송자가 **중병으로 호송이 계속할 수 없을 때** 인수받은 경찰관서에 치료한 후 호송하는 경우

(2) 호송종류

① 왕복호송

피호송자를 특정 장소에 호송하여 필요한 용무를 마치고 용무를 마치고, 다시 발송관서 또는 호송관서로 호송하는 경우

② 비상호송

전시, 사변, 이에 준하는 국가비상사태나 천재, 지변에 있어서 피호송자를 다른 곳에서 수용하기 위한 호송

③ 집단호송

한번에 다수의 피호송자를 호송하는 경우

④ 이감호송

피호송자의 수용장소를 이동하거나 관서에 인계하기 위한 호송

(3) 호송출발 전의 조치

1) 피호송자 신체검사

① 호송관은 반드시 호송주무관의 지휘에 따라 포박하기 전에 피호송자에 대하여 안전호송에 필요한 **신체검색**을 실시하여야 한다.

② 여자인 피호송자의 신체검색은 여자경찰관이 행하거나 성년의 여자를 참여시켜야 한다.

2) 피호송자의 포박

① 호송관은 호송관서를 출발하기 전에 반드시 피호송자에게 수갑을 채우고 포승으로 포박하여야 한다. 다만, 구류선고 및 감치명령을 받은 자와 고령자, 장애인, 임산부 및 환자 중 주거와 신분이 확실하고 도주의 우려가 없는 자에 대하여는 수갑 등을 채우지 아니한다.

② 호송관은 피호송자가 **2인 이상일 때**에는 제1항에 의하여 피호송자마다 포박한 후 호송수단에 따라 **2인 내지 5인을 1조로 하여 상호 연결시켜 포승**하여야 한다.

3) 호송시간

호송은 일출 전 또는 일몰 후에 할 수 없다. 다만, 기차, 선박 및 차량을 이용하는 때 또는 특별한 사유가 있는 때에는 그러하지 아니한다.

4) 호송수단

호송수단은 경찰호송차 기타 경찰이 보유하고 있는 차량에 의함을 원칙으로 하여야 한다. 호송에 사용되는 경찰차량에는 커튼 등을 설치하여 피호송자의 신분이 외부에 노출되지 않도록 하여야 한다.

(4) 호송시관리방법기출

1) 영치금품의 처리

금전, 유가증권은 **호송관서에서 인수관서에 직접 송부**한다. 다만 소액의 금전, 유가증권 또는 당일로 호송을 마칠 수 있을 때에는 호송관에게 탁송할 수 있다.

2) 식량 등의 자비 부담

피호송자가 식량, 의류, 침구 등을 자신의 비용으로 구입할 수 있을 때에는 호송관은 물품의 구매를 허가할 수 있다.

3) 호송비용 부담

호송관 및 피호송자의 여비, 식비, 기타 호송에 필요한 비용은 **호송관서에서 이를 부담**하여야 한다.

4) 호송비용 산정

피호송자를 교도소 또는 경찰서 유치장이 아닌 장소에서 식사를 하게 한 때의 비용은 최저 실비액으로 산정한다.

5) 분사기 등의 휴대

호송관은 호송근무를 할 때에는 분사기를 휴대하고 호송관서의 장은 특별한 사유가 있는 경우 호송관이 총기를 휴대하도록 할 수 있다.

(5) 사고발생 시 조치요령기출

1) 피호송자가 도망하였을 때

① 즉시 사고발생지 관할 경찰서에 신고하고 도주 피의자 수배 및 수사에 필요한 사항을 알려주어야 하며, 소속장에게 전화, 전보 기타 신속한 방법으로 보고하여 그 지휘를 받아야 한다. 이 경우에 즉시 보고할 수 없는 때에는 신고 관서에 보고를 의뢰할 수 있다.

② 호송관서의 장은 보고받은 즉시 상급감독관서 및 관할검찰청에 즉보하는 동시에 인수관서에 통지하고 도주 피의자의 수사에 착수하여야 하며, 사고발생지 관할 경찰서장에게 수사를 의뢰하여야 한다.

③ 도주한 자에 관한 호송관계서류 및 금품은 호송관서에 보관하여야 한다.

2) 피호송자가 사망하였을 때

① 즉시 사망시 관할 경찰관서에 신고하고 **시체와 서류 및 영치금품은 신고 관서**에 인도하여야 한다. 다만, 부득이한 경우에는 다른 도착지의 관할 경찰관서에 인도할 수 있다.

② 인도를 받은 경찰관서는 즉시 호송관서와 인수관서에 사망일시, 원인 등을 통지하고, **서류와 금품은 호송관서에 송부**한다.

③ 호송관서의 장은 통지받은 즉시 상급 감독관서 및 관할 검찰청에 보고하는 동시에 사망자의 유족 또는 연고자에게 이를 통지하여야 한다.

④ 통지받을 가족이 없거나, 통지를 받은 가족이 통지를 받은 날부터 3일 내에 그 시신을 인수하지 않으면 구, 시, 읍, 면장에게 가매장을 하도록 의뢰하여야 한다.

3) 피호송자가 발병하였을 때

① **경증**으로서 호송에 큰 지장이 없고 당일로 호송을 마칠 수 있을 때에는 호송관이 적절한 응급조치를 취하고 호송을 계속하여야 한다.

② **중증**으로써 호송을 계속하거나 곤란하다고 인정될 때에 피호송자 및 그 서류와 금품을 발병지에서 가까운 경찰관서에 인도하여야 한다.

③ 인수한 경찰관서는 즉시 질병을 치료하여야 하며, 질병의 상태를 호송관서 및 인수관서에 통지하고 질병이 치유된 때에는 호송관서에 통지함과 동시에 치료한 경찰관서에서 지체 없이 호송하여야 한다. 다만, 진찰한 결과 24시간 이내에 치유될 수 있다고 진단되었을 때에는 치료후 호송관서의 호송관이 호송을 계속 하게 하여야 한다.

04 수배제도

(1) 지명수배기출

1) 의의

특정한 피의자에 대하여 그의 체포를 의뢰하는 제도

2) 지명수배 대상

① **법정형이 사형, 무기 또는 장기 3년 이상**의 징역이나 금고에 해당하는 죄를 범하였다고 의심할 만한 상당한 이유가 있어 체포영장 또는 구속영장이 발부된 자

② 지명통보의 대상인 자로서 지명수배의 필요가 있어 **체포영장 또는 구속영장**이 발부된 자

③ **긴급사건 수배**에 있어서 범죄혐의와 성명 등을 명백히 하여 그 체포를 의뢰하는 피의자

3) 호송관서

① 당해관서가 서로 합의한 때는 **합의에 따른다.**

② 합의가 되지 않은 경우 **수배관서에서 검거관서로부터 인계받아 호송**하는 것을 원칙으로 한다.

4) 지명수배가 수 건인 경우 인계기출

① **공범에 대한 수사 또는 재판이 진행**중이거나 **공소시효 만료 3개월** 이내인 수배관서

② 법정형이 **중한 죄명**으로 지명수배한 수배관서

③ 검거관서와 동일한 지방검찰청 또는 지청의 관할구역에 있는 수배관서

④ 검거관서와 거리 또는 교통상 가장 인접한 수배관서

(2) 지명통보기출

1) 의의
특정한 피의자를 발견한 경우 그 피의자에 대한 출석요구를 의뢰하는 제도

2) 대상

① 법정형이 **장기 3년 미만**의 징역 또는 금고, 벌금에 해당하는 죄를 범하였다고 의심할 만한 상당한 이유가 있고, 수사기관의 출석요구에 응하지 아니하며 소재 수사결과 소재불명 된 자

② **사기, 횡령, 배임죄 및 부정수표단속법 제2조**에 정한 죄의 혐의를 받는 자로서 초범이고 그 **피해액이 500만 원 이하**에 해당하는 자

③ 구속영장을 청구하지 아니하거나 발부받지 못하여 **긴급체포 되었다가 석방된 지명수배자**

3) 소재발견보고서 작성
소재를 발견한 때에는 피의자에게 지명통보된 사실과 범죄사실, 지명통보한 관서 등을 고지하고 **형사사법시스템에 입력한 후 발견일자로부터 1개월 이내**에 통보관서에 출석하거나 사건이송 신청을 하겠다는 내용이 기재된 **지명통보자 소재발견보고서를 출력하여 피의자에게 교부**하고 통보관서로 사건인계서를 작성하여 인계하여야 한다.

01 성폭력사건 수사

(1) 성폭력범죄의 처벌 등에 관한 특례법기출

1) 성폭력범죄

　① 특수강도 강간

　　주거침입, 야간주거침입절도, 특수절도의 죄 범한 사람이 강간, 유사강간, 강제추행 및 준강간, 준강제추행의 죄를 범한 경우에는 무기징역 또는 5년 이상의 징역에 처한다.

　② 특수강간, 특수강제추행

　　흉기나 그 밖의 위험한 물건을 지닌 채 또는 2명 이상이 합동하여 강간, 강제추행, 준강간, 준강제추행의 죄를 범한 사람은 무기징역 또는 5년 이상의 징역에 처한다.

　③ 친족관계에 의한 강간, 강제추행

　　친족관계에 있는 자가 강간, 강제추행, 준강간, 준강제추행의 죄를 범한 경우이다. 친족의 범위는 **4촌 이내**의 혈족 · 인척과 동거하는 친족이다.

　④ 장애인에 대한 강간 등

　　신체적인 또는 정신적인 장애가 있는 사람에 대하여 강간등의 죄를 범한 사람은 처벌한다. 장애인의 보호, 교육 등을 목적으로 하는 시설의 장 또는 종사자가 보호, 감독의 대상인 장애인에 대하여 제1항부터 제6항까지의 죄를 범한 경우에는 그 죄에 정한 형의 2분의 1까지 가중한다.

　⑤ 13세 미만 미성년자 강간 등

　　㉠ 13세 미만의 사람에 대하여 강간의 죄를 범한 사람은 무기징역 또는 10년 이상의 징역에 처한다.

　　㉡ 13세 미만의 사람에 대하여 폭행이나 협박으로 다음 각 호의 어느 하나에 해당하는 행위를 한 사람은 7년 이상의 유기징역에 처한다.

　　　1. 구강 · 항문 등 신체(성기는 제외한다)의 내부에 성기를 넣는 행위

　　　2. 성기 · 항문에 손가락 등 신체(성기는 제외한다)의 일부나 도구를 넣는 행위

　　㉢ 13세 미만의 사람에 대하여 「형법」 제298조(강제추행)의 죄를 범한 사람은 5년 이상의 유기징역 또는 3천만 원 이상 5천만 원 이하의 벌금에 처한다.

　　㉣ 13세 미만의 사람에 대하여 「형법」 제299조(준강간, 준강제추행)의 죄를 범한 사람은 제1항부터 제3항까지의 예에 따라 처벌한다.

　　㉤ 위계 또는 위력으로써 13세 미만의 사람을 간음하거나 추행한 사람은 처벌한다

　⑥ 강간 등 상해치상

　　특수강도강간 등의 죄를 범한 사람이 다른 사람을 상해하거나 상해에 이르게 한 때에는 무기징역 또는 10년 이상의 징역에 처한다.

⑦ 강간 등 살인치사

강간 등의 죄를 범한 사람이 다른 사람을 살해한 때에는 사형 또는 무기징역에 처한다.

⑧ 업무상위력 등에 의한 추행

㉠ 업무, 고용이나 그 밖의 관계로 인하여 자기의 **보호, 감독을 받는 사람에 대하여 위계 또는 위력**으로 추행

㉡ 법률에 따라 구금된 사람을 감호하는 사람이 그 사람을 추행

⑨ 공중밀집장소추행

대중교통수단, 공연·집회 장소, 그 밖에 공중(公衆)이 밀집하는 장소에서 사람을 추행

⑩ 성적 목적을 위한 공공장소 침입행위

자기의 성적 욕망을 만족시킬 목적으로 공중화장실 등 및 목욕장업의 목욕장 등 대통령령으로 정하는 공공장소에 침입하거나 같은 장소에서 퇴거의 요구를 받고 응하지 아니하는 경우

⑪ 통신매체이용 음란

자기 또는 다른 사람의 성적 욕망을 유발하거나 만족시킬 목적으로 전화, 우편, 컴퓨터, 그 밖의 통신매체를 통하여 성적 수치심이나 혐오감을 일으키는 말, 음향, 글, 그림, 영상 또는 물건을 상대방에게 도달하게 한 경우

⑫ 카메라 등 이용 촬영

카메라나 그 밖에 이와 유사한 기능을 갖춘 기계장치를 이용하여 성적 욕망 또는 수치심을 유발할 수 있는 다른 사람의 신체를 그 의사에 반하여 촬영하거나 그 촬영물을 반포·판매·임대·제공 또는 공공연하게 전시·상영한 경우

2) 고소

성폭력범죄에 대하여는 자기 또는 배우자의 직계존속을 고소할 수 있다.

3) 형법상 감경규정에 관한 특례

음주 또는 약물로 인한 심신장애 상태에서 성폭력범죄를 범한 때에는 「형법」 제10조 제1항·제2항 및 제11조를 적용하지 아니할 수 있다

4) 영상물의 촬영 보존기출

성폭력범죄의 피해자가 **19세 미만**이거나 신체적인 또는 정신적인 장애로 사물을 변별하거나 의사를 결정할 능력이 미약한 경우에는 피해자의 진술내용과 조사과정을 비디오녹화기 등 영상물 녹화장치로 촬영·보존하여야 한다. 영상물 녹화는 피해자 또는 법정대리인이 이를 원하지 아니하는 의사를 표시한 경우에는 촬영을 하여서는 아니 된다.

5) 신상정보 등록

등록대상 성범죄로 유죄판결이 확정된 자 또는 공개명령이 확정된 자는 신상정보 등록대상자가 된다. 다만, 「아동·청소년의 성보호에 관한 법률」 제11조 제5항의 범죄로 벌금형을 선고받은 자는 제외한다.

6) 신상정보의 제출의무

등록대상자는 판결이 확정된 날부터 **30일 이내**에 다음 각 호의 신상정보를 자신의 주소지를 관할하는 경찰관서의 장에게 제출하여야 한다

7) 등록

법무부장관은 등록대상자 정보를 등록하여야 한다.

8) 등록정보의 관리

법무부장관은 등록정보를 최초 등록일(등록대상자에게 통지한 등록일을 말한다)부터 **20년간 보존·관리**하여야 한다.

9) **등록정보활용**

법무부장관은 등록정보를 등록대상 성범죄와 관련한 범죄 예방 및 수사에 활용하게 하기 위하여 검사 또는 각급 경찰관서의 장에게 배포할 수 있다.

02 폭력범 수사

(1) 폭력행위 등 처벌에 관한 법률 위반

1) 행위의 태양

상습적으로 **2인이상**이 공동하여 **단체나 다중(多衆)의 위력(威力)**으로써 또는 단체나 집단을 가장하여 위력을 보이고, **흉기나 그 밖의 위험한 물건을 휴대**하여 그 죄를 범한 사람은 폭력행위 등 처벌에 관한 법률위반으로 처벌한다.

2) 단체 등의 구성, 활동의 죄기출

범죄를 범한다는 목적하에 이루어진 계속적인 결합체로 단체의 구성원이 수괴, 간부 및 단순가입자로 구성되어 있고, **위계에 상응하는 단체를 주도하는 최소한의 통솔체제**가 필요하다.

(2) 가정폭력범죄

1) 가정구성원

배우자 또는 **배우자 관계에 있었던 자**, 자기 또는 배우자와 직계존비속관계에 있거나 있었던 자, 계부모와 자의 관계 또는 적모와 서자의 관계에 있거나 있었던 자, **동거하는 친족 관계에 있는 자**

2) 가정폭력범죄태양

상해, 존속상해, 중상해, 존속중상해, 폭행, 존속폭행, 특수폭행, 유기, 존속유기, 영아유기, 학대, 존속학대, 아동혹사, 체포, 감금, 존속체포, 존속감금, 중체포, 중감금, 존속중체포, 존속중감금, 특수체포, 특수감금, 협박, 존속협박, 특수협박, 강간, 강제추행, 준강간, 준강제추행, 미수범, 강간 등 상해·치상, 강간 등 살인·치사, 미성년자 등에 대한 간음, 미성년자에 대한 간음, 추행, 명예훼손, 사자의 명예훼손, 출판물 등에 의한 명예훼손, 모욕, 손괴, 강요

3) 신고

　① 누구든지 가정폭력범죄를 알게 된 경우에는 수사기관에 신고할 수 있다.

　② 직무를 수행하면서 가정폭력범죄를 알게 된 경우에는 정당한 사유가 없으면 즉시 **수사기관에 신고하여야 한다.**

4) 고소

　① 피해자 또는 그 법정대리인은 가정폭력행위자를 고소할 수 있다. 피해자의 법정 대리인이 가정폭력행위자인 경우 또는 가정폭력행위자와 공동으로 가정폭력범죄를 범한 경우에는 피해사의 친족이 고소할 수 있다.

　② 피해자는「형사소송법」제224조에도 불구하고 **가정폭력행위자가 자기 또는 배우자의 직계존속인 경우에도 고소할 수 있다.** 법정대리인이 고소하는 경우에도 또한 같다.기출

　③ 피해자에게 고소할 법정대리인이나 친족이 없는 경우에 이해관계인이 신청하면 검사는 **10일 이내**에 고소할 수 있는 사람을 지정하여야 한다.기출

5) 사법경찰관의 사건송치

　사법경찰관은 가정폭력범죄를 신속히 수사하여 사건을 검사에게 송치하여야 한다. 이 경우 사법경찰관은 해당 사건을 가정보호사건으로 처리하는 것이 적절한지에 관한 의견을 제시할 수 있다.

6) 응급조치기출

　① 폭력행위의 제지, 가정폭력행위자 · 피해자의 분리 및 범죄수사

　② 피해자를 가정폭력 관련 상담소 또는 보호시설로 인도(피해자가 동의한 경우만)

　③ 긴급치료가 필요한 피해자를 의료기관으로 인도

　④ 폭력행위 재발 시 제8조에 따라 임시조치를 신청할 수 있음을 통보

7) 임시조치의 청구 등

　① 검사는 가정폭력범죄가 재발될 우려가 있다고 인정하는 경우에는 **직권**으로 또는 **사법경찰관의 신청에** 의하여 법원에 임시조치를 청구할 수 있다.

　② 검사는 가정폭력행위자가 제1항의 청구에 의하여 결정된 임시조치를 위반하여 가정폭력범죄가 재발될 우려가 있다고 인정하는 경우에는 직권으로 또는 사법경찰관의 신청에 의하여 법원에 임시조치를 청구할 수 있다.

8) 긴급임시조치

　① 사법경찰관은 제5조에 따른 응급조치에도 불구하고 가정폭력범죄가 재발될 우려가 있고, 긴급을 요하여 법원의 임시조치 결정을 받을 수 없을 때에는 직권 또는 피해자나 그 법정대리인의 신청에 의하여 긴급임시조치를 할 수 있다.

　② 사법경찰관은 제1항에 따라 긴급임시조치를 한 경우에는 즉시 긴급임시조치 결정서를 작성하여야 한다.

　③ 긴급임시조치결정서에는 범죄사실의 요지, 긴급임시조치가 필요한 사유 등을 기재하여야 한다.

9) 긴급임시조치와 임시조치의 청구
    ① 사법경찰관이 긴급임시조치를 한 때에는 지체 없이 검사에게 임시조치를 신청하고, 신청받은 검사는 법원에 임시조치를 청구하여야 한다. 이 경우 임시 조치의 청구는 긴급임시조치를 한 때부터 **48시간 이내에 청구**하여야 하며, 긴급임시조치결정서를 첨부하여야 한다.
    ② 임시조치를 청구하지 아니하거나 법원이 임시조치의 결정을 하지 아니한 때에는 즉시 긴급임시조치를 취소하여야 한다.

10) 임시조치기출
    ① 피해자 또는 가정구성원의 주거 또는 점유하는 방실(房室)로부터의 **퇴거 등 격리**
    ② 피해자 또는 가정구성원의 주거, 직장 등에서 **100미터 이내의 접근 금지**
    ③ 피해자 또는 가정구성원에 대한 **전기통신을 이용한 접근 금지**
    ④ 의료기관이나 그 밖의 요양소에의 위탁
    ⑤ 국가경찰관서의 유치장 또는 구치소에의 유치

(3) 학교폭력

1) 학교폭력개념
   학교폭력의 예방 및 대책에 관한 법률에 정의된 개념

2) 학교폭력의 특징
    ① 불분명한 가해동기
       폭력의 동기가 부주의 호기심 등으로 불분명하고, 의사소통이 없는 상태에서 우발적으로 발생한다.
    ② 정서적, 심리적 폭력의 증대
       지속적인 학대, 폭력, 집단 따돌림 등 심리적폭력 증대
    ③ 폭력의 조직화, 집단화
       군중심리로 불량서클이 급증하고 폭력형태가 조직적, 집단화되는 추세
    ④ 표면화되지 않는 폭력으로 피해누적
       피해자의 자포자기, 미온적 대처, 학교의 명예실추를 이유로 은폐하는 태도

03 마약사범 수사

(1) 마약의 분류

향정신성 의약품	각성제	**엑스터시, 메**스암페타민(히로뽕), **암**페타민류
	환각제	LSD, **사**일로시빈, **메**스카린, **페**이오트기출
	억제제	바프비탈염제류, 벤조디아제핀계, GHB
마약	천연마약	양귀비, 생아편, 몰핀, 코데인, 테바인, 코카인, 크랙
	한외마약	**코**데날, **코**데밀, **코**데잘, **코**데솔기출
	합성마약	페치딘계, 메사돈계, 벤질모르핀, 아미노부텐, 모리피난
	반합성마약	옥시코돈, 헤로인, 히드로모르핀, 하이드로폰등기출
대마	대마초	마리화나
	대마수지	해시시
	대마수지기름	해시시 미네랄 오일

(2) 향정신성의약품

1) 메스암페타민(**필로폰**)

① **식욕이 감퇴**하고, 환시, 환청, 말이 많아진다.

② 주원료인 염산에페트린 외에는 국내에서 구입이 용이하다.

③ **술 깨는 약, 피로회복제, 다이어트약**으로 유통되기도 하였다.

④ 에페트린, 클로로포름, 지오닐을 2:1:1로 혼합한다.

2) LSD

① 환각제 중 **가장 강력**한 효과를 나타낸다.

② 곰팡이, 보리에서 추출한 물질을 합성한 것으로 **무색, 무취, 무미**이다.

③ 동공확대, 심박동, 혈압상승, 수전증, 오한 등을 일으킨다.

④ 금단증상은 일으키지 않으나, 실제로 사용하지 않는데도 환각 현상을 경험한다.(**플래쉬백현상**)

3) 엑스터시(MDMA)

① **클럽마약, 도리도리, 포옹마약**으로 불림

② 필로폰보다 가격이 싸고, 환각작용이 **3배나 강하다.**

③ 복용자가 사탕을 물고 있거나 물을 자주 마신다.

4) GHB

① 무색, 무취로 짠맛이 나고 **물뽕**이라고도 한다. 기출

② 성범죄에 사용되는 '**데이트강간 약물**'이다. 기출

③ 물, 음료에 혼합하여 사용하면 15분 이후 효과가 나타나고, 3시간 지속된다. 기출

④ **24시간**이면 추적이 불가능하다.

5) 야바(YABA)

① **동남아** 지역에서 생산되고, 유흥업소 종사자, 노동자중심으로 확산된다.기출

② 카페인, 에페드린 등에 밀가루를 혼합한 것으로 **순도가 20-30%낮다.**기출

③ 안정적 밀조가 가능하다.

6) 러미나

① 진해거담제로 약국에서 구입이 가능하다.기출

② 소주에 타서 마시기도 하며 '**정글주스**'라고 한다.기출

③ 중추신경 억제성 진해작용이 있으나 의존성이나 독성이 없다.

④ 일반 용량의 50-100배에 달하는 양을 사용한다.

(3) 마약

1) 아편(Opium)

① 양귀비 액즙은 **백색**이나 공기속에서 산화되면 **암갈색**, 검은색을 띠고 암모니아 냄새가 난다.

② 열매, 입, 줄기 등에 아편 성분이 다량 함유되어 있고, 가장 많이 함유된 것은 열매이다.

③ 모르핀, 헤로인 등의 원료가 사용되고 파이프에 의해 흡연된다.

2) 모르핀(Morfin)

① **아편보다 효력이 강하고**, 설사약으로 가장 강력한 진통제이다.

② 색깔은 백색, 황갈색, 커피색이 있고, 백색은 더욱 정제된 것이다.

③ 분말, 정제, 캡슐, 앰플 형태로 일반인은 **앰플 형태의 모르핀을 정맥주사**한다.

3) 헤로인(Heroin)

① 모르핀보다 **의존성**이 강하고 모르핀의 10배이며, 금단현상도 마약중 제일 강하다.

② 열매, 입, 줄기 등에 아편 성분이 다량 함유되어 있고, 가장 많이 함유된것은 열매이다.

③ 순백색, 우유색, 암갈색을 띠고 있고, **순백이 가장 순도가 높다.**

④ **Speed ball**은 강력한 흥분 효과를 내고, 암페타민이나 코카인에 헤로인을 혼합하여 정제한 것이다.

4) 코카인(Cocaine)

① 남미 안데스에 자생하고, 코카관목 잎에서 추출된 **알카로이드를 농축**결정시킨 천연마약이다.

② 무색 결정성 가루이고 혀끝이나 입술을 국소적으로 **마비**시킨다.

③ **Cokebug**란 기생충이나 벌레가 떼를 지어 기어다는 듯한 **환촉현상**을 일으킨다.

④ 흥분제로 **각성효과**가 있어 운동선수들이 경기력을 향상하기 위해 복용하는 약물이다.

(4) 마약관련 국제조직기출

1) 골든트라이앵글

동남아 미얀마, 라오스, 타일랜드 국경 고산지대에서 양귀비를 재배하여 마약을 공급하는 루트이다.

2) 골든크레센트

파키스탄, 이란, 아프가니스탄, 국경지대에서 헤로인, 모르핀을 거래하는 지역

3) 피자커넥션

미국동부지역 피자집에서 헤로인을 거래하던 마피아 조직이다.

4) 나이지리아 커넥션

인도, 파키스탄, 아프가니스탄, 타일랜드 미국 아프리카 전역에 영향을 끼치는 조직이다.

04 사이버범죄 수사

(1) 개념기출

사이버범죄는 네트워크로 연결되어 형성된 **사이버 공간**에서 발생하는 범죄와 컴퓨터 **자료처리과정**에 관련되거나 컴퓨터를 이용한 침해행위를 말한다.

(2) 특징

1) 동기측면

게임, 유희, 예금무단인출을 통한 경제적 이익취득, 정치적목적, 지적모험심, 해킹, 보복 등이 동기가 된다.

2) 행위자 측면

컴퓨터전문가, 조직내부인이 많고, 연령이 낮고, 초범, 죄의식이 희박하다.

3) 범행 측면

고의입증이 곤란하고 범죄가 광역적이다. 또한 범행이 되풀이될 가능성이 높다.

(3) 유형기출

1) **사이버테러형** 범죄

정보통신망을 공격대상으로 하는 **해킹, 바이러스 제작, 배포, 메일폭탄, DOS공격**

2) 일반 사이버 범죄

사이버공간을 이용한 공격으로, 사이버도박, 사이버스토킹, 사이버성폭력, 사이버 명예훼손, 전자상거래 사기, 개인정보유출, 소프트웨어 저작권 침해, 청소년성매매 등 음란물사이트 열람행위

(4) FBI 컴퓨터 범죄 분류수범기출

자료변조 (Data diddling)	자료가 컴퓨터에 입력되는 순간 **자료를 절취, 삭제, 변경, 추가**하는 방법으로 가장 단순하고 안전하게 자료 준비원이나 운반원 등 접근 가능한 사람이 주로 저지른다.
트로이 목마 (Trojan Horse)	프로그램을 실행하면서 **부정한 결과가 나오도록** 범죄자만 아는 명령문을 삽입시켜 이용하는 방법이다.
쌀라미 기법 (Salami Techniques)	**조그만 이익을 긁어모으는 수법**으로 금융기관의 컴퓨터 체계에 적은 금액을 특정계좌에 모으는 방법
트랩도어 (Trap Door)	프로그램 개발과정에서 **프로그램을 수정할 수 있는 명령**을 끼워 넣는데 이를 삭제하지 않고 **범행에 이용**하는 방법
슈퍼재핑 (Super Zapping)	컴퓨터 작동이 정지된 상태에서 복구자 재작동 절차에 의해 해결할 수 없을 때 사용하는 **만능키 프로그램**으로 이러한 힘을 이용해서 부정을 행하는 방법이다.
부정명령은익 (Logic Bomb)	프로그램에 조건을 주고 **조건이 충족될 때마다 자동으로 부정행위**가 이루어지도록 하는 방법
스캐벤징 (Scavenging)	컴퓨터의 작업수행이 완료되고 주변에서 **정보**를 획득하는 방법으로 **쓰레기 주워 모으기 방법**이라고도 한다.
전송 시 은닉, 위장	자격이 없는 단말기에 연결하여 부정하게 컴퓨터를 사용하거나 사용허가를 받지 않는 자가 유자격자를 가장하여 컴퓨터를 부정하게 사용하는 방법으로 **컴퓨터 무단사용**이 이에 해당한다.
부정접속 (Wire tapping)	데이터 통신회사에 불법적으로 선로를 접속시켜 단말기 등에 연결, 조작하여 **자료를 절취하거나 컴퓨터를 부정사용**하는 방법
시뮬레이션과 모델링	컴퓨터를 정상적으로 시험으로 시뮬레이션하는 것처럼 하면서 실제로 컴퓨터를 범행도구를 이용하여 부정행위를 자행하는 방법
비동기침범	컴퓨터 운영체계의 비동기성을 이용하여 범죄를 저지르는 방법

CH.06

(5) 유형 기출

부정조작	의의	컴퓨터 자료 및 프로그램 등을 조작하여 부당한 이익을 취하는 범죄
	유형	① **투입조작**: 은닉, 변경된 자료나 허구의 자료 등을 컴퓨터에 입력시켜 잘못된 산출물을 추래하는 방법 ② **프로그램 조작**: 기존 프로그램을 변경하거나 기존의 프로그램과 다른 새로운 프로그램을 작성, 준비하는 방법 ③ **console조작**: console을 부당하게 조작하여 프로그램지시나 처리될 기억정보를 변경시키는 방법 ④ **산출물 조작**: 정당하게 처리, 산출된 내용을 변경시키는 방법
컴퓨터 스파이	의의	타인의 컴퓨터에 침입하여 **정보를 탐지하고 절취**하는 방법
	수법	자료유출, 불법복제, 스카벤징, 비동기침범, 부정접속 등
컴퓨터 파괴	의의	컴퓨터의 **기능을 방해하거나 자료를 파괴**하는 것
	구분	물리적가해행위, 논리적가해행위(프로그램파괴, 자료접근방해)
	유형	① 컴퓨터에 수록된 자료나 프로그램을 삭제하거나 변경시키는 행위 ② 컴퓨터의 비밀번호를 바꾸거나 바이러스를 감염시키는 행위 ③ 스팸메일에 의해 통신서비스를 마비시키는 행위
컴퓨터 무단사용	데이터베이스 자체나 **프로그램 등을 권한 없이 무단으로 사용**하는 것	

(6) 사이버범죄 수사단계

수사**첩보** 수집	웹사이트를 드나들며 해킹 등 유행하는 범죄행위의 정보 수집
피해발생의 증거확보	홈페이지, 이메일 등 피해발생의 증거 취득
접속기록확보	정보통신업체 등과 협력을 통해 피의자의 **로그기록** 확인
접속자 확인절차	접속자의 인적사항을 확인한 후 피의자 신병과 증거물 확보

01 영국의 수사 경찰

(1) 특징

일반경찰이 수사를 하고 소속기관 내의 범죄나 관련 범죄는 특별경찰이 담당한다.

당사자주의를 기본으로 하기때문에 대륙법계의 경찰과는 달리 사인소추주의 기본으로 하고 1829년 수도경찰 창설 이후에는 경찰이 기소까지 담당하였으나 수사와 기소를 담당하는데 불합리한 결과를 초래하면서 1978년에는 왕립위원회를 설치하고 1985년에는 범죄사건의 기소에 관한 법률을 제정하여 **국가소추주의를 도입하여 왕립검찰청**을 두게 되었다.

(2) 검경과의 관계

기소는 검찰에서 경찰은 죄안됨, 혐의없음, 공소권 없음을 판단하여 독자적으로 수사를 종결할 수 있는 권한을 가지고 있다.

CH.06

02 미국의 수사경찰

미국의 경우 자치경찰을 기본으로 검사는 각 지방 재판국에 합중국 검사를 1명씩 대통령이 상원의 조언과 동의를 얻어 임명하고 공소제기 및 국가소송의 정부대리인 역할을 담당한다. **경찰이 수사의 주체로 수사의 주재가 되고 검사는 소송제기와 유지라는 소송절차만** 담당한다. 경찰은 수사의 주재, 개시, 수행을 담당한다.

03 독일의 수사경찰

경찰은 연방범죄수사국(BKA)와 연방국경수비대(BGS)가 연방단위의 수사를 담당한다. 독일 경찰은 수사의 권한과 의무가 있으나 **사건처리를 검사에게 송치**하고 긴급강제처분권만을 행사한다. 하지만 **수사의 개시와 집행은 경찰이 담당**한다.

04 프랑스 수사경찰

프랑스 경찰은 행정경찰과 사법경찰로 구분되어있고 예심제도가 있다. 사법경찰관은 예심판사의 위임사무 또는 현행범의 경우 예심에 관한 사무를 집행한다. 임시구금처분 결정권과 공권력요청권한 등이 있다.

경찰은 검사의 지휘와 감독을 받고 모든 범죄에 대해서는 **검사에게 보고**해야 한다. 수사종결 시에는 검사에게 송치하여야 한다. 필요시 피의자를 24시간 동안 임시구금할 수 있고 압수, 수색, 현장변경금지 등은 독자적 판단으로 할 수 있으나 검경과의 관계는 **지도, 감독**관계이다.

05 일본의 수사경찰

검경과의 관계는 상하관계가 아니고 **사법경찰관이 1차적 기관이고 검사가 2차적 기관**이다. 순사부장 이상을 사법경찰원, 순사를 사법순사라고 한다. 경찰은 자신의 권한과 책임하에 검사의 지휘를 받지 않고 **독자적으로 수사를 개시, 수행**할 수 있다. 검사가 지정한 사건을 제외하고는 모두 검사에게 사건을 송치하여야 한다. 공소제기 및 유지에 대해서 검사의 지시나 지휘를 따라야 하고 구류청구권은 검사에게 있다.

001

15 경간

수사실행의 5대 원칙에 대한 설명이다. 바르게 짝지어진 것은?

> 가. 여러 가지 추측 중에서 과연 어떤 추측이 정당한 것인가를 가리기 위해서는 그들 추측 하나하나를 모든 각도에서 검토해야 한다.
>
> 나. 문제해결의 관건이 되는 자료를 누락한다든지, 없어지는 일이 없도록 전력을 다하여 자료를 수집하여야 한다.
>
> 다. 수사에 의해 획득한 확신 있는 판단은 모두에게 그 판단이 진실이라는 것을 객관적으로 증명해야 한다.
>
> 라. 수사는 단순한 수사관의 상식적 검토나 판단에만 그칠 것이 아니라 감식과학이나 과학적 지식 또는 그 시설장비를 유용하게 이용해야 한다.
>
> 마. 추측을 할 때에 수집된 자료를 기초로 합리적인 판단을 하여야 한다.

ⓐ 수사자료 완전수집의 원칙   ⓑ 수사자료감식 · 검토의 원칙
ⓒ 적절한 추리의 원칙   ⓓ 검증적 수사의 원칙
ⓔ 사실판단 증명의 원칙

① 가 - ⓑ, 나 - ⓐ, 다 - ⓔ, 라 - ⓒ, 마 - ⓓ
② 가 - ⓓ, 나 - ⓐ, 다 - ⓔ, 라 - ⓑ, 마 - ⓒ
③ 가 - ⓒ, 나 - ⓐ, 다 - ⓔ, 라 - ⓑ, 마 - ⓓ
④ 가 - ⓐ, 나 - ⓑ, 다 - ⓒ, 라 - ⓓ, 마 - ⓔ

002

18 채용
2차 변형

수사구조개혁에 관한 주장 또는 주장을 뒷받침하는 논거이다. 나머지 셋과 입장이 다른 하나는?

① 대표적인 권력기관인 경찰과 검찰을 수직적 관계로 두면 국가권력이 한 기관에 집중될 것이 우려되므로, 두 기관을 절연시켜 권한을 분산하여야 한다.
② 현행 수사구조 하에서는, 사건이 검찰에 송치된 후 피의자에 대한 중복조사가 이루어지고 있어 국민의 편익이 저해되고 있다.
③ 수사의 합목적성을 추구할 수 있어 적정절차와 인권존중의 요청에 부응할 수 있고, 법률전문가의 수사 전과정 지휘를 통해 법집행의 왜곡을 막을 수 있다.
④ 공소제기의 객관성을 확보하기 위하여 수사와 기소를 분리하여야 한다.

해설
③ - 반대론   ① ② ④ - 찬성론

ANSWER   **001** ②   **002** ③

003 「검찰사건사무규칙」상 '공소권없음' 의견으로 송치하는 경우로 가장 적절하지 <u>않은</u> 것
은?

17 승진

① 법률의 규정에 의하여 형이 면제된 경우
② 피의자인 법인이 존속하지 아니하게 된 경우
③ 동일사건에 관하여 이미 공소가 제기된 경우(공소를 취소한 경우를 포함한다. 다
만, 다른 중요한 증거를 발견한 경우에는 그러하지 아니하다)
④ 위법성조각사유 또는 책임조각사유가 있는 경우

> **해설**
> ④ 위법성조각사유 또는 책임조각사유가 있는 경우 – **죄가 안됨**

004 다음 중 수사의 종결형식에 대하여 틀린 것은 모두 몇 개인가?

15 경간

> 가. 피의사실이 인정되지만 피의자가 사망한 경우 '공소권 없음'
> 나. 고소고발사건에 대하여 혐의없음, 죄가 안 됨, 공소권 없음이 명백한 경우 '각
> 하'
> 다. 고소인이 소재불명인 경우에는 '기소중지'
> 라. 상해죄에 있어서 정당방위가 인정된다면 '죄가 안 됨'
> 마. 피의자의 행위가 구성요건해당성이 있으나 이를 입증할 증거가 불충분한 경우
> '혐의없음'
> 바. 강간죄의 경우 수사 도중 고소가 취소되면 '공소권 없음'

① 1개   ② 2개   ③ 3개   ④ 4개

> **해설**
> 다. 고소인이 소재불명인 경우에는 '참고인중지'. 기소중지는 피의자의 소재불명시 수사 종결형식이다.
> 바. **강간죄는 친고죄가 아니므로** 수사 도중 고소가 취소되더라도 '공소권 없음'이 아니다.

005 내사 및 수사에 관한 다음 설명 중 가장 옳지 <u>않은</u> 것은?

18 경간

① 입건이란 수사기관이 사건을 수리하여 수사를 개시하는 것을 말한다.
② 익명 또는 존재하지 않는 사람 명의의 신고제보, 진정·탄원 및 투서로 그 내용상
수사단서로서 가치가 없다고 인정할 때에는 내사하지 아니할 수 있다.
③ 내사단계의 피혐의자에게 진술거부권은 인정되지 않는다.
④ 피혐의자 또는 참고인 등의 소재불명으로 그 사유가 해소될 때까지 내사를 계속할
수 없는 경우에는 내사중지한다.

> **해설**
> ③ 내사단계의 피혐의자에게도 **진술거부권은 인정**된다.

ANSWER   **003** ④   **004** ② / 다, 바   **005** ③

006 「범죄수사규칙」상 변사사건 처리 요령에 대한 설명으로 가장 적절하지 않은 것은?

19 승진

① 사법경찰관은 검사로부터 「형사소송법」 제222조(변사자의 검시) 제3항의 규정에 따른 처분 지휘를 받았을 때에는 직접 검시하여야 한다.

② 사법경찰관이 검시를 할 때에는 검시 관련 공무원을 참여시켜야 한다.

③ 사법경찰관은 검시를 한 경우에 사망이 범죄에 기인한 것으로 인정될 때에는 즉시 소속 경찰관서장에게 보고하는 동시에 수사를 개시하여야 한다.

④ 변사체는 후일을 위하여 매장함을 원칙으로 한다.

> **해설**
> ② 사법경찰관이 검시를 할 때에는 검시 관련 공무원을 참여시킬 수 있다.(「범죄수사규칙」 제32조 제3항)
> ① 「범죄수사규칙」 제32조 제1항
> ③ 「범죄수사규칙」 제36.조 제1항
> ④ 「범죄수사규칙」 제37조 제3항

007 다음 범죄 중 긴급체포를 할 수 있는 것은 모두 몇 개인가?

18 경간

> 가. 「형법」 제360조(점유이탈물횡령)
> 나. 「도로교통법」 제43조(무면허운전)
> 다. 「성폭력범죄의 처벌 등에 관한 특례법」 제11조(공중밀집장소에서의 추행)
> 라. 「형법」 제270조(부동의낙태)
> 마. 「형법」 제355조(횡령)
> 바. 「형법」 제247조(도박장소 등 개설)
> 사. 「형법」 제170조(실화)

① 1개   ② 2개   ③ 3개   ④ 4개

008 압수 · 수색에 대한 설명으로 옳은 것을 모두 고른 것은?

19 승진

> ㉠ 사법경찰관은 증거물 또는 몰수할 물건을 압수하였을 때에는 압수조서와 압수목록을 작성하여야 한다. 피의자신문조서, 진술조서, 검증조서 또는 실황조사서에 압수의 취지를 적어 압수조서를 갈음할 수 있다.
> ㉡ 압수조서에는 물건의 특징을, 압수목록에는 압수경위를 각각 구체적으로 기재하여야 한다.
> ㉢ 범행 중 또는 범행 직후의 범죄 장소에서의 압수 · 수색은 「형사소송법」 제216조 제3항에 의해 사후영장을 요한다.
> ㉣ 법원은 압수의 목적물이 컴퓨터용 디스크, 이와 비슷한 정보저장매체인 경우에는 정보저장매체를 직접 압수하는 것이 원칙이다.

① ㉠㉢   ② ㉡㉢   ③ ㉡㉣   ④ ㉢㉣

해설
㉡ 압수조서에는 **압수경위**를 압수목록에는 **물건의 특징**을 각각 구체적으로 기재하여야 한다(검사의 사법경찰관리에 대한 수사지휘 및 사법경찰관리의 수사준칙에 관한 규정 제44조 제2항).
㉣ 법원은 압수의 목적물이 컴퓨터용 디스크, 그 밖에 이와 비슷한 정보저장매체인 경우에는 기억된 정보의 범위를 정하여 출력하거나 복제하여 제출받아야 한다. 다만, 범위를 정하여 출력 또는 복제하는 방법이 불가능하거나 압수의 목적을 달성하기에 현저히 곤란하다고 인정되는 때에는 정보저장매체 등을 압수할 수 있다(「형사소송법」 제106조 제3항).

---

009 다음 중 변사자 검시에 대한 설명으로 틀린 것은 모두 몇 개인가?

11 채용

> ㉠ 형사소송법상 변사자 검시의 주체는 검사이다.
> ㉡ 변사자 검시의 주체는 검사이므로 검사는 사법경찰관에게 검시를 대행시킬 수 없다.
> ㉢ 검시결과 사망이 범죄로 인한 것이 아니라는 점이 명백히 인정되었을 때에는 경찰서장의 지휘를 받아 사체 등을 신속히 유족에게 인도한다.
> ㉣ 지구대장 등은 행정검시 도중 사체가 범죄에 기인한 것으로 의심될 경우 지체 없이 검사에게 보고해야 한다.
> ㉤ 검시를 하는 사법경찰관은 사체를 인수할 자가 없거나, 그 신원이 판명되지 않은 때에는 사체가 현존하는 지역의 시장, 군수, 구청장에게 인도하여야 한다.

① 2개   ② 3개   ③ 4개   ④ 5개

해설
㉡ 사법경찰관은 검사의 지휘에 의해 검시를 **대행할 수 있다.**
㉢ 사법경찰관은 변사체를 검시한 결과 사망의 원인이 범죄로 인한 것이 아니라는 점이 명백히 인정되었을 때에는 **검사의 지휘를 받아** 사체를 신속히 유족 등에게 인도하여야 한다.
㉣ 지구대장등은 행정검시 도중 사체가 범죄에 기인한 것으로 의심될 경우에는 지체 없이 **경찰서장에게** 보고하여야 하며, **경찰서장**은 수사에 착수하여야 한다.

010 통신수사절차에 관한 설명 중 틀린 것은 모두 몇 개인가?

⊙ 통신제한조치란 우편물의 검열 또는 전기통신의 감청으로 당사자의 동의 없이 여러 방법을 사용하여 그 내용을 지득 또는 채록하는 등의 행위를 말한다.

ⓛ 대상범죄가 아닌 경우로는 상해치사, 직무유기, 관세법위반, 특수공무집행방해, 폭처법(폭행)등이 있다.

ⓒ 허가승인절차로서 범죄수사 목적의 경우는 법원의 허가, 국가안보목적의 경우에는 고등법원 수석부장판사 허가 또는 대통령의 승인이 필요하다.

ⓔ 집행대장 미비치시 3년 이하의 징역 또는 1000만원 이하 벌금의 형사처벌 대상이 된다.

ⓜ 통신사실 확인 자료로는 가입자의 전기통신일시, 발·착신 통신번호 등 상대방의 가입자 번호, 사용도수 등이 있다.

① 1개　　　② 2개　　　③ 3개　　　④ 4개

해설
ⓔ '통신비밀보호법' 제17조 제1항 제2호 규정에 의하여 5년 이하의 징역 또는 3천만 원 이하의 벌금에 해당한다.

011 통신수사에 대한 다음 설명 중 옳은 것은 모두 몇 개인가?

⊙ 통신제한조치는 「전기통신사업법」에 근거하는 임의수사이다.

ⓛ 우편물 검열은 통신제한조치에 해당한다.

ⓒ 성명, 아이디 등 이용자의 인적사항은 「통신비밀보호법」에 규정된 통신사실확인자료에 해당한다.

ⓔ 통신사실확인자료의 제공 요청은 경찰서장 명의 공문만으로도 가능하다.

① 0개　　　② 1개　　　③ 2개　　　④ 3개

해설
⊙ 통신제한조치는 「**통신비밀보호법**」에 근거하는 **강제수사**이다.
ⓒ 성명, 아이디 등 이용자의 인적사항은 「**전기통신사업법**」에 규정된 **통신자료**에 해당한다.
ⓔ 통신사실확인자료의 제공 요청은 **법원의 허가가 필요**하다. 경찰서장 명의 공문만으로도 가능한 것은 통신자료제공 요청이다.

012

통신비밀보호법」상 통신제한조치에 대한 설명으로 가장 적절하지 <u>않은</u> 것은?

19 승진

① 사법경찰관은 범죄수사를 위한 통신제한조치의 허가요건이 구비된 경우에는 검사에 대하여 각 사건별로 통신제한조치에 대한 허가를 신청하고, 검사는 법원에 대하여 그 허가를 청구할 수 있다.

② 우편물 검열은 통신제한조치에 해당한다.

③ 사법경찰관은 긴급통신제한조치의 집행착수 후 지체 없이 법원에 허가청구를 하여야 하며, 그 긴급통신제한조치를 한 때부터 36시간 이내에 법원의 허가를 받지 못한 때에는 즉시 이를 중지하여야 한다.

④ 사법경찰관이 긴급통신제한조치를 할 경우에는 미리 검사의 지휘를 받아야 한다. 다만, 특히 급속을 요하여 미리 지휘를 받을 수 없는 사유가 있는 경우에는 긴급통신제한조치의 집행착수 후 지체 없이 검사의 승인을 얻어야 한다.

해설

사법경찰관은 범죄수사를 위한 통신제한조치의 허가요건이 구비된 경우에는 검사에 대하여 **각 피의자별 또는 피내사자별로** 통신제한조치에 대한 허가를 신청하고, 검사는 법원에 대하여 그 허가를 청구할 수 있다(「통신비밀보호법」 제6조 제2항).

013

「통신비밀보호법」상 통신사실확인자료에 해당하지 <u>않은</u> 것은?

18 승진

① 가입자의 전기통신일시
② 이용자의 가입일 또는 해지일
③ 사용도수
④ 발·착신 통신번호 등 상대방의 가입자번호

해설

② 이용자의 가입일 또는 해지일 −「전기통신사업법」상 통신자료

014

「전기통신사업법」상 통신자료에 해당하는 것은?

15 승진

① 인터넷 로그 기록
② 가입자의 전기통신 일시
③ 이용자의 성명
④ 발신 기지국 위치

해설

① 인터넷 로그 기록 −「통신비밀보호법」상 통신사실확인자료
② 가입자의 전기통신 일시 −「통신비밀보호법」상 통신사실확인자료
③ 이용자의 성명 −「전기통신사업법」상 통신자료
④ 발신 기지국 위치 −「통신비밀보호법」상 통신사실확인자료

ANSWER 012 ① 013 ② 014 ③

015 지문에 대한 설명으로 옳지 <u>않은</u> 것은 모두 몇 개인가?

14 경간

> 가. 정상지문 – 먼지 쌓인 물체, 연한 점토, 마르지 않은 도장면에 인상된 지문으로 선의 고랑과 이랑이 반대로 현출된다.
> 나. 준현장지문 – 피의자 검거를 위해 범죄현장에서 채취한 피의자의 지문을 말한다.
> 다. 관계자지문 – 현장지문, 준현장지문 중에서 범인이 남긴 것으로 추정되는 지문을 말한다.
> 라. 잠재지문 – 이화학적 가공을 하여야 비로소 가시상태로 되는 지문으로 채취방법에는 고체법, 기체법, 액체법 등이 있다.

① 1개   ② 2개   ③ 3개   ④ 4개

해설

가. 먼지 쌓인 물체, 연한 점토, 마르지 않은 도장면에 인상된 지문으로 선의 고랑과 이랑이 반대로 현출되는 것은 정상지문이 아니라 **역지문**이다.
나. 준현장지문은 범인의 침입경로, 도주경로 및 예비장소 등 **범죄현장 이외의 장소**에서 채취한 지문을 말한다.
다. 관계자지문은 현장지문 또는 준현장지문 중에서 **범인 이외의 자가 남긴 것**으로 추정되는 지문을 말한다.

016 변사사건에 있어 사망시점 판단은 범죄관련성 여부 판단에 매우 중요한 자료에 해당하여 시체의 초기현상과 후기현상의 구분은 수사경찰에게 필요한 전문지식으로 볼 수 있다. 시체의 후기현상에 관한 설명으로 가장 적절하지 <u>않은</u> 것은?

16 승진

① 미라화는 고온·건조지대에서 시체의 건조가 부패·분해보다 빠를 때 생기는 현상을 말한다.
② 시체밀랍은 화학적 분해에 의해 고체 형태의 지방산 혹은 그 화합물로 변화한 상태, 비정형적 부패형태로 수중 또는 수분이 많은 지중에서 형성되는 경향이 있다.
③ 부패는 부패균의 작용에 의해 일어나는 질소화합물의 분해를 말한다.
④ 시체굳음은 적혈구의 자체 중량에 의한 혈액침전현상으로 시체 하부의 피부가 암적갈색으로 변화하는 것을 말한다.

해설

④ 시체굳음은 시체의 후기현상이 아니라 초기현상이다. 적혈구의 자체 중량에 의한 혈액침전현상으로 시체 하부의 피부가 암적갈색으로 변화하는 것'은 '**시체얼룩**'이다.

017 다음 중 시체의 초기현상 및 후기현상에 대한 설명 중 가장 적절한 것은?

20 승진

① 시체는 사후에 일시 이완되었다가 시간이 경과하면서 점차 경직되고, 턱관절에서 경직되기 시작하여 사후 6시간 정도면 전신에 미친다.

② 자기용해는 세균의 작용으로 장기나 조직 등이 분해되어 가는 과정이다.

③ 아질산소다 중독인 경우 시제얼룩은 암갈색(황갈색)을 나타낸다.

④ 사이안화칼륨 중독인 경우 시체얼룩은 암적갈색을 나타낸다.

> **해설**
> ① 시체는 사후에 일시 이완되었다가 시간이 경과하면서 점차 경직 되고, 턱관절에서 경직되기 시작하여 사후 **12시간** 정도면 전신에 미친다.
> ② 자가용해는 **세균의 작용이 아니라 사후 체내에 있는 각종 효소**에 의해 세포구성성분이 분해변성되고, 그에 따른 세포간 결합의 붕괴로 조직이 연화되는 현상을 말한다.
> ④ 사이안화칼륨(청산가리) 중독인 경우 시체얼룩은 **선홍색**을 나타낸다.

018 과학수사에 대한 설명으로 옳은 것을 모두 고른 것은?

20 승진

㉠ 유류품 수사시 착안점으로 동일성, 관련성, 기회성, 완전성을 들 수 있는 바, 유류품이 범행시와 동일한 상태로 보전되어 있는가를 검사하는 것은 완전성과 관련된다.

㉡ 현장지문 또는 준현장지문 중에서 관계자지문을 제외하고 남은 지문은 범인지문으로 추정되는 지문으로서 이를 유류지문이라고 하며, 손가락으로 마르지 않은 진흙을 적당히 눌렀을 때 나타나는 지문은 역지문이다.

㉢ 각막의 혼탁은 사후 12시간 전후 흐려져서 24시간이 되면 현저하게 흐려지고, 48시간이 되면 불투명해진다.

㉣ 시체굳음은 턱관절에서 경직되기 시작하여 사후 12시간 정도면 전신에 미친다.

① ㉠ ㉢   ② ㉠ ㉡ ㉣   ③ ㉡ ㉢ ㉣   ④ ㉠ ㉡ ㉢ ㉣

019

경찰청훈령인 「피의자 유치 및 호송 규칙」에 대한 설명이다. 옳지 <u>않은</u> 것만으로 바르게 연결된 것은?

○ 호송관은 호송 출발 전 반드시 호송주무관의 지휘에 따라 포박한 후 신체검색을 실시한다.
○ 여자인 피호송자의 신체검색은 여자경찰관이 행하거나 성년의 여자를 참여시켜야 한다.
○ 동시에 2명 이상의 피의자를 입감시킬 때에는 경위 이상 경찰관이 입회하여 순차적으로 입감시켜야 한다.
○ 호송관은 피호송자가 2인 이상일 때에는 피호송자마다 수갑을 채우고 포승으로 포박한 후 호송수단에 따라 2인 내지 6인을 1조로 상호 연결시켜 포승해야 한다.

---

① ㉠ ㉡ ㉢ ㉣   ② ㉠ ㉡ ㉢   ③ ㉠ ㉢ ㉣   ④ ㉡ ㉢ ㉣

해설

㉠ 호송관은 호송 출발 전 반드시 호송주무관의 지휘에 따라 **포박하기 전에 신체검색을** 실시한다.
㉢ **동시에 3명 이상의 피의자를 입감**시킬 때에는 경위 이상 경찰관이 입회하여 순차적으로 입감시켜야 한다.
㉣ 호송관은 피호송자가 2인 이상일 때에는 피호송자마다 수갑을 채우고 포승으로 포박한 후 호송수단에 따라 **2인 내지 5인을 1조로 상호 연결**시켜 포승해야 한다(「피의자 유치 및 호송규칙」 제50조 제2항).

---

020 「피의자 유치 및 호송규칙」에 대한 설명 중 옳지 <u>않은</u> 것은 모두 몇 개인가?

가. 호송관은 피호송자를 숙박시켜야 할 사유가 발생하였을 때에는 체류지 관할 경찰서 유치장 또는 교도소를 이용하여야 한다.

나. 호송관은 반드시 호송주무관의 지휘에 따라 포박한 후 피호송자에 대하여 안전호송에 필요한 신체검색을 실시하여야 한다.

다. 피호송자의 수용장소를 다른 곳으로 이동하거나 특정 관서에 인계하기 위한 호송을 비상호송이라 한다.

라. 호송관은 호송근무를 할 때 분사기를 휴대 하여야 하며, 호송관서의 상은 특별한 사유가 있는 경우 호송관이 총기를 휴대하도록 하여야 한다.

마. 일출 전 또는 일몰 후에는 호송이 항상 금지된다.

바. 금전·유가증권은 호송관에게 탁송하고, 물품은 호송관서에서 인수관서에 직접 송부함이 원칙이다.

① 2개 　　　　② 3개 　　　　③ 4개 　　　　④ 5개

해설

가. 「피의자 유치 및 호송규칙」 제66조 제1항
나. 호송관은 반드시 호송주무관의 지휘에 따라 **포박하기 전에** 피호송자에 대하여 안전 호송에 필요한 신체검색을 실시하여야 한다(「피의자 유치 및 호송규칙」 제49조 제1항).
다. 피호송자의 수용장소를 다른 곳으로 이동하거나 특정 관서에 인계하기 위한 호송을 **이감호송**이라 한다(「피의자 유치 및 호송규칙」 제46조 제4호).
라. 호송관은 호송근무를 할 때 분사기를 휴대하여야 하며, 호송관서의 장은 특별한 사유가 있는 경우 호송관이 총기를 휴대하도록 **할 수 있다.**(「피의자 유치 및 호송규칙」 제70조).
마. 호송은 일출 전 또는 일몰 후에 할 수 없다. 다만, 기차, 선박 및 차량을 이용하는 때 또는 특별한 사유가 있는 때에는 그러하지 아니한다.(「피의자 유치 및 호송규칙」 제54조).
바. 금전, 유가증권은 호송관서에서 인수관서에 직접 송부한다. 다만 소액의 금전, 유가증권 또는 당일로 호송을 마칠 수 있을 때에는 호송관에게 탁송할 수 있다. 물품은 호송관에게 탁송한다. 다만, 위험한 물품 또는 호송관이 휴대하기에 부적당한 발송관서에서 인수관서에 직접 송부할 수 있다.

021

12·16·18
승진

「범죄수사규칙」상 검거한 지명수배자에 대하여 지명수배가 여러 건인 경우 인계받아 조사하여야 하는 수배관서 순서를 가장 적절하게 나열한 것은?

> ㉠ 검거관서와 거리 또는 교통상 가장 인접한 수배관서
> ㉡ 공소시효 만료 3개월 이내이거나 공범에 대한 수사 또는 재판이 진행 중인 수배관서
> ㉢ 검거관서와 동일한 지방검찰청 또는 지청의 관할구역에 있는 수배관서
> ㉣ 법정형이 중한 죄명으로 지명수배한 수배관서

① ㉡→㉣→㉢→㉠
② ㉡→㉣→㉠→㉢
③ ㉣→㉡→㉠→㉢
④ ㉣→㉡→㉢→㉠

해설

「범죄수사규칙」제175조 제3항
경찰관은 검거한 지명수배자에 대하여 지명수배가 여러 건인 경우에는 다음 각호의 수배관서 순위에 따라 검거된 지명수배자를 인계받아 조사하여야 한다.
1. **공소시효 만료 3개월 이내**이거나 공범에 대한 수사 또는 재판이 진행중인 수배관서
2. **법정형이 중한 죄명**으로 지명수배한 수배관서
3. 검거관서와 동일한 지방검찰청 또는 지정의 관할구역에 있는 수배관서
4. 검거관서와 거리 또는 교통상 가장 인접한 수배관서

022

혈흔패턴분석에 대한 설명으로 가장 적절하지 <u>않은</u> 것은?

① 사람이 다쳐서 피를 흘리며 움직이면 혈흔궤적(trail)이 형성된다.
② 카펫과 같이 흡수성이 높은 표면에는 혈흔이 명확하게 남아있어 방향성 판단이 쉽다.
③ spine은 낙하혈에서 볼 수 있는 둥근 혈흔 주변의 가시 같은 모양의 혈흔이다.
④ 자혈흔은 비산혈에서 볼 수 있는 형태로 모혈흔에서 튀어서 생긴 작은 혈흔이다.

해설

② 카펫과 같이 흡수성이 높은 표면이나 표면이 불규칙한 경우에는 방향성 판단이 어렵다.

023 「디지털 증거 수집 및 처리 등에 관한 규칙」에 대한 설명으로 가장 적절하지 <u>않은</u> 것은?

18 승진

① '복제본'이란 디지털 저장매체 내에 들어 있는 디지털 데이터 전부를 하드카피 또는 이미징 등의 기술적 방법으로 다른 디지털 저장매체에 저장한 것을 말한다.

② '디지털 증거분석 의뢰물'이란 범죄사실을 규명하기 위해 디지털 증거분석관에게 분석의뢰된 디지털 데이터, 복제본 또는 디지털 저장매체를 말한다.

③ 수사관은 압수 · 수색 · 검증 현장에서 디지털 데이터를 압수하는 경우에는 실체적 진실발견과 증거인멸 방지를 위해 디지털 저장매체 원본을 외부로 반출하는 방법으로 압수하는 것이 원칙이다.

④ 수사관과 증거분석관은 디지털 데이터를 압수하는 경우에는 데이터 고유 식별값 (해시값) 확인 등 디지털 증거의 동일성, 무결성을 담보할 수 있는 적절한 방법과 조치를 취하여야 한다.

> **해설**
> ③ 수사관은 압수 · 수색 · 검증 현장에서 디지털 데이터를 압수하는 경우에는 범죄사실과 관계가 있다고 인정할 수 있는 범위를 정하여 **출력하거나 복제하는 방법으로 압수하여야 한다**(「디지털 증거 수집 및 처리 등에 관한 규칙」제11조 제1항).

024 「디엔에이신원확인정보의 이용 및 보호에 관한 법률」에 대한 설명으로 가장 적절한 것은?

19 승진

① 경찰청장은 수형인등으로부터 채취한 디엔에이감식시료로부터 취득한 디엔에이신원확인정보에 관한 사무를 총괄한다.

② 법원이 무죄판결을 하면서 치료감호를 선고하는 경우 디엔에이신원확인정보담당자는 구속피의자등에 대해 데이터베이스에 수록된 디엔에이신원확인정보를 삭제하여서는 아니 된다.

③ 채취한 디엔에이감식시료는 데이터베이스 수록 후에도 일정 기간 보관하여야 한다.

④ 사법경찰관은 살인죄를 범하여 구속된 피의자로부터 디엔에이감식시료를 채취할 수 없다.

> **해설**
> ① **검찰총장**은 수형인등으로부터 채취한 디엔에이감식시료로부터 취득한 디엔에이신원확인정보에 관한 사무를 총괄한다.
>
> > 「디엔에이신원확인정보의 이용 및 보호에 관한 법률」 제4조
> > ① 검찰총장은 제5조(수형인 등으로부터의 디엔에이감식시료 채취)에 따라 채취한 디엔에이감식시료로부터 취득한 디엔에이신원확인정보에 관한 사무를 총괄한다.
> > ② 경찰청장은 채취한 디엔에이감식시료로부터 취득한 디엔에이신원확인정보에 관한 사무를 총괄한다.
>
> ③ 디엔에이신원확인정보담당자가 디엔에이신원확인정보를 데이터베이스에 수록한 때에는 제5조 및 제6조에 따라 채취된 디엔에이감식시료와 그로부터 추출한 디엔에이를 **지체없이 폐기하여야 한다**(「디엔에이신원확인정보의 이용 및 보호에 관한 법률」 제12조 제1항).
> ④ 사법경찰관은 살인죄를 범하여 구속된 피의자로부터 **디엔에이감식시료를 채취할 수 있다.**

025 「성폭력범죄의 처벌 등에 관한 특례법」에 대한 설명으로 가장 적절한 것은?

_{19 승진}

① 카메라 등 이용 촬영죄는 디엔에이 (DNA)증거 등 그 죄를 증명할 수 있는 과학적인 증거가 있는 때에는 공소시효가 10년 연장된다.

② 경찰청장은 각 경찰서장으로 하여금 성폭력범죄 전담 사법경찰관을 지정하도록 하여 특별한사정이 없으면 이들로 하여금 피의자를 조사하게 하여야 한다.

③ 13세인 사람에 대하여 강간죄를 범한 경우에는 공소시효를 적용하지 아니한다.

④ 신체적인 장애가 있는 사람에 대하여 강제추행죄를 범한 경우에는 공소시효를 적용하지 아니한다.

> **해설**
> ① 「성폭력범죄의 처벌 등에 관한 특례법」제21조 제2항에서 규정하고 있는 디엔에이(DNA)증거 등 그 죄를 증명할 수 있는 과학적인 증거가 있는 때에는 공소시효가 10년 연장되는 죄에 **카메라등이용촬영죄는 포함되지 아니한다.**
> ② 경찰청장은 각 경찰서장으로 하여금 성폭력범죄 전담 사법경찰관을 지정하도록 하여 특별한 사정이 없으면 이들로 하여금 **피해자를** 조사하게 하여야 한다(「성폭력범죄의 처벌 등에 관한 특례법」제26조 제2항).
> ③ **13세 미만에 대하여 강간죄를 범한 경우에는 공소시효를 적용하지 아니한다**(「성폭력범죄의 처벌 등에 관한 특례법」제21조 제3항).

026 「성폭력 범죄의 처벌 등에 관한 특례법」에 대한 다음 설명 중 옳지 <u>않은</u> 것은 모두 몇 개인가?

17 승진

17 경간

> ㉠ 미성년자에 대한 성폭력범죄의 공소시효는 해당 성폭력범죄로 피해를 당한 미성년자가 성년에 달한 날부터 진행한다.
> ㉡ 13세 미만의 사람 및 신체적인 또는 정신적인 장애가 있는 사람에 대하여 강간죄를 범한 경우에는 공소시효가 10년 연장된다.
> ㉢ 성폭력범죄의 피해자가 21세 미만이거나 신체적인 또는 정신적인 장애로 사물을 변별하거나 의사를 결정할 능력이 미약한 경우에는 피해자의 진술 내용과 조사과정을 비디오 녹화기 등 영상물 녹화장치로 촬영 · 보존하여야 한다.
> ㉣ 검사와 사법경찰관은 성폭력범죄의 피의자가 죄를 범하였다고 믿을 만한 충분한 증거가 있고 국민의 알권리 보장, 피의자의 재범 방지 및 범죄예방 등 오로지 공공의 이익을 위하여 필요할 때에는 얼굴, 성명, 및 나이 등 피의자의 신상에 관한 정보를 공개할 수 있다. 다만, 피의자가 「청소년보호법」상 청소년에 해당하는 경우에는 공개하지 아니한다.

① 1개   ② 2개   ③ 3개   ④ 4개

> **해설**
> ㉡ 13세 미만의 사람 및 신체적인 또는 정신적인 장애가 있는 사람에 대하여 강간죄를 범한 경우에는 **공소시효가 적용되지 아니한다.**
> ㉢ 성폭력범죄의 피해자가 **19세** 미만 이거나 신체적인 또는 정신적인 장애로 사물을 변별하거나 의사를 결정할 능력이 미약한 경우에는 피해자의 진술 내용과 조사과정을 비디오 녹화기 등 영상물 녹화장치로 촬영 · 보존하여야 한다.

027 「가정폭력범죄의 처벌 등에 관한 특례법」상 가정폭력 범죄의 유형에 해당하지 <u>않는</u> 죄는 모두 몇 개인가?

20 경간

가. 공갈죄	나. 퇴거불응죄	다. 주거 · 신체수색죄
라. 중손괴죄	마. 재물손괴죄	바. 중감금죄
사. 약취 · 유인죄	아. 특수감금죄	자. 아동혹사죄

① 1개   ② 2개   ③ 3개   ④ 4개

> **해설**
> 나. 퇴거불응죄 – 가정폭력범죄 ×
> 라. 중손괴죄 – 가정폭력범죄 ×
> 사. 약취 · 유인죄 – 가정폭력범죄 ×

028

12 승진

경찰관은 가정폭력 범죄를 수사함에 있어서 보호처분 또는 형사처분의 심리를 위한 특별자료를 제공할 것을 염두에 두어야 하며, 가정폭력 범죄로 파괴된 가정의 평화와 안정을 회복하고 건강한 가정을 가꾸며 피해자와 가족구성원의 인권을 보호하려는 자세로 임하여야 한다. 가정폭력범죄 수사에 대한 설명으로 가장 적절하지 않은 것은?

① 가정폭력범죄를 수사함에 있어서는 범죄의 원인 및 동기와 행위자의 성격·행상·경력·교육 정도·가정상황 기타 환경 등을 상세히 조사하여 환경조사서를 작성하여야 한다.

② 형법상 가정폭력범죄는 상해, 폭행, 유기, 학대, 아동혹사, 체포, 감금, 협박, 강간, 강제추행, 명예훼손, 모욕, 주거 신체수색, 강요, 공갈, 재물손괴 등이다.

③ 「가정폭력범죄의 처벌 등에 관한 특례법」상 동거하는 친족관계에 있었던 자는 가정구성원에 해당하나, 사실상 혼인관계에 있었던 자는 해당하지 않는다.

④ 누구든지 가정폭력범죄를 알았을 때는 수사기관에 신고할 수 있다.

> **해설**
> ③ 「가정폭력범죄의 처벌 등에 관한 특례법」상 동거하는 친족은 가정구성원이나 동거하는 친족관계에 있었던 자는 가정구성원이 아니다. 사실상 혼인관계에 있었던 자도 가정구성원에 해당한다.
> ① 「범죄수사규칙」 제226조
> ② 「가정폭력범죄의 처벌 등에 관한 특례법」 제2조 제3호
> ④ 「가정폭력범죄의 처벌 등에 관한 특례법」 제4조 제1항

ANSWER 028 ③

029 「가정폭력범죄의 처벌 등에 관한 특례법」에 대한 설명으로 옳은 것만으로 바르게 연결
12 승진   된 것은?

> ㉠ 피해자 또는 그 법정대리인은 가정폭력행위자를 고소할 수 있다. 피해자의 법
> 정대리인이 가정폭력 행위자인 경우 또는 가정폭력행위자와 공동으로 가정폭
> 력범죄를 범한 경우에는 피해자의 친족이 고소할 수 없다.
> ㉡ 법경찰관은 응급조치에도 불구하고 가정폭력범죄가 재발될 우려가 있고, 긴급
> 을 요하여 법원의 임시조치 결정을 받을 수 없을 때에는 직권 또는 피해자나 그
> 법정대리인의 신청에 의하여 긴급임시조치를 할 수 있다.
> ㉢ 임시조치의 청구는 긴급임시조치를 한 때부터 48시간 이내에 청구하여야 하며,
> 긴급임시조치 결정서를 첨부하여야 한다.
> ㉣ 검사는 가정폭력범죄가 재발될 우려가 있다고 인정하는 경우에는 직권으로 또
> 는 사법경찰관의 신청에 의하여 법원에 피해자 또는 가정구성원의 주거 또는
> 점유하는 방실로부터의 퇴거 등 격리, 피해자 또는 가정구성원의 주거·직장
> 등에서 100미터 이내의 접근 금지, 의료기관이나 그 밖의 요양소에 위탁의 임
> 시조치를 청구할 수 있다.

① ㉠㉡   ② ㉡㉢   ③ ㉡㉣   ④ ㉢㉣

해설

㉠ 피해자 또는 그 법정대리인은 가정폭력행위자를 고소할 수 있다. 피해자의 법정대리인이 가정폭력 행위자
인 경우 또는 가정폭력행위자와 공동으로 가정폭력 범죄를 범한 경우에는 **피해자의 친족이 고소할 수 있
다.**
㉣ 검사는 가정폭력범죄가 재발될 우려가 있다고 인정하는 경우에는 직권으로 또는 사법경찰관의 신청에 의
하여 법원에 **피해자 또는 가정구성원의 주거 또는 점유하는 방실로부터의 퇴거 등 격리,피해자 또는 가정
구성원의 주거·직장 등에서 100미터 이내의 접근 금지, 전기통신을 이용한 접근금지**의 임시조치를 청구
할 수 있다.

ANSWER   029 ②

030

15 채용
1차

「가정폭력범죄의 처벌 등에 관한 특례법」상 가정폭력범죄에 대해 사법경찰관이 취할 수 있는 조치에 대한 설명으로 <u>틀린</u> 것은 모두 몇 개인가?

> ㉠ 긴급치료가 필요한 피해자를 의료기관으로 인도하여야 한다.
> ㉡ 피해자의 동의 없이도 피해자를 가정폭력 관련 상담소 또는 보호시설로 인도할 수 있다.
> ㉢ 가정폭력범죄가 재발될 우려가 있다고 인정하는 경우에는 사법경찰관의 직권으로 법원에 임시조치를 청구할 수 있다.
> ㉣ 사법경찰관은 가정폭력범죄를 신속히 수사하여 사건을 검사에게 송치하여야 한다. 이 경우 사법경찰관은 해당 사건을 가정보호사건으로 처리하는 것이 적절한지에 관한 의견을 제시할 수 있다.

① 1개   ② 2개   ③ 3개   ④ 4개

해설
㉡ 피해자를 가정폭력 관련 상담소 또는 보호시설로 인도하려면 피해자가 동의하여야 한다.
㉢ 검사는 가정폭력범죄가 재발될 우려가 있다고 인정하는 경우에는 직권으로 또는 사법경찰관의 신청에 의하여 법원에 제29조 제1항 제1호·제2호 또는 제3호의 임시조치를 청구할 수 있다. 즉,가정폭력범죄가 재발될 우려가 있다고 인정할 때 법원에 임시조치를 청구할 수 있는 사람은 검사이다. 사법경찰관이 법원에 임시조치를 청구할 수 없다.

031

15·17
승진

19 경간
변형

「가정폭력범죄의 처벌 등에 관한 특례법」에 대한 다음 설명 중 옳지 <u>않은</u> 것은 모두 몇 개인가?

가. "가정폭력범죄"란 가정폭력으로서「형법」상 상해, 폭행, 유기, 학대, 아동혹사, 체포, 감금, 협박, 강간, 강제추행, 명예훼손, 모욕, 업무방해, 주거·신체수색, 강요, 공갈, 재물손괴 중 어느 하나에 해당하는 죄를 말한다.

나. 진행 중인 가정폭력범죄에 대하여 신고를 받은 사법경찰관리는 즉시 현장에 나가서 피해자가 동의하지 않는 경우에도 피해자를 가정폭력 관련 상담소 또는 보호시설로 인도할 수 있다.

다. 아동, 70세 이상의 노인, 그 밖에 정상적인 판단 능력이 결여된 사람의 치료 등을 담당하는 의료인 및 의료기관의 장이 직무를 수행하면서 가정폭력범죄를 알게 된 경우에는 정당한 사유가 없으면 즉시 수사기관에 신고하여야 한다.

라. 사법경찰관은 긴급임시조치를 한 경우에는 즉시 긴급임시조치결정서를 작성하여야 하고, 긴급임시조치결정서에는 범죄사실의 요지 긴급임시조치가 필요한 사유 등을 기재하여야 한다.

① 1개   ② 2개   ③ 3개   ④ 4개

해설

가. 업무방해는 "가정폭력범죄"에 해당하지 않는다.

나. 진행 중인 가정폭력범죄에 대하여 신고를 받은 사법경찰관리는 즉시 현장에 나가서 피해지를 가정폭력 관련 상담소 또는 보호시설로 인도할 수 있지만, **피해자의 동의가 있어야 한다.**

다. **아동, 60세 이상의 노인,** 그 밖에 정상적인 판단 능력이 결여된 사람의 치료 등을 담당하는 의료인 및 의료기관의 장이 직무를 수행하면서 가정폭력범죄를 알게 된 경우에는 정당한 사유가 없으면 즉시 수사기관에 신고하여야 한다.

032

「아동학대범죄의 처벌 등에 관한 특례법」에 대한 다음 설명 중 옳은 것은 모두 몇 개인가?

> ㉠ 아동학대범죄 신고를 접수한 사법경찰관이나 아동보호전문기관의 직원은 지체 없이 아동학대범죄의 현장에 출동하여야 한다.
> ㉡ 현장에 출동하거나 아동학대범죄 현장을 발견한 사법경찰관리 또는 아동보호전문기관의 직원은 피해아동 보호를 위하여 즉시 응급조치를 하여야 한다.
> ㉢ 응급조치의 유형에는 아동학대범죄 행위의 제지, 아동학대 행위자를 피해아동으로부터 격리, 피해아동을 아동학대 관련 보호시설로 인도, 아동보호전문기관에의 상담 및 교육 위탁이 있다.
> ㉣ 아동학대 행위자를 피해아동으로부터 격리하는 응급조치는 48시간을 넘을 수 없다.

① 1개   ② 2개   ③ 3개   ④ 4개

해설
㉢ 응급조치의 유형에는 **아동학대범죄 행위의 제지, 아동학대 행위자를 피해 아동으로부터 격리, 피해아동을 아동학대 관련 보호시설로 인도, 긴급치료가 필요한 피해아동을 의료기관으로 인도**가 있다.
㉣ 아동학대 행위자를 피해아동으로부터 격리하는 응급조치는 **72시간을 넘을 수 없다.**

033

아동학대범죄의 처벌 등에 관한 특례법」에 대한 설명 중 가장 적절하지 <u>않은</u> 것은?

① 아동학대범죄에 대하여는 이 법을 우선 적용한다. 다만, 「성폭력범죄의 처벌 등에 관한 특례법」, 「아동·청소년의 성보호에 관한 법률」에서 가중처벌 되는 경우에는 그 법에서 정한 바에 따른다.
② 아동학대범죄 신고를 접수한 사법경찰관리나 아동보호전문기관의 직원은 지체 없이 아동학대범죄의 현장에 출동하여야 한다.
③ 현장에 출동하거나 아동학대범죄 현장을 발견한 사법경찰관리 또는 아동보호전문기관의 직원은 피해아동 보호를 위하여 즉시 응급조치를 하여야 한다.
④ 피해아동에 대한 응급조치의 내용 중 '피해아동을 아동학대 관련 보호시설로 인도'하는 조치를 하는 때에는 피해아동 및 보호자의 동의를 받아야 한다.

해설
④ 피해아동에 대한 응급조치의 내용 중 '피해아동을 아동학대 관련 보호시설로 인도'하는 조치를 하는 때에는 **피해아동 및 보호자의 동의를 받는 것이 아니라 피해아동의 의사를 존중해야 한다.**

034 「아동학대범죄의 처벌 등에 관한 특례법」에 대한 설명으로 가장 적절하지 않은 것은?

18 승진
19 경간

① 피해아동이 보호자의 학대를 당연하게 받아들이고 이를 학대로 인식하지 못하는 은폐성 때문에 「아동학대범죄의 처벌 등에 관한 특례법」은 아동학대 신고의무자를 광범위하게 규정하고 있다.

② 응급조치상의 격리란 아동학대행위자를 72시간(단, 검사가 법원에 임시조치를 청구한 경우에는 법원의 임시조치 결정 시까지 연장)을 기한으로 하여 피해아동으로부터 장소적으로 분리하는 조치를 의미한다.

③ 응급조치에도 불구하고 아동학대 범죄가 재발될 우려가 있고 긴급을 요하여 법원의 임시조치결정을 받을 수 없을 때 사법경찰관은 직권이나 피해아동 등의 신청에 따라 긴급임시조치를 할 수 있다.

④ 임시조치는 아동학대범죄의 원활한 조사·심리 또는 피해아동 보호를 위하여 필요하다고 인정되는 경우 판사의 결정으로 아동학대행위자의 권한 또는 자유를 일정 기간동안 제한하는 조치이다.

해설
① 피해아동이 보호자의 학대를 당연하게 받아들이고 이를 학대로 인식하지 못하는 **미인지성** 때문에 「아동학대범죄의 처벌 등에 관한 특례법」은 아동학대 신고의무자를 광범위하게 규정하고 있다.

---

035 다음은 마약류에 대한 설명이다. 옳은 것으로 묶인 것은?

19 채용
1차

㉠ 마약이라 함은 양귀비, 아편, 대마와 이로부터 추출되는 모든 알칼로이드로서 대통령령으로 정하는 것을 말한다.

㉡ GHB(일명 물뽕)는 무색, 무취, 무미의 액체로 유럽 등지에서 데이트 강간약물로도 불린다.

㉢ LSD는 곡물의 곰팡이, 보리 맥각에서 추출한 물질을 인공 합성시켜 만든 것으로 무색, 무취, 무미하다.

㉣ 코카인은 「마약류 관리에 관한 법률」에서 규제하는 향정신성의약품에 해당한다.

㉤ 마약성분을 갖고 있으나 다른 약들과 혼합되어 마약으로 다시 제조하거나 제제할 수 없고, 그것에 의하여 신체적 또는 정신적 의존성을 일으키지 아니하는 것으로서 총리령으로 정하는 것을 한외마약이라고 한다.

㉥ 한외마약은 코데날, 코데잘, 코데솔, 코데인, 유코데, 세코날 등이 있다.

① ㉠ ㉥   ② ㉡ ㉢   ③ ㉢ ㉤   ④ ㉣ ㉥

해설
㉠ 「마약류 관리에 관한 법률」상 마약이라 함은 양귀비, 아편 또는 **코카 잎**에서 추출되는 모든 알카로이드 및 그와 동일한 화학적 합성품으로서 대통령령으로 정하는 것을 말한다(「마약류 관리에 관한 법률」제2조 제2호). 대마는 마약에 포함되지 않는다.
㉡ GHB(일명 물뽕)는 무색, 무취, **짠맛**의 액체로 유럽 등지에서 데이트 강간약물로도 불린다.
㉣ 코카인은 「마약류 관리에 관한 법률」에서 규제하는 **"마약"**에 해당한다.
㉥ 한외마약은 코데날, 코데잘, 코데솔, 유코데, 세코날 등이 있다. '코데인'은 천연마약에 해당한다.

036 마약류에 대한 설명으로 가장 적절한 것은?

20 승진

① 한외마약이란 일반약품에 마약성분을 미세하게 혼합한 약물로 신체적·정신적 의존성을 일으킬 염려가 없어 감기약 등으로 판매되는 합법의약품이다.

② 향정신성의약품 중 덱스트로 메트로판은 강한 중추신경 억제성 진해작용이 있으며 의존성과 독성이 강하다

③ 마약의 분류 중 합성 마약으로는 헤로인, 옥시코돈, 하이드로폰 등이 있다.

④ GHB는 무색·무취의 짠맛이 나는 액체로 소다수 등의 음료에 타서 복용하며, 특히 미국, 유럽 등지에서 성범죄용으로 악용되어 '정글주스'라고도 불린다.

> **해설**
>
> 향정신성의약품 중 덱스트로 메트로판은 강한 중추신경 억제성 진해작용이 있으나, **의존성과 독성은 없다**.
> ③ 마약의 분류 중 **반합성 마약**으로는 헤로인, 옥시코돈, 하이드로폰 등이 있다.
> ④ GHB는 무색, 무취의 짠맛이 나는 액체로 소다수 등의 음료에 타서 복용하며, 특히 미국,유럽 등지에서 성범죄용으로 악용되어 **'데이트 강간약물'**라고도 불린다. 정글주스'라고 불리는 것은 덱스트로 메트로판(일명 – 러미나)이다.

037 다음 설명에 해당하는 마약류로 가장 적절한 것은?

16 승진

- 곡물의 곰팡이, 보리맥각에서 추출한 물질을 인공합성시켜 만든 것으로 무색, 무취, 무미함.
- 환각제 중 가장 강력한 효과를 나타내며 캡슐, 정제, 액제 형태로 사용됨.
- 미량을 유당·각설탕·과자·빵 등에 첨가시켜 먹거나 우편·종이 등의 표면에 묻혔다가 뜯어서 입에 넣는 방법으로 복용하기도 함.

① L.S.D

② 야바(YABA)

③ 엑스터시(Ecstasy)

④ GHB(일명 물뽕)

038

다음 중 「마약류 관리에 관한 법률」상 향정신성의약품에 관한 설명으로 옳지 <u>않은</u> 것은 모두 몇 개인가?

> 가. 야바(YABA)는 카페인·에페드린·밀가루 등에 필로폰을 혼합한 것으로 순도가 높다.
>
> 나. 덱스트로 메트로판은 강한 중추신경 억제성 진해작용이 있으나, 의존성과 독성은 없어 코데인 대용으로 널리 사용된다.
>
> 다. GHB(물뽕)은 무색무취의 짠맛이 나는 액체로써 '데이트 강간 약물'로도 불린다.
>
> 라. 카리소프로돌(일명 S정)은 중추신경에 작용하여 골격근 이완의 효과가 있는 근골격계 질환치료제로서 과다복용 시 치명적으로 인사불성, 혼수쇼크, 호흡저하를 가져오며 사망까지 이를 수 있다.

① 1개   ② 2개   ③ 3개   ④ 4개

해설
가. 야바(YABA)는 카페인·에페드린·밀가루 등에 필로폰을 혼합한 것으로 순도가 **낮다**.

039

마약류에 대한 설명으로 가장 적절한 것은?

① 러미나(덱스트로메트로판)는 강한 중추신경 억제성 진해작용이 있으며, 의존성과 독성이 강한 특징이 있다.

② 카리소프로돌(일명 S정)은 골격근 이완의 효과가 있는 근골격계 질환 치료제로서 과다복용 시 인사불성, 혼수쇼크, 호흡저하, 사망에까지 이르게 할 수 있다.

③ GHB는 무색, 무취, 무미의 액체로 소다수 등 음료수에 타서 복용하여 '물 같은 히로뽕'이라는 뜻으로 일명 물뽕으로 불리고 있다.

④ 사일로시빈은 미국의 텍사스나 멕시코 북부지역에서 자생하는 선인장인 페이요트(Peyot e)에서 추출 합성한 향정신성의약품이다.

해설
① 러미나(덱스트로메트로판)는 강한 중추신경 억제성 진해작용이 있으나, **의존성과 독성은 없다.**
③ **GHB는 무색, 무취, 짠맛**의 액체로 소다수 등 음료수에 타서 복용하여 물 같은 히로뽕'이라는 뜻으로 일명 물뽕으로 불리고 있다.
④ **메스카린**은 미국의 텍사스나 멕시코 북부지역에서 자생하는 선인장인 퍼 페이요트(Peyot e)에서 추출 합성한 향정신성의약품이다.

040

20 경간

사이버범죄의 유형에 대한 설명 중 옳지 않은 것은?

① 해킹, 바이러스 유포, 메일폭탄 등은 '사이버테러형 범죄'에 해당한다.

② 컴퓨터 자료에 대한 논리적 가해행위도 '컴퓨터 파괴행위'에 해당한다.

③ 컴퓨터 부정조작 유형 중 기존의 프로그램을 변경하거나 기존의 프로그램과 전혀 다른 새로운 프로그램을 작성, 투입하는 방법을 '프로그램 조작'이라 한다.

④ 컴퓨터 부정조작 유형 중 일부 은닉·변경된 자료나 허구의 자료 등을 컴퓨터에 입력시켜 잘못된 산출을 초래하도록 하는 방법을 '산출조작'이라 한다.

> **해설**
> ④ 컴퓨터 부정조작 유형 중 일부 은닉·변경된 자료나 허구의 자료 등을 컴퓨터에 입력시켜 잘못된 산출을 초래하도록 하는 방법을 '**투입조작**'이라 한다.

041

04·05 채용

05 승진

08 경간

사이버 범죄의 수사단계가 바르게 연결된 것은?

> ㉠ 접속자의 인적사항을 확인한 후 피의자 신병과 증거물을 확보한다.
> ㉡ 홈페이지, 이메일 등 피해 발생의 증거를 취득한다.
> ㉢ 정보통신업체(ISP) 등과의 협력을 통해 피의자의 로그 기록을 확인한다.
> ㉣ 웹사이트를 드나들며 해킹 등 유행하는 범죄 행위의 정보를 수집한다.

① ㉣ – ㉡ – ㉢ – ㉠   ② ㉠ – ㉢ – ㉡ – ㉣

③ ㉡ – ㉣ – ㉢ – ㉠   ④ ㉢ – ㉣ – ㉡ – ㉠

> **해설**
> 정보 수집 – 증거를 취득–기록을 확인 – 증거물을 확보

042

07 채용

사이버 범죄에 대한 설명 중 틀린 것은?

① 트랩도아(Trap Door)는 프로그램에 어떤 조건을 넣어주고 그 조건이 충족될 때마다 자동으로 부정행위가 이루어지도록 하는 방법이다.

② 사이버범죄의 수사단계는 수사첩보 수집 → 피해증거 확보 → 접속기록 확보 → 접속자 확인 순으로 한다.

③ 국가 간 공조를 추진하려면 상대국가와 범죄인인도조약 또는 형사사법 공조조약이 체결되어 있어야 하는 것이 원칙이다.

④ 스팸메일에 의해 통신서비스를 마비시키는 행위는 '컴퓨터파괴'이다.

> **해설**
> ① 은 '**부정명령은닉**'에 해당한다. 컴퓨터 파괴행위의 유형에는 물리적 가해행위와 논리적 가해행위가 있고 이는 논리적 가해행위에 해당한다.

ANSWER   **040** ④   **041** ①   **042** ①

043 「대기환경보전법」의 내용으로 가장 적절한 것은?

18 승진

① '기후-생태계 변화유발물질'이란 지구 온난화 등으로 생태계의 변화를 가져올 수 있는 모든 물질로서 온실가스와 대통령령으로 정하는 것을 말한다.

② '온실가스'란 적외선 복사열을 흡수하거나 다시 방출하여 온실효과를 유발하는 대기 중의 가스상태 물질로서 이산화탄소, 메탄, 아산화질소, 수소불화탄소, 과불화탄소, 육불화황을 말한다.

③ '입자상물질(拉子狀物質)'이란 물질이 파쇄·선별·퇴적·이적(移積)될 때, 그 밖에 기계적으로 처리되거나 연소·합성·분해될 때에 발생하는 기체상의 미세한 물질을 말한다.

④ '특정대기유해물질'이란 유해성대기감시물질 중 제7조에 따른 심사·평가 결과 저농도에서도 장기적인 섭취나 노출에 의하여 사람의 건강이나 동식물의 생육에 직접 또는 간접으로 위해를 끼칠 수 있어 대기 배출에 대한 관리가 필요하다고 인정된 물질로서 대통령령으로 정하는 것을 말한다.

> **해설**
> ① "기후·생태계 변화유발물질"이란 지구 온난화 등으로 생태계의 변화를 가져올 수 있는 **기체상물질로서 온실가스와 환경부령**으로 정하는 것을 말한다.
> ③ "입자상물질(拉子狀物質)"이란 물질이 파쇄·선별·퇴적·이적(移積)될 때, 그 밖에 기계적으로 처리되거나 연소·합성·분해될 때에 발생하는 **고체상 또는 액체상의 미세한 물질**을 말한다.
> ④ "특정대기유해물질"이란 유해성대기감시물질 중 제7조에 따른 심사·평가 결과 저농도에서도 장기적인 섭취나 노출에 의하여 사람의 건강이나 동식물의 생육에 직접 또는 간접으로 위해를 끼칠 수 있어 대기 배출에 대한 관리가 필요하다고 인정된 물질로서 **환경부령**으로 정하는 것을 말한다.

ANSWER **043** ②

CHAPTER 07

경비
경찰

01 경비경찰

(1) 의의

경비경찰은 공공의 안녕과 질서를 파괴하는 국가비상사태, 긴급사태 등이 발생하거나 발생할 우려가 있을 때 이를 **예방, 진압하는 경찰**이다. 불법행위와 관련이 없는 자연재해 등도 경비경찰의 대상이다.

(2) 대상기출

대상	종류	내용
개인적, 단체적 불법행위	치안경비	공안을 해하는 **다중범죄 등 집단적범죄사태**가 발생하거나 발생할 우려가 있는 경우 적절한 조치로 사태를 예방, 진압하는 경비활동
	특수경비(대테러)	총포, 도검, 폭발물 등에 의한 인질, 난동, 살상 등 **사회이목을 집중시키는 중요사건**을 예방, 경계, 진압하는 활동
	경호경비	**정부요인을 암살**하는 행위를 미연에 방지하고 피경호자의 신변을 보호하는 경비활동
	중요시설경비	국가적 중대한 영향을 미치는 **국가산업시설, 행정시설**을 적의 공격으로부터 방호하기 위한 경비활동
인위적 자연적 혼잡 불법행위	행사안전경비	**미조직적 군중**(콘서트, 경기 등)에 의해 발생하는 자연적, 인위적 혼란상태를 경계, 진압, 예방하는 경비활동
	재난경비	천재, 지변, 화재 등 자연적, 인위적 사태로 인한 인명, 재산상 피해를 예방 진압하는 경비활동

02 경비경찰 특성기출

현상유지적 활동	현재 질서를 보존하는 것에 중점을 두고, 정태적, 소극적 질서유지를 넘어 **동태적, 적극적 질서유지 작용**을 의미한다.기출 경찰조리상의 한계는 **경찰소극목적의 원칙**과 관련있다.
사회전반적 안녕 활동기출	사회공공의 안녕과 질서유지를 목적으로 하므로, 사회전체 질서를 파괴하는 범죄를 대상으로 한다.
조직적 부대활동기출	경비사태는 조직적이고 집단적 대응이 필요하므로 부대단위의 조직적 활동을 한다.
하향적 명령에 의한 활동	부대활동은 지휘관과 부하간의 하향적 명령체계가 확보되어야 한다. 부대원의 재량은 적고, 지휘관은 책임을 지는 것이 일반적이다.
복합기능적 활동	사태가 발생한 후 **진압**하는 역할 뿐만 아니라, 사태의 발생을 미리 **경계, 예방**하는 역할도 수행하는 복합기능적 활동을 특징으로 한다.
즉응적 활동	경비사태 발생 시 처리기한을 정하여 진압할 수 없어 즉시 출동하여 **신속하게 진압**해야 하고, 사태 종료 시에 업무도 종료된다.

＊경비경찰의 특징
- 조직적이고, 계획적이다.
- 확신범의 성격을 가진다.
- 상이한 이익집단세력 간의 충돌이다.
- 전국적 파급성을 가진다.
- 군중의 심리의 영향이 크다.

CH.07

01 경비경찰의 근거_{기출}

헌법 37조 2항	국민의 자유와 권리는 국가 안전보장, 질서유지 또는 공공복리를 위해 필요한 경우에 한하여 법률(법령아님)로 제한할 수 있으며, 제한하는 경우에도 **자유와 권리의 본질적인 내용을 침해할 수 없다.**_{기출}
경찰법 3조 3호	경비, 요인경호 및 대간첩, 대테러 작전 수행으로 경찰업무 범위의 전반적 내용을 담고 있다.
경찰관직무집행법1조 1항	① 국민의 자유와 권리를 보호하고 사회공공의 질서를 유지하기 위한 경찰관의 직무수행에 필요한 사항을 규정함을 목적으로 한다고 규정 ② 경비경찰발동의 **주된 근거법률**이다. 기출
기타법률	경찰직무응원법, 대통령 등의 경호에 관한 법률, 재난 및 안전관리 기본법, 집회 및 시위에 관한 법률, 청원경찰법 등

02 경비경찰활동의 조리상의 한계_{기출}

1) 경찰소극목적의 원칙: **현상유지적 활동**과 관련되는 조리상의 원칙

2) 경찰공공의 원칙

3) 경찰비례의 원칙

4) 경찰책임의 원칙

5) 경찰평등의 원칙

03 위법한 경비경찰로 인한 손해배상

1) 공무원의 위법한 직무행위
   국가배상법 2조 1항은 '국가나 지방자치단체는 공무원 또는 공무를 위탁받은 사인이 직무를 집행하면서 **고의 또는 과실로 법령을 위반**하여 타인에게 손해를 입힌 경우 **손해를** 배상하여야 한다.'

2) 영조물의 설치, 관리상의 하자로 인한 손해배상
   국가배상법 5조 '**도로, 하천, 그 밖의 공공의 영조물의 설치나 관리의 하자**가 있기 때문에 타인에게 손해를 발생하게 하였을 때 국가나 지방자치 단체는 손해를 배상하여야 한다'. 담당공무원의 **과실여부와 관계없이 손해배상을 받을 수 있다.**

3) 관련판례

국가배상 **인정**판례	① **무장공비** 격투 중 청년가족의 요청에도 불구하고 경찰관이 출동하지 않아 청년이 무장공비에 살해된 경우기출 ② 전투경찰관이 시위진압을 하면서 합리적이고 상당하다고 인정되는 정도로 가능한 최루탄의 사용을 억제하고 최대한 안전하고 평화로운 방법으로 시위진압을 하여 그 시위과정에 타인의 생명과 신체에 위해를 가하는 사태가 발생하지 아니하도록 해야 하는 데 합리적이고 상당하다고 인정되는 정도를 넘어 **지나치게 과도한 방법**으로 시위진압을 한 잘못으로 시위 참가자로 하여금 사망에 이르게 한 경우(95다 23897)기출 ③ 농민의 시위를 진압하고 시위과정에서 도로상에 방치된 트렉터 1대에 대항 이를 도로 밖으로 옮기거나 후방에 안전표지판을 설치하는 것과 같은 **위험 발생방지조치를 취하지 않은 채 그대로 방치**하고 철수하여 버려 운전자가 방치된 트렉터에 부딪혀 상해를 입은 사안에서 국가배상책임을 인정(대판 1998.8.25. 96다 16890)기출 ④ 검문소 근무한 경찰관이 검문소 운영요강을 지키지 않고 **바리케이트를 방치**하여 오토바이 운전자가 충돌하여 사망한 경우(91가합 43551)기출 ⑤ 전경들이 서총련의 불법시위 해산 과정에서 전경들의 도서관 진입에 항의한 학생 등 시위 무관한 사람들을 강제연행한 경우(95가합 43551)기출 ⑥ 주최, 참가행위가 형사처벌의 대상이 되는 위법한 집회시위가 특정 지역에서 개최될 것이 예상된다고 해도, 시간적, 장소적으로 근접하지 않은 다른 지역에서 집회 시위에 참가하기 위해 출발 또는 이동하는 행위를 함부로 제지하는 것은 즉시강제인 경찰관 제지의 범위를 명백히 넘어 허용될 수 없다.(대판 2008.11.13. 2007도9794)기출
국가배상 **부정**판례	① 전경들이 대학도서관에 진입한 것은 불법시위 참가자들 일부가 도서관으로 도주하여 이를 추적, 체포하기 위한 것이라면 이는 현행범을 체포하는 데 필요한 행위로 적법한 행위이고, **대학 도서관**이라고 하여 전경들의 도서관 진입으로 인해 정신적 충격과 학습권 침해를 이유로 한 위자료지급청구를 부인함(95가합 43551)기출 ② 시위진압에 대항하여 **시위자들이 던진 화염병**에 의해 발생한 화재로 손해입은 주민들의 국가배상청구(94다2480)기출

01 조직운영 원칙

부대단위활동 원칙	경비경찰은 **부대단위로 활동**하고 지휘관, 직원, 대원, 장비가 필요하다. **최종결정은 지휘관만**이 할 수 있고, 명령에 따라 업무가 이루어진다. 부대활동의 성패는 지휘관에 의해 좌우된다.기출
지휘관 단일성 원칙	**긴급성, 신속성**을 위해 지휘관은 한 사람만 두어야 한다. **지시, 보고**도 한 사람을 통해 이루어진다. 의사결정과정의 단일성까지 요구하는 것이 아니라, **집행에서 단일성**을 말한다.기출
체계통일성 원칙	조직의 정점에서 말단에 이르기까지 책임과 임무분담이 명확한 **명령과 복종의 체계**가 통일되어야 한다.
치안협력성 원칙	업무수행과정에서 국민의 협력을 구하고 국민이 협조해 줄 때 효과적 업무수행이 가능하다. (임의적협조) *치안협력성의 원칙은 업무수행의 신속성과는 관련이 적다. 기출

02 경비경찰의 수단

실력행사의 순서는 경비수단의 원칙과 관련이 없고, **실력행사의 정해진 순서도 없으므로** 주어진 경비상황에 맞게 적절하게 행사한다. 기출

간접적 실력행사	경고	경비부대를 전면에 배치 또는 진출시켜 **위력을 과시하거나 경고**하여 범죄실행의 의사를 자발적으로 포기하도록 하는 **간접적 실력행사**이다. 경찰관직무집행법 5조에 근거를 두고 있다.
직접적	제지	① 경비사태를 예방, 진압하기 위한 강제처분으로 세력분산, 주동자 및 주모자격리 등을 실시하는 **직접적 실력행사**이다. (즉시강제) ② 위법행위의 태양, 피해법익의 경중, 위험의 긴박성, 상대방의 저항 등 구체적 상황을 고려해야 한다. (경찰관직무집행법6조)
	체포	상대방의 신체를 구속하는 강제처분이며 직접적 실력행사이다. (형소법)

03 경비 수단의 원칙기출

균형의 원칙	**주력부대와 예비부대를 균형있게** 활용하여 한정된 경력으로 최대의 효과를 올려야 한다. 기출
위치의 원칙	**군중보다 유리한 지점과 위치**를 확보하여 작전수행과 진압을 해야한다.
시점의 원칙	저항력이 약한 시점을 포착하여 강력하고 집중적인 실력행사를 해야한다.
안전의 원칙	진압과정에서 경찰이나 시민의 사고가 없어야 한다.

01 혼잡경비기출

1) 의의기출

혼잡경비는 공연, 기념행사, 각종 대회, 제례 등 일시에 몰려든 미조직인파로 인해 발생하는 혼란의 사태를 예방, 경계하는 사태가 발생한 경우 신속히 조치하여 사태를 방지하는 목적으로 하는 경비활동

2) 실시요령

① 혼잡경비**계획**의 수립

행사 성격에 따라 배치할 부대의 조직, 운영계획을 수립해야 한다.

② 부대의 **편성, 배치**

부대는 군중이 **입장하기 전**에 사전배치를 하는 것을 원칙으로 하고, 행사의 규모, 성격, 군중의 수, 성향 등을 종합적으로 판단하여 적정한 경찰력을 배치해야한다.

③ 군중정리

경비요원들로 하여금 군중정리를 하고 질서가 무너지지 않도록 초기단계부터 적절히 통제를 해야 한다.

3) 군중정리의 원칙기출

밀도의 희박화	군중이 모이면 상호충돌 및 혼잡을 야기하기 때문에 다수인이 모이는 것을 방지해야 한다. (사전에 블록화하여 방지한다.)
이동의 일정화	군중을 **일정한 방향으로 이동**시켜 주위상황을 파악할 수 있는 여건을 조성하고 안정감을 가지게 한다.
경쟁적 행동의 지양	다른 사람보다 먼저 가려는 심리를 억제하고 질서있게 행동하도록 한다.
지시의 철저	계속적이고 자세한 안내방송으로 사고를 방지한다.

02 선거경비기출

1) 의의

후보자에 대한 신변보호와 거리유세, 투개표장 등에서 선거와 관련된 폭력, 난동, 테러 등 선거방해 요소를 사전에 예방, 경계, 제거하여 평온한 선거가 되도록 치안질서를 유지해야 한다. **혼잡경비, 특수경비, 경호경비, 다중범죄진압 등 종합적인 경비가 요구된다.**기출

2) 후보자 신변보호

대통령 후보자	① 대통령선거 후보자는 을호경호 대상이고, 당선된 자는 갑호경호 대 상이다. ② 신변보호기간은 **후보자등록시부터 당선확정시까지**이다. ③ 후보자의 요청에 따라 전담 신변경호대를 편성, 운영한다. ④ 대통령 선거의 후보자는 후보자 **등록이 끝난 때부터 개표종료시까지 사형, 무기 또는 장기 7년 이상의 징역이나 금고**에 해당하는 죄를 범한 경우를 제외하고는 현행범인이 아니면 체포 또는 구속되지 아니하고 병역소집의 유예를 받는다(공직선거법 11조 1항) ⑤ 신변경호를 원하지 않은 후보자는 시도지방경찰청에서 **경호경험이 있는 자로 선발된 직원을 대기**시켜 관내 유세기간 중 근접 배치한다. 기출
지방자치단체장 및 국회의원후보자	선거구를 관할하는 경찰서에서는 후보자가 원할 경우 전담 경호원 2~3인을 배치한다.

3) 투표소 경비

투표소는 선거관리위원회가 경비하고 경찰은 돌발상황에 대비하여 순찰 즉응태세가 필요하다. **투표소 운송경비는 선거관리위원회 직원과 합동**으로 한다.

4) 개표소 경비

제1선 (**개표소 내부**)	**선거관리위원장 또는 선거관리 위원회 위원 요청시** 정복경찰 투입기출
제2선 (울타리 내곽)	**선거관리위원회와 합동**으로 출입자를 통제한다. **정문만 사용** ＊2선은 선관위와 합동으로 출입자를 통제하여 제2선의 출입문이 **수개인 경우** 선관위와 합동 배치하여 검문검색을 강화 (오답: 정문만 사용)
제3선 (울타리 외곽)	검문조, 순찰조를 운용하여 기도자 접근을 차단한다.

03 재난경비

1) 의의

자연재해(폭풍우, 지진, 홍수, 해일, 폭설, 가뭄등) 및 인위적인 재난(폭발물 사고, 대형 구조물 붕괴 등)으로부터 국민의 생명과 재산을 보호하고 공공질서 유지를 위해 이를 예방, 경계, 진압하는 경비활동이다. 주무부서는 소방방재청이고, 경찰은 긴급구조 지원기관으로 인명구조 등 지원임무 재난 현장통제 등의 임무를 수행한다.

2) 재난관리체계기출

재난관리체계는 자연재해대책법, 재난 및 안전관리기본법, 민방위기본법의 3원화되어 있다.

① 중앙재난안전대책본부(제14조)

② 중앙사고수습본부(제15조 2)

③ 지역재난안전대책본부(제 16조)

3) 현장지휘본부

현장조치가 필요한 경우 재난관리 활동의 총괄을 위해 지방경찰청장 또는 경찰서장이 피해의 규모, 범위 등을 고려하여 현장지휘본부를 설치한다. 일반 재난시는 **경찰서장**, 대규모 재난시는 **지방경찰청장**을 임명한다.

4) 기능별임무기출

홍보	관련 정보 자료를 제공하고, 국민협조 요청
경비	**현장지휘본부설치, 경찰통제선설치, 동원경력장비확보**,기출 유관기관의 합동본부 연락관 파견
교통	**비상출동로 사전지정 및 활용**기출, 교통통제, 교통혼잡예상지역관리
생활안전	대피건물, 사상소지품 약탈방지, **유류품 접수 및 인계**기출, 방범순찰
수사	**피해자신원확인, 사고원인 및 범죄관련수사, 목격자 증거확보**
정보	**정보수집, 보고**기출, **피해자가족 등 동향파악**, 유언비어 차단
통신	현장지휘본부 전화기 무전기 통신시설 제공

5) 경찰통제선

① 통제선은 1, 2통제선으로 나누어지고 1통제선은 **소방**이 담당하고, 2통제선은 **경찰**이 담당한다.기출

② 초기단계부터 범위는 넓게 정하고 출입구는 1개(**단일화**)로 입구에 정복경찰을 배치한다.

6) 재난상황실

지휘체계 및 전파체계확립, 인명구조 및 재산피해 방지, 신속한 초동조치와 재난이 발생하였거나, 재난이 발생할 우려가 있을 때 경비국장은 위기관리센터에 재난 상황실 설치 운영할 수 있다.

관심단계	일부 지역에서 기상특보 발령 등 재난 발생 징후와 관련된 현상이 나타나고 있으나 **활동수준이 낮아** 재난으로 발전할 가능성이 적은 상태
주의단계	전국적 기상특보 발령 등 재난 발생 징후의 활동이 비교적 활발하여 재난으로 발전할 수 있는 **일정수준의 경향**이 나타나는 상태
경계단계	전국적 기상특보 발생 징후의 활동이 활발하여 재난으로 발전할 가능성이 농후한 상태
심각단계	재난이 발생하였거나 재난의 발생이 확실시되는 상태

01 의의_기출_

국가중요시설은 공공기관, 공항, 항만, 주요 산업시설 등 적에 의하여 점령 또는 파괴되거나 기능이 마비될 국가안보와 국민 생활에 심각한 영향을 주게 되는 시설로 **국방부장관이 관계 행정기관의 장 및 국가정보원장과 협의**하여 지정한다.

02 분류(국가 안전에 미치는 중요도에 따른 분류방법)

가급 시설	적에 의해 점령 또는 파괴되거나 기능 마비 시 **광범위한 지역**의 통합방위 작전이 요구되고 국민생활에 결정적인 영향을 미칠 수 있는 시설 예) 청와대, 국회의사당, **대법원**, 정부중앙청사, 국방부, 국가정보원, **한국은행본점** 등
나급 시설	적에 의해 점령 또는 파괴되거나 기능 마비 시 **일부 지역**의 통합방위작전 수행이 요구되고 국민생활에 중대한 영향을 미칠 수 있는 시설 예) **경찰청, 대검찰청, 국책은행** 등
다급 시설	적에 의해 점령 또는 파괴되거나 기능마비 시 **제한된 지역**에서 **단기간** 통합방위작전 수행이 요구되고 국민생활에 상당한 영향을 미칠 수 있는 시설

03 중요시설의 방호

1) 방호책임자
   ① 평상시 시설에 대한 방호책임은 청원경찰 및 자체 경비요원을 수단으로 하여 그 시설주에 있다. (지방경찰청장)
   ② 비상시 지도, 감독책임
      갑종사태: 지역군사령관(계엄사령관)
      을종사태: 지역군사령관찰책임지역
      병종사태: 경찰책임지역 내의 군 지도감독 시설을 제외하고는 당해 시도지방경찰청장
   ③ 전시: 군이 직접 담당하는 경비시설을 제외하고는 전 중요시설에 대한 감독 책임을 진다.

2) 국가중요시설의 경비, 보안 및 방호(통합방위법 21조)

   ① 국가중요시설의 소유자 또는 관리자는 경비, 보안 및 방호책임을 지며, 통합 방위사태에 대비하여 자체방호계획을 수립하여야 한다. 이 경우 국가중요시설의 관리자는 자체 방호계획을 수립하여 필요한 경우 지방경찰청장 또는 지역군사령관에게 협조를 요청할 수 있다.

   ② 지방경찰청장 또는 지역군사령관은 통합방위사태에 대비하여 국가중요시설에 대한 방호지원계획을 수립, 시행하여야 한다.기출

   ③ 국가중요시설의 평시 경비보안활동에 대한 지도, 감독은 관계행정기관의장과 국가 정보원장이 행한다.기출

3) 제3지대 개념 방호선기출

제1지대	시설 울타리 전방 취약지점에서 시설에 접근하기 전에 저지할 수 있는 예상 접근로상의 길목 및 감제고지를 통제하는 지대로 **불규칙적인 지역수색, 매복활동으로 적 은거 및 탐지활동 시행**
제2지대	시설 내부 및 핵심시설에 침투하는 적을 결정적으로 방어하기 위한 지대로 외관의 소총유효사거리를 고려하여 설정한다. **시설자체 경계요원, 주야간초소근무 및 순찰활동, CCTV등 설치**
제3지대	시설이 주 기능에 결정적인 영향을 미치는 핵심시설이 있는 지대로 침투한 적을 최종적으로 격멸하는 최후 방호선으로 **주야간 경계요원에 대한 계속적인 감시**, 통제가 될 수 있도록 경비인력 운용, 시설의 보강을 최우선 설치

CH.07

01 의의

다중범죄는 정치, 경제, 사회 문화적 원인 또는 특정집단의 주의, 주장을 관철하기 위해 행하는 시위, 소용, 폭동 등의 **집단적 범죄행위**를 말한다. 다중에 의한 불법사태가 발생하거나 발생할 것에 대비하여 신속한 조치를 취해 사태를 진압하여 피해를 최소화하는 경찰활동을 말한다.

02 특성기출

1) 부화뇌동성: 다중범죄는 군중심리로 발행하는 경우가 많으므로 작은 동기에 의해 발생하기도 하고 발생하면 부화뇌동으로 대규모로 확대될 수 있다.

2) 조직적 연계성: 다중범죄는 특정한 조직에 기반을 두고 목적의식을 가지고 이루어진다. 그러므로 단체의 목적이나 활동방향을 파악하는 것이 필요하다.

3) 비이성적 단순성: 시위군중은 과격하고 단순하여 법률적, 도덕적, 사회통념상 이해가 불가능한 비이성적이어 타협이나 설득이 어렵다.

4) 확신적 행동: 주동자나 참여자가 확신을 가지고 행동하는 경우가 많아 과감하고 전투적이다.

03 진압이론기출

선수승화법	정보활동으로 불만집단이나 불만요인을 찾아내 **사전에 불만 및 분쟁요인을 해결하는 방법** 예) 언론기관의 노조단체가 임금문제로 파업을 한다는 첩보를 입수하고 임금협상을 통하여 파업을 방지하였다.기출
전이법	집단이나 국민들의 관심을 집중시킬 수 있는 **사건을 폭로하거나 행사**를 개최하여 원래의 이슈가 약화되도록 하는 방법기출
경쟁행위법	불만집단에 **반대하는 여론**을 부각시켜 불만집단이 위압되어 스스로 분산 해산되도록 하는 방법기출
지연정화법	불만집단의 주장을 **시간을 끌면서 정서적 안정**을 갖게 하고 이성적으로 해결되도록 유도하는 방법

04 진압원칙 기출

봉쇄, 방어	사전에 진압부대가 점령하거나 바리케이트로 봉쇄하여 방어조치를 취하는 방법으로 사전에 봉쇄하여 **충돌 없이 무산**시키는 것
차단, 배제	국중이 목적지에 집결하기 전에 중간에서 차단하여 집합을 하지 못하게 하는 방법으로 불법시위 가담자를 **사전 색출, 검거 귀가**시켜 사전차단하는 것
세력 분산	시위대가 집단을 형성한 이후 진압부대가 공격하거나 가스탄을 사용하여 시위집단을 소집단으로 분할 세력분산시킴
주동자 격리	**주모자를 사전에 검거**하여 군중과 격리하여 진압하는 방법

05 진압활동 3대원칙 기출

신속한 해산	군중심리의 영향으로 격화되거나 확대되기 쉽고 파급성이 강해 초기단계에서 신속히 이를 해산시켜야 한다.
주모자 체포	시위군중은 주모자가 체포되면 무기력하게 쉽게 해산되므로 주도적으로 행동하는 자를 분리시켜야 한다.
재집결 방지	시위군중은 다시 집결하기 쉬우므로 다시 집결할 만한 곳에 경력을 배치하고 순찰과 검문검색으로 강화하여 재집결을 방지한다.

참고: 집회나 시위에 관한 법률 시행령 17조(집회 또는 시위의 자진 해산의 요청)

1. 종결선언의 요청기출
   주최자에게 집회 또는 시위의 종결선언을 요청하되, **주최자의 소재를 알 수 없는 경우**에는 주관자, 연락책임자 또는 질서 유지인을 통해 종결선언을 요청할 수 있다.

2. 자진 해산의 요청
   종결 선언 요청에 따르지 아니하거나 종결선언에도 불구하고 집회 또는 시위의 참가자들이 집회 또는 시위를 계속하는 경우에는 자진해산을 요청한다.

3. 해산명령 및 직접해산
   자진해산 요청에 따르지 아니하는 경우에는 세 번 이상 자진 해산할 것을 명령하고, 해산명령에도 불구하고 해산하지 아니하면 **직접 해산시킬 수 있다.**기출

01 의의

경호경비는 정부요인, 국내외의 인사 등 가해지려는 직간접의 위해를 방지하기 위한 위험요소를 제거하고 사태 발생 시 신속히 조치하여 피경호자의 안전을 확보하는 경찰활동이다.

02 법적근거

1) 경찰관직무집행법 제2조 제3호

2) 대통령 등의 경호에 관한 법률 제4조, 제15조:
   본인의 의사에 반하지 아니하는 경우 퇴임 후 **10년 이내 전직 대통령과 그 배우자**, 다만 대통령이 임기 **만료 전 퇴임**한 경우와 재직 중 사망한 경우 경호기간은 그로부터 **5년**으로 하고, 퇴임 후 사망한 경우의 경호 기간은 퇴임일부터 기산하여 10년을 넘지 아니하는 범위에서 사망 후 5년으로 한다.

03 경호의 대상기출

국내 요인	갑 호	대통령과 그 가족, 대통령 당선인과 그 가족, 전직 대통령과 그 배우자
	을 호	국회의장, 대법원장, 국무총리, 헌법재판소장, 전직대통령, 대통령 선거후보자
	병 호	갑, 을호 외에 경찰청장이 필요하다고 인정한 사람
국외 요인	A, B, C, D 등급	대통령, 국왕, 행정수반, 행정수반이 아닌 총리, 부통령
	E, F등급	① 부총리, 왕족, 국외요인 A, B, C, D 등급의 배우자 단독 방한 ② 전직 대통령, 전직총리, 국제기구, 국제회의 중요인사 ③ 기타 장관급 이상으로 경찰청장이 경호가 필요하다고 인정한 사람

04 경호의 4대 원칙^{기출}

자기 희생원칙	어떤 희생을 치르더라도 피경호자는 절대로 신변의 안전이 보호 유지되어야 한다는 원칙
자기 담당구역 책임원칙	**경호원은 자기 담당구역 내에서 일어나는 어떠한 사태에 대해서도 자신만이 책임을 지고 완벽하게 해결**해야 한다는 것으로 자기 담당 구역이 아닌 타 지역 상황을 결코 책임을 질 수도 없고 인근 지역에 특별한 상황이 발생하더라고 자기 담당구역을 이탈해서는 안 된다.
하나의 통제된 지점을 통한 접근의 원칙	피경호자가 접근할 수 있는 통로는 **통제된 유일한 통로**만이 필요하다는 것으로 여러 개의 통로와 출입문은 적게 접근할 수 있는 기회를 부여해 주어 취약성을 증가시켜 주는 결과가 되고 하나의 통제된 출입문이나 통로를 통한 접근도 반드시 경호원에 의하여 확인된 후 **허가절차**를 밟아 이루어져야 한다는 원칙
목적물 보존의 원칙	암살기도자 또는 위해를 가할 가능성이 있는 불순분자로부터 피경호자가 격리되어야 하고 행차코스, 행차예정지 등은 비공개하여야 한다. 동일한 시간과 장소에 대한 행차는 수시 변경시키는 것이 좋다.

05 경호 안전 대책

1) 의의
  피경호자의 신변에 대한 위해 요소를 사전에 제거하는 활동으로 단계별 사전안전활동, 안전검측 및 안전유지, 인적 위해요소의 배제, 물적 취약요소의 배제, 지리적 취약요소의 배제, 경호안전대책 등이다.

2) 안전검측
  위해요소를 사전에 제거하기 위해 경호장소 내외부에 대해 실시하는 **안전조사활동** D-1, D-2일부터 핵심지역 또는 주요취약지에 대하여 사전 검측을 하고 최소한의 경력을 고정배치한다.

3) 안전조치
  경호행사시 피경호자에게 위해를 줄 수 있는 위험물을 안전하게 관리하는 활동

06 경호의 실시

1) 행사장 경호

① 직접경호지역

제 1 선기출 (안전구역내부)	① **절대 안전** 확보 구역 ② 옥내일 경우 건물자체, 옥외일 경우 본부석 ③ 요인의 승하차장, 동선 등의 취약개소로 피경호자에게 직접적으로 위해를 가할 수 있는 거리 내의 지역을 말한다.기출 ④ 수류탄 투척거리 또는 권총 유효사거리로 실내행사는 행사장 내부, 실외 행사는 행사장 반경 **50미터 내외** ⑤ 경호에 대한 주관 및 책임은 **경호실에서 수립, 실시**하고 경찰은 경호실 요청시 경력 및 장비를 지원 ⑥ 출입자 통제관리, MD 설치운용, 비표확인 및 출입자 감시
제 2 선 (경비구역)	① **주경비지역** ② 실내행사는 건물 내부, 경계책 내관, 실외행사는 소총유효거리 내외 ③ 경호책임은 경찰이 담당, 군부대 내일 경우에는 군이 책임 ④ 바리케이트 등 **장애물 설치**, 돌발사태 대비 **예비대 운영 및 구급차**
제 3 선 (경계구역)	① **조기경보지역** ② 실내 행사는 **소총 유효사거리**, 실외행사는 소구경곡사화기의 유효사거리를 고려한 거리 ③ 임무는 주변 동향 파악과 **직시 고층건물 및 감제고지에 대한 안전확보**, 우발 사태에 대비책을 강구하여 피경호자에 대한 위해요소 제거 ④ 통상경찰이 책임 (감시조운영, 도보 등 원거리 기동순찰조 운영, 원거리 **불심자 검문**차단)

② 간접경호지역

직접경호지역을 제외하고 피경호인의 안전과 경호활동에 영향을 줄 수 있는 행사장 반경 일정지역으로 집단민원, 노조, 집회, 시위활동에 대한 첩보수집 활동이 필요하다.

2) 연도경호기출

연도경호는 주, 예비 연도에 대한 위해요소를 사전에 제거하는 활동이다. 도로의 취약성 및 군중의 집결, 교통관리로 주의를 필요로 한다.

01 의의기출

테러는 **정치적, 사회적 영향력**을 증대하기 위해 조직적이고, 계획적으로 비합법적으로 폭력을 사용하거나 위협하여 상징적 인물이나 심리적인 공포심을 부여하는 행위이다.

02 타 개념과 비교

1) 조직범죄 조직
   조직범죄는 경제적 이익을 추구하는데 테러는 정치적, 사회적, 민족적, 종교적, 제도적, 정파적 목적이다.

2) 게릴라전
   게릴라전도 정치적 목적을 달성하기 위한 행위이나 테러는 10명 내외의 소수인원이나 게릴라전은 수백, 수만 명의 무장인력으로 군사적 승리를 목적으로 한다.

03 테러리즘 유형

이데올로기적 테러리즘	특정 이데올로기를 고수, 확산, 관철시키기 위한 것 우익테러리즘: 인종주의, 파시스트주의, 신나치주의 좌익테러리즘: 혁명주의, 마르크스주의, 신마르크스주의, 무정부주의 등
민족주의적 테러리즘	**민족공동체를 기반**으로 특정 지역의 독립이나 자율을 목적으로 한 테러리즘으로 특정이데올로기를 기반으로 한다.
국가테러리즘	국가가 영향력을 증대시키기 위해 국가가 테러의 주체가 된다.
간헐적 테러리즘	목적의 달성을 위해 일회적, 간헐적, 비조직적으로 자행되는 테러리즘

CH.07

04 주요 테러조직

1) 중동

팔레스타인 해방인민전선 (PFLP)	팔레스타인 지역에서 이스라엘인을 몰아내고 **팔레스타인 국가**를 만드는 것으로 1967년 6월 아랍이 패배한 후 **하바시**에 의해 창설
Hamas	이스라엘이 이 점령하고 있는 **가자지구**와 **웨스트 뱅크** 지역에서 활동하고 있는 팔레스타인 과격 테러리스트 단체로 이슬람전통과 혁명사상 강조기출
헤즈볼라 (Hizballah)	이란의 호메이니의 무슬림 군국주의 영향으로 1983년 조직된 정치, 군사조직으로 3,000여 명의 **중동지역 최대 테러리스트** 조직.
검은 구월단	PLO 가운데 **가장 과격한 극좌파 무장조직**으로 1972년 뮌헨 올림픽 이스라엘 선수단테러사건으로 만들어짐
알카에다	'기초'라는 의미로 오사마 빈 라덴이 1988년 설립한 테러단체로 이집트 단체인 알 지하드를 흡수 합병해 조직을 확대한 것.

2) 유럽

바스크 독립 (ETA)	서유럽에서 **가장 오래된 테러리스트 단체**중 하나로 스페인 정부에 무차별적 테러리즘 공격을 통해 **마르크스 국가**를 건설한다는 목표
서독적군파 (RAF)	1968년 조직된 **가장 악명높은 테러리스트 단체** 중 하나로 1960년대 학생들의 반전운동의 일환으로 나타남
북아일랜드 (IRA)	1921년 아일랜드 공화국이 독립하여 영국에서 벗어나 북아일랜드와 분리되자로만 카톨릭계 북아일랜드인들의 영국에서 이주한 신교도의 정부장악과 차별 정책 반발로 시작
무장플로레타 리아 (NAP)	나폴리를 주된 기반으로 1974년 시작한 단체로 대학생, 전과자 및 극 좌익 단체인 Lotta comtinua(투쟁은 계속된다)로부터 이탈하여 구성된 단체
붉은 여단	1970년 결성되어 **사회 지도층 기업체 간부, 경찰간부, 법조인, 정치지도자 등이 주요 공격대상**인 단체

3) 아시아

적군파(JRA)	일본 공산당 연맹에서 탈퇴한 시게노부 후사코가 1960년 말에 창설하였고 1970년 일본도로 무장한 9명의 테러리스트들이 요도호를 납치하여 북한행을 요구하는 항공기 납치로 실체확인
타밀타이거 (스리랑카)	스리랑카에서 타밀족 이람독립국 창설을 목표로 한다.
NPA(필리핀)	1968년 창설된 NPA는 필리핀 공산당의 군사조직으로 노동자 농민 혁명을 통해 집권정부를 전복한다는 목적으로 테러리즘 활용

05 각국의 대테러 조직기출

영국 SAS	미소 냉전하에 일어나는 공산 게릴라전에 대비하기 위해 창설되었고 1960년 말부터 아일랜드 공화국군(IRA) 소탕전에 중요한 역할을 하였다. 1972년 뮌헨 올림픽 선수촌 사건 이후 특수공군부대 내에 대테러부대를 창설하였다.
미국 SWAT	1967년에 조직되어 FBI에 소속되어 지휘를 받는 특별무기전술기동대로 테러진압을 목표로 한다. 군대조직으로는 델타포스, 레인저, 네이비 실이 있다.
독일 GSG-9	1972년 뮌헨올림픽 당시 검은 9월단에 의한 이스라엘 선수단 테러사건을 계기로 연방경찰국인 국경경비대 산하에 GSG-9 창설
프랑스 GIGN	1973년 사우디아라비아 대사관 점거사건 직후 국가헌병부대 GIGN을 창설하였다. GIPN은 경찰의 대테러부대이다.
이스라엘 Sayaret Matkal	이스라엘 정보국산하의 Sayaret Matkal이 자국비행기에 대한 납치예방, 아랍국의 대이스라엘 테러리즘에 보복작전 임무수행

06 우리나라 대테러조직

(1) 국가 대테러 활동

대통령 직속으로 테러대책회의(의장은 국무총리), 테러대책상임위원회, 테러대책실무회의를 두고 있다. 유형별 사건을 위해서는 테러사건대책본부를 설치, 운영한다.

(2) 경찰의 대테러 활동

경찰청 **차장**이 국내 일반테러사건의 대책본부장으로 경찰청 대테러위원회, 지방경찰청 대테러위원회, 현장지휘본부 등이 있다.

(3) 경찰특공대

86아시안게임과 88올림픽에 대비하여 창설된 **KNP868부대**는 대테러 예방 및 대응을 위해 만들어진 **특수부대로 출동에 관한 사항**은 **경찰청장**이 결정하고, 무력진압작전은 대테러 대책위원회에서 결정한다.

07 **인질협상**기출

(1) 리마증후군

페루의 수도인 리마소재 일본대사관에 투팍아마르 소속 게릴라가 난입하여 대사관직원 등을 126일 동안 인질로 잡은 사건에서 유래하였다. 시간이 흐름에 따라 인질범이 인질에게 일체감을 느끼게 되고 **인질의 입장에 동화**되는 현상

(2) 스톡홀름 증후군

인질사건에서 시간이 경과할수록 **인질이 인질범을 이해**하는 감정이입이 이루어져 친근 감이 생겨 경찰에 적대감을 갖는 현상으로 스웨덴 스톡홀름에서 은행강도와 131시간 동안 인질로 잡혀있던 여인이 강도와 함께 경찰에 대항하여 싸운 사건으로 **오귀인 효과**라고도 한다.

01 통합방위작전기출

(1) 의의

소규모의 간첩 및 무장공비 등이 육상, 해상, 공중 기타의 방법으로 침투하지 않고 침투한 간첩을 조기에 색출, 체포, 섬멸하는 일체의 작전

(2) 근거

경찰법 3조, 경찰관직무집행법 2조, 통합방위 및 시행령에 따라 일정한 지역 및 범위 내에서 대간첩을 수행하도록 되어 있다.

(3) 유형

갑종	대통령이 선포하고 조직체계를 갖춘 대규모 병력, 대량살상무기 공격의 도발로 발생한 비상사태로 **통합방위본부장 또는 지역군사령관**의 지휘, 통제하에 통합방위작전을 수행하여야 할 사태
을종	일부 또는 여러 지역에서 적이 침투, 도발하여 단기간 내에 치안이 회복되기 어려워 **지역군사령관**의 지휘, 통제하에 통합방위작전을 수행하여야 할 사태
병종	적의 침투, 도발 위협이 예상되거나 소규모의 적이 침투하였을 때 **지방경찰청장, 지역군사령관의 통제하**에 통합방위작전을 수행하여 단기간 내에 치안이 회복될 수 있는 사태

(4) 경찰작전의 수행

병종사태 시 지방경찰청장이 경찰서 112타격대, 기동대, 전투경찰대, 방범순찰대를 지휘하고, 내륙지역에서 지역 예비군을 통제하여 지역군사령부, 국가정보원과 협조하여 작전수행

02 전시 대비 경찰작전

(1) 을지연습

충무계획의 실효성을 검토하고 전쟁수행절차를 숙달을 목표로 실시하는 도상연습 위주의 전국규모 전시대비 적응훈련으로 매년 1회 실시하는 방어목적의 훈련이다. **국무총리가 연습방법 및 기간을 정하여 대통령의 승인을 받으며 안전행정부가 주관**한다. (총감 국무총리) 을지 1종, 2종, 3종 사태로 구분한다.

(2) 충무계

충무 1종 사태	전쟁이 임박한 단계로 충무계획을 전면 시행하는 단계
충무 2종 사태	적의 전쟁도발 징후가 더욱 고조된 단계로 충무계획을 일부 시행하는 단계
충무 3종 사태	정치적 긴장상태 조성되고 적의 전쟁도발 징후가 현저히 증가된 상황으로 충무계획의 시행을 준비하는 단계

(3) 경찰비상업무규칙

비상상황	**대간첩, 테러, 대규모 재난 등의 긴급상황이 발생**하거나 발생할 우려가 있는 경우 다수의 경력을 동원할 치안활동을 강화할 필요가 있다.기출
지휘선상 위치 근무	비상연락체계를 유지하며 유사시 **1시간 이내** 현장지휘 및 현장근무가 가능한 장소에 위치하는 것기출
정위치 근무	감독순시, 현장근무 및 사무실 대기 등 관할구역 내에 위치하는 것
정착근무	사무실, 상황관 관련된 현장에 위치하는 것
필수요원	전 경찰관 및 일반, 별정, 기능직 공무원 중 경찰기관장이 지정한 자로 비상소집 시 **1시간 내** 응소하여야 할 자
일반요원	필수요원을 제외한 경찰관으로 비상소집 시 **2시간 이내** 응소해야 할 자
가용경력	총원에서 별가, 휴가, 출장, 교육, 파견 등을 제외하고 실제 동원될 수 있는 모든 인원

03 비상근무

갑호비상	연가를 중지하고 가용경력 **100%**까지 동원할 수 있다.
을호비상	연가를 중지하고 가용경력 **50%**까지 동원할 수 있다. 지휘관과 참모는 정위치 근무를 원칙으로 한다.
병호비상	부득이한 경우를 제외하고는 연가를 억제하고 가용경력 **30%**까지 동원할 수 있다. 지휘관과 참모는 정위치 근무 또는 지휘선상 위치 근무를 원칙으로 한다.
경계강화	경력동원 없이 특정분야의 근무를 강화한다.

01 의의

청원경찰은 국가기관 또는 공공단체와 관리하에 있는 중요시설, 사업장, 국내 주재 외국 기관 그 밖에 안전행정부령을 정하는 중요 시설, 사업장 또는 장소에 해당하는 **기관의 장 또는 시설, 사업장 등의 경영자가 경비를 부담할 것을 조건**으로 경찰의 배치를 신청하는 경우 그 기관, 시설 또는 사업장 등의 경비를 담당하게 하기 위해 배치하는 경찰

02 직무

청원경찰은 청원주와 배치된 기관, 시설 또는 사업장 등의 구역을 **관할하는 경찰서장의 감독을 받아** 그 경비구역만의 경비를 목적으로 필요한 범위에서 범죄예방, 진압, 경비, 요인경호 및 대간첩작전수행, 위해방지, 질서유지를 수행한다. **범죄수사는 할 수 없다.**

03 배치 및 임용

(1) 배치

청원경찰을 배치받으려는 자는 관할 **지방경찰청장**에게 배치를 신청하고 배치결정의 통지를 받은 날부터 **30일 이내에** 배치 결정된 인원수의 임용예정자에 대해 청원경찰 임용승인을 지방경찰청장에게 신청하여야 한다.

(2) 임용

청원경찰은 청원주가 임용하고 임용을 할 때에는 **지방경찰청장의 승인**을 받아야 한다. **18세 이상**이고 남자의 경우에는 군복무를 마쳤거나 군복무가 면제된 사람으로 한정한다. 청원경찰을 임용하였을 때 임용한 날부터 **10일 이내**에 그 임용사항을 관할 경찰서장을 거쳐 지방경찰청장에게 보고하여야 한다.

04 징계^{기출}

청원주는 징계절차를 거쳐 징계 처분을 하여야 한다. 징계사유는 직무상 의무위반, 직무태만, 품위손상행위가 해당한다. 징계는 **파면, 해임, 정직, 감봉 및 견책**이 해당한다.

05 무기휴대

지방경찰청장은 청원경찰이 직무 수행하기 위해 필요하다고 인정하면 청원주의 신청을 받아 관할 경찰서장으로 하여금 청원경찰에게 무기를 대여하여 지니게 할 수 있다. 무기대여 시에는 청원주로부터 국가에 **기부채납된 무기에 한정**하여 관할 경찰서장으로 하여금 무기를 대여하여 휴대하게 할 수 있다.

06 감독

청원경찰은 청원주와 배치된 기관, 시설 또는 사업장 등의 구역을 관할하는 경찰서장의 감독을 받아 경찰관의 직무를 수행한다. **지방경찰청장**은 효율적 운영을 위해 청원주를 지도하며 감독상 필요한 명령을 할 수 있다. 기출

07 직권남용 금지

청원경찰이 직무를 수행 시 직권을 남용하여 국민에게 해를 끼친 경우 **6개월 이하의 징역이나 금고**에 처한다. 기출

08 면직

청원경찰은 형의 선고, 징계처분 또는 신체상, 정신상의 이상으로 직무를 감당하지 못할 때를 제외하고는 그 의사에 반해서 면직되지 아니한다. 청원경찰을 면직시켰을 때는 그 사실을 관할 **경찰서장을 거쳐 지방경찰청장에게 보고**하여야 한다.

01 영국의 경비경찰

영국의 경우 독자적인 경비부서가 없고 각 기능을 여러 부서에 함께 담당한다. 다중범죄진압, 대테러업무, 요인경호 등을 여러 서가 나누어 수행한다.

(1) 수도경찰

수도경찰청에서는 일반경비업무와 왕실보호기능을 함께 수행고 Coil이라는 부서에서 각종 행사의 정보를 수집, 분석하고 다중범죄진압시에는 기마경찰대가 업무를 담당한다.

(2) 내무부

경찰업무를 조정, 협력하므로 경비업무도 조정한다.

(3) 국가상황실

1972년 수도경찰청은 **국가 상황실**이 설치되었고 **영국경찰청협의회 회장**이 대규모시위 및 소요사태시 지방경찰청 기동대의 이동 배치를 지휘하게된다.

(4) 특수공군부대 (Special Air Service Regiment)

1942년 창설되었고 **SAS로 불리고 대테러 부대**이다. 세계최초의 테러진압특공대이다.

(5) 수상각료의 경호

런던지역 내에서는 수도경찰청 **특수업부국 특수부 VIP 경호과**에서 담당하고 스코틀랜드나 웨일즈의 경우는 **지방경찰청 특수부 경호요원**이 경호를 담당한다.

(6) 여왕과 왕족의 경호

버킹엄 궁전에서는 여왕과 왕족의 경호를 위해 정복경찰관과 근위병이 경계를 하고 근위병은 의장업무도 수행한다.

02 미국의 경비경찰

(1) 주(州)군인경찰

국가육상경비대와 국가항공경비대로 나누어 의회가 필요를 인정할 때는 언제나 출동의 무가 있고 평상시에는 주지사의 지휘에 있다고 전시, 비상시 미군에 편입한다. **연방정부는 국방부에 국가경비대사무국**을 두고 각주의 군인경찰을 유지, 관리, 감찰한다.

(2) 경호업무

재무부산하 Secret Service에서 경호업무를 담당한다. 1865년 창설된 연방정보국은 독립전쟁 당시 위조통화 수사를 위해서였다. 1901년 매캔리 대통령 암살 이후부터 SS로 명칭을 바꾸었다. 현재는 국내안보부(DHS) 소속이다.

(3) 대테러

2001년 9.11 테러 이후 2003년 **국내안보부**에서 테러업무를 총괄하였는데 주경찰내 **SWAT**가 테러업무를 담당하고 군에서는 **델타포스, 레인저(육군), 네이비씰(해군)**이 테러업무를 수행한다.

03 독일의 경비경찰

(1) 연방국경경비대

국방경비대의 지휘관은 내무부장관이고, 소요예산은 연방정부와 주정부가 분담하고 연방국경경비대 산하의 대테러 부대는 GSG-9이 있다. GSG-9은 뮌헨 올림픽에서 검은 구원단에 의한 이스라엘 선수 테러사건 이후 대테러에 대한 필요성으로 창설되었다.

(2) 주(州)경찰기동대

1950년 경찰기동대는 연방과 주정부 간의 행정협정에 의해 폭동, 시위 등 긴급치안상황에 대처하기 위해 설립되었고 연방에서는 무기, 통신, 차량정비를 지원하고 있다.

04 프랑스 경비경찰

(1) 국가경찰기동대
   내무부 국립경찰청 산하이고 시위진압, 폭동진압을 담당한다.

(2) 군경찰
   경찰이 설치되지 않은 지역에 경비를 담당하고 외근, 교통, 경비를 담당한다.

(3) 예비대
   대도시는 도시경찰국 외 군대의 일부를 예비대로 경비업무를 담당하고 있다.

(4) 경호국
   경호전담기구로 국립경찰청 소속 내 요인경호를 담당하는 경호국이 있다.

05 일본의 경비경찰

(1) 경호활동
1) 경호: 정부요인이나 외국요인에 대하 신변활동으로 경찰청에서 담당
2) 경위: 일본천황이나 황족에 대한 보호활동으로 경찰청 직속 황궁경찰본부가 담당

(2) 진압경비
   1967년 동경도 경시청에서 기동대가 창설되었고, 1969년에도 관구경찰국에도 기동대가 창설되었다. 기동대에서는 다중범죄 경비업무 지진, 태풍 등 재해경비업무에도 투입된다. 기동대만으로 대처할 수 없는 경우는 자위대의 치안활동이 가능하다.

001 경비경찰의 특징에 대한 설명으로 가장 적절하지 <u>않은</u> 것은?

19 승진

① 복합기능적 활동 – 경비사태가 발생한 후의 진압뿐만·아니라 특정한 사태가 발생하기 전의 경계·예방의 역할을 수행한다.

② 현상유지적활동 – 경비활동은 기본적으로 현재의 질서상태를 보존하는 것에 가치를 둔다고 할 수 있다. 그러나 정태적·소극적인 질서유지가 아닌 새로운 변화와 발전을 보장하기 위한 동태적·적극적인 의미의 유지작용이다.

③ 즉시적(즉응적) 활동 – 경비상황은 국가적으로나 사회적으로 중대한 영향을 미치므로 신속한 처리가 요구된다. 따라서 경비사태에 대한 기한을 정하여 진압할 수 없으며 즉시 출동하여 신속하게 조기에 제압한다.

④ 하향적 명령에 의한 활동 – 긴급하고 신속한 경비업무의 효율적인 처리를 위하여 지휘관을 한 사람만 두어야 한다는 의미로 폭동의 진압과 같은 긴급한 상황에서는 지휘관의 신속한 결단과 명확한 지침이 필요하다.

> **해설**
> ④ **지휘관단일성 원칙** – 긴급하고 신속한 경비업무의 효율적인 처리를 위하여 지휘관을 한 사람만 두어야 한다는 의미로 폭동의 진압과 같은 긴급한 상황에서는 지휘관의 신속한 결단과 명확한 지침이 필요하다.

002 경비경찰에 관한 설명으로 가장 적절하지 <u>않은</u> 것은? (다툼이 있으면 판례에 의함)

11 채용
1차

① 「헌법」 제37조 제2항, 「경찰관직무집행법」, 「경찰법」모두 경비경찰권의 법적 근거로 볼 수 있다.

② 경비경찰권의 발동에 관한 가장 주된 법률은 「경찰관직무집행법」이다.

③ 대규모 시위대가 지하철로 이동하면서 하차하여 불법시위를 할 것이 명백한 경우 경찰이 지하철역에 요구하여 무정차 통과토록 조치하였다면 「경찰관직무집행법」 제6조(범죄의 예방과 제지)에 근거한 조치로 볼 수 있다.

④ 제주공항에서 시민단체 회원들이 제주도로부터 440여km 떨어진 서울에서 열릴 옥외집회에 참석하기 위해 비행기에 탑승하려 하였으나, 경찰은 위 집회가 금지통고를 받은 불법집회라는 이유를 들어 이들의 비행기 탑승 자체를 저지하였다. 이는 「경찰관직무집행법」 제6조(범죄의 예방과 제지)에 근거한 정당한 경찰권의 행사이다.

> **해설**
> ④ 시간적·장소적으로 근접하지 않은 다른 지역에서 그 집회·시위에 참가하기 위하여 출발 또는 이동하는 행위를 함부로 제지하는 것은 「경찰관직무집행법」 제6조 제1항의 행정상 즉시강제인 **경찰관의 제지의 범위를 명백히 넘어 허용될 수 없다.**

ANSWER **001** ④ **002** ④

003 다음은 경비경찰권의 조리상 한계에 관한 설명으로 틀린 것은?

① 경찰소극목적의 원칙 – 경찰행정의 목적은 공공의 안녕과 질서의 유지에 있는 것이므로 법령에 특별한 규정이 없는 한, 경비경찰권은 소극적인 사회질서유지를 위해서만 발동하는 데 그친다.

② 경찰비례의 원칙 – 공공의 안녕·질서에 대한 경미한 장애를 제거하기 위하여 중대한 개인의 권리를 제한하는 것은 허용되지 않는다는 것을 말한다. 경찰권 발동의 정도는 최소한의 정도에 그쳐야 한다.

③ 경찰책임의 원칙 – 경찰권은 원칙적으로 경찰위반의 상태 즉, 사회공공의 안녕·질서에 대한 위험에 대해 직접적으로 책임을 질 지위에 있는 자(경찰책임자)에게만 발동될 수 있다.

④ 보충성의 원칙 – 경찰의 업무수행과정에서 국민의 협력을 구해야 하고 국민이 스스로 협조해 줄 때 효과적인 업무수행이 가능하다.

> **해설**
> ④ 경찰의 업무수행과정에서 국민의 협력을 구해야 하고 국민이 스스로 협조해 줄 때 효과적인 업무수행이 가능하다는 것은 '**치안협력성 원칙**'이다.

004 다음 내용이 설명하는 경비경찰의 원칙 중 가장 옳은 것은?

15 경간

> 가. 경비상황에 대비하여 경력을 운용할 경우에 상황에 따라 균형 있는 경력운용을 해야 하며, 주력부대와 예비대를 적절하게 활용하여 한정된 경력으로 최대의 성과를 올려야 한다.
> 나. 경력을 동원하여 실력으로 상대방을 제압해야 하는 경우에는 부대 위치와 지형지물의 이용 등 유리한 지점과 위치를 확보해야 한다.
> 다. 경력을 동원하여 물리력으로 상대방을 제압할 경우에는 상대의 허약한 시점을 포착하여 적절한 실력행사를 해야 한다.
> 라. 경비사태 발생 시에 진압과정에서 경찰이나 시민의 사고가 없어야 하며, 경찰작전 시 새로운 변수의 발생을 방지해야 한다.

① 경비경찰의 공공의 원칙   ② 경비경찰의 조직운영의 원칙
③ 경비경찰의 수단의 원칙   ④ 경비경찰의 작전의 원칙

> **해설**
> 가. 경비상황에 대비하여 경력을 운용할 경우에 상황에 따라 균형 있는 경력운용을 해야 하며, 주력부대와 예비대를 적절하게 활용하여 한정된 경력으로 최대의 성과를 올려야 한다. – **균형의원칙**
> 나. 경력을 동원하여 실력으로 상대방을 제압해야 하는 경우에는 부대 위치와 지형지물의 이용 등 유리한 지점과 위치를 확보해야 한다. – **위치의 원칙**
> 다. 경력을 동원하여 물리력으로 상대방을 제압할 경우에는 상대의 허약한 시점을 포착하여 적절한 실력행사를 해야 한다. – **적시의 원칙**
> 라. 경비사태 발생 시에 진압과정에서 경찰이나 시민의 사고가 없어야 하며, 경찰작전 시 새로운 변수의 발생을 방지해야 한다. – **안전의 원칙**

005 경비수단의 원칙에 대한 설명으로 가장 적절하지 <u>않은</u> 것은?

18 승진

① '균형의 원칙'이란 균형 있는 경력운영으로 상황에 따라 주력부대와 예비대를 적절하게 활용하는 원칙을 말한다.

② '위치의 원칙'이란 실력행사 시 상대하는 군중보다 유리한 지점과 위치를 확보하여 작전수행이나 진압을 용이하게 하는 것으로 한정된 경력으로 최대의 성과를 거양하는 원칙을 말한다.

③ '적시의 원칙'이란 가장 적절한 시기에 실력행사를 하는 것으로 상대의 허약한 시점을 포착하여 실력행사를 하는 원칙을 말한다.

④ '안전의 원칙'이란 작전 때의 변수 발생은 사회적으로 큰 파장을 미칠 수 있으므로 사고 없는 안전한 진압을 실시해야 한다는 원칙을 말한다.

> **해설**
> ② '위치의 원칙'이란 실력행사 시 상대하는 군중보다 유리한 지점과 위치를 확보하여 작전수행이나 진압을 용이하게 하는 것을 말하며, 한정된 경력으로 최대의 성과를 거양하는 원칙은 '균형의 원칙'이다

006 다음 중 행사안전경비에 대한 설명으로 가장 옳지 <u>않은</u> 것은?

14 경간

① 행사안전경비는 대규모의 공연, 기념행사, 경기대회, 제례의식 등 기타 각종 행사를 위해 모인 조직화된 군중에 의하여 발생하는 자연적인 혼란상태를 사전에 예방하거나 경계하고, 위험한 사태가 발생한 경우에 신속히 조치하여 확대되는 것을 방지하는 경비경찰활동을 말한다.

② 군중정리의 원칙에는 밀도의 희박화, 이동의 일정화, 경쟁적 사태의 해소, 지시의 철저가 있다.

③ 군중은 자기의 위치와 갈 곳을 잘 몰라 불안감을 가지므로 이를 해소시키기 위하여 일정한 방향과 속도로 이동시켜 주위의 상황을 파악할 수 있는 여건을 조성함으로써 심리적 안정감을 갖도록 해야 한다는 것은 '이동의 일정화'에 대한 내용이다.

④ 행사안전경비의 법적 근거에는 「경찰법」제3조, 「경찰관직무집행법」제5조 등이 있다.

> **해설**
> ① 행사안전경비는 대규모의 공연, 기념행사, 경기대회, 제례의식 등 기타 각종 행사를 위해 모인 **조직화되지 않은 군중**에 의하여 발생하는 혼란상태를 사전에 예방하거나 진압하는 활동이다.

007 행사안전경비에 관한 다음 설명 중 가장 옳은 것은?

18 승진

① 「공연법」 제11조에 의하면 공연장 운영자는 재해대처계획을 수립하여 매년 관할 지방경찰청장에게 신고하여야 한다. 이 경우 지방경찰청장은 신고받은 재해대처계획을 관할 소방서장에게 통보하여야 한다.

② 「경비업법 시행령」 제30조에 의하면 지방경찰청장은 행사장 그 밖에 많은 사람이 모이는 시설 또는 장소에서 혼잡 등으로 인한 위험의 발생을 방지하기 위하여 경비원에 의한 경비가 필요하다고 인정되는 때에는 행사개최일 전에 당해 행사의 주최자에게 경비원에 의한 경비를 실시하거나 부득이한 사유로 그것을 실시할 수 없는 경우에는 행사개최 36시간 전까지 지방경찰청장에게 그 사실을 통지하여 줄 것을 요청해야 한다.

③ 「경찰관직무집행법」제5조(위험 발생의 방지 등)에 따라 경찰관은 행사경비를 실시함에 있어 매우 긴급한 경우 위해를 입을 우려가 있는 사람을 필요한 한도 내에서 억류할 수 있다.

④ 행사안전경비는 공연, 경기대회 등 미조직된 군중에 의하여 발생되는 자연적인 혼란상태를 사전에 예방 · 경계 · 진압하는 경비경찰활동으로 개인이나 단체의 불법행위를 전제로 한다.

해설

① 「공연법」 제11조에 의하면 매년 **관할 특별자치시장 · 특별자치도지사 · 시장 · 군수 · 구청장에게 신고**하여야 한다. 이 경우 **특별자치시장 · 특별자치도지사 · 시장 · 군수 · 구청장**은 신고받은 재해대처계획을 관할 **소방서장에게 통보하여야 한다.**

② 「경비업법 시행령」 제30조에 의하면 지방경찰청장은 행사장 그 밖에 많은 사람이 모이는 시설 또는 장소에서 혼잡 등으로 인한 위험의 발생을 방지하기 위하여 경비원에 의한 경비가 필요하다고 인정되는 때에는 행사개최일 전에 당해 행사의 주최자에게 경비원에 의한 경비를 실시하거나 부득이한 사유로 그것을 실시할 수 없는 경우에는 **행사개최 24시간 전까지** 지방경찰청장에게 그 사실을 통지하여 줄 것을 요청할 수 있다.

④ 행사안전경비는 공연, 경기대회 등 미조직된 군중에 의하여 발생되는 자연적인 혼란상태를 사전에 예방 · 경계 · 진압하는 경비경찰활동으로 **개인이나 단체의 불법행위를 전제로 하지 않는다.**

008 「공연법」 및 동법 시행령의 내용으로 가장 적절하지 않은 것은?

18·19
승진

① 공연장 운영자는 화재나 그 밖의 재해를 예방하기 위하여 그 공연장 종업원의 임무·배치 등 재해대처계획을 수립하여 매년 관할 특별자치시장·특별자치도지사·시장·군수·구청장에게 신고하여야 한다. 이 경우 특별자치시장·특별자치도지사·시장·군수·구청장은 신고받은 재해대처계획을 관할 소방서장에게 통보하여야 한다.

② 재해대처계획에는 비상시에 하여야 할 조치 및 연락처에 관한 사항이 포함되어야 한다.

③ 공연장 외의 시설이나 장소에서 1천 명 이상의 관람이 예상되는 공연을 하려는 자가 신고한 재해대처계획의 사항을 변경하려는 경우에는 해당 공연 7일 전까지 변경신고를 하여야 한다.

④ 재해대처계획을 신고하지 아니한 자는 1천만 원 이하의 과태료를 부과한다.

해설

④ 재해대처계획을 신고하지 아니한 자는 **2천만 원** 이하의 과태료를 부과한다.
③ 공연장 외의 시설이나 장소에서 **1천 명 이상의 관람이 예상**되는 공연을 하려는 자는 법 제11조 제3항에 따라 해당 시설이나 장소 운영자와 공동으로 **공연 개시 14일 전까지** 제1항 각 호의 사항과 안전관리인력의 확보·배치계획 및 공연계획서가 포함된 재해대처계획을 관할 **특별자치시장·특별자치도지사·시장·군수 또는 구청장에게 신고**하여야 하며, 신고한 사항을 변경하려는 경우에는 해당 공연 7일 전까지 변경신고를 하여야 한다(「공연법시행령」 제9조 제3항).

009 군중정리의 원칙에 대한 설명 중 옳고 그름의 표시 (○×) 가 바르게 된 것은?

18 승진

> ㉠ 밀도의 희박화 – 제한된 면적에 사람이 많이 모이면 충돌과 혼잡이 야기되어 거리감과 방향감각을 잃고 혼란한 상태에 이르므로 가급적 많은 사람이 모이는 것을 회피하게 하는 것을 말한다.
>
> ㉡ 지시의 철저 – 사태가 혼잡할 경우 계속적이고도 자세한 안내방송으로 지시를 철저히 해서 혼잡한 사태를 정리하고 사고를 미연에 방지할 수 있는 것을 말한다.
>
> ㉢ 경쟁적 사태의 해소 – 경쟁적 사태는 남보다 먼저 가려고 하는 군중의 심리상태로 순서에 의하여 움직일 때 순조롭게 모든 일이 잘될 수 있다는 것을 납득시켜야 한다. 차분한 목소리로 안내방송을 하는 것도 한 방법이다.
>
> ㉣ 이동의 일정화 – 군중은 현재의 자기 위치와 갈 곳을 잘 알지 못해 불안감과 초조감을 갖게 되므로 일정 방향으로 이동시켜 주위의 상황을 파악할 수 있는 여건을 조성하는 것을 말한다.

① ㉠(○) ㉡(×) ㉢(○) ㉣(○) 　　② ㉠(○) ㉡(○) ㉢(×) ㉣(○)
③ ㉠(×) ㉡(×) ㉢(○) ㉣(×) 　　④ ㉠(○) ㉡(○) ㉢(○) ㉣(○)

010 다음 중 선거경비에 관한 설명으로 가장 적절하지 <u>않은</u> 것은?

12 채용
1차

① 개표소 내부는 선거관리위원회 위원장의 책임하에 질서를 유지하며, 질서문란행위가 발생하면 선거관리위원회 위원장의 요청이 있을 경우에만 경찰력을 투입할 수 있다.

② 개표소 내부의 질서가 회복되거나 선거관리위원회 위원장의 요구가 있을 때에는 즉시 퇴거하여야 한다.

③ 대통령선거 후보자는 을호 경호 대상으로 후보자 등록 시부터 당선 확정 시까지 실시하며, 대통령으로 당선이 확정된 자는 갑호 경호의 대상이다.

④ 선거경비는 행사안전경비, 특수경비, 경호경비 다중범죄진압 등 종합적인 경비활동이 요구된다.

> **해설**
> ① **구·시·군선거관리위원회위원장이나 위원**은 개표소의 질서가 심히 문란하여 공정한 개표가 진행될 수 없다고 인정하는 때에는 개표소의 질서유지를 위하여 정복을 한 경찰공무원 또는 경찰관서장에게 원조를 요구할 수 있다(「공직선거법」 제183조 제3항). 원조요구를 받은 경찰공무원 또는 경찰관서장은 즉시 이에 따라야 한다(「공직선거법」 제183조 제4항). 즉, 선거관리위원장뿐만 아니라 위원의 요청이 있는 경우에도 경찰력을 투입한다.
> ② 「공직선거법」 제183조 제5항

011 선거경비에 대한 설명 중 가장 적절하지 <u>않은</u> 것은?

20 승진

① 대통령 선거기간은 23일이며, 국회의원 및 지방자치단체 의원 선거기간은 14일이다.

② 개표소 경비 관련 3선개념에 의하면 제1선은 개표소 내부, 제2선은 울타리 내곽, 제3선은 울타리 외곽으로 구분한다.

③ 대통령 선거, 국회의원선거, 지방자치단체의 의회 의원 및 장의 선거기간은 후보자 등록 마감일의 다음날부터 선거일까지이다.

④ 대통령선거, 국회의원선거, 지방선거 모두 선거일 06:00부터 개표 종료 시까지 갑호비상이 원칙이다.

> **해설**
> ③ 대통령 선거의 선거기간은 후보 등록 마감일의 다음날부터 선거일까지, 국회의원선거, 지방자치단체의 의회 의원 및 장의 선거기간은 후보자 등록 마감일 후 6일부터 선거일까지이다.

012 선거경비에 대한 설명 중 옳지 <u>않은</u> 것은 모두 몇 개인가?

20 경간

> 가. 국회의원 후보자의 신변 보호는 후보자가 경호를 원하지 않더라도 직원을 항상 대기시켜 유세기간 중 근접배치 한다.
>
> 나. 대통령 후보자의 신변 보호는 을호 경호 대상으로 후보자 등록의 다음날부터 당선 확정 시까지 실시한다.
>
> 다. 제1선 개표소 내부에 질서문란행위가 발생한 경우 선거관리위원회위원장의 요청이 있는 경우에만 경찰력을 투입한다.
>
> 리. 개표소 경비 제2선(울타리 내곽)은 선거관리위원회와 합동으로 출입자를 통제하고, 출입문은 되도록 정문만을 사용한다.
>
> 마. 개표소 내부의 사전 안전검측 및 유지는 선거관리위원회에서 보안안전팀을 운영하여 실시한다.

① 2개   ② 3개   ③ 4개   ④ 5개

해설

가. 국회의원 후보자의 신변 보호는 **후보자가 원할 경우에는** 각 선거구를 관할하는 경찰서에서 전담 경호 요원을 적정 수(2~3명 정도) 배치한다.
나. 대통령 후보자의 신변 보호는 을호 경호 대상으로 **후보자 등록 시부터** 당선 확정 시까지 실시한다.
다. 제1선 개표소 내부에 질서문란행위가 발생한 경우 **선거관리위원회 위원장이나 위원의 요청이 있는 경우에** 경찰력을 투입한다.
마. 개표소 내부의 안전검측 및 유지는 **선거관리위원회와 협조하여 경찰에서 보안안전팀을 운영**하여 개표소 내외곽에 대한 사전 안전검측을 실시한다.

013 「재난 및 안전관리 기본법」에 관한 설명으로 가장 적절하지 <u>않은</u> 것은?

19 채용
2차

① "재난"이란 국민의 생명 신체 재산과 국가에 피해를 주거나 줄 수 있는 것으로서 자연재난과 사회재난으로 구분된다.

② "재난관리"란 재난의 예방 대비 대응 및 복구를 위하여 하는 모든 활동을 말한다.

③ 국무총리는 국가 및 지방자치단체가 행하는 재난 및 안전관리업무를 총괄 조정한다.

④ 특별재난지역 선포는 재난관리 체계상 복구 단계에서의 활동에 해당된다.

해설

③ **행정안전부장관**은 국가 및 지방자치단체가 행하는 재난 및 안전관리 업무를 총괄·조정한다(「재난 및 안전관리 기본법」 제6조).

014 재난경비에 대한 설명으로 옳지 <u>않은</u> 것은?

20 경간

① 「경찰 재난관리 규칙」상 재난의 발생 가능 정도에 따라 재난관리 단계를 관심−주의−경계−심각 4단계로 구분하여 관리한다.

② 재난지역 주민대피 지원은 생활안전기능에서 수행한다.

③ 「재난 및 안전관리기본법」상 '재난'이란 국민의 생명·신체·재산과 국가의 피해를 주거나 줄 수 있는 것으로 자연재난, 인적재난으로 구분된다.

④ 「재난 및 안전관리기본법」상 대통령령으로 정하는 대규모 대난의 대응·복구 등에 관한 사항을 총괄조정하고 필요한 조치를 하기 위하여 행정안전부에 중앙재난안전대책본부를 둔다.

> **해설**
> ③ 「재난 및 안전관리기본법」상 '재난'이란 국민의 생명·신체·재산과 국가의 피해를 주거나 줄 수 있는 것으로 **자연재난, 사회재난**으로 구분된다(법 제3조 제1호).

015 「재난 및 안전관리기본법」상 재난관리 체계에 대한 설명으로 옳은 것은?

19 채용
1차

① 특별재난지역 선포는 대응 단계에서의 활동이다.

② 재난분야 위기관리 매뉴얼 작성은 예방 단계에서의 활동이다.

③ 재난관리체계 등의 평가는 대비 단계에서의 활동이다.

④ 재난피해조사는 복구 단계에서의 활동이다.

> **해설**
> ① 특별재난지역 선포는 **복구 단계**에서의 활동이다.
> ② 재난분야 위기관리 매뉴얼 작성은 **대비 단계**에서의 활동이다.
> ③ 재난관리체계 등의 평가는 예방 단계에서의 활동이다.

016 「경찰 재난관리 규칙」에 대한 설명 중 가장 옳지 <u>않은</u> 것은?

16·17
승진

19 경간

① 재난의 발생 가능 정도에 따라 재난관리 단계를 4단계로 구분(관심, 주의, 경계, 심각단계)하여 관리하며, 심각단계에는 재난상황실을 반드시 설치·운영한다. 다만, 그 밖의 단계에는 국무총리가 필요하다고 판단한 경우에 설치·운영할 수 있다.

② "경계단계"는 전국적 기상특보 발령 등 재난 발생 징후의 활동이 활발하여 재난으로 발전할 가능성이 농후한 상태를 말한다.

③ "관심단계"는 일부 지역 기상특보 발령 등 재난 발생 징후와 관련된 현상이 나타나고 있으나 그 활동 수준이 낮아서 재난으로 발전할 가능성이 적은 상태를 말한다.

④ "주의단계"는 전국적 기상특보발령 등 재난 발생 징후의 활동이 비교적 활발하여 재난으로 발전할 수 있는 일정수준의 경향이 나타나는 상태를 말한다.

> **해설**
> ① 재난의 발생 가능 정도에 따라 재난관리 단계를 4단계로 구분하여 관리하며, 심각단계에는 재난상황실을 반드시 설치·운영한다. 다만, 그 밖의 단계에는 **경비국장**이 필요하다고 판단한 경우에 설치·운영할 수 있다.

017 「통합방위법」제21조(국가중요시설의 경비·보안 및 방호)에 대한 설명으로 가장 적절하지 <u>않은</u> 것은?

18 승진

① 국가중요시설의 관리자(소유자를 제외한다)는 경비·보안 및 방호책임을 지며, 통합방위사태에 대비하여 자체방호계획을 수립하여야 한다.

② 국가중요시설의 관리자는 자체방호계획을 수립하기 위하여 필요하면 지방경찰청장 또는 지역군사령관에게 협조를 요청할 수 있다.

③ 지방경찰청장 또는 지역군사령관은 통합방위사태에 대비하여 국가중요시설에 대한 방호지원계획을 수립·시행하여야 한다.

④ 국가중요시설의 자체방호, 방호지원계획, 그 밖에 필요한 사항은 대통령령으로 정한다.

> **해설**
> ① 국가중요시설의 관리자(**소유자를 포함한다**)는 경비·보안 및 방호책임을 지며, 통합방위사태에 대비하여 자체방호계획을 수립하여야 한다.

ANSWER 016 ① 017 ①

018 다음 중 경비경찰에 대한 설명으로 가장 적절하지 않은 것은?

20 승진

① 행사장 경호와 관련하여 제1선(안전구역)에서는 출입자 통제관리 및 MD 설치 운용을 한다.

② 개표소 경비와 관련하여 제2선(울타리 내곽)에서는 선거관리위원회와 합동으로 출입자를 통제한다.

③ 국가중요시설 경비와 관련하여 제2지대(주방어지대)에서는 주·야간 경계요원에 대한 계속적인 감시·통제가 될 수 있도록 경비인력을 운용한다.

④ 국가중요시설 경비와 관련하여 제3지대(핵심방어지대)에서는 시설의 보강(지하화, 방호벽, 방탄막 등)을 최우선으로 한다.

> **해설**
> ③ 주·야간 경계요원에 대한 계속적인 감시·통제가 될 수 있도록 경비인력을 운용하는 것은 **제3지대(핵심방어지대)**이다.

019 다중범죄의 특징에 대한 설명으로 가장 적절하지 않은 것은?

20 승진

① 확신적 행동성 – 다중범죄를 발생시키는 주동자나 참여하는 자들은 자신의 사고가 정의라는 확신을 가지고 행동하므로 전투적인 경우가 많다.

② 조직적 연계성 – 다중범죄는 특정한 조직에 기반을 두고 뚜렷한 목적의식을 가지고 있으므로 소속되어 있는 단체의 설립목적이나 행동방침을 분명하게 파악하는 것이 사태의 진상파악에 도움이 된다.

③ 부화뇌동적 파급성 – 다중범죄는 조직이 상호 연계되어 있으므로 어느 한 곳에서 시위사태가 발생하면 같은 상황이 전국적으로 파급되기 쉽다.

④ 비이성적 단순성 – 시위군중은 과격·단순하게 행동하며 비이성적인 경우가 많다. 점거 농성할 때 투신이나 분신자살 등이 그 대표적인 예이다.

> **해설**
> ④ 점거농성 때 **투신이나 분신자살 등은 확신적 행동성**의 대표적인 예이다. 비이성적 단순성은 시위군중은 행동에 대한 의혹이나 불안을 갖지 않고 과격·단순하게 행동하며 비이성적인 경우가 많다.

020 다음은 다중범죄 진압경비에 대한 설명이다. 타당한 것은 모두 몇 개인가?

> ⊙ 다중범죄의 특성으로는 부화뇌동적 파급성, 비이성적 단순성, 확신적 행동성, 조직적 연계성이 있다.
> ⓛ 진압의 3대 원칙으로는 신속한 해산, 주모자 체포, 재집결 방지가 있다.
> ⓒ 진압의 기본원칙 중 군중이 목적지에 집결하기 이전에 중간에서 차단하여 집합을 하지 못하게 하는 방법은 차단 · 배제이다.
> ⓔ 다중범죄의 정책적 치료법 중 불만집단과 반대되는 대중의견을 크게 부각시켜 불만집단이 위압되어 스스로 해산 및 분산되도록 하는 방법은 전이법이다.

① 1개   ② 2개   ③ 3개   ④ 4개

> **해설**
> ⓔ 다중범죄의 정책적 치료법 중 불만집단과 반대되는 대중의견을 크게 부각시켜 불만집단이 위압되어 스스로 해산 및 분산되도록 하는 방법은 **경쟁행위법**이다.

021 다중범죄의 정책적 치료법에 대한 설명으로 가장 적절하지 <u>않은</u> 것은?

18 채용
1차

16·17
승진

16 경간

① 지연정화법 – 시간을 지연시킴으로써 불만집단의 고조된 주장을 이성적으로 사고할 기회를 부여하고 정서적으로 감정을 둔화시켜서 흥분을 가라앉게 하는 방법이다.
② 선수승화법 – 특정 사안의 불만집단에 대한 정보활동을 강화하여 사전에 불만 및 분쟁요인을 해소하는 방법이다.
③ 세력분산법 – 불만집단과 이에 반대하는 대중의견을 크게 부각시켜 불만집단이 위압되어 자진해산 및 분산하게 하는 방법이다.
④ 전이법 – 다중범죄의 발생 징후나 이슈가 있을 때 집단이나 국민들의 관심을 집중시킬 수 있는 경이적인 사건을 폭로하거나 규모가 큰 행사를 개최함으로써 원래의 이슈가 약화되도록 유도하는 방법이다.

> **해설**
> ③ **경쟁행위법** – 불만집단과 이에 반대하는 대중의견을 크게 부각시켜 불만집단이 위압되어 자진해산 및 분산하게 하는 방법

ANSWER   **020** ③ / ㉠ ㉡ ㉢   **021** ③

508 • 박선영 경찰학

022

11·12
채용 2차

다음 경비경찰과 관련된 설명이다. 옳은 것만으로 바르게 연결된 것은?

㉠ 경호의 4대 원칙으로는 자기희생의 원칙, 자기담당구역 책임의 원칙, 다양하게 통제된 지점을 통한 접근의 원칙, 목표물 보존의 원칙을 들 수 있다.

㉡ 경호경비의 4대 원칙 중 '하나의 통제된 지점을 통한 접근원칙'은 일반에 노출된 도보행차나 수차 행차하였던 동일한 장소를 가급적 회피하는 원칙이다.

㉢ 진압의 기본원칙으로는 봉쇄·방어, 차단·배제, 세력분산, 주동자 격리의 원칙을 들 수 있다.

㉣ 행사장 안전경비에 있어 군중정리에는 밀도의 희박화, 이동의 일정화, 경쟁적 사태의 해소, 지시의 철저의 네 가지 원칙이 적용되어야 한다.

㉤ 경비경찰의 조직운용원리로는 부대단위활동의 원칙, 지휘관 단일성의 원칙, 체계통일성의 원칙, 치안협력성의 원칙의 네 가지를 들 수 있다.

㉥ 각국의 대테러조직으로 영국의 SAS, 미국의 SWAT, 독일의 GIGN, 프랑스의 GSG-9 등이 있다.

① ㉠ ㉡ ㉢   ② ㉠ ㉡ ㉥   ③ ㉢ ㉣ ㉤   ④ ㉢ ㉤ ㉥

해설
㉠ 경호의 4대 원칙으로는 **자기희생의 원칙, 자기담당구역 책임의 원칙, 하나의 통제된 지점을 통한 접근의 원칙, 목표물 보존의 원칙**을 들 수 있다.
㉡ 경호경비의 4대 원칙 중 **'목표물 보존의 원칙'**은 일반에 노출된 도보행차나 수차 행차하였던 동일한 장소를 가급적 회피하는 원칙이다.
㉥ 각국의 대테러조직으로 **영국의 SAS, 미국의 SWAT, 독일의 GSG-9, 프랑스의 GIGN** 등이 있다.

ANSWER 022 ③

경비 경찰 • 509

023 다음 경비경찰과 관련된 설명이다. 옳은 것만으로 바르게 연결된 것은?

17·18
승진

18 경간

⊙ 테러단체란 국가 테러 대책 위원회가 지정한 테러단체를 말하며, 국가 테러 대책 위원회 위원장은 국무총리로 한다.
ⓛ 관계기관의 장은 외국인 테러 전투원으로 출국하려 한다고 의심할 만한 상당한 이유가 있는 내국인·외국인에 대하여 일시 출국금지를 법무부장관에게 요청할 수 있다.
ⓒ 위 'ⓛ'에 따른 일시 출국금지 기간은 90일로 한다. 다만, 출국금지를 계속할 필요가 있다고 판단할 상당한 이유가 있는 경우에 관계기관의 장은 그 사유를 명시하여 연장을 요청할 수 있다.
ⓔ 국가정보원장은 대테러 활동에 필요한 정보나 자료를 수집하기 위하여 대테러 조사 및 테러 위험 인물에 대한 추적을 할 수 있다. 이 경우 사전 또는 사후에 대책위원회 위원장에게 보고하여야 한다.
ⓜ 테러단체 구성죄는 대한민국 영역 밖에서 범한 외국인에게도 적용한다.
ⓗ 타국의 외국인 테러 전투원으로 가입한 사람은 3년 이상의 징역으로 처벌한다.

① ⊙ ⓛ ⓒ ⓔ ⓜ ⓗ
② ⓛ ⓒ ⓔ ⓜ ⓗ
③ ⓛ ⓒ ⓔ ⓜ
④ ⓛ ⓔ ⓜ ⓗ

> **해설**
> ⊙ 테러단체란 **국제연합**이 지정한 테러단체를 말하며, **국가 테러 대책 위원회 위원장은 국무총리**로 한다.
> ⓗ 타국의 외국인 테러 전투원으로 가입한 사람은 5년 **이상의 징역**으로 처벌한다.

024 「테러취약시설 안전활동에 관한 규칙」에 대한 설명으로 가장 적절하지 않은 것은?

20 승진

① "테러취약시설"이라 함은 테러 예방 및 대응을 위해 경찰이 관리하는 국가중요시설, 다중이용건축물 등, 공관지역, 미군 관련 시설 등 중 경찰청장이 지정하는 시설·건축물 등을 말한다.
② 테러취약시설 심의위원회 위원장은 경찰청 경비국장이다.
③ 지방경찰청장은 관할 내 국가중요시설 중 선별하여 연 1회 이상 지도·점검을 실시한다.
④ 테러에 의하여 파괴되거나 기능 마비 시 광범위한 지역의 대테러 진압작전이 요구되고, 국민생활에 결정적인 영향을 미칠 수 있는 건축물 또는 시설에 대하여 관할 경찰서장은 반기 1회 이상 지도·점검을 실시하여야 한다.

> **해설**
> ④ 테러에 의하여 파괴되거나 기능 마비 시 광범위한 지역의 대테러 진압작전이 요구되고, 국민생활에 결정적인 영향을 미칠 수 있는 건축물 또는 시설은 A급 다중이용건축물 등이다. **A급 다중이용건축물**등에 대하여 관할 경찰서장은 **분기 1회** 이상 지도·점검을 실시하여야 한다.

ANSWER 023 ③ 024 ④

025 경찰의 대테러 업무에 대한 설명 중 옳은 것을 모두 고른 것은?

20 승진

> ⓐ 「테러취약시설 안전활동에 관한 규칙」에 의하면 'B급' 다중 이용건축물 등의 경우 테러에 의해 파괴되거나 기능 마비 시 일부 지역의 대테러진압작전이 요구되고, 국민생활에 중대한 영향을 미칠 수 있는 건축물 또는 시설이며, 관할 경찰서장은 분기 1회 이상 지도 · 점검을 실시해야 한다.
> ⓑ 「테러취약시설 안전활동에 관한 규칙」에 의하면 'C급' 다중이용건축물 등의 경우 테러에 의하여 파괴되거나 기능 마비 시 제한된 지역의 대테러진압작전이 요구되고, 국민생활에 상당한 영향을 미칠 수 있는 건축물 또는 시설이며, 관할 경찰서장은 반기 1회 이상 지도 · 점검을 실시해야 한다.
> ⓒ '리마증후군'이란 인질범이 인질에게 일체감을 느끼게 되고 인질의 입장을 이해하여 호의를 베푸는 등 인질범이 인질에게 동화되는 현상이다.
> ⓓ 테러단체 구성죄는 미수범, 예비 · 음모 모두 처벌한다.

① ⓐⓒ　　　　② ⓑⓒ　　　　③ ⓑⓒⓓ　　　　④ ⓐⓑⓓ

해설

ⓐ 「테러취약시설 안전활동에 관한 규칙」에 의하면 'B급' 다중 이용건축물 등의 경우 테러에 의해 파괴되거나 기능 마비 시 일부 지역의 대테러진압작전이 요구되고, 국민생활에 중대한 영향을 미칠 수 있는 건축물 또는 시설이며, 관할 경찰서장은 **반기 1회** 이상 지도 · 점검을 실시해야 한다.

026 경찰의 대테러 업무에 대한 설명 중 옳지 않은 것은?

〈20 경간

① 한국의 대테러 부대인 KNP868은 대테러 예방 및 대응을 위해 1983년 창설된 경찰특수부대로 현재 서울지방경찰청 직할부대이다.
② 외국의 대테러조직으로 영국의 SAS, 미국의 SWAT, 독일의 GSG-9, 프랑스의 GIGN 등이 있다.
③ 「테러취약시설 안전활동에 관한 규칙」상 경찰서장은 관할 내에 있는 B급 다중이용건축물 등에 대하여 분기 1회 이상 지도 · 점검을 실시하여야 한다.
④ 「국민보호와 공공안전을 위한 테러방지법」상 '테러단체'란 국제연합(UN)이 지정한 테러단체를 말한다.

해설

③ 「테러취약시설 안전활동에 관한 규칙」상 경찰서장은 관할 내에 있는 B급 다중이용건축물 등에 대하여 **반기 1회 이상** 지도 · 점검을 실시하여야 한다.

027 다음 빈칸에 들어갈 알맞은 단어끼리 짝지은 것은?

> - 1972년 뮌헨올림픽 당시 검은 9월단에 의한 이스라엘 선수단 테러사건을 계기로 독일에서는 연방경찰 소속으로 (㉠)이 설립되었다.
> - (㉡)은 인질사건 발생 시 인질이 인질범에 동화되는 현상을 의미하며, 심리학에서 오귀인 효과라고도 한다.

① ㉠ GSG-9   ㉡ 스톡홀름증후군
② ㉠ GIPN   ㉡ 스톡홀름증후군
③ ㉠ GSG-9   ㉡ 리마증후군
④ ㉠ GIPN   ㉡ 리마증후군

028

18 승진

다음은 영국의 Scot Negotiation Institute에서 제시한 인질협상 8단계로, ㉠부터 ㉣까지 ( )안에 들어갈 단계별 용어 및 그에 대한 설명으로 가장 적절한 것은?

1단계	협상의 준비
2단계	(㉠)
3단계	(㉡)
4단계	제안
5단계	(㉢)
6단계	(㉣)
7단계	정리
8단계	타결

① '㉠'에 들어갈 용어는 '신호'로 노약자, 어린이, 여자 등의 석방을 요구하면서 협상의 의사가 있음을 전달하는 것이다.

② '㉡'에 들어갈 용어는 '논쟁의 개시'로 상대방으로 하여금 떼를 쓰고 흥정을 걸어오도록 유도하는 것이다.

③ '㉢'에 들어갈 용어는 '타결안'으로 여러 가지 내용을 포괄하여 취급해야 한다.

④ '㉣'에 들어갈 용어는 '흥정'으로, 협상은 양보가 아닌 교역이므로 공짜는 없어야 하고 주고받는 형식으로 이루어져야 한다.

해설

영국의 Scot Negotiation Institute에서 제시한 인질협상 8단계
① '㉠, 신호에서는 석방요구를 하면서 협상의 의사가 있음을 전달, 제안 협상상대, 교신방법, 진행방법 등을 제시한다.
② '㉡' 논쟁의 개시단계에서는 **우리 측에서 줄 수 있는 한계를 분명히 해서는 안 되고** 인질범으로 하여금 떼를 쓰고 흥정을 걸어오도록 유도한다.
③ '㉢' 개개 내용에 대한 일괄타결안으로 되어야 내용별로 조건 시간 장소 전달방식 타결안제시 식별방법 인도에 대한 **상대방의 요구조건 처리 등을 명확히 하여 합의**를 해야 한다.
협상은 양보가 아니라 교역이므로 공짜는 없어야 하고 주고받는 형식으로 이루어져야 하며, 요구사항이 바뀌는 경우에는 다시 협상을 해야 한다. 정리 합의 시마다 내용을 정리하여 명확하게 하여야 한다. 타결 타결이 불가능한 경우에는 다음 단계의 작전을 위하여 지속적인 대화나 접촉을 실시한다.

029 「통합방위법」상 국가중요시설에 관한 다음 설명 중 가장 적절하지 <u>않은</u> 것은?

16 채용
1차

① 국가중요시설의 관리자(소유자를 포함한다. 이하 같다)는 경비·보안 및 방호책임을 지며, 통합방위사태에 대비하여 자체방호계획을 수립하여야 한다. 이 경우 국가중요시설의 관리자는 자체방호계획을 수립하기 위하여 필요하면 지방경찰청장 또는 지역군사령관에게 협조를 요청할 수 있다.

② 지방경찰청장 또는 지역군사령관은 통합방위사태에 대비하여 국가중요시설에 대한 방호지원 계획을 수립·시행하여야 한다.

③ 국가중요시설의 평시·경비·보안활동에 대한 지도·감독은 관계 행정기관의 장과 국가정보원장이 수행한다.

④ 국가중요시설은 경찰청장이 관계 행정기관의 장 및 국가정보원장과 협의하여 지정한다.

> **해설**
> ④ 국가중요시설은 **국방부장관이 관계 행정기관의 장 및 국가정보원장과 협의하여 지정**한다(「통합방위법」 제21조 제4항).

030 「통합방위법」에 대한 설명으로 가장 적절하지 <u>않은</u> 것은?

20 승진

① 지방경찰청장, 지역군사령관 또는 함대사령관은 을종사태나 병종사태에 해당하는 상황이 발생한 때에는 즉시 시·도지사에게 통합방위사태의 선포를 건의하여야 한다.

② 시·도지사는 위 ①에 따른 건의를 받은 때에는 중앙협의회의 심의를 거쳐 을종사태 또는 병종사태를 선포할 수 있다.

③ 「통합방위법」상 통합방위본부장은 합동참모의장, 부본부장은 합동참모본부 합동작전본부장이 되고, 지역 통합방위협의회 의장은 시·도지사이며, 중앙 통합방위협의회 의장은 국무총리이다.

④ 국방부장관은 둘 이상의 시·도에 걸쳐 을종사태에 해당하는 상황이 발생하였을 때 즉시 국무총리를 거쳐 대통령에게 통합방위사태의 선포를 건의하여야 한다.

> **해설**
> ② 시·도지사는 위 ①에 따른 건의를 받은 때에는 **시·도 협의회**의 심의를 거쳐 을종사태 또는 병종사태를 선포할 수 있다.

031 「통합방위법」에 관한 설명이다. 옳고 그름(○×)의 표시가 바르게 연결된 것은?

14·17
채용 2차

⊙ '을종사태'란 일부 또는 여러 지역에서 적이 침투·도발하여 단기간 내에 치안이 회복되기 어려워 지방경찰청장의 지휘·통제하에 통합방위작전을 수행하여야 할 사태를 말한다.

ⓒ '국가중요시설'이란 공공기관, 공항·항만, 주요 산업시설 등 적에 의하여 점령 또는 파괴되거나 기능이 마비될 경우 국가안보와 국민생활에 심각한 영향을 주게 되는 시설을 말한다.

ⓒ 대통령 소속으로 중앙통합방위협의회를 둔다.

ⓔ 지방경찰청장, 지역군사령관 또는 함대사령관은 둘 이상의 시·도에 걸쳐 병종사태에 해당하는 상황이 발생하였을 때 즉시 국방부장관에게 통합방위사태의 선포를 건의하여야 한다.

ⓜ 지방경찰청장 또는 경찰서장은 통합방위사태가 선포된 때에는 인명·신체에 대한 위해를 방지하기 위하여 즉시 작전지역에 있는 주민이나 체류 중인 사람에게 대피할 것을 명하여야 한다.

① ⊙(○) ⓒ(○) ⓒ(×) ⓔ(○) ⓜ(×)

② ⊙(×) ⓒ(○) ⓒ(○) ⓔ(×) ⓜ(○)

③ ⊙(○) ⓒ(×) ⓒ(○) ⓔ(○) ⓜ(○)

④ ⊙(×) ⓒ(○) ⓒ(×) ⓔ(×) ⓜ(×)

해설

⊙ '**을종사태**'란 일부 또는 여러 지역에서 적이 침투·도발하여 단기간 내에 치안이 회복되기 어려워 **지역군사령관의 지휘·통제**하에 통합방위작전을 수행하여야 할 사태를 말한다.

ⓒ **국무총리 소속**으로 중앙 통합방위협의회를 둔다(「통합방위법」 제4조 제1항).

ⓔ **행정안전부장관 또는 국방부장관**은 둘 이상의 시·도에 걸쳐 병종사태에 해당하는 상황이 발생하였을 때 **즉시 국무총리를 거쳐 대통령에게** 통합방위사태의 선포를 건의하여야 한다(「통합방위법」 제12조 제2항 제2호).

ⓜ **시·도지사 또는 시장·군수·구청장**은 통합방위사태가 선포된 때에는 인명·신체에 대한 위해를 방지하기 위하여 즉시 작전지역에 있는 주민이나 체류 중인 사람에게 **대피할 것을 명할 수 있다**(「통합방위법」 제17조 제1항).

032 「통합방위법」에 대한 설명으로 가장 적절한 것은?

20 승진

① 중앙 통합방위협의회의 의장은 국무총리, 지역 통합방위협의회의 의장은 시도지사, 통합방위본부장은 합동참모의장이다.

② 을종사태란 적의 침투·도발 위협이 예상되거나 소규모의 적이 침투하였을 때에 지방경찰청장, 지역군사령관 또는 함대사령관의 지휘·통제하에 통합방위작전을 수행하여 단기간 내에 치안이 회복될 수 있는 사태를 의미한다.

③ 지방경찰청장, 지역군사령관 또는 함대사령관은 통합방위사태가 선포된 때에는 인명·신체에 대한 위해를 방지하기 위하여 즉시 작전지역에 있는 주민이나 체류 중인 사람에게 대피할 것을 명할 수 있다.

④ 행정안전부장관 또는 국방부장관은 둘 이상의 시·도에 걸쳐 을종사태에 해당하는 상황이 발생하였을 때 즉시 국무총리를 거쳐 대통령에게 통합방위사태의 선포를 건의하여야 한다.

> **해설**
> ② **병종사태**란 적의 침투·도발 위협이 예상되거나 소규모의 적이 침투하였을 때에 지방경찰청장, 지역군사령관 또는 함대사령관의 지휘·통제하에 통합방위작전을 수행하여 단기간 내에 치안이 회복될 수 있는 사태를 의미한다.
> ③ **시·도지사 또는 시장·군수·구청장**은 통합방위사태가 선포된 때에는 인명·신체에 대한 위해를 방지하기 위하여 즉시 작전지역에 있는 주민이나 체류 중인 사람에게 대피할 것을 명할 수 있다(법 제17조 제1항).
> ④ **행정안전부장관 또는 국방부장관은 둘 이상의 시·도에 걸쳐 병종사태에 해당하는 상황이 발생하였을 때 즉시 국무총리를 거쳐 대통령에게 통합방위사태의 선포를 건의하여야** 한다(법 제12조 제2항 제2호). **둘 이상의 시·도에 걸쳐 을종사태에 해당하는 상황이 발생하였을 때는 국방부장관은 즉시 국무총리를 거쳐 대통령에게 통합방위사태의 선포를 건의하여야** 한다(법 제12조 제2항 제1호).

033 경찰작전에 대한 설명 중 옳지 않은 것은?

20 경간

① 평시 및 병종사태 발생 시 경찰책임지역 내에서는 지방경찰청장 책임하에 경찰·군·예비군·관·민 등 모든 국가방위요소를 지휘·통제하여 작전을 수행한다.

② 적의 침투·도발 위협이 예상되거나 소규모의 적이 침투한 때에 지방경찰청장, 지역군사령관 또는 함대사령관의 지휘·통제하에 통합방위작전을 수행하여 단기간 내에 치안이 회복될 수 있는 사태는 병종사태에 해당한다.

③ 상황발생 시 상황보고·통보 및 하달은 1순위로 직접 행동을 취할 기관 및 부대, 2순위로 지휘계통에 보고, 3순위로 협조 및 지원을 요하는 기관 및 부대, 4순위로 기타 필요한 기관 및 부대 순이다.

④ 비상근무는 비상상황 하에서 업무수행의 효율화를 위해 발령한다.

> **해설**
> ③ 상황발생 시 상황보고 통보 및 하달은 1순위로 직접 행동을 취할 기관 및 부대, 2순위로 협조 및 지원을 요하는 기관 및 부대, 3순위로 지휘계통에 보고, 4순위로 기타 필요한 기관 및 부대 순이다.

034 「경찰 비상업무 규칙」상 용어의 정의로 가장 적절하지 <u>않은</u> 것은?

18 채용
2차

19 승진

① "가용경력"이라 함은 총원에서 휴가 · 출장 · 교육 · 파견 등을 제외하고 실제 동원될 수 있는 모든 인원을 말한다.

② "정위치 근무"라 함은 감독순시 · 현장근무 및 사무실 대기 등 관할구역 내에 위치하는 것을 말한다.

③ "정착근무"라 함은 사무실 또는 상황과 관련된 현장에 위치하는 것을 말한다.

④ "작전준비태세"라 함은 '경계강화'단계를 발령하기 이전에 별도의 경력을 동원하여 경찰작전부대의 출동태세 점검, 지휘관 및 참모의 비상연락망 구축 및 신속한 응소체제를 유지하며, 작전상황반을 운영하는 등 필요한 작전사항을 미리 조치하는 것을 말한다.

해설
④ **"작전준비태세"**라함은 **'경계강화'단계를 발령하기 이전**에 **별도의 경력동원 없이** 경찰작전부대의 출동태세 점검, 지휘관 및 참모의 비상연락망 구축 및 신속한 응소체제를 유지하며, 작전상황반을 운영하는 등 필요한 작전사항을 미리 조치하는 것을 말한다(「경찰비상업무규칙」 제2조 제9호).

---

035 경찰비상 근무에 관한 설명이다. 옳고 그름(○×)의 표시가 바르게 된 것은?

09 특채

15 승진

18 승진
변형

ⓐ 비상근무의 유형에 따른 분류에는 경비비상, 작전비상, 정보비상, 수사비상, 교통비상이 있다.

ⓑ 비상업무의 대상 기능이 경비 · 작전 · 정보 · 수사 · 교통업무 등 2개 이상의 기능과 관련되는 경우에는 경비비상으로 통합 · 단일화하여 실시한다.

ⓒ 비상근무 갑호가 발령된 때에는 지휘관(지구대장, 파출소장은 지휘관에 준한다. 이하 같다)과 참모는 정착 근무를 원칙으로 한다.

ⓓ 비상근무 을호가 발령된 때에는 지휘관과 참모는 정위치 근무를 원칙으로 한다.

ⓔ 비상근무 병호가 발령된 때에는 지휘관과 참모는 정위치 근무를 원칙으로 하며, 가용경력 50%까지 동원할 수 있다.

ⓕ 비상근무 경계강화가 발령된 때에는 전 경찰관은 비상연락체계를 유지하고 경찰작전부대는 상황발생 시 즉각 출동할 수 있도록 출동대기태세를 유지한다.

① ㉠(○) ㉡(○) ㉢(○) ㉣(○) ㉤(○) ㉥(○)

② ㉠(○) ㉡(×) ㉢(×) ㉣(○) ㉤(×) ㉥(○)

③ ㉠(×) ㉡(○) ㉢(○) ㉣(×) ㉤(○) ㉥(×)

④ ㉠(○) ㉡(○) ㉢(○) ㉣(○) ㉤(×) ㉥(○)

해설
㉤ **비상근무 병호**가 발령된 때에는 **지휘관과 참모는 정위치 근무 또는 지휘선상 위치 근무를 원칙**으로 하며, **가용경력 30%까지 동원**할 수 있다.

036

20 승진

「경찰비상업무규칙」상 비상근무의 종류별 정황에 대한 설명으로 연결이 가장 적절한 것은?

① 정보비상 을호 – 간첩 또는 정보사범 색출을 위한 경계지역 내 검문검색 필요 시
② 작전비상 을호 – 대규모 적정이 발생하였거나 발생 징후가 현저한 경우
③ 수사비상 을호 – 사회 이목을 집중시킬만한 중대범죄 발생 시
④ 경비비상 을호 – 대규모 집단사태 · 테러 · 재난 등의 발생으로 치안질서가 혼란하게 되었거나 그 징후가 예견되는 경우

해설

① 정보비상 **갑호** – 간첩 또는 정보사범 색출을 위한 경계지역 내 검문검색 필요 시
② 작전비상 **갑호** – 대규모 적정이 발생하였거나 발생 징후가 현저한 경우
③ 수사비상 **갑호** – 사회이목을 집중시킬만한 중대범죄 발생 시

037

17·18
승진

11·12·19
경간

청원경찰에 관한 설명이다. 옳지 <u>않은</u> 것을 모두 고르면?

> ㉠ 지방경찰청장은 청원경찰 배치가 필요하다고 인정하는 기관의 장 또는 시설 · 사업장의 경영자에게 청원경찰을 배치할 것을 요청해야 한다.
> ㉡ 지방경찰청장은 청원경찰이 직무를 수행하기 위하여 필요하다고 인정하면 청원주의 신청을 받아 관할 경찰서장으로 하여금 청원경찰에게 무기를 대여하여 지니게 하여야 한다.
> ㉢ 「청원경찰법」 제3조에 청원주와 경찰서장이 청원경찰을 감독하도록 규정하고 있다.
> ㉣ 청원경찰은 근무 중 제복을 착용하여야 한다.

① ㉠ ㉡   ② ㉠ ㉡ ㉣   ③ ㉠ ㉢   ④ ㉡ ㉢ ㉣

해설

㉠ **지방경찰청장**은 청원경찰 배치가 필요하다고 인정하는 기관의 장 또는 시설 · 사업장의 경영자에게 **청원경찰을 배치할 것을 요청할 수 있다**(「청원경찰법」 제4조 제3항).
㉡ **지방경찰청장**은 청원경찰이 직무를 수행하기 위하여 필요하다고 인정하면 정원주의 신청을 받아 관할 경찰서장으로 하여금 청원경찰에게 **무기를 대여하여 지니게 할 수 있다**(「청원경찰법」 제8조 제2항).

038

20 채용

「청원경찰법」 및 동법 시행령상 청원경찰에 대한 설명으로 가장 적절하지 <u>않은</u> 것은?

① 청원경찰에 대한 징계의 종류는 파면, 해임, 정직, 감봉 및 견책으로 구분한다.

② 청원주는 청원경찰을 신규로 배치하거나 이동배치 하였을 때에는 배치지(이동배치의 경우에는 종전의 배치지)를 관할하는 경찰서장에게 그 사실을 통보하여야 한다.

③ 청원경찰(국가기관이나 지방자치단체에 근무하는 청원경찰을 포함한다)의 직무상 불법행위에 대한 배상책임에 관하여는 「민법」의 규정을 따른다.

④ 청원경찰이 그 배치지의 특수성 등으로 특수복장을 착용할 필요가 있을 때에는 청원주는 지방경찰청장의 승인을 받아 특수복장을 착용하게 할 수 있다.

> **해설**
> ③ 청원경찰(국가기관이나 지방자치단체에 근무하는 청원경찰을 **제외한다**)의 직무상 불법행위에 대한 배상 책임에 관하여는 「민법」의 규정을 따른다(「청원경찰법」 제10조의20).
> ② 「청원경찰법시행령」 제6조 제1항
> ④ 「청원경찰법시행령」 제14조 제3항

039

11 승진

다음 판례 중 국가배상책임을 인정한 사례는 모두 몇 개인가?

> ⊙ 무장공비와 격투 중에 있는 청년 가족의 요청을 받고도 경찰관이 출동하지 않아 결과적으로 그 청년이 공비에게 사살된 경우
> ⓒ 경찰관이 농민들의 시위를 진압하고 시위과정에 도로상 방치된 트랙터에 대하여 위험 발생 방지조치를 취하지 않고 철수하여 야간에 운전자가 이를 피하려다가 트랙터에 부딪쳐 상해를 입은 경우
> ⓒ 전경이 불법시위 해산과정에서 대학도서관을 진입한 데 대하여 정신적 충격과 학습권 침해를 이유로 한 위자료 지급을 청구한 경우
> ② 합리적이고도 상당하다고 인정되는 정도에 비하여 지나치게 과도한 방법으로 시위 진압을 하여 사망에 이르게 한 경우

① 1개   ② 2개   ③ 3개   ④ 4개

> **해설**
> 인정한 사례 – ⊙ ⓒ ② / 부정한 사례 – ⓒ

040

경비경찰에 관한 설명으로 가장 적절하지 않은 것은? (다툼이 있으면 판례에 의함)

① '헌법' 제37조 제2항, '경찰관직무집행법', '경찰법' 모두 경비경찰권의 법적근거로 볼 수 있다.

② 경비경찰권의 발동에 관한 가장 주된 법률은 '경찰관직무집행법'이다.

③ 대규모 시위대가 지하철로 이동하면서 하차하여 불법시위를 할 것이 명백한 경우 경찰이 지하철역에 요구하여 무정차 통과토록 조치하였다면 '경찰관직무집행법' 제6조(범죄의 예방과 제지)에 근거한 조치로 볼 수 있다.

④ 제주공항에서 시민단체 회원들이 제주도로부터 440여km 떨어진 서울에서 열릴 옥외집회에 참석하기 위해 비행기에 탑승하려 하였으나, 경찰은 위 집회가 금지통 고를 받은 불법집회라는 이유를 들어 이들의 비행기 탑승 자체를 저지하였다. 이 는 '경찰관직무집행법' 제6조 (범죄의 예방과 제지)에 근거한 정당한 경찰권의 행 사이다.

> **해설**
> '경찰관직무집행법' 제6조(범죄의 예방과 제지)는 행정목적 달성상 불가피한 한도 내에서 예외적으로 허용되 어야 하며, ④는 행정상 즉시강제인 제지의 범위를 넘어서는 것으로 허용될 수 없다. 따라서 공무집행방해죄 의 보호대상이 되는 **공무원의 적법한 직무 집행에 포함될 수 없다.**

041

다음 경비수단의 종류에 대한 설명이다. 타당하지 않은 것은?

> ㉠ 경고는 임의처분으로 비례의 원칙은 적용되지 않는다.
> ㉡ 실력으로 강제해산시키는 것은 경비수단 중 제지에 해당한다.
> ㉢ 경고는 관계자에게 주의를 주는 것으로 관계자라고 하는 것은 위해를 받을 우 려가 있는 자, 위해를 방지한 조치를 강구할 입장에 있는 자, 범죄를 행하려고 하고 있는 자 등이다.
> ㉣ 경고는 '경찰관직무집행법' 제5조에 근거를 두고 있으며, 경비 사태를 예방, 경 계, 진압하기 위하여 발할 수 있는 조치이다.
> ㉤ 제지는 직접직 실력행사로서 행정상 강제집행행위이다.
> ㉥ 제지행위는 경비사태를 예방, 진압하기 위하여 세력분산, 통제파괴, 주동자 및 주모자 격리 등을 실시하는 직접적인 실력행사이다.
> ㉦ 체포는 직접적 실력행사로서 '형사소송법'에 근거를 두고 있으며 명백한 위법일 때 실력을 행사하는 행위이다.

① 2개   ② 3개   ③ 4개   ④ 5개

> **해설**
> ㉠ 경고는 임의처분이며 임의처분의 경우라도 비례의 원칙은 적용된다.
> ㉤ 세시는 식섭석 실력행사로서 행정상 즉시강제수단이다.

042 다중범죄 및 다중범죄의 진압에 대한 설명으로 옳은 것은?

08 채용

① 다중범죄의 특징은 확신적 행동성, 부화뇌동적 파급성, 비이성적 단순성, 조직성 결여 등이 있다.
② 전이법은 불만집단과 반대되는 대중의견을 크게 부각시켜 불만집단이 위압되어 스스로 해산 및 분산되도록 하는 방법이다.
③ 다중범죄 진압의 3대 원칙은 '신속한 해산', '주모자 체포', '재집결 방지'이다.
④ 군중이 목적지에 집결하기 이전에 중간에 차단하여 집합을 하지 못하게 하는 것은 봉쇄 · 방어이다.

> **해설**
> ① 다중범죄는 특정한 조직에 기반을 두고 뚜렷한 목적의식을 가지고 감행되는 경우가 대부분이므로 조직적 연계성을 가진다.
> ② 불만집단과 반대되는 대중의견을 크게 부각시켜 불만집단이 위압되어 스스로 해산 및 분산되도록 하는 방법은 '경쟁행위법'이다.
> ③ 이는 차단 · 배제에 해당하고, 봉쇄 · 방어란 군중들이 중요시설 등 보호대상물의 점거를 시도할 경우 사전에 진압부대가 점령하거나 바리케이트 등으로 봉쇄하여 방어조치를 취하는 것을 의미한다.

043 경호행사시 제3선인 경계구역의 임무를 가장 잘 설명한 것은?

07 승진

① 원거리부터 불심자 및 집단사태를 적발 · 차단하고 경호상황본부에 상황전파로 1 · 2선 내의 경력이 대처할 시간을 제공한다.
② 행사장 입장자에 대한 비표확인 및 신원 불심자에 대하여 검문을 실시한다.
③ 행사장 접근로에 검문조와 순찰조를 운영하여 불심자의 접근제지와 위해요소를 제거한다.
④ 돌발사태에 대비하여 예비대 및 비상통로, 소방차, 구급차 등을 확보한다.

> **해설**
> ② '비표확인 및 출입자 감시'는 1선의 경호요령이고, '신원 불심자에 대하여 검문'은 3선의 경호요령이다. ③과 ④는 2선의 경호요령에 해당한다.

044 미국의 델타포스(Delta Forces)의 창설 계기는?

05 승진

① 독일 GSG-9의 모가디슈작전의 성공
② 제2차 세계대전의 기습 및 정보수집의 필요성
③ 1972년 뮌헨올림픽 이스라엘 선수 테러사건
④ 1973년 프랑스 주재 사우디 대사관 점거사건

> **해설**
> 미국의 델타포스 (Delta Force)는 1977년 GSG-9과 SAS의 모가디슈 작전 성공에 자극받아 설립되었다.

ANSWER 042 ③ 043 ① 044 ①

045

09
경위 승진

경비경찰에 관한 설명 중 옳지 않은 것은?

① 인질사건발생 시 나타날 수 있는 현상으로 리마증후군은 인질범이 인질에 동화되는 현상이고, 스톡홀름 증후군은 인질이 인질범에 동화되는 현상을 말한다.

② 테러는 주로 정치적인 동기에 의한 특정 이념이나 주장을 알리기 위한 목적으로 발생한다.

③ 1972년 뮌헨올림픽에서 검은 구월단에 의한 이스라엘 선수 테러사건에 대응하여 구성된 독일의 대테러부대는 GIGN이다.

④ 다중범죄는 특정집단의 주의·주장을 관철하기 위한 불법 집단행동이다.

해설
1972년 뮌헨올림픽에서 검은 구월단에 의한 이스라엘 선수 테러사건에 대응하여 구성된 독일의 대테러부대는 **GSG-9**이다. GIGN은 1973년 프랑스 주재 사우디대사관 점거 사건을 계기로 창설된 군인특공대이다.

046

11 승진

최근 북한이 연평도를 포격한 사건 등과 관련, 우리 경찰도 이에 사전대비해야 할 필요성이 있다고 보는바, 이와 관련하여 매년 실시하는 을지연습에 대한 설명 중 가장 옳지 않은 것은?

① 매년 연습 당일 H시를 기하여 국가기관 전 공무원 비상소집과 동시에 을지연습이 개시되고 군사상황과 연계시켜서 을지 3종 및 을지 2종 사태와 국가동원령이 선포된다.

② 전시에 대비하여 경찰은 크게 민간인의 이동계획, 군 보급로의 확보, 비상충원 계획실시등의 임무를 수행하게 된다.

③ 을지연습은 행정안전부장관이 연습방법 및 기간 등을 정하여 대통령의 승인을 받는다.

④ 전시대비 업무수행절차의 숙달을 목표로 하는 방어목적의 훈련이다.

해설
을지연습은 **국무총리가** 연습방법 및 기간 등을 정하여 대통령의 승인을 받아 '**행정안전부**'가 주관한다.

047

03 승진

일본경찰의 경호활동 업무에 대한 설명으로 옳지 않은 것은?

① 일반경호원은 행선지경호원과 연도경호원으로 구분한다.

② 요인의 최측권에는 신변경호원(SP)이라 불리는 경찰관이 배치된다.

③ 경호활동을 경호와 경위로 구분하고 있는데, 경위는 정부요인이나 외국요인에 대한 신변보호로서 경찰청에서 담당하고 있다.

④ 현재의 요인 경호업무에는 경찰청이나 전국 도(道)·부(府)·현(縣) 경찰이 맡고 있다.

> **해설**
> 경위(警衛)는 일왕 등 왕족에 대한 보호활동으로서 **황궁경찰본부**가 전담하고 있다.

048

02 승진

각국의 경비경찰에 대한 설명으로 옳지 않은 것은?

① 영국 내무부에서는 전체 경찰의 업무를 조정·협력하고 있는데, 경비업무를 조정·협력하는 기구는 공공질서과이다.

② 미국은 우리의 경찰청 경비국과 같이 독립적으로 경비업무를 수행하는 총괄부서가 없다.

③ 미국 헌법상 치안유지의 최종책임은 연방정부에 있다.

④ 프랑스에서의 경비관련 업무는 경비국(DCSP)에서 담당하고 있다.

> **해설**
> 헌법상 치안유지의 최종적인 책임은 주정부에게 있다.

049

07 경찰
1차

다음 재해경비에 관한 설명이다. 틀린 것은?

> ㉠ 경찰통제선은 주민을 보호하고 구조작업의 효율성을 높이기 위해 설치한다.
> ㉡ 경찰통제선은 보통 1통제선과 2통제선으로 구분하여 운영되는데 제1통제선은 경찰, 제2통제선은 소방이 담당한다.
> ㉢ 경찰통제선의 출입구는 원칙적으로 출구와 입구 두 개를 설치한다.
> ㉣ 현장 지휘본부 설치에 대한 판단은 지방경찰청장 또는 경찰서장이 피해의 규모, 범위 등을 고려하여 결정하며, 경찰청장은 현장지휘본부 설치가 필요하다고 인정되는 경우 소속 지휘관에게 지시할 수 있다.

① ㉠㉡　　　　② ㉡㉢　　　　③ ㉢㉣　　　　④ ㉡㉢㉣

> **해설**
> ㉡ 경찰통제선은 보통 1통제선과 2통제선으로 구분하여 운영되는데 **제1통제선은 소방, 제2통제선은 경찰**이 담당한다.
> ㉢ 경찰통제선의 출입구는 1개를 원칙으로 한다. 필요하면 반대편에 1개를 추가할 수 있다.

ANSWER 047 ③　048 ③　049 ② / ㉡㉢

CHAPTER **08**

교통
경찰

제1절 **교통경찰 일반론**

01 교통의 의의

(1) 의의

교통은 사람, 화물의 **공간적 장소의 변화 또는 장소적 이동**을 의미한다. 지역의 범위를 확대시키고, 지역에 통일성을 부여한다. 또한 체계적 교통기관에 의한 이동이다.

(2) 교통의 4E의 원칙

1) 개념

교통의 안전과 원활을 도모하는 필수적인 4가지 원칙으로 교통경찰의 운용에 기본이 되고 교통경찰의 행동지침이 된다.

2) 종류

Education (교통교육)	교통안전에 관한 훈련, 홍보, 계몽을 통해 안전의식을 높이고 실천하도록 하는 활동
Engineering기출 **(교통공학)**	교통에 공학적 개념을 적용한 것으로 도로환경정비, 안전시설, 차량과 같은 물리적 요소로 교통사고방지, 교통체증 해소에 기여하는 활동
Enforcement (교통단속)	교통규제, 면허제도, 교통지도 단속 등 교통법규를 준수하지 않은 자에 대한 단속으로 도로교통의 질서유지를 하는 것
Environment (교통환경)	교통과 관련된 사물의 실태로 불량한 환경의 개선으로 교통안전을 실현하고자 하는 것

02 교통경찰의 의의

(1) 개념

교통경찰은 교통에서 발생하는 위해를 방지하고, 제거하여 교통의 안전과 원활한 소통을 도모함을 목적으로 하는 경찰활동이다.

(2) 특징

모든 계층의 사람이 교통경찰의 대상이 되고, 기술적 분야에 속하고 행정적인 분야에 속한다. 교통환경은 변화하고, 경찰활동의 평가의 창구가 된다.

01 교통규제

(1) 의의

도로의 위험을 방지하고 안전과 원활을 도모하여 도로교통으로 인한 장해를 방지하기 위해 신호기나 안전표지를 설치하는 등 도로에서 통행규칙을 설정하는 활동이다.

(2) 교통안전시설

1) 신호기

① 신호기란 도로교통에서 문자 · 기호 또는 등화(燈火)를 사용하여 진행 · 정지 · 방향전환 · 주의 등의 신호를 표시하기 위하여 사람이나 전기의 힘으로 조작하는 장치를 말한다.

② 특별시장 · 광역시장 · 제주특별자치도지사 또는 시장 · 군수는 도로에서의 위험을 방지하고 교통의 안전과 원활한 소통을 확보하기 위하여 필요하다고 인정하는 경우에는 신호기 및 안전표지를 설치 · 관리하여야 한다. 다만, 유료도로에서는 시장 등의 지시에 따라 그 도로관리자가 교통안전시설을 설치 · 관리하여야 한다.

2) 신호, 지시를 따를 의무

① 도로를 통행하는 보행자와 차마의 운전자는 교통안전시설이 표시하는 신호 또는 지시와 다음 각 호의 어느 하나에 해당하는 사람이 하는 신호 또는 지시를 따라야 한다.

  ㉠ 교통정리를 하는 **국가경찰공무원** 및 제주특별자치도의 **자치경찰공무원**

  ㉡ 국가경찰공무원 및 자치경찰공무원을 보조하는 사람으로서 대통령령으로 정하는 사람

② 도로를 통행하는 보행자와 모든 차마의 운전자는 교통안전시설이 표시하는 신호 또는 지시와 교통정리를 하는 국가경찰공무원 · 자치경찰공무원 또는 경찰보조자의 신호 또는 지시가 서로 다른 경우에는 **경찰공무원 등의 신호 또는 지시에 따라야 한다.**

3) 교통안전표지기출

의의	교통안전에 필요한 주의, 규제, 지시등을 표지판이나 도로의 바닥에 표시하는 기호, 문자 또는 선 등을 의미
주의표지	도로상태가 위험하거나 도로 또는 그 부근에 위험물이 있는 경우에 필요한 안전조치를 할 수 있도록 이를 도로사용자에게 알리는 표지
규제표지	도로교통의 안전을 위하여 각종 제한·금지 등의 규제를 하는 경우에 이를 도로사용자에게 알리는 표지
지시표지	도로의 통행방법·통행구분 등 도로교통의 안전을 위하여 필요한 지시를 하는 경우에 도로사용자가 이에 따르도록 알리는 표지
보조표지	주의표지·규제표지 또는 지시표지의 주기능을 보충하여 도로사용자에게 알리는 표지
노면표시	도로교통의 안전을 위하여 각종 주의·규제·지시 등의 내용을 노면에 기호·문자 또는 선으로 도로사용자에게 알리는 표지

4) 횡단보도 설치기준

① 설치권자

지방경찰청장은 보행자의 안전기준에 따라 설치한다.

② 설치기준

㉠ 횡단보도에는 횡단보도표시와 횡단보도표지판을 설치한다.

㉡ 횡단보도를 설치하고자 하는 장소에 횡단보행자용 신호기가 설치되어 있는 경우에는 횡단보도표시를 설치할 것

㉢ 횡단보도를 설치하고자 하는 도로의 표면이 포장이 되지 아니하여 횡단보도표시를 할 수 없는 때에는 횡단보도표지판을 설치할 것. 이 경우 그 **횡단보도표지판**에 횡단보도의 너비를 표시하는 보조표지를 설치하여야 한다.

㉣ 횡단보도는 육교·지하도 및 다른 횡단보도로부터 **200미터 이내**에는 설치하지 아니할 것. 다만, 어린이 보호구역, 노인 보호구역 또는 장애인 보호구역으로 지정된 구간인 경우 또는 보행자의 안전이나 통행을 위하여 특히 필요하다고 인정되는 경우에는 그러하지 아니하다.

5) 어린이 노인 및 장애인 보호구역

① **어린이보호구역**기출

시장 등은 교통사고의 위험으로부터 어린이를 보호하기 위하여 필요하다고 인정하는 경우에는 다음 각 호의 어느 하나에 해당하는 시설의 주변도로 가운데 일정 구간(출입문 반경 **300미터 이내** 단 효과성 검토 후 **500미터 이내**도 설치 가능)을 어린이 보호구역으로 지정하여 자동차 등의 통행속도를 시속 **30킬로**미터 이내로 제한할 수 있다.

② 노인 및 장애인 보호구역

시장 등은 교통사고의 위험으로부터 노인 또는 장애인을 보호하기 위하여 필요하다고 인정하는 경우에는 시설의 주변도로 가운데 일정 구간을 노인 보호구역으로, 시설의 주변도로 가운데 일정 구간을 장애인 보호구역으로 각각 지정하여 차마의 통행을 제한하거나 금지하는 등 필요한 조치를 할 수 있다.

③ 보호구역에서의 필요조치

㉠ 자동차의 통행을 금지하거나 제한하는 것

㉡ 자동차의 정차나 주차를 금지하는 것

㉢ 이면도로를 일방통행으로 지정, 운행하는 것

㉣ 운행속도를 매시 30킬로 이내로 제한하는 것

④ 보호구역 내의 가중처벌 (오전 8시부터 오후 8시까지)기출

㉠ 범칙금, 과태료, 벌점 가중처벌

㉡ **벌금 2배 가중처벌 – 신호, 지시위반, 속도위반, 보행자보호의무불이행**

㉢ 20km/h 이내 속도위반 – 일반도로는 벌점 부과 안 됨, 어린이 보호구역 벌점 **15점**

㉣ 신호위반
승용(범칙금 **12만 원**, 벌점30점), 승합(벌칙금 **13만 원**, 벌점 30점)

02 교통지도단속

(1) 의의

도로의 위험을 방지하고 교통의 안전과 원활을 도모하기 위해 교통위반자의 감시, 예방, 경고, 주의, 검거하는 경찰활동이다.

(2) 단속대상

교통사고처리법상의 11항(신호위반, 중앙선침범, 과속, 앞지르기위반, 금지위반, 건널목 통과방법위반, 횡단보도 보행자보호의무위반, 무면허, 음주운전, 보도침범, 승객추락방지의무위반, 어린이보호구역안전운전의무위반)을 주요 단속대상이라고 한다.

(3) 음주운전단속

1) 구성요건

주취상태	혈중알콜농도 **0.03% 이상**을 말하고, 만취상태는 **0.08% 이상**을 의미한다.
자동차 등	자동차 등은 자동차와 원동기장치자전거를 포함하고 배기량과 관계없으며 건설기계는 단속대상이나, **경운기, 트렉터 운전의 경우 주취운전에 해당하지 않는다.**
도로에서 운전	도로 이외의 곳에서 운전도 단속대상이다. **대학교정이나 역구내**에서 술에 취한 상태에서의 운전하는 것도 단속대상이다.

2) 처벌기출

① 음주운전 **2회 이상** 위반한 사람으로 다시 술에 취한 상태에서 자동차 등을 운전한 사람
(2년 이상 5년 이하의 징역이나 천만 원 이상 이천만 원 이하의 벌금)

② 혈중알콜농도가 **0.2%** 이상
(2년 이상 5년 이하의 징역이나 천만 원 이상 이천만 원 이하의 벌금)

③ 혈중알콜농도가 **0.08%** 이상 **0.2%** 미만
(1년 이상 2년 이하의 징역이나 천만 원 이상 이천만 원 이하의 벌금)

④ 혈중알콜농도가 **0.03%** 이상 **0.08%** 미만
(1년 이하의 징역이나 500만 원 이하 벌금)

3) 주취운전 판례기출

① 음주운전에서 운전 직후에 운전자의 혈액이나 호흡 등 표본을 검사하여 혈중알콜농도를 측정할 수 있는 경우가 아니라면 위드마크 공식을 사용하여 수학적 방법에 따른 결과로 운전 당시 혈중알콜농도를 측정할 수 있고 이때 위드마크 공식에 의한 역추적 방식을 이용하여 특정 운전시점으로부터 일정한 시간이 지난 후 측정한 혈중알콜농도를 기초로 시간당 혈중 알콜 분해 소멸에 따른 감소치에 따라 계산된 운전 시점 이후의 혈중 알콜 분해량을 가산하여 운전 시점의 혈중알콜농도를 추정하는 데는 피검사의 평소 음주 정도, 체질, 음주 속도, 음주 후 신체활동 등 다양한 요소가 감소치에 영향을 미칠 수 있다. 하지만 **시간당 0.008%는 피고인에게 가장 유리한 수치**이므로 특정한 사정이 없는 한 이수치를 적용하여 산출된 결과는 운전 당시 혈중알콜농도를 증명하는 증명력 있는 자료로 활용된다.(대판 2005.2. 25. 2004도 8387)기출

② 특별한 이유 없이 호흡측정기에 의한 불응하는 운전자에게 경찰공무원이 **혈액채취에 의한 측정방법이 있음을 고지하고 선택 여부를 물어야 할 의무는 없다.** (대판 2002.10.25. 2002도 4220)기출

③ 호흡측정기에 의한 음주측정을 요구하기 전에 사용되는 음주감지기 시험에서 음주반응이 나왔다고 할지라도 현재 사용되는 음주감지기가 혈중알콜농도 0.02%인 상태에서 반응하게 되어있는 점을 감안하더라도 그것만으로 **바로 혈중알콜농도 0.05% 이상의 음주상태에 있었다고 간주할 수 없다.**(대판 2003.1.24. 2002도 6632)기출

④ 물로 입을 헹굴 기회를 달라는 피고인의 요구를 무시한 채 호흡측정기로 측정한 혈중알콜농도 수치가 0.05%로 나타난 사항에서 피고인이 당시 **혈중알콜농도를 0.05% 이상의 술에 취한 상태에서 운전하였다고 단정할 수 없다.** (대판 2006.11.23. 2005도 7034)

01 도로교통법 용어정리

(1) 도로기출

1) 개념

도로법에 의하면 일반인의 교통을 위하여 제공되는 도로로 고속국도, 일반국도, 특별시도, 광역시도, 지방도, 시도, 군도, 구돌 노선이 지정 또는 인정된 도로를 의미한다. (유료도로법과 농어촌 도로정비법의 도로를 포함한다.)

2) 도로와 구별개념

도로에 해당하는 경우	도로에 해당하지 않는 경우
아파트 단지 내 도로는 외부도로와 직접 연결되어 있어 도로로 본다. (단 경비원이 일반인의 출입을 통제하는 곳은 도로가 아님)	**학교구내, 역구내, 노상주차장**

(2) 차마기출

1) 차

자동차, 건설기계, 원동기장치자전거, 자전거, 사람 또는 가축의 힘이나 그밖의 동력으로 도로에서 운전되는 것이다. (단, **철길, 가설된 선을 이용하여 운전되는 것, 유모차, 보행보조용 의자차는 제외**된다)

2) 우마

교통이나 운수에 사용되는 가축

(3) 자동차기출

1) 개념

철길이나 가설된 선을 이용하지 아니하고 원동기를 사용하여 운전되는 차(견인되는 자동차도 자동차의 일부로 본다)를 말한다.

2) 종류

① 「자동차관리법」 제3조에 따른 다음의 자동차. 다만, 원동기장치자전거는 제외한다.

　승용자동차, **승합**자동차, **화물**자동차, **특수**자동차, **이륜**자동차

② 「건설기계관리법」 제26조 제1항 단서에 따른 건설기계

　덤프트럭, 아스팔트 살포기, 노상안정기, 콘크리트믹서트럭, 콘크리트 펌프, 천공기, 콘크리트트레일러, 아스팔트콘크리트 재생기, 도로보수트럭, 3톤미만의 지게차

(3) 원동기장치자전거기출

1) 개념

　① 자동차관리법에 따른 이륜자동차 가운데 배기량 **125cc 이하**의 이륜자동차

　② 배기량 **50cc 미만**(전기를 동력으로 하는 경우에는 정격출력 0.59킬로와트 미만)의 원동기를 단 차

2) 특징

　① 원동기장치 자전거를 운전할 수 있는 운전면허는 제1종, 제2종 모든 면허이다.

　② 연습면허로는 원동기장치 자전거를 운전할 수 없다.

02 보행자 통행방법

(1) 보행자

1) 개념

도로 위를 걷는 사람으로 유모차나 보행보조용 의자도 보행자에 해당한다. 손수레는 차에 해당하지만 **손수레를 끌고 도로를 횡단하는 사람은 보행자**이다.

2) 보행자의 통행구분

　① 보행자는 보도와 차도가 구분된 도로에서는 언제나 **보도로 통행**하여야 한다. 다만, 차도를 횡단하는 경우, 도로공사 등으로 보도의 통행이 금지된 경우나 그 밖의 부득이한 경우에는 그러하지 아니하다.

　② 보행자는 보도와 차도가 구분되지 아니한 도로에서는 **차마와 마주보는 방향**의 길 또는 길 가장자리 구역으로 통행하여야 한다. 다만, 도로의 통행방향이 일방통행인 경우에는 차마를 마주보지 아니하고 통행할 수 있다.

　③ 보행자는 보도에서는 **우측통행을 원칙**으로 한다.

3) 도로의 횡단
① 지방경찰청장은 도로를 횡단하는 보행자의 안전을 위하여 행정자치부령으로 정하는 기준에 따라 횡단보도를 설치할 수 있다.

② 보행자는 제1항에 따른 횡단보도, 지하도, 육교나 그 밖의 도로 횡단시설이 설치되어 있는 도로에서는 그곳으로 횡단하여야 한다. 다만, 지하도나 육교 등의 도로 횡단시설을 이용할 수 없는 지체장애인의 경우에는 다른 교통에 방해가 되지 아니하는 방법으로 도로 횡단시설을 이용하지 아니하고 도로를 횡단할 수 있다.

③ 보행자는 제1항에 따른 횡단보도가 설치되어 있지 아니한 도로에서는 가장 짧은 거리로 횡단하여야 한다.

④ 보행자는 모든 차의 바로 앞이나 뒤로 횡단하여서는 아니 된다. 다만, 횡단보도를 횡단하거나 신호기 또는 경찰공무원 등의 신호나 지시에 따라 도로를 횡단하는 경우에는 그러하지 아니하다.

⑤ 보행자는 안전표지 등에 의하여 횡단이 금지되어있는 도로의 부분에서는 그 도로를 횡단하여서는 아니 된다

(2) 자전거
1) 자전거 통행방법기출
① 자전거의 운전자는 자전거도로가 따로 있는 곳에서는 그 자전거도로로 통행하여야 한다.

② 자전거의 운전자는 자전거도로가 설치되지 아니한 곳에서는 **도로 우측 가장자리**에 붙어서 통행하여야 한다.

③ 자전거의 운전자는 길 가장자리 구역을 통행할 수 있다. 이 경우 자전거의 운전자는 보행자의 통행에 방해가 될 때에는 서행하거나 일시정지하여야 한다.

④ 자전거의 운전자는 제1항 및 제13조 제1항에도 불구하고 다음 각 호의 어느 하나에 해당하는 경우에는 보도를 통행할 수 있다. 이 경우 자전거의 운진자는 보도 중앙으로부터 차도 쪽 또는 안전표지로 지정된 곳으로 서행하여야 하며, 보행자의 통행에 방해가 될 때에는 일시정지하여야 한다.
㉠ 어린이, 노인, 그 밖에 행정자치부령으로 정하는 신체장애인이 자전거를 운전하는 경우
㉡ 안전표지로 자전거 통행이 허용된 경우
㉢ 도로의 파손, 도로공사나 그 밖의 장애 등으로 도로를 통행할 수 없는 경우

⑤ 자전거의 운전자는 안전표지로 통행이 허용된 경우를 제외하고는 **2대 이상이 나란히 차도를 통행하여서는 아니 된다.**

⑥ 자전거의 운전자가 횡단보도를 이용하여 **도로를 횡단할 때에는 자전거에서 내려서 자전거를 끌고 보행하여야 한다.**

2) 자전거횡단보도의 설치

① **지방경찰청장**은 도로를 횡단하는 자전거 운전자의 안전을 위하여 행정자치부령으로 정하는 기준에 따라 자전거횡단도를 설치할 수 있다.

② 자전거 운전자가 자전거를 타고 자전거횡단도가 따로 있는 도로를 횡단할 때에는 자전거횡단도를 이용하여야 한다.

③ 차마의 운전자는 자전거가 자전거횡단도를 통행하고 있을 때에는 자전거의 횡단을 방해하거나 위험하게 하지 아니하도록 그 자전거횡단도 앞에서 **일시정지**하여야 한다.

03 차마의 통행방법

(1) 자동차 통행속도

1) 고속도로에서의 속도

일반도로	① 4차로 미만 – 60킬로 이내 속도 ② 4차로 이상 – 60킬로 이내 속도
자동차전용도로	최고속도 90킬로, 최저속도 30킬로
고속도로	① 편도 1차로 – 80킬로 이내 ② 편도 2차로 이상 – 100킬로 이내

2) 이상기후에서의 운행속도

① 최고속도의 **20/100**을 감속: 비가 내려 노면이 젖어 있는 경우, 눈이 20밀리 쌓인 경우

② 최고속도의 **50/100**을 감속: 폭우, 폭설, 안개등으로 가시거리가 100센티인 경우, 노면이 얼어붙은 경우, 눈이 20밀리 이상 쌓인 경우

3) 안전거리 확보(19조 1항)

① 모든 차의 운전자는 같은 방향으로 가고 있는 앞차의 뒤를 따르는 경우에는 앞차가 갑자기 정지하게 되는 경우 그 앞차와의 **충돌을 피할 수 있는 필요한 거리를 확보**하여야 한다.

② 자동차 등의 운전자는 같은 방향으로 가고 있는 자전거 옆을 지날 때에는 그 자전거와의 충돌을 피할 수 있는 **필요한 거리를 확보**하여야 한다.

③ 모든 차의 운전자는 차의 진로를 변경하려는 경우에 그 변경하려는 방향으로 오고 있는 다른 차의 정상적인 통행에 장애를 줄 우려가 있을 때에는 진로를 변경하여서는 아니 된다.

④ 모든 차의 운전자는 위험방지를 위한 경우와 그 밖의 부득이한 경우가 아니면 운전하는 차를 갑자기 정지시키거나 속도를 줄이는 등의 **급제동을 하여서는 아니 된다.**

4) 자동차 견인할 때의 속도

견인자동차가 아닌 자동차로 다른 자동차를 견인하여 도로를 통행하는 때의 속도는 다음 각호 정하는 바에 의한다.

① 총중량 2천킬로그램 미만인 자동차를 총중량이 그의 3배 이상인 자동차로 견인하는 경우에는 매시 **30킬로미터** 이내

② 제1호 외의 경우 및 이륜자동차가 견인하는 경우에는 **매시 25킬로미터** 이내

(2) 자동자의 통행방법

1) 교차로 통행방법(도로교통법)

① 교차로의 개념

교차로는 십자 혹은 둘 이상의 도로가 교차되는 부분으로 보도와 차도의 구분이 있는 도로에서는 차도가 교차하는 부분을 뜻한다.

② 교차로 통행방법(25조)

㉠ 모든 차의 운전자는 교차로에서 우회전을 하려는 경우에는 미리 도로의 우측 가장자리를 서행하면서 우회전하여야 한다. 이 경우 우회전하는 차의 운전자는 신호에 따라 정지하거나 진행하는 보행자 또는 자전거에 주의하여야 한다.

㉡ 모든 차의 운전자는 교차로에서 좌회전을 하려는 경우에는 미리 도로의 중앙선을 따라 서행하면서 교차로의 중심 안쪽을 이용하여 좌회전하여야 한다. 다만, 지방경찰청장이 교차로의 상황에 따라 특히 필요하다고 인정하여 지정한 곳에서는 교차로의 중심 바깥쪽을 통과할 수 있다.

㉢ 제2항에도 불구하고 자전거의 운전자는 교차로에서 좌회전하려는 경우에는 미리 도로의 우측 가장자리로 붙어 서행하면서 교차로의 가장자리 부분을 이용하여 좌회전하여야 한다.

㉣ 제1항부터 제3항까지의 규정에 따라 우회전이나 좌회전을 하기 위하여 손이나 방향지시기 또는 등화로써 신호를 하는 차가 있는 경우에 그 뒤차의 운전자는 신호를 한 앞차의 진행을 방해하여서는 아니 된다.

㉤ 모든 차의 운전자는 신호기로 교통정리를 하고 있는 교차로에 들어가려는 경우에는 진행하려는 진로의 앞쪽에 있는 차의 상황에 따라 교차로(정지선이 설치되어있는 경우에는 그 정지선을 넘은 부분을 말한다)에 정지하게 되어 다른 차의 통행에 방해가 될 우려가 있는 경우에는 그 교차로에 들어가서는 아니 된다.

㉥ 모든 차의 운전자는 교통정리를 하고 있지 아니하고 일시정지나 양보를 표시하는 안전표지가 설치되어 있는 교차로에 들어가려고 할 때에는 다른 차의 진행을 방해하지 아니하도록 일시정지하거나 양보하여야 한다.

③ 교차로 양보운전(26조)

　　㉠ 교통정리를 하고 있지 아니하는 교차로에 들어가려고 하는 차의 운전자는 **이미 교차로에 들어가 있는 다른 차가 있을 때에는 그 차에 진로를 양보하여야 한다.**

　　㉡ 교통정리를 하고 있지 아니하는 교차로에 들어가려고 하는 차의 운전자는 그 차가 통행하고 있는 도로의 폭보다 교차하는 도로의 폭이 넓은 경우에는 서행하여야 하며, **폭이 넓은 도로로부터 교차로**에 들어가려고 하는 다른 차가 있을 때에는 그 차에 진로를 양보하여야 한다.

　　㉢ 교통정리를 하고 있지 아니하는 교차로에 동시에 들어가려고 하는 차의 운전자는 **우측도로의 차**에 진로를 양보하여야 한다.

　　㉣ 교통정리를 하고 있지 아니하는 교차로에서 좌회전하려고 하는 차의 운전자는 그 교차로에서 **직진하거나 우회전하려는 다른 차가 있을 때에는 그 차에 진로를 양보**하여야 한다.

④ 신호등 없는 교차로

신호등 없는 교차로는 교차로 진입 전 일시정지 또는 서행한다. 통행우선순위에 따라 진입하고 안전하게 통행한다.

2) 서행 및 일시정지기출

① 서행의 개념

서행은 즉시 정지시킬 수 있는 정도의 느린 속도로 진행하는 것이고 일시정지는 차의 바퀴를 일시적으로 완전히 정지시키는 것이다.

② 서행장소(31조 1항)

　　㉠ **교통정리를 하고 있지 아니하는 교차로**

　　㉡ **도로**가 구부러진 부근

　　㉢ 비탈길의 **고갯마루** 부근

　　㉣ 가파른 비탈길의 **내리막**

　　㉤ 지방경찰청장이 도로에서의 위험을 방지하고 교통의 안전과 원활한 소통을 확보하기 위하여 필요하다고 인정하여 안전표지로 지정한 곳

③ 일시정지장소(31조 2항)

　　㉠ **교통정리를 하고 있지 아니하고 좌우를 확인할 수 없거나 교통이 빈번한 교차로**

　　㉡ 지방경찰청장이 도로에서의 위험을 방지하고 교통의 안전과 원활한 소통을 확보하기 위하여 필요하다고 인정하여 안전표지로 지정한 곳

3) 앞지르기기출

① 방법(21조)

㉠ 모든 차의 운전자는 다른 차를 앞지르려면 앞차의 **좌측으로 통행**하여야 한다.

㉡ 자전거의 운전자는 서행하거나 정지한 다른 차를 앞지르려면 제1항에도 불구하고 앞차의 **우측으로 통행**할 수 있다. 이 경우 자전거의 운전자는 정지한 차에서 승차하거나 하차하는 사람의 안전에 유의하여 서행하거나 필요한 경우 일시정지하여야 한다.

㉢ 제1항과 제2항의 경우 앞지르려고 하는 모든 차의 운전자는 반대방향의 교통과 앞차 앞쪽의 교통에도 주의를 충분히 기울여야 하며, 앞차의 속도·진로와 그 밖의 도로상황에 따라 방향지시기·등화 또는 경음기(警音機)를 사용하는 등 안전한 속도와 방법으로 앞지르기를 하여야 한다.

㉣ 모든 차의 운전자는 제1항부터 제3항까지 또는 제60조 제2항에 따른 방법으로 앞지르기를 하는 차가 있을 때에는 속도를 높여 경쟁하거나 그 차의 앞을 가로막는 등의 방법으로 앞지르기를 방해하여서는 아니 된다.

② **앞지르기 금지시기**(22조)

㉠ 앞차의 좌측에 다른 차가 앞차와 나란히 가고 있는 경우

㉡ 앞차가 다른 차를 앞지르고 있거나 앞지르려고 하는 경우

㉢ 이 법이나 이 법에 따른 명령에 따라 정지하거나 서행하고 있는 차

㉣ 경찰공무원의 지시에 따라 정지하거나 서행하고 있는 차

㉤ 위험을 방지하기 위하여 정지하거나 서행하고 있는 차

③ 앞지르기 금지장소

교차로, 터널 안, 다리 위, 도로의 구부러진 곳, 비탈길의 고갯마루 부근 또는 가파른 비탈길의 내리막 등 지방경찰청장이 도로에서의 위험을 방지하고 교통의 안전과 원활한 통행 확보하기 위하여 필요하다고 인정하는 곳으로서 안전표지로 지정한 곳

4) 승차와 적재

① 승차와 적재

모든 차의 운전자는 승차 인원, 적재중량 및 적재용량에 관하여 대통령령으로 정하는 운행상의 안전기준을 넘어서 승차시키거나 적재한 상태로 운전하여서는 아니 된다. 다만, **출발지를 관할하는 경찰서장의 허가**를 받은 경우에는 그러하지 아니하다.

② 안전기준(시행령 22조)

    ⊙ 자동차(고속버스 운송사업용 자동차 및 화물자동차는 제외한다)의 **승차인원은 승차정원의 110퍼센트 이내일 것**. 다만, 고속도로에서는 승차정원을 넘어서 운행할 수 없다.

    ⓒ 고속버스 운송사업용 자동차 및 화물자동차의 승차인원은 승차정원 이내일 것

    ⓒ 화물자동차의 적재중량은 구조 및 성능에 따르는 적재중량의 110퍼센트 이내일 것

    ⓔ 자동차(화물자동차, 이륜자동차 및 소형 3륜자동차만 해당한다)의 적재용량은 다음 각 목의 구분에 따른 기준을 넘지 아니할 것

      가. 길이: 자동차 길이에 그 길이의 10분의 1을 더한 길이. 다만, 이륜자동차는 그 승차장치의 길이 또는 적재장치의 길이에 30센티미터를 더한 길이를 말한다.

      나. 너비: 자동차의 후사경(後寫鏡)으로 뒤쪽을 확인할 수 있는 범위(후사경의 높이보다 화물을 낮게 적재한 경우에는 그 화물을, 후사경의 높이보다 화물을 높게 적재한 경우에는 뒤쪽을 확인할 수 있는 범위를 말한다)의 너비

      다. 높이: 화물자동차는 지상으로부터 4미터(도로구조의 보전과 통행의 안전에 지장이 없다고 인정하여 고시한 도로노선의 경우에는 4미터 20센티미터), 소형 3륜자동차는 지상으로부터 2미터 50센티미터, 이륜자동차는 지상으로부터 2미터의 높이

5) 주차 및 정차기출

  ① 의의

    ⊙ 주차는 운전자가 승객을 기다리거나 화물을 싣거나 차가 고장 나거나 그 외의 사유로 차를 계속해서 정지상태에 두는 것 또는 운전자가 차를 떠나서 즉시 차를 운전할 수 없는 상태에 두는 것

    ⓒ 정차는 운전자가 **5분을 초과하지 아니하고** 정지시키는 것

  ② 정차 및 주차의 금지

    ⊙ 교차로·횡단보도·건널목이나 보도와 차도가 구분된 도로의 보도(「주차장법」에 따라 차도와 보도에 걸쳐서 설치된 노상주차장은 제외한다)

    ⓒ 교차로의 가장자리나 도로의 모퉁이로부터 **5미터 이내**인 곳

    ⓒ 안전지대가 설치된 도로에서는 그 안전지대의 사방으로부터 각각 **10미터 이내**인 곳

    ⓔ 버스여객자동차의 정류지(停留地)임을 표시하는 기둥이나 표지판 또는 선이 설치된 곳으로부터 **10미터 이내**인 곳. 다만, 버스여객자동차의 운전자가 그 버스여객자동차의 운행시간 중에 운행노선에 따르는 정류장에서 승객을 태우거나 내리기 위하여 차를 정차하거나 주차하는 경우에는 그러하지 아니하다.

    ⓜ 건널목의 가장자리 또는 횡단보도로부터 **10미터 이내**인 곳

    ⓗ 지방경찰청장이 도로에서의 위험을 방지하고 교통의 안전과 원활한 소통을 확보하기 위하여 필요하다고 인정하여 지정한 곳

③ 주차금지장소(33조)

   ㉠ 터널 안 및 다리 위

   ㉡ 화재경보기로부터 **3미터 이내**인 곳

   ㉢ 다음 각 목의 곳으로부터 **5미터 이내**인 곳

   가. 소방용 기계 · 기구가 설치된 곳

   나. 소방용 방화(防火) 물통

   다. 소화전(消火栓) 또는 소화용 방화 물통의 흡수구나 흡수관(吸 水管)을 넣는 구멍

   라. 도로공사를 하고 있는 경우에는 그 공사 구역의 양쪽 가장자리

   ㉣ 지방경찰청장이 도로에서의 위험을 방지하고 교통의 안전과 원활한 소통을 확보하기 위하여 필요하다고 인정하여 지정한 곳

6) 긴급자동차

① 종류기출

   ㉠ 소방차, 구급차, 혈액 공급차량, 그 밖에 대통령령으로 정하는 자동차

   ㉡ 법정긴급자동차

   가. 경찰용 자동차 중 **범죄수사, 교통단속**, 그 밖의 긴급한 경찰업무 수행에 사용되는 자동차

   나. 국군 및 주한 국제연합군용 자동차 중 **군 내부의 질서 유지나 부대의 질서**있는 이동을 유도(誘導)하는 데 사용되는 자동차

   다. 수사기관의 자동차 중 **범죄수사**를 위하여 사용되는 자동차

   라. 다음 각 목의 어느 하나에 해당하는 시설 또는 기관의 자동차 중 도주자의 체포 또는 수용자, 보호관찰 대상자의 호송 · 경비를 위하여 사용되는 자동차

      1. **교도소** · 소년교도소 또는 구치소

      2. **소년원** 또는 소년분류심사원

      3. **보호관찰소**

   마. 국내외 요인(要人)에 대한 경호업무 수행에 공무(公務)로 사용되는 자동차

ⓒ **지정긴급자동차**기출

가. **전기사업, 가스사업**, 그 밖의 공익사업을 하는 기관에서 위험 방지를 위한 응급작업에 사용되는 자동차

나. **민방위**업무를 수행하는 기관에서 긴급예방 또는 복구를 위한 출동에 사용되는 자동차

다. 도로관리를 위하여 사용되는 자동차 중 **도로상의 위험을 방지**하기 위한 응급작업에 사용되거나 운행이 제한되는 자동차를 단속하기 위하여 사용되는 자동차

라. **전신 · 전화의 수리**공사 등 응급작업에 사용되는 자동차

마. **긴급한 우편물**의 운송에 사용되는 자동차

바. **전파감시업무**에 사용되는 자동차

ⓓ 긴급자동차로 간주하는 자동차

가. **경찰용** 긴급자동차에 의하여 유도되고 있는 자동차

나. 국군 및 주한 국제연합군용의 긴급자동차에 의하여 유도되고 있는 국군 및 주한 국제연합군의 자동차

다. 생명이 위급한 환자 또는 부상자나 수혈을 위한 **혈액**을 운송 중인 자동차

② 긴급자동차의 우선통행기출

㉠ 긴급자동차는 긴급하고 부득이한 경우에는 **도로의 중앙이나 좌측 부분**을 통행할 수 있다.

㉡ 긴급자동차는 이 법이나 이 법에 따른 명령에 따라 정지하여야 하는 경우에도 불구하고 긴급하고 부득이한 경우에는 정지하지 아니할 수 있다.

㉢ 긴급자동차의 운전자는 제1항이나 제2항의 경우에 교통안전에 특히 주의하면서 통행하여야 한다.

㉣ 모든 차의 운전자는 교차로나 그 부근에서 긴급자동차가 접근하는 경우에는 교차로를 피하여 **도로의 우측 가장자리에 일시정지**하여야 한다. 다만, 일방통행으로 된 도로에서 우측 가장자리로 피하여 정지하는 것이 긴급자동차의 통행에 지장을 주는 경우에는 **좌측 가장자리로 피하여 정지**할 수 있다.

㉤ 모든 차의 운전자는 제4항에 따른 곳 외의 곳에서 긴급자동차가 접근한 경우에는 도로의 우측 가장자리로 피하여 진로를 양보하여야 한다. 다만, 일방통행으로 된 도로에서 우측 가장자리로 피하는 것이 긴급자동차의 통행에 지장을 주는 경우에는 좌측 가장자리로 피하여 양보할 수 있다

③ 특례 및 사고 시 처리
자동차 등의 속도 제한, 앞지르기의 금지, 끼어들기의 금지의 규정을 적용하지 않는다.

01 운전면허기출

운전면허는 자동차 등을 운전하면서 발생할 수 있는 도로의 위험을 방지하기 위해 금지하고 있는 운전행위를 자격이 있는 사람에 한하여 적법하게 할 수 있도록 허가하는 것이다. 운전면허증은 지방청장으로부터 받아야 하고 운전면허의 효력은 **본인 또는 대리인이 운전면허증을 발급받은 때부터 발생**한다. (경찰허가)

02 운전면허종류별 운전차량

제1종 면허	대형면허	① 승용자동차, 승합자동차, 화물자동차, 긴급자동차 ② **건설기계** 　－ **덤**프트럭, **아**스팔트살포기, **노**상안정기 　－ **콘**크리트믹서트럭, **콘**크리트 펌프 　－ **천**공기(트럭적재식) 　－ 도로를 운행하는 3톤 미만의 지게차 ③ **특수자동차**(트레일러, 레커는 제외) ④ 원동기장치자전거
	보통면허	① 승용자동차 ② 승차정원 **15인**까지의 승합자동차 ③ 승차정원 **12인**까지의 긴급자동차 ④ 적재중량 **12톤 미만**의 화물자동차 ⑤ 건설기계 　(도로를 운행하는 3톤 미만의 지게차에 한한다) ⑥ 원동기장치자전거
	소형면허	① 3륜화물자동차, ② 3륜승용자동차, ③ 원동기장치자전거
	특수면허	**트레일러, 레커**, 제2종보통면허로 운전할 수 있는 차
제2종 면허	보통면허	① 승용자동차 　(승차정원 **10인 이하**의 승합자동차를 포함한다) ② 적재중량 **4톤**까지의 화물자동차 ③ 원동기장치자전거
	소형면허	① 이륜자동차(측차부를 포함한다) (125cc 초과) ② 원동기장치자전거(125cc 초과)
	원동기장치 자전거면허	원동기장치자전거
연습면허	제1종 보통	① 승용자동차 ② 승차정원 **15인**까지의 승합자동차 ③ 적재중량 11톤까지의 화물자동차
	제2종 보통	① 승용자동차(승차정원 10인 이하의 승합자동차 포함) ② 적재중량 4톤 이하의 화물자동차

03 운전면허 결격사유(제82조 제1항, 제83조 3항)

(1) 18세 미만(원동기장치자전거의 경우에는 16세 미만)인 사람

(2) 교통상의 위험과 장해를 일으킬 수 있는 정신질환자 또는 뇌전증 환자로서 대통령령으로 정하는 사람

(3) **듣지 못하는 사람**(제1종 운전면허 중 대형면허 · 특수면허만 해당한다), 앞을 보지 못하는 사람이나 그 밖에 대통령령으로 정하는 신체장애인

(4) 양쪽 팔의 팔꿈치관절 이상을 잃은 사람이나 양쪽 팔을 전혀 쓸 수 없는 사람. 다만, 본인의 신체장애 정도에 적합하게 제작된 자동차를 이용하여 정상적인 운전을 할 수 있는 경우에는 그러하지 아니하다.

(5) 교통상의 위험과 장해를 일으킬 수 있는 마약 · 대마 · 향정신성의약품 또는 알코올 중독자로서 대통령령으로 정하는 사람

(6) 제1종 대형면허 또는 제1종 특수면허를 받으려는 경우로서 **19세 미만이거나 자동차**(이륜자동차는 제외한다)**의 운전경험이 1년 미만인 사람**

04 운전면허 응시제한기간(제82조 제2항)

5년간 제한	**무면허**운전, **음주**운전, **약물**복용운전, **과로**운전, 공동위험행위 운전 중 사람을 사상한 후 구호조치 및 신고 없이 도주한 경우기출
4년간 제한	무면허운전, 음주운전, 약물복용운전, 과로운전, 공동위험행위 **운전 외의 사유로** 사람을 사상한 후 구호조치 및 신고 없이 도주한 경우기출
3년간 제한	① 음주운전을 하다가 2회 이상 교통사고를 야기한 자기출 ② 자동차를 이용하여 **범죄**를 한 자가 무면허 운전을 한 경우기출 ③ 자동차를 강·절도한 자가 무면허 운전한 경우기출
2년 제한	① **무면허운전**, 운전면허정지기간 중 운전 또는 운전면허발급제한 기간 중 국제운전면허증으로 운전금지규정을 3회 이상 위반하여 자동차 등을 운전한 경우기출 ② 음주운전, 측정거부의 규정을 2회 이상 위반하여 자동차 등을 운전한 경우기출 ③ 2회 이상의 공동위험행위로 운전면허가 취소된 경우기출 ④ **운전면허를 받을 수 없는 사람**이 운전면허를 받거나 허위 그 밖의 부정한 수단으로 운전면허를 받은 때 또는 운전면허 효력의 정지기간 중 운전면허증 또는 운전면허증에 갈음하는 증명서를 교부받은 사실이 드러난 때기출 ⑤ 다른 사람의 자동차를 훔치거나 빼앗은 사람기출 ⑥ 운전면허시험을 대신 응시한 경우기출
1년 제한	① 무면허 또는 면허정지기간 중 자동차 등을 운전한 자, 운전면허 발급제한 기간 중에 국제 운전면허증으로 자동차 등을 운전한 자 ② **2~5년의 제한 사유 이외의 사유로 운전면허가 취소된 자**기출 ③ 공동위험행위로 운전면허가 취소된 경우
6개월 제한	2~5년의 제한 사유 이외의 사유로 운전면허가 취소되어 원동기 장치 자전거 면허를 받으려는 경우
정지 처분기간	운전면허 효력 정지처분을 받고 있는 경우
바로 응시 가능한	적성검사기간 경과로 면허가 취소되거나 제1종 적성기준 불합격으로 제2종 면허를 받고자 하는 경우기출

05 연습운전면허

종 류	**1종 보통** 연습면허와 **2종 보통** 연습면허 2종류만 있다.기출
효 력	연습운전면허는 그 면허를 받은 날부터 **1년 동안** 효력을 가진다. 다만, 연습운전면허를 받은 날부터 1년 이전이라도 연습운전면허를 받은 사람이 제1종 보통면허 또는 제2종 보통면허를 받은 경우 연습운전면허는 그 효력을 잃는다.기출
취 소	**지방경찰청장**은 연습운전면허를 발급받은 사람이 운전 중 고의 또는 과실로 교통사고를 일으키거나 도로교통법이나 도로교통법에 따른 명령 또는 처분을 위반한 경우에는 연습운전면허를 취소해야 한다. 단 본인에게 귀책사유가 없는 다음의 경우는 제외한다. ① 도로주행시험을 담당하는 사람 **자동차 운전학원의 강사, 기능검정원의 지시에 따라 운전하던 중 교통사고**를 일으킨 경우 ② **도로가 아닌 곳**에서 교통사고를 일으킨 경우 ③ 교통사고를 일으켰으나 **물적피해만** 발생한 경우

06 임시운전면허(제91조)기출

발급사유	① **지방경찰청장**은 다음 각 호의 어느 하나의 경우에 해당하는 사람이 임시운전증명서 발급을 신청하면 행정자치부령으로 정하는 바에 따라 임시운전증명서를 발급할 수 있다. 다만, 제2호의 경우에는 소지하고 있는 운전면허증에 행정자치부령으로 정하는 사항을 기재하여 발급함으로써 임시운전증명서 발급을 갈음할 수 있다. 1. 운전면허증을 잃어버렸거나 헐어 못쓰게 되어 신청을 한 경우 2. 정기 적성검사 또는 운전면허증 갱신 발급 신청을 하거나 수시 적성검사를 신청한 경우 3. 운전면허의 취소처분 또는 정지처분 대상자가 운전면허증을 제출한 경우 ② 임시운전증명서는 그 유효기간 중에는 운전면허증과 같은 효력이 있다.
유효기간	임시운전면허증의 **유효기간은 20일**로 하되, 운전면허의 취소 또는 정지처분 대상자의 경우에는 **40일 이내**로 할 수 있다. 다만, 경찰서장이 필요하다고 인정하는 경우에는 그 유효기간을 **1회에 한하여 20일의 범위에서 연장할 수 있다.** 기출

07 국제운전면허증(제96조)기출

의의	① 외국의 권한 있는 기관에서 다음 각 호의 어느 하나에 해당하는 협약에 따른 운전면허증을 발급받은 사람은 **국내에 입국한 날부터 1년** 동안만 그 국제운전면허증으로 자동차등을 운전할 수 있다. ② 국제운전면허증을 외국에서 발급받은 사람은 「여객자동차 운수사업법」 또는 「화물자동차 운수사업법」에 따른 **사업용 자동차를 운전할 수 없다.** 다만, 「여객자동차 운수사업법」에 따른 대여사업용 자동차를 임차(賃借)하여 운전하는 경우에는 그러하지 아니하다.
발급 (제98조) 기출	① 운전면허를 받은 사람이 국외에서 운전을 하기 위하여 「도로교통에 관한 협약」에 따른 국제운전면허증을 발급받으려면 **지방경찰청장**에게 신청하여야 한다. ② 국제운전면허증의 유효기간은 발급받은 날부터 **1년**으로 한다. ③ 국제운전면허증은 이를 발급받은 사람의 국내운전면허의 효력이 없어지거나 취소된 때에는 그 효력을 잃는다. ④ 국제운전면허증을 발급받은 사람의 국내운전면허의 효력이 정지된 때에는 그 정지기간 동안 그 효력이 정지된다.
취소, 정지	국제운전면허는 취소, 정지 처분이 인정되지 않고, **운전금지처분**이 인정된다.
통고처분	통고처분이 가능함, 범칙금을 납부하지 않으면 **즉결심판**에 해당한다.
미소지운전	운전 시 국제운전면허증을 소지하여야 하며, 미소지 시 **무면허 운전**으로 처벌된다.

CH.08

01 운전면허기출

운전면허 행정처분이란 면허를 발급받고 운전행위를 하던 자가 도로교통법규를 위반하거나 교통사고를 야기한 경우 지방경찰청장이 운전면허의 효력을 **일시 정지시키거나 취소**하는 행위를 의미한다.

02 용어정의

(1) 벌점

행정처분의 기초자료로 활용하기 위하여 법규위반 또는 사고야기에 대하여 그 위반의 경중, 피해의 정도 등에 따라 배점되는 점수를 말한다.

(2) 누산점수

1) 위반·사고 시의 벌점을 누적하여 합산한 점수에서 상계치(무위반·무사고 기간 경과 시에 부여되는 점수 등)를 뺀 점수를 말한다. 다만, 제3호 가목의 7란에 의한 벌점은 누산점수에 이를 산입하지 아니하되, 범칙금 미납 벌점을 받은 날을 기준으로 과거 **3년간 2회 이상 범칙금**을 납부하지 아니하여 벌점을 받은 사실이 있는 경우에는 누산점수에 산입한다.

2) **누산점수** = 매 위반·사고 시 벌점의 누적 합산치 − 상계치

(3) 처벌벌점

1) 구체적인 법규위반·사고야기에 대하여 앞으로 정지처분기준을 적용하는 데 필요한 벌점으로서, 누산점수에서 이미 정지처분이 집행된 벌점의 합계치를 뺀 점수를 말한다.

2) **처분벌점** = 누산점수 − 이미 처분이 집행된 벌점의 합계치

= 매 위반·사고 시 벌점의 누적 합산치 − 상계치 − 이미 처분이 집행된 벌점의 합계치

(4) 누산점수의 관리

법규위반 또는 교통사고로 인한 벌점은 행정처분기준을 적용하고자 하는 당해 위반 또는 사고가 있었던 날을 기준으로 하여 과거 **3년간의 모든 벌점**을 누산하여 관리한다.

(5) 무위반·무사고기간 경과로 인한 벌점 소멸

처분벌점이 **40점 미만**인 경우에, 최종의 위반일 또는 사고일로부터 위반 및 사고 없이 **1년**이 경과한 때에는 그 처분벌점은 소멸한다.

(6) 벌점 공제

1) 인적 피해 있는 교통사고를 야기하고 도주한 차량의 운전자를 검거하거나 신고하여 검거하게 한 운전자(교통사고의 피해자가 아닌 경우로 한정한다)에게는 검거 또는 신고할 때마다 **40점의 특혜점수**를 부여하여 기간에 관계없이 그 운전자가 정지 또는 취소처분을 받게 될 경우 누산점수에서 이를 공제한다. 이 경우 공제되는 점수는 40점 단위로 한다.

2) 경찰청장이 정하여 고시하는 바에 따라 무위반·무사고 서약을 하고 1년간 이를 실천한 운전자에게는 실천할 때마다 10점의 특혜점수를 부여하여 기간에 관계없이 그 운전자가 정지처분을 받게 될 경우 누산점수에서 이를 공제한다. 이 경우 공제되는 점수는 10점 단위로 한다.

03 벌점, 누산점수 초과로 인한 면허취소

(1) 취소처분 개별기준 (시행규칙 제91조)

일련 번호	위반사항	적용법조 (도로교통법)	내용
1	교통사고를 일으키고 구호조치를 하지 아니한 때	제93조	교통사고로 사람을 죽게 하거나 다치게 하고, 구호조치를 하지 아니한 때
2	술에 취한 상태에서 운전한 때	제93조	- 술에 취한 상태의 기준(혈중알콜농도 0.03퍼센트 이상)을 넘어서 운전을 하다가 교통사고로 사람을 죽게 하거나 다치게 한 때 - 술에 만취한 상태(혈중알콜농도 0.08퍼센트 이상)에서 운전한 때 - 2회 이상 술에 취한 상태의 기준을 넘어 운전하거나 술에 취한 상태의 측정에 불응한 사람이 다시 술에 취한 상태(혈중알콜농도 0.03퍼센트 이상)에서 운전한 때
3	술에 취한 상태의 측정에 불응한 때	제93조	술에 취한 상태에서 운전하거나 술에 취한 상태에서 운전하였다고 인정할 만한 상당한 이유가 있음에도 불구하고 경찰공무원의 측정 요구에 불응한 때
4	다른 사람에게 운전면허증 대여(도난, 분실 제외)	제93조	- 면허증 소지자가 다른 사람에게 면허증을 대여하여 운전하게 한 때 - 면허 취득자가 다른 사람의 면허증을 대여받거나 그 밖에 부정한 방법으로 입수한 면허증으로 운전한 때

일련 번호	위반사항	적용법조 (도로교통법)	내용
5	결격사유에 해당	제93조	① 교통상의 위험과 장해를 일으킬 수 있는 정신질환 자 또는 뇌전증환자로서 영 제42조 제1항에 해당하 는 사람 ② 앞을 보지 못하는 사람, 듣지 못하는 사람(제1종 면 허에 한한다) ③ 양 팔의 팔꿈치 관절 이상을 잃은 사람, 또는 양팔 을 전혀 쓸 수 없는 사람. 다만, 본인의 신체장애 정도에 적합하게 제작된 자동차를 이용하여 정상적 으로 운전할 수 있는 경우에는 그러하지 아니하다. ④ 다리, 머리, 척추 그 밖의 신체장애로 인하여 앉아 있을 수 없는 사람 ⑤ 교통상의 위험과 장해를 일으킬 수 있는 마약, 대 마, 향정신성 의약품 또는 알콜 중독자로서 영 제 42조 제3항에 해당하는 사람
6	약물을 사용한 상 태에서 자동차 등 을 운전한 때	제93조	약물(마약·대마·향정신성 의약품 및 「유해화학물질 관리법 시행령」 제25조에 따른 환각물질)의 투약·흡 연·섭취·주사 등으로 정상적인 운전을 하지 못할 염 려가 있는 상태에서 자동차 등을 운전한 때
6의2	공동위험행위	제93조	법 제46조 제1항을 위반하여 공동위험행위로 구속된 때
7	정기적성검사 불 합격 또는 정기적 성검사 기간 1년 경과	제93조	정기적성검사에 불합격하거나 적성검사기간 만료일 다음 날부터 적성검사를 받지 아니하고 **1년을 초과한 때**
8	수시적성검사 불 합격 또는 수시적 성검사 기간 경과	제93조	수시적성검사에 불합격하거나 수시적성검사 기간을 초과한 때
9	삭제〈2011.12.9〉		
10	운전면허 행정처분 기간 중 운전행위	제93조	운전면허 행정처분 기간 중에 운전한 때
11	허위 또는 부정한 수단으로 운전면 허를 받은 경우	제93조	- 허위·부정한 수단으로 운전면허를 받은 때 - 법 제82조에 따른 결격사유에 해당하여 운전면허를 받을 자격이 없는 사람이 운전면허를 받은 때 - 운전면허 효력의 정지기간 중에 면허증 또는 운전 면허증에 갈음하는 증명서를 교부받은 사실이 드러 난 때
12	등록 또는 임시운 행 허가를 받지 아니한 자동차를 운전한 때	제93조	「자동차관리법」에 따라 등록되지 아니하거나 임시운행 허가를 받지 아니한 자동차(이륜자동차를 제외한다)를 운전한 때

일련 번호	위반사항	적용법조 (도로교통법)	내용
13	자동차 등을 이용하여 범죄행위를 한 때	제93조	국가보안법을 위반한 범죄에 이용된 때 형법을 위반한 다음 범죄에 이용된 때 · 살인, 사체유기, 방화 · 강도, 강간, 강제추행 · 약취 · 유인 · 감금 · **상습절도**(절취한 물건을 운반한 경우에 한한다) · 교통방해(단체에 소속되거나 다수인에 포함되어 교통을 방해한 경우에 한한다)
14	다른 사람의 자동차 등을 훔치거나 빼앗은 때	제93조	운전면허를 가진 사람이 자동차 등을 훔치거나 빼앗아 이를 운전한 때
15	다른 사람을 위하여 운전면허시험에 응시한 때	제93조	운전면허를 가진 사람이 다른 사람을 부정하게 합격시키기 위하여 운전면허 시험에 응시한 때
16	운전자가 단속 경찰공무원 등에 대한 폭행	제93조	단속하는 경찰공무원 등 및 시 · 군 · 구 공무원을 폭행하여 형사입건된 때
17	연습면허 취소사유가 있었던 경우	제93조	제1종 보통 및 제2종 보통면허를 받기 이전에 연습면허의 취소사유가 있었던 때(연습면허에 대한 취소절차 진행 중 제1종 보통 및 제2종 보통면허를 받은 경우를 포함한다)

(2) 누산점수로 인한 취소처분

1회의 위반 · 사고로 인한 벌점 또는 연간 누산점수가 다음 표의 벌점 또는 누산점수에 도달한 때에는 그 운전면허를 취소한다.

기간	벌점 또는 누산점수
1년간	121점
2년간	201점
3년간	271점

04 벌점·처분벌점 초과로 인한 면허 정지

운전면허 정지처분은 1회의 위반·사고로 인한 벌점 또는 처분벌점이 **40점 이상**이 된 때부터 결정하여 집행하되, 원칙적으로 1점을 1일로 계산하여 집행한다.

(1) 정지 처분 개별기준(시행규칙 제91조)

1) 도로교통법의 명령을 위반한 때기출

위반사항	적용법조 (도로교통법)	벌점
1. 삭제 〈2011.12.9〉		
2. 술에 취한 상태의 기준을 넘어서 운전한 때 (**혈중알콜농도 0.03퍼센트 이상 0.08퍼센트 미만**)	제44조 제1항	100
3. 속도위반(**60km/h 초과**)	제17조 제3항	60
4. 정차·주차위반에 대한 조치불응(단체에 소속되거나 다수인에 포함되어 경찰공무원의 3회 이상의 이동명령에 따르지 아니하고 교통을 방해한 경우에 한한다) 4의2. 공동위험행위로 형사입건된 때 4. 정차·주차위반에 대한 조치불응(단체에 소속되거나 다수인에 포함되어 경찰공무원의 3회 이상의 이동명령에 따르지 아니하고 교통을 방해한 경우에 한한다) 4의2. 공동위험행위로 형사입건된 때	제35조 제1항 제46조 제1항 제35조 제1항 제46조 제1항	40
5. 안전운전의무위반(단체에 소속되거나 다수인에 포함되어 경찰공무원의 3회 이상의 안전운전 지시에 따르지 아니하고 타인에게 위험과 장해를 주는 속도나 방법으로 운전한 경우에 한한다)	제48조	
6. 승객의 차내 소란행위 방치운전 7. 출석기간 또는 범칙금 납부기간 만료일부터 60일이 경과될 때까지 즉결심판을 받지 아니한 때	제49조 제1항 제9호 제138조 및 제165조	
8. 통행구분 위반(중앙선 침범에 한함) 9. 속도위반(40km/h 초과 60km/h 이하) 10. 철길건널목 통과방법위반 10의2. 어린이통학버스 특별보호 위반 10의3. 어린이통학버스 운전자의 의무위반(좌석 안전띠를 매도록 하지 아니한 운전자는 제외한다) 11. 고속도로·자동차전용도로 갓길통행 12. 고속도로 버스전용차로·다인승전용차로 통행위반 13. 운전면허증 등의 제시의무위반 또는 운전자 신원확인을 위한 경찰공무원의 질문에 불응	세13소 제3항 제17조 제3항 제24조 제51조 제53조 제1항·제2항 제60조 제1항 제61조 제2항 제92조 제2항	30

위반사항	적용법조 (도로교통법)	벌점
14. 신호 · 지시위반 15. 속도위반(20km/h 초과 40km/h 이하) 15의2. 속도위반(어린이보호구역 안에서 오전 8시부터 오후 8시까지 사이에 제한속도를 20km/h 이내에서 초과한 경우에 한정한다) 16. 앞지르기 금지시기 · 장소위반 17. 운전 중 휴대용 전화 사용	제5조 제17조 제3항 제17조 제3항 제22조 제49조 제1항 제10호	15
17의2. 운전 중 운전자가 볼 수 있는 위치에 영상 표시 17의3. 운전 중 영상표시장치 조작	제49조 제1항 제11호 제49조 제1항 제11호의2	
18. 운행기록계 미설치 자동차 운전금지 등의 위반 19. 삭제 〈2014.12.31.〉	제50조 제5항	
20. 통행구분 위반(보도침범, 보도 횡단방법 위반) 21. 지정차로 통행위반(진로변경 금지장소에서의 진로변경 포함) 22. 일반도로 전용차로 통행위반 23. 안전거리 미확보(진로변경 방법위반 포함) 24. 앞지르기 방법위반 25. 보행자 보호 불이행(정지선위반 포함) 26. 승객 또는 승하차자 추락방지조치위반 27. 안전운전 의무 위반 28. 노상 시비 · 다툼 등으로 차마의 통행 방해행위 29. 삭제 〈2014.12.31.〉	제13조 제1항 · 제2항 제14조 제2항 · 제4항, 제60조 제1항 제15조 제3항 제19조 제1항 · 제3항 · 제4항 제21조 제1항 · 제3항, 제60조 제2항 제27조 제39조 제2항 제48조 제49조 제1항 제5호	10
30. 돌 · 유리병 · 쇳조각이나 그 밖에 도로에 있는 사람이나 차마를 손상시킬 우려가 있는 물건을 던지거나 발사하는 행위 31. 도로를 통행하고 있는 차마에서 밖으로 물건을 던지는 행위	제68조제3항제4호 제68조제3항제5호	

㈜

1. 삭제 〈2011.12.9〉

2. 범칙금 납부기간 만료일부터 **60일이 경과**될 때까지 즉결심판을 받지 아니하여 정지처분 대상자가 되었거나, 정지처분을 받고 정지처분 기간 중에 있는 사람이 위반 당시 통고받은 범칙금액에 그 **100분의 50**을 더한 금액을 납부하고 증빙서류를 제출한 때에는 정지처분을 하지 아니하거나 그 잔여 기간의 집행을 면제한다. 다만, 다른 위반행위로 인한 벌점이 합산되어 정지처분을 받은 경우 그 다른 위반행위로 인한 정지처분 기간에 대하여는 집행을 면제하지 아니한다.

3. 제7호, 제8호, 제10호, 제12호, 제14호, 제16호, 제20호부터 제27호까지 및 제29호부터 제31호까지의 위반행위에 대한 벌점은 자동차 등을 운전한 경우에 한하여 부과한다.

4. 어린이보호구역 및 노인 · 장애인보호구역 안에서 **오전 8시부터 오후 8시**까지 사이에 제3호, 제9호, 제14호, 제15호 또는 제25호의 어느 하나에 해당하는 위반행위를 한 운전자에 대해서는 위 표에 따른 벌점의 **2배**에 해당하는 벌점을 부과한다.

CH.08

2) 자동차 등의 운전 중 교통사고를 일으킨 때

① 사고결과에 따른 벌점기준기출

구분		벌점	내용
인적 피해 교통 사고	사망 1명마다	90	사고발생 시부터 **72시간** 이내에 사망한 때
	중상 1명마다	15	**3주** 이상의 치료를 요하는 의사의 진단이 있는 사고
	경상 1명마다	5	**3주 미만 5일 이상**의 치료를 요하는 의사의 진단이 있는 사고
	부상신고 1명마다	2	**5일** 미만의 치료를 요하는 의사의 진단이 있는 사고

(비고)
1. 교통사고 발생 원인이 불가항력이거나 피해자의 **명백한 과실**인 때에는 행정처분을 하지
   아니한다.
2. 자동차 등 대 사람 교통사고의 경우 **쌍방과실**인 때에는 그 벌점을 **2분의 1로 감경**한다.
3. 자동차 등 대 자동차 등 교통사고의 경우에는 그 사고원인 중 중한 위반행위를 한 운전자
   만 적용한다.
4. 교통사고로 인한 벌점산정에 있어서 처분받을 운전자 본인의 피해에 대하여는 벌점을 산
   정하지 아니한다.

② 조치 등 불이행에 따른 벌점기준기출

불이행사항	적용법조 (도로교통법)	벌점	내용
교통사고 야기 시 조치 불이행	제54조제1항	15	① 물적 피해가 발생한 교통사고를 일으킨 후 도주 한 때 ② 교통사고를 일으킨 즉시(그때, 그 자리에서 곧) 사상자를 구호하는 등의 조치를 하지 아니하였 으나 그 후 자진신고를 한 때
		30	가. 고속도로, 특별시·광역시 및 시의 관할구 역과 군(광역시의 군을 제외한다)의 관할구 역 중 경찰관서가 위치하는 리 또는 동 지역 에서 3시간(그 밖의 지역에서는 12시간) 이 내에 자진신고를 한 때
		60	나. 가목에 따른 시간 후 48시간 이내에 자진신 고를 한 때

05 통고처분기출

(1) 의의

통고처분이란 경미한 교통법규 위반자에 대해 경찰관이 직접 위반장소에서 범칙금을 납부할 것을 통고하여 범칙금을 납부하도록 하고 **운전을 계속하게 하는 제도**이다. 범칙금 납부 통고를 받은 사람이 범칙금을 이행하면 확정판결과 동일한 효력이 발생한다.기출

(2) 범칙행위

이 장에서 "범칙행위"란 제156조 각 호 또는 제157조 각 호의 죄에 해당하는 위반 행위를 말하며, 그 구체적인 범위는 대통령령으로 정한다.

(3) 범칙자

범칙자란 범칙행위를 한 사람으로서 다음 각 호의 어느 하나에 해당하지 아니하는 사람을 말한다.기출

1) 범칙행위 당시 운전면허증 등 또는 이를 갈음하는 **증명서를 제시하지 못하거나** 경찰공무원의 운전자 신원 및 운전면허 확인을 위한 질문에 응하지 아니한 운전자

2) 범칙행위로 **교통사고를 일으킨 사람**. 다만, 업무상과실치상죄·중과실치상죄 또는 이 법 제151조의 죄에 대한 벌을 받지 아니하게 된 사람은 제외한다.

(4) 범칙금

범칙금이란 범칙자가 제163조에 따른 통고처분에 따라 국고 또는 제주특별자치도의 금고에 내야 할 금전을 말하며, 범칙금의 액수는 범칙행위의 종류 및 차종 등에 따라 대통령령으로 정한다.

(5) 통고처분기출

경찰서장은 범칙자로 인정하는 사람에 대하여는 이유를 분명하게 밝힌 범칙금납부통고서로 범칙금을 낼 것을 통고할 수 있다. 다만, 다음 각 호의 어느 하나에 해당하는 사람에 대하여는 그러하지 아니하다.

1. **성명이나 주소가 확실하지 아니한 사람**

2. **달아날 우려**가 있는 사람

3. **범칙금 납부통고서 받기를 거부**한 사람

CH.08

(6) 범칙금의 납부

1) 범칙금 납부통고서를 받은 사람은 **10일 이내**에 경찰청장이 지정하는 국고은행, 지점, 대리점, 우체국 또는 제주특별자치도지사가 지정하는 금융회사 등이나 그 지점에 범칙금을 내야 한다. 다만, 천재지변이나 그 밖의 부득이한 사유로 말미암아 그 기간에 범칙금을 낼 수 없는 경우에는 부득이한 사유가 없어지게 된 날부터 **5일** 이내에 내야 한다.

2) 납부기간에 범칙금을 내지 아니한 사람은 납부기간이 끝나는 날의 다음 날부터 20일 이내에 통고빋은 범칙금에 **100분의 20을 더한 금액**을 내야 한다.

3) 범칙금을 낸 사람은 범칙행위에 대하여 다시 벌 받지 아니한다.

(7) 불이행자의 처리

1) 경찰서장은 다음 각 호의 어느 하나에 해당하는 사람에 대하여는 지체 없이 즉결심판을 청구하여야 한다. 다만, 제2호에 해당하는 사람으로서 즉결심판이 청구되기 전까지 통고받은 범칙금액에 **100분의 50을 더한 금액**을 납부한 사람에 대하여는 그러하지 아니하다.

2) 즉결심판이 청구된 피고인이 즉결심판의 선고 전까지 통고받은 범칙금액에 **100분의 50**을 더한 금액을 내고 납부를 증명하는 서류를 제출하면 경찰서장은 피고인에 대한 즉결심판 청구를 취소하여야 한다.

3) 범칙금을 납부한 사람은 그 범칙행위에 대하여 다시 벌 받지 아니한다.

(8) 통고처분 불이행자 즉결심판청구

1) 경찰서장은 통고처분불이행자에게 범칙금 납부기간 만료일부터 **30일 이내**에 다음 각 호의 사항을 적은 즉결심판 출석통지서를 범칙금 등 영수증 및 범칙금 등 납부고지서와 함께 발송하여야 한다. 이 경우 즉결심판을 위한 출석일은 범칙금 납부기간 만료일부터 40일이 초과되어서는 아니 된다.

2) 지방경찰청장은 즉결심판 출석 최고에도 불구하고 운전자인 통고처분 불이행자가 범칙금 등을 내지 아니하고 즉결심판기일에 출석하지도 아니하여 즉결심판 절차가 진행되지 못한 경우에는 통고처분불이행자의 **운전면허의 효력을 일시 정지**시킬 수 있다.

06 과태료 부과

(1) 의의

벌금이나 과표와 달리 형벌의 성질은 없으나 법령위반에 대해 가해지는 금전벌이다.

(2) 부과 징수권자

① 지방청장은 **경찰서장**에게 위임(시행령 86조 3항)

② 제주특별자치도지사

③ 시장 등은 **구청장 및 군수**에게 위임(시행령 86조 2항)

(3) 처분제외 대상**기출**

① 차를 도난당하였거나 그 밖의 부득이한 사유가 있는 경우

② 운전자가 해당 위반행위로 20만 원 이하의 벌금이나 구류 또는 과료로 처벌된 경우

③ 「질서위반행위규제법」에 따른 의견 제출 또는 이의제기의 결과 위반행위를 한 운전자가 밝혀진 경우

④ 자동차가 「여객자동차 운수사업법」에 따른 자동차대여사업자 또는 「여신전문금융업법」에 따른 시설대여업자가 대여한 자동차로서 그 자동차만 임대한 것이 명백한 경우

(4) 과태료 납부방법

① 과태료 납부금액이 대통령령으로 정하는 금액 이하인 경우에는 대통령령으로 정하는 과태료 납부대행기관을 통하여 신용카드, 직불카드 등으로 낼 수 있다.

② 제1항에 따라 신용카드 등으로 내는 경우에는 과태료 납부대행기관의 승인일을 납부일로 본다.

(5) 속도 위반시 과태료

	과태료	범칙금	벌점
60킬로 초과	13만 원	12만 원	60점
40킬로 초과~60킬로 이하	10만 원	9만 원	30점
20킬로 초과~40킬로 이하	7만 원	6만 원	15점
20킬로 이하	4만 원	3만 원	

01 개념

(1) 도로교통법(2조)

도로에서의 차의 운전 등으로 인해 사람을 사상하거나 물건을 손괴하는 것

(2) 교통사고 처리특례법

차의 교통으로 인해 사람을 사상하거나 물건을 손괴하는 것이고 교통사고 처리특례법 상의 교통사고는 반드시 도로에서 사고나는 것 외에 **도로 이외의 장소**에서 일어난 경 우도 교통사고에 해당한다.

02 구성요건기출

(1) 차에 의한 사고

1) **기차, 전동차, 항공기, 선박**에 의한 사고는 교통사고에 포함되지 않는다.

2) 자전거, 손수레, 경운기 등의 사고는 교통사고에 해당한다.

3) **케이블카, 소아용자건거, 유모차, 보행보조용 의자차** 등은 포함되지 않는다.

(2) 차의 교통으로 인한 사고

1) 도로에서 차마를 그 본래의 사용방법에 따라 사용하는 것(조종을 포함한다)을 말한 다.(도로교통법 2조)

2) 차의 운행과 밀접하게 관련된 부수적 행위를 포함한다. 운행과 밀접하게 관련된 **주정차 중의 사고도 교통사고에 해당**한다.

3) 판례기출

화물차를 주차된 토마토 상자를 운반하던 사자 일부가 떨어지면서 지나가던 사람에게 상해를 입힌 경우, 교통사고처리특례상의 교통사고에 해당하지 않고 **업무상과실치상죄** 가 성립한다. (대판 2009.7.9. 2009도 2390)

(3) 피해의 결과 발생

1) 차의 운행중 충돌, 접촉 등으로 인한 것이라고 피해가 없는 경우 교통사고에 해당하지 않는다.

2) 피해는 타인의 피해를 말하고 자신의 피해는 해당하지 않는다.

(4) 업무상 과실기출

교통사고는 **과실범이자 결과범**으로 교통사고 조사를 할때는 과실을 명백히 해야 한다. 단, 특정범죄가중처벌 등에 관한 법률위반은 과실과 고의가 결합되어 있다.

(5) 교통사고해당 여부

교통사고에 해당	① 정차중인 버스 택시의 승하차 시의 사고 ② **운행 중 화물**이 떨어져 발생한 사고 ③ 공장 안에서 지게차를 운전하여 피해자를 들이받아 상해를 일으킨 경우
교통사고에 해당하지 않음	① 도로변에 세워둔 자동차에 실수로 부딪힌 경우 ② 주행중인 버스 안에서 짐이 떨어져 승객의 머리를 부상케 한 경우 ③ 도로가 아닌 곳의 **단순 물적 피해사고**는 교통사고에 해당하지 않는다.

03 교통사고 발생 시 조치

(1) 구호조치

① 차의 운전 등 교통으로 인하여 사람을 사상하거나 물건을 손괴한 경우에는 그 차의 운전자나 그 밖의 승무원은 즉시 정차하여 사상자를 구호하는 등 필요한 조치를 하여야 한다.

② 구호조치는 **도로가 아닌 곳의 사고운전자에게도 인정**된다.

(2) 신고의무

1) 그 차의 운전자 등은 경찰공무원이 현장에 있을 때에는 그 경찰공무원에게, 경찰공무원이 현장에 없을 때에는 가장 가까운 국가경찰관서에 다음 각 호의 사항을 지체 없이 신고하여야 한다.

① 사고가 일어난 곳   ② 사상자 수 및 부상 정도

③ 손괴한 물건 및 손괴 정도   ④ 그 밖의 조치사항 등

2) 신고를 받은 국가경찰관서의 경찰공무원은 부상자의 구호와 그 밖의 교통위험 방지를 위하여 필요하다고 인정하면 경찰공무원이 현장에 도착할 때까지 신고한 운전자 등에게 현장에서 대기할 것을 명할 수 있다.

3) 경찰공무원은 교통사고를 낸 차의 운전자 등에 대하여 그 현장에서 부상자의 구호와 교통안전을 위하여 필요한 지시를 명할 수 있다.

4) 판례

① 귀책사유 없는 차량의 운전자도 도로교통법상 **구호조치의무와 신고의무**가 있다.

② 교통사고로 인해 피해차량이 물적 피해가 경미하고 파편이 도로에 비산되지 않을 정도로 경미하더라도 가해차량이 즉시 정차하는 등 필요한 조치를 취하지 않고 도주한 경우 신고의무위반이다.

04 교통사고 처리

(1) 적용법률

1) **고의**에 의한 경우

살인죄, 상해죄, 손괴죄 등이 적용될 수 있고, 경미한 경우 도로교통법 의율 가능

2) **과실**에 의한 경우

업무상 과실치사상죄가 적용되고, 교통사고처리특례법 우선 적용되고 경미한 경우는 도로교통법이 적용된다.

(2) 처리기준

1) 치사사고기출

교통사고로 치사사고를 일으킨 경우 교통사고처리 특례법 5년 이하의 금고 2천만 원 이하의 벌금에 처한다.

2) 치상사고

① 합의유무

합의 성립시	교통사고 처리 특례법 제3조 2항을 적용하여 **공소권없음**으로 처리한다. 피해자의 명시한 의사표시는 제1심판결 선고전까지 해야 한다.
합의 불성립시	교통사고 처리특례법 제3조 1항을 적용하여 **공소권있음**으로 처리한다.
공소권있음 (합의 불문)	– 사고운전자가 피해자를 구조하지 않고 도주하거나 피해자를 사고 장소로부터 **유기하고 도주**한 경우 – 사고운전자가 음주측정요구에 따르지 아니한 경우 – **특례조항 11개** 항목에 해당하는 행위로 치상사고를 일으킨 경우

② 종합보험 가입된 경우 기출

원칙	**종합보험** 또는 **공제**에 가입된 경우 운전자에 대해 공소제기 어려움
예외 (공소제기)	– 구호조치를 하지 않고 도주하거나 피해자를 사고 장소로부터 옮겨 **유기하고 도주**한 경우 – 음주측정요구에 불응한 경우 – 특례 11개 항목으로 인해 치상사고를 일으킨 경우 – 피해자가 신체의 상해로 인해 생명에 대한 위험이 발생하거나 불구가 되거나 **불치 또는 난치의 질병**이 생긴 경우

3) 물피사고(반의사 불벌죄)기출

① 피해자와 합의 성립

피해액에 관계없이 교통사고처리대장에 등재해서 처리절차를 종결하고 **형사입건은 하지 않는다.** 단 원인행위가 명백한 경우 **통고처분가능**

② 피해자와 합의 불성립

합의가 성립되지 않으면 **형사입건**한다. 피해액이 20만원 미만은 **즉심**에 회부한다.

4) 교통사고 야기 후 도주사건

① 인명피해 사고 야기 후 도주

특정경제 가중 처벌 등에 관한 법률(5조 3항)을 적용하여 형사입건한다.

② 물적피해 사고 야기 후 도주기출

도로교통법 (148조)을 적용하여 형사입건한다.

③ 신고하지 않았을 경우

도로교통법 (154조)을 적용하여 형사입건한다.

(2) 유형별 처리

1) 신호, 지시위반사고(제1조)

① **적색등화 점멸시** 일시정지를 무시하고 진행한 사고

② 직진 또는 정지신호시 좌회전한 경우 사고

③ 진입금지 표지판이 있는 곳에서 진입 중 사고

④ **보행자 신호기 위반은 신호위반에 해당하지 않는다.** 기출

2) 중앙선 침범사고(제2조)

① 중앙선 침범행위와 사고사이의 인과관계를 요한다.

② 불가항력이나 부득이한 사유로 중앙선을 침범한 경우 중앙선 침범사고의 책임을 물을 수 없다.

③ 추월진행하고자 중앙선을 침범하여 진행하다가 대향차를 보고 자기차로로 들어가 자기차로 앞차량을 충돌한 경우 중앙선 침범의 과실책임 있다.

④ 교통사고발생지점이 중앙선을 넘어선 **모든 경우가 중앙선침범사고에 해당하는 것은 아니다.**

⑤ **차체의 일부**라도 중앙선을 침범하면 중앙선 침범에 해당한다.

⑥ 일반도로를 후진하여 역주행한 과실로 도로를 횡단하던 피해자에게 상해를 입게 하였다고 하더라도 교통사고 처리특례법 3조 2항(중앙선침범, 고속도로 등 횡단 유턴 후진위반)이 아니므로 피해자의 명시한 의사에 반하여 공소제기를 할 수 없다.

3) 제한속도 시속 20킬로 초과하여 운전한 경우(제3호)

신호위반차와 충돌한 차량이 신호를 준수한 경우 당시 일부 과속이 있었다 하더라도 사고 책임이 있다 할 수 없다(대판 1990. 2.9.)

4) 앞지르기 방법, 금지시기, 금지장소, 끼어들기 금지 등 위반(제4호)

커브길에서 대향차가 앞지르기하여 중앙선침범 진행해 올 때 반대 방향차는 이에 대처할 **주의의무는 없다.**(대판 1989. 9.6)

5) 철길 건널목 통과방법 위반(제5호)

모든 차는 건널목의 차단기가 내려져 있거나 내려지려고 하는 경우 건널목의 경보기가 울리고 있는 동안 건널목에 들어가서는 안 된다.

6) 횡단보도에서 보행자 보호의무 위반(제6호)

① 횡단보도 통행 중 신호가 변경되어 도로에서 **멈추어 서있는 상황**에서 사고가 발생되었다면 보행자 보호의무 위반의 **잘못이 없다.**

② 보행자가 횡단 중 **녹색등화가 적색등화로 바뀌었다 하더라도** 횡단보도를 다 건너갈 때까지는 운전자의 보행자 보호의무가 적용된다. (판례)

③ **택시를 잡기 위한 사람, 횡단보도에서 자고 있는 사람, 화물을 적재중인 사람, 싸우고 있는 사람**은 보행자에 해당하지 않는다. 기출 (판례)

7) 운전면허 또는 건설기계 조종사 면허를 받지 아니하거나 국제운전면허증을 소지하지 아니하고 운전한 경우(제7호)

① 운전면허 취소 처분 이후 **적법한 통지 또는 공고가 없는 동안** 자동차 운전은 무면허 운전이라고 할 수 없다. (대판 1991.11.8)

② 주소변경하였으나 행정착오로 미정되어 종전주소로 통지 **반송되어 공고조치** 후 면허 취소한 것은 부적법하고 구두로 알렸다 하여도 적법한 송달이 아니므로 **효력이 발생되지 않는다.** (대판 1994.1.11)

8) 술이나 약물의 영향으로 정상적인 운전을 하지 못할 우려가 있는 상태에서 운전한 경우(제8호)

음주 만취 후 운전을 하다가 교통사고를 일으킨 경우 음주시 교통사고를 예견하였는데도 자의로 심신장애를 야기한 경우로 형법 제10조 3항의 **심신장애로 인한 감경을 할 수 없다.** (대판 2007.7.27)

9) 보도를 침범하거나 보도횡단 방법에 위반하여 운전한 경우(제9호)

시내버스 정차를 위해 진입 시 인도에 있던 사람이 갑자기 차도로 쓰러질 것을 예상할 주의의무는 없다. (판례)

10) 개문사고

택시운전기사가 정차요구로 정차하였으나 요금 계산하던 중 승객 1명이 왼쪽 개폐장치를 풀고 왼쪽 문을 여는 순간 진행하던 차량과 충돌한 사고는 택시운전자에게 과실이 있다고 볼 수 없다. (판례)

11) 신호등 없는 교차로 사고 기출

폭이 넓은 도로로부터 그 교차로로 들어가려는 다른 차가 있으면 그 차에게 진로를 양보해야 하고 **먼저 교차에 도착하였다 하더라도 넓은 도로에서 교차로로 들어가려고 하는 차보다 우선하여 통행할 수 없다.**

12) 긴급자동차

신호를 준수하지 아니하고 진행하여도 무방하나 **사고 발생시에는 그에 대한 책임을 져야 한다.**

(3) 신뢰의 원칙

1) 의의

과실범의 주의의무의 한계를 정하는 원칙으로 교통 규칙을 준수하는 운전자는 다른 운전자나 보행자도 교통규칙을 잘 지킬 것을 신뢰하였다면 **사전에 미리 위반을 예견하고 회피할 주의의무까지 요구되지 않는다**는 원칙이다. **과실범의 처벌을 완화**하기 위한 원칙이다.

2) 고속도로상의 신뢰원칙

① 특별한 사정이 없는 한 고속도로를 운전하는 자동차 운전자에게 고속도로상에서 도로를 횡단하는 보행인 등 장애물이 나타날 것을 예견하여 제한속도 이하로 감속 서행할 주의의무는 없다.기출

② 도로를 횡단하는 보행자를 그 차의 제동거리 밖에서 발견하였다면 보행자가 반대 차선의 교행 차량 때문에 도로를 완전히 횡단하지 못하고 진행차선 쪽에서 멈추거나 되돌아가는 것이 예견되므로 구체적인 위험이 전개된 이상 고속도로 위라 할 지라도 신뢰의 원칙이 배제된다.기출

3) 교차로상의 신뢰원칙

① 녹색신호에 따라 통과할 무렵 제한속도를 초과하였다 할지라도 신호를 위반하고 직진한 상대방 차량에 대비할 주의의무는 없다.(판례)

② 통행 우선순위를 무시하고 교차로 왼쪽에서 과속으로 교행해 보는 것을 대한 주의의무는 없다. (판례)기출

4) 반대차로 차량에 대한 신뢰원칙

운전자에게 특별한 사정이 있는 경우를 제외하고는 반대 차로를 운행하는 차가 갑자기 중앙선을 넘어올 것까지 예견하여 감속하는 등 미리 충돌을 방지할 태세를 갖추어 차를 운전하여야 할 주의의무는 없다.기출

5) 횡단보도상의 신뢰원칙기출

신호에 따라 좌회전하는 차량의 뒤를 따라 직진하는 차량의 운전자로서는 횡단보도의 신호가 적색인 상태에서 보행자가 횡단보도를 건너오지 않을 것을 신뢰하는 것은 당연하고, 건너올 것이라는 예상하여 주의의무를 다해야 한다고 볼 수 없다.

6) 기타
① 교차로에서 녹색신호를 따라 직진하는 경우 반대차선의 차량이 신호를 위반하여 앞을 가로질러 좌회전 할 경우까지 예상하여 조치를 취할 의무는 없다. (판례)

② 버스운전자는 전날 주차해둔 버스를 아침에 출발하기 전에 차 밑에 장애물이 있는지 여부를 확인하여야 할 주의의무가 있다.

③ 차량의 운전자는 횡단보도의 신호가 적색인 상태에서 반대차선상에 정지해 있는 차량의 뒤로 보행자가 건너오지 않을 것이라고 신뢰하는 것은 당연하고 그렇지 않은 사태까지 예상하여 주의의무를 다할 필요는 없다. (판례)

④ 차량을 추월하기 위해 중앙선을 침범하여 마주오는 차량과 충돌한 경우, 맞은편에서 진행한 차량에게 과실이 있다고 할 수 없다.

⑤ 도로공사로 노폭이 줄어들어 자동차가 한 대 통과할 수 있는 협소한 곳이라면 다른 자동차가 피고인이 운행하는 화물자동차를 추월하리라고 예견할 수 없으므로 후사경으로 확인할 의무는 없다.

7) 적용한계
상대방의 규칙위반을 이미 인식한 경우에는 신뢰원칙이 적용되지 않는다.기출

정지거리
① **정**지거리 = **공주**거리 + **제동**거리
② **공주**거리: 운전자가 운전 중 위험을 감지하고 실제로 제동 페달을 밟아 제동 효과가 나타날 때까지 주행한 거리
③ 제동거리: 제동효과가 발생한 때부터 정지할 때까지 주행한 거리

---

01 영국의 교통 경찰

수도경찰대는 영국을 5개의 지역으로 나누어 업무를 처리하고 있으며 본부소속의 운영담당 국장이 교통업무를 담당하고 있다.

지역대	교통관리와 사고방지활동을 담당
교통기동대	응급환자수송, 약품, 혈액 등 수송, 의사 등 긴급수송의 선도역할
사고방지반	사고다발지점에 출동하여 사고처리
싸이카부대	특별경호반을 편성하여 국가행사나 의전을 담당하는 특별경호부대
ASU (Air Support Unit)	정해진 지역을 순찰하고 사고발생시 출동해 사고처리, 교통통제, 질서유지, 범인추적 등의 일을 처리한다.

02 미국의 교통 경찰

주경찰국은 주단위의 교통업무를 처리하고 고속도로 순찰대가 고속도로의 교통업무를 담당한다. 고속도로 순찰대 형태의 주경찰은 27개주가 있고 고속도로 순찰대의 업무는 도로상의 각종 교통관계업무를 수행한다.

03 일본의 교통 경찰

일본의 교통경찰은 우리나라와 유사하며 중앙경찰청에는 교통국이 있고 교통국에는 교통기획과 교통지도과 교통규제과 도시교통 대책반 운전면허과 등 5개 과가 있다. 일본의 경우 교통사고가 빈번해지자 1955년에는 **교통사고방지대책본부**를 설치하고 1970년에는 교통안전대책기본법을 제정하였다.

(1) 관구 경찰국

총무부, 공안부, 통신부등 3개의 부서로 구성되어있고 공안부에서 교통경찰업무를 담당한다. 관동관국경찰국, 근기관구경찰국에서는 보안부를 두어 생안, 형사, 교통업무를 수행하고 있다 .

(2) 도도부현 경찰

교통부를 두고 **총무과 안전과 기획과 운전면허과**를 두고 동경 등 대도시에는 이러한 부서가 모두 설치되어 있고 작은 부현에는 2개 과가 설치되어 있다.

CH.08

001 **교통경찰의 특징에 대한 설명으로 맞지 않은 것은?**

99·01·
02 승진

① 모든 계층의 사람이 교통경찰의 대상이다.
② 기술적 분야에 속하는 사항이 많다.
③ 사법적(司法的) 분야에 속하는 사항이 많다.
④ 사회생활에 중대한 영향을 미친다

해설
교통경찰은 도로의 시공, 관리, 안전시설의 설치 등과 관련하여 공물관리청인 일반행정청과 협조를 요하는 **행정적(行政的) 분야**에 속하는 사항이 많다.

002 **도로교통법상 일시 정지할 장소에 해당하지 않는 것은?**

11 승진

① 교통정리가 행하여지고 있지 아니하고 일시정지 또는 양보를 표시하는 안전표지가 설치되어있는 교차로
② 철길 건널목을 통과하고자 할 때
③ 횡단보도상에 보행자가 통행하고 있을 때
④ 비탈길의 고갯마루 부근

해설
비탈길의 고갯마루 부근은 **서행**해야 할 장소이다.

003 **도로교통법상 주차금지 장소에 해당하는 곳으로 틀린 것은?**

01·10
승진

① 터널 안 및 다리 위
② 화재경보기로부터 3m 이내의 곳
③ 소방용 기계·기구가 설치된 곳으로부터 5m 이내의 곳
④ 도로공사를 하고 있는 경우에는 그 공사구역의 양쪽 가장자리로부터 10m 이내의 곳

해설
도로공사를 하고 있는 경우에는 그 공사구역의 양쪽 가장자리로부터 **5m 이내**의 곳이 주차금지장소이다.

ANSWER   001 ③   002 ④   003 ④

004 교통경찰 활동에 대한 아래의 설명 중 <u>틀린</u> 것은 몇 개인가?

> ㉠ 교통안전 표지의 종류로는 주의, 규제, 경고, 보조, 노면표지가 있다.
> ㉡ 터널표지는 주의표지이다.
> ㉢ 도로교통법상 신호기 및 안전표지의 설치·관리권자는 특별시장·광역시장 또는 시장·군수이다.
> ㉣ 모든 차의 운전자는 어린이 또는 유아를 태우고 있다는 표시를 하고 도로를 통행하는 어린이통학버스를 앞지르지 못한다.
> ㉤ 횡단보도는 육교, 지하도 및 다른 횡단보도로부터 100m 이내에 설치하여서는 아니 된다.

① 1개　　　　② 2개　　　　③ 3개　　　　④ 4개

해설
㉠ 교통안전 표지의 종류는 주의, 규제, 지시, 보조, 노면표지가 있다.
㉤ 횡단보도는 육교, 지하도 및 다른 횡단보도로부터 **200m 이내**에 설치하여서는 아니 된다.

005 다음 설명 중 옳지 <u>않은</u> 것은?

09
경위승진

① 적색등화 점멸 시 진행하는 것이 반드시 신호위반은 아니다.
② 교통안전시설 등 설치·관리지침상 고속도로상의 교통안전시설물은 사전에 고속도로관리자와 협의 후 경찰청장이 설치·관리한다.
③ 긴급자동차는 자동차의 속도, 앞지르기 금지시기, 앞지르기 금지장소, 끼어들기의 금지에 관한 규정에 대한 특례가 인정된다.
④ 의무전투경찰순경은 치안업무를 보조하는 업무의 일환으로서 '경찰공무원법'의 규정에 의한 경찰공무원과 마찬가지로 단독으로 교통정리를 위한 지시 또는 신호를 할 수 있다.

해설
고속도로관리자는 교통안전시설을 설치·관리하여야 한다. 이 경우 고속도로관리자가 교통안전시설을 설치하고자 하는 때에는 경찰청장과 협의하여야 한다.

ANSWER 　004 ② / ㉠ ㉤　005 ④

교통경찰 • 565

006

20 채용

16·17
승진

「도로교통법 시행규칙」상 안전표지에 대한 설명 중 적절 하지 <u>않은</u> 것을 모두 고른 것은?

㉠ 보조표지 - 도로상태가 위험하거나 도로 또는 그 부근에 위험물이 있는 경우에 필요한 안전조치를 할 수 있도록 이를 도로사용자에게 알리는 표지
㉡ 규제표지 - 도로교통의 안전을 위하여 각종 제한 금지 등의 규제를 하는 경우에 이를 도로사용자에게 알리는 표지
㉢ 노면표시 - 주의표지 규제표지 또는 지시표지의 주기능을 보충하여 도로사용자에게 알리는 표지
㉣ 지시표지 - 도로의 통행방법 통행구분 등 도로교통의 안전을 위하여 필요한 지시를 하는 경우에 도로사용자가 이에 따르도록 알리는 표지

① ㉠㉡   ② ㉡㉢   ③ ㉠㉢   ④ ㉡㉣

해설
㉠ **주의표지** - 도로상태가 위험하거나 도로 또는 그 부근에 위험물이 있는 경우에 필요한 안전조치를 할 수 있도록 이를 도로사용자에게 알리는 묘지
㉢ **보조표지** - 주의표지·규제표지 또는 지시표지의 주기능을 보충하여 도로사용자에게 알리는 표지

007

17 채용
2차 변형

「도로교통법」 제2조 용어의 정의에 대한 설명으로 가장 적절하지 <u>않은</u> 것은?

① "자전거횡단도"란 자전거가 일반도로를 횡단할 수 있도록 안전표지로 표시한 도로의 부분을 말한다.
② "안전지대"란 도로를 횡단하는 보행자나 통행하는 차마의 안전을 위하여 안전표지나 이와 비슷한 인공구조물로 표시한 도로의 부분을 말한다.
③ "길 가장자리 구역"이란 보도와 차도가 구분되어있는 도로에서 보행자의 안전을 확보하기 위하여 안전표지 등으로 경계를 표시한 도로의 가장자리 부분을 말한다.
④ "안전표지"란 교통안전에 필요한 주의·규제·지시 등을 표시하는 표지판이나 도로의 바닥에 표시하는 기호·문자 또는 선 등을 말한다.

해설
③ "길 가장자리 구역"이란 **보도와 차도가 구분되지 아니한 도로**에서 보행자의 안전을 확보하기 위하여 안전표지 등으로 경계를 표시한 도로의 가장자리 부분을 말한다.

ANSWER **006** ③   **007** ③

008 「도로교통법」상 용어의 정의이다. 옳은 것만을 모두 연결한 것은?

14 채용
2차

15 채용
3차

16
지능범죄

⊙ '차로'란 연석선, 안전표지 또는 그와 비슷한 인공 구조물을 이용하여 경계를 표시하여 모든 차가 통행할 수 있도록 설치된 도로의 부분을 말한다.
ⓛ "차선"이란 차로와 차로를 구분하기 위하여 그 경계지점을 안전표지로 표시한 선을 말한다.
ⓒ "자동차전용도로"란 자동차만 다닐 수 있도록 설치된 도로를 말한다.
ⓔ "고속도로"란 자동차의 고속 운행에만 사용하기 위하여 지정된 도로를 말한다.
ⓜ "정차"란 운전자가 5분을 초과하지 아니하고 차를 정지시키는 것으로서 주차 외의 정지 상태를 말한다.

① ⊙ⓛⓒⓔⓜ   ② ⓛⓒⓔⓜ   ③ ⊙ⓛⓒⓔ   ④ ⓛⓒⓔ

> **해설**
> ⊙ **차로**란 차마가 한 줄로 도로의 정하여진 부분을 통행하도록 차선으로 구분한 차도의 부분을 말한다. 연석선(차도와 보도를 구분하는 돌 등으로 이어진 선을 말한다. 이하 같다), 안전표지 또는 그와 비슷한 인공 구조물을 이용하여 경계를 표시하여 모든 차가 통행할 수 있도록 설치된 도로의 부분은 "차로"가 아니라 **차도**이다.

009 「도로교통법」상 자전거와 관련된 다음 설명 중 옳은 것은 모두 몇 개인가?

18 승진

18 경간

가. 자전거의 운전자는 자전거도로가 설치되지 아니한 곳에서는 도로 좌측 가장자리에 붙어서 통행하여야 한다.
나. 자전거의 운전자는 길가장자리구역(안전표지로 자전거의 통행을 금지한 구간은 제외한다)을 통행할 수 있다. 이 경우 자전거의 운전자는 보행자의 통행에 방해가 될 때에는 서행하거나 일시정지하여야 한다.
다. 자전거의 운전자는 자전거도로(「도로교통법」제15조 제1항에 따라 자전거만 통행할 수 있도록 설치된 전용차로를 포함한다)가 따로 있는 곳에서는 그 자전거도로로 통행할 수 있다.
라. 자전거의 운전자는 밤에 도로를 통행하는 때에는 전조등과 미등을 켜거나 야광띠 등 발광장치를 착용하여야 한다.

① 1개   ② 2개   ③ 3개   ④ 4개

> **해설**
> 가. 자전거의 운전자는 자전거도로가 설치되지 아니한 곳에서는 **도로 우측 가장자리에 붙어서 통행**하여야 한다.
> 다. 자전거의 운전자는 자전거도로(「도로교통법」제15조 제1항에 따라 자전거만 통행할 수 있도록 설치된 전용차로를 포함한다)가 따로 있는 곳에서는 그 **자전거도로로 통행하여야 한다**.

ANSWER **008** ② **009** ② / 나, 라

010

18 승진

「도로교통법」에 규정된 '어린이통학버스'에 대한 설명으로 가장 적절하지 <u>않은</u> 것?

① 어린이라 함은 13세 미만인 사람을 말한다.

② 어린이통학버스가 도로에 정차하여 어린이나 영유아가 타고 내리는 중임을 표시하는 점멸등 등의 장치를 작동 중일 때에는 어린이통학버스가 정차한 차로와 그 차로의 바로 옆 차로로 통행하는 차의 운전자는 어린이통학버스에 이르기 전에 일시정지하여 안전을 확인한 후 서행하여야 한다.

③ 위 '②'의 경우 중앙선이 설치되지 아니한 도로와 편도 1차로인 도로에서는 반대방향에서 진행하는 차의 운전자도 어린이통학버스에 이르기 전에 일시정지하여 안전을 확인한 후 서행하여야 한다.

④ 모든 차의 운전자는 어린이나 영유아를 태우고 있다는 표시를 한 상태로 도로를 통행하는 어린이통학버스를 앞지를 때 과도하게 속도를 올리는 등 행위를 자제하여야 한다.

> **해설**
> ④ 모든 차의 운전지는 어린이나 영유아를 태우고 있다는 표시를 한 상태로 도로를 통행하는 어린이통학버스를 **앞지르지 못한다**(「도로교통법」 제51조 제3항).

011

15 채용
1차

17
경기북부
여경

「도로교통법」상 '술에 취한 상태에서의 운전 금지' 규정을 위반한 경우 처벌기준에 대한 설명으로 가장 적절하지 <u>않은</u> 것은?

① 혈중알콜농도가 0.08퍼센트 이상 0.2퍼센트 미만인 사람은 1년 이상 2년 이하의 징역이나 500만 원 이상 1천만 원 이하의 벌금에 처한다.

② 술에 취한 상태에 있다고 인정할 만한 상당한 이유가 있는 사람으로서 경찰공무원의 호흡조사 측정에 응하지 아니한 사람은 1년 이상 5년 이하의 징역이나 500만 원 이상 2천만 원 이하의 벌금에 처한다.

③ '술에 취한 상태에서의 운전 금지' 규정을 2회 이상 위반한 사람은 1년 이상 5년 이하의 징역이나 500만 원 이상 2천만 원 이하의 벌금에 처한다.

④ 혈중알콜농도가 0.2퍼센드 이싱인 사람은 2년 이상 5년 이하의 징역이나 1천만 원 이상 2천만 원 이하의 벌금에 처한다.

> **해설**
> ③ '술에 취한 상태에서의 운전 금지' 규정을 2회 이상 위반한 사람은 **2년 이상 5년 이하의 징역이나 1천만 원 이상 2천만 원 이하의 벌금**에 처한다(「도로교통법」 제148조의2 제1항).

012 「도로교통법」상 음주 및 약물운전의 행위에 대한 처벌로서 가장 옳지 않은 것은?

13·18
경간

① 혈중알콜농도가 0.2퍼센트 이상의 승용자동차 운전자는 2년 이상 5년 이하의 징역이나 1천만 원 이상 2천만 원 이하의 벌금에 처한다.

② 혈중알콜농도가 0.08퍼센트 이상 0.2 퍼센트 미만의 화물자동차 운전자는 1년 이상 2년 이하의 징역이나 500만 원 이상 1천만 원 이하의 벌금에 처한다.

③ 혈중알콜농도가 0.03퍼센트 이상 0.08퍼센트 미만인 승합자동차 운전자는 1년 이하의 징역이나 500만 원 이하의 벌금에 처한다.

④ 약물(마약, 대마 및 향정신성의약품과 그 밖에 행정안전부령으로 정하는 것)로 인해 정상적으로 운전하지 못할 우려가 있는 상태에서의 승용자동차 운전자는 1년 이상 3년 이하의 징역이나 500만 원 이상 1천만 원 이하의 벌금에 처한다.

해설

④ 약물(마약, 대마 및 향정신성의약품과 그 밖에 행정안전부령으로 정하는 것)로 인해 정상적으로 운전하지 못할 우려가 있는 상태에서의 승용자동차 운전자는 **3년 이하의 징역이나 1천만 원 이하의 벌금**에 처한다(「도로교통법」 제148조의2 제3항).

013

18 채용
3차

20 승진

아래는 「도로교통법 시행규칙」 별표 28 운전면허 취소·정지처분 기준의 일부를 발췌한 것이다. 다음 중 옳은 것은?

> 1. 일반기준
> 가.~마. 〈생략〉
> 바. 처분기준의 감경
> (1) 감경 사유
> (가) 음주운전으로 운전면허 취소처분 또는 정지처분을 받은 경우
> 운전이 가족의 생계를 유지할 중요한 수단이 되거나, ㉠ 모범운전자로서 처분당시 2년 이상
> 교통봉사활동에 종사하고 있거나, 교통사고를 일으키고 도주한 운전자를 검거하여 경찰서장 이상의 표창을 받은 사람으로서 다음의 어느 하나에 해당되는 경우가 없어야 한다.
> 1) ㉡ 혈중알코올농도가 0.15퍼센트를 초과하여 운전한 경우
> 2) 음주운전 중 인적피해 교통사고를 일으킨 경우
> 3) 경찰관의 음주측정요구에 불응하거나 도주한 때 또는 단속경찰관을 폭행한 경우
> 4) ㉢ 과거 5년 이내에 3회 이상의 인적피해 교통사고의 전력이 있는 경우
> 5) ㉣ 과거 3년 이내에 음주운전의 전력이 있는 경우

① ㉠   ② ㉡   ③ ㉢   ④ ㉣

해설

〈처분기준의 감경〉
(1) 감경 사유
(가) 음주운전으로 운전면허 취소처분 또는 정지처분을 받은 경우
운전이 가족의 생계를 유지할 중요한 수단이 되거나, ㉠ **모범운전자로서 처분당시 3년 이상 교통봉사활동에 종사**하고 있거나, 교통사고를 일으키고 도주한 운전자를 검거하여 경찰서장 이상의 표창을 받은 사람으로서 다음의 어느 하나에 해당되는 경우가 없어야 한다.
1) ㉡ **혈중알코올농도가 0.10퍼센트를 초과**하여 운전한 경우
2) 음주운전 중 인적피해 교통사고를 일으킨 경우
3) 경찰관의 음주측정요구에 불응하거나 도주한 때 또는 단속경찰관을 폭행한 경우
4) ㉢ **과거 5년 이내에 3회 이상의 인적피해 교통사고의 전력**이 있는 경우
5) ㉣ **과거 5년 이내에 음주운전의 전력**이 있는 경우

「도로교통법」상 음주운전과 관련된 내용이다. 아래 ㉠부터 ㉣까지의 내용 중 옳고 그름의 표시(○×)가 바르게 된 것은?

> ㉠ 술에 취한 상태에서 자전거를 운전한 사람은 처벌된다.
> ㉡ 음주운전 2회 이상 위반으로 벌금형을 확정받고 면허가 취소된 경우, 면허가 취소된 날부터 3년간 면허시험 응시자격이 제한된다.
> ㉢ 무면허인 자가 술에 취한 상태에서 자동차 등을 운전한 경우, 무면허운전죄와 음주운전죄는 실체적 경합관계에 있다.
> ㉣ 도로가 아닌 곳에서 술에 취한 상태로 자동차 등을 운전하더라도 음주단속의 대상이 된다.

① ㉠(○) ㉡(○) ㉢(×) ㉣(×) 　② ㉠(○) ㉡(×) ㉢(○) ㉣(○)

③ ㉠(○) ㉡(×) ㉢(×) ㉣(○) 　④ ㉠(×) ㉡(○) ㉢(○) ㉣(×)

해설

㉡ 음주운전 2회 이상 위반으로 벌금형을 확정받고 면허가 취소된 경우, 면허가 취소된 날부터 **2년간** 면허시험 응시자격이 제한된다.
㉢ 무면허인 자가 술에 취한 상태에서 자동차 등을 운전한 경우, 무면허운전죄와 음주운전죄는 **상상적 경합**관계에 있다.

015

20 경간

음주운전 단속과 처벌에 대한 설명 중 옳지 않은 것은 모두 몇 개인가? (음주운전은 혈중알콜농도 0.03% 이상을 넘어서 운전한 경우로 전제함, 다툼이 있는 경우 판례에 의함)

> 가. 자전거 음주운전도 처벌 대상이다.
> 나. 취중 경운기나 트랙터 운전의 경우 음주운전에 해당하지 않는다.
> 다. 음주측정용 불대는 1인 1개를 사용함을 원칙으로 한다.
> 라. 주차장, 학교 경내 등 「도로교통법」상 도로가 아닌 곳에서도 음주운전에 대해 「도로교통법」 적용이 가능하나, 운전면허 행정처분만 가능하고 형사처벌은 할 수 없다.
> 마. 음주운전을 하다가 교통사고로 사람을 죽게 하거나 다치게 한 때에는 그 운전 면허를 취소한다.
> 바. 피고인이 음주와 음주운전을 목격한 참고인이 있는 상황에서 경찰관이 음주 및 음주운전 종료로부터 약 5시간 후 집에서 자고 있는 피고인을 연행하여 음주측정을 요구한 데에 대하여 피고인이 불응한 경우, 「도로교통법」상 음주측정 불응죄가 성립한다.

① 2개   ② 3개   ③ 4개   ④ 5개

해설

가. 자전거 음주운전은 20만 원 이하의 벌금, 구류, 과료에 처한다.
다. 음주측정 **1회당 1개의 음주측정용 불대(Mouth piece)를 사용**한다.
라. 주차장, 학교 경내 등 「도로교통법」상 도로가 아닌 곳에서도 음주운전에 대해 「도로교통법」 적용이 가능하며, 도로가 아닌 곳에서의 음주운전도 「도로교통법」 제2조 26호와 「도로교통법」 제148조의2에 의해 형사처벌 할 수 있지만, 운전면허 행정처분에 대한 규정인 「도로교통법」 제93조는 도로에서만 적용되므로 운전면허 행정처분은 할 수 없다.
마. 술에 취한 상태의 기준(혈중알콜농도 0.03% 이상)을 넘어서 운전을 하다가 교통사고로 사람을 죽게 하거나 다치게 한 때에는 그 운전면허를 취소한다.
바. 대판 2001.8.24, 2000도6026

016 음주운전 관련 판례에 대한 설명으로 가장 적절하지 <u>않은</u> 것은?

16 채용
2차

① 경찰관이 음주운전 단속 시 운전자의 요구에 따라 곧바로 채혈을 실시하지 않은 채 호흡측정기에 의한 음주측정을 하고 1시간 12분이 경과한 후에야 채혈을 하였다는 사정만으로는 위 행위가 법령에 위배된다거나 객관적 정당성을 상실하여 운전자가 음주운전 단속과정에서 받을 수 있는 권익이 현저하게 침해되었다고 단정하기 어렵다.

② 피고인의 음주와 음주운전을 목격한 참고인이 있는 상황에서 경찰관이 음주 및 음주운전 종료로부터 약 5시간 후 집에서 자고 있는 피고인을 연행하여 음주측정을 요구한 데에 대하여 피고인이 불응한 경우 「도로교통법」상의 음주측정불응죄가 성립하지 않는다.

③ 어떤 사람이 자동차를 움직이게 할 의도 없이 다른 목적을 위하여 자동차의 원동기(모터)의 시동을 걸었는데, 실수로 기어 등 자동차의 발진에 필요한 장치를 건드려 원동기의 추진력에 의하여 자동차가 움직이거나 또는 불안전한 주차상태나 도로여건 등으로 인하여 자동차가 움직이게 된 경우는 자동차의 운전에 해당하지 아니한다.

④ 경찰관이 술에 취한 상태에서 자동차를 운전한 것으로 보이는 피고인을 「경찰관직무집행법」에 따른 보호조치 대상자로 보아 경찰관서로 데려온 직후 음주측정을 요구하였는데 피고인이 불응하여 음주측정불응죄로 기소된 사안에서 위법한 보호조치 상태를 이용하여 음주측정 요구가 이루어졌다는 등의 특별한 사정이 없는 한 피고인의 행위는 음주측정불응죄에 해당한다.

해설
② 피고인의 음주와 음주운전을 목격한 참고인이 있는 상황에서 경찰관이 음주 및 음주운전 종료로부터 약 5시간 후 집에서 자고 있는 피고인을 연행하여 음주측정을 요구한 데에 대하여 피고인이 불응한 경우, **「도로교통법」상의 음주측정불응죄가 성립한다**.

017 다음 설명 중 가장 적절한 것은? (다툼이 있으면 판례에 의함)

15 채용
3차

① 일반적으로 고속도로를 운전하는 자동차 운전자에게 도로상에 장애물이 나타날 것을 예견하여 제한속도 이하로 감속 운행할 주의 의무가 있다.

② 자동차를 움직이게 할 의도 없이 다른 목적을 위하여 자동차의 원동기(모터)의 시동을 걸었는데, 실수로 기어 등 자동차의 발진에 필요한 장치를 건드려 원동기의 추진력에 의하여 자동차가 움직인 경우 자동차의 운전에 해당한다.

③ 무면허운전으로 인한 도로교통법위반죄에 있어서는 어느 날에 운전을 시작하여 다음날까지 동일한 기회에 일련의 과정에서 계속 운전을 한 경우 등 특별한 경우를 제외하고는 사회통념상 운전한 날을 기준으로 운전한 날마다 1개의 운전행위가 있다고 보는 것은 상당하지 않다.

④ 특별한 이유 없이 호흡측정기에 의한 측정에 불응하는 운전자에게 경찰공무원이 혈액채취에 의한 측정방법이 있음을 고지하고 그 선택 여부를 물어야 할 의무가 있다고는 할 수 없다.

> **해설**
>
> ① 일반적으로 고속도로를 운전하는 자동차 운전자에게 도로상에 장애물이 나타날 것을 예견하여 제한속도 이하로 감속 운행할 주의 **의무가 없다**(대판 1981. 12. 8, 81도 1801).
> ② 자동차를 움직이게 할 의도 없이 다른 목적을 위하여 자동차의 원동기(모터)의 시동을 걸었는데, 실수로 기어 등 자동차의 발진에 필요한 장치를 건드려 원동기의 추진력에 의하여 자동차가 움직인 경우 **자동차의 운전에 해당하지 않는다**(대판 2004. 4. 23, 2004도1109).
> ③ 무면허운전으로 인한 도로교통법위반죄에 있어서는 어느 날에 운전을 시작하여 다음날까지 동일한 기회에 일련의 과정에서 계속 운전을 한 경우 등 **특별한 경우를 제외하고는 사회통념상 운전한 날을 기준으로 운전한 날마다 1개의 운전행위가 있다**고 보는 것이 상당하므로 운전한 날마다 무면허운전으로 인한 도로교통법위반의 1죄가 성립한다(대판 2002. 7. 23, 2001도6281).

018

18 채용
1차

음주운전 관련 판례의 내용으로 가장 적절하지 <u>않은</u> 것은?

① 「형사소송법」 규정에 위반하여 수사기관이 법원으로부터 영장 또는 감정처분허가
장을 발부받지 아니한 채 피의자의 동의 없이 피의자의 신체로부터 혈액을 채취하
고 더구나 사후적으로도 지체 없이 이에 대한 영장을 발부받지도 아니하고서 그
강제채혈한 피의자의 혈액 중 알코올농도에 관한 감정결과보고서 등은 피고인이
나 변호인의 증거동의가 있다고 하더라도 유죄의증거로 사용할 수 없다.

② 음주운전과 관련한 도로교통법위반죄의 범죄수사를 위하여 미성년자인 피의자의
혈액채취가 필요한 경우에도 피의자에게 의사능력이 있다면 피의자 본인만이 혈
액채취에 관한 유효한 동의를 할 수 있고, 피의자에게 의사능력이 없는 경우에도
명문의 규정이 없는 이상 법정대리인이 피의자를 대리하여 동의할 수는 없다.

③ 「도로교통법」에 규정된 음주측정은 성질상 강제될 수 있는 것이 아니며 궁극적으
로 당사자의 자발적인 협조가 필수적인 것이므로 이를 두고 법관의 영장을 필요로
하는 강제처분이라 할 수 없다. 따라서 주취운전의 혐의자에게 영장 없는 음주측
정에 응할 의무를 지우고 이에 불응한 사람을 처벌한다고 하더라도 영장주의에 위
배되지 아니한다.

④ 위드마크 공식은 운전자가 음주한 상태에서 운전한 사실이 있는지에 대한 경험법
칙에 의한 증거수집 방법이므로 경찰공무원에게 위드마크 공식의 존재 및 나아가
호흡측정에 의한 혈중알코올농도가 음주운전 처벌기준 수치에 미달하였더라도 위
드마크 공식에 의한 역추산 방식에 의하여 운전 당시의 혈중알코올농도를 산출할
경우 그 결과가 음주운전 처벌기준 수치 이상이 될 가능성이 있다는 취지를 운전
자에게 미리 고지하여야 할 의무가 있다.

> **해설**
> ④ 위드마크 공식은 운전자가 음주한 상태에서 운전한 사실이 있는지에 대한 경험법칙에 의한 증거수집 방법
> 에 불과하다. 따라서 경찰공무원에게 위드마크 공식의 존재 및 나아가 호흡측정에 의한 혈중알코올농도가
> 음주운전 처벌기준 수치에 미달하였더라도 위드마크 공식에 의한 역추산 방식에 의하여 운전 당시의 혈중
> 알코올농도를 산출할 경우 그 결과가 음주운전 처벌기준 수치 이상이 될 가능성이 있다는 취지를 **운전자
> 에게 미리 고지하여야 할 의무가 있다고 보기도 어렵다**(대판 2017. 9. 21, 2017도661).

ANSWER **018** ④

019 다음 중 교통경찰과 관련된 판례의 태도와 부합하지 <u>않는</u> 것은 모두 몇 개인가?

12 채용
1차

ⓐ 운전자에게는 특별한 사정이 없는 한 반대차로를 운행하는 차가 갑자기 중앙선을 넘어올 것까지 예견하여 감속하는 등 미리 충돌을 방지할 태세를 갖추어 운전해야 할 주의의무가 있다고는 할 수 없다.

ⓑ 고속도로를 운행하는 자동차 운전자는 고속도로를 무단횡단하는 보행자가 있을 것을 미리 예견하여 운전할 주의의무가 있다.

ⓒ 술에 취한 피고인이 자동차 안에서 잠을 자다가 추위를 느껴 히터를 가동하기 위하여 시동을 길었고, 실수로 세동장치 등을 건드렸다고 하더라도 자동차가 움직였으면 음주운전에 해당한다.

ⓓ 약물 등의 영향으로 정상적으로 운전하지 못할 우려가 있는 상태에서 자동차 등을 운전하였다고 인정하려면, 약물 등의 영향으로 인하여 '정상적으로 운전하지 못할 우려가 있는 상태'에서 운전을 하면 바로 성립하고, 현실적으로 '정상적으로 운전하지 못할 상태'에 이르러야만 하는 것은 아니다.

ⓔ 횡단보도 보행신호등의 녹색등화가 점멸할 때에는 보행자의 횡단을 금지하고 있으므로 보행자가 녹색등화의 점멸신호 이후에 횡단을 시작하였다면 설사 녹색등화가 점멸 중이더라도 횡단보도에서의 보행자보호의무의 대상으로 보기 어렵다.

① 2개   ② 3개   ③ 4개   ④ 5개

해설

ⓐ 대판 1990.3.27. 88다카3670
ⓑ 일반적으로 고속도로를 운전하는 자동차 운전자에게 도로상에 장애물이 나타날 것을 예견하여 제한 속도 이하로 감속 서행할 **주의의무가 없다**(대판 1981.12.8, 81도1808).
ⓒ 「도로교통법」 제2조 제19호는 '운전'이라 함은 도로에서 차를 그 본래의 사용 방법에 따라 사용하는 것을 말한다고 규정하고 있는바, 여기에서 말하는 운전의 개념은 그 규정의 내용에 비추어 목적적 요소를 포함하는 것이므로 **고의의 운전행위만을 의미**하고 자동차 안에 있는 사람의 의지나 관여 없이 자동차가 움직인 경우에는 **운전에 해당하지 않는다**(대판 2004. 4. 23,2004도1109).
ⓓ 대판 2010.12.23,2010도11272
ⓔ 보행신호등의 녹색등화의 점멸신호 전에 횡단을 시작하였는지 여부를 가리지 아니하고 보행 신호등의 녹색등화가 점멸하고 있는 동안에 횡단보도를 통행하는 모든 보행자는 「도로교통법」 제27조 제1항에서 정한 횡단보도에서의 **보행자보호의무의 대상이 된다**(대판 2009.5.14, 2007도9598).

020

20 승진

교통사고와 관련된 내용으로 가장 적절하지 않은 것은? (다툼이 있으면 판례에 의함)

① 교통사고로 인한 물적 피해가 경미하고 파편이 도로상에 비산 되지도 않았다고 하더라도, 가해 차량이 즉시 정차하는 등 필요한 조치를 취하지 아니한 채 그대로 도주한 경우에는 「도로교통법」 제54조 제1항 위반죄가 성립한다.

② 보행자가 횡단보도 보행신호등의 녹색동화의 점멸신호 전에 횡단을 시작하였다면, 보행신호등의 녹색동화가 점멸하고 있는 동안에 횡단보도를 통행하고 있다 해도 횡단보도에서의 보행자 보호의무의 대상이 되지 않는다.

③ 교통조사관은 「교통사고조사규칙」에 따라 차대차 사고로서 당사자 간의 과실이 동일한 경우 피해가 경한 당사자를 선순위로 지정한다.

④ 택시 운전자인 甲이 교차로에서 적색등화에 우회전하다가 신호에 따라 진행하던 乙의 승용차를 충격하여 乙에게 상해를 입혔다면, 당해 사고는 「교통사고처리 특례법」 제3조 제2 항 단서 제1호에서 정한 '신호위반'으로 인한 사고에 해당하지 아니한다.

> **해설**
> ② 보행신호등의 녹색등화의 점멸신호 전에 횡단을 시작하였는지 여부를 가리지 아니하고 보행신호등의 녹색등화가 점멸하고 있는 동안에 횡단보도를 통행하는 모든 보행자는 도로교통법 제27조 제1항에서 정한 횡단보도에서의 보행자보호의무의 대상이 된다(대판 2009. 5. 14, 2007도9598).

021

16 채용
1차 변형

「도로교통법」상 정차 및 주차금지 장소로 옳은 것은 모두 몇 개인가?

> ㉠ 소방용수시설 또는 비상소화장치가 설치된 곳으로부터 5미터 이내인 곳
> ㉡ 터널 안 및 다리 위
> ㉢ 교차로의 가장자리나 도로의 모퉁이로부터 5미터 이내인 곳
> ㉣ 도로공사를 하고 있는 경우에는 그 공시구역의 양쪽 가장자리로부터 5미터 이내인 곳

① 1개   ② 2개   ③ 3개   ④ 4개

> **해설**
> ㉠ 소방용수시설 또는 비상소화장치가 설치된 곳으로부터 5미터 이내인 곳 – **정차 및 주차금지장소**
> ㉡ 터널 안 및 다리 위 – **주차금지장소**
> ㉢ 교차로의 가장자리나 도로의 모퉁이로부터 5미터 이내인 곳 – 정차 및 주차금지장소
> ㉣ 도로공사를 하고 있는 경우에는 그 공사구역의 양쪽 가장자리로부터 5미터 이내인 곳 – **주차금지장소**

022 다음 중 「도로교통법」상 정차 및 주차 모두가 금지되는 장소는 모두 몇 개인가?

> ⊙ 교차로·횡단보도·건널목이나 보도와 차도가 구분된 도로의 보도(「주차장법」에 따라 차도와 보도에 걸쳐서 설치된 노상 주차장은 제외)
> ⓒ 「다중이용업소의 안전관리에 관한 특별법」에 따른 다중이용업소의 영업장이 속한 건축물로 소방본부장의 요청에 의하여 지방경찰청장이 지정한 곳으로부터 5미터 이내인 곳
> ⓒ 도로공사를 하고 있는 경우에는 그 공사구역의 양쪽 가장자리 5미터 이내인 곳
> ⓔ 교차로의 가장자리나 도로의 모퉁이로부터 5미터 이내인 곳
> ⓜ 건널목의 가장자리 또는 횡단보도로부터 10미터 이내인 곳
> ⓗ 터널 안 및 다리 위

① 2개   ② 3개   ③ 4개   ④ 5개

해설
⊙ 교차로·횡단보도·건널목이나 보도와 차도가 구분된 도로의 보도(「주차장법」에 따라 차도와 보도에 걸쳐서 설치된 노상 주차장은 제외) – **정차 및 주차 모두 금지**
ⓒ 「다중이용업소의 안전관리에 관한 특별법」에 따른 다중이용업소의 영업장이 속한 건축물로 소방본부장의 요청에 의하여 지방경찰청장이 지정한 곳으로부터 5미터 이내인 곳 – **주차 금지**
ⓒ 도로공사를 하고 있는 경우에는 그 공사 구역의 양쪽 가장자리 5미터 이내인 곳 – **주차 금지**
ⓔ 교차로의 가장자리나 도로의 모퉁이로부터 5미터 이내인 곳– **정차 및 주차 모두 금지**
ⓜ 건널목의 가장자리 또는 횡단보도로부터 10미터 이내인 곳 – **정차 및 주차 모두 금지**
ⓗ 터널 안 및 다리 위 – **주차 금지**

023 다음 중 긴급자동차의 우선 통행 및 특례에 대한 설명으로 가장 틀린 것은?

① 긴급자동차는 긴급하고 부득이한 때에는 도로의 중앙 좌측 부분을 통행할 수 있다.
② 긴급자동차는 「도로교통법」의 규정에 의하여 정지하여야 할 경우에도 긴급하고 부득이한 경우 정지하지 아니할 수 있다.
③ ①, ②의 경우 교통사고가 발생하여도 긴급자동차의 특례로 인정받아 처벌이 면제된다.
④ 긴급자동차는 교통이 빈번한 교차로에서 반드시 일시정지 해야 할 필요가 없다.

해설
③ 긴급자동차(소방차, 구급차, 혈액공급차량, 대통령령으로 정하는 경찰용 자동차만 해당)의 운전자가 그 차를 본래의 긴급한 용도로 운행하는 중에 교통사고를 일으킨 경우에는 그 긴급활동의 시급성과 불가피성 등 **정상을 참작하여 형을 감경하거나 면제할 수 있다.**

024 신청에 의하지 않더라도 긴급자동차로 인정되는 긴급자동차가 아닌 것은?

<small>02 승진</small>

① 국군 및 주한 국제연합군용 자동차 중 군대의 질서유지 및 부대의 질서 있는 이동을 유도하는 데 사용되는 자동차
② 도로의 관리를 위하여 사용되는 자동차 중 도로의 위험을 방지하기 위한 응급작업에 사용되는 자동차
③ 교도소 또는 교도기관의 자동차 중 도주자의 체포 또는 피수용자의 호송, 경비를 위하여 사용되는 자동차
④ 수사기관의 자동차 중 범죄수사를 위하여 사용되는 자동차

> **해설**
> 도로 응급 작업차는 신청에 의한 지정에 의해서 긴급자동차로 인정된다.

025 「도로교통법」상 운전면허 결격사유에 대한 설명이다. 옳은 것은 모두 몇 개인가?

<small>12 채용
3차

17 채용
2차

19 경간
변형</small>

> ㉠ 제1종 대형면허 또는 제1종 특수면허를 받으려는 경우로서 19세 미만이거나 자동차(이륜자동차는 제외한다)의 운전경험이 2년 미만인 사람은 운전면허를 받을 수 없다.
> ㉡ 18세 이하(원동기장치자전거의 경우에는 16세 이하)인 사람은 운전면허를 받을 수 없다.
> ㉢ 듣지 못하는 사람(제1종 운전면허 중 대형면허·특수면허만 해당한다), 앞을 보지 못하는 사람(한쪽 눈만 보지 못하는 사람의 경우에는 제1종 운전면허 중 대형면허·특수면허만 해당한다)이나 그 밖에 대통령령으로 정하는 신체장애인은 운전면허를 받을 수 없다.
> ㉣ 교통상의 위험과 장해를 일으킬 수 있는 정신질환자 또는 뇌전증 환자로서 대통령령으로 정하는 사람은 운전면허를 받을 수 없다.

① 1개 ② 2개 ③ 3개 ④ 4개

> **해설**
> ㉠ 제1종 대형면허 또는 제1종 특수면허를 받으려는 경우로서 19세 미만이거나 자동차(이륜자동차는 제외한다)의 운전경험이 1년 미만인 사람은 운전면허를 받을 수 없다(「도로교통법」제82조 제1항 제6호).
> ㉡ 18세 미만(원동기장치자전거의 경우에는 16세 미만)인 사람은 운전면허를 받을 수 없다.

026 「도로교통법 시행규칙」 별표 18에 따른 각종 운전면허와 운전할 수 있는 차에 대한 설명으로 가장 적절하지 않은 것은?

18 채용
3차

① 제1종 보통 연습면허로 승차정원 15인의 승합자동차는 운전할 수 있으나 적재중량 12톤의 화물자동차는 운전할 수 없다.

② 제2종 보통면허로 승차정원 10인의 승합자동차는 운전할 수 있으나 적재중량 4톤의 화물자동차는 운전할 수 없다.

③ 제1종 보통면허로 승차정원 15인의 승합자동차는 운전할 수 있으나 적재중량 12톤의 화물자동차는 운전할 수 없다.

④ 제1종 대형면허로 승차정원 45인의 승합자동차는 운전할 수 있으나 대형견인차는 운전할 수 없다.

> **해설**
> ② **제2종 보통면허**로 승차정원 10인의 승합자동차도 운전할 수 있고, **적재중량 4톤의 화물자동차도 운전할 수 있다.**

027 다음은 「도로교통법 시행규칙」상 제1종 보통운전면허와 제2종 보통운전면허로 운전할 수 있는 차량이다. 괄호 안에 들어갈 숫자의 총 합은?

14 채용
1차

18 채용.
2차 변형

〈제1종 보통운전면허〉
㉠ 승차정원 (　)인 이하의 승합자동차
㉡ 적재중량 (　)톤 미만의 화물자동차
㉢ 총 중량 (　)톤 미만의 특수자동차(구난차 등은 제외한다)

〈제2종 보통운전면허〉
㉠ 승차정원 (　)인 이하의 승합자동차
㉡ 적재중량 (　)톤 미만의 화물자동차
㉢ 총 중량 (　)톤 미만의 특수자동차(구난차 등은 제외한다)

① 47.5　　　　② 50　　　　③ 54.5　　　　④ 58

> **해설**
>
> | 제1종
보통면허 | ① 승용자동차 | ② 승차정원 **15인 이하**의 승합자동차 |
> | --- | --- | --- |
> | | ③ 적재중량 **12톤 미만** 화물자동차 | |
> | | ④ 건설기계(도로를 운행하는 **3톤 미만의 지게차**에 한한다) | |
> | | ⑤ **총중량 10톤** 미만의 특수자동차(구난차 등은 제외) | |
> | | ⑥ 원동기장치자전거 | |
> | 제2종
보통면허 | ① 승용자동차 | ② 승차정원 **10인 이하** 승합자동차 |
> | | ③ 적재중량 **4톤 이하** 화물자동차 | ④ 총중량 **3.5톤 이하**의 특수자동차 |
> | | ⑤ 원동기장치자전거 | |

ANSWER 026 ② 　027 ③

028 「도로교통법」 및 동법 시행규칙 상 제1종 보통면허로 운전할 수 있는 것은 모두 몇 개 인가?

16 채용
1차

> ㉠ 승용자동차
> ㉡ 승차정원 15인 이하의 승합자동차
> ㉢ 원동기장치자전거
> ㉣ 총중량 10톤 미만의 특수자동차(구난차 등을 포함한다)
> ㉤ 건설기계(도로를 운행하는 3톤 미만의 지게차에 한한다)

① 2개　　　　　② 3개　　　　　③ 4개　　　　　④ 5개

[해설]
㉣ 총중량 10톤 미만의 특수자동차(**구난차 등을 제외한다**)

---

029 다음 중 무면허 운전에 해당하는 경우로 가장 적절한 것은?

19 채용
2차

① 제1종 보통면허를 소지한 甲이 구난차 등이 아닌 10톤의 특수자동차를 운전한 경우
② 제1종 대형면허를 소지한 乙이 구난차 등이 아닌 특수자동차를 운전한 경우
③ 제2종 보통면허를 소지한 丙이 승차정원 10인의 승합자동차를 운전한 경우
④ 제2종 보통면허를 소지한 丁이 적재중량 4톤의 화물자동차를 운전한 경우

[해설]
① 제1종 보통면허를 소지한 자는 **총중량 10톤 미만의 특수자동차(구난차 등은 제외)**를 운전할 수 있으므로 제1종 보통면허로 10톤의 특수자동차를 운전한 경우 무면허 운전에 해당한다.

---

030 「도로교통법」 및 동법 시행규칙상 운전면허에 대한 설명 중 가장 적절하지 않은 것은?

20 승진

① 제1종 보통면허로는 승차정원 15명 이하의 승합자동차, 적재중량 12톤 미만의 화물자동차를 운전할 수 있다.
② 제2종 보통면허로는 승차정원 10명 이하의 승합자동차, 적재중량 4톤 이하의 화물자동차를 운전할 수 있다.
③ 운전면허증 소지자가 면허증의 반납사유가 발생하면 그 사유가 발생한 날부터 7일 이내에 반납하여야 한다.
④ 무면허운전 금지를 3회 위반하여 자동차 등을 운전한 경우 위반한 날부터 3년간 운전면허 시험응시가 제한된다.

[해설]
④ 무면허운전 금지를 3회 위반하여 자동차 등을 운전한 경우 **위반한 날부터 2년간** 운전면허 시험응시가 제한된다.

031

20 경간

운전면허 행정처분 결과에 따른 결격대상자와 결격기관의 연결이 <u>옳지 않은</u> 것은 모두 몇 개인가?

> 가. 자동차 등을 이용하여 범죄행위를 하거나 다른 사람의 자동차를 훔치거나 빼앗아 무면허로 운전한 자 – 위반한 날부터 3년
> 나. 다른 사람이 부정하게 운전면허를 받도록 하기 위하여 운전면허시험에 대리응시한 자 – 취소된 날부터 2년
> 다. 과로상태 운전으로 사람을 사상한 후 구호조치 없이 도주한 자 – 취소된 날부터 5년
> 라. 2회 이상의 공동위험행위로 운전면허가 취소된 자 – 취소된 날부터 2년
> 마. 적성검사를 받지 아니하여 운전면허가 취소된 자 – 취소된 날부터 1년

① 1개   ② 2개   ③ 3개   ④ 4개

해설
마. 적성검사를 받지 아니하여 운전면허가 취소된 자 – **제한없음.**

032

17 경간

다음은 운전면허시험 응시제한기간에 대한 내용이다. 괄호 안에 들어갈 숫자의 총합은?

> ㉠ 과로운전 중 사상사고 야기 후 구호조치 및 신고 없이 도주한 경우, 취소된 날부터 ( )년
> ㉡ 2회 이상 음주운전으로 운전면허가 취소된 경우, 취소된 날부터 ( )년
> ㉢ 다른 사람의 자동차 등을 훔치거나 빼앗은 사람이 무면허 운전을 한 경우, 위반한 날부터 ( )년
> ㉣ 2회 이상의 공동위험행위로 운전면허가 취소된 경우, 취소된 날부터 ( )년
> ㉤ 운전면허효력의 정지기간 중 운전면허증 또는 운전면허증을 갈음하는 증명서를 발급받은 사실이 드러나 운전면허가 취소된 경우, 취소된 날부터 ( )년

① 13   ② 14   ③ 15   ④ 16

해설
㉠ 과로운전 중 사상사고 야기 후 구호조치 및 신고 없이 도주한 경우, 취소된 날부터 (5)년
㉡ 2회 이상 음주운전으로 운전면허가 취소된 경우, 취소된 날부터 (2)년
㉢ 다른 사람의 자동차 등을 훔치거나 빼앗은 사람이 무면허 운전을 한 경우, 위반한 날부터 (3)년
㉣ 2회 이상의 공동위험행위로 운전면허가 취소된 경우, 취소된 날부터 (2)년
㉤ 운전면허효력의 정지기간 중 운전면허증 또는 운전면허증을 갈음하는 증명서를 발급받은 사실이 드러나 운전면허가 취소된 경우, 취소된 날부터 (2)년

ANSWER   031 ① / 마   032 ②

033

연습운전면허에 대한 설명으로 옳은 것끼리 연결된 것은?

> ㉠ 연습운전면허는 그 면허를 받은 날부터 1년 동안 효력을 가진다. 다만, 연습운전면허를 받은 날부터 1년 이전이라도 연습운전면허를 받은 사람이 제1종 보통면허 또는 제2종 보통면허를 받은 경우 연습운전면허는 그 효력을 잃는다.
> ㉡ 연습운전면허를 발급받은 사람이 운전 중 고의 또는 과실로 교통사고를 일으킨 경우 연습운전면허를 취소하여야 하고, 이때 도로교통공단의 도로주행시험을 담당하는 사람의 지시에 따라 운전하던 중 교통사고를 일으킨 경우도 마찬가지이다.
> ㉢ 연습운전면허를 발급받은 사람이 도로가 아닌 곳에서 교통사고를 일으킨 경우에는 연습운전면허를 취소하여야 한다.
> ㉣ 연습운전면허를 발급받은 사람이 교통사고를 일으켰으나 단순 물적 피해만 발생한 경우 면허가 취소되지 않는다.

① ㉠㉡　　　② ㉠㉣　　　③ ㉡㉢　　　④ ㉢㉣

해설
㉡ 연습운전면허를 발급받은 사람이 운전 중 **고의 또는 과실로 교통사고를 일으킨 경우 연습운전면허를 취소**하여야 하나, **도로교통공단의 도로주행시험을 담당하는 사람의 지시에 따라 운전하던 중 교통사고를 일으킨 경우는 취소하지 않는다.**
㉢ 연습운전면허를 발급받은 사람이 **도로가 아닌 곳에서 교통사고를 일으킨 경우에는 연습운전면허를 취소하지 않는다.**

034

연습운전면허에 대한 설명으로 가장 적절하지 <u>않은</u> 것은?

① 연습운전면허는 제1종 보통연습면허와 제2종 보통연습면허의 2종류가 있으며, 원칙적으로 그 면허를 받은 날부터 1년 동안 효력을 가진다.
② 주행연습 중이라는 사실을 다른 차의 운전자가 알 수 있도록 연습 중인 자동차에 주행연습 표지를 붙여야 한다.
③ 자동차운전학원 강사의 지시에 따라 운전하던 중 교통사고를 일으킨 경우 연습운전면허를 취소하지 않는다.
④ 연습운전면허 소지자가 교통사고를 일으키거나 법규를 위반한 경우 벌점을 부과한다.

해설
④ 연습운전면허 소지자가 교통사고를 일으키거나 법규를 위반하더라도 **벌점을 부과하지 않는다.** 따라서 연습운전면허는 정지라는 개념이 없다.

035 연습운전면허에 대한 다음 설명 중 옳지 않은 것은 모두 몇 개인가?

19 경간

가. 연습운전면허는 그 면허를 받은 날부터 1년 동안 효력을 가진다. 다만, 연습운전면허를 받은 날부터 1년 이전이라도 제1종 보통면허 또는 제2종 보통면허를 받은 경우 연습운전면허는 그 효력을 잃는다.

나. 지방경찰청장은 연습운전면허를 발급받은 사람이 운전 중 고의 또는 과실로 교통사고를 일으키거나 「도로교통법」이나 「도로교통법」에 따른 명령 또는 처분을 위반한 경우에는 연습운전면허를 취소하여야 한다.

디. 다만, 연습운진면허를 받은 사람이 ⅰ) 도로교통공단의 도로주행시험을 담당하는 사람, 자동차운전학원의 강사, 전문학원의 강사 또는 기능검정원의 지시에 따라 운전하던 중 교통사고를 일으킨 경우, ⅱ) 도로가 아닌 곳에서 교통사고를 일으킨 경우, ⅲ) 교통사고를 일으켰으나 물적 피해만 발생한 경우에는 연습운전면허를 취소하지 않는다.

라. 연습운전면허를 받은 사람이 도로에서 주행연습을 하는 때에는 운전면허(연습하고자 하는 자동차를 운전할 수 있는 운전면허에 한한다)를 받은 날부터 2년이 경과된 사람(소지하고 있는 운전면허의 효력이 정지기간 중인 사람을 제외한다)과 함께 승차하여 그 사람의 지도를 받아야 한다.

① 없음　　　　② 1개　　　　③ 2개　　　　④ 3개

해설

가. 「도로교통법」 제81조
나. 「도로교통법」 제93조 제3항
다. 「도로교통법」 제93조 제3항 단서 「도로교통법 시행령」 제59조
라. 「도로교통법 시행규칙」 제55조 제1호

「도로교통법」상 국제운전면허증에 관한 다음 설명 중 옳고 그름의 표시(○×)가 바르게 된 것은?

> 가. 국제운전면허는 모든 국가에서 통용된다.
>
> 나. 국제운전면허증을 발급받으려면 관할경찰서장에게 신청하여야 한다.
>
> 다. 국제운전면허증을 외국에서 발급받은 사람은 국내에 입국한 날부터 2년 동안만 그 국제운전면허증으로 자동차 등을 운전할 수 있다.
>
> 라. 국제운전면허증은 이를 발급받은 사람의 국내운전면허의 효력이 없어지거나 취소된 때에는 그 효력을 잃는다.
>
> 마. 국제운전면허증을 발급받은 사람의 국내운전면허의 효력이 정지된 때에는 그 정지기간동안 그 효력이 정지된다.
>
> 바. 국제운전면허증을 외국에서 발급받은 사람은 「여객자동차 운수사업법」 또는 「화물자동차 운수사업법」에 따른 사업용 자동차를 운전할 수 없다. 「여객자동차 운수사업법」에 따른 대여사업용 자동차를 임차하여 운전하는 경우에도 마찬가지이다.

① 가(×) 나(×) 다(×) 라(○) 마(○) 바(○)

② 가(×) 나(×) 다(×) 라(○) 마(○) 바(×)

③ 가(○) 나(○) 다(○) 라(×) 마(○) 바(×)

④ 가(×) 나(○) 다(×) 라(○) 마(×) 바(○)

해설

가. 모든 국가가 아니라 1949년 제네바에서 체결된 「도로교통에 관한 협약」, 1968년 비엔나에서 체결된 「도로교통에 관한 협약」에 가입한 국가, 우리나라와 외국 간에 국제운전면허를 상호 인정하는 협약, 협정 또는 약정을 한 국가에서만 통용된다.

나. 국제운전면허증을 발급받으려면 **관할 지방경찰청장에게** 신청하여야 한다.

다. 국제운전면허증을 외국에서 발급받은 사람은 **국내에 입국한 날부터 1년** 동안만 그 국제운전면허증으로 자동차 등을 운전할 수 있다.

바. 국제운전면허증을 외국에서 발급받은 사람은 「여객자동차운수사업법」 또는 「화물자동차운수사업법」에 따른 사업용 자동차를 운전할 수 없다. 다만, **「여객자동차운수사업법」에 따른 대여사업용 자동차를 임차(賃借)하여 운전하는 경우에는 그러하지 아니하다**(「도로교통법」 제96조 제2항).

037 운전면허에 대한 설명으로 가장 적절하지 <u>않은</u> 것은?

20 승진

① 제2종 보통면허로는 승차정원 10명 이하의 승합자동차, 적재중량 4톤 이하의 화물자동차, 총중량 3.5톤 이하의 특수자동차(구난차 등은 제외한다) 등을 운전할 수 있다.

② 임시운전증명서의 유효기간은 20일 이내로 하되, 운전면허의 취소 또는 정지처분 대상자의 경우 40일 이내로 할 수 있다. 다만, 지방경찰청장이 필요하다고 인정하는 경우 그 유효기간을 1회에 한하여 20일의 범위 이내에서 연장할 수 있다.

③ 제1종 특수면허 중 소형견인차 면허를 가지고 총중량 3.5톤 이하의 견인형 특수자동차를 운전할 수 있다.

④ 국제운전면허증을 발급받은 사람은 국내에 입국한 날부터 1년 동안만 그 국제운전면허증으로 자동차 등을 운전할 수 있다.

> **해설**
> ② 임시운전증명서의 유효기간은 20일 이내로 하되, 법 제93조에 따른 운전면허의 취소 또는 정지처분 대상자의 경우에는 40일 이내로 할 수 있다. 다만, **경찰서장**이 필요하다고 인정하는 경우에는 그 유효기간을 1회에 한하여 20일의 범위에서 연장할 수 있다.

038 「도로교통법」 및 동법 시행령상 범칙금 납부와 통고처분 불이행자 처리에 대한 설명으로 가장 적절하지 <u>않은</u> 것은?

20 승진

① 범칙금 납부통고서를 받은 사람은 10일 이내에 경찰청장이 지정하는 국고은행, 지점, 대리점 또는 우체국 또는 제주특별자치도지사가 지정하는 금융회사 등이나 그 지점에 범칙금을 내야 한다.

② 천재지변 그 밖의 부득이한 사유로 그 기간에 범칙금을 낼 수 없는 경우에는 그 사유가 없어지게 된 날부터 5일 이내 납부하여야 한다.

③ 마지막 범칙금 납부기간이 경과한 사람(도로교통법 제165조 제1항 제2호에 해당하는 통고처분 불이행자)에게는 납부기간 만료일부터 30일 이내에 범칙금액에 그 100분의 20을 더한 금액의 납부와 즉결심판을 위한 출석의 일시·장소 등을 알리는 즉결심판 및 범칙금 등 납부통지서를 발송하여야 한다.

④ 위 ③의 경우 즉결심판을 위한 출석일은 범칙금 납부기간 만료일부터 40일이 초과되어서는 아니 된다.

> **해설**
> ③ 마지막 범칙금 납부기간이 경과한 사람(도로교통법 제165조 제1항 제2호에 해당하는 통고처분 불이행자에게는 **납부기간 만료일부터 20일 이내**에 범칙금액에 그 100분의 20을 더한 금액의 납부와 즉결심판을 위한 출석의 일시·장소 등을 알리는 즉결심판 및 범칙금 등 납부통지서를 발송하여야 한다.

ANSWER 037 ② 038 ③

039

17 경간

승용자동차 기준 제한속도 위반에 따른 범칙금과 벌점에 대한 설명으로 옳은 것은? (단, 어린이보호구역 및 장애인 · 노인보호구역 제외)

① 제한속도를 60km/h 초과한 경우 13만 원의 범칙금과 60점의 벌점이 부과된다.

② 제한속도 위반 정도가 40km/h 초과, 60km/h 이하인 경우 9만 원의 범칙금과 40점의 벌점이 부과된다.

③ 제한속도 위반 정도가 20km/h 초과, 40km/h 이하인 경우 6만 원의 범칙금과 15점의 벌점이 부과된다.

④ 제한속도 위반 정도가 20km/h 이하인 경우 4만 원의 범칙금이 부과된다.

> **해설**
> ① 제한속도를 60km/h 초과한 경우 **12만 원**의 범칙금과 60점의 벌점이 부과된다.
> ② 제한속도 위반 정도가 40km/h 초과, 60km/h 이하인 경우 9만 원의 범칙금과 **30점**의 벌점이 부과된다.
> ④ 제한속도 위반 정도가 20km/h 이하인 경우 **3만 원**의 범칙금이 부과된다.

040

15 채용
2차

다음 설명 중 가장 적절하지 <u>않은</u> 것은? (다툼이 있으면 판례에 의함)

① 화물차를 주차한 상태에서 적재된 상자 일부가 떨어지면서 지나가던 피해자에게 상해를 입힌 경우 교통사고로 볼 수 없다.

② 교통사고로 인한 물적 피해가 경미하고, 파편이 도로상에 비산되지도 않았다고 하더라도, 가해차량이 즉시 정차하는 등 필요한 조치를 취하지 아니한 채 그대로 도주한 경우에는 「도로교통법」 제54조 제1항 위반죄가 성립한다.

③ 교차로 직전의 횡단보도에 따로 차량 보조등이 설치되어 있지 아니한 경우, 교차로 차량 신호등이 적색이고 횡단보도 보행등이 녹색인 상태에서 횡단보도를 지나 우회전하다가 사람을 다치게 하였다면 「교통사고처리 특례법」상 특례조항인 신호위반에 해당하지 않는다.

④ 교차로에 교통섬이 설치되고 그 오른쪽으로 직진 차로에서 분리된 우회전 차로가 설치된 경우, 우회전 차로가 아닌 직진 차로를 따라 우회전하는 행위는 교차로 통행방법을 위반한 것이다.

> **해설**
> ③ 교차로 직전의 횡단보도에 따로 차량 보조등이 설치되어 있지 아니한 경우, 교차로 차량 신호등이 적색이고 횡단보도 보행등이 녹색인 상태에서 횡단보도를 지나 우회전하다가 사람을 다치게 하였다면 **'신호위반'으로 인한 업무상과실치사죄가 성립**한다.

041 교통법규 위반에 대한 설명 중 옳지 않은 것은? (판례에 의함)

20 경간

① 횡단보도의 신호가 적색인 상태에서 반대차선에 정지 중인 차량 뒤에서 보행자가 건너올 것까지 예상하여 주의의무를 다하여야 한다고 할 수 없다.

② 앞차가 빗길에 미끄러져 비정상적으로 움직일 때는 진로를 예상할 수 없으므로 뒤따라가는 차량의 운전자는 이러한 사태에 대비하여 속도를 줄이고 안전거리를 확보해야 할 주의의무가 있다.

③ 교차로에 교통섬이 설치되고 그 오른쪽으로 직진 차로에서 분리된 우회전 차로가 설치된 경우, 우회전 차로가 아닌 직진 차로를 따라 우회전하는 행위를 교차로 통행방법을 위반한 것이라 볼 수 없다.

④ '운전면허를 받지 아니하고'라는 법률문언의 통상적 의미에 '운전면허를 받았으나 그 후 운전면허의 효력이 정지된 경우'가 당연히 포함된다 할 수 없다.

> **해설**
> ③ 교통섬이 설치되고 그 오른쪽으로 직진 차로에서 분리된 우회전차로가 설치되어 있는 교차로에서 우회전을 하고자 하는 운전자는 특별한 사정이 없는 한 도로 우측 가장자리인 우회전차로를 따라 서행하면서 우회전하여야 하고, 우회전차로가 아닌 직진 차로를 따라 교차로에 진입하는 방법으로 우회전하여서는 아니 된다. 만약 이를 위반하면 **교차로 통행방법위반**이다 (대판 2012. 4.12, 2011도9821).

042 다음 설명 중 가장 적절하지 않은 것은? (다툼이 있는 경우 판례에 의함)

19 법학경채

① 피해자가 보행신호등의 녹색등화가 점멸되고 있는 상태에서 횡단보도를 횡단하기 시작하여 횡단을 완료하기 전에 보행신호등이 적색등화로 변경되었고, 차량신호등의 녹색등화에 따라서 직진하던 운전차량이 피해자를 충격해 상해를 입혔다면 「도로교통법」상 보행자보호의무를 위반한 것이다.

② 무면허에 음주를 하고 운전을 하였다면 이는 1개의 운전행위라 할 것이므로 무면허운전죄와 음주운전죄는 상상적 경합관계에 해당한다.

③ 앞지르기가 금지된 비탈길의 고갯마루 부근에서 앞차가 진로를 양보하였더라도 앞지르기는 할 수 없다.

④ 동승자가 교통사고 후 운전자와 공모하여 도주행위에 단순하게 가담하였다는 이유만으로는 특정범죄가중처벌등에관한법률위반(도주차량)죄의 공동정범으로 처벌할 수 없다.

> **해설**
> ① 도로를 통행하는 보행자나 차마는 신호기 또는 안전표지가 표시하는 신호 또는 지시 등을 따라야 하는 것이고(도로교통법 제5조), 피해자가 보행신호등의 녹색등화가 점멸되고 있는 상태에서 횡단보도를 횡단하기 시작하여 횡단을 완료하기 전에 보행신호등이 적색등화로 변경된 후 차량신호등의 녹색등화에 따라서 직진하던 피고인 운전차량에 충격된 경우에, 피해자는 신호기가 설치된 횡단보도에서 녹색등화의 점멸신호에 위반하여 횡단보도를 통행하고 있었던 것이어서 **횡단보도를 통행중인 보행자라고 보기는 어렵다**고 할 것이므로 피고인에게 운전자로서 사고발생 방지에 관한 업무상주의의무위반의 과실이 있음은 별론으로 하고 「도로교통법」제24조 제1항 소정의 보행자보호의무를 위반한 잘못이 있다고는 할 수 없다(대판 2001.10.9., 2001도2939).

043

18 승진

18 경간

「교통사고조사규칙」에서 규정하고 있는 용어의 정의이다. 옳고 그름(ㅇ×)의 표시가 바르게 된 것은?

ㄱ "충돌"이란 2대 이상의 차가 동일방향으로 주행 중 뒤차가 앞차의 후면을 충격한 것을 말한다.

ㄴ "추돌"이란 차가 반대방향 또는 측방에서 진입하여 그 차의 정면으로 다른 차의 정면 또는 측면을 충격한 것을 말한다.

ㄷ "접촉"이란 차가 추월, 교행 등을 하려다가 차의 좌우측면을 서로 스친 것을 말한다.

ㄹ "전도"란 차가 주행 중 도로 또는 도로 이외의 장소에 뒤집혀 넘어진 것을 말한다.

ㅁ "전도"란 차가 주행 중 도로 또는 도로 이외의 장소에 뒤집혀 넘어진 것을 말한다.

ㅂ "요마크 (Yaw mark)"란 차의 급제동으로 인하여 타이어의 회전이 정지된 상태에서 노변에 미끄러져 생긴 타이어 마모흔적 또는 활주흔적을 말한다.

---

① ㄱ(×) ㄴ(×) ㄷ(ㅇ) ㄹ(×) ㅁ(×) ㅂ(×)

② ㄱ(×) ㄴ(×) ㄷ(×) ㄹ(ㅇ) ㅁ(×) ㅂ(ㅇ)

③ ㄱ(ㅇ) ㄴ(ㅇ) ㄷ(×) ㄹ(×) ㅁ(ㅇ) ㅂ(ㅇ)

④ ㄱ(ㅇ) ㄴ(ㅇ) ㄷ(ㅇ) ㄹ(ㅇ) ㅁ(ㅇ) ㅂ(×)

해설

ㄱ **추돌**은 2대 이상의 차가 동일방향으로 주행 중 뒤차가 앞차의 후면을 충격한 것을 말한다.

ㄴ **충돌**은 차가 반대방향 또는 측방에서 진입하여 그 차의 정면으로 다른 차의 정면 또는 측면을 충격한 것을 말한다.

ㄹ **전복**은 차가 주행 중 도로 또는 도로 이외의 장소에 뒤집혀 넘어진 것을 말한다. "전도"란 차가 주행 중 도로 또는 도로 이외의 장소에 차체의 측면이 지면에 접하고 있는 상태를 말한다.

ㅁ **대형사고는 3명 이상이 사망**(교통사고 발생일부터 **30일 이내**에 사망한 것을 말한다)하거나 20명 이상의 사상자가 발생 한 사고를 말한다.

ㅂ **스키드마크**는 차의 급제동으로 인하여 타이어의 회전이 정지된 상태에서 노면에 미끄러져 생긴 타이어 마모흔적 또는 활주흔적을 말한다. **요마크**는 급핸들 등으로 인하여 차의 바퀴가 돌면서 차축과 평행하게 옆으로 미끄러진 타이어의 마모흔적을 말한다.

044 「교통사고처리 특례법」 제3조 제2항 단서의 '처벌특례 항목'에 해당하지 <u>않는</u> 것을 모두 고른 것은?

> ㉠ 중앙선을 침범한 경우
> ㉡ 제한속도를 시속 10킬로미터 초과하여 운전한 경우
> ㉢ 고속도로에서의 끼어들기 방법을 위반하여 운전한 경우
> ㉣ 철길건널목 통과방법을 위반하여 운전한 경우
> ㉤ 횡단보도에서의 보행자 보호의무를 위반하여 운전한 경우
> ㉥ 정지선을 침범한 경우
> ㉦ 보도 횡단방법을 위반하여 운전한 경우

① ㉠ ㉡ ㉣   ② ㉡ ㉢ ㉥   ③ ㉢ ㉣ ㉥   ④ ㉤ ㉥ ㉦

해설
㉠ O   ㉡ X   ㉢ X   ㉣ O   ㉤ O   ㉥ X   ㉦ O

045 「교통사고처리 특례법」 제3조 제2항 단서 '처벌특례 항목'에 해당하지 <u>않는</u> 것은?

① 일시정지를 내용으로 하는 안전표지가 표시하는 지시를 위반하여 운전한 경우
② 교차로 통행방법을 위반하여 운전한 경우
③ 고속도로에서의 앞지르기 방법을 위반하여 운전한 경우
④ 약물의 영향으로 정상적으로 운전하지 못할 우려가 있는 상태에서 운전한 경우

046 「교통사고처리 특례법」 제3조(처벌의 특례) 제2항 각호에 규정된 12개 예외 항목에 해당하지 <u>않는</u> 것은?

① 일시정지를 내용으로 하는 안전표지가 표시하는 지시를 위반하여 운전한 경우
② 교차로 통행방법을 위반하여 운전한 경우
③ 횡단보도에서의 보행자 보호의무를 위반하여 운전한 경우
④ 승객의 추락 방지의무를 위반하여 운전한 경우

047 다음 설명증 가장 적절한 것은 모두 몇 개인가? (단, 다툼이 있으면 판례에 의함)

14·15 승진

㉠ 교차로 직전의 횡단보도에 따로 차량보조등이 설치되어 있지 아니한 경우, 교차로 차량 신호등이 적색이고 횡단보도 보행등이 녹색인 상태에서 횡단보도를 지나 우회전하다가 사람을 다치게 한 경우 「교통사고처리 특례법」상 특례조항인 신호위반에 해당한다.

㉡ 부득이한 사정으로 중앙선을 침범하여 교통사고를 야기한 경우 중앙선침범에 해당되지 않는다.

㉢ 횡단보도의 신호가 적색인 상태에서 반대차선에 정지 중인 차량 뒤에서 보행자가 건너올 것까지 예상하여 주의의무를 다하여야 한다고 할 수 없다.

㉣ 연속된 교통사고로 피해자가 사망한 경우 후행 교통사고 운전자에게 책임을 물으려면 후행 교통사고를 일으킨 사람이 주의의무를 게을리하지 않았다면 피해자가 사망에 이르지 않았을 것이라는 사실이 증명되어야 한다.

㉤ 아파트 단지 내 통행로가 왕복 4차선의 외부도로와 직접 연결되어 있고, 외부차량의 통행에 제한이 없으며, 별도의 주차관리인이 없다면 「도로교통법」상 도로에 해당된다.

① 2개 　　　　② 3개 　　　　③ 4개 　　　　④ 5개

048 음주운전 또는 교통사고에 대한 판례의 태도로 가장 적절하지 <u>않은</u> 것은?

① 아파트 단지 내 통행로가 왕복 4차선의 외부도로와 직접 연결되어 있고, 외부차량의 통행에 제한이 없으며, 별도의 주차관리인이 없다면 「도로교통법」상 도로에 해당한다.

② 교통사고의 결과가 피해자의 구호 및 교통질서의 회복을 위한 조치가 필요한 상황인 이상 교통사고 발생 시의 구호조치의무 및 신고의무는 교통사고를 발생시킨 당해 차량의 운전자에게 그 사고 발생에 있어서 고의·과실 혹은 유책·위법의 유무에 관계없이 부과된 의무라고 해석함이 타당하고, 당해 사고의 발생에 귀책사유가 없는 경우에도 위 의무가 없다고 할 수 없다.

③ 신호위반으로 교통사고를 야기한 자가 통고처분을 받아 신호위반의 범칙금을 납부하였다고 하더라도 「교통사고처리 특례법」상 신호위반으로 인한 업무상과실치상죄로 처벌하는 것이 이중처벌에 해당한다고 볼 수 없다.

④ 약물 등의 영향으로 정상적으로 운전하지 못할 우려가 있는 상태에서 자동차 등을 운전하였다고 인정하려면, 약물 등의 영향으로 인하여 현실적으로 '정상적으로 운전하지 못할 상태'에 이르러야만 한다.

> **해설**
> ④ 「도로교통법」 제150조 제1호에 "제45조의 규정을 위반하여 약물로 인하여 정상적으로 운전하지 못할 우려가 있는 상태에서 자동차 등을 운전한 사람"을 처벌하도록 규정하고 있고, 같은 법 제45조에 "자동차 등의 운전자는 제44조의 규정에 의한 술에 취한 상태 외에 과로·질병 또는 약물의 영향과 그 밖의 사유로 인하여 정상적으로 운전하지 못할 우려가 있는 상태에서 자동차 등을 운전하여서는 아니 된다."고 규정하고 있다. 위 규정의 법문상 약물 등의 영향으로 인하여 **'정상적으로 운전하지 못할 우려가 있는 상태'에서 운전을 하면 바로 성립**하고, **현실적으로 '정상적으로 운전하지 못할 상태'에 이르러야만 하는 것은 아니다.**(대판 2010.12.23, 2010도11272)

592 • 박선영 경찰학

049
교통사고에 대한 다음 설명 중 가장 적절하지 <u>않은</u> 것은? (다툼이 있는 경우 판례에 의함)

① 선행 교통사고와 후행 교통사고 중 어느 쪽이 원인이 되어 피해자가 사망에 이르게 되었는지 밝혀지지 않은 경우 후행 교통사고를 일으킨 사람의 과실과 피해자의 사망 사이에 인과관계가 인정되기 위해서는 후행 교통사고를 일으킨 사람이 주의의무를 게을리하지 않았다면 피해자가 사망에 이르지 않았을 것이라는 사실이 증명되어야 하고, 그 증명책임은 검사에게 있다.

② 피고인이 야간에 오토바이를 운전하다가 전방좌우의 주시를 게을리한 과실로 도로를 횡단하던 피해자를 충격하여 피해자로 하여금 위 도로상에 넘어지게 하고, 그로부터 약 40초 내지 60초 후에 다른 사람이 운전하던 타이탄트럭이 도로 위에 전도되어 있던 피해자를 역과하여 사망하게 한 경우 피고인의 과실행위와 피해자의 사망 사이에는 상당인과관계가 있다.

③ 신호위반으로 교통사고를 야기한 자가 신호위반의 범칙금을 납부하였더라도, 「교통사고처리 특례법」상 신호위반으로 인한 업무상과실치상죄의 죄책을 물을 수 있다.

④ 사고 운전자가 자신의 명함을 주고 택시 기사에게 피해자의 병원 이송을 의뢰하였으나 피해자가 경찰이 도착하기 전에는 병원에 가지 않겠다고 하여 이송을 못하고 있는 사이 사고 운전자가 현장을 이탈한 경우 「특정범죄 가중처벌 등에 관한 법률」위반(도주차량)죄에 해당하지 않는다.

050
다음 중 「특정범죄가중처벌등에 관한 법률」 위반(도주차량)에 해당하는 것은 몇 개인가? (판례에 의함)

> 가. 사고를 야기한 후 자신의 범행을 은폐하기 위해 목격자라고 경찰에 허위신고한 경우
> 나. 사고 후 자신의 명함을 주고 택시에게 피해자 이송의뢰를 하였으나 피해자가 경찰이 도착하기 전에는 병원에 가지 않겠다고 하여 이송을 못하고 있는 사이 현장을 이탈한 경우
> 다. 교회 주차장에서 교통사고를 야기하여 사람을 다치게 하고도 구호조치 없이 도주한 경우
> 라. 교통사고를 야기한 운전자가 피해자를 병원에 후송한 후 신원을 밝히지 아니한 채 도주한 경우

① 1개　　　　② 2개　　　　③ 3개　　　　④ 4개

해설
가. 대판 2003.3.25., 2002도5748. 나. 대판 2004.3.12., 2004도250.
다. 대판 2004.8.30., 2004도3600. 라. 대판 1999.12.7, 99도2869

051 다음 중 도로교통과 관련된 신뢰의 원칙에 관한 내용으로 <u>틀린</u> 것은 모두 몇 개인가? (판례에 의함)

15 경간

가. 특별한 사정이 없는 한 고속도로를 운행하는 자동차의 운전자는 보행자가 나타날 것을 예견하여 제한속도 이하로 감속 운행할 주의의무가 없다.

나. 고속도로상이라 하더라도 제동거리 밖의 무단횡단자를 발견했을 경우 사고를 미연에 방지할 의무가 있다.

다. 특별한 사정이 없는 한 반대차로를 운행하는 차가 갑자기 중앙선을 넘어올 것까지 예견하여 감속해야 할 주의의무는 없다.

라. 보행자신호가 적색인 경우 반대차로 상에서 정지하여 있는 차량의 뒤로 보행자가 횡단보도를 건너올 수 있다는 것까지 예상할 주의의무는 없다.

마. 보행자신호의 녹색등이 점멸하는 때에는 보도 위에 서 있던 보행자가 갑자기 뛰기 시작하면서 보행을 시작할 수도 있다는 것까지 예상할 주의의무는 없다.

① 1개   ② 2개   ③ 3개   ④ 4개

> **해설**
> 마. 보행자 신호의 녹색등이 점멸하는 때에는 보도 위에 서 있던 보행자가 갑자기 뛰기 시작하면서 보행을 시작할 수도 있다는 것까지 예상할 주의의무가 있다.

052 차륜흔적 및 노면의 상처에 대한 다음 설명 중 옳은 것은 모두 몇 개인가?

16 경간

㉠ 스크래치(Scratch) – 큰 압력 없이 미끄러진 금속물체에 의해 단단한 포장노면에 가볍게 불규칙적으로 좁게 나타나는 긁힌 자국

㉡ 가속스커프(Acceleration Scuff) – 정지된 차량에서 기어가 들어가 있는 채로 엔진이 고속으로 회전하다가 클러치 페달을 갑자기 놓아 급가속이 될 때 순간적으로 발생

㉢ 칩(Chip) – 마치 호미로 노면을 판 것 같이 짧고 깊게 팬 가우지 마크로서 차량 간의 최대 접속 시 만들어짐

㉣ 요마크(Yaw Mark) – 바퀴가 돌면서 차축과 평행하게 옆으로 미끄러진 타이어의 마찰 흔적

① 1개   ② 2개   ③ 3개   ④ 4개

053

15 승진

교통사고현장에 나타나는 현상에 관한 설명으로 가장 적절한 것은?

① 요마크(Yaw Mark) – 급격한 속도 증가로 바퀴가 제자리에서 회전할 때 주로 나타나며 오직 구동바퀴에서만 발생하는 것이 특징이다.

② 스키드마크(Skid Mark) – 자동차가 급제동하면서 바퀴가 구르지 않고 미끄러질 때 나타나며 좌·우측 타이어의 흔적이 대체로 동등하게 나타나는 것이 특정이다.

③ 가속스커프(Acceleration Scuff) – 마치 호미로 노변을 판 것 같이 짧고 깊게 패인 가우지 마크로서 차량 간의 최대 접속 시 만들어진다.

④ 칩(Chip) – 급핸들 조향으로 바퀴는 회전을 계속하면서 차축과 평행하게 옆으로 미끄러진 타이어 흔적을 말하며 주로 빗살무늬 흔적의 형태를 보인다.

> **해설**
> ① 가속스커프(Acceleration Scuff) – 급격한 속도 증가로 바퀴가 제자리에서 회전할 때 주로 나타나며 오직 구동바퀴에서만 발생하는 것이 특징이다.
> ③ 칩(Chip) – 마치 호미로 노면을 판 것 같이 짧고 깊게 패인 가우지 마크로서 차량 간의 최대 접속 시 만들어진다.
> ④ 요마크(Yaw Mark) – 급핸들 조향으로 바퀴는 회전을 계속하면서 차축과 평행하게 옆으로 미끄러진 타이어 흔적을 말하며 주로 빗살무늬 흔적의 형태를 보인다.

054

05 채용

다음 중 틀린 설명은 모두 몇 개인가?

> ㉠ 소방용기계기구가 설치된 곳으로부터 5미터 이내의 곳은 주차금지장소이다.
> ㉡ 듣지 못하는 사람은 제1종 운전면허 (대형·특수에 한함)의 결격 사유가 된다.
> ㉢ 범칙금 납부통지서 받기를 거부하는 자에 대해서는 통고처분을 할 수 없다.
> ㉣ 주취운전을 하다가 3회 이상 교통사고를 일으킨 경우에는 운전면허가 취소된 날로부터 2년간 운전면허를 받을 자격이 없다.
> ㉤ 철길건널목 통과방법위반은 교통사고처리특례법에서 정한 예외 11개 항에 해당한다.

① 없다　　　　② 1개　　　　③ 2개　　　　④ 3개

> **해설**
> ㉣ 3회 음주교통사고는 3년간 면허발급 제한대상이다.

055 교통사고와 관련된 다음의 판례 중 틀린 것은?

04 승진

① 차로의 넓이가 규격에 미달한 도로에서 황색 중앙선이 끊겨진 지점에서 사고가 야기된 경우 중앙선침범을 적용할 수 있다.

② 고속도로에서 차량이 앞차를 추월하고자 추월선으로 진입하여 진행 중 사고를 야기한 경우 추월한 차량에 잘못이 있다.

③ 횡단보도에 바닥페인트가 도로의 중간까지 있고 나머지는 보이지 않는 상태에서 교통사고가 난 경우에는 교통사고가 횡단보도 상에서 일어난 것으로 인정된다.

④ 횡단보도에서 신호에 따라 횡단을 시작한 보행자가 중간에 파란불에서 빨간불로 신호가 바뀌어 도로의 중앙선 부분에서 차량통행을 기다리며 서 있는 상황에서 진행하던 차량이 충격 시 보행자 보호의무위반이 아니다.

해설

① 차로의 넓이가 규격에 미달한 도로에서 황색 중앙선이 끊겨진 지점에서 사고가 야기된 경우라면 중앙선 침범을 적용할 수 없다.

② 앞지르기를 할 때에는 앞차의 속도 그 밖의 도로상황에 따라 방향지시·등화 또는 경음기 울리는 등 안전한 속도와 방법으로 앞지르기를 하여야 하므로 추월자의 책임으로 보아야 한다.

056 도로교통에 참여하는 운전자는 도로교통법상 다른 운전자들도 스스로 도로교통법규를 준수하리라는 것을 신뢰할 수 있고 교통규칙에 위반되는 돌발 사태까지 예상하여 주의할 필요가 없다는 원칙에 관하여 다음 내용 중 적절하지 않은 것은 모두 몇 개인가?

11 채용

㉠ 신뢰의 원칙이라고 하며 과실범과 관련이 있다.

㉡ 현대사회에서 도로교통의 사회적 중요성에 기인하여 과실범 처벌을 완화하자는 원칙이다.

㉢ 이 원칙은 독일의 판례가 채택한 이래 스위스, 오스트리아, 일본, 우리나라의 판례에 영향을 주었다.

㉣ 고속도로에서 상대방 차량이 중앙선을 침범하지 않을 것이라는 것을 믿어도 된다는 원칙이다.

㉤ 다른 차량이 무모하게 앞지르지 않을 것을 믿어도 된다는 원칙이다.

㉥ 교차로에 들어서서 통행후순위 차량이 앞질러 진입하지 않을 것을 믿어도 된다.

㉦ 도로교통에서 상대방의 규칙위반을 이미 인식한 경우에도 동 원칙이 적용된다.

① 1개   ② 2개   ③ 3개   ④ 4개

해설

㉦ 상대방의 규칙위반을 이미 인식한 경우에는 신뢰의 원칙의 적용이 제한되어 주의의무가 발생한다.

ANSWER   **055** ①   **056** ①

057

'교통사고처리 특례법'상 상호간의 합의가 있다면 공소제기를 할 수 없는 경우?

① 비보호 좌회전 구역에서 적색신호 시 직진으로 오던 차량과 접촉사고로 피해자가 경미한 부상을 당한 경우

② 시내버스 기사가 문을 연 채로 주행 중 승객 2명이 다친 경우

③ 중앙선을 침범하여 사람을 다치게 한 경우

④ 난폭운전 중 2명에게 중상을 입힌 경우

해설
난폭운전은 특례 11개 항목에 해당하지 않아 합의 또는 종합보험 가입시 처벌을 면제한다.

정보경찰

CHAPTER 09 정보 경찰

제1절 정보경찰 일반론

01 의의

(1) 정보의 개념

정보는 '**적국의 동정에 관하여 알린다**'라는 의미로 **프랑스**군에 사용하던 군사용어를 번역하여 만든 것이다.기출 경찰정보는 **사회갈등, 안전사고, 범죄 등 제반 사회위험요소를 사전 파악하고 대비하기 위해 체계화되고 정선된 지식**이라고 정의한다.

제프리 리첼슨	외국이나 국외지역과 관련된 제반 첩보자료들을 수집, 평가, 분석, 종합, 판단의 과정을 거쳐 만들어진 산출물기출
에이브럼 슐스키	**국가안보** 이익을 극대화하고, 실제적, 잠재적 적대 세력의 위협을 취급하는 정부의 정책수립과 관련된 자료기출
마크 로웬탈	**정책결정자의 필요**에 부응하는 지식으로 이를 위해 수집, 가공 된 것 기출
마이클 워너	**악영향**을 끼칠 수 있는 세력의 영향을 완화하거나, 세력에 영향을 주거나 세력을 이해하기 위한 비밀스런 것기출
셔먼 켄트	국가 **정책운용**을 위한 지식, 조직, 활동기출
마이클 허먼	정부 내에서 조직된 지식
데이비스	받아들이는 사람에게 필요한 형태로 처리된 **데이터**이고, 정책 의사결정에 있어서 가치를 인정 받은 것
위너	외계에 적응하려고 행동하고, 조절행동의 결과를 감지할 때 교환하는 내용으로 **환경에 적응함에 있어 필수적인** 요소
클라우제비츠	적과 적국에 관한 지식의 총체이고 전쟁에서 계획 및 행동의 기초가 되는 것(군사학적 정의)

(2) 정보, 첩보의 비교

첩보(Information)	정보(Intelligence)
목적성을 가직 의도적으로 수집한 자료	특정상황에서 가치가 평가되고 체계화된 지식으로 '2차정보'
부정확한 견문지식포함	객관적으로 평가된 정확한 지식
기초적, 단편적, 불규칙적, 미확인 상태	목적에 맞도록 평가, 분석, 종합, 해석하여 만든 지식
과거와 현재(시간불문)	정보사용자의 필요시 제공(**적시성**요구)
사용자의 목적에 맞지 않음	사용자의 **목적에 맞도록** 작성된 지식
처리절차 불문	처리절차 중요

*자료 (data)는 목적의식에 의해 수집된 것이 아닌 단순 사실, 신문자료, 서적, 광고 등

(3) 정보의 특성기출

비이전성	정보는 타인에게 전달되어도 **본인에게 남는다.**기출
변화성	동일한 정보라도 **사용자에 따라 중요도의 차이가** 있다.
무한가치성	정보는 한가지라도 **필요한 사람이면 누구에게나 가치가** 있다.기출
신용가치성	출처의 **신뢰도가 높을 수록** 정보의 가치가 높다.기출
누적효과성	정보는 생산, 축적되면 될수록 가치가 커진다.

02 정보의 가치

(1) 평가요소기출

적실성	정보사용자의 **사용목적**과 관련된 것이어야 한다.
정확성	정보는 객관적으로 평가된 **정확한 지식**이다.
적시성	정보는 사용자가 **필요한 시기**에 제공될 때 가치가 높아진다.
완전성	정보는 주제에 맞는 내용이면서 주제와 관련된 **모든 사항이 필요**하다.
객관성	사용자의 의도에 따라 주관적으로 왜곡되면 선호정책의 합리화도구로 전락될 수 있다.
필요성	정보는 사용자에게 **필요한 지식**이어야 한다.

(2) 정보의 효용

정보의 효용은 질적 요건을 갖춘 정보가 **정책결정과정에 기여할 수 있는가**에 대한 기준

형식 효용	① 정보사용자의 요구에 맞는 **형식에 부합**해야 한다.기출 정보사용자의 수준에 따라 정보 형태가 달리 결정된다. 최고 결정자에 대한 정보보고서는 '**1면 주의**' 원칙이 요구된다.기출 ② **전략정보**는 최고결정자가 사용하는 만큼 축약(1면주의)한 형태가 필요하나, **전술정보**는 정책결정자나 실무자에게 제공되므로, 상세하고 구체적이어야 한다.기출
시간 효용	정보는 정보사용자가 필요로 하는 시점에 제공될 때 시간효용이 높다. (**적시성**) 정보생산자가 판단하여 적절한 시간에 필요한 정보를 제공할 수 있어야 한다.기출
접근 효용	사용자가 쉽게 접근할 수 있어야 하나 정보 비밀성을 유지해야 할 필요성에 유의해야 한다.기출
소유 효용	상대적으로 많이 소유 할 수록 집적의 효과가 있어야 한다. (정보는 국력이다)기출
통제 효용	정보는 필요로 하는 사람에게 필요한 만큼 제공되어야 한다.기출 (차단의 원칙)방첩활동과 밀접한 관련이 있다.기출

03 정보의 분류

(1) 사용수준에 따른 분류기출

전략정보 (국가정보)	① 정책지도자들이 종합적인 **국가정책과 국가안전 보장**문제에 관하여 필요로 하는 국내 상황과 타국의 능력, 취약성, 가능한 행동방책에 관한 정보를 의미한다. ② 국가정책과 안전보장에 **막대한 영향을 주는 상황**에 대하여 정보기관에서 작성한 정보를 토대로 평상시에는 국가의 안전과 관련된 정책 결정의 기초가 되고 전시에는 군사작전 계획의 기초가 되는 정보이다.
전술정보 (부문정보)	① 전략정보의 기본적인 방침에서 이를 구체적으로 수행하기 위한 **세부적이고 전문적인 정보** ② 부서별 정보, 정치적 정보라고 하며 국가정책의 실현을 위한 세부적 계획의 수립, 추진에 필요한 지식

(2) 정보기능에 따른 분류기출

기본정보	① 모든 사상의 **정적인 상태**를 기술한 정보로, 과거의 사례에 대한 기본적, 서술적 일반 자료적 유형의 정보 ② 정태적이고, 기초적인 사항을 내용으로 하고 있고, 이미 **경험**했거나 **경험중**에 있는 사항(현용정보 또는 판단정보의 작성자가 사용할 정보)
현용정보 (시사, 현행정보)	① 모든 사상의 **동태**를 **현재**의 시점에서 객관적으로 기술한 정보로 의사결정자에게 그때그때의 동향을 알리기 위한 정보이다. ② 실무상 **속보**와의 관련성이 높은 정보
판단정보 (기획정보)	① 특정 문제를 체계적이고, 실증적으로 연구하고 미래에 있을 어떤 상태를 **추리, 평가**한 정보 ② 장래에 있을 어떤 상태에 관한 **예측적 평가적, 보고적 유형의 정보**로 정보생산자의 능력과 재능을 가장 많이 필요로 한다.

(3) 사용목적에 따른 분류기출

적극정보	**경찰기능에 필요한 정보 이외**의 모는 정보로 국가이익을 증대하기 위한 정책입안, 계획수립에 필요한 정보
보안정보	국가의 경찰기능을 위한 정보로 국가안보를 위태롭게 하는 국가적 취약점의 분석과 판단에 관한 정보

01 의의

(1) 의의

정보의 순환이란 정보를 산출하기 위해 소요되는 정보요구를 충족하고 첩보를 수집, 보고하여 평가, 분석, 종합, 해석하고 정보를 생산하여 배포하는 과정이다. 정보순환의 과정은 연속성을 가지고, 각 과정이 **동시에 진행**된다.기출

(2) 순환과정

정보요구	정보사용자가 필요성에 따라 첩보의 수집활동을 지시하는 단계 (첩보 기본요소 결정–첩보 수집계획서 작성–명령,하달–사후검토)
첩보요구	수집지시 및 수집요구에 의해 첩보를 수집하고 이를 지시 요구한 사용자에게 제공하는 단계 (출처의 개척 – 첩보의 수집 – 첩보의 전달)
정보생산	수집된 첩보를 기록, 평가, 조사, 분석, 결론 도출과정을 통해 정보로 전환하여 처리하는 단계 **(선택 – 기록 – 평가 – 분석 – 종합 – 해석)**
정보배포	정보의 사용자에게 유용한 형태(구두, 서면, 도식)로 배포되는 단계

02 순환과정

(1) 정보요구단계(1단계)

① 정보사용자가 필요로 하는 정보를 파악하여 정확한 정보가 제공될 수 있도록 운용 계획을 수립하여 첩보를 입수하고 처리 분석하여 작성된 정보를 적시에 배포할 수 있게 하는 단계

② 정보요구형태

국가지도자 및 정책입안자의 요구(종적요구), 횡적관계에 있는 요구(횡적요구), 정보생산자 자체 판단에서 오는 요구(내적요구)로 나누어진다.

③ 정보요구의 순환과정기출

첩보**기본요소**결정	요구내용을 한정하고 구체적인 요구가 가능하기 위해 **어느 부문의 정보를 요구할 것인가를 결정**한다.
첩보수집계획서 작성	누가, 언제 어떤 방법으로 수집보고 할 것인지 계획서를 작성하여 첩보수집을 지시해야 수집기관이 요구내용에 따라 수집할 수 있다.
명령, 하달	적합한 수집시기에 요구방법에 따라 구두 또는 서면으로 수집기관에 명령하달하여 수집 기관에 수집 책임을 부여한다.
사후검토	수집기관의 활동에 대해 지속적인 조정과 감독이 필요하다.

CH.09

④ 정보요구의 순환과정기출

정보의 성질에 따라 **일시적**으로 끝나는 것인가 아니면 **계속적, 반복적** 수집이 필요한 것인가에 따라 PNIO, EEI, SRI, OIR로 구분된다.

국가정보목표 우선순위(**PNIO**)	① PNIO(Priority of National Intelligence Objective)는 국가 안전보장이나 정책에 관련되는 국가정보목표의 우선순위로 **정부의 기본정책**을 수행하는 데 필요로 하는 자료 ② 국가정책 수립자와 수행자의 질문에 응답하기 위해 선정된 우선적 정보목표이고 국가의 정보기관 활동의 기본방침이다. ③ **경찰청에서 정보활동 계획을 수립할 때 가장 중요한 지침**
첩보기본 요소 (EEI)	① EEI(Essential Elements of Infromation)는 정부의 각 부서에서 맡고 있는 정책계획을 수행함에 있어 **우선적으로 필요로 하는 첩보요소**이다. ② **계속적 반복적**으로 요구되고, **전체적** 지역에 걸쳐 수립되어야 하는 첩보수집 요구에 있어 가장 기본이 되는 지침이다. ③ **EEI는 SRI와 상대적 개념**이다.
특별첩보요구(**SRI**)기출	① SRI(Special Requirements for Information)는 특정 지역의 특별한 **돌발상황**에 대한 **단기적 해결**을 위해 필요한 범위 내에서 임시적이고 단편적인 첩보를 요구하는 것이다. ② 수집계획서가 필요치 않고 수시로 단편적 사항에 대하여 명령되는 것으로 **즉흥적인 첩보요구방법**이다.
기타정보요구(OIR)	① OIR(Other Intelligence Requirement)는 정세의 변화에 따라 불가피하게 정책상 수정이 요구되거나 이를 위한 자료가 요구될 때 PNIO에 우선하여 이를 충족시키기 위한 정보요구이다. ② OIR응 PNIO에 포함되어 있지 않거나 포함되어 있더라도 우선순위가 늦게 책정되어 있어도 OIR은 **PNIO에 우선**하여 작성한다.

(2) 수집계획서(2단계)

① 의의

첩보수집기관이 출처를 확보하여 첩보를 입수, 획득하고 정보작성기관에 전달하는 과정(가장 중요)으로 첩보수집**계획 – 출처**의 개척–첩보의 **획득** – 첩보**전달**

첩보수집계획	첩보수집계획에는 첩보 획득에 사용할 기관, 방법, 수집활동의 진행상황, 성과등을 포함해야 한다.		
첩보출처개척	첩보출처는 단일출처보다 **이중출처를 활용**하면 출처의 신뢰성이 높아짐		
첩보수집활동	국내 수집	인간정보	인간에 의하지 않으면 수집되지 않는 첩보가 있다.
		영상정보	레이다, 적외선 센서등 기술적 수단을 이용해서 사진이나 영상을 수집하고 분석하여 얻어지는 정보기출
		신호정보	상대방으로부터 전파 및 전자적 신호를 탐지, 수집하여 얻은 정보
	국외 수집	백색정보	**합법적 신분**의 외교관 수집정보(적발될 경우 외교특권이 인정되어 처벌되지 않고 **국외로 추방**된다)
		흑색정보	상사원, 언론기자 등의 수집정보(신분노출이 되지 않으나 간첩활동이 적발되면 간첩죄로 형사처벌된다)
첩보전달	첩보 전달시 첩보의 사용자, 보고시기, 보고형태, 전달수단을 고려한다.		

② 첩보의 출처 분류

첩보가 얻어지는 원천으로 정보의 진실성을 점검할 수 있도록 이중출처를 개척하여 활용한다.

입수단계	근본출처	첩보존재 근원에서 중간기관 변형 없이 첩보를 제공받는 출처
	부차적출처	정보작성기관에 의해 부분적으로 **평가**, **요약**, **변형**된 것을 제공받는 출처
공개여부	공개출처	첩보가 공개되어 합법적으로 이용이 가능한 출처(대부분의 출처)이다. 비밀출처보다 **첩보의 가치가 떨어지는 것은 아님**기출 ① 장점: 접근용이, 시간 · 비용절감, 출처보안대책 불요 ② 단점: 중요도가 떨어짐, 과장, 허위정보일 가능성
	비공개 출처	출처가 보안 상태로 유지되어 자유로운 접근이 어려운 출처로 **특별하고 신중한 관리가 필요**하다. 기출 ① 장점: 조작되지 않은 첩보 획득 가능 ② 단점: 자유로운 접근 곤란으로 **법적 문제 제기 가능성 높음**
주기성 여부	정기출처	정기적으로 첩보를 획득할 수 있는 출처 (정기간행물, 방송, 신문 등)
	우연출처	우연히 첩보가 제공되는 출처(인적관계 등)

③ 첩보수집 우선순위

고이용정보 우선원칙	가치가 높은 정보부터 수집하는 것이 시간, 비용 절감
참신성 원칙	알려지지 않은 정보를 우선적으로 수집해서 가치를 높임
수집가능성의 원칙	중요하고 필요한 정보라도 수집 가능성이 희박하다면 곤란함
긴급성의 원칙	긴급한 정보를 우선적으로 수집한다.
경제성의 원칙	수집에 필요한 경비, 시간, 노력이 얼마나 소요하는지를 고려하여 우선순위를 정해 낭비를 방지한다.

(3) 정보생산단계(3단계)

① 의의

정보생산기관에 전달되어 정보 사용자의 요구에 맞도록 평가, 분석, 종합, 해석의 과정을 거쳐 정보보고서를 작성하는 과정(학문적 성격이 가장 많이 지배되는 단계)기출

② 정보 생산의 소순환 과정기출

첩보의 선택 – 첩보의 기록 – 첩보의 평가 – 첩보의 분석 – 첩보의 종합 – 첩보의 해석

③ 첩보의 선택

수집된 첩보중에서 **긴급성, 유용성**을 기준으로 필요한 정보를 가려내는 제 1차 평가과정

④ 첩보의 기록

첩보 중 당장 사용하지 않은 첩보이거나 사용한 첩보를 기록, 관리한다.

통합의 원칙	첩보 분류 시 다른 것과의 관계를 고려해야 한다.
점진의 원칙	순차적으로 분류한다는 원칙으로 **간단한 것에서 복잡한 것**으로 일반적인 것에서 특수한 것으로 분류한다.기출
일관성의 원칙	분류의 목적을 정하고 어떤 기준으로 분류할 것인가 정하고 일관성 있게 해야 한다. 이 원칙에 **위배된 분류를 크로스 구분(Cross Division)이라 하며 분류방법에서 제외**된다.
상호배제의 원칙	분류의 세분항목은 중복이 없도록 해야 한다.
병치의 원칙	유사한 것이나 관계되는 자료는 가깝게 위치할 수 있도록 분류

⑤ 첩보의 평가

첩보의 출처, 내용에 관하여 그 신뢰성, 사실성등 타당성을 판정하는 과정으로 첩보의 **적절성**, 출처기관에 대한 **신뢰성**, 내용에 대한 **가망성**을 검토해야 한다.기출

첩보의 적절성	현재나 장래에 그 첩보가 어느 정도로 유용한 것인가 검토
출처의 신뢰성	적당한 시기에 입수되었고, 유용한 자료라고 판단될 때 자료제공 출처 또는 기관에 대한 신뢰성을 검토해야 함
내용의 정확성	건실성, 상세성, 타당성, 일치성

⑥ 첩보의 분석

첩보를 가지고 정보요구를 해결하기 위해 가설들은 논리적으로 검증하는 일련의 과정으로 **재평가 과정**이다. 기출

⑦ 첩보의 종합

주제에 대한 정보를 생산하기 위해 동류의 것끼리 분류된 사실을 하나의 통일체로 결합하는 과정을 의미한다. 기출

⑧ 첩보의 해석

평가, 분석, 종합된 정보에 대해 **의미와 중요성**을 결정하고 결론을 도출하는 것기출

(4) 정보생산단계(4단계)

① 의의기출

생산된 정보가 정보를 필요로 하는 기관에 유용한 형태를 갖추고 적당한 시기에 분배되는 것으로 마지막 단계이다.

② 정보배포의 원칙

필요성	**알아야 할 필요가 있는 대상자에게만** 알려야 한다. 배포기관은 누가 어떤 정보를 언제, 어떻게 사용할 것인가 파악하고 있어야 한다.
적시성	**적시**에 필요로 하는 대상에게 배포되어야 한다. 기출
적당성	사용자의 능력과 상황에 맞추어 적당한 양을 조절하여 필요한 만큼만 전달하여야 한다.
보안성	작성된 정보연구와 판단이 누설됨으로 발생할 결과를 예방하기 위해 보안대책이 필요하다. 기출
계속성	정보가 필요한 기관에 배포되었다면 그 주제와 관련된 정보는 그 기관에 계속 배포해 주어야 한다. 기출

③ 정보 배포의 수단

보고서	일반적으로 많이 활용되는 방법으로, 정보의 내용을 서류형태로 보고서화하여 정보 수요자에게 배포하는 방법기출
브리핑	정보담당관이 정보내용을 요약하여 구두로 설명하는 것
메모	긴급한 정보(현용정보)를 전달하는 데 주로 사용되며 신속성이 중요시 됨기출
메시지	정보사용자가 **물리적인 접촉이 용이하지 않은 경우** 사실 확인 차원의 단순보고에 활용하는 방식으로 활용도가 높아지고 있다. 기출
일일정보 보고서	24시간 걸친 제반 정세의 변화를 중점적으로 망라한 보고서로 대부분이 **현용정보**이다.
정기 간행물	광범위한 배포를 위해 주기적으로 발행되며, 방대한 정보를 수록한다. 기출
특별 보고서	누적된 정보가 다수의 사람이나 기관에게 이해관계가 있거나 가치가 있을 때 사용

CH.09

03 정보의 기능

(1) 정보와 정책기출

정보와 정책의 관계에 관하여 1947~1955년까지는 정보와 정책의 분리를 강조하는 **전통주의** 시각이 강했고, 1950년대 후반에는 정보가 정책결정에 미치는 영향이 미진하다는 문제점이 제기되면서 **행동주의**를 채택하게 되었다.

1) 전통주의

의의	정보와 정책은 **일정수준의 분리**가 필요하다.(로웬탈)기출
특징 기출	① 정보는 **정책에 의존**하기도 하지만 정책의 정보의 지지 없이도 존재한다. ② 정보생산자는 정보제공과 정보의 조작을 구분하고 **정보사용자의 자료나 분석 요구에 부응**해야 한다. ③ 고위정책결정자 등은 고위정보관에게 자문을 구할 수 있다. ④ 정보가 **정책결정에 조언**을 주는 방향으로 분리적으로 가능해야 한다.

2) 행동주의기출

의의	정보와 정책은 공생관계에 있기 때문에 상호간 **밀접히 연결**되어야 한다. (힐스만)
특징	① 정보생산자는 정책과정에 대해 연구하고 이해해야 한다. ② 정보사용자에게 의미 있는 사안들에 역량을 동원해야 한다. ③ 정보와 정책 간의 **환류**가 필요하다.

(2) 정보생산자와 사용자의 관계기출

1) 정보사용자의 제약요인

정책결정자의 시간적 제약성	설명자료, 언론보도 등 수많은 문서와 보고로 **시간이 제한**되어 있다.
정책결정자의 선호정보	정책결정자는 **선호정책을 뒷받침**할 수 있는 정보를 원한다.
정책결정자의 자존심	정책결정자는 자기분야의 최고라는 자신감으로 반대하는 견해는 비현실적이고 잘 알지 못한 데 따른 것이라고 **무시**한다.
과도한 기대	정보가 문제에 대한 대답과 지침을 주기를 바란다. 기대가 충족되지 못할 경우 정보불신을 한다.
판단정보의 소외기출	정책결정자들은 **현용정보를 가장 선호**하고 판단정보는 낮게 평가한다.

2) 정보생산자로부터 장애요인기출

다른 정보와 경쟁	신문, 방송, 인터넷 등 많은 정보가 실시간으로 전파되고, 기업, 증권가 등의 사설 정보지와도 경쟁이 있다.
편향적 분석 문제	객관적 분석의 결여, 집단적 편견으로 정보분석이 실패한다.
적시성의 문제	수요에 맞추어 적시에 정보보고서를 제출할 수 있어야 한다. 완벽한 보고서를 만들기 위해 시간을 맞추어야 한다.
적합성의 문제	정보분석이 깊고 광범위해도 결정자의 **소요 요청에 부합**되지 않으면 정책수립에 도움이 되지 않는다.
판단의 불명확성	정보기관의 흥정을 통해 정보를 왜곡시키기도 하고, 여러 가능성을 언급하기도 한다.

참고: 정보통제	
의의	정보기구에 대한 통제 주체들이 정보기구의 활동이 조직목표에서 일탈하는 것을 방지하기 위해 통제기준을 설정하고 다양한 통제수단과 자원을 동원하여 **정보기구를 평가, 시정조치**를 해나가는 활동
필요성	정보의 독점 은밀하여 대통령 등 국가수반이 국가 정보기관을 자의적으로 오남용할 가능성이 높다.
통제방법	① 행정부, 의회, 언론에 의한 통제 ② 정부 자체 내의 조직이나 정보기관 자체 내의 통제체제가 우선적으로 운영되다가, 1970년대 의회차원의 강력한 정보의 통제체제가 갖추어지기 시작하였다. ③ **국가정보원장**을 국회의 인사청문을 거쳐 대통령이 임명한다.
언론에 의한 통제	① 정보기관의 권력남용 폭로는 정보기관을 통제하는 수단이다. ② 언론기관의 보도는 국회조사활동이나 청문회를 할 수 있다. ③ 정보기관은 은밀성을 유지하려 하고 언론은 공개를 통해 국민의 알 권리를 충족시키는 것이 국가이익에 부합한다고 본다.

CH.09

01 정보경찰의 의의

(1) 의의

정보경찰은 공공의 안녕과 질서에 대한 위험을 제거하기 위한 경찰활동으로 **치안정보** 및 정치, 경제, 사회, 문화 등의 **일반정보**까지 수집, 분석, 작성, 배포하는 경찰활동이다. 궁극적인 목적은 사회안보의 확보이다.

정보활동은 국민의 자유와 권리를 침해하는 권력적 작용이 아니고 임의수단에 의한 **비권력 작용**으로 **구체적 법적근거 없이도 정보수집활동**이 가능하다.

(2) 특징

	정보경찰	일반경찰
1차 목적	국가의 안전보장	국민의 생명, 신체, 재산보호
활동지침	예방적, 사전적	예방적, 사후교정적
대상범죄	**위태성** 범죄	**침해성** 범죄
보호법익	국가안전	개인적 법익
업무수행 시	신분 비공개	신분공개

(3) 정보경찰활동 한계기출

실정법적 한계	① 헌법 법률이 허용하는 범위 내의 활동이 필요하다. ② 헌법 10조 인간의 존엄성과 행복추구권, 제17조 사생활의 비밀과 자유가 존중되어야 한다.
초법규적 한계	① **필요성**: 행정목적을 달성하기 위해 어느 정도 필요한가 ② **상당성**: 수단의 필요성 면에서 상당한 정도인가 ③ **타당성**: 수단이 사회 통념상 타당한 것인가

(4) 관련 판례

1) 헌법 10조 '모든 국민은 인간으로서 존엄과 가치를 가지고 행복을 추구할 권리를 가진다. 국가는 개인이 가지는 불가침의 인권을 확인하고 이를 보장할 의무를 진다'고 규정하고 헌법 17조는 '모든 국민은 사생활의 비밀과 자유를 침해받지 아니한다'고 규정하고 있는바, 헌법규정은 개인의 사생활이 타인으로부터 침해되거나 사생활이 함부로 공개되지 아니할 **소극적인 권리**는 물론 고도로 정보화된 현대사회에서 자신에 대한 정보를 자율적으로 통제할 수 있는 **적극적인 권리까지 보장**한다.

2) 국군 기무사령부 수사관들이 경찰청과 공조수사를 하는 경우 직접민간에 대한 첩보 수
   집은 직무범위를 일탈한 것으로 위법하다. (**손해배상책임** 인정)

3) 국군보안사령부가 군과 관련된 첩보, 특정한 군사법원 관할 범죄의 수사 등 법령에 규정
   된 직무범위를 벗어나 민간인을 대상으로 평소의 동향을 감시, 파악할 목적으로 지속적
   으로 개인의 집회, 결사에 관한 활동이나 사생활에 관한 정보를 미행, 망원 활용 등의 방
   법으로 비밀리에 수집, 관리하는 경우는 이는 헌법에 보장된 기본권을 침해한 것으로 불
   법행위를 구성한다.

02 견문수집 의의

(1) 의의
   정보경찰이 국내외의 정치, 경제, 사회, 문화 등 제 분양 대한 견문을 수집하고 처리하는
   것을 의미한다.

(2) 정보보고서 종류기출

견문보고서	오관의 작용을 통해서 근무 중 획득한 국내외의 정치, 경제, 사회, 문화 등 각 분야의 자료를 기술한 보고서로 간단하고 함축성이 있는 용어 사용이 필요하다.
정책보고서	정부의 정책 및 치안행정 시행과정에 나타나는 **문제점, 정책** 관련 여론 등을 수집, 분석하는 보고서
정보상황보고서	**속보**라고도 하며, 사회갈등이나 집단시위 상황 등에 대해 전파하는 보고서이다.
정보판단서	타 견문 자료를 **종합, 분석**하여 작성한 보고서로 경력동원 등 상황에 대한 조치를 요하는 보고서이다.

(3) 내용에 따른 정보의 종류기출

상황정보	종합적 판단이 아니라, 현 상태에 관한 **일시적**인 것으로 현실에 관한 정보를 보고하는 것으로 **현용정보**의 일종이다.
민심정보	중요정책이나 현안사항에 대해 **국민여론**을 파악, 보고하여 정책조정, 조치 등에 반영하는 것
정책정보	**정부시책의 효과, 타당성, 문제점** 등을 파악하여 개선방안을 보고하는 정보
범죄정보	수사의 단서로 활용할 수 있는 정보
치안정보기출	치안정책의 수립, 집행, 치안행정에 걸친 문제점, 개선방안에 관한 정보(내부시책보고)로 **경찰청장**이 사용자이다.

(4) 정보보고서 용어

판단됨	어떤 징후가 나타나거나 상황이 전개될 것이 **거의 확실**시 되는 근거가 있는 경우
예상됨	첩보 등을 분석한 결과 단기적으로 어떤 상황이 전개될 것이 **비교적 확실**한 경우
전망됨	과거의 움직임이나 현재, 미래 동향으로 장기적으로 활동의 **윤곽을 예측**하는 경우
추정됨	**구체적 근거 없이** 나타난 동향의 원인 배경 등을 막연히 추측할 경우
우려됨	구체적 징후는 없으나 가능성을 배제하기 어려워 최소한의 대비가 필요한 경우

03 채증활동

개념	집회 및 치안 위해 사태가 발생하였을 경우 정황을 촬영, 녹화 또는 녹음하여 **상황파악 및 사법처리를 위한 자료를 확보**하는 정보경찰활동으로 정보활동과 수사 활동으로서 성격을 가진다.
목적	관련자 사후처리와 유사상황 발생 시 대책수립으로 활용되는데 ① 집회 및 시위 등 상황파악　　　② 사법처리의 증거확보 ③ 치안자료의 수집 등을 위함
법적근거	경찰법 제3조, 경찰관직무집행법 제2조, 채증활동규칙, 형사소송법 216조
유의사항	초상권 침해의 논란이 우려되므로 불법, 합법 구별 없는 채증은 지양되어야 함

04 신원조사

(1) 의의

국가안전에 관련되는 임무에 종사하거나 이에 관련된 업무를 하는 자 및 예정자에 대하여 국가에 대한 **충성심, 성실성, 신뢰성**을 조사 확인하는 대인정보자료 수집활동기출

(2) 법적근거

① 국가정보원법 제 3조

② 보안업무규정

③ 보안업무규정시행규칙

④ 정보 및 보안업무기획, 조정규정

⑤ 신원조사업무처리규칙

⑥ 여권발급신청자 신원조사업무처리규칙

(3) 신원조사 대상자(보안업무규정 제33조)기출

① **공무원 임용 예정자**

② **비밀취급 인가 예정자**

③ **해외여행**을 위하여 「여권법」에 따른 여권이나 「선원법」에 따른 선원수첩 등 신분증서 또는 「출입국관리법」에 따른 사증(査證) 등을 발급받으려는 사람

④ 국가보안시설·보호장비를 관리하는 기관 등의 장

⑤ 임직원을 임명할 때 정부의 승인이나 동의가 필요한 공공기관의 임직원

⑥ 그 밖에 다른 법령에서 정하는 사람이나 각급기관의 장이 국가보안상 필요하다고 인정하는 사람

(4) 신원조사기관

① 국가정보원장이 직권 또는 관계기관의 요청에 의해 실시

② 국가정보원장은 신원조사에 관한 권한의 일부를 **경찰청장과 국방부장관에게 위임**할 수 있다.기출 (국가정보원법이 아닌 **보안업무규정**에 의함)

③ 국방부장관에 대한 위임은 군인, 군무원, 방위사업법에 규정된 방위사업체 및 연구기관 종사자와 군사보안에 관련된 인원에 대하여만 실시

(5) 결과의 처리

조사기관의 장은 신원조사의 결과 국가 안전보장상 유해한 정보가 발견된 자는 관계기관의 장에게 그 사실을 통보해야 하며, 통보받은 관계기관의 장은 신원조사 결과에 따라 필요한 보안대책을 강구해야 한다.

05 집회 및 시위에 관한 업무처리

(1) 의의

적법한 집회 및 시위를 최대한 보장하고 위법한 시위로부터 국민을 보호함으로써 집회 및 시위의 권리 보장과 공공의 안녕질서가 적절히 조화를 이루도록 하는 것을 목적으로 한다.

(2) 용어의 정의

1) 집회

① **특정 또는 불특정 다수인**이 공동의 의견을 형성하여 대외적으로 표명할 목적으로 일정한 장소에 일시적으로 모여 토의나 사실의 고지 등 공적인 의사형성을 하는 것을 의미한다.

② 2인이 모인 집회도 집회 및 시위에 관한 법률의 규제대상이 된다.

③ **집회는 모이는 장소나 사람의 많고 적음에 제한이 있을 수 없다.**

2) 옥외집회기출

① 천정이 없거나 사방이 폐쇄되지 않는 장소에서의 집회를 의미한다.

② **건물현관 앞 계단과 도로**에서의 집회나 시위도 집시법상의 시위에 해당(판례)

3) 시위기출

① 여러 사람이 공동의 목적을 가지고 도로, 광장, 공원 등 일반인이 자유로이 통행할 수 있는 장소를 **행진하거나 위력 또는 기세**를 보여, 불특정한 여러 사람의 의견에 영향을 주거나 제압을 가하는 행위

② 순수한 1인 시위, 차량등 시위는 집회 및 시위에 관한 법률상 집회, 시위가 아니다.

③ **가두서명, 플래시몹(Flash Mob)**: 휴대전화나 SNS 등으로 정해진 시간에 현장에 모여 시위 후 바로 해산하는 형태)은 집시법상의 시위에 해당한다.

4) 주최자기출

① 자기 책임 아래 집회나 시위를 여는 사람이나 단체를 말한다. 주최자는 주관자를 따로 두어 집회 또는 시위의 실행을 맡아 관리하도록 위임할 수 있다. 이 경우 주관자는 그 위임의 범위 안에서 주최자로 본다.

② 주최자의 자격에는 **아무런 제한 없다.**

③ 단체인 경우 **법인격 유무를 불문**한다.

5) 질서유지인기출

① 주최자가 자신을 보좌하여 집회 또는 시위의 질서를 유지하게 할 목적으로 임명한 자를 말한다

② 언어능력, 전문성에 대한 규정은 없으나 단 **18세 이상의 사람**을 질서유지인으로 임명할 수 있다.

6) 질서유지선

관할 경찰서장이나 지방경찰청장이 적법한 집회 및 시위를 보호하고 질서유지나 원활한 교통 소통을 위하여 집회 또는 시위의 장소나 행진 구간을 일정하게 구획하여 설정한 띠, 방책, 차선 등의 경계표지를 말한다.

(3) 신고절차와 처리요령

1) 신고

신고서제출	옥외집회나 시위를 주최하려는 자는 신고서를 옥외집회나 시위를 시작하기 **720시간 전부터 48시간 전**에 제출하여야 한다.기출
제출기관	시위장소가 하나인 경우(**경찰서장**), 둘이상인 경우(**지방경찰청장**), 둘 이상의 지방경찰청장(**주최지를 관할하는 지방경찰청장**)기출
접수처리	관한 경찰관서장은 신고서를 접수하면 신고자에게 접수 일시를 적은 접수증을 **즉시** 발급해야 한다. 기출 신고한 옥외집회 또는 시위를 하지 아니하게 된 경우는 신고서에 적힌 일시 전에 관할 경찰서장에게 그 사실을 알려야 한다.기출
신고서 기재사항	목적, 일시, 장소, 주최자, **참가예정단체와 인원**기출, **시위의 방법**
관련판례	① 옥외집회 또는 시위가 개최될 것이라는 것을 경찰서가 알고 있었다거나 그 집회 또는 시위가 평화롭게 이루어진다 하여도 신고의무가 면제되는 것이라 할 수 없으므로 **신고서 제출 없이 이루어진 옥외집회 또는 시위를 사회상규에 반하지 아니하는 정당한 행위라고 할 수 없다.**기출 ② 집회장소 사용 승낙을 하지 않은 갑대학교 측의 집회 저지 협조요청에 따라 경찰관이 갑대학교 출입문에서 신고 된 갑대학교에서의 집회에 참가하려는 자의 출입을 저지한 것은 주거침입행위에 대한 사전 제지조치로 볼 수 있고, **신고 없이 을 대학교로 장소를 옮겨서 집회를 하였다해도 신고없이 한 집회가 긴급피난에 해당한다고 할 수 없다.**기출

2) 신고를 요하지 않는 집회, 시위기출

신고 요하는 집회	① 옥내입회, 일반인이 자유롭게 통행할 수 없는 장소에서 행진 ② **해상시위, 공중시위** ③ **학문 예술 체육 의식 친목 오락 관혼상제 및 국경행사에 관한 옥외집회** ④ 자동차, 건설기계, 농기계 등을 동원하여 도로 등 공공장소를 행진 또는 시위하는 차량시위
신고를 요하지 않는 집회	① **군작전관할구역내**에 옥외집회는 군부대장의 허가로 개최 ② 지하철역사내의 대합실에서 집회는 시설이 일반인에게 개방된 시간에는 옥외집회에 해당 ③ **공공장소**에서의 가두서명, 유인물 배포 등의 집단행위는 신고대상이다. ④ 양심수를 시민들에게 알리기 위한 것이라는 시위목적에 비추어, **시위자들이 죄수복 형태의 옷을 집단적으로 착용하고 포승으로 신체를 결박한 채 행진하려는 것은 사전신고대상**

3) 보완통고 및 보완기출

① 관할경찰관서장은 신고서의 기재 사항에 미비한 점을 발견하면 접수증을 교부한 때부터 **12시간 이내**에 주최자에게 **24시간을 기한**으로 그 기재 사항을 보완할 것을 통고할 수 있다.

② 주최자가 보완 통고서 **수령시로부터 24시간 이내**에 기재사항을 보완하지 아니할 경우 당해 집회, 시위에 대한 금지통고를 할 수 있다.

4) 제한통고

① 제한 통고의 **기한 규정은 없으므로**, 집회개최 직전까지 통고서를 전달하면 된다.

② 제한 통고서는 상대방에 도달되어야 효력이 발생한다.

5) 금지통고

① 원칙

신고서를 접수한 관할경찰관서장은 신고된 옥외집회 또는 시위가 다음 각 호의 어느 하나에 해당하는 때에는 **신고서를 접수한 때부터 48시간 이내**에 집회 또는 시위를 금지할 것을 주최자에게 통고할 수 있다. 기출

② 예외

집회 또는 시위가 집단적인 폭행, 협박, 손괴, 방화 등으로 공공의 안녕질서에 직접적인 위험을 초래한 경우에는 남은 기간의 해당 집회 또는 시위에 대하여 신고서를 접수한 때부터 **48시간이 지난 경우**에도 금지 통고를 할 수 있다.

③ 절대적 금지사유 기출

㉠ 헌법재판소 결정에 의해 해산된 정당의 목적을 달성시키기 위한 집회, 시위

㉡ 집단적 폭행이나 협박, 방화, 손괴 등으로 공공의 안녕, 질서에 위해를 가할 것이 명백한 집회, 시위

㉢ 누구든지 다음 각 호의 어느 하나에 해당하는 청사 또는 저택의 경계 지점으로부터 100 미터 이내의 장소에서는 옥외집회 또는 시위를 하여서는 아니 된다.

1. 국회의사당, 각급 법원, 헌법재판소

2. 대통령 관저(官邸), 국회의장 공관, 대법원장 공관, 헌법재판소장 공관

3. 국무총리 공관. 다만, 행진의 경우에는 해당하지 아니한다.

④ 상대적 금지사유

    ㉠ 국내주재 외국의 외교사절의 숙소로부터 **100미터 이내** 옥외집회, 시위 예외, 외교기관 또는 외교사절의 숙소를 대상으로 아니하는 경우, 대규모집회 또는 시위로 확산될 우려가 없는 경우, 외교기관의 업무가 없는 휴일에 개최하는 경우는 시위 가능

    ㉡ 야간 옥외 집회시위

    ㉢ 신고서의 기재사항을 보완할 것을 통보받고도 이를 기한 내에 이행하지 않는 경우

    ㉣ 거주자 또는 관리자가 시설이나 장소의 보호를 요청하는 때

    다음의 경우로 그 거주자나 관리자가 시설이나 장소의 보호를 요청하는 경우에는 집회나 시위의 **금지 또는 제한을 통고**할 수 있다.기출

      – **타인의 주거지역이나 이외 유사한 장소**로 집회 또는 시위로 인하여 재산 또는 시설에 심각한 피해가 발생하거나 사생활의 평온에 현저한 해를 입힐 우려가 있는 경우(가정보육시설, 지역아동센터, 기숙사와 준주택)

      – 신고장소가 초등 등 교육법 제2조에 따른 **학교의 주변지역**으로 집회 또는 시위로 학습권을 현저히 침해할 우려가 있는 경우기출

      – **군사시설의 주변지역**으로 집회시위로 인하여 시설이나 군작전의 수행에 심각한 피해가 발생할 우려가 있는 경우기출

    ㉤ 집회, 시위의 시간과 장소가 경합되는 2건 이상의 신고가 있는 경우 **나중에 접수된 집회, 시위**

6) 이의신청과 재결기출

  ① 이의신청

    금지통고에 불복하는 경우 금지통고를 받은 때로부터 **10일 이내** 금지통고를 한 경찰관서의 **직근 상급경찰관서의 장**에게 이의를 신청할 수 있다.기출

  ② 재결

    – 주최자로부터 이의신청을 받은 경찰관서의 장은 일시를 적은 접수증을 이의신청인에게 즉시 내주고 이의신청 접수시로부터 **24시간 내에 재결**해야 한다. 이 경우 접수한 때부터 24시간 이내에 재결서를 발송하지 아니하면 관할 경찰서장의 금지통고는 소급하여 그 효력을 잃는다.

    – 이의 신청은 금지 통고가 위법하거나 부당한 것으로 재결되거나 그 효력을 잃게 된 경우 처음 신고한 대로 집회 또는 시위를 개최할 수 있다. 다만 금지 통고 등으로 시기를 놓친 경우에는 일시를 새로 정하여 집회 또는 시위를 시작하기 **24시간 전**에 관할 **경찰서장**에게 신고함으로써 집회 또는 시위를 개최할 수 있다.

7) 행정소송

  이의신청이 각하, 기각된 경우에는 금지통고가 유효하며, 이에 불복하는 이의신청인은 행정소송제기가 가능하다. (**이의신청 없이 행정소송이 가능**하다)

(4) 교통 소통을 위한 제한

　① 관할경찰관서장은 대통령령으로 정하는 주요 도시의 주요 도로에서의 집회 또는 시위에 대하여 교통 소통을 위하여 필요하다고 인정하면 이를 **금지**하거나 교통질서 유지를 위한 조건을 붙여 **제한**할 수 있다.

　② 집회 또는 시위의 주최자가 질서유지인을 두고 도로를 행진하는 경우에는 제1항에 따른 금지를 할 수 없다. 다만, 해당 도로와 주변 도로의 교통 소통에 장애를 발생시켜 심각한 교통 불편을 줄 우려가 있으면 제1항에 따른 **금지를 할 수 있다.** 기출

(5) 질서유지선의 설정

　① **신고를 받은 관할경찰관서장**은 집회 및 시위의 보호와 공공의 질서 유지를 위하여 필요하다고 인정하면 최소한의 범위를 정하여 질서유지선을 설정할 수 있다.

　② 경찰관서장이 질서유지선을 설정할 때에는 **주최자 또는 연락책임자**에게 이를 알려야 한다.

　③ **신고를 받은 경찰서장이 설정한 질서유지선**을 경찰관의 경고에도 불구하고 정당한 사유 없이 상당 시간 침범하거나 손괴, 은닉, 이동 또는 제거하거나 그 밖의 방법으로 효용을 해한 자는 **6월 이하의 징역 또는 50만 원 이하의 벌금, 구류, 과료에 처한다.** 기출

(6) 확성기 등 사용의 제한

　① 집회 또는 시위의 주최자는 확성기, 북, 징, 꽹과리 등의 기계·기구를 사용하여 타인에게 심각한 피해를 주는 소음으로서 대통령령으로 정하는 기준을 위반하는 소음을 발생시켜서는 아니 된다. 기출

　② 관할경찰관서장은 집회 또는 시위의 주최자가 제1항에 따른 기준을 초과하는 소음을 발생시켜 타인에게 피해를 주는 경우에는 그 기준 이하의 소음 유지 또는 확성기 등의 사용 중지를 명하거나 확성기 등의 일시보관 등 필요한 조치를 할 수 있다. 기출

　③ 소음기준 및 측정방법 기출

확성기 소음기준	주거지역, 학교, 종합병원(**주간65, 야간60**) 그 밖의 지역(**75 이하, 65 이하**)
소음측정방법	**관할경찰서장** 측정, 소음측정장소는 집회현장에서 구두로 신고하거나 112로 신고하는 등 경찰관이 인지할 수 있으면 충분하다. 소음측정장소는 피해자가 위치한 건물의 외벽에서 소음원 방향으로 **1~3.5미터 떨어진 지점**으로 하되, 소음도가 높을 것으로 예상되는 지점의 지면 위 1.2~1.5미터 높이에서 측정한다.

(7) 경찰관의 출입과 평화적 집회 시위보호기출

① 경찰관은 집회 또는 시위의 주최자에게 알리고 그 집회 또는 시위의 장소에 **정복을 입고** 출입할 수 있다. 다만, 옥내집회 장소에 출입하는 것은 직무 집행을 위하여 긴급한 경우에만 할 수 있다.

② 집회나 시위의 주최자, 질서유지인 또는 장소관리자는 질서를 유지하기 위한 경찰관의 직무집행에 협조하여야 한다.기출

③ 집회 및 시위에 관한 법률은 경찰관의 집회, 시위장소에 출입은 정복착용만을 규정하고 있으나, **범죄수사 및 치안정보수집활동**을 규정하고 있으므로 정보활동 및 범인검거활동 위해서 **사복착용출입**이 가능하다.

④ 평화적 집회 시위를 방해하면 3년 이하의 징역 또는 300만 원 이하의 벌금에 처한다. 다만 군인, 검사, 경찰관이 방해하면 5년 이하의 징역에 처한다. (군인, 검사 경찰의 경우 가중처벌)

(8) 특정인의 참가배제기출

① **집회 또는 시위의 주최자 및 질서유지인**은 특정한 사람이나 단체가 집회나 시위에 참가하는 것을 막을 수 있다. 다만, 언론사의 기자는 출입이 보장되어야 하며, 이 경우 기자는 신분증을 제시하고 기자임을 표시한 **완장을 착용**하여야 한다.

② 언론사의 기자라고 하더라도 신분증의 제시, 기자완장 등의 조치 없이 집회, 시위 장소에 출입하는 것은 제한될 수 있다.

(9) 집회 또는 시위의 해산

① 절대적 금지사유에 해당하는 집회, 시위

② 금지시간, 금지장소에 해당하는 옥외집회, 시위

③ 질서유지가 불가능하여 주최자가 **종결을 선언한 집회, 시위**

④ **미신고집회 또는 시위**

⑤ 상대적 금지사유에 해당되어 금지통고된 집회, 시위

⑥ 질서유지 조건을 위반하여 교통소통 등 질서유지에 **직접적인 위험을 명백하게 초래**하는 집회, 시위

⑦ 금지행위로 인하여 질서유지를 할 수 없는 집회, 시위

(10) 관련 판례

① **신고하지 아니하였다는 이유**로 옥외집회 또는 시위를 헌법의 보호범위를 벗어나 개최가 허용되지 않는 집회 내지 시위라고 단정할 수 없다. 미신고 옥외집회 또는 시위를 해산명령 대상으로 하면서 별도의 해산요건을 청하고 있지 않았더라도 그 옥외집회 또는 시위로 인하여 타인의 법익이나 공공의 안녕질서에 대한 직접적인 위험이 명백하게 초래된 경우에 한하여 위 조항에 기한 해산명령을 할 수 있다.

② 전국민주노동조합총연맹 준비위원회가 주관한 도로행진시위가 사전에 구 집시법에 따라 옥외집회신고를 마쳤어도 신고의 범위와 위 법률 제2조에 따른 제한을 현저히 일탈하여 주요도로 전차선을 점거하여 행진 등을 함으로써 **교통소통에 현저한 장해를 일으켰다면, 일반교통방해죄를 구성**한다.

01 압력단체

(1) 의의

압력단체는 여러 사회집단이 특수이익을 옹호하여 존립목적을 달성하기 위해 **거대한 조직력을 가지고 정치세력에 대하여 배후에서 여러 가지 방법을 압력**을 가하는 단체를 의미한다. 선거로 공직획득을 위해 투쟁하지 않으므로 정당과 다르다.

(2) 활동수단기출

① 로비스트: 정부의 정책이 유리하게 전개되도록 활동하는 것으로 가장 대표적인 압력행위의 방법이다. **매수를 목적으로 하는 로비는 소시얼 로비**라 한다.

② 대중선전: 압력단체가 로비활동으로 효과를 거두지 못하면 대중선전활동으로 목적을 관철시키기도 한다.

③ 선거운동지원: 자신들에게 유리한 입후보자를 지명하여 자금과 운동원을 제공하여 당선시켜 단체에 유리한 법안을 통과시킨다.

④ 파업: 정책결정에 영향을 주기 위해 파업을 이용하기도 한다.

02 선거권과 피선거권기출

(1) 선거권

① **19세 이상의 국민**은 대통령 및 국회의원의 선거권이 있다. 다만, 지역구국회의원의 선거권은 19세 이상의 국민으로서 제37조 제1항에 따른 선거인명부작성기준일 현재 다음 각 호의 어느 하나에 해당하는 사람에 한하여 인정된다.

1. 해당 국회의원지역선거구 안에 주민등록이 되어 있는 사람

2. 주민등록표에 3개월 이상 계속하여 올라 있고 해당 국회의원지역선거구 안에 주민등록이 되어 있는 사람

② **19세 이상**으로서 선거인명부작성기준일 현재 다음 각 호의 어느 하나에 해당하는 사람은 그 구역에서 선거하는 지방자치단체의 의회의원 및 장의 선거권이 있다.

1. 해당 지방자치단체의 관할 구역에 주민등록이 되어 있는 사람

2. 주민등록표에 3개월 이상 계속하여 올라 있고 해당 지방자치단체의 관할구역에 주민등록이 되어 있는 사람

3. 영주의 체류자격 취득일 후 3년이 경과한 외국인으로서 지방자치단체의 외국인등록 대장에 올라 있는 사람

(2) 피선거권

　① 선거일 현재 **5년** 이상 국내에 거주하고 있는 **40세 이상의 국민**은 대통령의 피선거권이 있다.

　② **25세 이상**의 국민은 국회의원의 피선거권이 있다.

　③ 선거일 현재 계속하여 60일 이상 해당 지방자치단체의 관할구역에 주민등록이 되어있는 주민으로서 25세 이상의 국민은 그 지방의회의원 및 지방자치단체의 장의 피선거권이 있다.

03 선거기간과 선거일기출

(1) 선거기간

　① 대통령선거는 **23일** (후보자등록마감일의 다음 날부터 선거일까지)

　② 국회의원선거와 지방자치단체의 의회의원 및 장의 선거는 **14일** (후보자등록마감일 후 6일부터 선거일까지)

(2) 선거일

　① 대통령선거는 그 임기만료일 전 **70일** 이후 첫 번째 수요일

　② 국회의원선거는 그 임기만료일 전 **50일** 이후 첫 번째 수요일

　③ 지방의회의원 및 지방자치단체의 장의 선거는 임기만료일 전 **30일** 이후 첫 번째 수요일

　④ 선거일이 국민생활과 밀접한 관련이 있는 민속절 또는 공휴일인 때와 선거일 전일이나 그 다음날이 공휴일인 때에는 그 다음주의 수요일로 한다.

04 후보자

(1) 공무원의 입후보

　후보자가 되려는 사람은 **선거일 전 90일까지** 그 직을 그만두어야 한다. 다만, 대통령 선거와 국회의원선거에 있어서 국회의원이 그 직을 가지고 입후보하는 경우와 지방의회의원선거와 지방자치단체의 장의 선거에 있어서 당해 지방자치단체의 의회의원이나 장이 그 직을 가지고 입후보하는 경우에는 그러하지 아니하다.

(2) 후보자의 신분보장

① 대통령선거의 후보자는 **후보자의 등록이 끝난 때부터 개표종료시까지** 사형 · 무기 또는 장기 7년 이상의 징역이나 금고에 해당하는 죄를 범한 경우를 제외하고는 현행범인이 아니면 체포 또는 구속되지 아니하며, 병역소집의 유예를 받는다.

② 국회의원선거, 지방의회의원 및 지방자치단체의 장의 선거의 후보자는 **후보자의 등록이 끝난 때부터 개표 종료 시까지** 사형 · 무기 또는 장기 5년 이상의 징역이나 금고에 해당하는 죄를 범하였거나 제16장 벌칙에 규정된 죄를 범한 경우를 제외하고는 현행범인이 아니면 체포 또는 구속되지 아니하며, 병역소집의 유예를 받는다.

③ 선거사무장 · 선거연락소장 · 선거사무원 · 회계책임자 · 투표참관인 · 사전투표참관인과 개표참관인은 해당 신분을 취득한 때부터 개표 종료시까지 사형 · 무기 또는 장기 3년 이상의 징역이나 금고에 해당하는 죄를 범하였거나 현행범인이 아니면 체포 또는 구속되지 아니하며, 병역소집의 유예를 받는다.

05 선거운동

(1) 의의기출

선거운동은 당선되거나 되게 하거나 되지 못하게 하기 위한 행위를 말한다. 선거운동은 **선거기간개시일**로부터 **선거일 전일**까지에 가능하다. 다음 각 호의 어느 하나에 해당하는 행위는 선거운동으로 보지 않는다.

① 선거에 관한 단순한 의견개진 및 의사표시

② 입후보와 선거운동을 위한 준비행위

③ 정당의 후보자 추천에 관한 단순한 지지 · 반대의 의견개진 및 의사표시

④ 통상적인 정당활동

⑤ 설날 · 추석 등 명절 및 석가탄신일 · 기독탄신일 등에 하는 의례적인 인사말을 문자메시지로 전송하는 행위

(2) 선거운동 주체기출

선거운동은 누구든지 할 수 있다. **그러나 다음 각 호의 어느 하나에 해당하는 사람은 선거운동을 할 수 없다.**

① 대한민국 국민이 아닌 자.

② 미성년자(**19세 미만**의 자)

③ 선거권이 없는 자

④ 국가공무원과 지방공무원. 단 정당의 당원이 될 수 있는 공무원은 그렇지 아니하다.

⑤ 향토예비군 중대장급 이상의 간부

⑥ 통·리·반의 장 및 읍·면·동주민자치센터에 설치된 주민자치위원회위원

⑦ 특별법에 의하여 설립된 국민운동단체로서 국가 또는 지방자치단체의 출연 또는 보조를 받는 단체(바르게살기운동협의회·새마을운동협의회·한국자유총연맹을 말한다)의 상근임·직원 및 이들 단체 등의 대표자

⑧ 선상투표신고를 한 선원이 승선하고 있는 선박의 선장

(3) 예비후보자 등록 및 활동기출

① 대통령선거: 선거일 전 **240일**

② 지역구국회의원선거 및 시·도지사선거: 선거일 전 **120일**

③ 지역구시·도의회의원선거, 자치구·시의 지역구의회의원 및 장의 선거: 선거기간개시일 전 **90일**

④ 군의 지역구의회의원 및 장의 선거: 선거기간개시일 전 **60일**

⑤ 예비후보자는 다음 각호의 어느 하나에 해당하는 방법으로 선거운동을 할 수 있다.

 – 선거사무소를 설치하거나 그 선거사무소에 간판·현판 또는 현수막을 설치·게시하는 행위

 – 자신의 성명·사진·전화번호·학력·경력, 그 밖에 홍보에 필요한 사항을 게재한 길이 9센티미터 너비 5센티미터 이내의 명함을 직접 주거나 지지를 호소하는 행위. 다만, 지하철역구내, 그 밖에 중앙선거관리위원회규칙으로 정하는 다수인이 왕래하거나 집합하는 공개된 장소에서 주거나 지지를 호소하는 행위는 그러하지 아니하다.

 – 선거운동을 위하여 어깨띠 또는 예비후보자임을 나타내는 표지물을 착용하는 행위

 – 전화를 이용하여 송·수화자 간 직접 통화하는 방식으로 지지를 호소하는 행위

(4) 당선무효 및 공소시효

① 선거비용제한액의 **200분의 1 이상**을 초과지출한 이유로 선거사무장, 선거사무소의 회계책임자가 징역형 또는 **300만 원 이상**의 벌금형의 선고를 받은 때에는 그 후보자의 당선은 무효로 한다.

② 당선인이 당해 선거에 있어 이 법에 규정된 죄 또는 「정치자금법」 제49조의 죄를 범함으로 인하여 징역 또는 **100만 원 이상**의 벌금형의 선고를 받은 때에는 그 당선은 무효로 한다.

③ 선거사무장·선거사무소의 회계책임자 또는 후보자의 직계존비속 및 배우자가 해당 선거에 있어서 제230조부터 제234조까지, 제257조 제1항 중 기부행위를 한 죄 또는 「정치자금법」 제45조 제1항의 정치자금 부정수수죄를 범함으로 인하여 징역형 또는 **300만 원 이상**의 벌금형의 선고를 받은 때에는 그 선거구 후보자의 당선은 무효로 한다.

01 용어정리

워크아웃	부실기업 정리를 위해 채권자와 기업을 중재하면서 단기간 내 회생 가능한 기업을 골라내어 회생시키는 절차
모라토리움	전쟁이나 공황 등으로 경제가 혼란하여 채무이행이 곤란한 경우 국가의 공권력으로 일정 기간 채무이행을 연기 또는 유예하는 것
환해지	투자 대상국의 통화 가치가 하락하면 생기는 환차손을 막기 위해 환매 시 환율을 현재 시점의 환율로 고정해 두는 것
역외펀드	주식투자 대상국이 아닌 **제3국에서 조성**된 펀드
공매도	주식을 빌려 **비싸게 판 뒤** 나중에 주가가 떨어지면 **싸게 사서** 되갚아 차익을 얻는 투자
서킷 브레이커	종합주가 지수가 전일 대비 10% 이상 하락상태가 1분 이상 지속되는 경우 모든 주식거래를 20분간 정지시켜 시장을 진정시키는 제도
사이드 카	선물시장의 급등락에 대한 거래중지제도

02 실업 형태기출

구분	발생원인	대책
마찰적 실업	한 직업에서 다른 직업으로 옮기거나 다른 직업을 구하기 위해 자발적으로 일하지 않는 경우	정보의 원활한 유통
계절적 실업	특수한 **계절적 요인**으로 인해 일시적으로 일하지 못하는 경우	적재재정으로 통화량을 증가시키는 정책
수요적 실업	특정분야의 생산품에 대한 수요가 감소하여 관련 산업의 침해로 인해 발생하는 것	적자재정을 실시하여 통화량을 증가시킴으로 총수요를 증가시키는 정책
구조적 실업	**저학력이나 장애** 또는 취업에 필요한 기술습득이 부족하여 취업을 하지 못하는 경우	교육훈련을 통한 인력개발

01 용어정리기출

님비현상 NIMBY	① 'Not in my back yard'로 유해시설설치를 기피하는 현상 ② 범죄자, 마약중독자, AIDS 등 산업폐기물 등 각종 사회 병폐를 수용하거나 처리할 혐오시설의 설치를 반대하는 것
임피현상 IMFY	① 'In my front yard'로 자신의 지역에 **이득이 되는 시설을 유지**하거나 관할권을 차지하는 현상 ② 지역발전에 영향을 미치는 행정구역조정, 정수장관리, 청사유치 등을 위해 적극적으로 노력하는 것
바나나 현상	'Build absolutely nothing anywhere near my anybody'에서 나온 말로 어디에든 아무것도 짓지 말라는 이기주의로 **유해시설 자체를 반대**하는 현상
노비즘 Nobysm	① 이웃이나 사회에 피해가 가더라도 **자신에게 손해가 되지 않는 일에 무관심**한 현상 ② 도로나 공공장소에 쓰레기를 버리는 것은 상관없지만, 자신의 집 앞에 버리는 것은 용납하지 못하는 것
스프롤 현상 Sporawl	도시의 팽창에 따라 도시의 **교외 지역이 무질서하게 주택**화하는 현상
U턴 현상	대도시에 취직한 시골 출신의 사람이 **고향으로 돌아가는 현상**
도넛현상	대도시의 거주지역이나 업무가 외곽으로 집중되고, 도심에는 공공기관, 상업기관이 남아 도넛 모양으로 비어버리는 현상

02 단결권

(1) 의의

단결권은 근로자가 작업환경의 유지, 개선을 위해 단체를 조직할 수 있는 권리

(2) 노동조합기출

① 의의

노동조합은 근로자가 주체가 되어 자주적으로 단결하여 근로조건의 유지·개선 기타 근로자의 경제적·사회적 지위의 향상을 도모함을 목적으로 조직하는 단체 또는 그 연합단체를 말한다.

② 노동조합이 아닌 경우

　　가. 사용자 또는 항상 그의 이익을 대표하여 행동하는 자의 참가를 허용하는 경우

　　나. 경비의 주된 부분을 사용자로부터 원조받는 경우

　　다. 공제 · 수양 기타 복리사업만을 목적으로 하는 경우

　　라. 근로자가 아닌 자의 가입을 허용하는 경우. 다만, 해고된 자가 노동위원회에 부당노동행위의 구제신청을 한 경우에는 중앙노동위원회의 재심판정이 있을 때까지는 근로자가 아닌 자로 해석하여서는 아니 된다.

　　마. 주로 정치운동을 목적으로 하는 경우

③ 설립(제10조)

노동조합을 설립하고자 하는 자는 다음 각호의 사항을 기재한 신고서에 연합단체인 노동조합과 2 이상의 특별시 · 광역시 · 특별자치시 · 도 · 특별자치도에 걸치는 단위 노동조합은 **고용노동부장관**에게, 2 이상의 시 · 군 · 구에 걸치는 단위 노동조합은 **특별시장 · 광역시장 · 도지사에게, 그 외의 노동조합은 특별자치시장 · 특별자치도지사 · 시장 · 군수 · 구청장**에게 제출해야 한다.

④ 해산(제28조)

　　가. 규약에서 정한 해산사유가 발생한 경우

　　나. 합병 또는 분할로 소멸한 경우

　　다. 총회 또는 대의원회의 해산결의가 있는 경우

　　라. 노동조합의 임원이 없고 노동조합으로서의 활동을 **1년 이상** 하지 아니한 것으로 인정되는 경우로서 행정관청이 노동위원회의 의결을 얻은 경우

⑤ 노동조합이 해산한 때에는 그 대표자는 해산한 날부터 **15일 이내**에 행정관청에 이를 신고하여야 한다.

03 단체교섭

노동자의 대표자는 노동조합 또는 조합원을 위하여 사용자나 사용자단체와 교섭하고 단체협약을 체결할 권한을 가진다. 단체교섭의 **주체**는 원칙적으로 **노동조합**이므로 근로자가 단체교섭권을 행사할 수 없다.

04 단체협약

① 단체협약은 서면으로 작성하여 당사자 쌍방이 서명 또는 날인하여야 한다.
② 단체협약의 당사자는 단체협약의 체결일부터 **15일 이내**에 이를 행정관청에 신고하여야 한다.
③ 행정관청은 단체협약 중 위법한 내용이 있는 경우에는 **노동위원회**의 의결을 얻어 그 시정을 명할 수 있다

05 단체행동권

(1) 의의기출

단체행동권은 근로자가 작업환경의 유지, 개선하기 위해 **집단적으로 시위행동**을 함으로써 업무의 정상적인 운영을 저해할 수도 있는 최후 수단적 권리이다.

(2) 방법

태업	**작업은 계속**하나 의도적으로 작업능률을 저하시키고 사용자에게 경영상의 고통을 주어 요구를 관철시키려는 쟁의 행위
사보타지	태업과 비슷하지만 사보타지는 능동적으로 생산 또는 사무를 방해하거나 생산시설 등을 **파괴하는 것까지** 포함한다.
동맹파업	노동력제공을 거부하는 것으로 **가장 강력한** 쟁의 행위
보이콧	사용자 또는 그와 거래관계가 있는 제3자의 상품 구입 기타 시설의 사용을 거절한다든가 그와 거래 관계에 있는 제3자와의 근로계약의 체결을 거절할 것을 호소하는 투쟁행위이다.

06 노동쟁의 조정법기출

(1) 조정
① 개시요건(제53조)
노동위원회는 관계 당사자의 일방이 노동쟁의의 조정을 신청한 때에는 **지체없이** 조정을 개시하여야 하며 관계 당사자 쌍방은 이에 성실히 임하여야 한다.
② 조정기간(제54조)
조정의 신청이 있은 날부터 일반사업에 있어서는 **10일**, 공익사업에 있어서는 **15일** 이내에 종료하여야 한다. 조정기간은 관계 당사자 간의 합의로 일반사업에 있어서는 10일, 공익사업에 있어서는 15일 이내에서 연장할 수 있다.
③ 효력(제61조)
조정안이 관계 당사자에 의하여 수락된 때에는 조정위원 전원 또는 단독조정인은 조정서를 작성하고 관계 당사자와 함께 서명날인하여야 한다.

(2) 중재
① 개시요건
관계 당사자의 일방 또는 쌍방이 함께 **중재를 신청**한 때 또는 필수공익사업에 있어서 노동위원회 위원장이 특별조정위원회의 **권고**에 의하여 중재에 회부한다는 결정을 한 때
② 중재기간
노동쟁의가 중재에 회부 된 때에는 그 날부터 **15일간**은 쟁의행위를 할 수 없다.
③ 불복절차

재심신청	관계 당사자는 지방노동위원회 또는 특별노동위원회의 중재재정이 위법이거나 월권에 의한 것이라고 인정하는 경우에는 그 중재재정서의 송달을 받은 날부터 **10일 이내**에 중앙노동위원회에 그 재심을 신청할 수 있다.
행정소송	관계 당사자는 중앙노동위원회의 중재재정이나 재심결정이 위법이거나 월권에 의한 것이라고 인정하는 경우에는 그 중재재정서 또는 재심결정서의 송달을 받은 날부터 **15일 이내**에 행정소송을 제기할 수 있다.
확정	규정된 기간 내에 재심을 신청하지 아니하거나 행정소송을 제기하지 아니한 때에는 그 중재재정 또는 재심결정은 확정된다.

④ 중재재정 효력
중재재정은 서면으로 작성하여 이를 행하며 그 서면에는 효력발생 기일을 명시하여야 한다. 중재재정의 내용은 단체협약과 같은 효력을 가진다.

07 공무원의 노동조합 설립 및 운영 등에 관한 법률기출

(1) 설립(제5조)
① 공무원이 노동조합을 설립하려는 경우에는 국회 · 법원 · 헌법재판소 · 선거관리위원회 · 행정부 · 특별시 · 광역시 · 특별자치시 · 도 · 특별자치도 · 시 · 군 · 구 및 특별시 · 광역시 · 특별자치시 · 도 · 특별자치도의 교육청을 최소 단위로 한다.
② 노동조합을 설립하려는 사람은 고용노동부장관에게 설립신고서를 제출하여야 한다.

(2) 가입범위

    ① 가입가능

        가. **6급 이하**의 일반직공무원 및 이에 상당하는 일반직공무원

        나. 특정직공무원 중 6급 이하의 일반직공무원에 상당하는 외무행정 · 외교정보 관리직 공무원

        다. **6급 이하**의 일반직공무원에 상당하는 별정직공무원

    ② 가입불가기출

        가. 다른 공무원에 대하여 지휘 · 감독권을 행사하거나 다른 공무원의 업무를 총괄하는 업무에 종사하는 공무원

        나. **인사 · 보수에 관한 업무**를 수행하는 공무원 등 노동조합과의 관계에서 행정 기관의 입장에서 업무를 수행하는 공무원(예: 군청총무, 예산업무 담당)

        다. **교정 · 수사** 또는 그 밖에 이와 유사한 업무에 종사하는 공무원 (예: 경찰관, 소방공무원)

        라. 업무의 주된 내용이 노동관계의 조정 · 감독 등 노동조합의 조합원 지위를 가지고 수행하기에 적절하지 아니하다고 인정되는 업무에 종사하는 공무원

(3) 노동조합 전임자의 지위(제7조)

    ① 공무원은 임용권자의 동의를 받아 **노동조합의 업무에만 종사**할 수 있다.기출

    ② 제1항에 따른 동의를 받아 노동조합의 업무에만 종사하는 사람에 대하여는 그 기간 중 휴직명령을 하여야 한다.

    ③ 국가와 지방자치단체는 전임자에게 그 전임기간 중 보수를 지급하여서는 아니 된다.

    ④ 국가와 지방자치단체는 공무원이 전임자임을 이유로 승급이나 그 밖에 신분과 관련하여 불리한 처우를 하여서는 아니 된다.

CH.09

제7절　문화정보

01 엑세스권기출

(1) 의의

엑세스권은 메스미디어에 접근해서 이용할 수 있는 **보도매체이용권**과 자기에 대한 반론이나 **해명의 기회를 요구**할 수 있는 반론권을 의미한다. 엑세스권은 개인을 주체로 하고, 언론매체를 객체로 하는 권리이다(언론, 출판의 제3자적 효력)

(2) 종류

1) 정정보도청구권 (제14조)기출

① 사실적 주장에 관한 언론보도 등이 진실하지 아니함으로 인하여 피해를 입은 자는 해당 언론보도 등이 있음을 **안 날부터 3개월** 이내에 언론사, 인터넷뉴스 서비스사업자 및 인터넷 멀티미디어 방송사업자에게 그 언론보도 등의 내용에 관한 정정보도를 청구할 수 있다. 다만, 해당 언론보도 등이 있은 후 **6개월**이 지났을 때에는 그러하지 아니하다.

② 제1항의 청구에는 언론사 등의 고의 · 과실이나 위법성을 필요로 하지 아니한다.

2) 정정보도 청구권의 행사(제15조)기출

① 정정보도 청구는 언론사 등의 대표자에게 서면으로 하여야 한다.

② 제1항의 청구를 받은 언론사 등의 대표자는 **3일 이내**에 그 수용 여부에 대한 통지를 청구인에게 발송하여야 한다.

③ 언론사 등이 제1항의 청구를 수용할 때에는 지체 없이 피해자 또는 그 대리인과 정정보도의 내용 · 크기 등에 관하여 협의한 후, 그 청구를 받은 날부터 **7일 내**에 정정보도문을 방송하거나 게재하여야 한다. **(고의과실, 위법성 불필요)**

④ 다음 각 호의 어느 하나에 해당하는 사유가 있는 경우에는 언론사 등은 정정보도 청구를 거부할 수 있다.

　가. 피해자가 정정보도청구권을 행사할 정당한 이익이 없는 경우

　나. 청구된 정정보도의 내용이 명백히 **사실과 다른** 경우

　다. 청구된 정정보도의 내용이 명백히 **위법**한 내용인 경우

　라. 정정보도의 청구가 상업적인 광고만을 목적으로 하는 경우

　마. 청구된 정정보도의 내용이 국가 · 지방자치단체 또는 공공단체의 공개회의와 법원의 공개 재판절차의 사실보도에 관한 것인 경우

3) 반론보도 청구권(제16조)

① 사실적 주장에 관한 언론보도 등으로 인하여 피해를 입은 자는 그 보도 내용에 관한 반론 보도를 언론사 등에 청구할 수 있다.

② 제1항의 청구에는 언론사 등의 고의·과실이나 위법성을 필요로 하지 아니하며, **보도 내용의 진실 여부와 상관없이 그 청구를 할 수 있다.**

③ 반론보도 청구에 관하여는 따로 규정된 것을 제외하고는 정정보도 청구에 관한 이 법의 규정을 준용한다.

4) 추후보도청구권(제17조)

① 언론 등에 의하여 범죄혐의가 있거나 형사상의 조치를 받았다고 보도 또는 공표된 자는 그에 대한 형사절차가 무죄판결 또는 이와 동등한 형태로 종결되었을 때에는 그 사실을 **안 날부터 3개월** 이내에 언론사 등에 이 사실에 관한 추후보도의 게재를 청구할 수 있다.

② 제1항에 따른 추후보도에는 청구인의 명예나 권리 회복에 필요한 설명 또는 해명이 포함되어야 한다.

③ 추후보도청구권에 관하여는 제1항 및 제2항에 규정된 것을 제외하고는 정정보도청구권에 관한 이 법의 규정을 준용한다.

5) 언론중재위원회기출

설 치	언론 등의 보도 또는 매개로 인한 분쟁의 조정, 중재 및 침해사항을 심의하기 위해 설치
구 성	40명 이상 90명 이내의 중재위원으로 구성되고, 문화체육관광부장관이 위촉한다.
임 기	위원장, 부위원장, 감사 및 주재위원의 임기는 각각 **3년**으로 하여, 한 차례만 **연임**할 수 있다.
의결정족수	**재적위원 과반수의 출석과 출석위원 과반수의 찬성**으로 의결한다.

01 영국의 정보 경찰

(1) 수도경찰 특수부서

A과	요인경호담당
B과	아일랜드 공화국 군관련 업무
C과	좌우익 단체 관련 업무

(2) 영국의 정보기관

1) 외무부 SIS(Secrite Intelligence Service)

1994년 정보국법에 의해 제정되었고 국외정보수집, 분석과 공작활동을 담당하고 과거에는 MI-6라고 명명됨

2) 내무부 SS

1900년 육군성 특별정보국이라는 명칭으로 창설된 후 1940년 런던경찰청 특별국과 병합 내무성 산하기관이 되었고 SS라고 불려짐

3) 국방부 DIS (Defence Intelligence Staff)

군사정보의 수집, 분석 등 방첩활동을 하고 군에 대한 방첩 및 보안활동을 담당한다. 미국의 국방정보국(DIA)에 해당한다.

(3) 중앙범죄 정보국(National Criminal Intelligence)

국가기관으로 범죄에 대한 각종 정보를 수집하는 역할을 한다.

02 미국의 정보경찰

(1) 미국의 정보기관

1) 중앙 정보국 (CIA : Central Intelligence Agency)

1947년 국가 안정보장법에 따라 설립되었고 국가안전보장회의 지휘를 받아 국가정보활동을 수행하는 대통령 직속기관이다. 조직, 기능, 명칭, 직명, 보수 등은 대외에 비공개이다.

2) 국가안보국(NSA : National Security Agency)

1952년 첩보보안 각종 도청 공작, 암호해독, 암호보호 기술개발 우주공간 및 미사일 감청을 담당한다. NSA는 Never Say Anything이라고 할 정도로 보안에 철처하다.

3) 국가정찰국 (NRO : National Reconnaissance Office)

1962년 케네디 대통령 때 우주정찰에 대한 정책을 검토하기 위해 설립되었고 미국의 위성정찰계획을 관리한다.

(2) 연방수사국 (FBI: Federal Bureau of Investigation)

연방경찰로 법무부 사하로 스파이, 사보타지, 반란, 정부전복 등에 대한 공안정보 수집의 임무를 수행하고 CIA에서 정보협의체를 구성 각 정보기관들의 국내 방첩업무를 조정하는 역할을 한다.

(3) CIA : Central Intelligence Agency

외국첩보기관의 정보를 수집, 분석, 조직 및 구성원의 행동을 사찰, 내사하여 미국의 안전을 해하는 반미활동을 수행하는 기관으로 정보 1과, 정보 2과, 정보 3과가 있고 우리나라의 외사경찰과 유사하다.

(4) 국내안보부 (DHS : Department of Homeland Securtity)

2001년 9.11테러를 계기로 부시대통령이 22개 정부기관들을 통합하는 정부조직개혁을 단행하고 테러위협을 미국을 수호하는 것을 목표로 하고 있다. 연방, 주, 지방정부기관의 첩보를 수집, 개척, 분석하고 테러방지 목적으로 이들을 통합, 분석하여 국토안보부 또는 연방정부기관에 배포하는 역할을 담당한다.

03 독일의 정보경찰

독일의 정보기관은 연방정보국 (BND)와 헌법보호청(BFV), 국방안보국(MAD)로 구성되어있다.

(1) 연방정보부 (BND: Bundes Nachrichtendienst)

연방정부의 관방장관 관할하에 있으며 외국으로부터 정보를 수집, 분석, 평가하여 정치에 필요한 정보판단자료를 제공한다.

(2) 국방보안국 (MAD)

1956년에 설립되어 군사정보를 취급하는 비밀기관이다. 군소속기관으로 독일 전역에 지부를 두고 국내정보를 주로 다룬다.

(3) 연방헌법 보호청(BVS)기출

국내 스파이 활동 방지 제거와 적대적인 혁명분자의 감시업무를 맡고 있다. 주 정부에는 주헌법보호청이 있으나 주경찰내부에는 정보업무를 전담하는 조직은 없다. 반헌정질서범죄 및 범죄자에 대한 정보수집 및 배포업무를 담당하고 있다.

04 프랑스의 정보경찰

프랑스는 국립경찰과 국방부장관의 지휘를 받는 군경찰로 양분되었고 프랑스 정보국은 한국의 정보국과 유사하다.

(1) 정보기구

국립경찰청 산하의 **정보국(DCRG)**이 있고 국방부 산하의 국외 정보와 방첩을 담당하는 **해외안전총국(DGSE)**이 정보활동의 주축을 이루고 있다.

(2) 정보국의 임무
1) 중앙조직

일반첩보부, 특별첩보부, 조사부, 관리부, 경마도박부

2) 지방조직

23개 지방본부, 103개의 도지부가 있고 지방조직은 지방경찰청장과 정보국장의 이중감독을 받는다.

3) 정치, 경제,사회전반적 정보활동을 하고 정치적 폭력테러의 감시와 분석을 맡고 있다. 유흥장, 도박장, 승마장의 감시를 통한 정보수집을 한다.

05 일본의 정보경찰

일본경찰의 정보활동은 해외정보를 담당하는 국제부와 경비경찰이 소속되어 있는 공안경찰로 구성되어 있다. 보안, 정보, 경비가 통합되어 있다.

(1) 내조실

내조실은 총무부, 국제 1, 2부, 국내 1, 2부, 경제부, 자료부로 구성된다
재각의 중요정책에 관한 정보, 수집, 보고, 언론 분석의 일을 담당한다.

(2) 공안조사청

1952년 법무성의 외청으로 폭력주의적인 파괴활동을 규제하기 위해 설립되었고 일본은 8개의 구역으로 나누고 43개 지역에 공안 조사부 사무소를 설치 운영하고 있다.

(3) 경찰청 경비국

1) 경비기획과: 경비경찰관련 법령, 운영에 관한 조사연구, 경비정보의 종합조사업무
2) 공안 1과: 일본공산당에 대한 정보활동
3) 공안 2과: 좌익에 대한 정보활동
4) 경비과: 경비업무와 실제정보활동이 지휘 감독
5) 외사과: 방첩업무

001

10 승진

정보의 개념에 대한 설명으로 <u>틀린</u> 것은 모두 몇 개인가?

> ㉠ '적과 적국에 관한 지식의 총체이다.'라고 정의한 학자는 클라우제비츠(Clausewits)이다.
> ㉡ 우리가 사용하는 정보라는 용어는 독일이 사용하던 군사용어를 번역한 것이다.
> ㉢ 모든 정보가 첩보는 아니지만, 모든 첩보는 정보라는 말은 성립한다.
> ㉣ 정보는 특정한 목적에 의해 평가되어 있지 않은 단순한 사실이나 기호를 의미한다.

① 없음　　　　② 1개　　　　③ 2개　　　　④ 3개

해설
㉡ 우리가 사용하는 정보라는 용어는 프랑스군이 사용하던 군사용어를 번역한 것이다.
㉢ 모든 첩보가 정보는 아니지만, 모든 정보는 첩보에 해당한다.(첩보 > 정보)
㉣ 정보는 특정한 상황에서 가치가 평가되고 체계화 된 지식이다.

002

11 승진

다음은 '정보가치에 대한 평가기준'을 설명한 것이다. ㉠~㉣에 해당하는 정보의 질적 요건을 순서대로 옳게 나열한 것은?

> ㉠ 정보는 사용자가 필요한 때에 사용할 수 있도록 제공되어야 한다.
> ㉡ 정보가 생산자나 사용자의 의도에 따라 주관적으로 왜곡되면 선호 정책의 합리화 도구로 전락할 수 있다.
> ㉢ 정보는 가능한 주제와 관련된 사항을 모두 망라하여 작성되어야 하며, 부분적 단편적인 정보는 사용자가 의사결정을 하는 데 도움을 주지 못한다.
> ㉣ 정보는 정보사용자의 사용 목적과 관련된 것이어야 한다.

① 적시성 – 완전성 – 객관성 – 정확성　　② 완전성 – 적시성 – 객관성 – 적실성
③ 적시성 – 객관성 – 완전성 – 적실성　　④ 적시성 – 객관성 – 정확성 – 적실성

해설
적시성(필요한 때) – 객관성(합리화도구) – 완전성(모두 망라해야 함) – 적실성(사용목적 적절)

003 정보의 질적 요건에 관한 다음 설명 중 가장 적절하지 <u>않은</u> 것은?

15 채용
2차

16
지능범죄

① 완전성은 정보가 사실과 일치되는 성질이다.
② 적시성은 정보가 정책 결정이 이루어지는 시점에 비추어 가장 적절한 시기에 존재하는 성질이다.
③ 적실성은 정보가 당면 문제와 관련된 성질이다.
④ 객관성은 정보가 국가정책의 결정 과정에서 사용될 때 국익증대와 안보추구라는 차원에서 객관적 입장을 유지해야 한다는 것을 의미한다.

> **해설**
> ① 정보가 사실과 일치되는 성질은 **'완전성'이 아니라 '정확성'이다.** '완전성'이란 정보가 그 자체로서 정책 결정에 필요하고 가능한 모든 내용을 망라하고 있다는 것이다.

---

004 정보의 분류에 대한 다음 설명 중 가장 적절하지 <u>않은</u> 것은?

14 승진

13·15
경간

① 정보요소에 따른 분류: 정치정보, 경제정보, 사회정보, 군사정보, 과학정보
② 정보출처에 따른 분류: 근본 – 부차적 출처, 정기 – 우연 출처, 비밀 – 공개 출처
③ 사용목적에 따른 분류: 전략정보, 전술정보
④ 분석형태에 따른 분류: 기본정보, 현용정보, 판단정보

> **해설**
> ③ 사용목적에 따라 정보를 분류하면 **적극정보와 보안정보(소극정보)**로 구분된다.

---

005 다음 빈칸에 들어갈 알맞은 단어끼리 짝지은 것은?

18
법학경채

> • (㉠)는 모든 사상의 정적인 상태를 기술한 정보로서, 과거의 사례에 대한 기본적·서술적 또는 일반 자료적 유형의 정보이다.
> • (㉡)는 모든 사상의 동대를 현재의 시점에서 객관적으로 기술한 정보로 의사결정자에게 그때그때의 동향으로 알리기 위한 정보이다.
> • (㉢)는 특정문제를 체계적이고 실증적으로 연구하여 미래에 있을 어떤 상태를 추리·평가한 정보로서 정보생산자의 능력과 재능을 가장 많이 필요로 하는 정보이다.

① ㉠ 기본정보 ㉡ 현용정보 ㉢ 판단정보   ② ㉠ 판단정보 ㉡ 현용정보 ㉢ 기본정보
③ ㉠ 현용정보 ㉡ 기본정보 ㉢ 판단정보   ④ ㉠ 기본정보 ㉡ 판단정보 ㉢ 현용정보

ANSWER **003** ① **004** ③ **005** ①

006 정보를 출처에 따라 분류할 때 그 설명 중 가장 적절한 것은?

20 승진

① 근본출처정보는 정보출처에 대한 별다른 보호조치가 없더라도 상시적으로 정보를 획득할 것으로 기대되는 출처로부터 얻어진 정보이다.

② 비밀출처정보란 정보관이 의도한 정보입수의 시점과는 무관하게 얻어지는 정보이다.

③ 정기출처정보는 정기적으로 정보를 획득할 수 있는 출처로부터 얻은 정보로 일반적으로우연출처정보에 비해 출처의 신빙성과 내용의 신뢰성 면에서 우위를 점한다고 볼 수 없다.

④ 간접정보란 중간매체가 있는 경우의 정보로 정보관은 이들 매체를 통해 정보를 감지하게 되지만 사실은 그 내용에 해당 매체의 주관이나 편견이 개입될 소지가 있다는 면에서 직접정보에 비해 출처의 신빙성과 내용의 신뢰성이 낮게 평가될 여지가 있다.

> **해설**
> ① **공개출처정보**는 정보출처에 대한 별다른 보호조치가 없더라도 상시적으로 정보를 획득할 것으로 기대되는 출처로부터 얻어진 정보이다.
> ② **우연출처정보**란 정보관이 의도한 정보입수의 시점과는 무관하다.
> ③ 정기출처정보는 정기적으로 정보를 획득할 수 있는 출처로부터 얻은 정보로 일반적으로우연출처정보에 비해 출처의 신빙성과 내용의 신뢰성 면에서 우위이다.

007 다음 보기의 상황에 따른 정보요구방법이 올바르게 연결된 것은?

20 승진

> ㉠ 각 정보부서에 맡고 있는 정책을 수행함에 있어서 필요한 일반적 · 포괄적 정보로서 계속적이고 반복적으로 수집해야 할 필요가 있는 경우
> ㉡ 어떤 수시적 돌발상황의 해결에 필요한 한도 내에서 임시적 · 단편적 · 지역적인 특수사건을 단기에 해결하기 위하여 필요한 경우
> ㉢ 국가안전보장이나 정책에 관련되는 국가정보목표의 우선순위로서, 정부에서 기획된 연간 기본정책을 수행함에 있어 필요로 하는 자료들을 목표로 하여 선정하는 경우
> ㉣ 정세의 변화에 따라 불가피하게 정책상 수정이 요구되거나 이를 위한 자료가 절실히 요구되는 경우

① ㉠ PNIO ㉡ SRI ㉢ EEI ㉣ OIR   ② ㉠ EEI ㉡ SRI ㉢ PNIO ㉣ OIR

③ ㉠ PNIO ㉡ OIR ㉢ EEI ㉣ SRI   ④ ㉠ EEI ㉡ OIR ㉢ PNIO ㉣ SRI

008

12 승진

정보가 산출되는 과정은 소요되는 정보요구를 결정하고, 이 요구를 충족시키기 위한 접보를 수집·보고하며, 수집된 첩보를 평가·분석·종합 및 해석하여 정보를 생산하고, 사용자에게 전파하는 4개의 단계가 순환하면서 이루어진다. 정보의 순환과정에 대한 설명으로 가장 적절하지 <u>않은</u> 것은?

① 첩보의 수집방법 중 레이더, 적외선센서 등의 기술적 수단을 이용하여 사진이나 영상을 수집하고 그것을 분석하여 얻어지는 정보를 신호정보라 한다.

② 수집계획서가 완성되면 수집활동에 적합한 시기에 요구내용을 명령하게 되는데 이때는 구두나 서면 등 상황에 따라 알맞은 방법이 사용된다.

③ 첩보수집계획서를 작성할 때에는 첩보가 입수되어야 할 예정 일자와 보고시기 등 임무 수행에 소요되는 시간에 대한 고려는 있어야 하나, 첩보의 출처는 첩보수집 단계에서 고려할 사항으로 첩보수집계획서와는 관련이 없다.

④ 첩보수집 계획에 의하여 수집된 첩보는 정해진 시기 내에 보고하는 것이 통상적이지만 첩보의 중요성과 긴급성에 따라 필요한 기관에 신속히 전달되어야 한다.

해설
① 사진이나 영상을 수집하고 그것을 분석하여 얻어지는 정보를 **영상정보**라 한다. 신호정보란 상대방으로부터 전파 및 전자적 신호를 탐지하고 수집하여 얻은 정보를 말한다.

009

19 채용2차

정보의 배포와 관련된 설명으로 ㉠ ~ ㉤의 내용 중 옳고 그름의 표시(○ ×)가 모두 바르게 된 것은?

㉠ 정보의 배포란 정보를 필요로 하는 개인이나 기관에게 적합한 내용을 적당한 시기에 제공하는 과정을 말하는 것으로, 적합한 형태를 갖출 필요는 없다.

㉡ 보안성의 원칙은 정보연구 및 판단이 누설되면 정보로서의 가치를 상실할 수 있으므로 이를 예방하기 위해 보안대책을 강구해야 한다는 것을 말한다.

㉢ 계속성의 원칙은 정보가 정보사용자에게 배포되었다면, 그 정보의 내용이 변화되었거나 관련 내용이 추가적으로 입수되었거나 할 경우 계속적으로 사용자에게 배포되어야 한다는 것을 말한다.

㉣ 정보배포의 주된 목적은 정책입안자 또는 정책결정자가 정보를 바탕으로 건전한 정책 결정에 이르도록 하는 데 있다.

㉤ 정보는 먼저 생산된 것을 우선적으로 배포하여야 한다.

① ㉠(×) ㉡(×) ㉢(○) ㉣(×) ㉤(○)   ② ㉠(×) ㉡(○) ㉢(○) ㉣(○) ㉤(×)

③ ㉠(○) ㉡(○) ㉢(×) ㉣(○) ㉤(○)   ④ ㉠(×) ㉡(○) ㉢(○) ㉣(×) ㉤(×)

해설
㉠ '정보의 배포'란 생산된 정보가 정보를 필요로 하는 기관에 **유용한 형태를 갖추고** 적당한 시기에 분배하는 것.
㉤ 정보배포의 원칙 중 '적시성'이란 작성된 정보가 정확하고 중요한 정보라도 **적시에 필요로 하는 대상에게 배포되어야 한다는 것으로, 먼저 생산된 정보라고 해서 먼저 배포하는 것이 아니다.**

ANSWER 008 ① 009 ②

010 정보의 배포수단에 대한 설명 중 가장 적절하게 연결된 것은?

17 채용
1차

> ㉠ 통상 개인적인 대화의 형태로 이루어지며, 질문에 대한 답변이나 토의 형태로 직접 전달하는 방법이다.
> ㉡ 정보사용자 또는 다수 인원에게 신속히 전달하는 경우에 이용되는 방법으로 강연식이나 문답식으로 진행되며, 현용정보의 배포수단으로 많이 이용된다.
> ㉢ 정보분석관이 가장 많이 활용하는 방법으로 정기간행물에 포함시키는 것이 적절하지 못한 긴급한 정보를 전달하는 데 주로 사용되며, 신속성이 중요하다.
> ㉣ 매일 24시간에 걸친 정치, 경제, 사회, 문화 등 제반 정세의 변화를 중점적으로 망라한 보고서로 사전에 고안된 양식에 의해 매일 작성 되며, 제한된 범위에서 배포된다.

① ㉠ 비공식적 방법 ㉡ 브리핑 ㉢ 메모 ㉣ 일일정보보고서
② ㉠ 비공식적 방법 ㉡ 브리핑 ㉢ 전신 ㉣ 특별보고서
③ ㉠ 브리핑 ㉡ 비공식적 방법 ㉢ 메모 ㉣ 특별보고서
④ ㉠ 브리핑 ㉡ 비공식적 방법 ㉢ 전신 ㉣ 일일정보보고서

011 정보의 배포 단계 중 보안조치에 대한 설명으로 가장 적절하지 <u>않은</u> 것은?

18 승진

① 통신보안조치 – 컴퓨터 네트워크에 대한 보안조치는 오늘날 통신보안의 가장 중요한 분야에 해당한다.
② 인사보안조치 – 민감한 정보를 취급할 가능성이 있는 공무원을 채용·관리하는 데 있어서 해당 정보들이 공무원이 될 자 또는 공무원에 의해 유출될 가능성을 차단하는 것을 말한다.
③ 정보의 분류조치 – 주요문서와 같은 정보들을 여러 등급으로 분류하여 각각의 관리방법과 열람자격 등을 규정함으로써 정보의 유출을 막는 일련의 조치를 말한다.
④ 물리적 보안조치 – 문서에 비밀임을 표시하거나 관련 정보나 문서를 열람하는 자격을 제한하는 등의 조치, 관련 문서의 배포범위를 제한하거나 폐기 대상인 문서를 파기하는 등의 관리방법을 말한다.

해설
④ **정보의 분류조치** – 문서에 비밀임을 표시하거나 자격을 제한하는 등의 조치, 관련 문서의 배포범위를 제한하거나 폐기 대상인 문서를 파기하는 방법이다.

012

19 경간

정보의 순환과정에 대한 다음 설명 중 옳은 것은 모두 몇 개인가?

> 가. 정보의 순환과정 중 가장 중요하고도 어려운 단계는 정보생산단계이다.
> 나. 첩보수집단계의 소순환과정은 첩보의 기본요소 결정 → 첩보수집계획서의 작성 · 명령 · 하달 → 사후검토 순이다.
> 다. 정보생산단계의 소순환과정은 선택 → 평가 → 기록 → 분석 → 종합 → 해석이다.
> 라. 정보의 순환은 연속적 또는 동시에 이루어질 수도 있다.
> 마. 정보배포의 원칙 중 '보안성'이란 알아야 할 필요가 있는 대상자에게는 알려야 하고, 알 필요가 없는 대상자에게는 알려서는 안 된다는 것이다.
> 바. 정보배포의 수단 중 '특별보고서'는 어떤 기관 또는 사용자가 요청한 문제에 대하여 정보를 작성하고 배포하는 방법이다.

① 1개   ② 2개   ③ 3개   ④ 4개

해설

가. 정보의 순환과정 중 가장 중요하고도 어려운 단계는 **첩보수집단계**이다.
나. **정보요구단계의 소순환과정**은 첩보의 기본요소 결정 → 첩보수집계획서의 작성 → 명령 · 하달 → 사후검토 순이다.
다. 정보생산단계의 소순환과정은 **선택 → 기록 → 평가 → 분석 → 종합 → 해석**이다.
마. 정보배포의 원칙 중 '**필요성**'이란 알아야 할 필요가 있는 대상자에게는 알려야 하고, 알 필요가 없는 대상자에게는 알려서는 안 된다는 것이다.
바. 정보배포의 수단 중 '**지정된 연구과제보고서**'는 어떤 기관 또는 사용자가 요청한 문제에 대하여 정보를 작성하고 배포하는 방법이다.

013

18 채용
2차

「보안업무규정」상 신원조사에 대한 설명으로 가장 적절하지 않은 것은?

① 신원조사는 경찰청장이 직권으로 하거나 관계 기관의 장의 요청에 따라 한다.
② 공무원 임용 예정자는 신원조사의 대상이 된다.
③ 국가보안시설 · 보호장비를 관리하는 기관 등의 장(해당 국가보안시설 등의 관리 업무를 수행하는 소속 직원을 포함한다)은 신원조사의 대상이 된다.
④ 국가정보원장은 신원조사 결과 국가안전보장에 해를 끼칠 정보가 있음이 확인된 사람에 대해서는 관계 기관의 장에게 그 사실을 통보하여야 한다.

해설

① 신원조사는 **국가정보원장이 직권으로 하거나 관계 기관의 장의 요청에 따라 한다**(「보안업무규정」 제33조 제2항).

ANSWER **012** ① / 라   **013** ①

014 「보안업무규정」상 신원조사에 대하여 설명한 것이다. 옳은 것을 모두 고른 것은?

17 채용
2차

17 승진

> ㉠ 신원조사는 관계 기관의 장이 직권으로 하거나 국가정보원장의 요청에 따라 한다.
> ㉡ 국가보안시설 · 보호장비를 관리하는 기관 등의 장(해당 국가보안시설 등의 관리업무를 수행하는 소속직원을 포함한다)은 신원 조사의 대상이 된다.
> ㉢ 공무원 임용 예정자와 비밀취급 인가 예정자는 신원조사의 대상이 된다.
> ㉣ 임명할 때 정부의 승인이나 동의가 필요한 공공기관의 임원은 신원조사의 대상이 된다.
> ㉤ 국가정보원장은 신원조사 결과 국가안전보장에 해를 끼칠 정보가 있음이 확인된 사람에 대해서는 관계기관의 장에게 통보할 수 있으며, 통보를 받은 관계 기관의 장은 신원조사 결과에 따라 필요한 보안대책을 마련하여야 한다.

① ㉠ ㉡
② ㉠ ㉢ ㉣
③ ㉡ ㉢ ㉣
④ ㉠ ㉢ ㉣ ㉤

해설
㉠ 신원조사는 **국가정보원장이 직권으로 하거나 관계기관의 장의 요청**에 따라 한다.
㉤ 국가정보원장은 신원조사 결과 국가안전보장에 해를 끼칠 정보가 있음이 확인된 사람에 대해서는 관계기관의 장에게 **통보하여야** 하며, 통보를 받은 관계 기관의 장은 신원조사 결과에 따라 **필요한 보안대책을 마련하여야 한다.**

015 「집회 및 시위에 관한 법률」에서 사용하는 용어의 정의로 가장 적절하지 <u>않은</u> 것은?

16 채용
1차

① "시위"란 여러 사람이 공동의 목적을 가지고 도로, 광장, 공원 등 일반인이 자유로이 통행할 수 있는 장소를 행진하거나 위력 또는 기세를 보여, 불특정한 여러 사람의 의견에 영향을 주거나 제압을 가하는 행위를 말한다.
② "주관자"란 자기 이름으로 자기 책임 아래 집회나 시위를 여는 사람이나 단체를 말한다. 주관자는 주최자를 따로 두어 집회 또는 시위의 실행을 맡아 관리하도록 위임할 수 있다. 이 경우 주최자는 그 위임의 범위 안에서 주관자로 본다.
③ "질서유지인"이란 주최자가 자신을 보좌하여 집회 또는 시위의 질서를 유지하게 할 목적으로 임명한 자를 말한다.
④ "옥외집회"란 천장이 없거나 사방이 폐쇄되지 아니한 장소에서 여는 집회를 말한다.

해설
② **"주최자"**란 자기 이름으로 자기 책임 아래 집회나 시위를 여는 사람이나 단체를 말한다.
주최자는 **주관자**를 따로 두어 집회 또는 시위의 실행을 맡아 관리하도록 위임할 수 있다
이 경우 **주관자**는 그 위임의 범위 안에서 **주최자**로 본다.

다음 중 집회 및 시위에 관한 내용으로서 빈칸의 숫자가 옳은 것은?

> 가. 옥외집회나 시위를 주최하려는 자는 그에 관한 사항 모두를 적은 신고서를 옥외집회나 시위를 시작하기 ( )시간 전부터 ( )시간 전에 관할 경찰서장에게 제출하여야 한다.
>
> 나. 관할경찰관서장은 신고서의 기재사항에 미비한 점을 발견하면 접수증을 교부한 때부터 ( )시간 이내에 주최자에게 ( )시간을 기한으로 그 기재사항을 보완할 것을 통고할 수 있다.
>
> 다. 신고서를 접수한 관할경찰관서장은 신고된 옥외집회 또는 시위가 다음 각 호의 어느 하나에 해당하는 때에는 신고서를 접수한 때부터 ( )시간 이내에 집회 또는 시위를 금지할 것을 주최자에게 통고할 수 있다.
>
> 라. 집회 또는 시위의 주최자는 제8조에 따른 금지 통고를 받은 날부터 ( )일 이내에 해당 경찰관서의 바로 위의 상급경찰관서의 장에게 이의를 신청할 수 있다.
>
> 마. 주최자는 신고한 옥외집회 또는 시위를 하지 아니하게 된 경우에는 신고서에 적힌 집회 일시 ( )시간 전에 그 철회사유 등을 적은 철회신고서를 관할경찰관서장에게 제출하여야 한다.

① 가. (720) - (48) 나. (24) - (12) 다. (48) 라. (10) 마. (48)
② 가. (720) - (48) 나. (24) - (24) 다. (48) 라. (7)   마. (24)
③ 가. (720) - (48) 나. (12) - (24) 다. (48) 라. (10) 마. (24)
④ 가. (720) - (24) 나. (12) - (24) 다. (24) 라. (7)   마. (48)

해설

가. 옥외집회나 시위를 주최하려는 자는 그에 관한 다음 각 호의 사항 모두를 적은 신고서를 옥외집회나 시위를 시작하기 **720시간 전부터 48시간 전**에 관할 경찰서장에게 제출하여야 한다.

나. 관할경찰관서장은 제6조 제1항에 따른 신고서의 기재 사항에 미비한 접을 발견하면 접수증을 교부한 때부터 **12시간 이내에 주최자에게 24시간을 기한**으로 그 기재 사항을 보완할 것을 통고할 수 있다.

다. 제6조 제1항에 따른 신고서를 접수한 관할경찰관서장은 신고된 옥외집회 또는 시위가 다음 각 호의 어느 하나에 해당하는 때에는 신고서를 접수한 때부터 **48시간 이내**에 집회 또는 시위를 금지할 것을 주최자에게 통고할 수 있다.

라. 집회 또는 시위의 주최자는 제8조에 따른 금지 통고를 받은 날부터 **10일 이내**에 해당 경찰관서의 바로 위의 상급경찰관서의 장에게 이의를 신청할 수 있다.

마. 주최자는 신고한 옥외집회 또는 시위를 하지 아니하게 된 경우에는 신고서에 적힌 집회 일시 **24시간 전**에 그 철회사유 등을 적은 철회신고서를 관할경찰관서장에게 제출하여야 한다.

ANSWER 016 ③

017 「집회 및 시위에 관한 법률」에 대한 설명으로 가장 적절한 것은?

20 채용

① 적법한 절차에 따라 설정한 질서유지선을 경찰관의 경고에도 불구하고 정당한 사유 없이 상당 시간 침범하거나 손괴·은닉·이동 또는 제거하거나 그 밖의 방법으로 그 효용을 해친 자는 6개월 이하의 징역 또는 50만 원 이하의 벌금 구류 또는 과료에 처한다.

② 옥외집회 또는 시위 장소가 두 곳 이상의 경찰서의 관할에 속하는 경우에는 관할 지방경찰서장에게 신고서를 제출하여야 한다.

③ 관할경찰서장은 신고서의 기재 사항에 미비한 점을 발견하면 접수증을 교부한 때부터 12시간 이내에 주최자에게 24시간을 기한으로 그 기재 사항을 보완할 것을 통고하여야 한다.

④ 주관자"란 자기 이름으로 자기 책임 아래 집회나 시위를 여는 사람이나 단체를 말한다. 주관자는 주최자를 따로 두어 집회 또는 시위의 실행을 맡아 관리하도록 위임할 수 있다.

> **해설**
> ② 옥외집회 또는 시위 장소가 두 곳 이상의 경찰서의 관할에 속하는 경우에는 **관할 지방경찰청**장에게 신고서를 제출하여야 한다.
> ③ 관할경찰서장은 신고서의 기재 사항에 미비한 점을 발견하면 접수증을 교부한 때부터 12시간 이내에 주최자에게 24시간을 기한으로 그 기재 사항을 보완할 것을 **통고할 수 있다**.
> ④ **"주최자"**란 자기 이름으로 자기 책임 아래 집회나 시위를 여는 사람이나 단체를 말한다. **주최자는 주관자**를 따로 두어 집회 또는 시위의 실행을 맡아 관리하도록 위임할 수 있다.

018 「집회 및 시위에 관한 법률」및 동법 시행령에 대한 설명 중 가장 적절한 것은?

20 승진

① 관할경찰관서장은 「집회 및 시위에 관한 법률」 제6조 제1항에 따른 신고서의 기재 사항에 미비한 점을 발견하면 접수증을 교부한 때부터 12시간 이내에 주최자 또는 질서유지인에게 24시간을 기한으로 그 기재 사항을 보완할 것을 통고할 수 있다.

② 위 ①에 따른 보완통고는 보완할 사항을 분명히 밝혀 서면 또는 구두로 주최자 또는 연락책임자에게 송달하여야 한다.

③ 「집회 및 시위에 관한 법률」 제6조 제1항에 따른 신고를 받은 관할경찰관서장이 집회 및 시위의 보호와 공공의 질서 유지를 위하여 필요하다고 인정하여 질서유지선을 설정할 때에는 주최자 또는 연락책임자에게 이를 알려야 한다.

④ 집회 또는 시위 장소의 상황에 따라 질서유지선을 새로 설정하거나 변경하는 경우 서면으로 통지해야 한다.

> **해설**
> ① 관할경찰관서장은 「집회 및 시위에 관한 법률」 제6조 제1항에 따른 신고서의 기재 사항에 미비한 점을 발견하면 접수증을 교부한 때부터 12시간 이내에 **주최자**에게 24시간을 기한으로 그 기재 사항을 보완할 것을 통고할 수 있다.
> ② ①에 따른 보완 통고는 보완할 사항을 분명히 밝혀 **서면으로** 주최자 또는 연락책임자에게 송달하여야 한다.
> ④ 법 제13조 제2항에 따른 질서유지선의 설정 고지는 서면으로 하여야 한다. 다만, **집회 또는 시위 장소의 상황에 따라 질서유지선을 새로 설정하거나 변경하는 경우에는 집회 또는 시위의 장소에 있는 국가경찰공무원이 구두로 알릴 수 있다.**

019 「집회 및 시위에 관한 법률」에 대한 설명 중 가장 옳지 <u>않은</u> 것은?

19 경간

① 주최자는 신고한 집회·시위를 개최하지 아니할 경우 집회일시 24시간 전에 관할 경찰관서장에게 철회신고서를 제출하여야 한다.

② 옥외집회 및 시위의 신고를 받은 경찰관서장이 설정한 질서유지선을 경찰관의 경 고에도 불구하고 정당한 사유 없이 상당 시간 침범하거나 손괴·은닉·이동 또는 제거하거나 그 밖의 방법으로 그 효용을 해친 자는 6개월 이하의 징역 또는 50만 원 이하의 벌금·구류 또는 과료에 처한다.

③ 정당한 사유 없이 철회신고서를 관할경찰관서장에게 제출하지 아니한 모든 옥외집 회 또는 시위의 주최자에 대해서는 100만 원 이하의 과태료를 부과한다.

④ 폭행, 협박, 그 밖의 방법으로 평화적인 집회 또는 시위를 방해하거나 질서를 문란 하게 한 자는 3년 이하의 징역 또는 300만 원 이하의 벌금에 처한다. 다만 군인· 검사·경찰이 방해하면 5년 이하의 징역에 처한다.

> **해설**
> ③ 정당한 사유 없이 철회신고서를 관할경찰관서장에게 제출하지 아니한 모든 옥외집회 또는 시위의 주최자 에 대해서는 100만 원 이하의 과태료를 부과하는 것이 아니라, **뒤에 접수된 옥외집회·시위가 금지통고되 고 먼저 신고를 접수하여 옥외집회·시위 개최할 수 있는 주최자가 신고한 옥외집회·시위를 아니하게 된 경우에는 신고서에 적힌 집회일시 24시간 전에 철회신고서를 경찰관서장에게 제출해야 하는데, 정당한 사 유 없이 이를 위반한 경우에만 100만원 이하의 과태료를 부과한다.**

020 「집회 및 시위에 관한 법률」, 「집회 및 시위에 관한 법률 시행령」상 질서유지선에 대한 설명으로 가장 옳은 것은?

17 경간

① 집회·시위의 신고를 받은 관할경찰관서장은 집회·시위의 보호와 공공의 질서유 지를 위해 최대한의 범위를 정하여 질서유지선을 설정할 수 있다.

② '집회·시위의 참가를 일반인이나 차량으로부터 보호할 필요가 있을 경우'는 질서 유지선을 설정 할 수 있는 경우에 해당하지 않는다.

③ 경찰관서장이 질서유지선을 설정할 때에는 사전에 질서유지인에게 이를 서면으로 고지하여야 한다.

④ 적법한 요건에 따라 설정한 질서유지선을 경찰과의 경고에도 불구하고 정당한 사 유 없이 상당 시간 침범하거나 손괴·은닉·이동 또는 제거하거나 그 밖의 방법으로 그 효용을 해친 자는 6개월 이하의 징역 또는 50만 원 이하의 벌금·구류 또는 과료 에 처한다.

> **해설**
> ① 집회·시위의 신고를 받은 관할경찰관서장은 집회·시위의 보호와 공공의 질서유지를 위해 최소한의 범위 를 정하여 질서유지선을 설정할 수 있다.
> ② '집회 시위의 참가자를 일반인이나 차량으로부터 보호할 필요가 있을 경우'는 질서유지선을 설정할 수 있 는 경우에 해당한다.
> ③ 경찰관서장이 질서유지선을 설정할 때에는 주최자 또는 연락책임자에게 이를 알려야 한다.

「집회 및 시위에 관한 법률」에 대한 설명이다. 옳고 그름(○×)의 표시가 바르게 된 것은?(다툼이 있으면 판례에 의함)

㉠ 질서유지선은 관할 경찰서장이나 지방경찰청장이 적법한 집회 및 시위를 보호하고 질서유지나 원활한 교통 소통을 위하여 집회 또는 시위의 장소나 행진 구간을 일정하게 구획하여 설정한 띠, 방책(防柵), 차선(車線) 등의 경계표지(標識)를 말한다.

㉡ 타인의 주거지역이나 이와 유사한 장소 또는 학교·군사시설, 상가밀집지역의 주변 지역에서의 집회 또는 시위의 경우 그 거주자 또는 관리자가 시설이나 장소의 보호를 요청하는 때에는 집회 또는 시위의 금지 또는 제한을 통고할 수 있다.

㉢ 관할 경찰관서장은 신고내용을 검토하여 보완 또는 금지통고의 사유가 없는 경우에는 별도의 통지를 하지 않는다.

㉣ 제한·금지통고서 및 보완통고서를 직접 송달할 수 없는 경우 대리송달은 가능하지만 유치송달은 효력이 없다.

---

① ㉠(○) ㉡(○) ㉢(×) ㉣(○)

② ㉠(×) ㉡(○) ㉢(○) ㉣(×)

③ ㉠(○) ㉡(×) ㉢(○) ㉣(×)

④ ㉠(×) ㉡(×) ㉢(×) ㉣(○)

해설

㉡ 타인의 주거지역이나 이와 유사한 장소 또는 **학교·군사시설의 주변지역**에서의 집회 또는 시위의 경우 그 거주자 또는 관리자가 시설이나 장소의 보호를 요청하는 때에는 집회 또는 시위의 금지 또는 제한을 통고할 수 있다.

㉣ 제한·금지통고서 및 보완통고서를 직접 송달할 수 없는 경우 대리송달도 가능하고, 유치송달도 가능하다.

ANSWER 021 ③

022

「집회 및 시위에 관한 법률」에 대한 설명 중 가장 옳지 <u>않은</u> 것은? (다툼이 있으면 판례에 의함)

① 단지 당국이 피고인이 간부로 있는 전국교직원노동조합이나 기타 단체에 대하여 모든 옥내외 집회를 부당하게 금지하고 있다고 하여 그 집회신고의 기대가능성이 없다 할 수 없으므로, 위와 같은 이유만으로 관할경찰서장에게 신고하지 않고 옥외집회를 주최한 것이 죄가 되지 않는다고 할 수 없다.

② 집회장소 사용승낙을 하지 않은 A 대학교 측의 집회 저지 협조요청에 따라 경찰관들이 신고된 A 대학교에서의 집회에 참가하려는 자의 출입을 저지하자, 소정의 신고 없이 B 대학교로 장소를 옮겨서 집회를 한 행위가 긴급피난에 해당한다고 할 수 없다.

③ 집회의 자유도 질서유지를 위해 예외적으로 제한할 수 있으므로 폭력사태 발생이 우려되는 경우에는, 이후 상호 충돌을 피하기 위해 집회 시간 및 장소가 경합되는 두 개의 집회신고를 모두 반려하는 것이 허용된다.

④ 옥외집회 또는 시위가 개최될 것이라는 것을 관할 경찰서가 알고 있었다거나 그 집회 또는 시위가 평화롭게 이루어진다 하여 「집회 및 시위에 관한 법률」 소정의 신고의무가 면제되는 것이라고는 할 수 없다.

> **해설**
> ③ 집회 시간 및 장소가 경합되는 두 개의 집회신고를 모두 반려하는 것이 허용되지 않는다. 집회의 자유를 제한함에 있어 실무상 아무리 어렵더라도 법에 규정된 방식에 따라야 할 책무가 있고, 이 사건 집회신고에 관한 사무를 처리하는 데 있어서도 적법한 절차에 따라 접수순위를 확정하려는 최선의 노력을 한 후, 집시법 제8조 제2항에 따라 **후순위로 접수된 집회의 금지 또는 제한을 통고**하였어야 한다.

023

19 승진

집회 및 시위에 관한 법률」에 대한 판례의 태도로 가장 적절하지 <u>않은</u> 것은?

① 해산명령 이전에 자진해산할 것을 요청할 때, 반드시 '자진해산'이라는 용어를 사용하여 요청할 필요는 없고, 해산을 요청하는 언행 중에 스스로 해산하도록 청하는 취지가 포함되어 있으면 된다.

② 사전 금지 또는 제한된 집회라 하더라도 실제 이루어진 집회가 당초 신고 내용과 달리 평화롭게 개최되거나 집회 규모를 축소하여 이루어지는 등 타인의 법익 침해나 기타 공공의 안녕질서에 대하여 직접적이고 명백한 위험을 초래하지 않은 경우에는 이에 대하여 사전 금지 또는 제한을 위반하여 집회를 한 점을 들어 처벌하는 것 이외에 더 나아가 이에 대한 해산을 명하고 이에 불응하였다 하여 처벌할 수는 없다.

③ 당초 옥외집회를 개최하겠다고 신고하였지만 그 신고 내용과 달리 아예 옥외집회는 개최하지 아니한 채 신고한 장소와 인접한 건물 등에서 옥내집회만을 개최한 경우, 신고한 옥외집회를 개최하는 과정에서 그 신고범위를 일탈한 행위로 보아 이를 「집회 및 시위에 관한 법률」 위반으로 처벌할 수 있다.

④ 타인이 관리하는 건조물에서 옥내집회를 개최하는 경우에도 타인의 법익 침해나 기타 공공의 안녕질서에 대하여 직접적이고 명백한 위험을 초래하는 때에는 해산명령의 대상이 된다.

해설

③ 옥외집회를 개최하겠다고 신고하였지만 신고 내용과 달리 아예 옥외집회는 개최하지 아니한 채 신고한 장소와 인접한 건물 등에서 옥내집회만을 개최한 경우에는, 그것이 건조물침입죄 등 다른 범죄를 구성함은 별론으로 하고, 신고한 옥외집회를 개최하는 과정에서 그 신고범위를 일탈한 행위를 한 데 대한 **집시법 위반죄로 처벌할 수는 없다**(2010도 14545).

024

19 경간

다음은 집회 및 시위에서 확성기 등의 대상 소음이 있을 때 소음의 측정과 관련된 내용이다. 괄호 안에 들어갈 숫자의 총합은?

> 가. 주거지역, 학교, 종합병원, 공공도서관의 소음기준은 주간 ( )dB 이하, 야간 ( )dB 이하이다.
> 나. 그 밖의 지역의 소음기준은 주간 ( )dB 이하, 야간 ( )dB 이하이다.
> 다. 확성기 등의 대상소음이 있을 때 ( )분간 측정한 소음도를 측정소음도로 하고, 같은 장소에서 확성기 등의 대상소음이 없을 때 ( )분간 측정한 소음도를 배경소음도로 한다.
> 라. 측정소음도가 배경소음도보다 ( )dB 이상 크면 배경소음의 보정 없이 측정소음도를 대상소음도로 한다.

① 280   ② 290   ③ 300   ④ 310

해설
가. 주거지역, 학교, 종합병원, 공공도서관의 소음기준은 주간 (65)dB 이하, 야간 (60)dB 이하이다.
나. 그 밖의 지역의 소음기준은 주간 (75)dB 이하, 야간 (65)dB 이하이다.
다. 확성기 등의 대상소음이 있을 때 (10)분간 측정한 소음도를 측정소음도로 하고, 같은 장소에서 확성기 등의 대상소음이 없을 때 (5)분간 측정한 소음도를 배경소음도로 한다.
라. 측정소음도가 배경소음도보다 (10)dB 이상 크면 배경소음의 보정 없이 측정소음도를 대상소음도로 한다.

025

15 승진

2014년 「집회 및 시위에 관한 법률 시행령」이 개정(10. 22 시행)되어 집회현장 확성기 소음기준이 강화되고, 종합병원과 공공도서관에도 주거지역·학교와 동일한 소음 기준이 적용되었다. 집회 현장 소음 관리에 관한 설명으로 가장 적절하지 않은 것은?

① 「집회 및 시위에 관한 법률 시행령」상 소음기준은 주간과 야간을 달리하여 규정하고 있다.

② 소음을 측정할 때는 소음으로 인한 피해자가 위치한 건물 등이 주거지역, 학교, 종합병원, 공공도서관의 경우와 그 밖의 지역일 경우로 구분하여 기준치를 적용한다.

③ 관할경찰관서장은 집회 또는 시위의 주최자가 소음기준을 초과하는 소음을 발생시켜 타인에게 피해를 주는 경우에는 그 기준 이하의 소음 유지 또는 확성기 등의 사용 중지를 명하거나 확성기 등의 일시보관 등 필요한 조치를 할 수 있다.

④ 경찰의 확성기 일시 보관 등의 필요한 조치를 거부 또는 방해하더라도 「집회 및 시위에 관한 법률」상 처벌 규정은 존재하지 않는다.

해설
④ 경찰의 확성기 일시 보관 등의 필요한 조치를 거부 또는 방해하면 「집회 및 시위에 관한 법률」 제24조 제4호로 처벌된다(6개월 이하의 징역 또는 50만 원 이하의 벌금·구류 또는 과료).

ANSWER   **024** ②   **025** ④

026 다음 중 「집회 및 시위에 관한 법률」에 대한 설명으로 적절한 것을 모두 고른 것은?

19 경간

> ㉠ 집회 또는 시위의 주최자 및 질서유지인은 특정한 사람이나 단체가 집회나 시위에 참가하는 것을 막을 수 있다. 다만, 언론사의 기자는 출입이 보장되어야 하며, 이 경우 기자는 신분증을 제시하고 기자임을 표시한 완장을 착용하여야 한다.
> ㉡ 단체는 「집회 및 시위에 관한 법률」상 "주최자"가 될 수 없다.
> ㉢ 집회 또는 시위의 주최자는 집회 또는 시위의 질서유지에 관하여 자신을 보좌하도록 18세 이상의 사람을 질서유지인으로 임명할 수 있다.
> ㉣ 학문, 예술, 체육, 종교, 의식, 친목, 오락, 관혼상제 및 국경행사에 관한 집회에는 '확성기 등 사용의 제한'에 관한 규정을 적용하지 아니한다.

① ㉠ ㉡   ② ㉠ ㉢   ③ ㉡ ㉢   ④ ㉠ ㉢ ㉣

해설
㉠ 「집회 및 시위에 관한 법률」 제4조
㉡ "주최자(主催者)"란 자기 이름으로 자기 책임 아래 집회나 시위를 여는 사람이나 단체를 말한다(「집회 및 시위에 관한 법률」 제2조 제3호). **단체도 「집회 및 시위에 관한 법률」상 "주최자"가 될 수 있다.**
㉢ 「집회 및 시위에 관한 법률」 제16조 제2항
㉣ 학문, 예술, 체육, 종교, 의식, 친목, 오락, 관혼상제 및 국경행사에 관한 집회는 신고대상은 아니지만, 신고대상이 아닐지라도 '확성기 등 사용의 제한'에 관한 규정인 「집회 및 시위에 관한 법률」 제14조는 적용된다.

---

027 「집회 및 시위에 관한 법률 시행령」 제14조 별표 2의 확성기 등의 소음기준[단위: Leq dB(A)] 및 소음 측정 방법에 대한 내용으로 가장 적절하지 <u>않은</u> 것은?

18 채용
1차

① 주거지역, 학교, 종합병원, 공공도서관에서 주간(해 뜬 후~해지기 전)에 확성기 등의 소음기준은 65dB 이하이다.
② 그 밖의 지역에서 야간(해진 후~해뜨기 전)에 확성기 등의 소음기준은 65dB 이하이다.
③ 소음측정 장소는 피해자가 위치한 건물 외벽에서 소음원 방향으로 1 ~ 3.5m 떨어진 지점으로 하되, 소음도가 높을 것으로 예상되는 지점의 지면 위 1.2 ~ 1.5m 높이에서 측정하고, 주된 건물의 경비 등을 위하여 사용되는 부속건물, 광장·공원이나 도로상의 영업시설물, 공원의 관리사무소 등도 소음 측정 장소로 포함된다.
④ 확성기 등의 소음은 관할 경찰서장(현장 경찰공무원)이 측정한다.

해설
③ 소음 측정 장소는 피해자가 위치한 **건물 외벽에서 소음원 방향으로 1 ~ 3.5m 떨어진 지점으로 하되,** 소음도가 높을 것으로 예상되는 지점의 지면 위 1.2 ~ 1.5m 높이에서 측정하고, **주된 건물의 경비 등을 위하여 사용되는 부속 건물, 광장·공원이나 도로상의 영업시설물, 공원의 관리사무소 등은 소음 측정 장소에서 제외한다.**

ANSWER　**026** ②　**027** ③

「집회 및 시위에 관한 법률」 및 동법 시행령을 설명한 것으로 다음 보기 중 옳은 것은 모두 몇 개인가?

> ○ 군인 · 검사 · 판사 · 경찰관이 폭행, 협박, 그 밖의 방법으로 평화적인 집회 또는 시위를 방해한 경우 5년 이하의 징역에 처한다.
>
> ○ 집회 또는 시위의 주최자는 평화적인 집회 또는 시위가 방해받을 염려가 있다고 인정되면 관할 경찰관서에 그 사실을 알려 보호를 요청할 수 있다. 이 경우 관할 경찰관서의 장은 정당한 사유 없이 보호 요청을 거절하여서는 안 된다.
>
> ○ 경찰관은 집회 또는 시위의 주최자에게 알리고 그 집회 또는 시위의 장소에 정복을 입고 출입할 수 있다. 다만, 옥내집회 장소에 출입하는 것은 직무 집행을 위하여 긴급한 경우에만 할 수 있다.
>
> ○ 질서유지인은 참가자 등이 질서유지인임을 쉽게 알아볼 수 있도록 완장, 모자, 어깨띠, 상의 등을 착용할 수 있다.

① 1개　　　　　② 2개　　　　　③ 3개　　　　　④ 4개

해설

○ **군인 · 검사 · 경찰관**이 폭행, 협박, 그 밖의 방법으로 평화적인 집회 또는 시위를 방해한 경우 **5년 이하의 징역에 처한다.**
○ 질서유지인은 참가자 등이 질서유지인임을 쉽게 알아볼 수 있도록 완장, 모자 어깨띠, 상의 등을 **착용하여야 한다.**

029 「집회 및 시위에 관한 법률」 및 시행령에 관한 다음 설명 중 가장 옳은 것은?

12 채용
2차

14 채용
2차 변형

① 군작전 관할구역 내에서의 옥외집회는 신고대상이 아니다.

② 관할경찰관서장은 집회 또는 시위의 시간과 장소가 중복되는 2개 이상의 신고가 있는 경우 그 목적으로 보아 서로 상반되거나 방해가 된다고 인정되면 각 옥외집회 또는 시위 간에 시간을 나누거나 장소를 분할하여 개최하도록 권유하는 등 각 옥외집회 또는 시위가 서로 방해되지 아니하고 평화적으로 개최·진행될 수 있도록 노력하여야 하며, 관할경찰관서장은 권유가 받아들여지지 아니하면 뒤에 접수된 옥외집회 또는 시위에 대하여 금지를 통고하여야 한다.

③ 주거지역에서 야간에 개최되는 집회의 경우에 「집회 및 시위에 관한 법률 시행령」에서 규정한 확성기 등의 소음기준은 65db 이하이다.

④ 집회 또는 시위의 주최자 및 질서유지인은 특정한 사람이나 단체가 집회나 시위에 참가하는 것을 막을 수 있다. 다만, 언론사의 기자는 출입이 보장되어야 하며, 이 경우 기자는 신분증을 제시하고 기자임을 표시한 완장을 착용하여야 한다.

> **해설**
> ① 군작전 관할 구역 내에서의 **옥외집회는 신고대상**이다.
> ② 관할경찰관서장은 집회 또는 시위의 시간과 장소가 중복되는 2개 이상의 신고가 있는 경우 그 목적으로 보아 서로 상반되거나 방해가 된다고 인정되면 각 옥외집회 또는 시위 간에 시간을 나누거나 장소를 분할하여 개최하도록 권유하는 등 각 옥외집회 또는 시위가 서로 방해되지 아니하고 평화적으로 개최 진행될 수 있도록 노력하여야 하며, 관할경찰관서장은 권유가 받아들여지지 아니하면 **뒤에 접수된 옥외집회 또는 시위에 대하여 금지를 통고할 수 있다.**
> ③ **주거지역에서 야간에 개최되는 집회**의 경우에 「집회 및 시위에 관한 법률 시행령」에서 규정한 확성기 등의 **소음기준은 60db 이하이다.**

030 「집회 및 시위에 관한 법률」상 다음 설명 중 옳은 것은 모두 몇 개인가?

12 채용
3차

13 채용
1차

> ㉠ '옥외집회'란 천장이 있고, 사방이 폐쇄된 장소에서 여는 집회를 말한다.
>
> ㉡ '시위'란 여러 사람이 공동의 목적을 가지고 도로, 광장, 공원 등 일반인이 자유로이 통행할 수 있는 장소를 행진하거나 위력 또는 기세를 보여, 불특정한 여러 사람의 의견에 영향을 주거나 제압을 가하는 행위를 말한다.
>
> ㉢ 옥외집회나 시위를 주최하려는 자는 그에 관한 신고서를 옥외집회나 시위를 시작하기 720시간 전부터 48시간 전에 관할 경찰서장에게 제출하여야 한다. 다만, 옥외집회 또는 시위 장소가 두 곳 이상의 경찰서의 관할에 속하는 경우에는 주최지를 관할하는 경찰서장에게 제출하여야 하고, 두 곳 이상의 지방경찰청 관할에 속하는 경우에는 주최지를 관할하는 지방경찰청장에게 제출하여야 한다.
>
> ㉣ 금지통고에 따른 이의신청을 받은 경찰관서의 장은 접수일시를 적은 접수증을 이의신청인에게 즉시 내주고 접수한 때부터 12시간 이내에 재결을 하여야 한다. 이 경우 접수한 때부터 24시간 이내에 재결서를 발송하지 아니하면 관할 경찰관서장의 금지통고는 소급하여 그 효력을 잃는다.

① 1개   ② 2개   ③ 3개   ④ 4개

해설
㉠ '**옥외집회**'란 **천장이 없고, 사방이 폐쇄되지 아니한 장소에서 여는 집회**를 말한다.
㉢ 옥외집회나 시위를 주최하려는 자는 그에 관한 신고서를 옥외집회나 시위를 시작하기 720시간 전부터 48시간 전에 관할 경찰서장에게 제출하여야 한다. 다만, 옥외집회 또는 시위 장소가 **두 곳 이상의 경찰서의 관할에 속하는 경우에는 지방경찰청장에게 제출**하여야 하고, 두 곳 이상의 지방경찰청 관할에 속하는 경우에는 주최지를 관할하는 지방경찰청장에게 제출하여야 한다.
㉣ 금지통고에 따른 이의신청을 받은 경찰관서의 장은 접수일시를 적은 접수증을 이의신청인에게 즉시 내주고 접수한 때부터 **24시간 이내에 재결**을 하여야 한다. 이 경우 접수한 때부터 24시간 이내에 재결서를 발송하지 아니하면 관할 경찰관서장의 금지통고는 소급하여 그 효력을 잃는다.

031 「집회 및 시위에 관한 법률」 및 동법 시행령 상 집회시위의 해산절차로 가장 적절한 것은?

15·16
승진

19 특공대

① 자진해산의 요청 → 종결선언의 요청 → 3회 이상 해산명령 → 직접해산
② 종결선언의 요청 → 자진해산의 요청 → 3회 이상 해산명령 → 직접해산
③ 종결선언의 요청 → 3회 이상 해산명령 → 자진해산의 요청 → 직접해산
④ 3회 이상 해산명령 → 자진해산의 요청 → 종결선언의 요청 → 직접해산

ANSWER   **030** ① / ㉡   **031** ②

654 • 박선영 경찰학

032

「집회 및 시위에 관한 법률 시행령」에 대한 설명이다. 옳은 것을 모두 고른 것은?

> ㉠ 관할경찰관서장이 권한을 부여하면 관할경찰서 경비교통과장도 해산명령의 주체가 될 수 있다.
> ㉡ 자진 해산 요청은 직접 집회주최자에게 공개적으로 하여야 한다.
> ㉢ 자진 해산 요청에 따르지 아니하는 경우에는 세 번 이상 자진 해산할 것을 명령하고, 참가자들이 해산명령에도 불구하고 해산하지 아니하면 직접 해산시킬 수 있다.
> ㉣ 종결선언은 주최자에게 요청하되 주최자의 소재를 알 수 없는 경우에는 주관자·연락책임자 및 질서유지인에게 하여야 하며 종결선언의 요청은 필요적 절차로 생략할 수 없다.

① ㉠ ㉢ 　　② ㉠ ㉡ ㉣ 　　③ ㉡ ㉢ ㉣ 　　④ ㉠ ㉡ ㉢ ㉣

해설

㉠ **관할 경찰관서장 또는 관할 경찰관서장으로부터 권한을 부여받은 국가경찰공무원이 해산명령의 주체가** 된다. 따라서 관할 경찰관서장이 권한을 부여하면 관할 경찰서 경비교통과장도 해산명령의 주체가 될 수 있다.

㉡ 자진 해산 요청은 **직접 참가자들에 대하여 요청**한다.

㉣ 법 제20조 제1항 제1호·제2호 또는 제4호에 해당하는 집회·시위의 경우와 주최자·주관자·연락책임자 및 질서유지인이 집회 또는 시위 장소에 없는 경우에는 **종결 선언의 요청을 생략할 수 있다.**

033

다음 집회 및 시위에 관한 법률상의 절차와 각종 시간제한과 관련하여 올바르게 연결된 것은?

> 관할경찰서장은 접수증을 교부한 때로부터 (　)시간 이내에 주최자에게 (　)시간을 기한으로 그 기재사항을 보완할 것을 통고할 수 있고, 이 기한까지 보완하지 아니하면 집회나 시위를 금지할 수 있다. 관할경찰관서장은 신고서를 접수한 때로부터 (　)시간 이내에 금지통고를 할 수 있다.

① 12 - 48 - 24 　　　　② 12 - 24 - 24

③ 12 - 24 - 48 　　　　④ 24 - 24 - 48

해설

보완통고 - 12시간 이내에 24시간을 기한으로 하고, 금지통고 - 48시간 이내 해야한다.

034

'집회 및 시위에 관한 법률'에 관한 설명으로 옳은 것은 모두 몇 개인가?

11 경간

> ○ 옥외집회 또는 시위 장소가 두 곳 이상의 지방경찰청 관할에 속하는 경우에는 상급기관인 경찰청장에게 신고서를 제출하여야 한다.
> ○ 집회신고서에 미비점이 있으면 보완서류를 받은 후 접수증을 교부하여야 한다.
> ○ 집회신고 장소가 '군사기지 및 군사시설 보호법' 제2조 제2호에 따른 군사시설의 주변 지역인 경우 집회의 금지 또는 제한을 통고해야 한다.
> ○ 참가예정단체는 집회신고서의 '시위방법'에 기재할 사항이 아니다.
> ○ 집회 또는 시위의 주최자는 금지통고를 받은 날부터 10일 이내에 금지통고를 한 해당 경찰관서의 바로 위의 상급 경찰관서의 장에게 이의신청을 할 수 있다.
> ○ 질서유지선의 효용을 해친 자에 대해서는 6월 이하의 징역 또는 50만 원 이하의 벌금형으로만 처벌이 가능하다.

① 0개   ② 1개   ③ 2개   ④ 3개

해설

○ 옥외집회 또는 시위 장소가 두 곳 이상의 지방경찰청 관할에 속하는 경우에는 주최지를 관할하는 **지방경찰청장에게 제출**하여야 한다.
○ 신고서의 기재 사항에 미비한 점을 발견하면 접수증을 교부한 때부터 **12시간 이내에 주최자에게 24시간을 기한으로 그 기재사항을 보완할 것을 통고**할 수 있다.
○ 이 경우에는 집회의 **금지 또는 제한을 통고**할 수 있다.
○ 질서유지선의 효용을 해친 자는 6개월 이하의 징역 또는 50만 원 이하의 **벌금·구류 또는 과료**에 처할 수 있다.

035

현행 정당법에 있어서 당해 선거관리위원회가 정당의 등록을 취소하는 사유에 해당하지 않는 것은?

03·06
승진

① 5 이상의 시·도당을 갖추지 못했을 때
② 최근 4년간 임기만료에 의한 국회의원선거 또는 임기만료에 의한 지방자치단체의 장선거나 시·도의회의원선거에 참여하지 아니한 때
③ 시·도당이 1500인 이상의 당원을 갖지 못했을 때
④ 임기만료에 의한 국회의원선거에 참여하여 의석을 얻지 못하고 유효투표총수의 100분의 2 이상을 득표하지 못한 때

해설

정당이 등록요건[**법정 시·도 당수(5개) 및 당원 수(1천인)**]을 구비하지 못하게 된 때 등록취소의 대상이 된다.

036

05·07
승진

현행법은 임기만료에 의한 선거인 경우 선거의 종류에 따라 선거기간과 선거일을 특정하여 규정하고 있다. 다음 중 타당하지 <u>않은</u> 것은?

① 대통령 선거 ⇒ 23일, 임기만료일 전 70일 이후 첫 번째 수요일
② 국회의원 선거 ⇒ 14일, 임기만료일 전 50일 이후 첫 번째 수요일
③ 지방자치단체장 선거 ⇒ 14일, 임기만료일 전 30일 이후 첫 번째 수요일
④ 지방의회의원 선거 ⇒ 11일, 임기만료일 전 30일 이후 첫 번째 수요일

해설
지방의회의원선거의 선거기간은 **14일간**이다.

037

08 경간

다음 설명 중 옳은 것은 몇 개인가?

⊙ 정치에 대하여 어떤 모양으로 압력을 가하는 조직화 된 특수이익집단은 압력단체이다.
ⓒ 누구든지 선거일 전 90일부터 선거일까지 후보자와 관련 있는 저서의 출판기념회를 개최할 수 없다.
ⓒ 정당의 후보자 추천에 관한 적극적 의견개진은 공직선거법상 선거운동으로 보지 않는 행위에 해당한다.
ⓔ 대통령선거와 지방자치단체의 장의 피선거권이 있는 자의 연령은 대통령은 40세 이상, 지방자치단체의 장은 25세 이상이다.
ⓜ 대통령 및 국회의원 선거의 선거권 있는 자의 연령은 19세 이상 국민이다.
ⓑ 영주의 체류자격 취득일 후 5년이 경과한 19세 이상의 외국인으로서 외국인등록대장에 등재된 자는 지방자치단체의 의회의원 및 장의 선거권이 있다.
ⓢ 현역의원은 선거기간 중에만 의정활동보고가 금지된다.

① 1개　　　　② 2개　　　　③ 3개　　　　④ 4개

해설
ⓒ 적극적 의견개진은 공직선거법상 선거운동에 해당한다.
ⓑ 영주의 체류자격 취득일 후 3년이 경과하여야 한다.
ⓢ 의정활동 보고금지는 선거일 전 90일부터 선거일까지 적용된다.

---

038 "노동조합 및 노동관계조정법"에 대한 설명 중 가장 옳지 않은 것은?

04·11
승진

① '조정'은 조정의 신청이 있는 날부터 일반사업에 있어서는 10일, 공익사업에 있어서는 15일 내에 종료하여야 하며, 이 기간은 관계당사자 간의 합의로 일반사업에 있어서는 10일, 공익사업에 있어서는 15일 이내에서 연장할 수 있다.

② 노동쟁의가 중재에 회부된 때에는 일반사업·공익사업·구분 없이 15일간은 쟁의행위를 할 수 없다.

③ 고용노동부장관은 쟁의행위가 공익사업에 관한 것이거나 규모가 크거나 성질이 특별한 것으로 현저히 국민경제를 해하거나 국민의 일상생활을 위태롭게 할 위험이 현존하는 때에는 긴급조정의 결정을 할 수 있다.

④ 필수공익사업장에 있어서는 노동위원회 위원장이 특별조정위원회의 권고에 의해 중재회부결정을 하면, 중재에 회부된 때로부터 15일간 쟁의 행위를 할 수 없다.

해설
'필수공익사업에 있어서 노동위원회 위원장이 특별조정위원회의 권고에 의하여 중재에 회부한다는 결정을 한 때'는 중재에 회부하는 필수공익사업장에 대한 **직권중재 제도는 2008년부터 폐지**되었다.

039 '노동조합 및 노동관계 조정법'에 관한 설명으로 맞는 것은 몇 개인가?

08 경간

> ㉠ 정치운동을 목적으로 하는 경우에는 노동조합으로 보지 않는다.
> ㉡ 노동조합 설립신고의 관할권자는 지방노동청장이다.
> ㉢ 노동쟁의가 중재에 회부되면 일반사업은 10일간, 공익사업은 15일간 쟁의행위를 할 수 없다.
> ㉣ 노동조합의 임원이 없고 노동조합으로서의 활동을 1년 이상 하지 아니한 것으로 인정되는 경우로서 노사정협의회의 직권 결정이 있으면 해산할 수 있다.

① 1개　　　　② 2개　　　　③ 3개　　　　④ 4개

해설
㉡ 노동조합설립 신고의 관할권자는 고용노동부장관, 특별시장·광역시장·도지사, 특별자치도지사, 시장·군수·구청장(자치구의 구청장을 말함)이다.
㉢ 노동쟁의가 중재에 회부되면 일반사업·공익사업의 구분 없이 15일간 쟁의행위를 할 수 없다.
㉣ '노사정협의회의 직권 결정'은 노동조합의 해산사유가 아니다.

040 경제 및 문화 정보에 대한 설명 중 틀린 것은 모두 몇 개인가?

10 승진

> ㉠ 경제블럭의 유형 중 관세동맹이란 회원국 상호간에 재화뿐만 아니라 노동·자본과 같은 생산요소의 자유이동이 보장되며 역외 비가맹국에 대해서는 각국의 공동의 관세제도를 채택하고 있는 형태의 통합이다.
> ㉡ 구조적 실업의 경우 취업정보를 원활히 유통시키는 것이 대책이 될 수 있다.
> ㉢ 경제적의 수단 중 선박해역통과증이란 우방의 선박은 항구의 출입을 자유롭게 할 수 있게 허용하고 비우방 선박은 통제하는 방법을 말한다.
> ㉣ Daniel Bell은 학생운동의 원인을 청년들의 심리적인 요인과 특수사회의 사회적인 요인의 이원적 요인 간의 상호작용의 결과로 보았다.
> ㉤ Richard Flacks는 학생운동의 원인을 새로운 문화적 가치와 기존의 문화적 가치사이의 갈등에서 찾았다.

① 2개　　　　② 3개　　　　③ 4개　　　　④ 5개

> **해설**
> ㉠ 공동시장에 대한 설명이다.
> ㉡ 이는 마찰적 실업에 대한 대책이고, 구조적 실업의 경우에는 교육훈련을 통한 인력개발정책을 써야 한다.
> ㉢ 이는 선박면허증에 대한 설명이고, 선박해역통과증이란 일정항로만을 이용 하 게 하 는 방 법 이 다 .
> ㉣ 이원적 요인을 주장한 자는 K. Mannheim이고, Daniel Bell은 변화 거부나 사회적 부적응을 학생운동의 원인을 본다.
> ㉤ 갈등을 강조한 것은 Philip Slater이고, Richard Flacks는 가치관의 혼란을 학생운동의 원인으로 본다.

---

041 다음 중 미국의 정보경찰 기관이 아닌 것은?

02 승진

① SIS(비밀정보국)　　　　② NSA(국가안보국)
③ CIA(중앙정보국)　　　　④ NRO(국가정찰국)

> **해설**
> SIS(비밀정보국)은 **영국의 정보기관**이다.

---

042 MI – 5라는 명칭으로 유명하며 영국 내의 간첩·태업 및 정부전복 음모를 사전에 탐지하여 예방하는 것을 주 임무로 하고 있는 정보기관은?

02 승진

① 정보통신본부(GCHQ)　　　　② 비밀정보부(SIS)
③ 국방정모참모부(DIS)　　　　④ 보안부(SS)

> **해설**
> 특별정보국(MI – 5)은 내무부의 SS(보안부: Security Service)의 전신이었다.

043 다음 중 미국의 정보기관에 대한 설명으로 타당하지 <u>않은</u> 것은?

03·05 승진

① 중앙정보국(CIA)의 모든 직무와 임무는 국가안전보장법, CIA법, 기타 대통령행정명령에 의거하여 수행된다.

② 국가안보국(NSA)은 행정적·업무적으로 국방정보국 (DIA)의 관할을 받고 있는 하위기구이다.

③ 국가정찰국(NRO)은 우주정찰에 대한 미국의 정책을 검토하기 위하여 케네디 대통령에 의하여 설립되었다.

④ 연방수사국(FBI)은 발생한 범죄행위에 대한 수사뿐만 아니라 범죄예방을 위한 첩보수집활동도 수행하고 있다.

> **해설**
> NSA는 행정적으로는 **국방정보국(DIA)의 관할을 받고 있으나, 업무적으로는 독립되어 있다.**

044 각국 정보기관에 대한 설명으로 **틀린** 것은?

10 승진

① 국가정찰국(NRO) – 미국정보공동체 전체의 위성정찰 계획관리

② 비밀정보국(SIS) – 주로 해외정보 수집업무를 담당하는 독일의 정보기관

③ 국토감시국(DST) – 국내보안과 첩보활동을 담당하는 프랑스의 정보기관

④ 모사드(Mossad) – 이스라엘 해외정보기관

> **해설**
> 비밀정보국(SIS)은 국외정보의 수집·분석과 공작활동을 담당하는 **영국의 정보기관**이다.

045 미국의 국가안보국(NSA)과 비슷한 역할을 수행하는 영국의 정보기관은?

10 승진

① 비밀정보국　　② 보안부　　③ 국방정보참모부　　④ 정보통신본부

> **해설**
> **미국의 국가안보국과 영국의 정보통신본부**는 해외에 여러 개의 합동 기지를 운영하면서 통신과 관련되는 각종 정보업무를 수행하고 있다.

046 다음 중 해당하는 국가가 다른 하나는?

09 경감 승진

① BND　　② DST　　③통신감청국　　④연방헌법보호청

> **해설**
> DST는 프랑스의 정보기관이며, ① ③ ④는 독일의 정보기관이다.

ANSWER 　043 ②　044 ②　045 ④　046 ②

CHAPTER **10**

보안
경찰

제1절 보안경찰 일반

01 의의

(1) 보안경찰기출

국가 안보를 위태롭게 하는 간첩, 좌익운동 등을 포함, 북한의 군사적 위협, 공산주의에서 발생하는 위해를 제거하기 위한 활동을 하는 경찰로 **첩보수집, 분석, 판단, 보안사범수사**를 전담한다.

(2) 특징

1) 목적기출

국가 안전과 질서 유지를 목적으로 하므로 국민의 생명신체, 재산을 보호하는 것을 목적으로 하는 일반경찰과 다르다.

2) 비공개

보안경찰은 국가안보와 관련되는 범죄를 대상으로 하므로 **비공개**가 필수적이다.

3) 업무

보안, 외사, 정보 등은 국가정보원의 조정, 통제를 받는다. 주요 업무는 간첩등 중요 **방첩**공작수사, **좌익사범**수사, 반국가적 **안보 위해** 문서 수집, 분석, 보안관찰, 북한 이탈주민, 남북교류에 관한 업무이다.

(3) 국가안전보장기관

통일부	남북대화, 통일에 대한 국내외의 정세 분석
국가정보원	국가정보, 보안업무에 대한 정책수립, 기획, 조정
외교부	국외정보 수집
법무부	출입국자 보안, 정보사범의 보도, 교도, 공소보류된 자의 신병처리
안전행정부(경찰청)	국내정보수집, 보안사범수사, 신원조사등
국방부	군관련 정보수집에 관한 사항

01 공산주의 철학

(1) 변증법기출

양(量)의 질(質)화 그 역의 법칙	액체가 기체로 변하는 과학현상을 사회현상에 적응시킨 과학만능시대 사조가 낳은 산물
대립물 통일의 법칙	광명, 암흑, 양과 음은 서로 대립하는 것이 아니고 다른 것이다. 서로를 부정하거나 대립한다기보다 **보완**관계로 있다.
부정의 부정법칙	영원한 것은 없다고 보고, 공산주의는 왜 다른 사회로 변화하지 않는지는 설명하지 못하였다. (정은 반과 합으로 발전한다.)

(2) 유물사관

생산양식	역사발전은 인간의 의지나 욕망과 관계없이 **경제관계에 의해서 좌우**된다. 하지만 인간의 사고방식과 인간관의 관계는 경제적 조건의 영향만을 받는 것이 아니다.
상, 하부구조	상부구조는 하부구조에 의해서 결정된다는 이론이나 같은 생산조건에서 사람들이 다른 문화를 발전시켰는가를 설명하지 못한다.
계급투쟁론	생산수단의 소유 여부에 따라 착취계급과 피착취계급으로 나누어지고 두 계급은 적대관계를 이룬다. 계급이 없는 사회가 형성될 때까지 투쟁한다.
국가 사멸론	국가는 자본가계급의 방패물로 발생했기 때문에 사멸해야 한다.

(3) 유물론기출

실재하는 것은 물질이고, **정신은 물질에서 비롯**된다. 인간의 정신적인 면을 지나치게 소극적으로 인식하였다.

02 공산주의 경제이론

노동가치설	상품의 가치는 수요와 공급에 의해 결정되는 것이 아니고 **노동의 양**에 의해 결정된다고 본다.
잉여가치설	필요노동에 의해 생산되는 가치는 임금으로 지불되지만, 잉여노동에 의해 생산한 가치는 노동자에게 지불되지 않고 자본가의 이윤의 원천이 된다.
자본주의 붕괴론기출	① **자본축적**의 법칙: 대규모 기계설비를 통한 생산형태를 취하게 되며, 이에 소요되는 대자본은 자본을 축적하는데 얻어진다. ② **자본집중**의 법칙: 자본을 축적하지 못한 중소자본가는 경쟁에서 밀려나 대자본가에 흡수되고, 자본이 집중된다. ③ **빈곤증대**의 법칙: 자본축적으로 노동계층과 실업자가 늘어나 빈곤 또한 끊임없이 증가한다.

CH.10

03 공산주의 경제이론

노동가치설	자본주의하에서의 혁명은 **자본주의가 고도로 발전하여 완전히 성숙**할 때 발생한다.
프롤레타리아 독재론	폭력혁명으로 프롤레타리아 계급이 국가권력을 장악하고 지배계급으로 계급을 높여 부활과 복수 그 잔재를 근절할 수 있도록 과도기적 독재를 행한다.

제3절 대남전략노선

01 전략과 전술

전 략	전 술
− 기본목표 − 역사적 단계에 따라 행동하는 정치노선 − 거시적 − 불변의 목적	− 단기간에 적용되는 세부적인 행동지침 − 전략에 종속된 구체적 방법 − 미시적 − 정세에 따라 수시로 변화

02 대남전략 노선

(1) 대중투쟁전술기출

합법, 비합법, 반한법 투쟁의 배합	합법투쟁	법의 테두리에서 행하는 투쟁
	비합법투쟁	비밀조직이 결성되어 하는 불법투쟁
	반합법투쟁	법적으로 금지되어 있으나 대인관계, 사회적 관습 측면에서 용인되어 온 투쟁방식
경제투쟁, 정치투쟁 배합		임금인상 등의 경제투쟁을 바탕으로 무장봉기 등의 투쟁 정치투쟁으로 발전되어 가야한다는 이론(레닌)
폭력투쟁, 비폭력투쟁 배합		폭력투쟁(테러, 파괴, 무장봉기 등)과 비폭력투쟁을 배합하여 투쟁효과를 높이는 것이다.

(2) 대남공작기구기출

225부		**공작원 교육, 남파, 지하당구축, 해외공작**
통일 전선부	조국평화통일위원회	북한의 **위장 평화통일정책**을 선전하는 기구
	반제민족민주전선	**흑색선전**과 관련되어 있고, 반미자주화 투쟁중 주한 미군 철수를 주장
	재북통일촉진 협의회	북한의 위장평화통일단체로 남한의 정당, 인사들에게 북한의 통일정책 등을 선전하는 활동
	조국통일 민주주의 전선	**북한의 사회단체가 망라되어있고, 북한의 위장평화통일전선의 총괄체**
정찰총국	1국	공작원교육, 침투공작원 호송, 복귀, 테러공작 등을 주요 임무로 하고 1998년 **속초지역으로 침투**한 바 있음
	2국	무장공비 양성, 남파, 요인암살, 파괴, 남파 등 게릴라 활동. **아웅산암살폭파, 강릉무장공비사건 담당**
	3국	해킹, 도청 등 통신 관련 업무
	5국	대외, 대남 정보수집, 해외 간첩 공작, 테러공작 전담 **KAL기 공중폭하 테러** 관여

03 남한의 좌익운동

(1) 좌익운동

자유민주주의 체제를 부정하고, **마르크스, 레닌, 주체사상**에 입각해 계급투쟁에 희한 폭력혁명으로 사회주의를 건설하려는 활동을 의미한다.

(2) 좌익운동분파

NL 주사파	① 민족**해방민중**민주주의 혁명론으로 주체사상을 신봉하고 남한사회의 사회주의 혁명을 성취하려는 세력을 의미한다. ② 한국은 미국의 군사적 강점에 있는 식민지 사회로 간주 ③ **반미자주화, 반파쇼민주화, 조국통일**을 주장한다. ④ NL 계열의 단체는 한총련, 범청학련 등이 있다.
NDR 파 (National Democracy Revolution)	① **민족민주주의**를 주장 ② **레닌주의**로 통일전선체제를 구축하여 미제국주의를 타도한 후 민족자주 정권을 수립하고 사회주의 국가로 혁명을 완수해야 한다고 본다. ③ 현재는 조직이 와해되어 세력분포 미비기출 ④ NDR계열의 단체는 **남한사회주의 노동자동맹**이 있다.
PDR파 (People's Democracy Revolution)	① **민중민주주의** 혁명론을 주장 ② **레닌주의**로 통일전선체제를 구축하여 미제국주의를 타도한 후 민족자주 정권을 수립하고 사회주의 국가로 혁명을 완수해야 한다고 본다. ③ 노동자계급을 주력으로 도시빈민과 빈농을 동맹한 후 부르주와를 전략적 동맹군으로 독점자본과 파쇼정권, 미제국주의를 동시에 타도하는 해 사회주의 혁명을 완수해야 한다.
ISR파	**트로츠키**의 영구혁명론을 기반으로 남한의 정권을 타도하고 사회주의를 완성한 후 북한정권 타도, **노동자정권 건설**을 주장

01 방첩일반

(1) 의의

방첩은 **기밀유지, 보안유지**를 위해 상대로 하여금 의도를 파악하지 못하게 하고 어떤 상황도 상대에게 알려지게 해서는 안 되는 활동이다. 적국을 위한 간첩, 태업, 전복 등 외세 또는 국내의 불순세력의 국가 위해 행위로부터 **국가안전과 질서를 보장**하기 위한 활동을 의미한다.

(2) 기본원칙기출

완전협조의 원칙	방첩기관만으로는 사명을 완수할 수 없으므로 전담기관, 보조기관, 국민이 긴밀히 협조해야 한다는 원칙
치밀의 원칙	정보판단과 전술 전략으로 완전한 분석 등 치밀한 계획과 준비로 방첩활동을 수행해야 한다는 원칙
계속접촉의 원칙기출	간첩용의자가 발견되면 조직망 전체가 완전히 파악될 때까지 계속해서 유무형의 접촉을 해야한다는 원칙(**탐지-판명-주시-이용-검거**)기출

(3) 방첩의 수단기출

적극적 수단	① 적의 공작망을 분쇄하기 위한 공격적 수단으로 대간첩행위, 대태업행위, 대전복행위를 들 수 있다. ② 첩보수집, 첩보공작분석, 인물감시, 침투공작전개, 역용공작, 간첩신문 등을 활용한다.
소극적 수단	① **정보자재 보안**: 비밀사항에 대한 표시, 보호방법 강구 ② **인원보안**: 비밀취급인가제도 ③ **시설보안**: 시설에 대한 경비, 출입자 통제 ④ **보안업무 규정화**: 정보, 자재보안, 인원, 시설보안 등 소극적 방첩 수단을 통일성 있게 통제할 수 있는 방법기출
기만적 수단기출	**허위정보유포, 유언비어 유포, 양동간계시위**(거짓 행동으로 오인하게 함)

02 방첩대상

(1) 간첩

타국에 대한 첩보수집행위, 내부혼란을 목적으로 잠입한 자 이를 지원, 동조하거나 협조하는 자를 의미한다. 대상국의 **기밀수집, 태업, 전복활동**을 하는 조직적 구성분자이다.

1) 분류

① 활동방법에 의한 분류기출

고정간첩	**일정지역 내**에서 정해진 공작기간 없이 합법적으로 보장된 신분이나 보장될 수 있는 조건을 구비하고 활동하는 간첩
배회간첩	일정한 기간 내에 정해진 주거 없이 **전국을 배회**하며 임무를 수행하는 간첩
공행간첩기출	상사주재원, 외교관과 같이 **합법적 신분**을 가지고 입국하여 각종 정보를 수집하는 간첩

② 사명에 의한 분류

무장간첩	기밀탐지, 수집 등 전형적인 형태
보급간첩	간첩을 침투시키거나 이미 침투한 간첩에게 필요한 활동자재를 보급, 지원하는 간첩기출
증원간첩	이미 구성된 간첩망을 보강하기 위해 파견된 간첩, 간첩으로 이용할 양민의 납치 등 월북을 목표로 하는 간첩
무장간첩	요인암살, 일반간첩의 호송을 주된 임무로 하는 간첩

③ 인원수에 의한 분류

대량형 간첩	다수의 인원이 대상국가에 밀파되어 지목대상 없이 광범위한 분야의 정보를 입수하는 간첩기출
지명형 간첩	특수한 임무와 목표를 부여받아 특수한 정보를 수집하도록 지명되어 파견되는 간첩

④ 손자에 의한 분류기출

향간(鄕間)	적국의 **시민**을 이용하여 정보활동하는 것
내간(內間)	적의 **관리**를 매수하여 정보활동을 하는 것
반간(反間)	적의 **간첩**을 역이용하여 아군을 위해 활동하게 하는 것
사간(死間)	**배반할 염려가 있는 아군의 간첩**에게 고의로 조작된 사실을 주고 적에게 누설하게 하는 것
생간(生間)	적국 내 잠입하여 정보활동을 하고 돌아와 보고하는 간첩

2) 간첩망

단일형	① 간첩상호간의 종적, 횡적으로 개별적인 연락을 하지 않고, 단독으로 활동하는 **점조직 (대남간첩이 가장 많이 사용)** ② 장점: 보안유지용이, 신속 ③ 단점: 활동범위가 좁고, 성과가 낮음
써클형	① 합법적 신분을 이용하여 침투하여 적국의 경제사회문제를 이용하여 동조세력을 형성하고 공작목표를 달성하기 위한 형태로 **전선조직**에 이용 ② 장점: 간첩활동이 자유롭고, 대중적 조직과 동원 가능 ③ 단점: 간첩의 정체가 노출되었을 때 **외교문제 야기**기출
삼각형	① 지하당 조직에서 사용하는 망 형태로, 3명을 초과하지 않는 범위에서 행동공작원을 포섭, 횡적연락 차단. ② 장점: **횡적연락이 차단**되어, **보안유지**가 되고, 일망타진 가능성이 낮음 ③ 단점: 활동범위가 좁고, 공작원 검거시 간첩 정체 노출되기 쉬움
피라미드형	① 간첩 아래 주공작원 2~3인을 두고, 주 공작원 아래는 2~3인의 행동공작원을 두는 형태 ② 장점: 일시에 많은 공작을 입체적으로 수행해 활동범위가 넓음 ③ 단점: **행동노출**이 쉽고, **일망타진** 가능성이 높다.
레포형	피라미드형 조직에서 간첩과 주공작원 또는 주공작원 상호 간 연락원을 두고 종횡으로 연결(**현재는 사용 안 됨**)

3) 잠복전술

간첩들이 남한지역에 체류하는 동안 정보수사기관을 피해 활동거점을 마련하고 은신하는 기술과 활동을 의미한다.

비합법 기술잠복	**기본적 잠복전술**로 침투지점부터 공작지역까지 체류하는 전 기간 은거하는 잠복
비합법 자연잠복	비트만들 시간이 없거나 제작이 어려운 경우 **자연지리적 조건**과 지형지물을 이용하여 하는 잠복
반합법 기술잠복	**유흥접객업소 종사자와 동거**하는 등 신분확인이 어려운 점을 이용하여 합법적 인물로 위장하는 잠복
반합법 엄호잠복	간첩들이 포섭된 대상의 엄호를 받으며 주거지나 영업소에 은거하며 합법적 인물로 가장하여 잠복

(2) 태업

1) 의의

대상국가의 전쟁수행능력, 방위력을 약화시키기 위해 **직간접적으로 행해지는 모든 손상**과 파괴행위를 의미한다.기출

2) 대상

전략 전술적 가치가 있고, 필요한 기구를 용이하게 입수할 수 있어야 한다. 파괴되면 수리하거나 대처하기 어려울 것

3) 종류

물리적 태업	방화태업	사고로 위장이 용이한 태업으로 가장 **파괴력이 강하다.**
	폭파태업	**전체적이고 즉각**적인 방법으로 폭팔물을 사용하여 목표물을 파괴하는 태업
	기계태업	범행이 용이하고 사용자가 사전에 결함 발견이 곤란한 방법으로 철물, 황산, 기계투입, 열차탈선 등의 손실을 초래하는 태업
심리적 태업	선전태업	유언비어 유포, 반국가적 여론 조성으로 사회불안이나 사기저하를 유도
	경제태업	화폐위조, 악성노동쟁의 등으로 경제질서의 혼란을 초래하는 방법
	정치태업	정치적 갈등, 물의를 일으켜 일체감을 약화시키는 방법

(3) 전복

의의	폭력수단을 동원하는 등 국가기관을 강압에 의해 번역시키거나 기능을 저하시키기 위해 취해지는 실력행위
형태	① 국가전복: 피지배자가 지배자를 타도하여 정권을 탈취하는 것 ② **정부전복: 동일 지배계급 내의 세력**이 집권세력을 제압하여 권력을 차지하는 것기출
수단	당조직, 통일전선, 선전, 선동, 테러, 파업, 폭동, 게릴라 전술

03 공작

(1) 의의

비밀공작은 **일정한 목적하에 주어진 목표를 계획적으로 수행하는 비밀활동**으로 첩보수집, 파괴공작, 선전, 선동을 포함한다. 국가안전보장과 직결되는 활동은 적법절차의 준수가 필요하고 법률의 근거없이 본질적인 기본권 침해가 가능한 것은 아니다.

(2) 구성요소기출

공작목표	공작목적을 달성하기 위해 지정하는 대상으로 **특정인물, 장소, 물건**이 이에 해당한다.
주관자	상부의 지령을 계획, 준비, 수행하는 집단
공작금	공작목표 달성을 위해 필요한 자금
공작원	공작관을 대신하여 비밀을 탐지하고, 공작임무를 수행하는 사람 ① **주공작원**: 공작망의 책임자로 공작관의 명령에 의해 산하 공작원에 대한 지휘와 책임을 담당기출 ② 행동공작원: 실제 첩보수집과 기타 공작임무를 직접수행 ③ 지원공작원: 공작에 필요한 기술, 물자 등을 지원하는 역할

(3) 공작의 분류

구별기준	분류	내용
공작운영기구기출	통합공작	둘 이상 정보기관이 상호 간의 이익을 위하여 **협동**으로 비밀공작을 수행하는 것 (연락공작, 연합공작)
	합동공작	우방국가 정보기관들이 상호 간의 이익을 위하여 **개별적인 공작**을 사안별로 협력하여 진행시키는 형태의 공작
공작대상지역	대북공장, 대공산권공작, 대우방국공작	
공작목적	첩보수집 공작	정보분석 활동에 필요한 첩보를 수집하는 활동으로서 주로 **비공개출처**로부터 첩보를 입수
	태업공작	비우호적인 국가나 집단에 대하여 물자 · 물건 · 시설 · 생산공정이나 자연자원을 일시적 또는 항구적으로 사용하지 못하도록 적극적인 행동을 기도하는 공작
	지원공작	자국의 정책을 해당국 정부나 국민에게 이해시키고, 적국의 정책을 폭로 · 규탄하여 국제사회의 지지를 얻도록 하는 활동
	와해모략 공작	대상자가 자기의 진정한 목적과 신분을 노출하게 하여, 자신을 불명예스럽게 폭로, 행동하도록 상대방을 유도하는 활동(심리전 공작)
	역용공작	검거된 간첩을 전향시키거나 자수한 간첩을 활용하여 적의 첩보를 수집, 다른 간첩을 검거하는데 이용하는 공작

(4) 비밀공작(항구적인 **보전성과 헌신성** 필요)의 순환

1) 순환과정기출

지령→계획→모집·훈련→브리핑→파견·귀환→디브리핑→보고서작성→해고

2) 용어

지령	상부가 비밀공작의 추진을 공작관에게 지령하여 공작을 수행한다. 상부에는 공작관의 보고서에 의하여 공작의 계속성 여부 및 공작방향을 결정하여 지령한다.
계획	공작관이 지령을 수행하기 위한 수단과 방법을 조직화하는 것
모집	공작계획에 따라 공작을 신행할 사람을 채용하는 것 (**물색, 조사, 선정 채용**의 4단계 거침)
훈련	임무수행에 필요한 지식과 기술을 습득하게 하는 과정
브리핑	파견 전에 공작원에게 구체적인 공작임무에 대한 상세한 지시를 하는 최종 설명과정
디브리핑	귀환한 공작원이 공작관에게 공작상황을 보고하는 과정으로서 공작원이 귀환하는 즉시 시작한다.기출
해고	공작임무가 끝났거나 공작활동을 계속할 필요가 없을 때 공작원을 공작에서 이탈시키는 단계 (보안 및 비밀유지)

(5) 공작활동

1) 연락(連絡)

① 의의

비밀공작에 있어서 상 하 조직원이나 기관 간에 비밀을 은폐하려는 방법으로 물자와 문서 등을 전달하기 위하여 설치한 수단·방법의 유지 및 운용을 말한다.

② 연락선기출

변화하는 상황하에서도 비밀조직 내의 인원이나 기관 간에 상호 연락할 수 있도록 체계를 구성하는 것

정상선	정상적인 공작 상황에서 조직원이나 상하기관간 연락이 원활히 유지되도록 조직되는 연락선
예비선	조직원 교체, 확장, 부활, 변동에 대비하여 서로 알지 못하는 조직원의 **최초의 접촉을 위해 조직**된 연락선
비상선	공작활동을 계속할 수 없는 위급한 상황에서 공작의 중단을 알리기 위해 조직되는 연락선

③ 연락의 수단

개인 회합	비밀조직 내의 두 구성원 간에 접촉의 유지, 첩보보고, 지령, 공작자료를 전달 또는 연락하기 위하여 상면하는 연락수단을 말한다.
차단	개인회합과 같은 직접적인 위험을 덜기 위한 수단으로서, 구성원의 직접적인 접촉 없이 연락하는 수단을 말한다.

참고: 차단의 유형	
유인포스트 (수수자)	조직구성원 간의 접촉이 없이 문서물건 등의 전달을 매개하여 주는 제3 자인 중간연락자
무인포스트 (수수소)	직접 접촉 없이 조직의 양자 간에 전달될 수 있도록 문서나 물품을 은 닉 · 비장하는 장소 · 시설물 · 물체
편의주소 관리인	일반우편을 이용하여 필요한 물건이나 통신문을 보내거나 받는 데 있어 서 편의상 선정한 주소관리인
연락원	물자나 문서를 전달하는 공작원으로서 장거리 왕래가 가능하고, 대량의 물건을 전달할 수 있고, 위급 시 증거물을 긴급처분할 수 있다.

2) 가장

① 정보활동에 관계되는 모든 요소 인원, 시설, 물자, 활동 등의 제요소의 정체가 **외부
(공작대상 및 공작상 무관계자)에 노출되지 않도록 꾸며지는 내 · 외적 제형태**를 말한
다.

② 가장은 **내외적 요소**를 노출되지 않도록 꾸미는 것으로 외관만을 다르게 꾸미는 위장
과 구별된다.

3) 감시

공작대상인 인물 시설 물자 및 지역 등에 대한 정보를 획득할 목적으로 시각이나 청각
으로 관찰하는 행동을 말한다. 감시는 신문의 자료수집, 입수된 첩보의 확인, 제보자
의 신뢰성 검토, 중요인물의 신변보호 등을 위해서 이용된다. 법적 근거는 **대통령 경호
등에 관한 법률, 국가정보원법, 정보 및 보안업무기획 · 조정규정** 등이다.

유형	신중 감시	① 대상자가 감지하지 못하도록 하는 감시 ② 신중감시 도중 대상자가 접선 등 어떤 용의사실이 발견되면 근접감시의 형태로 전환된다.
	근접 감시	① 대상자가 **감시당하고 있음을 감지**하여도 계속 감시하는 것 (직접감시) ② 대상자를 놓쳐서는 안 될 경우, 대상자의 공작을 방해하기 위한 경우에 사용된다.
	완만 감시	① 대상자가 이미 알려져 있는 자로서 계속 감시를 필요로 하지 않는 자에 대하여 필요한 시간 · 장소를 정하여 실시한다. ② **적은 인원으로 많은 효과**를 올리고자 할 때 적합하다.

4) 신호기출

비밀공작활동에서 공작원상호간에 의사를 전달하기 위하여 사전에 약정해 놓은 표시

종류	인식신호	인원이나 시설·지역·물자 등을 사전에 약정된 방법으로 표시 또는 행동함으로써 **처음 만나는 양자가 상호식별**하기 위하여 사용하는 신호
	확인신호	인식신호로서 대상자임을 인식하고 접근한 후, **다시 확인**하기 위해 약속된 신호
	안전·위험 신호	공작활동에 있어서 인원·시설·지역 또는 단체의 현재 상태가 안전 또는 위험하다는 것을 알리기 위한 신호
	행동신호	계획상의 행동수행이나 변경, 공작활동 가능 여부를 연락하기 위한 신호

5) 관찰묘사

일정한 목적하에 사물의 현상 및 사건 전말을 감지하는 과정을 **관찰**이라 하고, 관찰한 경험을 재생·표현하는 것을 **묘사**라 한다.

6) 사전 경찰

의의	장래의 공작활동을 위하여 공작목표나 공작지역에 대하여 예비지식을 수집하는 사전 조사활동
절차	계획서 작성 → 공작원 선정 → 안전대책점검 → 정찰실시 → 보고서작성기출

04 심리전

(1) 심리전의 의의기출

심리전이란 비무력적인 선전·선동·모략 등의 수단에 의해 직접 상대국(적국)의 국민 또는 군대에 자극을 주어 사상의 혼란과 국론의 분열을 유발시키는 전술이다.

(2) 심리전의 종류기출

1) 운용에 따른 구분

전략 심리전	**광범위하고 장기적인 목표**하에 대상국의 전국민을 대상으로 실시하는 심리전 예) 자유진영국가가 공산진영국가를 대상으로 하는 대공산권방송
전술 심리전	**단기적인 목표**하에 즉각적인 효과를 기대하고 하는 심리전 예) 간첩을 체포했을 때 공개

2) 목적에 따른 구분

선무심리전 (타협심리전)	자국 후방지역의 사기를 앙양시키거나 수복지역 주민들의 **협조**를 얻고 질서를 유지하는 심리전기출
공격적심리전	적국에 대해 특정의 목적을 달성하기 위해 공격적으로 행하는 심리전
방어적 심리전	적국이 가해오는 공격을 와해 축소시키기 위해 방어적으로 행하는 심리전

3) 주체에 따른 분류

공연성 심리전 (백색선전)	**출처를 명시**하는 심리전으로 공식방송, 전단, 출판물 등
비공연성 심리전 (회색선전, 흑색선전)	출처를 명시하지 않는 심리전으로 상대국의 시책을 모략, 비방하여 내부혼란을 조장

(3) 심리전의 방법

1) 선전기출

특정집단을 심리적 작용으로 자극하여 감정이나 견해 등을 자기 측에 유리한 방향으로 유도하기 위하여 계획적으로 특정한 주장과 지식 등을 전파하는 기술

백색선전	① 출처를 공개하고 행하는 선전으로 국가 또는 공인된 기관이 공식적인 보도 기관을 통하는 방법이다. ② 백색선전은 신뢰도가 높으나 기출 주체의 선정과 용어사용에 제한이 있다.
흑색선전 기출	① 흑색선전은 출처를 위장하여 행사하는 선전(**한민전의 구국의 소리방송**)으로 적국 내에서도 행할 수 있고 특정한 목표에 대해 **즉각적이고 집중적인 선전**을 할 수 있다.기출 ② 점은 출처 노출을 피하기 위해 많은 주의가 요구되며, 정상적인 통신망을 이용할 수 없다.
회색선전	① 처를 밝히지 않고 행하는 선전으로 선전이라는 선입관을 주지 않고 효과를 얻을 수 있다.기출 ② 이 회색선전이라는 것을 감지하고 역선전을 할 경우 대항이 어렵고 출처를 은폐 시 선전의 효과를 거두기가 곤란하다.기출

2) 선동

대중의 심리를 자극, 감정을 폭발시킴으로써 그들의 이성·판단력을 마비시켜 폭력을 유발하게 하는 심리전

3) 모략

상대측의 특정 개인·단체에 누명을 씌워 사회적으로 몰락·매장 시키거나 상대국 세력을 약화 또는 단결력을 파괴시키는 심리전

4) 전단

심리전 주체가 의도한 선전내용을 문자·그림·사진 등으로 수록한 유인물을 말한다.

5) 유언비어

국가불안이나 국론분열 등 공작목표에 따라 확실한 근거가 없고 출처가 불분명한 풍설을 전파하는 심리전

6) 불온선전물

북한의 대남 심리전의 일환으로 대한민국의 정치·경제·사회·문화·군사 및 외교 등의 문제를 왜곡·선전하는 내용을 담은 각종 삐라·책자·신문·화보 전단 등의 선전물

01 의의

보안수사는 보안사범(정보사범)을 인지 · 색출 · 검거 · 심문하는 일련의 활동이다. 보안사
범은 **확신범**인 경우가 많고 보안성, 비노출적 범행, 비인도적 범행, 조직적 범죄, 동족 간의
범행인 경우가 대부분이다. **추상적 위험범**이다.

02 국가보안법기출

(1) 국가보안법의 목적과 법적 성격

1) 목적

국가의 안전을 위태롭게 하는 반국가활동을 규제함으로써 '국가안전보장'과 '국민의 생존
및 자유의 확보'를 목적으로 한다.기출

2) 법적 성격

국가보안법은 '**반국가활동**'이라는 행위에 대하여 특별한 처벌규정과 절차를 두고 있으므
로 일반형법과 형사소송법에 대한 **특별법**으로서의 성격이다.

(2) 국가보안법의 특성

1) 형법에 대한 특례

고의범만 처벌기출	국가보안법은 고의범만 처벌하고 과실범은 처벌하지 않는다.기출 ① 예비음모 처벌 　반국가단체구성·가입죄(가입권 유죄는 예비·음모 처벌하지 않음) 수행, 자진지원, 잠입탈출, 이적단체구성, 무기류 등의 편의제공 ② 예비음모 미처벌 　금품수수, 찬양고무, 회합통신, 단순편의제공, 불고지죄, 특수직무유기죄, 무고 등의 죄 ③ 국가보안법의 특성상 **미수·예비·음모죄가 원칙적으로 처벌**된다.기출
범죄의 선전·선동 및 권유	형법에서는 선전·선동은 교사나 방조가 되는데, 국가보안법은 별도의 **정범**으로 규정하고 있다.
편의제공	형법에서는 범인에게 편의를 제공하는 것은 종범에 해당하나, 국가보안법은 종범이 아니라 **별도의 독립된 정범**으로 규정하고 있다.
자격정지의 병과	국가보안법위반범죄에 대하여 유기징역형을 선고할 때는 그 형의 **장기 이하의 자격정지를 병과**할 수 있다.기출
특수가중	국가보안법, 군형법, 형법에 규정된 반국가적 범죄로 금고이상의 형을 선고받고 그 형의 집행을 종료되지 아니한 자 또는 그 집행을 종료하거나 집행을 받지 않기로 확정된 후 **5년이 경과하지 않는 자**가 재차 특정범죄를 범하였을 때는 최고형을 사형으로 정하고 있다.기출
불고지죄의 규정	**반국가단체구성등의 죄(제3조), 목적수행(제4조), 자진지원(제5조)**을 알면서도 수사기관에 신고하지 않으면 불고지죄로서 처벌한다.기출
형의 특별감면	국가보안법의 **죄를 범한 후 자수**하거나 다른 국가보안법상 죄를 범한 타인을 **고발**하거나 타인이 국가보안법상 죄를 범하는 것을 **방해**한 때에는 그 형을 감경 또는 면제한다.(필요적 감면).기출 예) 국가보안법의 **죄를 범한 자**가 동법의 죄를 범한 타인을 고발하거나 타인이 동법의 죄를 범하는 것을 방해한 때에는 그 형을 감경 또는 면제할 수 있다.기출

CH.10

2) 형사소송법에 대한 특례기출
  ① 참고인의 구인과 소환(법 제18조)
    ㉠ 검사 또는 사법경찰관으로부터 본법에 규정된 죄의 참고인으로 소환을 받은 자가 정당한 이유없이 **2회 이상 소환에 불응**할 때에는 관할법원판사의 구속영장을 받아 구인할 수 있다.기출
    ㉡ 구속영장의 집행을 받은 참고인을 구인하는 경우에 필요할 때에는 가장 근접한 경찰서나 기타 적당한 장소에 임시로 유치할 수 있다고 규정하고 있다.
  ② 피의자 구속기간의 연장(법 제19조)기출
    ㉠ 지방법원판사는 제3조 내지 제10조의 죄로서 수사를 계속함에 상당한 이유가 있다고 인정한 때에는 사법경찰관의 구속기간(10일)의 연장을 1차에 한하여(10일 이내) 허가할 수 있다. ―사법경찰의 피의자 구속기간 **최대 20일**
    ㉡ 지방법원판사는 제3조 내지 제10조의 죄로서 수사를 계속함에 상당한 이유가 있다고 인정한 때에는 검사의 구속기간(10일)의 연장을 **2차**에 한하여(20일 이내) 허가할 수 있다. ―검사의 피의자 구속기간 **최대 30일**기출
    ㉢ 특수직무유기(법 제11조)와 무고날조죄(법 제12조)는 법조문상으로 연장이 불가능하다. (**특수직무유기죄와 무고날조죄는 형사소송법에 의해 피의자 구속기간―최대 30일.**)
    ㉣ 국가보안법 제7조(**찬양·고무** 등), 제10조(**불고지**)의 경우는 위헌으로 **연장이 불가능**하다
  ③ 공소보류(법 제20조)기출
    ㉠ 검사는 본법의 죄를 범한 자에 대하여 형법 제51조의 사항을 참작하여 공소제기를 보류할 수 있다.기출
    ㉡ 공소보류를 받은 자가 공소의 제기 없이 **2년을 경과**한 때에는 소추할 수 없다.기출
    ㉢ 공소보류기간은 해당 범죄에 대한 **공소시효에 따른 차이가 없다.**
    ㉣ 공소보류를 받은 자가 법부부장관이 정한 감시·보노에 관한 규칙에 위반한 내에는 공소보류를 취소할 수 있다.
    ㉤ 공소보류가 취소된 경우에는 형사소송법 제208조(재구속의 제한)의 규정에 불구하고 동일한 범죄사실로 **재차 구속할 수 있다.**기출
  ④ 몰수·추징 및 압수물의 처분
    ㉠ 국가보안법의 죄를 범하고 그 보수를 받은 때에는 이를 몰수한다.(**필요적 몰수**). 다만, 이를 몰수할 수 없을 때에는 그 가액을 추징한다.
    ㉡ 검사는 국가보안법의 죄를 범한 자에 대하여 **소추를 하지 아니할 때에는 압수물의 폐기 또는 국고귀속을 명할 수 있다.**기출

03 반국가단체 구성·가입·가입권유죄(법 제3조)

(1) 반국가단체의 의의(법 제2조)

반국가단체라 함은 **정부를 참칭하거나 국가를 변란**할 것을 목적으로 하는 국내·외의 결사 또는 집단으로서 지휘통솔체계를 갖춘 단체를 말한다.기출 반국가단체의 성립요건은 판례를 통하여 인정된 것이 아니라 국가보안법 제2조에 규정되어 있다.

(2) 반국가단체의 성립요건

정부참칭· 국가반란의 목적	합법적인 절차가 아니고 임의로 정부를 조직하여 정부인양 사칭하는 것을 말한다. 정부와 동일한 명칭을 사용할 필요까지는 없고, 일반인이 **정부로 오인할 정도**이면 충분하다.
	① 정부전복이란 정부를 구성하고 있는 자연인(대통령이나 대법원장 등)의 사임이나 교체만으로는 부족하고, **정부조직이나 제도 그 자체를 파괴하는 것**을 말한다. ② 형법 제91조(내란죄)의 국헌문란은 "헌법 또는 법률에 정한 절차에 의하지 아니하고 헌법 또는 법률의 기능을 소멸시키는 것, 헌법에 의하여 설치된 국가기관을 강압에 의하여 전복 또는 권능행사를 불가능하게 하는 것"을 말한다. 따라서 **국헌 문란이 국가변란보다는 넓은 개념**이다.기출
국내외의 결사 또는 집단	① 공동목적을 수행하기 위하여 조직된 특정 다수인의 계속적인 결합체로 영구히 존속하거나 사실상 계속하여 존속할 것을 요하지 아니하며, **일정 기간 존속게 할 의도하에 조직**된 것이면 충분하다. ② 주된 결사의 산하단체라 할지라도 요건을 갖추고 있을 경우에는 별개의 결사로 인정될 수 있다. **집단은 일시적인 집합체**이다.
지휘통솔체제를 갖출 것	2인 이상의 특정 다수인 사이에 단체의 내부질서를 유지하고 그 단체를 주도 하기 위하여 일정한 위계 및 분담 등의 체계를 갖춘 결합체를 의미한다.(대판 1995.7.28. 95도1121).

(3) 반국가단체 가입권유

1) 타인에게 반국가단체에 가입할 것을 새롭게 결의하게 하거나 기존의 가입의사를 더욱 확고하게 하는 것으로 수단에 제한이 없다. 피권유자가 실제로 반국가단체에 가입하지 않더라도 권유죄 성립한다.

2) 벌칙

① 반국가단체 구성·가입죄는 행위자의 지위와 관여한 정도에 따라 법정형에 차등이 있다(수괴의 임무에 종사하는 자는 사형 또는 무기징역, 간부 기타 지도적 임무에 종사한 자는 사형 무기 또는 5년 이상의 징역).

② 반국가단체의 구성·가입죄 및 가입권유죄의 **미수범은 처벌**한다.

③ 반국가단체의 구성·가입죄의 예비·음모를 처벌한다(**가입권유죄는 예비·음모를 처벌하지 않는다**).

04 목적수행죄(법 제4조)

(1) 의의

반국가단체의 구성원 또는 그 지령을 받은 자가 그 **결사 · 집단의 목적수행**을 위하여 자행하는 간첩 · 인명살상 · 시설파괴행위 등을 함으로써 성립된다.기출

(2) 행위태양기출

제1호	외환의 죄, 존속살해, 강도살인, 강도치사
제2호	간첩죄, 간첩방조죄, 국가기밀탐지 · 수집 · 누설 등의 범죄
제3호	소요, 폭발물사용, 방화, 살인 등
제4호	중요시설파괴, 약취유인, 항공기 · 무기 등의 이동 · 취거 등의 범죄
제5호	유가증권위조, 상해, 국가기밀서류 · 물품의 손괴 · 은닉 등의 범죄
제6호	선전 · 선동, 허위사실 날조 · 유포 등의 범죄

1) 간첩죄 (국가보안법 제4조 제1항 제2호)

의의	반국가단체의 구성원이나 그 지령을 받은 자가 목적수행의 의사로 대한민국의 군사상 기밀사항을 탐지 · 수집함으로써 성립한다.기출
대상	ⓐ 군사상 기밀이란 순수한 군사에 관한 사항뿐만 아니라 정치 · 경제 · 사회 · 문화 등 각 방면에 걸쳐 적국에 알리지 아니하거나 확인되자 아니함이 우리나라의 국익 내지 국방정책상 필요한 모든 기밀사항을 포함한다. ⓑ 일반인에게 널리 알려진 **공지의 사실은 군사상 기밀에 해당하지 않는다.**기출 기밀로서 보호할 **실질적 가치**가 있어야 한다(군사 기밀로 분류된 것에 한하는 것은 아니다).기출
실행의 착수시기	ⓐ 북한 남파간첩의 경우에는 간첩 목적으로 대한민국영역에 **잠입**한 때 실행의 착수가 있다고 본다. ⓑ 국내에서 기밀수집지령을 받은 경우에는 기밀탐지, 수집의 행위로 나아가야 실행의 착수가 있다. 국내 간첩이 무인포스트를 설치하거나 암호 책자 해독은 준비행위로 실행의 착수가 없다.
처벌	군사상 기밀 또는 국가 기밀의 중요도에 따라 법정형에 차이가 있다. **미수범과 예비 · 음모는 처벌**한다.

2) 간첩방조죄

간첩이라는 정을 알면서 간첩의 임무수행과 관련하여 간첩행위자의 범위를 강화시키거나 또는 간첩의 범의에 의한 실행행위를 용이하게 하는 일체의 행위를 함으로써 성립하고, **수단방법에는 제한이 없다.**

05 자진지원죄(법 제5조 제1항)

반국가단체나 그 구성원 또는 그 지령을 받은 자를 지원할 목적으로 자진하여 제4조 제1항 각호에 규정된 행위를 한 자는 제4조 제1항의 예에 의하여 처벌한다(법 제5조 제1항).

주체	① 반국가단체의 구성원 또는 그 지령을 받은 자를 제외한 모든 사람 ② 반국가단체의 구성원 또는 그 지령을 받은 자는 본죄의 주체가 될 수 없다.
행위	구성원 또는 그 지령을 받은 자와 사전 의사연락 없이 반국가단체나 그 구성원 또는 지령을 받은 자 등을 위해 반국가적인 행위를 한 경우를 말한다.
처벌	① **목적수행죄와 동일**하게 처벌한다. ② **미수범과 예비 · 음모를 처벌**한다.

06 금품 수수죄(법 제5조 제2항)

주체	자진지원죄와는 달리 주체에 제한이 없다.
구성 요건	① 국가의 존립 · 안전이나 자유민주적 기본질서를 위태롭게 한다는 정을 알았다면, 수수 가액이나 가치는 물론 그 목적도 따지지 않는다. ② 금품수수가 대한민국을 해할 의도가 있어야 하는 것은 **아니다.**기출 ③ 지령− 자휘와 명령으로 상명하복의 지배관계가 있을 것을 필요로 하지 아니하고 형식에도 제한이 없다.
처벌	미수범은 처벌하지만, 예비 · 음모의 처벌규정이 없다.
판례	국가보안법 제5조 제2항의 금품수수죄는 반국가단체의 구성원이나 그 지령을 받은 자라는 정을 알면서 또는 국가의 존립, 안전이나 자유민주적 기본질서를 위태롭게 한다는 정을 알면서 반국가단체의 구성원이나 그 지령을 받은 자로부터 금품을 수수함에 의하여 성립하는 것으로서, 그 수수가액이나 가치는 물론 그 목적도 가리지 아니하고, 그 금품수수가 대한민국을 해할 의도가 있는 경우에 한하는 것도 아니다.(대판 1995.9.26, 95도1624)

07 잠입 · 탈출죄(법 제6조)

국가의 존립 · 안전이나 자유민주적 기본질서를 위태롭게 한다는 정을 알면서 반국가단체의 지배하게 있는 지역으로 탈출(한국→북한)하거나 그 지역으로부터 잠입(북한→한국)한 자는 10년 이하의 징역에 처한다.

처벌	반국가단체나 그 구성원의 지령을 받거나 받기 위하여 또는 그 목적수행을 협의하거나 협의하기 위하여 잠입하거나 탈출한 자는 사형 · 무기 또는 5년 이상의 징역에 처한다.−가중처벌
미수범처벌	미수범과 예비 · 음모를 처벌한다.
예시	대한민국 국민이 외국에 거주하다가 반국가단체의 지배에 있는 지역으로 들어간 행위−'탈출'에 해당○ cf) 외국인이 외국에 거주하다가 반국가단체의 지배하에 있는 지역으로 들어간 행위−'탈출'에 해당×

08 찬양고무죄 등(법 7조)

(1) 찬양 · 고무죄(법 제7조 제1항)

의의	반국가단체나 그 구성원 또는 그 지령을 받은 자의 활동을 찬양 · 고무 · 선전 · 동조하거나 국가변란을 선전 · 선동함으로써 성립
구성요건	① 반국가단체를 이롭게 할 목적의식 또는 의욕을 요하지 않고 그와 같은 **사실에 대한 인식**만 있으면 족하다. ② '반국가단체의 지령을 받은 자'라 함은 반국가단체로부터 직접 지령을 받은 자뿐만 아니라 위 지령을 받은 자로부터 다시 받은 자도 포함
처벌	① 미수범을 처벌한다. ② 예비 · 음모는 처벌하지 않는다.

(2) 이적단체 구성 · 가입죄(법 제7조 제3항)

의의	이적단체는 별개의 반국가단체의 존재를 전제로 하여 반국가단체나 그 구성원 또는 지령을 받은 자의 활동을 **찬양, 고무, 선전, 동조**하는 것을 목적으로 하는 단체를 말한다. 이러한 단체를 구성하거나 이에 가입함으로써 성립한다.
구성요건	국가의 존립 · 안전이나 **자유민주적 기본질서를 위태롭게 한다는 인식**이 필요하다. 단체성과 이적행위의 목적성이 있어야 한다.
범죄성립	이적성이 표출된 때가 아니라 그러한 목적으로 그 단체가 통솔체제를 갖춘 계속적 결합체로 결성된 때
처벌	① 법정형이 1년 이상의 유기징역으로 찬양 · 고무(법 제7조 제1항)보다 중하다. ② 본죄는 필요적 공범의 일종으로 반국가 단체의 구성 · 가입죄와는 달리 행위자의 지위와 역할의 차이에 따른 법정형의 구별을 두고 있지 않다. ③미수범은 처벌하며, 예비 · 음모도 처벌한다.
판례	국가보안법상 반국가단체와 이적단체를 구별하기 위하여는 그 단체가 그 활동을 통하여 직접 달성하려고 하는 목적을 기준으로 하여, 그 단체가 **정부 참칭이나 국가의 변란 그 자체를 직접적이고도 1차적인 목적**으로 삼고 있는 때에는 반국가단체에 해당하고, 별개의 반국가단체의 존재를 전제로 하여 그 반국가단체의 활동에 동조하는 것을 직접적, 1차적 목적으로 하는 경우에는 이적단체에 해당한다(대판 1999.9.3. 99도2317).

(3) 안보위해문건 제작 등 죄(법 제7조 제5항)

의의	국가보안법 제7조 제1항·제3항 또는 제4항의 행위를 할 목적으로 문서·도화 기타의 표현물을 제작·수입·복사·소지·운반·반포·판매 또는 취득함으로써 성립한다.기출
문서 등의 내용	① 형법상 문서와 달리 문서의 **명의유무 불문**한다.기출 ② 초고·초안·사본도 사람의 **의사나 관념**을 표시한 것이면 해당한다. ③ 컴퓨터 디스켓, 영화나 자신의 필름, 음반 등도 해당한다.
처벌	① 미수범처벌을 처벌한다. ② 예비·음모는 처벌하지 않는다.
판례	① 북한의 대남적화통일전략에 따른 선전·선동내용을 그대로 전파·선전하는 경우 - 본죄성립 ② 국가보안법 제7조 제5항에 정한 같은 조 제1항 등의 행위를 할 목적은 객관적으로 반국가단체나 그 활동을 이롭게 하거나 **이익이 될 수 있는 표현물임을 인식하면서도 이를 복사 또는 소지함**을 말하고 반드시 반국가단체에 이익이 되게 할 목적이 있어야 한다거나 이익이 되는 결과를 가져오게 함을 요구하는 것은 아니다(89도251).

09 회합·통신죄(법 제8조)

의의	① 국가의 존립·안전이나 자유민주적 기본질서를 위태롭게 한다는 정을 알면서 반국가단체의 구성원 또는 그 지령을 받은 자와 회합·통신 기타의 방법으로 연락함으로써 성립 ② 연락행위를 차단하여 반국가단체의 조직유지·확대·목적수행활동을 봉쇄하고자 함에 목적
주체	주체에는 제한이 없다.
행위	① 회합은 2인 이상이 일정한 장소에서 만나는 것 ② 통신은 우편·전신·전화 등을 통하여 서로의 **의사를 전달**하는 것 ③ 기타방법은 회합, 통신 외의 방법으로 의사를 전달하는 일체의 행위 ④ 반국가단체 구성원 상호 간의 회합은 반국가단체 구성죄에 포괄되지 않고 별도의 회합통신죄가 성립한다.
구성 요건	① 국가의 존립안전이나 자유민주적 기본질서를 위태롭게 한다는 정을 알아야 한다. ② 목적수행활동과 관련이 없는 경우에는 본죄가 성립하지 않는다. ③ 상대방이 반국가단체의 구성원 또는 지령을 받은 자라는 점을 알아야 한다. ④ 반국가단체의 구성원 등과 회합통신 등 연락한다는 점에 대한 인식이 있어야 한다.
처벌	미수범을 처벌하나 예비·음모의 처벌규정은 없다.

CH.10

10 편의제공죄(법 제9조)

① 이 법 제3조 내지 제8조의 죄를 범하거나 범하려는 자라는 정을 알면서 총포·탄약·화약 기타 무기를 제공한 자는 5년 이상의 유기징역에 처한다.

② 이 법 제3조 내지 제8조의 죄를 범하거나 범하려는 자라는 정을 알면서 금품 기타 재산상의 이익을 제공하거나 잠복·회합·통신·연락을 위한 장소를 제공하거나 기타의 방법으로 편의를 제공한 자는 10년 이하의 징역에 처한다. 다만, 본범과 친족관계가 있는 때에는 그 형을 감경 또는 면제할 수 있다.

③ 제1항 및 제2항의 **미수범은 처벌**한다.

④ 제1항의 죄를 범할 목적으로 예비 또는 음모한 자는 1년 이상의 유기징역에 처한다.

11 불고지죄(법 제10조)기출

제10조(불고지죄) 3조, 제4조, 제5조 제1항·제3항(제1항의 미수범에 한한다). 제4항의 죄를 범한 자라는 정을 알면서 수사기관 또는 정보기관에 고지하지 아니한 자는 5년 이하의 징역 또는 200만 원 이하의 벌금에 처한다. 다만, 본범과 친족관계가 있는 때에는 그 형을 감경 또는 면제한다.

대상범죄	① 반국가단체구성, 목적수행, 자진지원, 자진지원 미수·예비·음모기출 ② 위의 범죄 외의 불고지행위에 대한 일반적 처벌규정은 없다.
처벌	① 5년 이하의 징역 또는 **200만 원 이하의 벌금**에 처한다. 　(국가보안법 중 유일하게 벌금형을 규정) ② 미수범과 예비·음모를 처벌하는 규정이 **없다.**기출 ③ 본범과 **친족관계**가 있는 때에는 형을 감경 또는 면제한다.(필요적 감면)기출

12 특수직무유기죄(법 제11조)

범죄수사 또는 정보의 직무에 종사하는 공무원이 이 법의 죄를 범한 자라는 정을 알면서 그 직무를 유기한 때에는 10년 이하의 징역에 처한다. 다만, 본범과 친족관계가 있는 때에는 그 형을 감경 또는 면제할 수 있다.(미수범과 예비·음모를 처벌하는 규정은 없다.)

⑬ 무고 · 날조죄(법 제12조)기출

① 타인으로 하여금 형사처분을 받게 할 목적으로 이 법의 죄에 대하여 무고 또는 위증을 하거나 증거를 날조 · 인멸 · 은닉한 자는 그 각조에 정한 형에 처한다.(**미수범처벌 없음**)기출

② 범죄수사 또는 정보의 직무에 종사하는 공무원이나 이를 보조하는 자 또는 이를 지휘하는 자가 직권을 남용하여 제1항의 행위를 한 때에도 제1항의 형과 같다. 다만, 그 법정형의 최저가 2년 미만일 때에는 이를 2년으로 한다.

---

(1) 범죄의 주체제한이 있는 범죄기출

    ① 목적수행죄– 반국가단체의 구성원 또는 그 지령을 받은 자만 주체가 될 수 있음

    ② 자진지원죄– 반국가단체의 구성원 또는 그 지령을 받은 자만 주체가 될 수 없음

    ③ 특수직무유기– 범죄수사 또는 정보의 직무에 종사하는 공무원

    ④ 직권남용무고날조– 범죄수사 또는 정보의 직무에 종사하는 공무원이나 이를 보조하는 자 또는 이를 지휘하는 자

(2) 미수범처벌기출

처벌	반국가단체 구성 · 가입 · 가입권유죄, 목적수행죄, 자진지원죄, 금품수수죄, 잠입탈출죄, 찬양고무죄, 이적단체구성가입죄, 안보위해문건제작 등 죄, 회합통신죄, 편의제공죄
불처벌	**불고지죄, 특수직무유기죄, 무고날조죄**

(3) 본범과 친족관계시 감면기출

    ① 임의적 감면: 기타 편의제공 · 특수직무유기

    ② 필요적 감면: 불고지죄

(4) 예비음모 처벌기출

    반국가단체구성 · **목**적수행 · **자**진지원 · 잠입탈출 · **이**적단체구성 · **무**기류 등의 편의제공

CH.10

01 의의기출

반국가사범에 대하여 관찰, 지도, 경고 등의 조치를 취하여 대상자의 자유를 제한하는 대인적 보안처분의 일종이다. 반국가사범에 대하여 **재범의 위험성을 예방**하고 **건전한 사회복귀**를 촉진하기 위하여 보안관찰 처분을 함으로써 국가의 안전과 사회의 안녕을 유지함을 목적으로 한다. 기출

02 보안관찰처분의 요건

(1) 보안관찰 해당범죄(법 제2조)기출

형법	① 내란목적살인죄 ② 외환유치죄 ③ 여적죄 ④ 모병이적죄 ⑤ 시설제공이적죄 ⑥ 시설파괴이적죄 ⑦ 물건제공이적죄 ⑧ 간첩죄 **(내란죄, 일반이적죄, 전시군수계약불이행죄 제외)**기출
군형법	① 반란죄 ② 반란목적의 군용물탈취죄 ③ 반란불보고죄 ④ 군대 및 군용시설제공죄 ⑤ 군용시설등 파괴죄 ⑥ 간첩죄 ⑦ 일반이적죄 **(단순반란불보고죄 제외)**기출
국가보안법	① 목적수행죄(제4조) ② 자진지원죄, 금품수수죄(제5조) ③ 잠입·탈출죄(제6조) ④ 총포·탄약·무기 등 편의제공죄(제9조 제1항) **(반국가단체 구성·가입·권유(제3조), 찬양·고무죄(제7조), 회합통신죄(제8조), 기타편의제공죄(제9조 제2항), 불고지죄(제10조), 특수직무유기죄(제11조), 무고날조죄(제12조)는 제외)**

(2) 대상자(법 제3조)기출

보안관찰해당범죄 또는 이와 경합된 범죄로 금고 이상의 형의 선고를 받고 그 형기합계가 **3년 이상**인 자로서 형의 전부 또는 **일부의 집행을 받은 사실**이 있는 자를 말한다.

(3) 재범의 위험성(법 제4조 제1항)

보안관찰처분대상자 중 보안관찰해당범죄를 다시 범할 위험성이 있다고 인정할 충분한 이유가 있어 재범의 방지를 위한 관찰이 필요한 자에 대하여는 보안관찰처분을 한다.

03 보안관찰처분 (법 제4조)

① 보안관찰처분대상자중 보안관찰해당범죄를 다시 범할 위험성이 있다고 인정할 충분한 이유가 있어 재범의 방지를 위한 관찰이 필요한 자에 대하여는 보안관찰처분을 한다.

② 보안관찰처분을 받은 자는 보안관찰법이 정하는 바에 따라 소정의 사항을 **주거지 관할 경찰서장에게 신고**하고, 재범방지에 필요한 범위 안에서 그 지시에 따라 보안관찰을 받아야 한다.기출

04 보안관찰처분의 절차

대상자신고- 검사(사법경찰관리)의 보안관찰처분 사안의 조사- 사법경찰관리의 보안관찰처부사안의 송치- 검사의 보안관찰처분의 청구-법무부장관의 보안관찰처분의 결정- 기간갱신

(1) 조사(법 9조)

1) 의의

① 검사는 보안관찰처분청구를 위한 보안관찰처분대상자. 청구의 원인이 되는 사실과 보안관찰처분을 필요로 하는 자료를 조사할 수 있다.

② **사법경찰관리는 검사의 지휘를 받아 조사**할 수 있다.기출

③ 검사 또는 사법경찰관은 용의자 또는 관계인과 친족 기타 특별한 관계로 인하여 조사의 공정성을 잃거나 의심을 받을 염려가 있다고 인정되는 사안에 대하여는 소속관서장의 허가를 받아 그 조사를 회피하여야 한다(보안관찰법 시행규칙 제14조).

(2) 송치(시행규칙 27조)

① 사법경찰관리는 조사를 종결한 때에는 지체 없이 사안을 관할검사장에게 송치하여야 한다.

② 사법경찰관리는 **사안을 송치하는 때에는 소속관서의 장의 명의**로 하여야 한다. (법시행규칙 제27조 제2항).

③ 사법경찰관리는 사안송치 후 조사를 계속하고자 하는 때에는 미리 주임검사의 지휘를 받아야 한다. (법시행규칙 제30조 제1항).

④ 사법경찰관리는 사안송치 후 당해사안에 속하는 용의자의 다른 재범의 위험성을 발견할 때에는 즉시 주임검사에게 보고하고 그 지휘를 받아야 한다(법시행규칙 제30조 제2항).

(3) 청구(법 제8조)

　① 보안관찰처분의 청구는 **검사가 처분청구서를 법무부장관에게 제출**함으로서 행한다.

　② 검사가 처분청구서를 제출할 때에는 청구의 원인이 되는 사실을 증명할 수 있는 자료와 의견서를 첨부하여야 한다. 기출

　③ 검사는 보안관찰처분청구를 한 때에는 지체 없이 **처분청구서등본**을 피청구자에게 송달 하여야 한다. 이 경우 송달에 관하여는 민사소송법 중 송달에 관한 규정을 준용한다. 기출

(4) 심사(법 제10조)

　① 법무부장관은 처분청구서와 자료에 의하여 청구된 사안을 심사한다.

　② 법무부장관은 심사를 위하여 필요한 때에는 법무부소속공무원으로 하여금 조사하게 할 수 있다.

(5) 결정 (법 제 15조)기출

　① 보안관찰처분에 관한 결정은 **보안관찰처분심의위원회의 의결을 거쳐 법무부장관**이 행한다.

　② 법무부장관은 **위원회의 의결과 다른 결정을 할 수 없다.** 다만, 보안관찰처분대상자에 대하여 위원회의 의결보다 유리한 결정을 하는 때에는 그러하지 아니하다.

(6) 보안관찰처분의 면제기출

면제신청 등 (법시행령 제14조)	① 보안관찰처분 대상자는 관할 **경찰서장**에게 면제결정신청서를 제출하여야 한다. ② 경찰서장은 **20일** 이내에 전과관계를 증명할 수 있는 서류와 의견서를 첨부하여 검사에게 송부한다. ③ 검사는 신청서와 관계서류를 송부 받은 때에는 20일 이내에 의견서를 첨부하여 법무부장관에게 송부하여야 한다.
면제여부결정 (법 제11조 제2항)	법무부장관은 면제요건을 갖춘 보안관찰처분대상자의 신청이 있을 때에는 부득이한 사유가 있는 경우를 제외하고는 **3월 내**에 보안관찰처분면제여부를 결정하여야 한다. 기출
면제결정의 효과 (법 제11조 제6항)	면제결정을 받은 자는 그때부터 보안관찰처분 대상자 또는 피보안관찰자로서의 의무를 면하게 된다.
면제결정 취소 (법 제11조 제4항)	면제결정을 받은 자가 그 면제결정요건에 해당하지 아니하게 된 때에는 **검사의 청구에 의하여 법무부장관은 면제결정을 취소**할 수 있다.

> 참고: 보안관찰처분심의위원회 (법 제12조)기출
>
> ① 보안관찰처분에 관한 사안을 심의·의결하기 위하여 법무부에 보안관찰처분심의위원회를 둔다.기출
> ② 위원회는 위원장 **1인과 6인**의 위원으로 구성한다.
> ③ 위원장은 **법무부차관**기출
> ④ 위원은 법무부장관의 제청으로 대통령이 임명 또는 위촉한다.
> ⑤ 위촉된 위원의 암기는 **2년**으로 한다. 다만, 공무원인 위원은 그 직을 면한 때에는 위원의 자격을 상실한다.
> ⑧ 위원회는 다음 각호의 사안을 심의·의결한다.기출
>   ⊙ **보안관찰처분 또는 그 기각의 결정**
>   ⓛ **면제 또는 그 취소결정**
>   ⓒ **보안관찰처분의 취소 또는 기간의 갱신결정**
> ⑨ 위원회의 회의는 위원장을 포함한 **재적위원 과반수 출석**으로 개의하고 출석위원 과반수의 찬성으로 의결한다.

05 보안관찰처분기간

(1) 보안관찰처분기간(법 25조)

  ① 보안관찰처분의 기간은 보안관찰처분결정을 집행하는 날부터 계산한다.(기간 2년) 이 경우 **초일은 산입**한다.

  ② 보안관찰처분의 집행중지결정이 있거나 징역·금고·구류·노역장유치 중에 있는 때, 치료감호법에 의한 **치료감호의 집행 중**에 있는 때에는 보안관찰처분의 기간은 그 진행이 정지된다.

(2) 기간의 갱신

  ① 검사는 보안관찰처분기간 **만료 2월 전**까지 법무부장관에게 보안관찰처분 기간갱신을 청구하여야 한다. 다만, 기간갱신 청구의 필요가 없다고 인정하는 경우에는 그 청구를 하지 아니하는 조치를 할 수 있다.기출

  ② 법무부장관은 **검사의 청구**가 있는 때에는 보안관찰처분심사위원회 의결을 거쳐 그 기간을 갱신할 수 있다.(법 제5조 제2항).기출

  ③ 갱신된 기간도 **2년**이며, **갱신횟수에 대하여는 제한이 없다.** 따라서 재범의 위험성이 있다면 계속 갱신할 수 있다.기출

06 보안관찰처분집행

(1) 집행
① 처분의 집행은 검사가 결정서등본을 첨부한 서면으로 **관할경찰서장**에게 지휘하여 실시한다.
② 관할경찰서장은 피보안관찰자에게 결정서 등본을 교부하고 그때부터 집행이 개시된다.
③ 피보안관찰자의 결정서 등본의 수령 거부 시 구두로 고지하고 보고서를 작성, 사안기록에 편철한다.

(2) 집행중지기출
1) 사유
① 피보안관찰자가 도주한 경우
② 피보안관찰자가 **1월 이상 소재가 불명**한 경우기출
2) 절차
① 관할경찰**서장이 검사에게 집행중지를 신청**한다.기출
② 검사는 사유가 발생하면 **보안관찰처분의 집행중지결정**을 할 수 있다.기출
③ 검사는 사유가 발생하면 보안관찰처분의 집행중지결정을 한 때에는 지체 없이 이를 법무부장관에게 보고하여야 한다.기출

07 보안관찰의 수단

(1) 지도
① 피보안관찰자와 긴밀한 접촉을 가지고 항상 그 향동 및 환경 등을 관찰
② 피보안관찰자에 대하여 신고사항을 이행함에 적절한 지시
③ 기타 피보안관찰사가 사회의 선량한 일원이 되는데 필요한 조치

(2) 보호
① 주거 또는 취업을 알선하는 것
② 직업훈련의 기회를 제공하는 것
③ 환경을 개선하는 것
④ 기타 본인의 건전한 사회복귀를 위하여 필요한 원조를 하는 것
⑤ 법무부장관은 보안관찰처분대상자 또는 피보안관찰자 중 **국내에 가족이 없거나 가족이 있어도 인수를 거절하는 자에 대하여는 대통령령이 정하는 바에 의하여 거소를 제공**할 수 있다.

08 신고

(1) 보안관찰처분대상자의 신고(법 제6조)

대상자 신고	① 보안관찰처분대상자는 대통령령이 정하는 바에 따라 그 형의 집행을 받고 있는 교도소 등에서 출소 전에 거주예정지 기타 대통령령으로 정하는 사항을 교도소 등의 장을 경유하여 거주예정지 **관할경찰서장**에게 신고하여야 한다. 기출 ② 교도소 등의 장은 보안관찰처분대상자가 생길 때에는 지체 없이 보안관찰처분심의위원회와 거주예정지를 관할하는 **검사 및 경찰서장**에게 통고하여야 한다.
출소사실 신고	출소 후 **7일** 이내에 거주예정지 관할경찰서장에게 출소사실을 신고하여야 한다. 기출(출소사실 신고는 **보안관찰처분대상자 신고사항**이지, 피보안관찰자 신고사항이 아니다.)
변동사항 신고	보안관찰처분대상자는 교도소 등에서 출소한 후 신고사항에 변동이 있을 때에는 변동이 있는 날로부터 7일 이내에 그 변동된 사항을 관할경찰서장에게 신고하여야 한다.

(2) 피보안관찰자의 신고

피보안관찰자 신고	피보안관찰자는 보안관찰처분 결정고지를 받은 날로부터 7일 이내에 일정한 사항을 주거지를 관할하는 **지구대 · 파출소장**을 거쳐 관할경찰서장에게 신고하여야 한다. 기출
정기신고	피보안관찰자는 보안관찰처분결정고지를 받은 날이 속한 달로부터 매3월이 되는 달의 말일까지 **3월간**의 주요활동사항 등을 지구대 · 파출소장을 거쳐 관할경찰서장에게 신고하여야 한다.
변동사항신고	① 피보안관찰자는 신고사항에 변동이 있을 때에는 7일 이내에 지구대 · 파출소장을 거쳐 관할경찰서장에게 신고하여야 한다. ② 피보안관찰자가 신고를 한 후 **거소**제공을 받거나 거소가 변경된 때에는 제공 또는 변경된 거소로 이전한 후 7일 이내에 지구대 · 파출소장을 거쳐 관할경찰서장에게 신고하여야 한다.
주거지이전 · 여행신고	피보안관찰자가 주거지를 이전하거나 국외여행 또는 **10일 이상 주거**를 이탈하여 여행하고자 할 때에는 미리 거주예정지, 여행 예정지 등을 지구대 · 파출소장을 거쳐 관할경찰서장에게 신고하여야 한다. 기출

09 불복절차(법 제23조)

(1) 법무부장관의 결정에 대한 불복
보안관찰법에 의한 법무부장관의 결정을 받은 자가 이의가 있을 때에는 행정소송법이 정하는 바에 따라 그 결정이 집행된 날부터 **60일 이내**에 서울고등법원에 소를 제기할 수 있다.

(2) 법무부장관의 면제 · 기각 결정에 대한 불복(법 제23조)
면제결정신청에 대한 기각결정을 받은 자가 그 결정에 이의가 있을 때에는 그 결정이 있는 날로부터 **60일 이내**에 서울고등법원에 소를 제기할 수 있다.

10 벌칙

① 보안관찰처분대상자 또는 피보안관찰자가 보안관찰처분 또는 보안관찰을 면탈할 목적으로 은신 또는 도주한 때에는 3년 이하의 징역에 처한다(법 제27조 제1항).

② 보안관찰처분대상자 또는 피보안관찰자를 은닉하거나 도주하게 한 자는 2년 이하의 징역에 처한다. 다만, **친족이 본인을 위하여 본문의 죄를 범한 때에는 벌하지 아니한다.**

01 남북교류협력에 관한 법률

군사분계선 이남 지역과 그 이북지역 간의 상호 교류와 협력을 촉진하기 위하여 필요한 사항을 규정함으로써 한반도의 평화와 통일에 이바지하는 것을 목적으로 한다. 남북간 왕래 및 교역 등에 대해서는 **국가보안법, 여권법, 대외무역법 등 관련 법률보다 우선 적용**된다.

(1) 개념

출입장소	군사분계선 이북지역으로 가거나 북한으로부터 들어올 수 있는 군사분계선 이남 지역의 항구, 비행장, 그 밖의 장소로서 대통령령으로 정하는 곳
교역	남한과 북한 간의 물품, 대통령령으로 정하는 용역 및 전자적 형태의 무체물의 반출·반입
반출·반입	매매, 교환, 임대차, 사용대차, 증여, 사용 등을 목적으로 하는 남한과 북한 간의 물품 등의 이동
협력사업	남한과 북한의 주민(법인·단체를 포함)이 공동으로 하는 문화, 관광, 보건의료, 체육, 학술, 경제 등에 관한 모든 활동

(2) 남북한의 교류 · 협력

1) 남 · 북한 왕래(제9조)

남한의 주민이 북한을 방문하려면 **통일부장관의 방문승인**을 받아야 하며, 통일부장관이 발급한 증명서를 소지하여야 한다.기출

① 1회에 한하여 방문할 수 있는 증명서와 통일부장관이 정하는 유효기간의 만료일까지 횟수에 제한 없이 방문할 수 있는 증명서(복수방문증명서)로 나눈다.

② 복수방문증명서의 유효기간: 복수방문증명서의 유효기간은 **5년 이내**로 하며, 5년의 범위에서 연장할 수 있다.

	취소권자	**통일부장관**
방문승인취소	필수적 취소	거짓이나 그 밖의 부정한 방법으로 방문승인을 받은 경우
	임의적 취소	① 방문조건을 위반한 경우 ② 남북교류·협력을 해칠 명백한 우려가 있는 경우 ③ 국가안전보장, 질서유지 또는 공공복리를 해칠 명백한 우려가 있는 경우

2) 남·북한 주민접촉

원칙	① 남한이 주민이 북한의 주민과 회합·통신, 그 밖의 방법으로 접촉하려면 **통일부장관**에게 미리 신고하여야 한다(승인 ×). 예외) 국제행사에 참가한 남한주민이 동 행사에서 북한주민과 접촉 기타 부득이한 사유로 사전승인 없이 북한주민과 접촉하는 경우에는 일단 접촉한 후 **7일** 이내에 사후신고를 하면 된다. ② 남북교류·협력을 해칠 명백한 우려가 있거나 국가안전보장·질서유지 또는 공공복리를 해칠 명백한 우려가 있는 경우에만 신고의 수리를 거부할 수 있다.
유효기간	① 통일부장관은 **3년 이내**의 유효기간을 정하여 수리할 수 있다. 다만, 대통령령으로 정하는 가족인 북한주민과의 접촉을 목적으로 하는 경우에는 **5년 이내**의 유효기간을 정할 수 있다. ② 통일부장관은 필요하다고 인정할 경우 유효기간을 **3년의 범위에서 연장**할 수 있다.

3) 해외동포 등의 출입보장

외국 국적을 보유하지 아니하고 대한민국의 여권을 소지하지 아니한 외국 거주 동포가 남한을 왕래하려면 **여행증명서**를 소지하여야 한다.

4) 형의 감면(법 제29조)

남북교류협력에 관한 법률상 죄를 범한 자가 **자수**하면 그 형을 감경하거나 면제할 수 있다(임의적 감면).

(3) 국가보안법과의 법리문제

① 남북교류와 협력을 목적으로 하는 행위 중 왕래 등 교류는 국가보안법 제6조 제1항(잠입·탈출)에, 물품거래는 국보법 제5조 제2항(금품수수)에, 북한주민과의 회합·통신은 국보법 제8조(회합·통신)에 각각 저촉될 수 있다. 기출

② 남북교류협력에 관한 법률이 정하는 절차에 따라 남북한 왕래·물품거래 등 행위를 하더라도 **국가의 안전·존립이나 자유민주주의적 기본질서를 위태롭게 한다는 인식**하에 정당성이 없이 한 행위일 경우에는 국가보안법이 적용된다.

③ 주관적 요건이 구증되지 않고 단순히 증명서를 발급받지 않고 남북을 왕래하거나, 승인 없이 회합·통신·금품을 수수한 사실만 인정되는 경우에는 **남북교류협력에 관한 법률 제27조** 제1항에 의하여 처벌이 가능하다(**국가보안법으로는 처벌 못 함**).

④ **단순히** 증명서를 발급받지 않고 남북을 왕래하거나, 재외국민이 재외공관장에게 단순히 신고하지 않고 북한을 왕래한 경우, **신고 없이** 회합하면 국가보안법의 적용을 받지 않는다. 기출

⑤ 남북교류협력에 관한 법률에 의해 남북을 왕래하면서 **승인 없이** 금품을 수수하면 국가보안법이 적용되지 않는다. 기출

■ 「국가보안법」과 「남북교류협력에 관한 법률」의 관계에 대한 판례

1. 「남북교류협력에 관한 법률」은 남북한 간의 왕래, 교역, 협력사업 및 통신역무의 제공 등 남북교류와 협력을 목적으로 하는 행위에 관하여 **정당하다고 인정되는 범위 안**에서 다른 법률에 우선하여 적용하도록 되어 있어 이 요건을 충족하지 아니하는 경우에는 동법의 적용은 배제된다고 보아야 할 것이므로 국가보안법이 위 법률과 상충되는 것이라 할 수 없다.기출

2. 남한과 북한을 왕래하는 행위가 국가보안법의 적용이 배제되기 위해서는 우선 그 왕래 행위가 **남북교류와 협력을 목적**으로 하는 것이라야 한다.

3. 「남북교류협력에 관한 법률」은 **남북교류와 협력을 목적**으로 하는 행위에 관하여 정당하다고 인정되는 범위 안에서 다른 법률에 우선하여 적용하도록 되어 있으므로 이 **요건을 충족하지 아니하는 북한에의 왕래(탈출·잠입), 회합행위**에 대하여는 「남북교류협력에 관한 법률」을 적용할 수 없고, 따라서 이러한 탈출·잠입·회합 등 행위에 대하여는 형의 폐지나 변경이 있다고 할 수 없다(대판 1990.9.25, 90도1613).기출

02 북한이탈주민 정책(북한이탈주민의보호 및 정착지원에 관한 법률)기출

(1) 목적

군사분계선 이북지역에서 벗어나 대한민국의 보호를 받으려는 군사분계선 이북지역의 주민이 정치, 경제, 사회, 문화 등 모든 생활 영역에서 신속히 **적응·정착**하는 데 필요한 **보호 및 지원**에 관한 사항을 규정함을 목적으로 한다.

(2) 개념 기출

북한이탈주민	군사분계선 이북지역에 주소, 직계가족, 배우자, 직장 등을 두고 있는 사람으로서 북한을 벗어난 후 외국 국적을 취득하지 아니한 사람
보호대상자	이 법에 따라 보호 및 지원을 받는 북한이탈주민
정착지원시설	보호대상자의 보호 및 정착지원을 위하여 제10조제1항에 따라 설치·운영하는 시설
보호금품	이 법에 따라 보호대상자에게 지급하거나 빌려주는 금전 또는 물품

(3) 기본원칙(법 제4조) 기출

① 대한민국은 보호대상자를 인도주의에 입각하여 특별히 보호한다.

② 대한민국은 외국에 체류하고 있는 북한이탈주민의 보호 및 지원 등을 위하여 외교적 노력을 다하여야 한다.

③ 보호대상자는 대한민국의 자유민주적 법질서에 적응하여 건강하고 문화적인 생활을 할 수 있도록 노력하여야 한다.

④ 통일부장관은 북한이탈주민에 대한 보호 및 지원 등을 위하여 북한이탈주민의 실태를 파악하고, 그 결과를 정책에 반영하여야 한다.

CH.10

(4) 보호신청 및 보호결정

1) 보호신청(법 제7조)

① 북한이탈주민으로서 이 법에 의한 보호를 받고자 하는 자는 재외공관이나 그 밖의 행정기관의 장(각급 군부대의 장 포함)에게 보호를 **직접 신청**하여야 한다. 다만, 보호를 직접 신청하지 아니할 수 있는 대통령령으로 정하는 사유가 있는 경우에는 그러하지 아니하다.기출

② 보호신청을 받은 재외공관장등은 지체없이 그 사실을 소속 중앙행정기관의 장을 거쳐 **통일부장관**과 **국가정보원장**에게 통보하여야 한다.

③ 통보를 받은 국가정보원장은 임시보호나 그 밖의 필요한 조치를 한 후 지체 없이 그 결과를 **통일부장관**에게 통보하여야 한다.

2) 보호결정 (법 제8조)

① **통일부장관**은 통보를 받은 때에는 **통보를 받은 날로부터 30일 이내에** 북한이탈주민 대책협의회의 심의를 거쳐 보호 여부를 결정한다. 다만, **국가안전보장에 현저한 영향**을 끼칠 우려가 있는 자의 경우에는 **국가정보원장이 그 보호여부를 결정**하고, 그 결과를 지체 없이 통일부장관과 보호신청자에게 통보 또는 통지하여야 한다.기출

3) 보호결정의 기준 (법 제9조)

① 다음에 해당하는 자에 대하여는 보호대상자로 결정하지 아니할 수 있다.기출

　㉠ **항**공기납치, 마약거래, 테러, 집단살해 등 국제형사범죄자

　㉡ **살**인 등 중대한 비정치적 범죄자

　㉢ **위**장탈출혐의자

　㉣ 체류국에서 **10년 이상** 생활근거지를 두고 있는 사람

　㉤ 국내 입국 후 1년이 경과하여 보호신청한 사람

　㉥ 그 밖에 보호대상자로 정하는 것이 부적당하다고 대통령령으로 정하는 사람

② 통일부장관은 북한이탈주민으로서 **보호대상자로 결정되지 아니한 자에 대하여 필요한 경우** 일정한 보호 및 지원을 할 수 있다.기출

4) 국내입국교섭 (법시행령 제19조)

① 해외에 있는 보호대상자의 국내 입국을 위한 해당 주재국과의 교섭 및 그의 신병이 송 등에 필요한 사항은 외교부장관이 국가정보원장과 협의하여 정한다.

② 외교부장관과 국가정보원장은 해외에 있는 보호대상자의 신병이송 시기·방법 등을 결정한 때에는 지체 없이 이를 통일부장관에게 통보하여야 한다. 다만, 보호대상자의 신변 안전에 중대한 위해요소가 현존하고도 명백한 때에는 국내 입국 즉시 통보할 수 있다.

(5) 주거지원

통일부장관은 보호대상자에게 대통령령으로 정하는 바에 따라 **주거지원을 할 수 있다.**기출

(6) 정착금 등 지급 (법 제21조)

① 통일부장관은 보호대상자의 장착 여건 및 생계유지 능력 등을 고려하여 정착금이나 그에 상응하는 가액의 물품을 지급할 수 있다.기출

② 통일부장관은 보호대상자가 제공한 정보나 가지고 온 장비(재화를 포함한다)의 활용가치에 따라 등급을 정하여 보로금(報勞金)을 지급할 수 있다.

(7) 학력 및 자격인정

① 보호대상자는 대통령령으로 정하는 바에 의하여 북한이나 외국에서 이수한 학교교육의 과정에 상응하는 **학력을 인정받을 수 있다.**기출

② 보호대상자는 관계법령에서 정하는 바에 따라 북한이나 외국에서 취득한 자격에 상응하는 자격 또는 그 자격의 일부를 인정받을 수 있다.

③ 통일부장관은 자격인정 신청자에게 대통령령으로 정하는 바에 따라 자격인정을 위하여 필요한 보수교육 또는 재교육을 실시할 수 있다.기출

(8) 특별임용(법 제18조)

① 북한에서의 자격이나 경력이 잇는 사람 등 북한이탈주민으로서 공무원으로 채용하는 것이 필요하다고 인정되는 사람에 대하여는 북한을 벗어나기 전의 자격·경력 등을 고려하여 국가공무원 또는 지방공무원으로 **특별임용할 수 있다.**

② 북한의 군인이었던 보호대상자가 국군에 편입되기를 희망하면 북한을 벗어나기 전의 계급, 직책 및 경력 등을 고려하여 국군으로 **특별임용할 수 있다.**기출

(9) 거주지에서의 신변보호(법시행령 제42조)

① 통일부장관은 법 제22조에 따라 보호대상자가 거주지로 전입한 후 그의 신변안전을 위하여 **국방부장관이나 경찰청장**에게 협조를 요청할 수 있으며, 협조 요청을 받은 국방부장관이나 경찰청장은 이에 협조한다.

② 신변보호에 필요한 사항은 **통일부장관**이 **국방부장관, 국가정보원장 및 경찰청장**과 협의하여 정한다. 이 경우 해외여행에 따른 신변보호에 관한 사항은 **외교부장관과법무부장관**의 의견을 들을 수 있다.

01 영국의 보안경찰

(1) 영국의 경찰조직 가운데 수도경찰청 특수부서

    1) A과 : 요인경호를 담당

    2) B과 : 아일랜드 공화국(IRA) 관련 업무 수행

    3) CE과 : 좌, 우익 단체 관련업무를 수행

(2) 한국 정보경찰과 비교

    영국의 수도경찰청 특수부서를 제외하고는 한국의 보안경찰과 유사한 기능을 수행하는 부서는 없다. 국가적 재난시 에는 경찰역할이 확대된다. 영국 보안경찰의 주요대상은 아일랜드 공화국(IRA)이다.

02 미국의 보안경찰

(1) 미국의 국가안전보장 기구

    1) 대통령 직속 CIA

    2) 국방부 산하 국가정찰국 (NRO), 국가안전국(NSA), 국방정보국(DIA)

    3) 국무부 정보조사국

    4) 법무부 연방수사국(FBI)

    5) 에너지부 원자력위원회(AEC)

    6) 재무부 비밀경호대

(2) 한국과 비교

    FBI 형사부의 대테러활동과 정보부의 방첩활동은 한국의 보안경찰에 상응한다. 연방수사국을 제외하고는 한국의 보안업무를 전문적으로 전담하는 경찰기관은 없고 **CIA에서 전담**하고 있다.

03 독일의 보안경찰

(1) 독일의 정보 보안기관
  1) 연방정부의 연방정보부 (BND)
  2) 국방부 산하의 국방보안국(MAD)
  3) 내무부 산하의 연방헌법보호청(BVS)

(2) 연방정보부 (BND)
  외국의 정보를 수집하고 분석, 평가하여 정치, 군사, 과학 등 여러 분야의 국제정세를 예측하고 정책결정의 자료를 활용하도록 하고 있다.

(3) 연방헌법보호청 (BVS)
  국가안보와 관련된 스파이 활동에 대한 정보수집과 배포, 연방헌법에 적대적인 세력에 대한 감시업무를 담당한다. 연방경찰로 집행권한은 없고 연방범죄 수사국(BKA)이 담당한다.

(4) 주헌법보호청 (LVS)
  LVS는 주정부기관이나 BVS에 종속된 기관이 아니어서 LVS는 고유의 권한과 책임하에 업무를 수행한다. 주경찰 내부에는 보안업무를 전담하는 조직은 없다.

04 프랑스 보안경찰

(1) 국가안전보장 기관
  1) 국방부 산하 해외안전총국(DGSE)
  2) 국립경찰청의 국토감시국 (DST)
  3) 외무부의 정보과
  4) 각 군정보기관

(2) 국토감시국 (DST)
  국토감시국은 1944년 창설되어 8개의 지방본부와 파리의 14개 부서 6개의 해외영토분실이 있다. **영국의 MI-5와 미국의 FBI와 유사**하다.

05 일본의 보안경찰

(1) 일본의 국가안전보장 기관

내각 관방장관 산하의 내각정보조사실이 경찰청, 방위청, 법무성(공안조사청), 외무성 (정보조사국) 등 타 정보기관과 수평적 관계에서 국가 안전 보장 업무를 수행한다.

(2) 주요 담당업무

좌익 관련, 공산당 관련 업무로 한국과 가장 유사한 보안경찰 조직을 유지하고 있다.

(3) 한국 정보경찰과 비교

한국의 정보경찰과 비슷한 것은 일본의 **공안부**이고 경찰청의 경우 경비국 내 **공안 1과, 2 과, 3과가 설치**되어 있고 경비공안 경찰로 불리는 보안경찰이 있다.

001 보안경찰에 대한 설명으로 옳은 것은 몇 개인가?

07 채용

> ⊙ 방첩활동을 보안유지 또는 기밀유지라고도 한다.
> ⓛ 방첩의 기본원칙에는 완전협조의 원칙, 치밀의 원칙, 계속접촉의 원칙이 있다.
> ⓒ 방첩활동은 보안사범의 재범 우려 등에 대비하여 지속적으로 관찰하기 위한 것이다.
> ② 적극적 방첩수단으로는 대상인물 감시, 침투공작, 적의 첩보공작분석, 시설보안의 확립이 있다.
> ⑩ 경찰서 보안과장이 조선족을 가장한 우회침투 간첩을 색출하기 위하여 "불법입국자가 발견되더라도 즉시 검거하지 말고 배후조직을 파악한 후 검거하라."고 지시한 것은 방첩의 기본원칙 중 계속접촉의 원칙에 해당한다.

① 1개   ② 2개   ③ 3개   ④ 4개

해설
ⓒ 이는 보안관찰에 대한 설명이다.
② 시설보안의 확립은 소극적 방첩수단에 해당한다.

002 공산주의 경제이론(마르크스의 경제이론)에 대한 설명으로 가장 적절하지 않은 것은?

18 승진

① 잉여가치설 – 자본가가 지불한 노동력의 가치 이상으로 생산된 잉여가치가 자본으로 축적된다는 이론이다.

② 노동가치설 – 상품의 가치는 그 상품을 생산한 노동이 형성하고, 가치의 크기는 생산에 필요한 노동시간이 결정한다는 학설이다.

③ 자본축적론 – 자본주의적 생산 초기에는 축적된 자본의 절대량이 적어 자본가가 소비를 억제하지만, 잉여가치의 축적량이 늘어남에 따라 사치와 낭비·정치적 비용·유통비용 등이 증가하게 된다고 본다.

④ 궁핍화이론 – 자본축적이 진행됨에 따라 자본가 계급의 부는 늘어나지만, 노동자 계급은 점차로 궁핍하게 된다는 주장이다.

해설
① 노동자가 생필품을 얻는 데 필요로 하는 노동을 '필요노동'이라 하고, 그것을 초과하는 노동을 '잉여노동'이라고 정의했다. 필요노동은 노동자에게 지불되고 **잉여노동은 자본가의 금고로 들어간다**는 것이다.

003 방첩활동에 관한 다음 설명 중 옳지 않을 것은 모두 몇 개인가?

14 경간

> 가. 동일 지배계급의 일부 세력이 집권세력을 폭력으로써 타도하여 정권을 탈취하는 전복의 형태를 정부전복이라고 한다.
> 나. 계속 접촉의 원칙이란 혐의자가 발견되더라도 즉시 검거하지 말고, 조직망 전체가 완전히 파악될 때까지 계속해서 유·무형의 접촉을 해야 한다는 방첩의 기본원칙을 말한다.
> 다. 태업은 대상국가의 방위력 또는 전쟁수행능력을 직·간접적으로 손상하기 위하여 행하어지는 일제의 행위를 말한다.
> 라. 방첩수단을 적극적·소극적·기만적 수단으로 분류할 때 허위정보의 유포, 양동간계시위, 역용공작은 소극적 방첩수단에 해당된다.
> 마. 간첩은 국가기밀 수집·내부 혼란의 목적으로 잠입한 자 또는 이에 지원·동조·협조하는 모든 조직적 구성분자를 말하며 방첩의 대상이 된다.

① 0개   ② 1개   ③ 2개   ④ 3개

해설
라. 방첩수단을 적극적·소극적 기만적 수단으로 분류할 때 허위정보의 유포, 양동간계시위는 기만적 수단이고, **역용공작은 적극적 방첩수단에 해당된다.**

004 간첩에 대한 설명 중 틀린 것은?

10 승진

① 간첩은 대상국의 기밀을 수집하거나 태업, 전복활동을 하는 모든 조직적 구성분자를 말한다.
② 간첩을 임무에 따라 구분할 때 간첩을 침투시키거나 이미 침투한 간첩에게 필요한 활동 자재를 보급·지원하는 간첩을 증원간첩이라고 한다.
③ 간첩을 활동방법에 따라 구분할 때 타국에 공용의 명목하에 입국하여 합법적인 신분을 갖고 이를 기화로 상대국에 대한 각종 정보를 수집하는 것을 목적으로 하는 간첩을 공행간첩이라고 한다.
④ 간첩망의 형태중 보안유지가 잘 되고 일망타진 가능성은 적지만, 활동범위가 좁고 공작원 검거 시 간첩 정체가 쉽게 노출되는 것은 삼각형이다.

해설
필요한 활동자재를 보급·지원 등 물적 지원을 수행하는 간첩은 보급간첩이다.

005 손자(孫子)가 간첩을 쓰는 방법에 따라 분류한 것으로서 틀린 내용은 몇 개인가?

07 채용

> ㉠ 향간(鄕間) - 적의 관리를 매수하여 정보화동을 시키는 것
> ㉡ 내간(內間) - 적국의 시민을 이용하여 정보활동을 하는 것
> ㉢ 반간(反間) - 적의 간첩을 역으로 이용하여 아군을 위해 활동하게 하는 것
> ㉣ 사간(死間) - 배반할 염려가 있는 아군의 간첩에게 고의로 조작된 사실을 주어 적에게 또는 누설하게 하는 것
> ㉤ 생간(生間) - 적국 내에 잠입하여 정보활동을 하고 돌아와 보고하는 간첩

① 2개 ② 3개 ③ 4개 ④ 5개

해설
㉠ 내간에 대한 내용이다. ㉡ 향간에 대한 내용이다.

006 간첩이 유흥접객업소 종사자와 동거·동숙하는 등 신분확인이 곤란한 점을 이용하여 합법적인 인물처럼 공개적으로 하는 잠복은?

03 승진
07 채용

① 비합법 기술잠복 ② 비합법 자연잠복
③ 반합법 엄호잠복 ④ 반합법 기술잠복

해설
자연적 지형·지물을 이용하면 비합법, 인간관계를 이용해 엄폐를 받으면 반합법이라 한다.
"반합법 엄호잠복"이란 침투간첩들이 포섭된 대상의 엄호를 받으며 그의 거주지나 영업소에 은거하여 합법적인 인물로 가장하여 잠복하는 방법이다.

007 간첩에 대한 설명 중 가장 적절한 것은?

13 승진

① 간첩을 활동방법에 의해 분류하면 고정간첩, 배회간첩, 무장간첩으로 분류할 수 있다.
② 보급간첩은 이미 구성된 간첩망의 보강을 위해 파견되는 간첩 또는 간첩으로 이용할 양민 등의 납치, 월북 등을 주된 임무로 하는 간첩이다.
③ 대량형간첩은 주로 전시에 파견되어 대상의 지목 없이 광범위한 분야에서 정보를 수집하는 간첩으로 지명형간첩과 비교되는 개념이다.
④ 땅을 파고 들어가 은신하는 비합법적 활동의 잠복거점을 드보크라 한다.

해설
① 간첩을 활동방법에 의해 분류하면 고정간첩, 배회간첩, 공행간첩으로 분류할 수 있다.
② 이미 구성된 간첩망의 보강을 위해 파견되는 간첩, 또는 간첩으로 이용할 양민 등의 납치, 월북 등을 주된 임무로 하는 간첩은 증원간첩이다. 보급간첩은 간첩을 침투시키거나 이미 침투한 간첩에게 필요한 활동자제를 보급·지원하는 간첩을 말한다.
④ 땅을 파고 들어가 은신하는 비합법적 활동의 잠복거점을 '비트'라 한다. 드보크란 사람을 통하지 않고 자연지물을 이용한 비밀함에 의하여 상·하향 문건이나 물건, 공작금, 공작장비, 무기 등을 주고받는 연락수단이다.

008 간첩망의 형태에 대한 설명이다. 옳은 것은 모두 몇 개인가?

> ⊙ 피라미드형 – 간첩이 주공작원 2~3명을 두고 그 밑에 각 2~3명의 행동공작원을 두는 조직형태로 일시에 많은 공작을 입체적으로 수행할 수 있고 활동범위가 넓은 반면, 행동의 노출이 쉽고 일망타진 가능성이 높으며 조직구성에 많은 시간이 소요된다.
>
> ⓒ 단일형 – 특수목적을 위하여 단독으로 활동하는 형태로, 보안유지 및 신속한 활동이 가능하여 활동범위가 넓고 공작성과가 비교적 높다.
>
> ⓒ 삼삼형 – 간첩이 3명 이내의 공작원을 포섭하여 지휘하고, 포섭된 공작원 간 횡적연락을 차단한 형태로 일망타진 가능성이 적고, 활동범위가 넓으며, 공작원 검거 시 간첩 정체가 쉽게 노출되지 않는다.
>
> ⓔ 레포형 – 합법적 신분을 이용하여 침투하고 대상국의 정치 · 사회 문제를 활용하여 적국의 이념이나 사상에 동조하도록 유도하며 간첩활동이 자유롭고 대중적 조직과 동원이 가능한 반면, 간첩의 정체가 폭로되었을 때 외교적 문제가 야기될 수 있다.

① 1개   ② 2개   ③ 3개   ④ 4개

해설

ⓒ 단일형 – 특수목적을 위하여 단독으로 활동하는 형태로, **보안유지 및 신속한 활동이 가능하지만 활동범위가 좁고 공작성과가 비교적 낮다.**

ⓒ 삼각형 – 간첩이 3명 이내의 공작원을 포섭하여 지휘하고, 포섭된 공작원 간 횡적연락을 차단한 형태로 **일망타진 가능성이 적지만, 활동범위가 좁으며, 공작원 검거시 간첩 정체가 쉽게 노출된다.**

ⓔ 서클형 – 합법적 신분을 이용하여 침투하고 대상국의 정치 · 사회 문제를 활용하여 적국의 이념이나 사상에 동조하도록 유도하며 간첩활동이 자유롭고 대중적 조직과 동원이 가능한 반면, **간첩의 정체가 폭로되었을 때 외교적 문제가 야기**될 수 있다.

009 간첩망의 형태에 대한 설명 증 가장 적절한 것은?

16·17
채용 1차

① 단일형은 간첩이 단일 특수 목적을 수행하기 위해 동조자를 포섭하지 않고 단독으로 활동하는 점조직으로 대남간첩이 가장 많이 사용하며, 간첩 상호 간에 종적·횡적 연락의 차단으로 보안 유지 및 신속한 활동이 가능하며 활동 범위가 넓고 공작성과가 높다는 장점이 있다.

② 삼각형은 지하당조직에서 주로 사용하는 간첩망 형태로, 지하당구축을 하명받은 간첩이 3명 이내의 행동공작원을 포섭하여 직접 지휘하고 포섭된 공작원 간의 횡적 연락을 차단시키는 활동조직이다.

③ 피라미드형은 간첩 밑에 주공작원 2~3명을 두고, 주공작원은 그 밑에 각각 2~3명의 행동공작원을 두는 조직형태로 일시에 많은 공작을 입체적으로 수행할 수 있어 활동 범위가 넓고 조직 구성에 많은 시간이 소요되지 않는다는 장점이 있다.

④ 레포형은 삼각형 조직에 있어서 간첩과 주공작원 간, 행동공작원상호 간에 연락원을 두고 종·횡으로 연결하는 형태이다.

해설

① 단일형은 간첩이 단일 특수 목적을 수행하기 위해 동조자를 포섭하지 않고 단독으로 활동하는 점조직으로 대남간첩이 가장 많이 사용하며, 간첩 상호간에 종적·횡적 연락의 차단으로 보안 유지 및 신속한 활동이 가능하지만, **활동 범위가 좁고 공작성과가 낮다.**

③ 피라미드형은 간첩 밑에 주공작원 2~3명을 두고, 주공작원은 그 밑에 각각 2~3명의 행동공작원을 두는 조직형태로 일시에 많은 공작을 입체적으로 수행할 수 있어 활동 범위가 넓지만, **조직 구성에 많은 시간이 소요된다는 단점이 있다.**

④ 레포형은 **피라미드형 조직에 있어서 간첩과 주공작원 간, 행동공작원 상호 간에 연락원을 두고 종·횡으로 연결하는 형태**이다.

010

다음은 공작활동에 대한 내용이다. 아래 ㉠부터 ㉣까지의 설명 중 옳고 그름의 표시(○×)가 바르게 된 것은?

> ㉠ '연락'이란 비밀공작을 수행함에 있어서 상·하급 인원이나 기관 간에 비밀을 은폐하려고 기도하는 방법이다.
>
> ㉡ '신호'란 비밀공작활동에 있어서 조직원 상호 간에 어떠한 의사를 전달하기 위하여 사전에 약정해 놓은 표시를 말한다.
>
> ㉢ '사전정찰'이란 일정한 목적하에 사물의 현상 및 사건의 전말을 감지하는 과정을 말한다.
>
> ㉣ '감시'란 장차 공작활동을 위하여 공작 목표나 공작 지역에 대하여 예비지식을 수집하기 위한 사전조사활동이다.

① ㉠(×) ㉡(○) ㉢(○) ㉣(×)　　② ㉠(×) ㉡(○) ㉢(○) ㉣(○)
③ ㉠(○) ㉡(×) ㉢(×) ㉣(×)　　④ ㉠(○) ㉡(○) ㉢(×) ㉣(×)

해설
㉢ **관찰**이란 일정한 목적하에 사물의 현상 및 사건의 전말을 감지하는 과정을 말한다.
　사전정찰이란 장래의 공작활동을 위하여 공작목표나 공작지역에 대하여 예비지식을 수집하는 사전 조사활동을 말한다.
㉣ **사전정찰**이란 장차 공작활동을 위하여 공작 목표나 공작 지역에 대하여 예비지식을 수집하기 위한 사전조사활동이다.

011

심리전에 대한 다음 설명 중 가장 옳은 것은?

① 심리전은 선전·선동·모략 등의 수단에 의해 직접 상대국 국민 또는 군대에 정신적 자극을 주어 사상의 혼란과 국론의 분열을 유발시킴으로써 자국의 의도대로 유도하는 무력전술이다.
② 심리전의 종류 중 자유진영국가들이 공산진영국가의 국민을 대상으로 전개하는 대공산권방송은 전술심리전에 해당한다.
③ 아측 후방지역의 사기를 앙양시키거나 수복 지역주민들의 협조를 얻고 질서를 유지하는 선전활동으로 타협심리전이라고도 불리우는 심리전은 선무심리전이다.
④ 심리전의 목적에 의한 분류는 공격적 심리전, 방어적 심리전, 공연성 심리전으로 구분된다.

해설
① **심리전**은 선전·선동·모략 등의 수단에 의해 직접 상대국 국민 또는 군대에 정신적 자극을 주어 사상의 혼란과 국론의 분열을 유발시킴으로써 자국의 의도대로 유도하는 **비무력**전술이다.
② 심리전의 종류 중 자유진영국가들이 공산진영국가의 국민을 대상으로 전개하는 대공산권방송은 **전략 심리전**에 해당한다.
④ 심리전의 목적에 의한 분류는 **선무심리전(타협심리전)**, 공격적 심리전, 방어적 심리전으로 구분된다. 전략 심리전과 전술 심리전은 운영에 따른 구분이고, 공연성 심리전과 비공연성 심리전은 주체에 따른 분류이다.

ANSWER　010 ④　011 ③

북한의 대남공작기구에 대한 설명으로 바르게 연결된 것은?

ⓐ 남북대화 주관 및 대남심리전, 해외교포공작

ⓑ 공작원밀봉교육, 남한 내 지하당조직공작

ⓒ 해외간첩공작 및 테러공작, KAL기 폭발

ⓓ 침투공작원 호송 및 안내, 잠수정 속초침투

ⓔ 무장공비양성, 잠수함 침투 등 군사정찰담당

① ⓐ 통일전선부 ⓑ 225국 ⓒ 정찰5국 ⓓ 정찰1국 ⓔ 정찰2국

② ⓐ 통일전선부 ⓑ정찰5국 ⓒ 225국 ⓓ 정찰2국 ⓔ 정찰1국

③ ⓐ 정찰5국 ⓑ 225국 ⓒ 정찰1국 ⓓ 정찰2국 ⓔ 통일전선부

④ ⓐ 225국 ⓑ 정찰2국 ⓒ 통일전선부 ⓓ 정찰5국 ⓔ 정찰1국

해설

북한의 대남공작기구는 노동당, 내각, 인민무력부 계열로 구분된다.

노동당	통일전선부	남북대화 주관 및 대남심리전과 경협사업, 해외교포공작, 통일전선공작, 반제민전활동을 담당하는 핵심적 대남공작부서이다.	
내각	225국	① 당계통의 간첩업무 및 남한 내 지하당 조직 공작으로 혁명토대 구축과 우회침투를 위한 해외공작을 담당하고 있다. ② 1995년 부여간첩 김동식의 소속	
인민무력부	정찰총국 (신설)	정찰1국 (작전국)	① 남파공작원과 전투원에 대한 정규 기본훈련 및 호송·안내를 담당하며, 남파공작원 파견기지인 해상연락소를 청진·원산·남포·해주 등에 보유하고 있다. 1998년 속초지역 유고급 잠수정이 침투하였다. ② 위조지폐 및 마약제조와 거래, 무기수출 등 불법행위를 통해 자금을 확보하였다.
		정찰 2국 (정찰국)	① 448부대·907부대·남포해상특수부대 등을 관장하며 특공부대의 후방침입과 잠수함 침투·유격활동 등 군사정찰 임무를 담당하고 있다. ② 공비양성·남파, 요인암살·파괴, 납치 등 게릴라활동, 대남군사 정보수집 등을 주 임무로 하며, 1983년 미얀마 아응산 암살폭파사건, 1996년 강릉무장공비사건 등을 자행하였다 (요인암살, 대남정찰)
		정찰 5국 (35호실)	공작원 남파 및 정보수집을 수행하는 부서와 해외공작 및 테러를 전담하는 부서로 나누어진다.(KAL폭파 김현희 소속),(일명: 조사부)

① 종래 노동당 계열의 '작전부'와 '35호실'을 인민무력부 계열의 정찰국과 통합하여 인민무력부 소속의 정찰총국으로 확대 개편되었다.
② 정찰총국은 인민무력부 소속이지만, 국방위원회 부위원장의 지휘를 받는다.

013 「국가보안법」에 대한 설명 중 옳은 것은 모두 몇 개인가?

13 채용
2차

⊙ 검사는 「국가보안법」의 죄를 범한 자에 대하여 소추를 하지 아니할 때에는 압수물의 폐기 또는 국고귀속을 명할 수 있다.
ⓛ 「국가보안법」의 죄에 관하여 유기징역형을 선고할 때에는 그 형의 장기 이하의 자격정지를 병과할 수 있다.
ⓒ 「국가보안법」에서 "반국가단체"라 함은 정부를 참칭하거나 국가를 변란할 것을 목적으로 하는 국내외의 결사 또는 집단으로서 지휘통솔체제를 갖춘 단체를 말한다.
ⓔ 「국가보안법」의 죄를 범한 자가 동법의 죄를 범한 타인을 고발하거나 타인이 동법의 죄를 범하는 것을 방해한 때에는 그 형을 감경 또는 면제할 수 있다.

① 1개   ② 2개   ③ 3개   ④ 4개

해설

ⓔ 「국가보안법」의 죄를 범한 자가 이 법의 죄를 범한 타인을 고발하거나 타인이 이 법의 죄를 범하는 것을 방해한 때에는 **그 형을 감경 또는 면제한다**(법 제16조).
⊙ 「국가보안법」 제15조 제2항
ⓛ 「국가보안법」 제14조
ⓒ 「국가보안법」 제2조

---

014 「국가보안법」상 반국가단체(제2조)에 관한 설명 중 **틀린** 것은?

10 채용
1차

① 반국가단체라 함은 정부를 참칭하거나 국가를 변란할 것을 목적으로 하는 국내외의 결사 또는 집단으로서 지휘통솔체제를 갖춘 단체를 말한다.
② 정부를 참칭한다는 것은 함부로 단체를 조직하여 정부를 사칭하는 것으로 정부와 동일한 명칭을 사용할 필요는 없고 일반인이 정부로 오인할 정도면 충분하다.
③ 국가변란이란 정부를 전복하여 새로운 정부를 조직하는 것을 의미하며 정부전복이란 정부를 구성하고 있는 자연인의 사임이나 교체만으로는 부족하고 정부조직이나 제도 그 자체를 파괴하는 것을 의미한다.
④ 「형법」상 내란죄에서의 국헌문란이란 헌법 또는 법률의 기능을 소멸시키거나 헌법에 의하여 설치된 국가기관을 전복 또는 그 권능행사를 불가능하게 하는 것으로 「국가보안법」상 국가변란이 국헌문란보다 더 넓은 개념이다.

해설

④ 「형법」 제91조(내란죄)의 국헌문란은 "헌법 또는 법률에 정한 절차에 의하지 아니하고 헌법 또는 법률의 기능을 소멸시키는 것, 헌법에 의하여 설치된 국가기관을 강압에 의하여 전복 또는 권능행사를 불가능하게 하는 것"을 말하고, 반국가단체의 성립요건인 '국가변란'은 정부를 전복하여 **새로운 정부를 조직**하는 것이다. 따라서 **국헌문란이 국가변란보다 넓은 개념**이다.

---

015 다음 중 「국가보안법」 제4조(목적수행죄)의 행위태양이 아닌 것은 모두 몇 개인가?

11 채용
1차

| ㉠ 존속살해 | ㉡ 유가증권위조 | ㉢ 소요 |
| ㉣ 금품수수 | ㉤ 잠입 · 탈출 | |

① 1개   ② 2개   ③ 3개   ④ 4개

---

016 국가의 안전을 위태롭게 하는 반국가활동을 규제함으로써 국가의 안전과 국민의 생존

13·17
경간
및 자유를 확보함을 목적으로 제정된 「국가보안법」에 관한 설명으로 적절하지 <u>않은</u> 것은 모두 몇 개인가?

㉠ 「국가보안법」의 특성상 미수 · 예비 · 음모죄가 원칙적으로 처벌된다.

㉡ 「국가보안법」 제4조 제1항의 목적수행죄는 반국가단체 구성원이나 그 지령을 받은 자는 주체가 될 수 없다.

㉢ 「국가보안법」 제5조 제1항의 자진지원죄는 반국가단체 구성원이나 그 지령을 받은 자도 주체가 될 수 있지만, 「국가보안법」 제6조 제2항의 특수잠입 · 탈출죄는 반국가단체 구성원만 주체가 될 수 있다.

㉣ 편의제공죄나 찬양 · 고무죄 등 형법상 종범의 성격을 가진 행위에 대하여 독립된 범죄로 처벌한다.

① 1개   ② 2개   ③ 3개   ④ 4개

해설

㉡ 「국가보안법」 제4조 제1항의 **목적수행죄**는 반국가단체 구성원이나 그 지령을 받은 자만 주체가 될 수 있다.

㉢ 「국가보안법」 제5조 제1항의 **자진지원죄**는 반국가단체 구성원이나 그 지령을 받은 자는 주체가 될 수 없지만, 「국가보안법」 제6조 제2항의 **특수잠입 · 탈출죄**는 주체 제한이 없다.

ANSWER **015** ② / ㉣㉤   **016** ② / ㉡㉢

보안 경찰 · 709

017 「국가보안법」의 특성에 관한 다음 설명 중 가장 옳지 <u>않은</u> 것은? (다툼이 있으면 판례에 의함)

17 승진

18 경간

① 「국가보안법」 제 2조에 의한 반국가단체로서의 지휘통솔체제를 갖춘 단체라 함은 2인 이상의 특정 다수인 사이에 단체의 내부질서를 유지하고 그 단체를 주도하기 위하여 일정한 위계 및 분담 등의 체계를 갖춘 결합체를 의미한다.

② 「국가보안법」, 「군형법」, 「형법」에 규정된 반국가적 범죄로 금고 이상의 형을 선고받고 그 형의 집행을 종료하지 아니한 자 또는 그 집행을 종료하거나 집행을 받지 않기로 확정된 후 5년이 경과하지 않은 자가 재차 특정범죄를 범하였을 때는 최고형으로 사형을 정하고 있다.

③ 지방법원판사는 목적수행죄에 대해 사법경찰관이 검사에게 신청하여 검사의 청구가 있는 경우에 수사를 계속함에 상당한 이유가 있다고 인정한 때에는 「형사소송법」 제202조의 구속기간의 연장을 2차에 한하여 허가할 수 있다.

④ 「국가보안법」 제5조 제2항의 금품수수죄는 반국가단체의 구성원이나 그 지령을 받은 자라는 정을 알면서 또는 국가의 존립 안전이나 자유민주적 기본질서를 위태롭게 한다는 정을 알면서 반국가단체의 구성원이 그 지령을 받은 자로부터 금품을 수수함에 의하여 성립하는것으로서, 그 수수가액이나 가치는 물론 그 목적도 가리지 아니하고, 그 금품수수가 대한민국을 해할 의도가 있는 경우에 한하는 것도 아니다.

> **해설**
> ③ 지방법원판사는 제3조 내지 제10조의 죄로서 사법경찰관이 검사에게 신청하여 검사의 청구가 있는 경우에 수사를 계속함에 상당한 이유가 있다고 인정한 때에는 「형사소송법」 제202조의 구속기간의 연장을 1차에 한하여 허가할 수 있다.

018 「국가보안법」에 대한 설명 중 옳은 것은 모두 몇 개인가?

09 채용
2차

15
지능범죄

19 승진
변형

㉠ 고의범만 처벌한다.

㉡ 「국가보안법」상 불고지죄 대상범죄로 반국가단체구성죄, 자진지원죄, 목적수행죄가 있다.

㉢ 「국가보안법」 제5조 제2항(금품수수죄)은 금품수수의 목적이나 의도가 대한민국을 해할 의도가 있어야 한다.

㉣ 수사를 계속함에 상당한 이유가 있다고 인정될 때에는 사법경찰관과 검사는 각 1차에 한하여 구속기간을 연장할 수 있다.

① ㉠ ㉡ ㉢ ㉣

② ㉠ ㉡ ㉢

③ ㉠ ㉡ ㉣

④ ㉠ ㉡

해설
㉠ 「국가보안법」상 **고의범만 처벌하고 과실범을 처벌하는 규정이 없다.**
㉢ 「국가보안법」 제5조 제2항(금품수수죄)은 국가의 존립안전이나 자유민주적 기본질서를 위태롭게 한다는 정을 알면서 반국가단체의 구성원 또는 그 지령을 받은 자로부터 금품을 수수한 경우에 처벌되는 것이지, **대한민국을 해할 의도가 있어야 하는 것은 아니다.**
㉣ **사법경찰관은 1회, 검사는 2회 피의자 구속기간을 연장**할 수 있다(「국가보안법」 제19조).

019 「국가보안법」상 다음 설명 중 옳은 것은 모두 몇 개인가?

12 채용
3차

15 승진

㉠ 「국가보안법」은 국가의 안전을 위태롭게 하는 반국가활동을 규제함으로써 국가의 안전과 국민의 생존 및 자유를 확보함을 목적으로 한다.

㉡ 「국가보안법」의 죄에 관하여 유기징역형을 선고할 때에는 그 형의 장기 이하의 자격정지를 병과 할 수 있다.

㉢ 불고지죄·특수직무유기죄·무고날조죄는 예비·음모 처벌 규정이 없다.

㉣ 「국가보안법」에 규정된 모든 범죄에 대하여 미수범 처벌 규정이 있다.

① 1개　　　② 2개　　　③ 3개　　　④ 4개

해설
㉣ 「국가보안법」에 규정된 범죄 중에서 **미수범을 처벌하지 않는 범죄는 불고지죄, 특수직무유기죄, 무고날조죄**이다.

020

14 채용
2차

19 경간

다음 「국가보안법」상 죄명 중 '행위주체에 제한이 있는 것'은 모두 몇 개인가?

㉠ 자진지원죄(제5조 제1항)	㉡ 금품수수죄(제5조 제2항)
㉢ 목적수행죄(제4조 제1항)	㉣ 잠입·탈출죄(제6조 제2항)
㉤ 직권남용 무고·날조죄(제12조 제2항)	㉥ 이적단체 구성·가입죄(제7조 제3항)

① 2개   ② 3개   ③ 4개   ④ 5개

해설
㉠ 자진지원죄(제5조 제1항) – 반국가단체 구성원이나 그 지령을 받은 자는 주체가 될 수 없음
㉡ 금품수수죄(제5조 제2항) – 주체 제한 없음
㉢ 목적수행죄(제4조 제1항) – 반국가단체 구성원이나 그 지령을 받은 자만 주체가 될 수 있음
㉣ 잠입·탈출죄(제6조 제2항) – 주체 제한 없음
㉤ 직권남용 무고 날조죄(제12조 제2항) – 범죄수사 또는 정보의 직무에 종사하는 공무원이나 이를 보조하는 자 또는 이를 지휘하는 자만 주체가 될 수 있음
㉥ 이적단체 구성·가입죄(제7조 제3항) – 주체 제한 없음

021

「국가보안법」의 다음 범죄들 중 객관적 구성요건상 행위주체에 아무런 제한이 없는 것을 모두 고른 것은?

㉠ 반국가단체의 구성·가입·가입권유죄	㉡ 편의제공죄
㉢ 단순잠입·탈출죄	㉣ 특수직무유기죄
㉤ 이적단체원의 허위사실 날조·유포죄	㉥ 특수 잠입·탈출죄

① ㉠㉡㉢   ② ㉡㉣㉥   ③ ㉠㉡㉢㉥   ④ ㉠㉢㉣㉥

022

18 채용
1차

「국가보안법」의 보상과 원호에 대한 내용이다. 아래 ㉠부터 ㉣까지의 내용 중 옳고 그름의 표시(○×)가 바르게 된 것은?

㉠ 이 법의 죄를 범한 자를 수사기관 또는 정보기관에 통보하거나 체포한 자에게는 대통령령이 정하는 바에 따라 상금을 지급한다.
㉡ 반국가단체나 그 구성원 또는 그 지령을 받은 자로부터 금품을 취득하여 수사기관 또는 정보기관에 제공한 자에게는 그 가액의 2분의 1에 상당하는 범위 안에서 보로금을 지급할 수 있다. 반국가단체의 구성원 또는 그 지령을 받은 자가 제공한 때에도 또한 같다.
㉢ 보로금의 청구 및 지급에 관하여 필요한 사항은 대통령령으로 정한다.
㉣ 이 법에 의한 상금과 보로금의 지급 및 제23조에 의한 보상대상자를 심의·결정하기 위하여 법무부장관 소속하에 국가보안유공자 심사위원회를 둔다.

① ㉠(○) ㉡(×) ㉢(○) ㉣(×)   ② ㉠(×) ㉡(○) ㉢(×) ㉣(○)
③ ㉠(○) ㉡(×) ㉢(×) ㉣(×)   ④ ㉠(○) ㉡(○) ㉢(○) ㉣(○)

023 다음 중 「보안관찰법」상 보안관찰에 해당되지 <u>않은</u> 범죄는 모두 몇 개인가?

14 경간

가. 내란죄 (「형법」 제 87조) 나. 내란목적살인죄 (「형법」 제88조)
다. 외환유치죄 (「형법」 제92조) 라. 여적죄 (「형법」 제93조)
마. 모병이적죄 (「형법」 제94조) 바. 일반이적죄 (「형법」 제99조)
사. 반란불보고죄 (「군형법」 제9조 제2항) 아. 군형법상의 일반이적죄
　　(「군형법」 제14조)
자. 목적수행죄 (「국가보안법」 제4조)

① 1개　　　　　　② 2개　　　　　　③ 3개　　　　　　④ 4개

해설

가. 내란죄 (「형법」 제87조) – 보안관찰해당범죄 X
나. 내란목적살인죄 (「형법」 제88조) – 보안관찰해당범죄 O
다. 외환유치죄 (「형법」 제92조) – 보안관찰해당범죄 O
라. 여적죄 (「형법」 제93조) – 보안관찰해당범죄 O
마. 모병이적죄 (「형법」 제94조)– 보안관찰해당범죄 O
바. 일반이적죄 (「형법」 제99조) – 보안관찰해당범죄 X
사. 반란불보고죄 (「군형법」 제9조 제2항) – 보안관찰해당범죄 O
아. 군형법상의 일반이적죄 (「군형법」 제14조) – 보안관찰해당범죄 O
자. 목적수행죄 (「국가보안법」 제4조) – 보안관찰해당범죄 O

024 「보안관찰법」상 규정된 내용으로 가장 적절하지 <u>않은</u> 것만으로 연결된 것은?

16 채용
2차 변형

㉠ "보안관찰처분 대상자"라 함은 보안관찰해당범죄 또는 이와 경합된 범죄로 징역 이상의 형의 선고를 받고 그 형기 합계가 3년 이상인 자로서 형의 전부 또는 일부의 집행을 받은 사실이 있는 자를 말한다.
㉡ 보안관찰 대상자는 그 형의 집행을 받고 있는 교도소, 소년교도소, 구치소, 유치장, 군교도소 또는 영창(이하 "교도소 등"이라 한다)에서 출소 전에 거주예정지 기타 대통령령으로 정하는 사항을 교도소 등의 장을 경유하여 거주예정지 관할경찰서장에게 신고하고, 출소 후 7일 이내에 그 거주예정지 관할경찰서장에게 출소사실을 신고하여야 한다.
㉢ 보안관찰 대상자는 교도소 등에서 출소한 후 신고사항에 변동이 있을 때에는 지체 없이 그 변동된 사항을 관할경찰서장에게 신고하여야 한다.
㉣ 교도소 등의 장은 보안관찰처분 대상자가 생길 때에는 지체 없이 보안관찰처분심의위원회와 거주예정지를 관할하는 검사 및 경찰서장에게 통보하여야 한다.

① 1개　　　　　　② 2개　　　　　　③ 3개　　　　　　④ 4개

해설

㉠ "보안관찰 처분 대상자"라 함은 보안관찰해당범죄 또는 이와 경합된 범죄로 **금고** 이상의 형의 선고를 받고 그 형기 합계가 3년 이상인 자로서 형의 전부 또는 일부의 집행을 받은 사실이 있는 자를 말한다.
㉢ 보안관찰대상자는 교도소 등에서 출소한 후 신고사항에 변동이 있을 때에는 **7일 이내** 그 변동된 사항을 **관할경찰서장**에게 신고하여야 한다.

ANSWER 023 ② / 가, 바　024 ②

025 「보안관찰법」상 보안관찰처분에 대한 다음 설명 중 가장 옳지 않은 것은?

13 승진
17 경간

① 검사는 피보안관찰자가 도주하거나 1월 이상 그 소재가 불명한 때에는 보안관찰처분의 집행중지결정을 할 수 있다.

② 보안관찰처분에 관한 결정은 보안관찰심의위원회를 거친 후, 보안관찰심의위원회 위원장인 법무부장관이 행한다.

③ 피보안관찰자가 국외여행을 하거나 국내 10일 이상 여행을 하는 경우에는 사전에 거주지 관할경찰서장에게 신고하여야 한다.

④ 보안관찰처분결정고지를 받은 날이 속한 달부터 매 3월이 되는 달의 말일까지 3월간의 주요활동사항 등 소정사항을 지구대장(파출소장)을 거쳐 관할경찰서장에게 신고하여야 한다.

> **해설**
> ② 보안관찰처분에 관한 결정은 **보안관찰심의위원회를 거친 후, 법무부장관이 행한다.** 다만, 보안관찰심의위원회 위원장은 법무부장관이 아니라 법무부차관이다.

026 다음은 「보안관찰법」상 '보안관찰처분'을 설명한 것이다. 옳지 <u>않은</u> 것을 모두 고르면?

14 채용
1차

15 채용
3차

17 채용
2차

○ 피보안관찰자는 보안관찰처분결정고지를 받은 날부터 7일 이내에 일정한 사항을 주거지를 관할하는 지구대·파출소장을 거쳐 관할경찰서장에게 신고하여야 한다.

○ 피보안관찰자는 주거지를 이전하거나 국외여행 또는 7일 이상 주거를 이탈하여 여행하고자 할 때에는 미리 거주예정지, 여행예정지 등을 지구대·파출소장을 거쳐 관할경찰서장에게 신고하여야 한다.

○ 보안관찰처분을 받은 자는 이 법이 정하는 바에 따라 소정의 사항을 주거지 관할 검사에게 신고하고, 재범방지에 필요한 범위 안에서 그 지시에 따라 보안관찰을 받아야 한다.

○ 검사는 피보안관찰자가 도주하거나 1월 이상 그 소재가 불명한 때에는 보안관찰처분의 집행중지결정을 할 수 있으며, 그 사유가 소멸된 때에는 7일 이내에 그 결정을 취소하여야 한다.

① ○○○○　　② ○○○　　③ ○○○　　④ ○○○

> **해설**
> ○ 피보안관찰자는 **주거지를 이전하거나 국외여행 또는 10일 이상 주거를 이탈하여 여행**하고자 할 때에는 미리 거주예정지, 여행예정지 등을 지구대 파출소장을 거쳐 **관할경찰서장**에게 신고하여야 한다.
> ○ 보안관찰처분을 받은 자는 이 법이 정하는 바에 따라 소정의 사항을 **주거지 관할 경찰서장에게** 신고하고, 재범방지에 필요한 범위 안에서 그 지시에 따라 보안관찰을 받아야 한다.
> ○ 검사는 피보안관찰자가 도주하거나 1월 이상 그 소재가 불명한 때에는 보안관찰처분의 집행 중지결정을 할 수 있으며, 그 사유가 소멸된 때에는 지체없이 그 결정을 취소하여야 한다.

027 「보안관찰법」상 설명 중 틀린 것은 모두 몇 개인가?

12 채용
3차

13 채용
1차

> ㉠ 보안관찰처분 대상자는 대통령령이 정하는 바에 따라 그 형의 집행을 받고 있는 교도소 등에서 출소 전에 거주예정지 기타 대통령으로 정하는 사람을 교도소 등의 장을 경유하여 거주예정지 관할경찰서장에게 신고하고, 출소 후 7일 이내에 그 거주예정지 관할경찰서장에게 출소사실을 신고하여야 한다.
> ㉡ 보안관찰처분심의위원회는 보안관찰처분 또는 그 기각의 결정, 면제 또는 그 취소결정, 보안관찰처분의 취소 또는 기간의 갱신결정을 심의·의결한다.
> ㉢ 검사가 처분청구서를 제출할 때에는 청구의 원인이 되는 사실을 증명할 수 있는 자료와 의견서를 첨부하여야 한다.
> ㉣ 검사는 보안관찰처분청구를 한 때에는 지체 없이 처분청구서 등본을 피청구자에게 송달하여야 한다. 이 경우 송달에 관하여는 「민사소송법」 중 송달에 관한 규정을 준용한다.

① 1개   ② 2개   ③ 3개   ④ 없음

028 우리나라는 군사분계선 이남지역과 그 이북지역 간의 상호 교류와 협력을 촉진하여 한반도의 평화와 통일에 이바지하는 것을 목적으로 「남북교류협력에 관한 법률」을 제정하였다. 하지만 반국가활동을 규제하여 국가의 안전과 국민의 생존 및 자유 확보를 목적으로 하는 「국가보안법」과는 상충된다는 논란이 있을 수 있다. 「남북교류협력에 관한 법률」과 「국가보안법」의 관계에 대한 설명 중 가장 적절하지 않은 것은?

12 승진

① 「남북교류협력에 관한 법률」에 의해 남북을 왕래하면서 승인 없이 금품을 수수한 경우 정당성이 인정되면 「국가보안법」이 적용되지 않는다.
② 재외국민이 재외공관장에게 단순히 신고하지 않고 북한을 왕래하더라도 「남북교류협력에 관한 법률」의 적용을 받지 않는다.
③ 「남북교류협력에 관한 법률」이 시행됨으로써 북한에의 잠입, 탈출, 회합 등의 행위에 대하여 형의 폐지나 변경이 있었다고 볼 수는 없다는 것이 판례의 태도이다.
④ 「남북교류협력에 관한 법률」은 남북 간의 왕래, 교역, 협력사업 및 통신역무의 제공 등 남북 교류와 협력을 목적으로 하는 행위에 관하여 정당하다고 인정되는 범위 안에서 다른 법률에 우선하여 적용된다.

해설

② 단순한 절차위반으로 「남북교류협력에 관한 법률」의 적용을 받는다.
①④ **남북교류·협력을 목적**으로 하는 행위에 관하여는 이 법률의 목적 범위에서 다른 법률에 **우선하여 이 법을 적용**한다(「남북교류협력에 관한 법률」 제3조).
③ 「남북교류협력에관한법률」은 남한과 북한과의 왕래 교역협력사업 및 통신역무의 제공 등 남북교류와 협력을 목적으로 하는 행위에 관하여 정당하다고 인정되는 범위 안에서 다른 법률에 우선하여 적용하도록 되어 있으므로 이 요건을 충족하지 아니하는 북한에의 왕래(탈출, 잠입), 회합행위에 대하여는 위 법을 적용할 수 없고, 따라서 이러한 탈출, 잠입, 회합 등 행위에 대하여는 위 법의 시행에도 불구하고 **형의 폐지나 변경이 있다고 할 수 없으므로** 형법 제1조 제2항이 적용될 여지가 없다(대판 1990.9.25. 90도1613).

029 「남북교류협력에 관한 법률」및 동법 시행령과 「국가보안법」에 대한 설명으로 가장 적절하지 <u>않은</u> 것은?(다툼이 있는 경우 판례에 의함)

19 승진

① 남한 주민이 북한을 방문하고자 하는 경우 방문 3일 전까지 남북교류협력시스템을 통해 '북한 방문 승인 신청서'를 제출해야 한다.

② 「남북교류협력에 관한 법률」에 따르면 방북 시 통일부장관이 발급한 방문 증명서를 소지해야 하며, 통일부장관의 방문 승인을 받지 아니하고 방북하는 것에 대한 벌칙규정이 있다.

③ 7.4 남북공동성명이 있었고 남북 사이의 화해와 불가침 및 교류협력에 관한 합의서가 체결 및 발효되었다고 하여도 그로 인해 「국가보안법」이 규범력을 상실한 것으로 볼 수는 없다.

④ 「남북교류협력에 관한 법률」상 '재외국민'이 외국에서 북한을 왕래할 때에는 통일부장관이나 재외공관의 장에게 신고하여야 한다.

> **해설**
> ① 남한 주민이 북한을 방문하고자 하는 경우 방문 7일 전까지 남북교류협력시스템을 통해 '북한 방문 승인 신청서'를 제출해야 한다.

030 「북한이탈주민의 보호 및 정착지원에 관한 법률」상 다음 설명 중 가장 적절하지 <u>않은</u> 것은?

15 채용 1차

① 대한민국은 보호대상자를 인도주의에 입각하여 특별히 보호한다.

② 대한민국은 외국에 체류하고 있는 북한이탈주민의 보호 및 지원 등을 위하여 외교적 노력을 다하여야 한다.

③ 국가정보원장은 북한이탈주민에 대한 보호 및 지원 등을 위하여 북한이탈주민의 실태를 파악하고, 그 결과를 정책에 반영하여야 한다.

④ 보호대상자는 대한민국의 자유민주적 법질서에 적응하여 건강하고 문화적인 생활을 할 수 있도록 노력하여야 한다.

> **해설**
> ③ **통일부장관**은 북한이탈주민에 대한 보호 및 지원 등을 위하여 북한이탈주민의 실태를 파악하고, 그 결과를 정책에 반영하여야 한다(「북한이탈주민의 보호 및 정착지원에 관한 법률」 제4조 제4항).

031

18 채용
2차

다음 중 「북한이탈주민의 보호 및 정착지원에 관한 법률」에 대한 설명으로 적절한 것을 모두 고른 것은?

> ⊙ 보호대상자 중 북한의 군인이었던 자가 국군에 편입되기를 희망하더라도 국군으로 특별임용할 수 없다.
> ⊙ 북한이탈주민으로서 「북한이탈주민의 보호 및 정착지원에 관한 법률」에 따른 보호를 받으려는 사람은 재외공관이나 그 밖의 행정기관의 장(각급 군부대의 장을 포함한다)에게 보호를 직접 신청하여야 한다. 다만, 보호를 직접 신청하지 아니할 수 있는 대통령령으로 정하는 사유가 있는 경우에는 그러하지 아니하다.
> ⓒ 북한이탈주민으로서 보호신청을 한 사람 중 위장탈출 혐의자는 보호대상자로 결정될 수 없다.
> ⓔ 통일부장관은 북한이탈주민대책협의회의 심의를 거쳐 보호대상자의 보호 및 정착지원에 관한 기본 계획을 3년마다 수립·시행하여야 한다.

① ⊙ ⊙   ② ⊙ ⓔ   ③ ⊙ ⓒ   ④ ⊙ ⓔ

해설
⊙ 북한의 군인이었던 보호대상자가 국군에 편입되기를 희망하면 북한을 벗어나기 전의 계급, 직책 및 경력 등을 고려하여 국군**으로 특별임용할 수 있다.**
⊙ 「북한이탈주민의 보호 및 정착지원에 관한 법률」 제7조 제1항
ⓒ **북한이탈주민으로서 보호신청을 한 사람 중 위장탈출 혐의자는 보호대상자로 결정하지 아니할 수 있다** (「북한이탈주민의 보호 및 정착지원에 관한 법률」 제9조 제1항 제3호).
ⓔ 「북한이탈주민의 보호 및 정착지원에 관한 법률」 제4조의3

032 「북한이탈주민의 보호 및 정착지원에 관한 법률」및 같은 법 시행령에 대한 설명으로 가장 적절한 것은?

① 북한이탈주민이란 군사분계선 이북지역에 주소, 직계가족, 배우자, 직장 등을 두고 있는 사람으로서 북한을 벗어난 후 외국 국적을 취득한 사람을 말한다.

② 북한이탈주민으로서 「북한이탈주민의 보호 및 정착지원에 관한 법률」에 따른 보호를 받으려는 사람은 재외공관이나 그 밖의 행정기관의 장(각급 군부대의 장은 제외한다)에게 보호를 직접 신청하여야 한다.

③ 통일부장관은 '북한이탈주민 대책협의회'의 심의를 거쳐 북한이탈주민의 보호 여부를 결정한다. 단, 국가안보에 현저한 영향을 끼칠 우려가 있는 자의 경우 국방부장관 이 보호 여부를 결정한다.

④ 통일부장관은 「북한이탈주민의 보호 및 정착지원에 관한 법률」에 따라 보호대상자가 거주지로 전입한 후 그의 신변안전을 위하여 국방부장관이나 경찰청장에게 협조를 요청할 수 있다.

해설

① 북한이탈주민이란 군사분계선 이북지역에 주소 직계가족, 배우자 직장 등을 두고 있는 사람으로서 북한을 벗어난 후 외국 국적을 **취득하지 아니한 사람**을 말한다. (「북한이탈주민의 보호 및 정착지원에 관한 법률」 제2조 제1호)

② 북한이탈주민으로서 「북한이탈주민의 보호 및 정착지원에 관한 법률」에 따른 보호를 받으려는 사람은 재외공관이나 그 밖의 행정기관의 장(**각급 군부대의 장을 포함한다**)에게 보호를 직접 신청하여야 한다.(「북한이탈주민의 보호 및 정착지원에 관한 법률」 제7조 제1항)

③ 통일부장관은 '북한이탈주민 대책협의회'의 심의를 거쳐 북한이탈주민의 보호 여부를 결정한다. 단, 국가안보에 현저한 영향을 끼칠 우려가 있는 자의 경우 **국가정보원장**이 보호 여부를 결정한다. (「북한이탈주민의 보호 및 정착지원에 관한 법률」 제8조 제1항)

④ 「북한이탈주민의 보호 및 정착지원에 관한 법률」 제22조의2 제1항

033

20 승진

「북한이탈주민의 보호 및 정착지원에 관한 법률」상 북한이탈주민의 보호에 대한 설명으로 가장 적절한 것은?

① 북한이탈주민이란 군사분계선 이북지역에 주소, 직계가족, 배우자, 직장 등을 두고 있는 사람으로서 북한을 벗어난 후 외국 국적을 취득한 사람을 말한다.

② 보호대상자를 정착지원시설에서 보호하는 기간은 3년 이내 거주지에서 보호하는 기간은 5년을 원칙으로 한다.

③ 체류국에 10년 이상 생활 근거지를 두고 있는 사람이나 국내 입국 후 3년이 지나서 보호신청한 사람은 보호대상자로 결정하지 않을 수 있다.

④ 통일부장관은 보호 대상자가 500만 원의 벌금형을 선고받고 그 형이 확정된 경우 협의회의 심의를 거쳐 보호 및 정착지원을 중지하거나 종료할 수 있다.

> **해설**
> ① "북한이탈주민"이란 군사분계선 이북지역에 주소, 직계가족, 배우자, 직장 등을 두고 있는 사람으로서 북한을 벗어난 후 외국 국적을 취득하지 아니한 사람을 말한다.
> ② 보호대상자를 정착지원시설에서 보호하는 기간은 1년 이내, 거주지에서 보호하는 기간은 5년을 원칙으로 한다(법 제5조 제3항).
> ④ 통일부장관은 보호대상자가 1년 이상의 징역 또는 금고의 형을 선고받고 그 형이 확정된 경우 협의회의 심의를 거쳐 보호 및 정착지원을 중지하거나 종료할 수 있다(법 제27조 제1항).

034

20 경간

「북한이탈주민의 보호 및 정착지원에 관한 법률」에 대한 설명으로 옳지 않은 것은?

① 통일부장관은 「북한이탈주민의 보호 및 정착지원에 관한 법률」에 따라 보호대상자가 거주지로 전입한 후 그의 신변안전을 위하여 국방부장관이나 경찰청장에게 협조를 요청할 수 있다.

② 북한이탈주민이란 군사분계선 이북지역에 주소, 직계가족, 배우자, 직장 등을 두고 있는 사람으로서 북한을 벗어난 후 외국 국적을 취득하지 아니한 사람을 말한다.

③ 통일부장관은 '북한이탈주민 대책협의회'의 심의를 거쳐 보호여부를 결정한다. 단, 국가안보에 현저한 영향을 끼칠 우려가 있는 자의 경우 국가정보원장이 보호 여부를 결정한다.

④ 북한이탈주민으로서 위장탈출 혐의자, 국내 입국 후 3년이 지나서 보호신청한 사람, 체류국에 10년 이상 생활 근거지를 두고 있는 사람은 보호대상자로 결정될 수 없다.

> **해설**
> ④ 북한이탈주민으로서 위장탈출 혐의자, 국내 입국 후 **3년**이 지나서 보호신청한 사람, 체류국에 10년 이상 생활 근거지를 두고 있는 사람은 보호대상자로 결정하지 아니할 수 있다(법 제9조 제1항).

ANSWER 033 ③ 034 ④

CHAPTER 11

외사경찰

제1절 국제화와 외사경찰

01 외사경찰

국가안전, 질서유지를 위해 **외국인, 교포, 외국과 관련된 기관, 단체를 대상**으로 동향파악과 관련된 범죄를 예방, 단속하는 것을 임무로 하는 경찰활동을 의미한다. 국가의 안전과 국익의 보호를 목적으로 한다.

02 국제질서에 관한 견해기출

Hobbes	자연상태의 인간은 **'만인에 대한 만인의 투쟁'**이라는 견해를 국제정세에도 적용하였고, **국가는 생존을 위해 투쟁**하고 있으며 전쟁은 생존을 위한 전략으로 도덕적 · 법적 구속을 받을 필요가 없다고 본다.
Kant	국제정치는 분쟁보다는 국가 간의 **초국가적 유대감**이 중요하고 도덕성을 바탕으로 국가라는 제도를 종식시키고 **인류공동체**를 이루기 위하여 노력하는 것이라고 주장
Grotius	국가 간의 관계는 투쟁만이 아니라 공동의 규율과 **국제기구**에 의한 제한을 받아야 하며, **국제정치**는 한 국가가 다른 국가와 조화로운 경제, 사회적 관계의 정립이라고 본다.

03 국제질서에 대한 사상들의 변천순서기출

18세기	이상주의	국가도 이성적인 존재로서 **'최대다수의 최대 행복'**을 구현
19세기	자유방임주의	국제관계도 **'보이지 않는 손'**의 원리에 의해 세계적 이익에 기여
19세기 말	제국주의	**보호무역**, 열강들의 식민지 쟁탈전
1차 대전 이후	이데올로기적 패권주의	자유주의와 공산주의의 **이데올로기** 대립
1980년 이후	경제패권주의	냉전종식, WTO체제, 자국의 경제적 이익추구

04 관련용어

노동라운드 (Blue Round)	모든 나라들이 준수해야 할 일정한 기준의 **노동기준**이 있어야 한다는 것
기술라운드 (Technology Round)	선진국 과학기술을 개발도상국이 힘을 들이지 않고 이용하고 있다는 인식에서 비롯된 **선진국의 연대움직임**으로, 주로 **지적재산권** 보호에 중점
환경라운드 (Green Round)	**환경규제기준**을 마련하고 이를 위반한 제품은 수입을 금하며, 국제환경 협약을 이행하지 않았을 경우에는 무역제재를 가해야 할 것을 내용
경쟁라운드 (Competition Round)	규제와 정책차이가 무역장애로 이어짐에 따라 개방과 내국인 대우를 통한 **경제조건의 평균화** 추진

CH.11

01 의의

국가안전과 공공의 안녕질서를 유지하기 위하여 외국인·해외교포 또는 외국과 관련된 기관·단체 등 외사대상에 대하여 동정을 파악하고 관련된 범죄를 예방·단속하는 것을 주된 임무로 하는 경찰활동을 의미한다.

02 미국의 보안경찰

대상의 특성	**외국인**·**해외동포**·**외교관** 등을 대상으로 하므로, 일반내국인이 관련된 범죄의 예방과 단속을 주 업무로 하는 일반경찰활동과 구별된다.
활동범위의 광범성	외사정보·외사보안·외사범죄수사·국제협력활동 국제사회를 무대로 전개된다는 특성이 있다.
전문성	국제관계, 외국의 정치·경제·사회·문화 등에 관한 충분한 이해와 어휘 능력 등 고도의 지식과 능력이 요구된다.
국가법익의 보호	개인의 이익보다는 **국가의 안전과 국익의 보호를 우선 목적**으로 한다.

03 외사경찰의 대상

(1) 외국인

1) 외국인의 의의기출

　대한민국의 국적을 가지지 않은 모든 자를 말하며, **무국적자와 외국국적을 가진 자**를 포함한다. 자국국적과 외국국적을 동시에 가지고 있는 **복수국적자는 내국인**으로 취급한다.

2) 국적의 취득

　① 출생에 의한 국적 취득 (법 제2조)

　　㉠ 출생 당시에 부(父) 또는 모(母)가 대한민국의 국민인 자

　　㉡ 출생하기 전에 부가 사망한 경우에는 그 사망 당시에 부가 대한민국의 국민이었던 자

　　㉢ 부모가 모두 분명하지 아니한 경우나 국적이 없는 경우에는 대한민국에서 출생한 자

　　　대한민국에서 발견된 **기아(棄兒)는 대한민국에서 출생한 것으로 추정**한다.

　② 인지에 의한 국적 취득(법 제3조)

　　외국인으로서 대한민국의 국민인 부 또는 모에 의하여 인지된 자가 다음 요건을 모두 갖추면 **법무부장관에게 신고**함으로써 대한민국 국적을 취득할 수 있다.

　　㉠ 대한민국의 민법상 미성년일 것

　　㉡ 출생 당시에 부 또는 모가 대한민국의 국민이었을 것

③ 귀화에 의한 국적 취득(법 제4조)기출

대한민국 국적을 취득한 사실이 없는 외국인은 법무부장관의 귀화허가를 받아 대한민국국적을 취득할 수 있다.

일반귀화 요건	㉠ **5년 이상 계속하여 대한민국에 주소가 있을 것** ㉡ 대한민국의 「민법」상 **성년일 것** ㉢ 품행이 단정할 것 ㉣ 자신의 자산이나 기능에 의하거나 생계를 같이하는 가족에 의존하여 생계를 유지할 능력이 있을 것 ㉤ 국어 능력과 대한민국의 풍습에 대한 이해 등 대한민국 국민으로서의 기본 소양을 갖추고 있을 것
간이귀화 요건	㉠ 다음에 해당하는 외국인으로서 대한민국에 **3년 이상 계속하여 주소가 있는 자**는 귀화허가를 받을 수 있다. ⓐ 부 또는 모가 대한민국의 국민이었던 자 ⓑ 대한민국에서 출생한 자로서 부 또는 모가 대한민국에서 출생한 자 ⓒ 대한민국 국민의 양자로서 입양 당시 대한민국의 민법상 성년이었던 자 ㉡ 배우자가 대한민국의 국민인 외국인으로서 다음에 해당하는 자는 귀화허가를 받을 수 있다. ⓐ 그 배우자와 혼인한 상태로 대한민국에 **2년 이상** 계속하여 주소가 있는 자 ⓑ 그 배우자와 혼인한 후 **3년**이 지나고 혼인한 상태로 대한민국에 1년 이상 계속하여 주소가 있는 자
특별귀화 요건	다음에 해당하는 외국인으로서 **대한민국에 주소가 있는 자**는 일반귀화요건이나 간이귀화요건을 갖추지 아니하여도 귀화허가를 받을 수 있다.기출 ㉠ 부 또는 모가 대한민국의 국민인 자. 다만, 양자로서 대한민국의 「민법」상 성년이 된 후에 입양된 자는 제외한다. ㉡ 대한민국에 특별한 공로가 있는 자 ㉢ 과학·경제·문화·체육 등 특정 분야에서 매우 우수한 능력을 보유한 자로서 대한민국의 국익에 기여할 것으로 인정되는 자

3) 국적 취득자의 외국국적 포기 의무 (법 제10조)

① 대한민국 국적을 취득한 외국인으로서 외국 국적을 가지고 있는 자는 **대한민국 국적을 취득한 날로부터 1년 내에** 그 외국 국적을 포기하여야 한다.

② ①에도 불구하고 일정한 자는 대한민국 국적을 취득한 날부터 1년 내에 외국 국적을 포기하거나 법무부장관이 정하는 바에 따라 **대한민국에서 외국 국적을 행사하지 아니하겠다**는 뜻을 법무부장관에게 서약하여야 한다.

③ ①과 ②를 이행하지 아니한 자는 그 **기간이 지난 때에 대한민국 국적을 상실**한다.

4) 복수국적자의 국적선택의무(법 제12조)

만 20세가 되기 전에 복수국적자가 된 자는 **만22세**가 되기 전까지, 만 20세가 된 후에 복수국적자가 된 자는 그때부터 2년 내에 하나의 국적을 선택하여야 한다. 다만, 제10조 제2항에 따라 법무부장관에게 대한민국에서 **외국 국적을 행사하지 아니하겠다**는 뜻을 서약한 복수국적자는 제외한다.

(2) 법적 지위

1) 외국인의 일반적 지위

우리 헌법은 국제법과 조약이 정하는 바에 의하여 외국인의 지위를 보장한다고 규정

상호주의	외국이 그 외국에 있는 자국민에게 인정하는 것과 동일한 정도의 권리·의무를 자국에 있는 외국인에게 인정하는 것을 의미한다.
평등주의	자국에 있는 외국인에게 자국민과 동일한 정도의 권리·의무를 인정하는 것을 의미한다.

2) 외국인의 권리와 의무기출

① 권리

인정되는 권리	인격권(생명권, 성명권, 정조권), 자유권, 재산권(물권,채권,무체재산권), 재판청구권 등
인정되지 않는 권리 기출	⊙ 선거권, 피선거권, 공무담임권 등 참정권, 수익권(생활보장청구권) 기출 ⓒ 단, 영주체류자격 취득일 후 **3년이 경과한 19세 이상의 외국인**으로 당해 지방자치단체의 외국인등록대장에 등재된 자는 **지방자치단체장 선거와 지방의회 의원 선거권이 인정된다(대통령과 국회의원 선거권은 부정)**. ⓒ **19세 이상** 외국인으로서 대한민국에 계속 거주할 자격을 갖춘 자로서 지방자치단체의 조례가 정하는 자는 주민투표권을 가진다.기출 ⓔ 근로의 권리, 교육을 받을 권리

② 외국인의 의무

⊙ 원칙

특권을 인정받은 외교사절 등을 제외하고는 **원칙적으로 내국인과 동일**하다. 즉, 외국인도 내국인처럼 **경찰권·과세권·재판권**에 복종할 의무가 있다.기출 **병역의무, 교육의 의무, 사회보장가입의무 등은 부담하지 않는다.**

ⓒ 외국인만이 부담하는 의무: 지방적 구체의 원칙에 대한 의무, 추방의 원인이 되는 행위를 하지 않을 의무, 외국인 등록을 할 의무가 있다.

ⓒ 외국인 등록의무: **체류지를 관할하는 지방출입국·외국인 관서의 장에게 외국인 등록** 기출

3) 외국인 등록의무

등록대상자	① 외국인이 입국한 날부터 **90일을 초과**하여 대한민국에 체류하려면 **입국한 날로부터 90일 이내**에 외국인등록을 하여야 한다. 기출 제23조에 따라 체류자격을 받는 사람으로서 **그 날로부터 90일을 초과**하여 체류하게 되는 사람은 체류자격을 받는 때에 외국인등록을 하여야 한다. ② 제24조에 따라 체류자격 변경허가를 받는 사람으로서 **입국한 날부터 90일을 초과**하여 체류하게 되는 사람은 체류자격 변경허가를 받는 때에 외국인등록을 하여야 한다.기출
등록제외대상	① **주한 외국공관(대사관과 영사관포함)과 국제기구의 직원** 및 그 가족 대한민국정부와의 협정에 따라 **외교관 또는 영사와 유사한 특권 및 면제를 누리는 사람**과 그의 가족 ② 대한민국정부가 초청한 사람 등으로서 **법무부령**으로 정하는 사람 기출
등록증발급	① 외국인등록을 마친 외국인에게는 외국인등록증을 발급하여야 하나, 그 외국인이 **17세 미만**인 때에는 이를 발급하지 아니할 수 있다. ② 외국인등록증을 발급받지 아니한 외국인이 17세가 된 때에는 90일 이내에 체류지 관할 사무소장이나 출장소장에게 외국인등록증 발급신청을 하여야 한다.

4) 체류자격 부여 (출입국관리법 제23조)

대한민국에서 출생하여 제10조에 따른 체류자격을 가지지 못하고 체류하게 되는 외국인은 그가 **출생한 날부터 90일 이내**에, 대한민국에서 체류 중 대한민국의 국적을 상실하거나 이탈하는 등 그 밖의 사유로 제10조에 따른 체류자격을 가지지 못하고 체류하게 되는 외국인은 **그 사유가 발생한 날부터 30일 이내**에 대통령령으로 정하는 바에 따라 체류자격을 받아야 한다.

5) 체류자격 변경허가

대한민국에 체류하는 외국인이 그 체류자격과 다른 체류자격에 해당하는 활동을 하려면 미리 **법무부장관의 체류자격 변경허가**를 받아야 한다. 그 신분이 변경되어 체류자격을 변경하려는 사람은 신분이 **변경된 날부터 30일 이내**에 법무부장관의 체류자격 변경허가를 받아야 한다.

(3) 내 · 외국인의 입국

1) 의의

외국인이 우리나라에 입국하기 위해서는 유효한 여권과 여행하고자 하는 국가에서 발급하는 사증이 있어야 한다.

대륙법계	외국인 입국은 국가의 교통권으로 인정하므로 원칙적으로 **금지할 수 없다.**
영 · 미법계	외국인입국은 국내문제로 원칙적으로 외국인 입국을 **금지할 수 있다.**기출
통설	영 · 미법계 입장으로 국가가 국제법상으로 외국인 입국을 허가할 의무는 없으며, 입국을 허가하는 경우에도 **제한을 가할 수 있다고 본다.**

2) 여권

여권은 내국인의 출국을 증명하는 문서로 여권은 국외여행을 할 수 있음을 증명하는 **본국의 일방적인 증명서**기출 외국인의 신분을 국제적으로 확인하는 증서로서 입국하려는 국가의 당국에 제출하여 입국허가를 받아야 한다.기출

발급권자	외교부장관은 여권 등의 발급, 재발급과 기재사항변경에 관한 사무의 일부를 대통령령으로 정하는 바에 따라 **영사나 지방자치단체의 장에게 대행할 수 있다.** 기출		
종류	㉠ 일반여권·관용여권과 외교관여권 ㉡ 단수여권(1회에 한하여 외국여행을 할 수 있는 여권), 복수여권(유효기간 만료일까지 횟수에 제한 없이 외국여행을 할 수 있는 여권)		
유효기간	일반여권	**10년**(단, 18세 미만은 5년)	
	관용여권	**5년**	
	외교관여권	**5년**	
발급거부	외교부장관은 다음에 해당하는 사람에 대하여는 여권의 발급 또는 재발급을 거부할 수 있다. – **장기 2년 이상의 형**에 해당하는 죄를 범하고 기소되어 있는 사람 또는 **장기 3년 이상의 형**에 해당하는 죄를 범하고 국외로 도피하여 **기소중지**된 사람 – 여권법 제24조부터 제26조까지 규정된 죄를 범하여 형을 선고받고 그 집행이 종료되지 아니하거나 집행을 받지 아니하기로 확정되지 아니한 사람 – 여권법 제24조부터 제26조 외의 죄를 범하여 금고이상의 형을 선고받고 그 집행이 종료되지 아니하거나 집행을 받지 아니하기로 확정되지 아니한 사람		
여권을 대신하는 증명서	㉠ 국제연합이 그 직원들에게 발급하는 **국제연합통행증**기출 ㉡ 무국적자에게 발급해주는 **여행증명서** ㉢ **난민여행증명서**		

3) 사증

입국하려는 국가에서 발급하는 입국 및 체류허가서로 **법무부장관**이 발급권자이나, 그 권한을 재외공관장에게 위임할 수 있다.기출

종류	단수사증(1회 사용), 복수사증(2회 이상) 기출 ㉠ 단수사증 – **발급일부터 3월**기출 ㉡ 복수사증의 유효기간 　ⓐ 외교(A-1), 공무(A-2), 협정(A-3)에 해당하는 자의 경우 발급일로부터 **3년간** 유효하다(출입국관리법 시행규칙 제12조 제2항 제1호)기출 　ⓑ 방문취업(H-2)에 해당하는 자의 복수사증은 **5년** 이내
무사증 입국 기출	㉠ **재입국허가**를 받은 자 또는 재입국허가가 면제된 자로서 그 허가 또는 면제받은 기간이 만료되기 전에 입국하는 자 ㉡ 대한민국과 사증면제협정을 체결한 국가의 국민으로서 그 협정에 의하여 면제의 대상이 되는 자 ㉢ **국제친선 · 관광** 또는 **대한민국의 이익** 등을 위하여 입국하는 자로서 대통령령이 정하는 바에 따라 입국허가를 받는 자 　ⓐ 외국정부 또는 국제기구의 업무를 수행하는 자로서 부득이한 사유로 사증을 가지지 아니하고 입국하고자 하는 자 　ⓑ **30일 이내의 기간** 내에 대한민국을 관광 또는 통과할 목적으로 입국하고자 하는 자 **기출** 　ⓒ 기타 법무부장관이 대한민국의 이익 등을 위하여 그 입국이 필요하다고 인정하는 자 ㉣ **난민여행증명서**를 발급받고 출국하여 그 유효기간이 만료되기 전에 입국하는 자기출
체류 자격	**공무 (A-2)**　대한민국정부가 승인한 외국정부 또는 국제기구의 공무를 수행하는 사람과 그 가족 **유학 (D-2)**　전문대학 이상의 교육기관 또는 학술연구기관에서 정규과정의 교육을 받거나 특정 연구를 하려는 사람 **회화 지도 (E-2)**　법무부장관이 정하는 자격요건을 갖춘 외국인으로서 외국어전문학원, 초등학교 이상의 교육기관 및 부설어학연구소, 방송사 및 기업체 부설 어학연수원, 그 밖에 이에 준하는 기관 또는 단체에서 외국어 회하지도에 종사하려는 사람기출 **예술 흥행 (E-6)**　수익이 따르는 음악, 미술, 문학 등의 예술활동과 수익을 목적으로 하는 연예, 연주, 연극, 운동경기, 광고 · 패션 모델, 그 밖에 이에 준하는 활동을 하려는 사람 기출 **비전문 취업 (E-9)**　「외국인근로자의 고용 등에 관한 법률」에 따른 국내 취업요건을 갖춘 사람(일정 자격이나 경력 등이 필요한 전문 직종에 종사하려는 사람은 제외) **결혼 이민 (F-6)**　가. 국민의 배우자 나. 국민과 혼인관계(사실상 혼인관계를 포함)에서 출생한 자녀를 양육하고 있는 부 또는 모로서 법무부장관이 인정하는 사람 다. 국민인 배우자와 혼인한 상태로 국내에 체류하던 중 그 배우자의 사망이나 실종, 그 밖에 자신에게 책임이 없는 사유로 정상적인 혼인관계를 유지할 수 없는 사람으로서 법무부장관이 인정하는 사람

4) 여행증명서를 발급받을 수 있는 대상자(여권법 시행령 제16조)
   ① **출국하는 무국적자**기출

   ② 국외에 체류하거나 거주하고 있는 사람으로서 여권을 잃어버리거나 유효기간이 만료되는 경우에 여권 발급을 기다릴 시간적 여유가 없어 긴급히 귀국하거나 제3국에 여행할 필요가 있는 사람

   ③ 국외에 거주하고 있는 사람으로서 일시 귀국한 후 여권을 잃어버리거나 유효기간이 만료되는 등의 경우에 여권 발급을 기다릴 시간적 여유가 없어 긴급히 거주지 국가로 출국하여야 할 필요가 있는 사람

   ④ **해외입양자** 기출

   ⑤ 「남북교류협력에 관한 법률」 제10조에 따라 여행증명서를 소지하여야 하는 사람으로서 여행증명서를 발급할 필요가 있다고 외교부장관이 인정하는 사람

   ⑥ 「출입국관리법」 제46조에 따라 대한민국 밖으로 강제퇴거되는 외국인으로서 그가 국적을 가지는 국가의 여권 또는 여권을 갈음하는 증명서를 발급받을 수 없는 사람

   ⑦ 제1호부터 제6호까지의 규정에 준하는 사람으로서 긴급하게 여행증명서를 발급할 필요가 있다고 외교부장관이 인정하는 사람

5) 입국 시 지문 및 얼굴에 관한 정보의 제공(출입국관리법 제12조의2)
   ① 입국하려는 외국인은 입국심사를 받을 때 지문 및 얼굴에 관한 정보를 제공하고 본인임을 확인하는 절차에 응하여야 한다.

   ② 다음에 해당하는 사람은 지문 및 얼굴에 관한 정보제공이 **면제**된다.

   ⓐ **17세 미만인 사람**

   ⓑ 외국정부 또는 국제기구의 업무를 수행하기 위하여 입국하는 사람과 그 동반 가족

   ⓒ 외국과의 우호 및 문화교류 증진, 경제활동 촉진 또는 대한민국의 이익 등을 고려하여 지문 및 얼굴에 관한 정보의 제공을 면제하는 것이 필요하다고 대통령령으로 정하는 사람

   ③ 출입국관리공무원은 외국인이 지문 및 얼굴에 관한 정보를 제공하지 아니하는 경우에는 그의 입국을 허가하지 아니할 수 있다.

6) 외국인의 입국금지(이의신청절차 없음) 기출

① **염병환자 · 마약중독자** 그 밖에 공중위생상 위해를 끼칠 염려가 있다고 인정되는 사람

② **총포 · 도검 · 화약류 등을 위법하게 가지고 입국**하려는 사람

③ **대한민국의 이익이나 공공의 안전을** 해하는 행동을 할 염려가 있다고 인정할만한 상당한 이유가 있는 사람

④ 경제질서 또는 사회질서를 해치거나 선량한 풍속을 해치는 행동을 할 염려가 있다고 인정할 만한 상당한 이유가 있는 사람

⑤ 사리분별 능력이 없고 국내에서 체류활동을 보조할 사람이 없는 정신장애인, 국내 체류비용을 부담할 능력이 없는 사람, 그 밖에 구호가 필요한 사람

⑥ **강제퇴거명령을 받고 출국한 후 5년**이 경과되지 아니한 사람

⑦ 1910년 8월 29일부터 1945년 8월 15일까지 일본정부, 일본정부와 동맹관계에 있던 정부, 일본정부의 우월한 힘이 미치던 정부의 지시 또는 연계 하에 인종, 민족, 종교, 국적, 정치적 견해 등을 이유로 사람을 학살 · 학대하는 일에 관여한 사람

⑧ 이상의 규정에 준하는 자로서 법무부장관이 그 입국이 적당하지 아니하다고 인정하는 사람

참고: 불여행경보기출	
1단계 (여행유의)	여행유의는 특정 국가나 지역으로의 여행 · 체류에 있어 **신변안전에 유의가 필요하다**는 것을 나타내며, 위험요소를 피하도록 권고하는 단계
2단계 (여행자제)	여행자제는 해외여행 · 체류에 있어 여행의 필요성을 신중하게 검토하고, 여행을 하는 경우에는 **신변안전에 특별한 안전조치를 강구**하도록 권고하는 단계
3단계 (여행제한)	여행제한은 특정국가나 지역으로의 여행은 어떠한 목적이건 **가급적 여행을 삼가고**, 현지체류 중인 국민들에게는 긴급한 용무가 아닌 한 귀국할 것을 권고하는 단계
4단계 (여행금지)	여행금지는 특정국가나 지역으로 여행을 금지하고, 체류 중인 국민들에게는 즉시 안전한 국가나 지역(귀국포함)으로 대피 및 철수토록 명령하는 단계

경찰기관 소속공무원의 공무국외여행 업무처리규칙

허가권자는 다음 각호의 어느 하나에 해당하는 공무국외여행의 경우에는 소속공무원으로 구성되는 공무국외여행 심사위원회를 통해 그 타당성을 심사하여야 한다.
1. 업무수행 성격의 공무국외여행 중 여행경비의 전부 도는 일부를 경찰기관 외의 기관 · 단체(외국의 법집행기관, 국제기구는 제외) 또는 개인이 부담하는 경우
2. 포상 · 격려 또는 각종 시찰 · 견학 · 참관 · 자료수집 등 해외연찬 성격의 공무국외여행과 그 연간운영계획
3. 경찰기관이 주관하는 10명 이상의 단체 공무국외여행
4. 허가권자가 심사위원회의 심사를 거칠 필요가 있다고 인정하는 경우

사증 없이 출입국 공항이나 만에서 출입국관리공무원이나 지방출입국·외국인관서의 장의 허가를 받아 일시 상륙하는 것으로 승무원상륙, 관광상륙, 긴급상륙허가 (출입국관리공무원)와 재난상륙, 난민임시상륙허가 (지방출입국·외국인관서의 장)가 있다.

승무원 상륙	① 승선 중인 선박 등이 대한민국의 출입국항에 정박하고 있는 동안 휴양 등의 목적으로 상륙하려는 외국인승무원기출 ② 대한민국의 출입국항에 예정이거나 정박 중인 선박 등으로 옮겨 타려는 외국인 승무원 ③ **15일 이내**(15일 범위 내에서 연장 가능)
관광 상륙	관광을 목적으로 대한민국과 외국 해상을 국제적으로 순회하여 운항하는 여객운송선박 중 법무부령으로 정하는 선박에 승선한 외국인 승객 **3일 이내**(3일 범위 내에서 연장 가능)
긴급 상륙	선박 등에 타고 있는 외국인이 질병 기타의 사고로 인하여 긴급히 상륙이 필요할 때 기출 **30일 이내**(30일 범위 내에서 연장 가능)
재난 상륙기출	조난한 선박 등에 타고 있는 외국인(승무원 포함)을 긴급히 구조할 필요가 있다고 인정할 때 30일 이내(30일 범위 내에서 연장 가능)
난민 임시 상륙	① 선박 등에 타고 있는 외국인이 생명 또는 신체의 자유를 침해받은 공포가 있는 영역으로부터 도피하여 곧바로 한국에 비호를 신청하는 경우 ② **90일 이내**(90일 범위 내에서 연장 가능) ③ 난민임시상륙은 **법무부장관의 승인**을 받아 상륙허가를 할 수 있다. 이 경우 법무부장관은 외교부장관과 협의하여야 한다.기출

(3) 외국인의 출국

출국의 자유	외국인의 출국은 외국인이 체류하는 국가의 영역 밖으로 퇴거하거나 여행하는 것을 의미하고 자발적 출국은 자유이며 원칙적으로 이를 **금지할 수 없다.**기출
강제적 출국	추방은 주권의 행사로 인정되지만, 정당한 이유 없이 추방하는 것은 권리남용이며 비우호적 행위로 취급한다. 외국인의 강제적 출국(추방이나 범죄인인노)은 형벌이 아니라, 행정처분(행정행위)이다.기출
출국 정지 기출	**법무부장관**은 다음에 해당하는 외국인에 대하여 그 출국을 정지할 수 있다. ① **범죄수사**를 위하여 그 출국이 부적당하다고 인정되는 사람 ② **형사재판에 계속 중인** 사람 ③ **징역형 또는 금고형**의 집행이 종료되지 아니한 사람 ④ 대통령령이 정하는 금액(**1천만 원**) 이상의 벌금 또는 추징금(**2천만 원**)을 납부하지 아니한 사람 ⑤ 대통령령이 정하는 금액(**5천만 원**) 이상의 **국세·관세 또는 지방세**를 정당한 사유 없이 그 납부기한까지 납부하지 아니한 자 ⑥ 대한민국의 이익이나 공공의 안전 또는 경제질서를 해할 우려가 있어 그 출국이 부적당하다고 **법무부령**으로 정하는 자

(4) 내국인의 출국금지기출

1) **법무부장관**은 다음에 해당하는 국민에 대하여는 **6개월 이내**의 기간을 정하여 출국을 금지할 수 있다.

① 형사재판에 계속 중인 사람기출

② 징역형이나 금고형의 집행이 끝나지 아니한 사람기출

③ **1천만 원 이상**의 벌금 또는 추징금(2천만 원)을 납부하지 아니한 사람

④ **5천만 원 이상**의 국세 · 관세 또는 지방세를 정당한 사유 없이 납부기한까지 납부하지 아니한 자

⑤ 대한민국의 이익이나 공공의 안전 또는 경제질서를 해칠 우려가 있어 그 출국이 적당하지 아니하다고 법무부령으로 정하는 사람

2) 법무부장관은 범죄 수사를 위하여 출국이 적당하지 아니하다고 인정되는 사람에 대하여는 **1개월** 이내의 기간을 정하여 출국을 금지할 수 있다. 기출

① 소재를 알 수 없어 기소중지결정이 된 사람 또는 도주 등 특별한 사유가 있어 수사진행이 어려운 사람은 **3개월** 이내기출 출국을 금지.

② 기소중지결정이 된 경우로서 체포영장 또는 구속영장이 발부된 사람은 **영장 유효기간** 이내 출국을 금지

3) 출국금지기간의 연장

① **법무부장관**은 출국금지기간을 초과하여 계속 출국을 금지할 필요가 있다고 인정하는 경우에는 그 기간을 연장할 수 있다.

② 출국금지를 요청한 기관의 장은 출국금지기간을 초과하여 계속 출국을 금지할 필요가 있을 때에는 출국금지기간이 끝나기 **3일 전**까지 법무부장관에게 출국금지기간을 연장하여 줄 것을 요청하여야 한다.

(5) 외국인의 체류 및 활동 범위

① 외국인은 그 **체류자격과 체류기간의 범위** 내에서 대한민국에 체류할 수 있다.

② 대한민국에 체류하는 외국인은 이 법 또는 다른 법률이 정하는 경우를 제외하고는 **정치활동을 하여서는 아니 된다.**

③ 법무부장관은 대한민국에 체류하는 외국인이 정치할동을 한 때에는 그 외국인에 대하여 서면으로 그 활동의 중지 기타 필요한 명령을 할 수 있다.

④ 대한민국에 체류하는 외국인이 그 체류자격에 해당하는 활동과 함께 다른 체류자격에 해당하는 활동을 하려면 미리 **법무부장관의 체류자격 외 활동허가를 받아야 한다.**기출

(6) 외국인을 고용한 자 등의 신고의무(법 제19조)

취업활동을 할 수 있는 체류자격을 가지고 있는 외국인을 고용한 자는 다음에 해당하는 사유가 발생한 때에는 그 사실을 안 날부터 **15일 이내** 이를 지방출입국 · 외국인 관서장에게 신고하여야 한다.

① 외국인을 해고하거나 외국인이 퇴직 또는 **사망**한 때

② 고용된 외국인의 **소재**를 알 수 없게 된 때

③ 고용**계약**의 중요한 내용을 변경한 때

(7) 외국인의 강제퇴거(출입국관리법 제46조)

1) 강제퇴거 대상

① **유효한 여권 또는 사증이 없이** 입국한 자

② 허위초청 등의 행위에 의하여 입국한 외국인

③ **입국금지 해당사유**가 입국 후에 발견되거나 발생한 자

④ 입출국심사규정에 위반한 자

⑤ 상륙허가 없이 상륙하였거나 상륙허가 조건을 위반한 자

⑥ 조건부입국허가시 출입국사무소장 또는 출장소장이 붙인 조건에 위반한 자

⑦ 법무부장관이 정한 거소 또는 활동범위의 제한 기타 준수사항을 위반한 자

⑧ 출국심사규정에 위반하여 출국하려고 한 자

⑨ **체류자격 외의 활동**을 하거나 체류기간**연장허가를 받지 않은** 자 기출

⑩ 외국인 등록, 거소 또는 활동범위의 제한 기타 준수사항을 위반한 자 기출

⑪ **금고 이상의 형**을 선고를 받고 석방된 자 기출

⑫ 그 밖에 위에 준하는 사람으로서 **법무부령**으로 정하는 사람

2) 강제퇴거 절차

① 출입국관리공무원은 강제퇴거 대상자에 해당된다고 의심되는 외국인에 대하여는 그 사실을 조사할 수 있다.

② 출입국관리공무원은 외국인이 강제퇴거사유에 해당된다고 의심할 만한 상당한 이유가 있고 도주하거나 도주할 염려가 있는 경우 지방출입국 · 외국인관서의 장으로부터 보호명령서를 발부받아 그 외국인을 보호할 수 있다.(보호기간은 **10일 이내**, 부득이한 사유가 있는 때에는 1차에 한하여 **10일 범위 내에서 연장 가능**)

③ 지방출입국 · 외국인관서의 장의 심사 및 강제퇴거대상자로 인정된 경우 강제퇴거 명령서를 발부할 수 있다.

④ 강제퇴거명령서는 출입국관리공무원이 이를 집행한다(**의뢰에 의해 사법경찰관리**가 집행 가능).

⑤ 강제퇴거사유가 동시에 형사처분사유가 된다면 병행 처벌 가능

(8) 외국인근로자의 취업과 고용기출

1) 근로계약(법 제9조)

　① 사용자가 외국인근로자를 고용하고자 하는 경우에는 고용노동부령이 정하는 표준근로계약서를 사용하여 근로계약을 체결하여야 한다.

　② 고용허가를 받은 사용자와 외국인근로자는 **3년 내**에서 당사자 간의 합의에 따라 근로계약을 체결하거나 갱신할 수 있다.

2) 취업의 제한(법 제18조)

　① 외국인근로자는 입국한 날부터 **3년의 범위 내**에서 취업활동을 할 수 있다.(법 제18조).

　② 고용허가를 받은 사용자에게 고용된 외국인근로자로서 취업활동 기간 3년이 만료되어 출국하기 전에 사용자가 **고용노동부장관에게 재고용 허가**를 요청한 근로자. 특례고용가능확인을 받은 사용자에게 고용된 외국인근로자로서 취업활동 기간 3년이 만료되어 출국하기 전에 사용자가 고용노동부장관에게 재고용 허가를 요청한 근로자는 **1회에 한하여 2년 미만**의 범위에서 취업활동기간을 연장 받을 수 있다(법 제18조의2).

　③ 국내에서 취업한 후 출국한 외국인근로자는 출국한 날부터 **6개월**이 지나지 아니하면 이법에 따라 다시 취업할 수 없다(법 제18조의 3). 기출

　④ 일정한 요건을 갖춘 외국인근로자로서 연장된 취업활동 기간이 만료되어 출국하기 전에 사용자가 재입국 후의 고용허가를 신청하면 고용노동부장관은 그 외국인근로자에 대하여 출국한 날부터 **3개월**이 지나면 이 법에 따라 취업하도록 할 수 있다.(법 제18조의4).

3) 사업 또는 사업장 변경의 허용(법 제25조)

다른 사업 또는 사업장으로 변경을 신청한 날부터 **3월이내**에 근무처 변경허가를 받지 못하거나 사용자와 근로계약 종료 후 **1월 이내**에 다른 사업 또는 사업장으로의 변경을 신청하지 아니한 외국인 근로자는 출국하여야 한다.

04 외교사절

(1) 의의

외교사절은 외교교섭 기타의 직무를 수행하기 위하여 외국에 파견되는 국가의 대외적 대표기관을 말한다. 외교사절에는 상주사절과 임시사절이 있으며, **대사 · 공사** 등이 외교사절에 해당한다. (영사 제외)

(2) 외교사절의 파견기출

아그레망의 요청	파견 전에 접수국에게 특정인의 임명과 파견에 관해 문의하는 것
아그레망의 부여	① 아그레망 요청에 이의가 없다는 의사표시를 하는 것 ② 비우호적이라고 인정되는 경우 아그레망을 거절할 수 있고, 거절의 이유를 파견국에 통지할 필요는 없음
신임장부여	특정인을 외교사절로 신임, 파견한다는 공문서
신임장 접수	외교사절이 접수국에 도착하면 신임장을 접수국의 외무당국에 제출

(3) 외교사절의 특권

1) 내용

① 불가침권기출

신체 불가침	외교사절은 어떠한 형태의 **체포 또는 구금도 당하지 않는다.** 다만, 긴급사태시에는 **일시적인** 신체의 구금은 가능하다.
공관 불가침 기출	외교사절의 공관 및 외교관의 개인주택(부속건물, 정원, 차고 등 포함), 외교사절이 타는 자동차 · 비행기 · 보트도 불가침이다. 따라서 외교사절의 **동의 없이는** 출입 · 수색 · 강제집행 등을 할 수 없다. (**화재나 감염병 발생 시는 동의 없이도** 출입할 수 있다)
문서 불가침	㉠ 공문서 및 사문서를 불문하고 불가침권이 인정된다. 외교공관의 문서는 언제, 어디서나 불가침이므로, 수색 · 검열 · 압수되거나 그 제시가 요구되지 아니한다. 즉, 접수국의 관헌은 문서를 검열하거나 압수할 수 없다. **외교가 단절된 경우**에도 불가침권이 **인정**된다. ㉡ 문서가 간첩행위의 서증인 경우나 외교사절과 동일한 국적의 간첩이 주재국에서 절취 또는 복사한 문서는 불가침권을 상실한다.

② 치외법권

형사재판권 면제	ⓐ 외교사절에 대해 형사재판권을 행사할 수 없으므로, 소추·체포·감금, 처벌할 수 없다. 중대한 범죄로 인정될 경우에도 면제권이 인정되며, **개인 자격으로 행한 범죄도 면제권이 인정**된다. ⓑ 예외적으로는 외교사절의 소환을 요구하거나 퇴거를 요구할 수 있으며, **긴급시에는 일시적으로 신체의 자유를 구속**하는 등 제재 조치 가능
민사재판권 면제	ⓐ 원칙적으로 외교사절을 상대로 **민사소송을 제기할 수 없을 뿐만** 아니라 수리할 수도 없으며, 강제집행이나 손해배상청구 등도 일체 허용되지 않는다. 기출 ⓑ 예외적으로 외교사절이 자진출소·응소하는 경우 또는 외교사절 개인의 부동산 소유·영업·상속재산·손해배상 등에 관한 소송의 경우에는 재판에 응할 수 있다.
경찰권면제	ⓐ 원칙적으로 경찰의 명령이나 규칙은 외교사절을 **구속하지 않지만**, 외교사절이라도 주재국의 법질서를 존중할 의무로부터 해방되는 것은 아니므로 대사관 차량이라도 일상적 교통과 관련하여서는 교차로에서 적색신호에 정지하여야 한다. ⓑ 외교사절에 대한 **운전면허 행정처분은 가능**하며, 외교사절이 교통법규에 위반한 경우 일반범칙자와 같이 범칙금납부고지서를 발부할 수 있다. (다만, 이를 공권력으로 관철할 수 없다.)기출 예외적으로 긴급 시 긴급방어나 경찰강제가 허용된다.
과세권 면제기출	ⓐ 원칙적으로 외교사절은 접수국의 과세권으로부터 면제된다. ⓑ **간접세**, 외교사절이 개인적으로 접수국에서 **부동산** 등을 소유하거나 **영업**에 종사하거나 접수국에서 개시되는 상속에 의해 재산을 취득하는 경우 등에는 세금을 부과할 수 있다.

2) 외교특권의 향유범위

① 외교사절의 특권이 인정되는 시기와 종료시기

인정 시기	아그레망이 부여된 후 신임장을 휴대하고 **입국**한 때부터
종료 시기	외교사절이 접수국의 영토를 출국할 때 또는 출국하는데 소요되는 상당한 기간이 경과했음에도 떠나지 않았을 때에는 그 기간이 종료한 때

② 외교특권의 인적 범위

외교직원	⊙ 외교관의 직급을 가진 공관의 직원으로 **공사, 참사관, 서기관, 주재관** 등 ⓛ 외교직원 및 그 가족은 접수국 국민이 아닌 한, 공관장과 같은 특권과 면제 향유
행정 · 기능 직원	⊙ 공관의 행정 및 기능업무에 고용된 공관직원으로 **개인 비서, 속기사, 타자수 등과** 외교 직원과 같은 특권과 면제 인정 ⓛ 민사 및 행정재판관할권은 **직무 중 행위에 한하여** 특권 인정기출
노무직원	⊙ 공관의 관내 업무에 종사하는 공관직원으로 **요리사, 운전사, 사환** 등 ⓛ 접수국 국민이나 영주권자가 아닌 한, **직무대상 중의 행위**에 한하여 면제 인정기출 보수에 대한 부과금이나 조세로부터 면제되고 사회보장규정으로부터 면제
개인사용인	공관직원의 가사에 종사하며 파견국의 피고용인이 아닌 자로 보수에 대한 부과금이나 조세로부터 면제

05 영사

(1) 의의

영사는 임명국의 통상 · 산업 · 교통 · 항해 기타의 국가 경제적 목적수행과 자국민 보호를 위해 외국에 주재하는 국가기관이다. 영사는 국가를 대표해서 외교교섭을 할 권한은 없다. 영사 파견시에는 아그레망이나 신임장은 필요하지 않으며, 국가원수나 외교부장관 명의의 **위임장**을 부여한다. 영사는 외교사절과 같은 일반적인 외교특권을 가지지 않지만, **제한적인** 특권과 면제가 인정된다.

(2) 직무

① 자국민호, ② 우호관계촉진, ③ 정보수집, ④ 여권 및 사증발급, ⑤ 선박 및 항공기의 감독, ⑥ 기타 공관업무

(3) 영사 등에 관한 특칙(범죄수사규칙 제238조)

① 경찰관은 임명국의 국적을 가진 대한민국 주재의 총영사, 영사 또는 부영사에 대한 사건에 관하여 구속 또는 조사할 필요가 있다고 인정될 때에는 미리 **경찰청장**에게 보고하여 그 지시를 받아야 한다.

② 경찰관은 총영사, 영사 또는 부영사의 사무소는 당해 영사의 청구나 동의가 있는 경우 외에는 이에 출입해서는 아니 된다.기출

③ 경찰관은 총영사, 영사 또는 부영사의 사택이나 명예영사의 사무소 혹은 사택에서 수사할 필요가 인정될 때에는 미리 경찰청장에게 보고하여 그 지시를 받아야 한다.

④ 경찰관은 총영사, 영사 또는 부영사나 명예영사의 사무소 안에 있는 기록문서에 관하여는 이를 열람하거나 압수하여서는 아니 된다.

〈외교사절과 영사의 비교〉

	외교사절	영사
성질	**정치적 기관(정치목적)**	**통상기관(경제목적)**
외교교섭	**가능**	**불가능**
아그레망	**필요**	**불요**
임무개시	신임장 제출 시	접수국의 인가장 부여 시
신체 불가침	포괄적 신체 불가침 (단, 안전한 일시적 구속 가능)	공무에 한하여 (체포·구속 가능)
공관 불가침	**공관뿐만 아니라 사저 포함**	**공관만 향유**
문서 불가침	**공문서·사문서**	**공문서만 불가침**
면제권	**포괄적 면제권 향유**	**공무상 행위만**
규제법규	국제관습, 일반적인 협약	개별적 조약

06 외국군대 및 군함

(1) 외국군대

외국군대의 구성원은 군인·군속·그 부양가족을 포함하나, 무관은 외교특권 향유자이므로 외국군대에서 제외된다.

1) 주둔과 점령의 비교

구분	주둔	점령
근거	파견국과 접수국의 합의	파견국의 일방적행위
상태	평상시	전쟁시
법적 지위	**조약**에 의해 정해짐	전시 **국제법**에 의함(점령국의 법이 아님)
주둔지역 영유권	우호관계에 기한 것으로 주둔지역의 영유권 귀속과 무관	점령지역 영유권은 평화조약에 의해 귀속관계를 결정

2) 외국군대의 지위

출입국관리	일반적으로 출입국절차를 간소화 해준다.
통관 및 관세	① 외국 군인은 원칙적으로 **접수국의 관세법**을 적용받는다. ② 일반적으로 공용 또는 사용으로 직접 사용하기 위해 외국군대 당국의 공인된 기관을 통하여 수입되는 물건은 **관세를 면제**한다. ③ 외국 군인이 근무하여 얻은 소득은 **조세를 면제**한다.
형사재판 관할권	① 외국군대 구성원은 외교특권이 인정되지 아니하며, 영토국인 접수국의 관할권에 종속된다. ② 협정을 통하여 형사재판관할권과 배분에 대하여 협력을 규정하는 경우가 많다.

CH.11

(2) 외국군함

1) 군함 자체의 지위

불가침권	범인이 함 내로 도피한 경우에는 함장의 동의 없이 들어갈 수 없으므로 함장의 **동의를 얻어 들어가거나 인도를 요청**하여야 하며, 함장이 인도를 거부할 때에는 외교경로로 인도를 요구해야 한다.
비호권	범죄인을 연안국에 인도해야 할 의무가 있고 인도요청에 응하지 않는 군함에 대하여 연안국은 자국의 영해에서 퇴거할 것을 요구할 수 있다.
치외법권	**군함 내 민 · 형사사건, 군함자체에 관한 사건**은 연안국의 재판관할권으로부터 면제된다.기출 항해 · 위생 · 경찰 등 연안국의 행정규칙을 준수해야 하며, 위반 시 퇴거요구가 가능하다.

2) 군함승무원의 지위

공무상 외국의 영토에 상륙한 승무원	육상에서 공무수행 중 범죄는 관할권이 면제되고, 일시적 신체구속은 가능하나 처벌할 수는 없으며 함장의 인도 요구가 있으면 응해야 한다.
공무외 외국의 영토에 상륙한 승무원	연안국의 관할권이 인정되나, 관례상 범인을 군함에 인도한다.
탈주 승무원	**함장은 육상에서 직접 체포할 수 없고** 본국의 영사를 통해 연안국 관계기관에 체포를 요청해야 하며, 통상 탈주자는 군함의 관할하에 있다고 간주하여 군함에 인도하는 것이 일반적이다.

3) 경찰관의 외국군함에의 출입

당해 군함의 **함장의 승낙이나 청구**가 있는 경우 외에는 출입할 수 없다. 범죄인 체포 등 수사에 있어 급속을 요할 경우에도 그 **신병의 인도나 수사상 협조를 요구**할 수 있을 뿐이다.

01 외사수사활동

(1) 의의

외국인 또는 외국과 관련된 범죄 및 범죄자에 대해 공소를 제기하고 이를 유지하기 위한 준비절차로서 범죄사실을 탐지하고, 범인을 검거·조사하여, 증거를 수집·보전하는 활동을 말한다.

(2) 외사범죄수사

1) 외사범죄의 처리방법

① 외국인 범죄는 **경찰서장·지방경찰청장**에게 **즉보**하여야 한다

② 수사의 착수

중요한 범죄에 관하여서는 **경찰청장에게 보고**하여 그 지시를 받아 수사에 착수, 다만 신속을 요하는 경우에는 필요한 처분을 한 후 신속히 경찰청장의 지시를 받아야 한다.

③ 영사기관에의 통보

체포·구속 시	변호인 선임권, 진술거부권 등 일반적인 고지사항 외에 ㉠ 해당 영사기관에 **신병구속사실의 통보**를 요청할 수 있다는 점 ㉡ 한국 법령에 위반되지 않는 한도 내에 해당 영사기관원과 **접견·교통을 요청**할 수 있다는 점을 고지해야 한다
통보 및 접견요청	피의자가 영사기관 통보 및 접견을 요청한 경우에는 해당 영사기관에 **지체 없이 통보**하여야 한다.
통보 및 접견 **거부**	통보할 의무는 없으나 **통보해도 무방하고**, 해당 영사기관의 접견신청에 대해서 응할 필요는 없다. (러시아의 경우 외국과의 조약에 따라 피의자 의사와 관계없이 반드시 통보)
외국인의 피의자 조사	공정성 확보를 위해 **조사관이 외국어에 능통하더라도 통역을 참여**

2) 출입국위반사범의 수사

① 수사기관이 출입국사범을 입건한 때에는 지체없이 관할 **지방출입국·외국인관서의 장**에게 사건을 인계하여야 한다.

② 출입국관리법상 출입국관리사범에 관한 사건은 지방출입국·외국관서의 장의 **고발이 없이는 공소를 제기할 수 없다.**

③ 형사사건과 출입국관리법 위반이 병합된 경우: **일반형사사건 절차를 종료한 후**에 출입국관리사무소에 인계한다.

3) 국제범죄조직수사

① 3개 이상 권력체제가 있고 배타적, 제한적이다.

② 조직원의 담당업무와 활동영역이 전문화 분업화 되어 있다.

③ 금전과 권력획득이 목적이고 비이념적 비정치적이다.

01 의의

(1) 주한미군 지위 협정

　　SOFA(status of forces agreement)는 1966년 7월 9일에 대한민국과 미합중국 간의 상
호방위조약에 의거 시설과 구역 및 대한민국에서 미합중국군대의 지위에 관한협정을
한·미 양국이 체결한 것을 의미한다. 주한미군지위협정은 다른 주둔군 지위협정과 마
찬가지로 영토주권의 원칙에 의하여 **'접수국 법령 존중의 원칙'**을 규정하고 있다.기출

(2) 변천과정

1) 대전협정

　　SOFA 체결 전에는 대전협정(1950년)과 마이어협정(1952년)에 의하여 주한미군의 지위
인정기출

2) 주한미군 지위협정

　　1966년 체결하여 1967년 발효하여 합의의사록, 양해사항, 교환서한으로 구성되어기출 한
국의 재판권을 과도하게 제한함

3) 1차개정 (1991. 1. 4.)

　　한국의 재판권행사 의사를 표하지 않는 한 미국이 재판권행사를 한다는 교환각서와 살
인, 강간등 중요범죄에 한하여 한국은 재판권을 행사한다는 조항을 파기함

4) 2차개정 (2001. 1. 18.)

　　중요범죄의 미군피의자 신병인도시기를 **재판 후에서 기소 후**로 앞당기고, 환경조합,

02 협정의 적용대상자(협정 제1조) 기출

(1) 미합중국 군대의 구성원

　　대한민국 영역 안에 주둔하고 있는 미국의 육·해·공군에 속하는 현역 군인을 한정하
고 주한미대사관에 부속된 합중국군대의 인원, 주한미대사관에 근무하는 **무관과 주한
미군사 고문단원은 대상자에서 제외**된다.기출

(2) 군속(軍屬)

　　① 미국의 국적(또는 대한민국외의 국적)을 가진 민간인으로서 대한민국에 있는 미군에
　　　고용되거나 동 군대에 근무하거나 또는 동반하는 자를 말한다.

　　② 한미양국의 국적을 모두 가진 **복수국적자인 군속**의 경우에도 그가 주한 미군사령부의
　　　지휘통제를 받는 자라면 주한미군지위협정의 적용대상이 된다.

(3) 가족

　① 미합중국 군대의 구성원 또는 군속의 가족 중 **배우자**(미국 시민권자만) 및 **21세 미만**의 자녀

　② 부모 및 21세 이상의 자녀 또는 기타친척으로서 그 생계비의 반액 이상을 미군의 구성원 또는 군속에 의한 자

(4) 초청계약자

　미국의 법률에 따라 조직된 법인이나 미합중국 내에 **통상적으로 거주하는 자와 고용원** 및 그의 가족으로서 주한미군 등의 군대를 위하여 특정한 조건하에 미국정부의 지정에 의한 수의계약을 맺고 대한민국에서 근무하는 자

03 형사재판권

(1) 재판관할권

　주둔군에 대한 접수국의 형사재판권에 관한 국제관례는 주둔군은 접수국으로 부터 국가면제를 누리지 못하고 **접수국의 관할권에 속하는 것이 원칙**이다. 다만, 주둔의 이유 등을 고려하여 접수국과 파견국 간의 협정에 의해 일정한 배분을 규정하고 있다.

(2) 전속권 재판권

미군 당국의 전속권 재판권	미국의 안전에 관한 범죄, 구성원이나 군속 및 그들의 가족에 대하여 미국법령에 의하여 처벌할 수 있으나 **대한민국법령에 의해서는 처벌할 수 없는 범죄**
대한민국 전속적 재판권	대한민국의 안전에 관한 범죄, 한국법령에 의하여 처벌할 수 있으나, **미국법령에 의하여는 처벌할 수 없는 범죄**

(3) 제1차적 재판권(재판권의 경합)

　대한민국과 미군당국이 각각 자국의 법률에 의하여 재판하여 처벌할 수 있는 경우 어느 나라 재판권이 우선인지의 문제

1) 미군 당국의 제1차적 재판권

　① 오로지 미국의 재산이나 안전에 관한 범죄

　　예: 부대 내에서 관물절도, 미군이 주한미대사관 시설 파괴

　② 오로지 미국군대의 타구성원이나 군속 또는 그들 가족의 신체나 재산에 대한 범죄

　　예: 미군 상호 간의 폭행 (미군과 카투사 간의 상호폭행 포함)

　③ 공무집행 중의 작위 또는 부작위에 의한 범죄

　　예: 공무수행에 부수된 행위도 공무개념에 포함기출

2) 대한민국 당국의 제1차적 재판권

미국당국의 제1차적 재판권 행사의 대상에 속하지 않는 모든 범죄에 관하여 한국에 1차적 재판권이 있다.

3) 재판포기권

제1차적 권리를 가지는 국가는 상대국으로부터 권리포기의 요청이 있으면, 재판권행사가 특히 중요하다고 결정한 경우를 제외하고는 요청에 대하여 재판권 포기를 고려 하여야 한다.

04 사건처리

(1) 경찰서의 처리

① 경찰서로 동행 후 대조하여 SOFA 대상자 여부 재차 확인 후 **기초사실조사서**를 작성한다.

② 소속부대 헌병대에 전화 등으로 **지체없이** 체포사실을 통고한다.

③ 사건접수 후 **24시간 내** 지방검찰청에 주한미군지위협정사건 발생보고를 한다.

④ 미헌병대의 신병요청시 책임장교 서명과 신병인수증 접수 후 미군당국에 신병인도한다.

(2) 피의자조사 및 송치

수사담당관서는 48시간 전 피의자 출석요구를 하고 피의자 신문조서를 작성한다. 피의자 서명치 않고 **미국정부 대표자가 입회 후 서명**한다.(서명 없는 경우 그 효력을 상실한다.)

(3) 재판 전 피의자 체포 및 구금

1) 피의자 체포

협정 대상자에 대한 '체포와 인도에 있어서 상호 조력하여야 한다'고 상호 협력의무를 명시하고 있다. 협정대상자를 체포한 경우 **지체 없이 상호 통지**의무를 명시하고 있다

① 대한민국은 전속적 또는 1차적 재판권유무를 불문하고 미군당국에 통고한다.

② 미군당국은 대한민국이 **1차적 재판권을 가지는 경우에만 통고**한다.

2) 피의자의 구금 및 인도
  ① **미군당국이 체포**한 경우
    ㉠ 대한민국의 구금 인도요청에 대해 미군당국은 **호의적 고려**를 해야 한다고 규정하고 있다. 재판절차가 종결되어 대한민국 당국이 구금을 요청할 때까지 **미군당국이 계속 구금할 수 있다.**
    ㉡ 대한민국이 1차적 재판권을 가지고 기소시 또는 그 이후 구금인도를 요청한 범죄가 구금을 필요로 하기에 충분한 중대성을 지니는 **12개의 중요범죄에 해당**하고, 구금의 **상당한 이유와 필요**가 있는 경우 미군당국이 대한민국에 인도한다.
  ② **대한민국당국이 체포**한 경우
    ㉠ 미군당국의 요청이 있으면 대한민국에 의한 수사와 재판이 가능할 것을 전제로 '인도되어야 한다'는 **강제성을 내포**하고 있다.기출
    ㉡ 인도 후 미군이 구금하고, 우리나라 재판이 종결된 후 미군 당국에 인도요청을 하게 되면 한국이 신병을 인도받게 된다.
    ㉢ **'살인 또는 강간죄'**를 저지른 미군 피의자를 한국 수사기관이 체포하거나 피의자를 구금해야 할 필요성이 있을 경우에는 미군 측에 신병을 인도하지 않고 **계속 구금이 가능하다.**
    ㉣ 살인·강간 이외에 중요 12개 범죄유형에 해당하고 구속의 필요성이 있으면 미군 측에 신병인도 요청을 자제할 것

05 시설 및 구역 내의 경찰권

시설 및 구역 **내부**의 경찰권	① 미군 경찰은 시설 및 구역 내의 질서 및 안전보장을 위하여 구역 내에서 범죄자를 체포할 수 있다. 대한민국도 미군이 **동의한 경우**와 중대한 범죄의 **현행범인**을 추적하는 경우에는 미군 당국의 시설 및 구역 내에서 범인을 체포할 수 있다.기출 ② 주한미군지위협정의 대상자가 아닌 범죄자를 미군이 시설 내에서 체포했을 경우 한국이 요청하면 그자를 **즉시 인도**하여야 한다.
시설 및 구역**주변** 경찰권	미군사경찰은 시설 및 구역주변에서 국적여하를 불문하고 **현행범인을 체포·유치**할 수 있으며, 그러한 자가 주한미군 지위협정 대상자가 아닌 경우에는 즉시 대한민국에 인도해야 한다.
압수·수색·검증	대한민국당국은 미군당국의 동의가 없으면 시설 또는 구역 내에서 사람이나 재산에 관하여 또는 시설 및 구역내외를 불문하고 미군 재산에 관하여 **압수·수색 또는 검증을 할 수 없다.**

06 국가배상

(1) 공무 중 발생한 손해

공무수행 중 발생한 손해에 대해서는 국가배상법에 의해 대한민국이 1차적으로 배상을 한 뒤 미국에 대해 구상권을 행사한다. 전적으로 미군의 책임인 경우는 **미국이 75%, 한국정부가 25%**를 배상한다.기출

(2) 공무 이외에 발생한 손해

공무집행 중 이외에 발생한 손해에 대해서는 국가배상심의회가 그 배상금을 산정하여 미군에 통보하면, 미국당국이 보상액을 최종결정한다. 피해자가 미국당국이 결정한 보상금 지급에 전적으로 동의할 경우 **100%를 미군**이 부담한다.

(3) 배상신청

① 공무 중 사건의 경우 배상신청의 기한은 피해행위가 있었던 날부터 5년 이내이며, 배상신청과 별도로 국가를 상대로 손해배상소송이 가능하다.

② 비공무원 중 사건의 경우 배상신청 기한은 피해행위가 있었던 날로부터 2년 이내이며, 배상신청과 별도로 미군 개인을 상대로 손해배상 소송이 가능하다.

07 주한미군지위협정(SOFA)의 문제점

① 미군, 군속 및 그들의 가족과 함께 초청계약자까지 대상으로 포함하고 있어 그 범위가 지나치게 넓고, 한국정부가 1차적 재판권을 가지고 있는 경우에도 특히 중요하다고 인정되는 경우 외에는 **1차적 재판권을 포기하는 경우가 많다.**

② 미군이 미군 피의자 신병인도 요청을 하는 경우 살인 등 12개 범죄유형 외에는 **즉시 신병을 인도**하게 되어 있다.

③ '육체적 · 정신적으로 자신의 변호에 부적당한 때'에는 심판에 출석을 요청받지 않을 권리, '미군의 위신과 합당하는 조건이 아닌 경우'에는 죄수복을 입지 않을 수도 있고, 수갑을 채우지 아니할 수 있는 권리가 있다고 규정되어 있어 **사실상 재판을 거부할 권리**를 부여하는 결과임.

01 국제경찰기구(ICPO:The Iternationa Criminal Police Organization)

(1) 의의

회원국 상호 간 각종 정보와 자료를 교환하고, 또한 범인체포 및 인도에 있어서 원활한 협조관계를 유지하는 형사경찰의 정부간 국제공조기구이다.기출 인터폴현장은 국제적 공조기구의 헌장일 뿐이므로 외교적 서명이나 정부의 비준을 필요로 하지 않는다.

(2) 발전과정

> ① 1914년 모나코에서 제1차적 국제형사경찰회의 개최
> ② 1923년 비엔나의 제2차 국제형사경찰회의 개최, '국제형사경찰위원회(ICPC)' 창설
> ③ 1956년 제25차 비엔나 ICPC총회에서 '국제형사경찰기구(ICPO)' 발족(회원수−55개국)
> ④ 1971년 국제연합에서 정부 간 국제기구로 인정
> ⑤ 1996년 국제연합총회에서 옵저버 지위를 부여받음
> ⑥ 2008년 현재 회원국 186개국의 범세계적 국제기구로 발전함

(3) 목적

국제형사경찰기구는 범죄의 예방과 진압을 위해 각 회원국 간의 현행법 범위 내에서 회원국 간의 가능한 다방면에 걸쳐 상호 협력을 증진시키는 것을 목적으로 **범죄정보와 자료를 교환**한다.기출 인터폴은 국제공조기구이지 **국제수사기관이 아니다.** 따라서 인터폴에 국제수사관을 두어 각국의 법과 국경에 관계없이 자유롭게 왕래하면서 범인을 추적, 수사하는 기관이 아니다. 따라서 체포나 구속 등에 대한 권한이 없다.기출

(4) 조직

총회	최고의결기관으로 매년 한 번씩 개최(총재, 임기 4년)
국가 중앙 사무국	모든 회원국에 설치된 상설기구로서 타국으로부터 수신되는 각종공조요구에 응할 수 있도록 설치된 기구기출 우리나라는 경찰청 외사국 외사수사과 인터폴계가 수행한다.
집행 위원회	총회에서 선출되는 13명의 위원으로 구성되며, 헌장개정, 재정에 관한 규칙을 채택, 재정분담금연체에 대한 제재방안 등 결정
사무총국	상설행정기관으로 총회와 집행위원회에서 결정된 사항을 집행하며, 회원국간 협조, 국제범죄에 대한 정보를 교환함으로써 국제경찰협력에 있어 충추적 역할을 수행한다.(국제수배서도 발행)

(5) 인터폴 공조절차(외국에 대한 공조요청)기출

경찰서 → 지방경찰청 외사과(계) → 경찰청 외사수사과 인터폴계 → **인터폴 사무총국 → 피요청국 인터폴 국가중앙사무국** → 상대국 일선 경찰관서

(6) 국제수배서

1) 국제수배서 종류 기출

적색수배서	국제**체포**수배서로 일반형법을 위반하여 체포영장이 발부되고 범죄인도를 목적으로 하는 경우에 한하여 발행 기출 ① 살인, 강도, 강간 등 강력범죄 관련사범 ② 다액(**50억 원 이상**) 경제사범 기출 ③ 폭력조직원 중간보스 이상 조직폭력사범 ④ 기타 수사관서에서 특별히 적색수배를 요청하는 중요사범
청색수배서	피수배자의 신원과 소재확인을 목적으로 발행되며, 일반형법위반자료로 범인인도를 요청할 가능성이 있는 자에게 발행(**국제정보조회수배서**)
녹색수배서	**상습적**으로 범행하였거나 범행할 우려가 있는 국제범죄자의 동향을 파악케 하여 그 범행을 방지할 목적으로 발행기출(**상습**국제범죄자수배서)
황색수배서	**가출인**의 소재확인, 기억상실자 등의 신원을 파악하기 위하여 발행기출
흑색수배서	사망자의 신원을 확인할 수 없거나 또는 사망자가 가명을 사용하였을 경우 정확한 신원을 확인할 목적으로 발행기출
장물수배서	도난당하거나 불법으로 취득한 것으로 보이는 물건이나 문화재에 대하여 상품적 가치를 고려하여 발행
자주색수배서	세계 각국에서 사용된 새로운 범죄수법을 사무총국에서 집중관리하고, 회원국에 배포하여 범죄예방과 수사자료에 활용케 할 목적으로 발행 (범죄수법수배서)
오렌지수배서	**폭발물, 테러범**(위험인물) 등에 대하여 보안을 위하여 발행기출

2) 국제수배자 발견 조치사항

적백수배서를 긴급인도구속 청구서로 인정하는 국가	국제수배자 발견 시 **즉시 체포**하고 범죄인인도절차에 따라 범인의 신병을 인도할 수 있다
적색수배서를 긴급인도구속 청구서로 인정하지 않는 국가	국제수배자 발견 시 **즉시 체포하지 못하고** 소재확인 및 계속 동향을 감시하고 수배국에 입국사실을 통보해야 하며, 수배국에서 범죄인도를 청구할 수 있도록 적절히 조치하여야 한다.

참고	
아세아나폴 (AAWANPOL)	① 아세안 국가 간 국제범죄 공동대응 위한 범죄정보교환 및 법집행 관련 노하우 공유목적으로 1981년 설립된 치안총수협의체로 마약무기밀매, 신용카드 · 여권 위변조, 경제범죄분야 등 논의를 위해 3개의 특별위원회를 두고 있다. 인터폴이나 유로폴과는 달리 사무총국이 따로 설치되어 있지 않음 ② 말레이시아, 인도네시아, 싱가폴, 필리핀, 태국, 미얀마, 라오스, 캄보디아, 베트남, 브루나이 10개 회원국 외에 한국, 중국, 일본, 호주, 뉴질랜드 등 아세안 인접국과 인터폴, 유로폴 등 국제기구를 초정하고 있으며, 우리나라는 2005년부터 옵저버 자격으로 참석
유로폴 (EUROPOL)	유럽연합조약에 근거하여 테러예방과 진압, 마약거래, 돈세탁과 관련된 정보교환 등을 목적으로 하여 설치(네덜란드 헤이그에 본부)

02 국제형사사법공조

(1) 의의

형사사건에 있어서의 수사 · 기소 · 재판절차와 관련하여 국가의 요청에 의하여 다른 국가가 행하는 형사사법상 협조를 의미한다. 기출

(2) 국제형사사법 공조의 기본원칙

1) 상호주의

형사사법공조에 있어 외국이 사법공조를 행하여 주는 만큼 자국도 동일 또는 유사한 범위 내에서 당해 외국으로부터 공조요청에 응한다는 원칙 기출

2) 쌍방가벌성

공조의 대상이 되는 범죄는 요청국과 피요청국에서 모두 처벌 가능한 범죄이어야 한다는 원칙

3) 특정성의 원칙

요청국이 공조에 따라 취득한 증거를 공조 요청한 범죄 이외의 범죄에 관한 수사나 재판에 사용하여서는 아니 되며, 증인으로 출석 시 피요청국 출발 이전 행위로 인한 구금 · 소추 등 자유의 제한을 받지 않는 원칙

(3) 국제형사사법공조법과 형사사법공조조약

1991년 3월 8일 국제형사사법공조법을 제정하여 형사사법공조 조약체결을 추진하고 있다. **호주(최초체결)** · **캐나다** · **프랑스** 등 다수의 국가와 형사사법공조조약이 발효 중이고 국제형사사법공조법과 공조조약이 상충되는 경우 공조조약이 우선한다.

(4) 공조의 범위 및 거절사유

공조범위 (법 제5조)	① 사람 · 물건의 소재수사 ② 서류기록의 제공 ③ 서류 등의 송달 ④ 증거수집 · 압수 · 수색 · 검증 ⑤ 증거물 등 물건의 인도 ⑥ 진술청취 기타 요청국에서 증언하게 하거나 수사에 협조하게 하는 조치
공조 제한	① 대한민국의 주권, 국가안전보장, 안녕질서 또는 미풍양속을 해할 우려가 있는 경우 (재산상 손실 제외) 기출 ② 인종 · 국적 · 성별 · 종교 · 사회적 신분 또는 **특정 사회단체**에 속한다는 사실이나 **정치적 견해**를 달리한다는 이유로 처벌받을 우려가 있는 경우 기출 ③ 공조범죄가 정치적 성격을 지닌 다른 범죄에 대한 수사 또는 재판을 할 목적으로 행하여진 것이라고 인정되는 경우 기출 ④ 공조범죄가 대한민국의 법률에 의하여 **범죄를 구성하지 아니하거나** 공소를 제기할 수 없는 범죄인 경우 기출 ⑤ 공조법에 요청국이 보증하도록 규정되어 있음에도 불구하고 요청국의 **보증이 없는 경우**
공조의 연기	외국의 공조요청이 대한민국에서 수사진행중이거나 재판에 계속된 범죄에 대한 경우에는 그 수사 또는 재판절차가 종료될 때까지 공조 연기 가능.기출

(5) 공조절차

1) 외국의 공조요청에 의한 경우

　① 요청국의 수사공조요청 접수

　② **외교부장관은 법무부장관**에게 공조요청서 송부

　③ 법무부장관은 공조여부 결정하여 관할 **지방검찰청 검사장**에게 공조명령

　④ 지방검찰청소속 검사가 공조자료수집

2) 외국에 대한 수사공조요청 기출

　① 사법경찰관은 **검사에게 신청**하여 검사는 법무부장관에게 공조요청서를 송부 기출

　② 법무부장관은 외국에 공조요청하는 것이 상당하고 인정하는 경우에는 이를 **외교부장관**에게 송부

　③ 외교부장관은 공조요청서를 외국에 송부

03 범죄인 인도기출

(1) 의의

외국에서 범죄를 저지르고 자국에 입국해 있는 피의자나 유죄판결자를 해당 국가의 요구에 따라 재판 및 처벌을 하도록 인도해 주는 것을 의미한다. 1988년 **범죄인 인도법**을 제정·공포하였고, 이의 시행을 위해 범죄인 인도법에 의한 심사 등의 절차에 관한 규칙을 제정하여 시행하고 있다. 범죄인 인도에 관하여 인도조약에 범죄인인도법과 다른 규정이 있는 경우에는 그 규정에 따른다.

(2) 범죄인인도의 원칙

1) 상호주의의 원칙(법 4조)

인도조약이 체결되어 있지 아니한 경우에도 범죄인의 인도를 청구하는 국가가 같은 종류 또는 유사한 인도범죄에 대한 대한민국의 범죄인 인도청구에 응한다는 보증을 하는 경우에는 **범죄인인도법**을 적용한다.

2) 쌍방 가벌성의 원칙기출

인도를 요구하는 국가의 형법과 요구받은 국가의 **형법상 모두 범죄가 성립**되는 사실의 경우에만 범인을 인도한다는 원칙이다.기출 대한민국과 청구국의 법률에 따라 인도범죄가 **사형, 무기징역, 무기금고, 장기(長期) 1년 이상의 징역 또는 금고에 해당하는 경우에만** 범죄인을 인도할 수 있다(법 제6조).

3) 정치범 불인도의 원칙(법 제8조)기출

인도범죄가 정치적 성격을 지닌 범죄이거나 그와 관련된 범죄인 경우에는 범죄인을 인도하지 않는다는 원칙으로 정치범죄는 국제법상 불확정적인 개념으로서 정치범죄에 해당 부는 전적으로 피청구국의 판단에 의존한다.

인도청구가 범죄인이 범한 정치적 성격을 지닌 다른 범죄에 대하여 재판을 하거나 그러한 범죄에 대하여 **이미 확정된 형을 집행할 목적으로 행하여진 것이라고 인정되는 경우에는 범죄인을 인도하여서는 아니 된다.**기출 인도범죄가 다음에 해당하는 경우에는 인도할 수 있다.

① 국가원수 · 정부수반 또는 그 가족의 생명 · 신체를 침해하거나 위협하는 범죄기출

② 다자간 조약에 따라 대한민국이 범죄인에 대하여 재판권을 행사하거나 범죄인을 인도할 의무를 부담하고 있는 범죄

③ 여러 사람이 생명 · 신체를 침해 · 위협하거나 이에 대한 위험을 발생시키는 범죄

4) 자국민 불인도의 원칙(법 제9조)

인도의 대상이 되는 범죄인은 **원칙적으로 외국인**에 한하며, 범죄인이 자국인일 때에는 인도하지 않는 것이다. 대륙법계 국가에서는 채택되고 있으나, 영 · 미 법계 국가는 채택하지 않고 있다. 즉, 보편적인 국제원칙은 아니다.기출 (임의적 인도거절사유)

5) 특정성의 원칙(법 제10조)

인도된 범죄인은 원칙적으로 인도요청 범죄로만 처벌해야지 **다른 항목의 범죄로 처벌할 수 없고,** 제3국에 인도되지 아니한다는 원칙이다. 다음의 경우에는 예외이다.

① 인도가 허용된 범죄사실의 범위에서 유죄로 인정될 수 있는 범죄 또는 인도된 후에 범한 범죄로 범죄인을 처벌하는 경우

② 범죄인이 인도된 후 청구국의 영역을 떠났다가 자발적으로 청구국에 재입국한 경우

③ 범죄인이 자유롭게 청구국을 떠날 수 있게 된 후 45일 이내에 청구국의 영역을 떠나지 아니한 경우

④ 대한민국이 동의하는 경우

6) 유형성의 원칙(법 제7조 1호)

범인인도가 범인을 실제로 처벌하기 위하여 필요해야 하고, 인도가 실제로 유용해야 한다는 원칙이다.기출

7) 최소한 중요성 원칙(법 제6조)기출

대한민국과 청구국의 법률에 따라 인도범죄가 **사형, 무기징역, 무기금고, 장기 1년 이상의 징역 또는 금고에 해당하는 경우에만 범죄인을 인도**할 수 있다. 최소한의 중요성이 있어야 한다.

8) 군사범불인도 원칙

탈영, 항명 등의 군사범죄는 인도하지 않는다는 원칙이다. 우리나라 범죄인인도법에 명문규정을 두고 있지 않다.기출w

(3) 범죄인인도법상 인도거절사유기출

절대적 인도거절사유 (법 제7조)	① 대한민국 또는 청구국의 법률에 따라 인도범죄에 관한 **공소시효 또는 형의 시효가 완성된 경우** ② 인도범죄에 관하여 대한민국 법원에서 재판이 계속 중이거나 재판이 확정된 경우 ③ 범죄인이 인도범죄를 범하였다고 **의심할 만한 상당한 이유**가 있는 경우. 다만, 인도범죄에 관하여 청구국에서 유죄의 재판이 있는 경우는 제외한다. ④ 범죄인이 인종, 종교, 국적, 성별, 정치적 신념 또는 특정 사회단체에 속한 것 등을 이유로 처벌되거나 그 밖의 불리한 처분을 받을 염려가 있다고 인정되는 경우
임의적 인도거절사유 (법 제9조)	① 범죄인이 **대한민국 국민**인 경우 ② 인도범죄의 전부 또는 일부가 **대한민국 영역**에서 범한 것인 경우기출 ③ 범죄인의 **인도범죄 외의 범죄**에 관하여 대한민국 법원에 재판이 계속중인 경우 ④ 범죄인이 인도범죄에 관하여 **제3국**에서 재판을 받고 처벌되었거나 처벌받지 아니하기로 확정된 경우 ⑤ 인도범죄의 성격과 범죄인이 처한 환경 등에 비추어 범죄인을 인도하는 것이 비인도적이라고 인정되는 경우 기출

(4) 범죄인인도의 절차

1) 외국의 인도청구가 있는 경우

인도청구서의 접수	조약체결국가는 **외교경로**를 통하여 청구하고, 계약미체결국가는 상호보증서를 첨부하여 진행한다.
외교부장관의 처리	외교부장관은 청구국으로부터 범죄인의 인도청구를 받은 때에는 인도청구서와 자료를 **법무부장관에게 송부**하여야 한다.
법무부장관의 인도심사청구 명령	법무부장관은 외교부장관으로부터 인도청구서 등을 받은 때에는 이를 **서울고등검찰청검사장에게 송부**하고 소속검사로 하여금 서울고등법원에 범죄인의 인도허가여부에 관한 심사를 청구하도록 명하여야 한다. 법무부장관은 인도조약 또는 범죄인인도법에 규정에 의하여 범죄인을 인도할 수 없거나 인노하지 아니하는 것이 상당하다고 인정되는 때에는 인도심사청구명령을 하지 않을 수 있다. (외교부 장관에게 통지)기출
인도심사청구기출	검사는 법무부장관의 인도심사청구명령이 있는 때에는 지체 없이 **법원에 인도심사를 청구**하여야 한다. 범죄인이 인도구속영장에 의하여 구속된 때에는 구속된 날로부터 **3일 이내**에 인도심사를 청구하여야 한다.
법원의 인도심사	서울고등법원은 인도심사의 청구를 받은 때에는 지체 없이 인도심사를 개시하여야 한다.기출 범죄인이 인도구속영장에 의하여 구속 중인 때에는 구속된 날로부터 **2월 이내**에 인도심사에 관한 결정을 하여야 한다. 기출 서울고등법원은 범죄인인도 심사 후 사안에 따라 결정, 청구각하 인도거절결정, 인도허가결정을 하며, 범죄인인도에 관한 그 결정에 대하여는 **불복신청이 인정되지 않는다.**

2) 우리나라의 외국에 대한 인도청구
   ① 법무부장관의 인도청구
      법무부장관은 대한민국 법률을 위반한 범죄인이 외국에 머무르는 경우 그 외국에 대하여 **범죄인인도 또는 긴급인도구속을 청구**할 수 있다.
   ② **검사의 범죄인인도청구:** 검사는 외국에 대한 범죄인인도청구 또는 긴급인도 구속 청구 또는 긴급인도구속청구를 건의할 수 있다.
   ③ **법무부장관**은 외국으로부터 인도받은 범죄인을 인도가 허용된 범죄 외의 범죄로도 처벌할 필요가 있는 경우 외국에 대하여 처벌에 대한 **동의를 요청**할 수 있다.
   ④ 법무부장관은 범죄인인도청구·동의요청 등을 결정한 경우에는 인도청구서 등과 관계 자료를 **외교부장관에게 송부**하여야 한다.
   ⑤ 외교부장관은 법무부장관으로부터 인도청구서 등을 송부받은 때에는 해당 국가에 송부하여야 한다.

제6절 외국의 외사경찰

01 미국의 외사 경찰

(1) 조직

　　미국의 경찰조직은 자치경찰제를 유지하고 있고 한국의 외사경찰처럼 외국인을 대상으로 하는 외사경찰은 없으나 연방경찰인 연방수사국(FBI) 내의 정보부가 외사경찰 업무를 수행하고 있다.

(2) 임무

1) FBI 내의 정보부는 미국 내 활동하고 외국 첩보기관의 정보를 수집하고 조직과 구성원의 활동을 사찰, 내사하여 미국의 안전을 위협하는 활동을 저지하는 임무를 한다.

2) 정보1과: 주로 러시아 관련 첩보수집

3) 정보2과: 공산주의 각국의 첩보활동

4) 정보3과: FBI 해외 주재관의 파려, 외국 경찰과의 연락활동 담당

02 프랑스 외사 경찰

(1) 조직

　　프랑스 외사경찰은 국립 경찰청 산하의 국제기술협력국(SCTIP)과 보안국(DST), 출입국관리국(PAF)이 분담하여 활동한다.

(2) 임무

1) 국제기술협력국

　　외사경찰과의 협력, 위탁교육, 기술 및 특수장비조달, 국제회의, 주재관 파견 등 외사경찰과 유사한 기능을 수행한다.

2) 국토감시

　　국가의 안보를 위협하는 활동을 방지하기 위한 대간첩 업무를 수행하고 있고 국제기관, 외국공관 등의 동향파악 업무를 담당한다. 국토 감시국은 8개의 지방본부, 6개의 해외영토 분실이 있다.

3) 출입국 관리국

　　공항, 항구, 육상, 국경초소의 출입국관리와 안전유지가 임무이고, 비행기납치 방지, 공항시설의 보안경비, 마약범죄 등 국제범죄 방지의 임무를 수행한다.

03 일본의 외사경찰

(1) 조직

1) 국제1과

국제협력업무, 국제경찰관련 업무, 외국인 관련업무

2) 국제2과

국제수사공조 등 외국경찰기관과의 협력과 국제형사기구와의 연락

(2) 임무

1994년 장관 관방하에서 국제부가 설치되고 외사기능을 종합적으로 수행하고 있다. 종전에 경비국 내에 있던 외사기능은 업무를 **국제부로 이관**하고 외사과로 통합 외사 방첩기능을 수행하고 있다.

001 다자간 협상의 종류에 대한 다음 설명 중 가장 옳지 <u>않은</u> 것은?

17 경간

① Green Round(환경라운드) − 엄격한 환경기준을 가진 선진국들이 자국의 통상 관련 입법을 통하여 생태적 덤핑을 규제한다.
② Technology Round(기술라운드) − 기술경쟁력을 확보하기 위한 개발도상국들의 연대움직임으로, 선진국들의 지적재산권 보호 움직임과 충돌하기도 한다.
③ Competition Round(경쟁라운드) − 각국의 국내규제와 정책의 차이가 무역장애로 등장함에 따라 개방과 내국인 대우를 통한 경제조건의 평균화를 추진한다.
④ Blue Round (노동라운드) − 열악한 노동환경과 저임금에 의한 사회적 덤핑을 규제한다.

해설
② Technology Round(기술라운드) − 개발도상국의 기술경쟁력 확보를 저지하기 위한 선진국연대로 지적재산권 보호에 중점을 둔다.

002 여권에 관한 설명 중 옳지 <u>않은</u> 것은 모두 몇 개인가?

14 채용
2차

12 승진

㉠ 여권은 외교부장관이 발급하는 것으로 국외여행을 인정하는 본국의 일방적 증명서에 그친다.
㉡ 외교부장관은 여권 등의 발급, 재발급과 기재사항 변경에 관한 사무의 일부를 대통령령이 정하는 바에 따라 영사나 지방자치단체의 장에게 대행하게 할 수 있다.
㉢ 정부에서 아프리카에 파견하는 의료요원 A와 그 배우자 B, 그리고 미혼인 자녀 C(만 25세)에게는 관용여권을 발급할 수 있다.
㉣ 출국하는 무국적자나 해외입양자에게는 여행증명서를 발급할 수 있다.
㉤ 법무부장관은 사증 발급에 관한 권한을 대통령령으로 정하는 바에 따라 재외공관의 장에게 위임할 수 있다.
㉥ 외국인의 강제출국은 형벌이다.

① 0개   ② 1개   ③ 2개   ④ 3개

해설
㉠ 「여권법」 제3조   ㉡ 「여권법」 제21조 제1항
㉢ 정부에서 파견하는 의료요원, 태권도사범, 재외동포 교육을 위한 교사와 그 배우자 및 **27세 미만의 미혼인 자녀**는 관용여권 발급대상이다(「여권법시행령」 제7조).
㉣ 「여권법시행령」 제16조   ㉤ 「출입국관리법」 제8조 제2항
㉥ 외국인의 강제출국은 **형벌이 아니라 행정처분**이다.

ANSWER   **001** ②   **002** ② / ㉥

003

다음은 외사경찰과 관련된 법률에 대한 설명이다. 보기의 ( )에 들어갈 숫자를 모두 더한 값은?

ㄱ ( )년 이상 계속하여 대한민국에 주소가 있을 것은 일반 귀화 요건 중의 하나이다. –「국적법」

ㄴ 외국인은 출입국관리공무원이나 권한 있는 공무원이 그 직무수행과 관련하여 여권 등의 제시를 요구하면 여권 등을 제시하여야 한다. 여권 등의 휴대 또는 제시의무를 위반한 사람은 ( )만원 이하의 벌금에 처한다 –「출입국관리법」

ㄷ 대한민국에 체류하는 외국인은 항상 여권·선원신분증명서·외국인입국허가서·외국인등록증 또는 상륙허가서를 지니고 있어야 한다. 다만, ( )세 미만의 외국인의 경우에는 그러하지 아니하다 –「출입국관리법」

ㄹ 외교부장관은 장기 ( )년 이상의 형에 해당하는 죄로 인하여 기소중지되거나 체포영장, 구속영장이 발부된 사람 중 국외에 있는 사람에 대하여는 여권의 발급 또는 재발급을 거부할 수 있다. –「여권법」

---

① 1개   ② 2개   ③ 3개   ④ 4개

해설

ㄱ (5)년 이상 계속하여 대한민국에 주소가 있을 것은 일반 귀화 요건 중의 하나이다.

ㄴ 외국인은 출입국관리공무원이나 권한 있는 공무원이 그 직무수행과 관련하여 여권 등의 제시를 요구하면 여권 등을 제시하여야 한다. 여권 등의 휴대 또는 제시의무를 위반한 사람은 (100)만원 이하의 벌금에 처한다.

ㄷ 대한민국에 체류하는 외국인은 항상 여권·선원신분증명서·외국인입국허가서·외국인등록증 또는 상륙허가서를 지니고 있어야 한다. 다만, (17)세 미만의 외국인의 경우에는 그러하지 아니하다.

ㄹ 외교부장관은 장기 (3)년 이상의 형에 해당하는 죄로 인하여 기소중지되거나 체포영장, 구속영장이 발부된 사람 중 국외에 있는 사람에 대하여는 여권의 발급 또는 재발급을 거부할 수 있다.

004 「출입국관리법」상 ( )안에 들어갈 숫자로 가장 적절한 것은?

18
법학특채

- 외국인등록을 받은 지방출입국 · 외국인관서의 장은 대통령령으로 정하는 바에 따라 그 외국인에게 외국인등록증을 발급하여야 한다. 다만, 그 외국인이 (㉠) 세 미만인 경우에는 발급하지 아니할 수 있다.
- 외국인등록증을 발급받지 아니한 외국인이 (㉡)세가 된 때에는 (㉢)일 이내에 체류지 관할지방출입국 · 외국인관서의 장에게 외국인등록증 발급신청을 하여야 한다.

① ㉠ 17 ㉡ 17 ㉢ 60　　　　　② ㉠ 17 ㉡ 17 ㉢ 90
③ ㉠ 18 ㉡ 18 ㉢ 60　　　　　④ ㉠ 18 ㉡ 18 ㉢ 90

> **해설**
> 외국인등록을 받은 지방출입국 · 외국인관서의 장은 대통령령으로 정하는 바에 따라 그 외국인에게 외국인등록증을 발급하여야 한다. 다만, 그 **외국인이 (17)세** 미만인 경우에는 **발급하지 아니할 수 있다.**
> 외국인등록증을 발급받지 아니한 **외국인이 (17)세가 된 때에는** (90)일 이내에 체류지 관할지방출입국 · 외국인관서의 장에게 외국인등록증 발급신청을 하여야 한다.

005 「국적법」상 일반귀화의 요건에 관한 내용이다. ㉠~㉤의 내용 중 옳고 그름의 표시(○ ×)가 모두 바르게 된 것은?

19 채용
2차

- ㉠ 10년 이상 계속하여 대한민국에 주소가 있을 것
- ㉡ 대한민국에서 영주할 수 있는 체류자격을 가지고 있을 것
- ㉢ 대한민국의 「민법」상 성년일 것
- ㉣ 법령을 준수하는 등 대통령령으로 정하는 품행 단정의 요건을 갖출 것
- ㉤ 귀화를 허가하는 것이 국가안전보장 · 질서유지 또는 공공복리를 해치지 아니한다고 법무부장관이 인정할 것

① ㉠(×) ㉡(○) ㉢(○) ㉣(×) ㉤(○)
② ㉠(○) ㉡(×) ㉢(○) ㉣(○) ㉤(×)
③ ㉠(○) ㉡(○) ㉢(×) ㉣(×) ㉤(○)
④ ㉠(×) ㉡(○) ㉢(○) ㉣(×) ㉤(×)

> **해설**
> ㉠ **5년** 이상 계속하여 대한민국에 주소가 있을 것
> ㉣ 법령을 준수하는 등 **법무부령**으로 정하는 품행 단정의 요건을 갖출 것

ANSWER　004 ②　005 ①

006 「출입국관리법」상 여권과 사증(Visa)에 대한 설명으로 가장 적절한 것은?

17 승진

① 대한민국에 체류하는 외국인은 항상 여권·선원신분증명서·외국인입국허가서·외국인등록증또는 상륙허가서(이하 "여권 등"이라 한다)를 지니고 있어야 한다. 다만, 18세인 외국인의 경우에는 그러하지 아니하다.

② 여권 등의 휴대 또는 제시 의무를 위반한 사람은 100만원 이하의 과태료를 부과한다.

③ 외교부장관은 사증발급에 관한 권한을 대통령령으로 정하는 바에 따라 재외공관의 장에게 위임할 수 있다.

④ 대한민국에 체류하는 외국인은 출입국관리공무원이나 권한 있는 공무원이 그 직무수행과 관련하여 여권 등의 제시를 요구하면 여권 등을 제시하여야 한다.

> **해설**
> ① 대한민국에 체류하는 외국인은 항상 여권·선원신분증명서·외국인입국허가서·외국인등록증 또는 상륙허가서(이하 "여권 등"이라 한다)를 지니고 있어야 한다. 다만, **17세** 미만인 외국인의 경우에는 그러하지 아니하다.
> ② 여권 등의 휴대 또는 제시 의무를 위반한 사람은 **100만 원 이하의 벌금**을 부과한다.
> ③ **법무부장관**은 사증발급에 관한 권한을 대통령령으로 정하는 바에 따라 재외공관의 장에게 위임할 수 있다.

007 「출입국관리법」상 외국인의 입국금지 사유로 가장 적절하지 <u>않은</u> 것은?

17 채용
2차 변형

① 「총포·도검·화약류 등의 안전관리에 관한 법률」에서 정하는 총포를 위법하게 가지고 입국하려는 사람

② 강제퇴거명령을 받고 출국한 후 5년이 지난 사람

③ 사리 분별력이 없고 국내에서 체류활동을 보조할 사람이 없는 정신장애인, 국내체류비용을 부담할 능력이 없는 사람, 그 밖에 구호(救護)가 필요한 사람

④ 대한민국의 이익이나 공공의 안전을 해하는 행동을 할 염려가 있다고 인정할만한 상당한 이유가 있는 사람

> **해설**
> ② 강제퇴거명령을 받고 출국한 후 5년이 지난 사람이 아니라 5년이 지나지 아니한 사람이 입국금지대상자이다.

008

17 채용
1차

13 승진

「출입국관리법」 제4조에는 국민의 출국 금지 기간에 대하여 정하고 있다. 다음 ( ) 안에 들어갈 숫자를 모두 더한 값은? (단, 기간연장은 없음)

> ㉠ 죄 수사를 위하여 출국이 적당하지 아니하다고 인정되는 사람: ( )개월 이내
> ㉡ 형사재판에 계속 중인 사람: ( )개월 이내
> ㉢ 징역형의 집행이 끝나지 아니한 사람: ( )개월 이내
> ㉣ 소재를 알 수 없어 기소중지결정이 된 사람: ( )개월 이내
> ㉤ 도주 등 특별한 사유가 있어 수사진행이 어려운 사람: ( )개월 이내

① 10 　　　　② 16 　　　　③ 19 　　　　④ 20

해설
㉠ 죄 수사를 위하여 출국이 적당하지 아니하다고 인정되는 사람: (1)개월 이내
㉡ 형사재판에 계속 중인 사람: (6)개월 이내
㉢ 징역형의 집행이 끝나지 아니한 사람: (6)개월 이내
㉣ 소재를 알 수 없어 기소중지결정이 된 사람: (3)개월 이내
㉤ 도주 등 특별한 사유가 있어 수사진행이 어려운 사람: (3)개월 이내

009

19 승진

「출입국관리법」상 내국인의 출국금지에 대한 설명으로 가장 적절하지 않은 것은?

① 법무부장관은 형사재판에 계속 중인 사람에 대하여 6개월 이내의 기간을 정하여 출국을 금지할 수 있다.
② 법무부장관은 징역형이나 금고형의 집행이 끝나지 아니한 사람에 대하여 6개월 이내의 기간을 정하여 출국을 금지할 수 있다.
③ 법무부장관은 기소중지결정이 된 경우로서 체포영장 또는 구속영장이 발부된 사람에 대하여 영장 유효기간까지 출국을 금지하여야 한다.
④ 법무부장관은 소재를 알 수 없어 기소중지결정이 된 사람 또는 도주 등 특별한 사유가 있어 수사진행이 어려운 사람에 대하여 3개월 이내의 기간을 정하여 출국을 금지할 수 있다.

해설
③ 법무부장관은 기소중지결정이 된 경우로서 체포영장 또는 구속영장이 발부된 사람에 대하여 영장 유효기간까지 출국을 **금지할 수 있다.**

010 「출입국관리법 시행령」상 외국인의 체류자격에 대한 설명이다. 괄호 안에 들어갈 내용이 가장 적절한 것은?

19 채용
2차

> - A - (㉠), 외교: 대한민국정부가 접수한 외국정부의 외교사절단이나 영사기관의 구성원, 조약 또는 국제관행에 따라 외교사절과 동등한 특권과 면제를 받는 사람과 그 가족
> - (㉡) - 2, 유학: 전문대학 이상의 교육기관 또는 학술연구기관에서 정규과정의 교육을 받거나 특정 연구를 하려는 사람
> - F - (㉢), 재외동포: 「재외동포의 출입국과 법적 지위에 관한 법률」상 대한민국의 국적을 보유하였던 자(대한민국정부 수립 전에 국외로 이주한 동포를 포함) 또는 그 직계비속으로서 외국국적을 취득한 자 중 대통령령으로 정하는 자(단순노무행위 등 법령에서 규정한 취업활동에 종사하려는 사람은 제외)
> - (㉣) - 6, 예술흥행: 수익이 따르는 음악, 미술, 문학 등의 예술활동과 수익을 목적으로 하는 연예, 연주, 연극, 운동경기, 광고 패션 모델, 그 밖에 이에 준하는 활동을 하려는 사람

	㉠	㉡	㉢	㉣
①	2	D	6	E
②	2	E	4	F
③	1	E	6	F
④	1	D	4	E

011 「출입국관리법 시행령」상 외국인 체류자격에 관한 다음 설명 중 옳지 <u>않은</u> 것은 모두 몇 개인가?

18 경간

> 가. A-1: 대한민국 정부가 접수한 외국정부의 외교사절단이나 영사기관의 구성원, 조약 또는 국제관행에 따라 외교사절과 동등한 특권과 면제를 받는 사람과 그 가족
> 나. E-2: 법무부장관이 정하는 자격요건을 갖춘 외국인으로서 외국어전문학원, 초등학교 이상의 교육기관 및 부설어학연구소, 방송사 및 기업체 부설 어학연수원 그 밖에 이에 준하는 기관 또는 단체에서 외국어 회화지도에 종사하려는 사람
> 다. E-6: 수익이 따르는 음악, 미술, 문학 등의 예술활동과 수익을 목적으로 하는 연예, 연주, 연극, 운동경기, 광고 · 패션모델 그 밖에 이에 준하는 활동을 하려는 사람
> 라. E-9: 「외국인근로자의 고용 등에 관한 법률」에 따른 국내 취업요건을 갖춘 사람(일정 자격이나 경력 등이 필요한 전문직종에 종사하려는 사람은 제외)

① 없음   ② 1개   ③ 2개   ④ 3개

012 「출입국관리법」상 상륙의 종류와 상륙허가 기간에 대한 설명으로 ㉠부터 ㉤까지 ( ) 안
에 들어갈 숫자를 모두 합한 값으로 가장 적절한 것은? (단, 필요요건과 절차는 갖추어
17·18 졌으며, 연장은 없는 것으로 본다)
승진

> ㉠ 대한민국의 출입국항에 입항할 예정이거나 정박 중인 선박 등으로 옮겨 타려는
>   외국인 승무원 – ( )일 이내
> ㉡ 선박 등에 타고 있는 외국인(승무원을 포함한다)이 질병이나 그 밖의 사고로 긴
>   급히 상륙할 필요가 있다고 인정될 때 ( )일 이내
> ㉢ 승선 중인 선박 등이 대한민국의 출입국항에 정박하고 있는 동안 휴양 등의 목
>   적으로 상륙하는 외국인승무원 – ( )일 이내
> ㉣ 조난을 당한 선박 등에 타고 있는 외국인(승무원을 포함한다)을 긴급히 구조할
>   필요가 있다고 인정될 때 – ( )일 이내
> ㉤ 선박 등에 타고 있는 외국인이 「난민법」 제2조 제1호에 규정된 이유나 그 밖에
>   이에 준하는 이유로 그 생명·신체 또는 신체의 자유를 침해받을 공포가 있는
>   영역에서 도피하여 곧바로 대한민국에 비호를 신청하는 경우 – ( )일 이내

① 153   ② 168   ③ 180   ④ 205

해설

㉠ 대한민국의 출입국항에 입항할 예정이거나 정박 중인 선박 등으로 옮겨 타려는 외국인 승무원 – (15
)일 이내
㉡ 선박 등에 타고 있는 외국인(승무원을 포함한다)이 질병이나 그 밖의 사고로 긴급히 상륙할 필요가 있
   다고 인정될 때 – (30)일 이내
㉢ 승선 중인 선박 등이 대한민국의 출입국항에 정박하고 있는 동안 휴양 등의 목적으로 상륙하는 외국
   인승무원 – (15)일 이내
㉣ 조난을 당한 선박 등에 타고 있는 외국인(승무원을 포함한다)을 긴급히 구조할 필요가 있다고 인정될
   때 – (30)일 이내
㉤ 선박 등에 타고 있는 외국인이 「난민법」 제2조 제1호에 규정된 이유나 그 밖에 이에 준하는 이유로 그
   생명·신체 또는 신체의 자유를 침해받을 공포가 있는 영역에서 도피하여 곧바로 대한민국에 비호를
   신청하는 경우 – (90)일 이내

013

16 채용
2차

「출입국관리법」상 상륙의 종류와 내용에 대한 설명으로 가장 적절하지 <u>않은</u> 것은?

① 출입국관리공무원은 선박 등에 타고 있는 외국인(승무원을 포함한다)이 질병이나 그 밖의 사고로 긴급히 상륙할 필요가 있다고 인정되면 그 선박 등의 장이나 운수업자의 신청을 받아 30일의 범위에서 긴급상륙을 허가할 수 있다.

② 지방출입국·외국인관서의 장은 조난을 당한 선박 등에 타고 있는 외국인(승무원을 포함한다)을 긴급히 구조할 필요가 있다고 인정하면 그 선박 등의 장, 운수업자, 「수상에서의 수색·구조 등에 관한 법률」에 따른 구호업무 집행자 또는 그 외국인을 구조한 선박 등의 장의 신청에 의하여 30일의 범위에서 재난상륙허가를 할 수 있다.

③ 지방출입국·외국인관서의 장은 선박 등에 타고 있는 외국인이 「난민법」 제2조 제1호에 규정된 이유나 그 밖에 이에 준하는 이유로 그 생명·신체 또는 신체의 자유를 침해받을 공포가 있는 영역에서 도피하여 곧바로 대한민국에 비호(庇護)를 신청하는 경우 그 외국인을 상륙시킬 만한 상당한 이유가 있다고 인정되면 법무부장관의 승인을 받아 90일의 범위에서 난민 임시상륙허가를 할 수 있다. 이 경우 법무부장관은 외교부장관과 협의하여야 한다.

④ 출입국관리공무원은 관광을 목적으로 대한민국과 외국 해상을 국제적으로 순회하여 운항하는 여객운송선박 중 법무부령으로 정하는 선박에 승선한 외국인승객에 대하여 그 선박의 장 또는 운수업자가 상륙허가를 신청하면 5일의 범위에서 승객의 관광상륙을 허가할 수 있다.

> **해설**
> ④ 법무부령으로 정하는 선박에 승선한 외국인승객에 대하여 그 선박의 장 또는 운수업자가 상륙허가를 신청하면 **3일의 범위**에서 승객의 관광상륙을 허가할 수 있다.

014

20 승진

「출입국관리법」에 대한 설명으로 가장 적절하지 <u>않은</u> 것은?

① 법무부장관은 형사재판에 계속 중인 사람, 징역형이나 금고형의 집행이 끝나지 아니한 사람, 대통령령으로 정하는 금액 이상의 벌금이나 추징금을 내지 아니한 사람에 대해서는 6개월 이내의 기간을 정하여 출국을 금지할 수 있다.

② 재난상륙 긴급상륙·승무원상륙허가 기간은 각각 30일 이내이며, 난민임시상륙허가기간은 90일 이내이다.

③ 수사기관이 출입국사법을 입건한 때에는 지체 없이 관할 지방출입국·외국인관서의 장에게 사건을 인계한다.

④ 법무부장관은 입국심사에 필요한 경우에는 관계 행정기관이 보유하고 있는 외국인의 지문 및 얼굴에 관한 자료의 제출을 요청할 수 있다.

> **해설**
> ② 재난상륙·긴급상륙 허가기간은 각각 30일 이내이며, 난민임시상륙 허가기간은 90일 이내이지만, **승무원상륙 허가기간은 15일 이내**이다.

015 외국인의 강제퇴거에 관한 다음 설명 중 가장 옳지 <u>않은</u> 것은?

14 승진

18 경간

① 벌금 이상의 형을 선고받고 석방된 사람은 강제퇴거의 대상이 된다.

② 출입국관리공무원은 강제퇴거 대상자에 해당한다고 의심되는 외국인에 대하여는 그 사실을 조사할 수 있으며, 출입국관리공무원은 강제퇴거 대상자에 해당한다고 의심할만한 상당한 사유가 있고, 도주하거나 도주할 염려가 있으면 보호명령서를 발급받아 그 외국인을 보호할 수 있다.

③「출입국관리법」제 51조에 따라 보호된 외국인의 강제퇴거 대상자 여부를 심사·결정하기 위한 보호기간은 10일 이내로 한다. 다만, 부득이한 사유가 있으면 지방출입국·외국인관서의 장의 허가를 받아 10일을 초과하지 아니하는 범위에서 한 차례만 연장할 수 있다.

④ 강제퇴거명령서는 출입국관리 공무원이 집행하며 지방출입국·외국인관서의 장은 사법경찰관에게 강제퇴거명령서의 집행을 의뢰할 수 있다.

> **해설**
> ① **금고 이상**의 형을 선고받고 석방된 사람은 강제퇴거의 대상이 된다(「출입국관리법」제46조 제1항 13호).

016 다음은 외사경찰활동과 관련된 내용이다. 가장 적절한 것은?

12 채용
1차

① 사증(VISA)의 발급권자는 외교부장관이고, 여권의 발급권자는 법무부장관이다.

② 대한민국에 체류하는 외국인이 그 체류자격에 해당하는 활동과 함께 다른 체류자격에 해당하는 활동을 하려면 미리 법무부장관의 체류자격 외 활동허가를 받아야 한다.

③「출입국관리법」규정에 의해 외국인의 난민 임시상륙허가를 할 경우 법무부장관과 협의 후 외교부장관의 승인이 필요하다.

④ 인터폴의 조직 중 모든 회원국에 설치된 상설기구로서 타국으로부터 수신되는 각종 공조요구에 응할 수 있도록 설치된 기구는 사무총국이다.

> **해설**
> ① **사증(VISA)의 발급권자**는 **법무부장관**이고, **여권의 발급권자**는 **외교부장관**이다(「출입국관리법」제7조 제항, 여권법 제3조).
> ②「출입국관리법」제20조
> ③ 지방출입국·외국인관서의 장은 **법무부장관의 승인을 받아 90일의 범위에서** 난민 **임시상륙허가**를 할 수 있다. 이 경우 **법무부장관**은 **외교부장관과 협의**하여야 한다(「출입국관리법」제16조의2).
> ④ 인터폴의 조직 중 모든 회원국에 설치된 상설기구로서 타국으로부터 수신되는 각종 공조요청에 응할 수 있도록 설치된 기구는 **국가중앙사무국**이다.

017 「다문화가족지원법」에 대한 설명으로 가장 적절하지 않은 것은?

20 승진

① "다문화가족"이란 「재한외국인 처우 기본법」 제2조 제3호의 결혼이민자와 「국적법」 제2조부터 제4조까지의 규정에 따라 대한민국 국적을 취득한 자로 이루어진 가족 등을 말한다.

② "아동·청소년"이란 24세 이하인 사람을 말한다.

③ 여성가족부장관은 다문화가족 구성원이 안정적인 가족생활을 영위할 수 있도록 필요한 제도와 여건을 조성하고 이를 위한 시책을 수립·시행하여야 한다.

④ 여성가족부장관은 다문화가족 지원을 위하여 5년마다 다문화가족정책에 관한 기본계획을 수립하여야 한다.

해설
③ **국가와 지방자치단체**는 다문화가족 구성원이 안정적인 가족생활을 영위하고 경제·사회·문화 등 각 분야에서 사회구성원으로서의 역할과 책임을 다할 수 있도록 필요한 제도와 여건을 조성하고 이를 위한 시책을 수립 시행하여야 한다(법 제3조 제1항).
① 「다문화가족지원법」 제2조 제1호
② 「다문화가족지원법」 제2조 제3호
④ 「다문화가족지원법」 제3조의 제1항

018 다음은 다문화 사회의 접근유형에 대한 설명이다. 〈보기 1〉과 〈보기 2〉의 내용이 가장 적절하게 연결된 것은?

20 승진

【 보기 1 】

(가) 소수집단이 자결(Self-determination)의 원칙을 내세워 문화적 공존을 넘어서는 소수민족 집단만의 공동체 건설을 지향한다.

(나) 차별을 금지하고 사회참여를 위해 기회평등을 보장하는 것으로, 사회통합을 위해 문화적 다양성을 인정하며 민족집단의 존재를 인정하지만 시민 생활과 공적 생활에서는 주류사회의 문화, 언어, 사회관습을 따를 것을 요구한다.

(다) 다문화주의를 결과에 있어서의 평등보장이라는 측면에서 접근하는 것으로, 문화적 소수자가 현실적으로 문화적 다수자와의 경쟁에서 불리한 위치에 있다는 것을 전제로 소수집단의 사회참가를 촉진하기 위해 적극적인 법적 재정적 원조를 한다.

【 보기 2 】

㉠ 조합주의적 다문화주의　　㉡ 급진적 다문화주의　　㉢ 자유주의적 다문화주의

(가) (나) (다)
① ㉠ ㉢ ㉡

(가) (나) (다)
② ㉡ ㉢ ㉠

③ ㉠ ㉡ ㉢

④ ㉡ ㉠ ㉢

019

「주한미군지위협정(SOFA)」, 「대한민국과 중화인민공화국 간의 영사협정」에 대한 설명으로 가장 적절하지 않은 것은?

① 중국인 피의자 체포·구속 시 체포·구속된 피의자의 요청이 없는 경우에도 7일 이내 해당 사실을 영사기관에 통보해야 한다.

② 미군의 공무집행 중의 작위 또는 부작위에 의한 범죄에 대하여 미군 당국이 1차적 재판권을 가지며, 공무집행의 범위에는 공무집행으로 인한 범죄뿐만 아니라 공무 집행에 부수하여 발생한 범죄도 포함된다.

③ 미국 군대의 구성원, 군속, 배우자 및 21세 미만의 자녀, 부모 및 21세 이상의 자녀 또는 기타 친척으로서 그 생계비의 반액 이상을 미국 군대의 구성원에 의존하는 자는 주한미군지위협정의 적용을 받는다.

④ 주한미군의 공무 중 사건으로 인한 피해가 전적으로 미군 측의 책임으로 밝혀진 경우 미군 측이 75%, 한국 측이 25%를 부담하여 배상한다.

해설
① 중국인 피의자 체포·구속 시 체포 구속된 피의자의 요청이 없는 경우에도 4일 이내 해당 사실을 영 사기관에 통보해야 한다.

020

국제형사경찰기구(INTERPOL)에 대한 설명으로 가장 적절하지 않은 것은?

① 국제형사경찰기구는 정치적, 군사적, 종교적, 인종적 성격을 띤 사항에 대해서 어떠한 간섭이나 활동을 하는 것을 엄격히 금지한다.

② 국제형사경찰기구의 공용어는 영어, 불어, 스페인어, 아랍어이다.

③ 집행위원회는 국제형사경찰기구의 최고의결 기관으로 매년 한 번씩 개최하여 일주일간 진행된다.

④ 사무총국은 프랑스 리옹에 있으며, 모든 회원국에는 상설기구로서 국가중앙사무국을 설치하고 있다.

해설
③ **총회**는 국제형사경찰기구의 최고의결기관으로 매년 한 번씩 개최하여 일주일간 진행된다.

021

18 채용
3차

다음 중 국제형사경찰기구(INTERPOL)에 대한 설명으로 가장 적절한 것은?

① 1914년 모나코에서 국제형사경찰회의 (International Criminal Police Congress) 가 개최되어 국제범죄 기록보관소 설립, 범죄인 인도절차의 표준화 등에 대하여 논의하였는데 이것이 국제경찰협력의 기초가 되었다.

② 1923년 제네바에서 2차 국제형사경찰회의가 개최되어 국제형사경찰위원회 (International Criminal Police Commission) 가 창설되었으며 이는 국제형사경찰기구의 전신이라 할 수 있다.

③ 1956년 비엔나에서 제25차 국제형사경찰위원회가 개최되어 국제형사경찰기구가 발족하였고, 당시 사무총국을 리옹에 두었다.

④ 국가중앙사무국(National Central Bureau)은 회원국에 설치된 상설 경찰협력부서로 우리나라의 경우 경찰청 외사국 국제협력과 인터폴계에 설치되어 있다.

해설
② **1923년 비엔나**에서 제2차 국제형사경찰회의가 개최되어 국제형사경찰위원회(International Criminal Police Commission)가 창설되었으며 이는 국제형사경찰기구의 전신이라 할 수 있다.
③ 1956년 비엔나에서 제25차 국제형사경찰위원회가 개최되어 국제형사경찰기구가 발족하였고, 당시 사무총국을 **파리**에 두었다.
④ 국가중앙사무국(National Central Bureau)은 회원국에 설치된 상설 경찰협력부서로 우리나라의 경우 **경찰청 외사국 외사수사과 인터폴계에 설치**되어 있다.

022

20 승진

국제형사경찰기구(인터폴)에 대한 설명으로 가장 적절하지 <u>않은</u> 것은?

① 인터폴 협력원칙으로는 주권의 존중, 일반법의 집행, 보편성의 원칙, 평등성의 원칙, 업무방법의 유연성 등이 있다.

② 1923년 비엔나에서 19개국 경찰기관장이 참석한 가운데 제2차 국제형사경찰회의가 개최되어 국제형사경찰위원회(ICPC: International Criminal Police Cammission)를 창립하였다.

③ 법무부장관은 국제형사경찰기구로부터 외국의 형사사건 수사에 대하여 협력을 요청받거나 국제형사경찰기구에 협력을 요청하는 경우 국제범죄의 정보 및 자료교환, 국제범죄의 통일증명 및 전과조회 등의 조치를 취할 수 있다.

④ 인터폴에서 발행하는 국제수배서에는 변사자 신원확인을 위한 흑색수배서(Black Notice), 장물수배를 위한 장물수배서(Stolen Property Notice), 범죄관련인 소재확인을 위한 청색수배서(Blue Notice) 등이 있다.

해설
③ **행정안전부장관**은 국제형사경찰기구로부터 외국의 형사사건 수사에 대하여 협력을 요청받거나 국제형사경찰기구에 협력을 요청하는 경우 국제범죄의 정보 및 자료교환, 국제범죄의 동일증명 및 전과조회 등의 조치를 취할 수 있다(「국제형사사법공조법」제38조 제1항).

ANSWER　021 ①　022 ③

023 다음은 국제형사사법공조에 대한 설명이다. 옳지 않은 것으로 묶인 것은?

19 채용
1차

> ㉠ 요청국이 공조에 따라 취득한 증거를 공조요청의 대상이 된 범죄 이외의 수사나 재판에 사용해서는 안 된다는 원칙은 '특정성의 원칙'과 관련이 깊다.
> ㉡ 우리나라가 외국과 체결한 형사사법 공조조약과 「국제형사사법공조법」의 규정이 상충되면 공조조약이 우선 적용된다.
> ㉢ 「국제형사사법공조법」상 공조범죄가 대한민국의 법률에 의하여는 범죄를 구성하지 아니하거나 공소를 제기할 수 없는 범죄인 경우 공조를 하지 아니해야 한다.
> ㉣ 「국제형사사법공조법」상 대한민국에서 수사가 진행 중이거나 재판에 계속된 범죄에 대하여 외국의 공조요청이 있는 경우에 수사의 진행, 재판의 계속을 이유로 공조를 연기할 수 없다.

① ㉠ ㉢   ② ㉡ ㉢   ③ ㉡ ㉣   ④ ㉢ ㉣

해설
㉢ 「국제형사사법공조법」상 공조범죄가 대한민국의 법률에 의하여는 범죄를 구성하지 아니하거나 공소를 제기할 수 없는 범죄인 경우 공조를 하지 아니할 수 있다.(「국제형사사법공조법」제6조)
㉣ 「국제형사사법공조법」상 대한민국에서 수사가 진행 중이거나 재판에 계속된 범죄에 대하여 외국의 공조요청이 있는 경우에 수사의 진행, 재판의 계속을 이유로 공조를 연기할 수 있다.(「국제형사사법공조법」제7조)

---

024 국제형사사법공조에 대한 설명으로 옳지 않은 것은 모두 몇 개인가?

20 경간

> 가. 요청국이 공조에 따라 취득한 증거를 공조요청의 대상이 된 범죄 이외의 수사나 재판에 사용해서는 안 된다는 원칙은 '특정성의 원칙'과 관련이 깊다.
> 나. 「국제형사사법공조법」상 공조범죄가 대한민국의 법률에 의하여는 범죄를 구성하지 아니하거나 공소를 제기할 수 없는 범죄인 경우 공조를 하지 아니할 수 있다.
> 다. 「국제형사사법공조법」상 대한민국에서 수사가 진행 중이거나 재판에 계속된 범죄에 대하여 외국의 공조요청이 있는 경우에는 그 수사 또는 재판 절차가 끝날 때까지 공조를 연기하여야 한다.
> 라. 「국제형사사법공조법」상 외국의 요청에 따른 수사의 공조절차에서 검사는 요청국에 인도하여야 할 증거물 등이 법원에 제출되어 있는 경우에는 법무부장관의 인도허가 결정을 받아야 한다.

① 1개   ② 2개   ③ 3개   ④ 4개

해설
다. 「국제형사사법공조법」상 대한민국에서 수사가 진행 중이거나 재판에 계속된 범죄에 대하여 외국의 공조요청이 있는 경우에는 그 수사 또는 재판 절차가 끝날 때까지 **공조를 연기할 수 있다.**
라. 「국제형사사법공조법」상 외국의 요청에 따른 수사의 공조절차에서 검사는 요청국에 인도하여야 할 증거물 등이 법원에 제출되어 있는 경우에는 **법원**의 인도허가 결정을 받아야 한다. (「국제형사사법공조법」 제17조 제3항).

ANSWER | **023** ④ | **024** ② / 다, 라

025 「국제형사사법공조법」상 임의적 공조거절 사유에 해당하지 않는 경우는?

19 경간

① 공조범죄가 대한민국에서 수사진행 중이거나 재판에 계속 중인 경우

② 공조범죄가 정치적 성격을 지닌 범죄이거나, 공조요청이 정치적 성격을 지닌 다른 범죄에 대한 수사 또는 재판을 할 목적으로 한 것이라고 인정되는 경우

③ 공조범죄가 대한민국의 주권, 국가안전보장, 안녕질서 또는 미풍양속을 해칠 우려가 있는 경우

④ 「국제형사사법공조법」에 요청국이 보증하도록 규정되어 있음에도 불구하고 요청국의 보증이 없는 경우

> **해설**
> ① 대한민국에서 수사가 진행 중이거나 재판에 계속(係屬)된 범죄에 대하여 외국의 공조요청이 있는 경우에는 그 수사 또는 재판 절차가 끝날 때까지 공조를 연기할 수 있다. **공조범죄가 대한민국에서 수사 진행 중이거나 재판에 계속 중인 경우는 임의적 공조거절사유가 아니라 공조연기사유에 해당**

026 다음 범죄인 인도의 원칙에 대한 설명 중 틀린 것은 모두 몇 개인가?

15 경간

> 가. 정치범 불인도의 원칙과 관련하여 우리나라는 명문규정이 있으며, 집단살해 · 전쟁범죄는 예외적으로 인도한다.
> 나. 군사범 불인도의 원칙이란 군사적 의무관계에서 기인하는 범죄자는 인도하지 않는다는 원칙으로, 우리나라는 군사법 불인도의 원칙을 명문으로 규정하고 있다.
> 다. 유용성의 원칙이란 어느정도 중요성을 띤 범죄만 인도한다는 원칙으로 우리나라는 명문으로 규정하고 있다.
> 라. 자국민 불인도의 원칙이란 범죄인 인도대상이 자국민일 경우 청구국에 인도하지 않는다는 원칙으로 영미법계 국가들은 이 원칙을 채택하고 있다

① 1개   ② 2개   ③ 3개   ④ 4개

> **해설**
> 나. **군사범 불인도의 원칙**이란 군사적 의무관계에서 기인하는 범죄자는 인도하지 않는다는 원칙으로, **우리나라는 군사범 불인도의 원칙을 명문으로 규정하고 있지 않다.**
> 다. 어느 정도 중요성을 띤 범죄만 인도한다는 원칙은 **최소한 중요성 원칙**이다.
> 라. **자국민 불인도의 원칙**은 대륙법계 국가들은 채택하고 있으나, 영미법계 국가들은 이 원칙을 채택하고 있지 않다.

027

12 채용
1차

「범죄인인도법」 규정에 관한 다음 내용 중 옳은 것은 모두 몇 개인가?

> ㉠ 「범죄인인도법」은 범죄인 인도에 관하여 인도조약에 「범죄인인도법」과 다른 규정이 있는 경우 인도 조약 규정이 우선함을 명시하고 있다.
> ㉡ 대한민국과 청구국의 법률에 따라 인도범죄가 사형, 무기징역, 무기금고, 장기 1년 이상의 징역 또는 금고에 해당하는 경우에만 범죄인을 인도할 수 있다.
> ㉢ 청구국의 인도청구가 범죄인이 범한 정치적 성격을 지닌 다른 범죄에 대하여 재판을 하거나 그러한 범죄에 대하여 이미 확정된 형을 집행할 목적으로 행하여진 것이리고 인정되는 경우에는 범죄인을 인도하여서는 아니 된다.
> ㉣ 범죄인 인도심사 및 그 청구와 관련된 사건은 각 관할구역 지방법원과 지방검찰청의 전속관할로 한다.

① 1개   ② 2개   ③ 3개   ④ 4개

해설

㉠ 「범죄인인도법」 제3조의 2
㉡ 「범죄인인도법」 제6조
㉢ 「범죄인인도법」 제8조 제2항
㉣ 범죄인의 인도심사 및 그 청구와 관련된 사건은 **서울고등법원과 서울고등검찰청**의 전속관할로 한다 (「범죄인인도법」 제3조).

028

13·14·16
채용 2차

16
지능범죄

「범죄인인도법」 제7조에서 규정하고 있는 절대적 인도거절 사유로 볼 수 <u>없는</u> 것은 모두 몇 개인가?

> ㉠ 범죄인이 대한민국 국민인 경우
> ㉡ 범죄인이 인도범죄를 범하였다고 의심할 만한 상당한 이유가 없는 경우, 다만, 인도범죄에 관하여 청구국에서 유죄의 재판이 있는 경우는 제외한다.
> ㉢ 인도범죄의 전부 또는 일부가 대한민국 영역에서 범한 것인 경우
> ㉣ 범죄인이 인도범죄에 관하여 제3국(청구국이 아닌 외국을 말한다)에서 재판을 받고 처벌되었거나 처벌받지 아니하기로 확정된 경우
> ㉤ 인도범죄의 성격과 범죄인이 처한 환경 등에 비추어 범죄인을 인도하는 것이 비인도적이라고 인정되는 경우

① 1개   ② 2개   ③ 3개   ④ 4개

해설

㉠ 범죄인이 대한민국 국민인 경우 – **임의적 인도거절사유**
㉡ 범죄인이 인도범죄를 범하였다고 의심할 만한 상당한 이유가 없는 경우, 다만, 인도범죄에 관하여 청구국에서 유죄의 재판이 있는 경우는 제외한다. – **절대적 인도거절사유**
㉢ 인도범죄의 전부 또는 일부가 대한민국 영역에서 범한 것인 경우 – **임의적 인도거절사유**
㉣ 범죄인이 인도범죄에 관하여 제3국(청구국이 아닌 외국을 말한다)에서 재판을 받고 처벌되었거나 처벌받지 아니하기로 확정된 경우 – **임의적 인도거절**사유
㉤ 인도범죄의 성격과 범죄인이 처한 환경 등에 비추어 범죄인을 인도하는 것이 비인도적이라고 인정되는 경우 – **임의적 인도거절**사유

ANSWER   **027** ③ / ㉠ ㉡ ㉢   **028** ④ / ㉠ ㉢ ㉣ ㉤

029

18 채용
2차

다음은 「범죄인인도법」상 인도심사명령청구에 대한 설명이다. ( ) 안에 들어갈 말을 순서대로 바르게 나열한 것은?

> ( )장관은 ( )장관으로부터 「범죄인인도법」 제11조에 따른 인도청구서 등을 받았을 때에는 이를 ( ) 검사장에게 송부하고 그 소속검사로 하여금 ( )에 범죄인 인도 허가 여부에 관한 심사를 청구하도록 명하여야 한다.

① 법무부 – 외교부 – 서울고등검찰청 – 서울고등법원
② 외교부 – 법무부 – 서울중앙지방검찰청 – 서울중앙지방법원
③ 외교부 – 법무부 – 서울고등검찰청 – 서울고등법원
④ 법무부 – 외교부 – 서울중앙지방검찰청 – 서울중앙지방법원

해설

① 법무부장관은 외교부장관으로부터 제11조에 따른 인도청구서 등을 받았을 때에는 이를 서울고등검찰청 **검사장**에게 송부하고 그 소속 검사로 하여금 서울고등법원(이하 "법원"이라 한다)에 범죄인의 인도 허가 여부에 관한 심사(이하 "인도심사"라 한다)를 청구하도록 명하여야 한다. 다만, 인도조약 또는 이 법에 따라 범죄인을 인도할 수 없거나 인도하지 아니하는 것이 타당하다고 인정되는 경우에는 그러하지 아니하다(「범죄인인도법」 제12조).

030

18 채용
3차

「범죄인인도법」에 대한 설명으로 가장 적절한 것은?

① 청구국과 피청구국 쌍방의 법률에 의하여 범죄를 구성하지 않는 경우에는 범죄인을 인도하지 않는다는 것은 쌍방가벌성의 원칙으로, 우리나라 「범죄인인도법」에 명문규정은 없다.

② 인도범죄 외의 범죄에 관하여 대한민국 법원에 재판이 계속 중인 경우 또는 범죄인 이 형을 선고받고 그 집행이 끝나지 아니하거나 면제되지 아니한 경우 범죄인을 인도하여서는 아니된다.

③ 범죄인이 「범죄인인도법」 제20조에 따른 인도구속영장에 의하여 구속되었을 때에는 구속된 때부터 48시간 이내에 인도심사를 청구하여야 한다.

④ 법원은 범죄인이 인도구속영장에 의하여 구속 중인 경우에는 구속된 날부터 2개월 이내에 인도심사에 관한 결정을 하여야 한다.

해설

① 청구국과 피청구국 쌍방의 법률에 의하여 범죄를 구성하지 않는 경우에는 범죄인을 인도하지 않는다는 것은 **쌍방가벌성의 원칙**으로, 우리나라 「범죄인인도법」 제6조는 쌍방가벌성의 원칙에 대하여 **명문규정을 두고** 있다.
② 인도범죄 외의 범죄에 관하여 대한민국 법원에 재판이 계속 중인 경우 또는 범죄인이 형을 선고받고 그 집행이 끝나지 아니하거나 면제되지 아니한 경우 **범죄인을 인도하지 아니할 수 있다**(「범죄인인도법」 제9조 제3호).
③ 범죄인이 「범죄인인도법」 제20조에 따른 인도구속영장에 의하여 **구속되었을 때에는 구속된 때부터 3일 이내에 인도심사를 청구**하여야 한다.

---

031 「행정 효율과 협업 촉진에 관한 규정」상 공문서의 성립 및 효력발생 시기에 대한 설명 중 가장 적절하지 **않은** 것은?

14 승진

① 문서는 결재권자가 해당 문서에 서명(전자이미지서명, 전자문자서명 및 행정전자서명을 포함)의 방식으로 결재함으로써 성립한다.

② 문서는 수신자에게 도달됨으로써 효력을 발생한다.

③ 전자문서의 경우는 수신자가 관리하거나 지정한 전자적 시스템 등에 입력되는 것을 도달되는 것으로 말한다.

④ 공고문서는 그 문서에서 효력발생 시기를 구체적으로 밝히고 있지 않으면 그 고시 또는 공고 등이 있은 날부터 10일이 경과한 때에 효력이 발생한다.

해설
④ 공고문서는 그 문서에서 효력발생 시기를 구체적으로 밝히고 있지 않으면 그 고시 또는 공고 등이 있은 날부터 **5일**이 경과한 때에 효력이 발생한다(「행정 효율과 협업 촉진에 관한 규정」 제6조 제3항).

032 인터폴에서 발행하는 국제수배서에 대한 설명으로 **틀린** 것은?

10 승진

① 일반 형법을 위반하여 구속 또는 체포영장이 발부되고 범죄인 인도를 목적으로 발행되는 수배서는 적색수배서이다.

② 상습범이거나 재범 우려가 있는 국제범죄자의 동향을 파악하여 범죄를 예방하기 위하여 발행하는 수배서는 녹색수배서이다.

③ 폭발물·테러범 등에 대하여 보안을 경보하기 위하여 발행하는 수배서는 황색수배서이다.

④ 사망자의 신원을 확인할 목적으로 발행하는 수배서는 흑색수배서이다.

해설
폭발물·테러범 등에 대하여 보안을 경고하기 위하여 발행하는 것은 Orange Notice이다.

033 다음 범죄인인도에 대한 설명 중 옳은 것은?

07
여기동대

① 인도범죄 사형, 무기, 장기 1년 이상의 징역 또는 금고에 해당하는 경우에 한하여 범죄인을 인도할 수 있다.

② 범죄인인도조약을 체결하지 않았을 때에는 상호주의를 적용하여 인도할 수는 없다.

③ 자국민은 인도하지 않는다.

④ 정치범은 인도한다.

> **해설**
> ① 범죄인 인도법 제6조
> ② 범죄인인도조약을 체결하지 않았을 때에는 상호주의를 적용하여 인도할 수 있다. 상호주의 원칙은 인도조약이 체결되지 않은 경우, 청구국이 동종의 인도범죄에 대한 한국의 범죄인 인도청구에 응한다는 보증이 있을 때 상응한 조치를 한다는 것을 의미한다
> ③ 자국민은 인도하지 아니할 수 있다.
> ④ 정치적 성격을 지닌 범죄는 인도하지 않는다. 다만, 국가원수암살법, 집단살해, 전쟁범죄, 항공기납치 등은 예외이다.

034 다음 중 소속기관장의 고발이 있어야 수사할 수 있는 것은?

05 승진

① 식품위생법위반   ② 자동차관리법위반

③ 병역법위반   ④ 출입국관리법 위반

> **해설**
> 출입국위반사범의 경우 경찰에게는 관할권이 없기 때문에 출입국관리사무소에 인계해야 하고, 출입국관리 소장의 고발이 있어야 공소를 제기할 수 있다.

035 주한미군지위협정 사건에 대한 수사요령 중 틀린 것은?

96 승진

① 미군당국(미헌병)의 신병인도 요청시 인도하고 신변인수증을 수령한다.

② 사건발생시 피의자를 가까운 경찰관서에 동행 한 후 미군당국에 통보한다.

③ 피의자 신문조서는 입회인이 없더라도 증거채택이 가능하다.

④ 신병인도 전에 예비조사(신병인도 전 수사)를 할 수 있다.

> **해설**
> 조서에 미정부대표의 서명은 반드시 있어야 하기 때문에, 피의자신문 시에는 반드시 미정부대표가 참여해야 한다.

---

036 다음 중 경찰서에서의 SOFA사건 처리 순서로 맞는 것은?

08 승진

① 기초사실 조사 → 출석요구 → 피의자 조서 → 체포사실 통고 → 신병인도 전 조사와 미정부대표 출석요구 → 미군당국에 신병인도 → 사건송치

② 기초사실 조사 → 체포사실 통고 → 신병인도 전 조사와 미정부대표 출석요구 → 미군당국에 신병인도 → 출석요구 → 피의자조사 → 사건송치

③ 체포사실통고 → 기초사실조사 → 출석요구 → 피의자조사 → 신병인도 전 조사와 미정부대표 출석요구 → 사건송치

④ 체포사실 통고 → 출석요구 → 기초사실조사 → 피의자 조사 → 신병인도 전 조사와 미정부대표 출석요구 → 미군당국에 신병인도 → 사건송치

> **해설**
> 기초사실조사 → 체포사실 통고 → 신병인도 전 조사와 미정부대표 출석요구 → 미군당국에 신병인도 → 출석요구 → 피의자조사 → 사건송치 (단, 사건접수 후 24시간 이내에 관할 지검에 SOFA사건 발생 보고를 해야 한다.)

037 다음 중 미군시설 및 구역 내의 경찰권에 관한 기술로 잘못된 것은?

04 채용

① 미군당국은 그 시설 및 구역 내에서 범죄를 행한 모든 자를 체포할 수 있다.

② 대한민국 당국이 체포하려는 자로서 미군·군속 또는 그 가족이 아닌 자가 이러한 시설 및 구역 내에 있을 때에는 대한민국 당국이 요청하는 경우에는 미군 당국은 그자를 체포하여 즉시 대한민국 당국에 인도하여야 한다.

③ 중대한 죄를 범하고 도주하는 현행범인을 추적하는 때에는 대한민국 당국은 미군 시설 및 구역 내에서 미군 당국의 동의 없이는 범인을 체포할 수 없다.

④ 미군당국도 시설 및 구역 주변에서 국적 여하를 불문하고 시설 및 구역의 안전에 대해 현행범을 체포 또는 유치할 수 있다.

> **해설**
> 중대한 죄를 범하고 도주하는 현행범인을 추적하는 경우에는 대한민국 당국도 미군시설 및 구역 내에서 체포권이 인정된다.

038 주한미군지위협정(SOFA)에 대한 설명으로 옳은 것은 모두 몇 개인가?

경찰간부

> ㉠ 미합중국 군대의 구성원과 군속 및 그 가족만을 대상으로 한다.
>
> ㉡ 공무집행 중의 작위 또는 부작위에 의한 범죄는 미군당국이 1차적 재판권을 가지나, 공무집행에 부수하여 발생한 범죄는 대한민국 당국이 1차적 재판권을 행사한다.
>
> ㉢ 1966년 '주한미군지위협정'은 전문 및 31개조로 구성된 본 협정, 합의의사록, 양해사항, 노무 및 환경 보호에 관한 특별양해각서를 포함하여 체결되었다.
>
> ㉣ 미군이 한국 측에 제출하는 공무집행증명서는 미법무감이 발행한다.
>
> ㉤ 미군이 체포·구속되었을 때 미군대표는 광범위한 접견교통권을 가지며, 이 경우 음식, 침구, 의료 등을 제공할 수 있다.
>
> ㉥ 미군시설 및 구역에서는 중대한 죄를 범하고 도주하는 현행범인을 추적하는 경우라도 한국경찰의 경찰권이 미치지 못한다.

① 없다　　　② 1개　　　③ 2개　　　④ 3개

해설
㉠ 미합중국 군대의 구성원과 군속 및 그 가족, 초청계약자를 대상으로 한다.
㉡ 공무집행 중의 작위 또는 부작위 또는 공무집행에 부수하여 발생한 범죄는 미군당국이 1차적 재판권을 가진다.
㉢ 1966년 '주한미군지위협정'은 전문 및 31개조로 구성된 본 협정, 합의의사록, 양해사항, 교환서한으로 구성되어 있었다. 노무 및 환경보호에 관해 양해각서는 2001년 개정된 내용에 포함 되었다.
㉣ 미군이 한국 측에 제출하는 공무집행증명서는 주한미군 장성급 이상 장교가 발생한다.
㉥ 미군시설 및 구역에서는 중대한 죄를 범하고 도주하는 현행범인을 추적하는 때에는 대한민국 당국도 미군시설 및 구역 내에서 범인을 체포할 수 있다.

박선영 경찰학

초판 1쇄 인쇄 2021년 02월 25일
초판 1쇄 발행 2021년 03월 04일
지은이 박선영

펴낸이 김양수
편집 이정은
교정교열 이봄이

펴낸곳 도서출판 맑은샘
출판등록 제2012-000035
주소 경기도 고양시 일산서구 중앙로 1456(주엽동) 서현프라자 604호
전화 031) 906-5006
팩스 031) 906-5079
홈페이지 www.booksam.kr
블로그 http://blog.naver.com/okbook1234
이메일 okbook1234@naver.com

ISBN 979-11-5778-481-3 (03350)

* 이 책은 저작권법에 의해 보호를 받는 저작물이므로 무단전재와 무단복제를 금지하며, 이 책 내용의 전부 또는 일부를 이용하려면 반드시 저작권자와 도서출판 맑은샘의 서면동의를 받아야 합니다.

* 파손된 책은 구입처에서 교환해 드립니다.   * 책값은 뒤표지에 있습니다.

* 이 도서의 판매 수익금 일부를 한국심장재단에 기부합니다.